Musa’n … taşları

İletişim Yayınları 713 • Tarih Dizisi 13
ISBN 975-470-887-8

1. BASKI 2001, İstanbul (1000 adet)
2. BASKI 2001, İstanbul (500 adet)
3. BASKI 2003, İstanbul (500 adet)

EDİTÖR Asena Günal
DİZİ KAPAK TASARIMI Ümit Kıvanç
KAPAK Utku Lomlu
KAPAK FOTOĞRAFI İstanbul Şişli Beth Israel Sinagogu'nda İbranice eğitimi alan çocuklar, 1976, Beth Hatefutsoth Arşivi (Tel Aviv)
KAPAK FİLMİ 4 Nokta Grafik
UYGULAMA Hüsnü Abbas
DÜZELTİ Serap Yeğen
MONTAJ Şahin Eyilmez
BASKI ve CİLT Sena Ofset

İletişim Yayınları
Klodfarer Cad. İletişim Han No. 7 Cağaloğlu 34122 İstanbul
Tel: 212.516 22 60-61-62 • Fax: 212.516 12 58
e-mail: iletisim@iletisim.com.tr • web: www.iletisim.com.tr

RIFAT N. BALİ

Musa'nın Evlatları, Cumhuriyet'in Yurttaşları

iletişim

RIFAT N. BALİ 1948 yılında İstanbul'da doğdu. İlköğrenimini Musevi Birinci Karma İlkokulu'nda, orta ve lise öğrenimini Saint-Michel Fransız Ortaokulu'nda ve Saint Benoit Fransız Lisesi'nde yaptı. Sorbonne Üniversitesi'ne bağlı Ecole Pratique Des Hautes Etudes Din Bilimleri Bölümü'nden mezun oldu. 1970 yılında özel sektörde memur olarak çalışmaya başladı. 1981 yılından itibaren de ticaret hayatına atıldı. Yazarlık ve araştırmacılık serüveni 1995 yılında *Express* dergisinde yayımlanan bir yazısıyla başladı. *Express* dergisinin yanı sıra *Müteferrika, Varlık, Birikim, Virgül, Felsefelogos, Toplumsal Tarih, Tarih ve Toplum, Folklor ve Edebiyat, Tiryaki* dergileri ile *Agos* ve *Şalom* gazetelerinde yazıları yayımlandı. Türkiye Diyanet Vakfı'nın *İslâm Ansiklopedisi*'ne ve *Yaşamları ve Yapıtlarıyla Osmanlılar Ansiklopedisi*'ne (Yapı Kredi Yayınları 1999) madde yazdı. *Edirne, Serhattaki Payitaht* (Haz.: Emin Nedret İşli ve M. Sabri Koz, Yapı Kredi Yayınları, 1998), *Diyarbakır: Müze Şehir* (Haz.: Dr. Şevket Beysanoğlu, M. Sabri Koz ve Emin Nedret İşli, Yapı Kredi Yayınları, 1999), *Efsaneden Tarihe, Tarihten Bugüne* ve *Adana: Köprü Başı* (Haz.: Doç. Dr. Erman Artun ve M. Sabri Koz, Yapı Kredi Yayınları, 2000) kitaplarına makaleler ile katkıda bulundu. Avner Levi'nin *Türkiye Cumhuriyeti'nde Yahudiler* (İletişim Yayınları, 1996), Henri Nahum'un *İzmir Yahudileri* (İletişim Yayınları, 2000) kitaplarını tek başına, Eli Şaul'un *Balat'tan Bat-Yam'a* (İletişim Yayınları, 1999) kitabını Birsen Talay'la, Nora Şeni ve Sophie le Tarnec'in *Camondolar Bir Hanedanın Çöküşü* (İletişim Yayınları, 1999) kitabını da Bahar Siber'le birlikte yayına hazırladı. Cumhuriyet döneminde Türkiye Yahudilerinin yaşamlarını anlatan bir üçlemenin ilki olan *Cumhuriyet Yıllarında Türkiye Yahudileri - Bir Türkleştirme Serüveni (1923-1945)* (İletişim Yayınları, 1999) ile *Les Relations entre Turcs et Juifs Dans La Turquie Moderne* (Isis Yayınları, 2001) daha önce yayımlanmış kitaplarıdır. Evli ve iki çocuk babasıdır.

"Dina demalhuta dina" (aramice)
"Krallığın kanunu [geçerli olan] kanundur"

Babil Talmud'u Bava Kama 113a

(İlk kez III. yüzyılda Babilli Yahudi tefsir âlimi Samuel tarafından açıklanan hukuk ilkesi. Bu ilkeye göre Yahudiler, Yahudi şeriatının hükümlerine aykırı olsa bile, yaşadıkları devletin kanunlarına uymalıydılar.)

Anne ve babama,
Beti'ye, Nedim'e, Seza'ya ...

İÇİNDEKİLER

DÖRDÜNCÜ BÖLÜM

KISALTMALAR

a.g.e.	: adı geçen eser
a.g.m.	: adı geçen makale
ABD	: Amerika Birleşik Devletleri
ACMEOR	: Asociata Culturala Mondiala a Evreilior Originari din Romania (Romen Yahudileri Dünya Kültür Birliği)
ADL	: Anti-Defamation League (İftiraya Karşı Koyma Birliği)
AIPAC	: American Israeli Public Affairs Committee (Amerikan-İsrail Kamu İşleri Komitesi)
AJC	: American Jewish Congress (Amerikan Yahudi Kongresi)
Alyans	: Alliance Israélite Universelle
AMA	: Amerikan Millî Arşivleri
ANAP	: Anavatan Partisi
AP	: Adalet Partisi
BBP	: Büyük Birlik Partisi
BP	: British Petroleum
C.	: Cilt
CHF	: Cumhuriyet Halk Fırkası
CHP	: Cumhuriyet Halk Partisi
CZA	: Central Zionist Archives (Merkez Siyonist Arşivleri)
ÇYDD	: Çağdaş Yaşamı Destekleme Derneği
Çev.	: Çeviren
DEP	: Demokrasi Partisi
Der.	: Derleyen
DGM	: Devlet Güvenlik Mahkemesi
DP	: Demokrat Parti
DPT	: Devlet Planlama Teşkilâtı
DSP	: Demokratik Sol Parti
DYP	: Doğru Yol Partisi
Ed	: Editör
FKÖ	: Filistin Kurtuluş Örgütü
FP	: Fazilet Partisi
GAP	: Güneydoğu Anadolu Projesi
Haz.	: Hazırlayan

IHR : Institute for Historical Review (Tarih Araştırmaları Enstitüsü)
İBDA-C : İslâmî Büyük Doğu Akıncıları Cephesi
İDA : İsrail Devlet Arşivleri
İHD : İnsan Hakları Derneği
İDP : İslâm Demokrat Partisi
İETT : İstanbul Elektrik Tramvay ve Tünel İşletmeleri
İTC : İttihat ve Terakki Cemiyeti
JCA : Jewish Colonisation Association (Yahudi Kolonizasyon Ajansı)
JTA : Jewish Telegraphic Agency (Yahudi Telgraf Ajansı)
KHK : Kanun Hükmünde Kararname
LBDT : La Boz de Türkiye
MGK : Millî Güvenlik Kurulu
MGM : Metro Goldwyn Mayer
MHP : Milliyetçi Hareket Partisi
MİT : Millî İstihbarat Teşkilatı
MKP : Millî Kalkınma Partisi
MNP : Millî Nizam Partisi
MSP : Millî Selamet Partisi
MTTB : Millî Türk Talebe Birliği
Müh. : Mühendis
PKK : Partiya Karkeren Kurdistan (Kürdistan İşçi Partisi)
PRO : Public Record Office (İngiliz Devlet Arşivi)
RP : Refah Partisi
S. : Sayı
s. : sayfa
SSCB : Sovyet Sosyalist Cumhuriyetleri Birliği
t.y. : Tarih yok
TBMM : Türkiye Büyük Millet Meclisi
TCDD : Türkiye Cumhuriyeti Devlet Demiryolları
TCK : Türk Ceza Kanunu
THK : Türk Hava Kurumu
TKMD : Türkiye Komünizmle Mücadele Derneği
TKP : Türkiye Komünist Partisi
TOBB : Türkiye Odalar ve Borsalar Birliği
TRT : Türkiye Radyo Televizyon Kurumu
TSK : Türk Silahlı Kuvvetleri
y : Yaprak
yay. haz. : yayına hazırlayan
YÖK : Yükseköğretim Kurumu

ÖNSÖZ

Bu kitapta yer alan incelemeleri derleyip bir kitaba dönüştürme fikri, birçok kişinin yazılarımın toplu bir şekilde bir kitap halinde bir arada bulunmasının her şeyden önce pratik bir faydası olduğunu belirtmesinden ortaya çıktı. Türkiye'de araştırma yapanlar bu "pratik fayda"nın ne anlama geldiğini yakinen bilmektedirler. Kütüphanelerde dergi koleksiyonları natamamdır. Birkaç kütüphaneyi dolaştığınız halde çoğu zaman tüm bir dergi koleksiyonunu baştan sona okuma imkânından mahrumsunuz. Dergi koleksiyonlarının, birkaç istisna haricinde, makaleler dizinleri mevcut olmadığından, bir makaleyi tespit edebilmek için cilt cilt dergiyi büyük bir sabır ve azimle taramalısınız. Millî Kütüphane'nin yayımladığı süreli yayınlar bibliyografyası tüm yayınları içermez. Dergileri ay be ay takip edenler bile kimi zaman bazı sayıları gözden kaçırmış olurlar. Bu ve bunlara benzer nedenlerden ötürü araştırmacılar ve okurlar daima ilgi duydukları konuları inceleyen yazıların derlenip bir arada sunulmasını tercih ederler.

Kitap 1995 yılında başlayan ve halen devam etmekte olan araştırmacılık ve yazarlık serüvenim sırasında yayımlamış olduğum incelemelerimin az bir kısmını kapsamaktadır. Kitapta yer alan makaleleri seçerken dikkate aldığım ölçüt bunların zaman içinde kalıcı vasıflarını kaybetmemeleri, günlük olaylara tepki olarak yazılmış yazılar olmamaları ve ortak çizgilerinin tarihle ilgili araştırmalar olmasıdır. *Cumhuriyet Yıllarında Türkiye Yahudileri - Bir Türkleştirme Serüveni (1923-1945)* kitabımın devamı olarak hazırlamakta olduğum yeni kitaplarda yer alacak bazı olayları veya konuları kısmen içeren makalelere, tekrar yaratmamak için bu çalışmada yer vermedim. Kitapta yer alan makaleler ilk yayımlanmış olan hallerine göre az veya çok değişiklikler içermektedir. Makaleler tekrar gözden geçirilirken gözden kaçmış kimi olgusal hatalar düzeltildi, yayımlanmalarından sonra vakıf olduğum yeni bilgi ve belgeler eklenerek genişletildi ve güncelleştirildi.

Kitapta yer alan incelemelerden altısı daha önce hiçbir yerde yayımlanmamıştır. Bunlar; "31 Mart Vakası ve Hareket Ordusu'ndaki Yahudi Taburu", "Manisa Moris Şinasi Çocuk Hastanesi'nin Tarihçesi", "1938 Yılı İtibariyle Türkiye Yahudilerinin İktisadi Durumu", "Struma Faciası ile İlgili Yeni Bilgiler ve Belgeler", "28 Şubat Sonrasında İslâmî Söylemde 'Nazi Rejimi' Teması" ve "Bir Diğer Düşman: Dönmeler veya Gizli Yahudiler"dir. "İslâmî Söylemin Vazgeçemediği Bir Tema: Siyonizm ve Yahudi" makalesinin ilk hali *CEMOTİ* (Paris) dergisinde İngilizce olarak yayımlanmıştır. "1938 Yılı İtibariyle Türkiye Yahudilerinin İktisadi Durumu" makalesi telif yazı olmayıp çeviridir. Bu yazıyı sadece notlandırarak yayına hazırladım.

Burada genişletilmiş ve güncelleşmiş haliyle yer alan yazılarda dikkate aldığım bir diğer önemli nokta da bu yazıların bugünkü haleti ruhiyemi yansıtmalarıdır. 1995-96 yıllarında özellikle *Express* dergisinde yayımlanmış olan yazılarımın dinsel kimliğimi ön plana çıkaran talepkâr bir yanları vardı. Bugün ise artık böyle bir tavrımın olmadığını söyleyebilirim. Şu andaki haleti ruhiyemin şekillenmesinde esas itibariyle iki unsur rol oynadı. Türkiye'nin toplam nüfusunun binde bir buçuğu gibi son derece önemsiz bir sayı teşkil eden, gerek siyasal ve gerek toplumsal anlamda kamuoyu ve merkezî otorite nezdinde hiçbir etkinlikleri ve ağırlıkları kalmamış olan azınlıkların, bugün itibariyle mevcut olabilecek muhtemel sorunlarının çözüme kavuşturulması için kamusal alanda talep üreterek, kamuoyunu duyarlı kılarak ne siyasi mercilerin etkilenebileceğini, ne de toplumda azınlıklara karşı yerleşik peşin hükümlerin değiştirebileceğini anladım. Azınlık cemaatleri-merkezî otorite ilişkilerinde mevcut olan sorunların uluslararası karşılıklı çıkarlar dengesi ve lobi faaliyetleri çerçevesi içinde ele alındıkları takdirde bir çözüme kavuşabileceklerini gördüm. Toplumda azınlıklara karşı yerleşik olumsuz peşin hükümlerin ise ancak köklü bir kültür evriminin gerçekleşmesi halinde ortadan kalkabileceğini idrak ettim. Bunu idrak etmemle birlikte yoğun bir şekilde üstünde yazmış olduğum ve halen araştırmakta ve yazmakta ısrarlı olduğum azınlıklar-devlet-siyasi iktidar-kamuoyu ilişkilerinde, hem araştırmacı ve tarihçi kimliğiyle ortaya çıkmanın, hem de aynı zamanda talepkâr bir tavırla geçmişteki yanlış uygulamalardan ders alınıp aynı siyasetin günümüzde de uzantısı olan uygulamaların sürdürülmemesini talep etmenin anlamsız ve sâfiyâne bir arzu olduğunu anladım. Bir noktada 1995-96 yıllarındaki hem araştırmacı hem de aynı zamanda cemaat aidiyetimi de ön plana çıkaran melez kişiliğimden çok çabuk sıyrıldım ve sadece araştırmacı kalmayı tercih ettim.

Tüm bu çalışmalarımda kural edindiğim tavır, Türkiye'de halen yurttaşlık kavramının tam anlamıyla yerine oturmamasından ve kişilerin dinsel kimlikleri nedeniyle ister istemez bir cemaate ait görülmelerinden dolayı, "Yahudi cemaatinin tarihçisi" durumuna düşmemekti. Bu nedenle araştırmalarımda izlediğim yöntemin en önde gelen ölçüsü nesnellik oldu.

Azınlık cemaatleri tarihlerini az çok incelemiş olan kişiler "cemaat tarihçisi" tavrının örneklerine bol miktarda rastlarlar. Bu gelenekte öncelik cemaat aidiyetidir. Bu gelenekte "kol kırılır yen içinde kalır", "kirli çamaşırlar aile içinde yıkanır" düsturları geçerlidir. Böyle bir anlayışla yola çıkıldığında tarihi yazan kişinin birincil işlevi ait olduğu cemaatini korumak, onu kamuoyuna karşı savunmak ve yüceltmek, geçmişte kalmış kimi olayların tarihin karanlığından sökülüp gün ışığına çıkarılmasının siyasi iktidar-cemaat ilişkilerinde gerginlik yaratabileceği endişesiyle bu olayları örtbas etmek veya es geçmek, kamusal alanda cemaati veya cemaate mensup bireyleri eleştirmemek ve cemaat haleti ruhiyesine ve yazılı olmayan sadakat kodlarına bağlı kalmaktır. Bu açıdan bu tür araştırmacıları ve araştırmaları "işlevsel tarihçi" olarak niteliyorum. Cemaat yönetiminin kendilerine atfetmiş olduğu veya kendilerinin büyük bir iştahla üstlendikleri bir işlev ve misyonları vardır, dolayısıyla bu kişiler tarihi de bütün yanlarıyla yansıtmazlar. Varmak istedikleri sonucu baştan belirler ve onca belge arasından bu sonuca ulaşmaya yarayacak olanları seçerler. Bu kişiler aynı zamanda "cemaat" kavramının beraberinde getirdiği kendi içine kapalı mikro toplum ruhuna uygun bir şekilde davranırlar. "Cemaat tarihçisi" payesi ile bir mikro toplum içinde kendilerine itibarlı bir konum elde ederler.

Türkiye'de azınlıklar tarihini incelediğinizde ister istemez karşınıza hep aynı konu çıkmaktadır: Yurttaşlık meselesi. Kitapta yer alan bu makalelerin ortak omurgası da yurttaşlık meselesidir. Bu makaleler derlemesinde de bir şekilde tartışmaya açılan, bu yurttaşlığın gerçek anlamda gerçekleşip gerçekleşmediğidir. Bu tartışmalarda kamuoyunun veya siyasi iktidarın hep konu ettiği Yahudi azınlığın yurttaşlığı hak edip etmediği, ona güven duyulup duyulamayacağıdır. Diğer yandan Yahudi cemaati de bir ikilem içindedir. Yahudi cemaati II. Meşrutiyet'in ilanıyla birlikte millet'ten tebaa'ya terfi etmiş olmanın sevincini hissetmekte, Cumhuriyet'in ve 1924 Anayasası'nın ilânıyla tebaalıktan yurttaşlığa terfi etmiş olmaktan dolayı sevincini sürdürmekte, ama bunun yanı sıra cemaat yapılanmasına karşı olan bir ulus-devlet içinde bir cemaat yapısını ve haleti ruhiyesini de korumaya çalışmaktadır.

Burada bir yerde birbirine tezat teşkil eden iki yapı ile karşı karşıyayız: Bir yandan Lozan Antlaşması'na göre hakları koruma altına alınmış hukuki anlamda bir azınlık topluluğu. Diğer yandan Türkiye'nin inşa etmeye çalıştığı ulus-devlet tasarısına bir anlamda aykırı düşen azınlık hakları. Bir yandan Yahudilerden gerçek birer yurttaş olmalarını talep eden kamuoyu. Bunun yanı sıra onlara her zaman kuşku ile yaklaşmayı ihmal etmeyen aynı kamuoyu. Hem Türkleşip yurttaş olmak, hem de aynı zamanda cemaat yapısını sürdürmek, Yahudi kimliğini ve kültürünü muhafaza etmek isteyen bir azınlık cemaati.

Bir yandan Yahudi kimliğini muhafaza etmek diğer yandan Türk yurttaşı yaratma tasarısında kurucu ortak olarak yer almak isteyen Yahudi cemaati, azınlıkları Türkleştirme siyasetinin otoriter bir şekilde uygulandığı, Tek Parti döneminde, simgesel anlamı yüksek olan iki olayla, yurttaşlık anlamında Türk olmanın, Yahudi kültürü ve ortak belleği ile Siyonizm ülküsünü unutma anlamını taşımadığını göstermiştir. Nazilerin Almanya'da Yahudilere karşı ticari boykot uygulamaya başlamaları üzerine İstanbullu Yahudiler dindaşlarıyla ortak bir haleti ruhiyeyi paylaştıklarını ve onlarla manevi bir dayanışma içinde bulunduklarını alenî bir şekilde göstermekten çekinmediler. Bunun için de herhangi bir resmî izne sahip olmadıkları halde Almanlara karşı gösteriler yaptılar. Aynı İstanbullu Yahudiler Sarayburnu önlerinde bekleyen Struma gemisindeki Romanyalı Yahudi mültecilere yalnız olmadıklarını, Türkiye'deki kardeşlerinin onları unutmadıklarını, onların acılarını paylaştıklarını göstermek için de Sirkeci kıyısında her gün ateş yaktılar.

İlk bakışta önemsiz gözüken bu iki olay, Türkiye Yahudilerinin Yahudi kültürü ve ortak belleğinin ayrılmaz bir parçası olan Siyonizm ülküsü ile Türklük ülküsünü aynı anda birlikte yaşatma arzularının da birer ifadesiydi. Ancak bu çifte kimliğe ve ülküye birlikte sahip olma arzusu tarihsel süreç içinde Türkiye Yahudilerinin bir yurttaşlık ve kimlik bunalımı yaşamalarına da yol açacaktı. Türkiye Yahudileri yaşadıkları ülkenin yasalarına uymalarını, o ülkenin iyi birer yurttaş olmalarını öğütleyen ve Babil *Talmud*'unda yer alan, "Krallığın kanunu [geçerli olan] kanundur", düsturuna harfiyen itaat ettiler. Yahudiler, Cumhuriyet kendini laik bir ulus-devlet olarak tanımlarken İslâm'ın toplumun tek referansı olmaya devam ettiği bir atmosferde, merkezî otoritenin ve kamuoyunun ısrarlı taleplerine rağmen Yahudi kimliklerinden ve kültüründen tamamıyla sıyrılamadıkları için, kimi zaman kamuoyu, kimi zaman ise siyasi iktidar tarafından "güvenilir olmayan yabancılar" olarak görüldüler.

Kitabın son bölümünde yer alan antisemitizmle ilgili incelemeler çok partili demokrasi döneminin başlamasıyla birlikte ortaya çıkan İslâmî bilinçlenme hareketine paralel olarak gelişen, kökleri Tek Parti dönemine uzanan, Orta Doğu olaylarından da derin bir şekilde etkilenen Türkiye'ye has antisemitizmi tahlil etmeye dönük çalışmalardır. Türkiye'de mevcut olan antisemitizm tahlil edildiğinde ortaya çıkan düşünce çekirdeği, esas itibariyle, Yahudilerin, diğer gayrimüslimlerle birlikte, eşit yurttaşlar değil, zimmî, yani modern vatandaşlık kavramına göre, ikinci sınıf yurttaşlar olduklarıdır. Burada da karşı karşıya kalınan gene bir yurttaşlık sorunudur. Esasında sorun aynı anda hem laik olan hem de, toplumsal hafıza ve günlük yaşam anlamında, laik olmayan bir ulus-devlettir. Sorun şeriat hükümlerine göre yönetilmiş olan Osmanlı Devleti'nde gerek halk ve gerekse Sultan ile tebaası arasında belirleyici unsur olan İslâm dininin laik bir Cumhuriyet rejiminde de belirleyici faktör olmaya devam etmesidir. Böylece laik bir ulus-devlette ve bir Cumhuriyet rejiminde din unsuru Müslüman ve gayrimüslim yurttaşlar arasında bir gerilim hattı olmaya devam etmektedir. 1924, 1961 ve 1982 anayasaları dil, din ve ırk farkı gözetmeksizin herkesi vatandaş olarak kabul etmiş olmasına rağmen hem kamuoyunun büyük bir çoğunluğu, hem de milliyetçi ve muhafazakâr bir tabana hitap eden İslâmcı ve milliyetçi basın ile aynı eğilimdeki siyasi partiler bu tabanın görüşüne ters düşmemek için gayrimüslimleri, yurttaş olarak değil, zimmî olarak görmeye devam etmektedirler.

Türkiye'de rastlanan antisemitizm bir yerde "Cumhuriyet'in gözden kaçan yanı"dır. Bunun nedeni de, birkaç istisna hariç, Türkiye'de rastlanan antisemit yayınlar karşısında toplumun, kamuoyunun ve merkezî otoritenin yıllardan beri şaşmaz bir şekilde sorunu görmemezlikten gelip sessizliğini sürdürmüş olmasıdır. Bu da bir kere daha bizleri, ister istemez, gene bir yurttaşlık meselesi ile karşı karşıya getirmektedir.

Yurttaşlık kavramının siyasi ve toplumsal kültürümüzde yaygın ve köklü bir şekilde yer etmesi halinde Türkiye'de rastlanan antisemitizmin sadece Yahudi asıllı yurttaşları ilgilendiren "bir özel sorun" olmayıp Türkiye'nin genelini ilgilendiren bir mesele olduğunun farkına varılacaktır. Bugün içinde bulunulan duruma bakıldığında antisemitizm, Taha Parla'nın satırlarıyla, "Cumhuriyet Türkiyesi'nde 'şartlı', 'kısıtlı', kenarda kalmış ve ne de olsa bizden değil diye görülmüş yurttaşlar" konumunda bulunan Yahudi asıllı yurttaşların bir özel meselesi olarak görülmektedir.[1]

Antisemitizmin Türkiye'nin genelini ilgilendirmeyen marjinal bir mesele olarak görülmesinin belki de bir diğer nedeni Türk kamuoyunun ezici çoğunluğunun Türkiye'de böyle bir ideolojik akımın mevcut olmadığına inanmasıdır. Bu görüş, bir yerde, Türk Yahudi toplumunu kamuoyunda temsil eden kişilerin beyanlarıyla da güç kazanmaktadır. Çoğunluğu işadamlarının oluşturduğu bu kişiler, 1989 yılında kurulan 500.Yıl Vakfı ile de kurumsal ve resmî nitelik kazanmış olan "Türkiye'yi dış ülkelerde tanıtma" misyonuna uygun bir şekilde antisemitizmin ne geçmişte, ne günümüzde, ne de gelecekte Türkiye'de mevcut olmadığını tekrarlamaktadırlar. Bu beyanları temel alan milliyetçi ve muhafazakâr kesime mensup yazarlar ve aydınlar da, gayet doğal bir şekilde, antisemitizmin Türkiye'de mevcut olmasını eşyanın tabiatına aykırı görmektedirler. Milliyetçi ve savunmacı bir refleksle hareket eden bu kimselere göre hoşgörü ikliminin canlı bir örneği olan Osmanlı Devleti ve onun devamı Türkiye Cumhuriyeti'nde antisemitizm hiçbir zaman mevcut olmadığı gibi, hoşgörünün yatağı olan Anadolu topraklarında antisemitizmin yeşermesi mümkün değildir. Bu kanaate sahip kişilere göre Türkiye'de antisemit olarak nitelenen yayınlar aslında antisiyonist yayınlardır. Nitekim İslâmî kesimin önde gelen yazarlarından Ali Bulaç bu kanaati şöyle dile getirmektedir:

---

1 Taha Parla, *Türkiye'de Siyasal Kültürün Resmî Kaynakları*, Cilt 3, *Kemalist Tek-Parti İdeolojisi ve CHP'nin Altı Ok'u*, İletişim Yayınları, İstanbul 1995, s. 209.

"Anti-semitizm, Yahudiliğe Yahudilik, Yahudiler'e de Yahudilikleri dolayısıyla düşmanlık beslemek ve onlara hayat hakkı tanımamaktır.

Bu anlamda bizler anti-semitik değiliz ve olamayız da, ama anti-siyonistiz ve insan onuruna saygı duymamız dolayısıyla öyle de olmak durumundayız."[2]

Bu kanaatin başka örnekleri de mevcuttur. Örneklerden biri Soykırım'ın Yahudilerin uydurdukları bir yalan olduğunu ileri süren *Soykırım Yalanı* isimli kitabın yazarının bu kitabı neden yayımladığını açıklayan şu satırlarıdır:

"Biz bu kitabı; yahudi ırkına karşı anlamsız bir nefret duyduğumuz; yüzyılın başta gelen psikopatları arasında yer alan Naziler'e herhangi bir sempati hissettiğimiz; ülkemizdeki ya da başka ülkedeki yahudi cemaatine karşı bir tepki oluşturmak istediğimiz için yazmıyoruz. Çünkü biz antisemit, yani yahudi aleyhtarı değiliz. Birer müslüman olarak, her şeyi Kuran'ın verdiği bakış açısından değerlendirir, Kuran'ın gösterdiği prensiplere göre düşünürüz. Dolayısıyla bir ırka karşı nefret duymamız, insanları soylarına göre değerlendirmemiz mümkün değildir. Ancak Yahudilik konusunda 'anti-siyonist' düşünceyi kabul ettiğimizi söyleyebiliriz."[3]

Diğeri ise *Aksiyon* dergisinde antisemitizmin tarihi ile ilgili bir kitap tanıtım yazısında yer alan şu satırlardır:

"Anti-semitizm asrın başında varlığı sezilebilir bir şeydi bizim için ama bu günler için aynı şey söylenemez. Galiba hiçbir zaman antisemit olmadık. İlgililer için..."[4]

---

2 Ali Bulaç, "İsrail'e ne lazım?", *Yeni Şafak*, 15 Nisan 1997.

3 Harun Yahya, *Soykırım Yalanı*, Alem Yayıncılık, İstanbul 1995, s. XIV/Aynı yazar bu görüşlerini başka kaynaklarda da tekrarlamıştır. Bkz. Harun Yahya "Müslümanın Yahudilik ve Antisemitizme bakışı nasıl olmalıdır?" http://www. harunyahya.org/Makaleler/bakis/html./Harun Yahya "Yayın Politikası" http://www. harunyahya.org/yayinpol.html./

4 "Yahudi düşmanlığının özel tarihi", *Aksiyon*, 30 Ekim 1999, Sayı 256.

Bir başka örnek ise daha ilginç ve bir o kadar da düşündürücü; zira yazar antisemit olmanın gayet meşru bir tavır olduğunu okurlarına telkin etmekte. İslâmî kesime mensup bu gazeteci antisemitizm konusunda şu yorumda bulunmakta:

> "Anti-semitizmden sürekli söz ediliyor, ama Semitizmin ne olduğu üzerinde hiç durulmuyor. Bilinçli insanların çoğu bile anti-semitizmi 'Yahudi düşmanlığı' olarak biliyorlar ve buna karşı olmak gerektiğini düşünüyorlar. Oysa anti-semitizm, Yahudi düşmanlığı değildir. Semitizm, Yahudiden başkasını adam yerine koymamak ve Yahudileri 'dünyanın efendisi' kabul etmektir. Anti-semitizm, işte bu Semitist sapkınlığa karşı çıkmaktır."[5]

1923 yılında başlayan yurttaş yaratma tasarısının son yirmi yılda ulaştığı duruma bakıldığında bu tasarının toplum ve merkezî iktidar nezdinde tam anlamıyla maya tuttuğunu söylemek biraz güçtür. Türkiye Cumhuriyeti'ni uluslararası kamuoyunda "Yahudi asıllı Türk yurttaşları" olarak temsil eden cemaat ileri gelenleri ve işadamları bir yerde İslâm dininin hâkim unsur olduğu bir ülkenin gayrimüslim yurttaşları olma bilinciyle bu görevi üstlenmişlerdir. Bu bağlamda cemaat yönetiminin resmî beyanlarında "Türkiye Musevi cemaati" tabiri yerine kullanmakta olduğu "Türk Musevi cemaati" tabiri de oldukça anlamlıdır. Bu küçük ve ilk bakışta önemsiz gibi gözüken farklılık Tek Parti döneminde geçerli olan azınlıkları Türkleştirme siyasetinin Türk Yahudi toplumunun seçkinleri üzerinde bıraktığı silinmez parmak izleridir. Aynı zamanda, her şeyden önce Türk Yahudi toplumuna mensup fertlerin her şeyden önce birer Türk yurttaşı olma arzusunun da toplu bir ifadesidir. Türkiye Cumhuriyeti'ni uluslararası platformlarda "Devlet'in millî menfaatleri" doğrultusunda lâyıkıyla temsil eden Yahudi işadamları ve cemaat yöneticileri üstlendikleri bu görevi herhangi bir karşılık beklemeden yerine getirmelerine rağmen antisemit yayın ve beyanlar söz konusu olduğunda muhataplarından aynı gay-

---

5 Yaşar Kaplan, "Paris izlenimleri-2", *Akit*, 24 Aralık 1998.

retli ve sıcak yaklaşımı görmemişlerdir. İktidarda bulunan siyasi partiler yıllardan beri gerek siyaset meydanlarında ve gerekse basın ve yayın alanlarında mevcut olan antisemit ve ırkçı söyleme karşı, muhtemelen "ülkenin aslî sahibi" ve "hâkim unsuru"nun hassasiyeti ile temsil ettiği oy potansiyelini de göz önünde bulundurarak, yasaları uygulamaya koymayı sürekli unutmuş veya ihmal etmiştir.

Metinlerde yer alan kısaltmaların açılımları kitabın başında yer almaktadır. Bu kısaltmalarda adları geçen kuruluşların anlamları ise, metin içinde italik olarak geçen diğer özel terimlerle birlikte, kitabın sonunda yer almaktadır. Okura kolaylık olması amacıyla metin içinde yer alan Osmanlıca kelimelerin yanlarında köşeli parantez [ ] içinde bugünkü karşılıkları yer almıştır. Özel terimlerin açıklanmasında Jean-Christophe Attias ve Esther Benbassa'nın *Dictionnaire de Civilisation Juive* (Larousse Bordas, Paris 1997) sözlüğü esas alınmıştır. Metinde yer alan "azınlık" terimi Lozan Antlaşması'nın hukuk terminolojisine uygun olarak sadece Yahudi, Rum ve Ermeni cemaatlerini kastetmektedir. Antisemitizmle ilgili makalelerde geçen "Soykırım" teriminin büyük "S" harfiyle yazılmasının nedeni ise İngilizce "Holocaust", Fransızca "Holocauste" ve İbranice "Shoah" terimlerinin tam karşılığını verebilmek içindir. Batı dünyasının kamusal söylemine de mal olmuş olan "Holocaust" ve "Shoah" terimleri Nazilerin Yahudilere uyguladıkları Soykırım'ın tarihte meydana gelmiş muhtelif katliam, kırım ve jenosidlerle hiçbir benzerlik taşımadığını ve emsali bulunmadığını vurgulayan terimlerdir. Türkiye'de ise tarihsel trajedilerden söz edilince Soykırım'ın emsalsiz bir katliam ve kırım olduğuna dikkat edilmeksizin tüm katliamlar için "soykırım" terimi kullanılmaktadır. Bu nedenle bu farklılığı vurgulamak için "s" yerine "S" harfi kullanılmıştır.

Bu incelemelerin hazırlanması sırasında zamanlarını bana ayırıp mülakat lütfetmiş olan kişilere çok teşekkür ederim. Ayrıca ya bilmediğim kaynaklara işaret ederek, ya çeviri yaparak, ya kendilerinde olan belge ve kitaplarını istifademe sunarak, ya bilgilerini benimle paylaşarak ya da tanımadığım kişilerle beni tanıştırarak, bana yardımcı olan birçok kişiye candan teşekkür ederim. Bu kişiler şunlardır: Yeuda Adoni, Püzant Akbaş, Laurence Ammour, Lorans Tanatar Baruh, Gerald Baumgarten, Esther Benbassa, Dr. Sevim Benzergil, Steven Borner, Ruşen Çakır, Erol Şadi Erdinç, Jak Esim, Dr. Şeref Etker, Mustafa Gökmen, Richard Hovanissian, Carren Kaston, Cemil Koçak, Ara Koçunyan, Aaron Kohen, Murat Koraltürk, Roni Margulies, Gad Nassi, Denis Ojalvo, Erol Özbilgen, Victoria Sanders, Simurg Kitabevi, Tamas Stark, Nora Şeni, Reha Oğuz Türkkan, Ömer Türkoğlu, Arus Yumul, Ahmet Yüksel.

Bu kitapta yer alan "Bir Ailenin Öyküsü" yazısı Arus Yumul ile Marc David Baer ve Esra Özyürek çiftinin teşvik ve telkinleriyle kaleme alınmıştır. Onların destekleyici sözleri olmasaydı bu makale herhalde yazılmamış olacaktı. Kendilerine müteşekkirim.

Bu incelemelerin meydana gelmesinde ve yayımlanmalarında emeği geçen bir diğer zümre ise tüm araştırmacıların ayrılmaz mekânları olan kütüphaneler ve arşivlerin fedakâr çalışanları ile yazarların en yakın dostları ve de aynı zamanda eleştirmenleri olan dergi yönetmenleri ve editörleridir. Bana her türlü kolaylığı fazlasıyla göstermiş olan Beyazıt Devlet Kütüphanesi, İstanbul Üniversitesi Merkez Kütüphanesi, İstanbul Üniversitesi Nadir Eserler Kütüphanesi, İstanbul Büyükşehir Belediyesi Atatürk Kitaplığı, Millî Kütüphane, Türkiye Gazeteciler Cemiyeti Basın Müzesi Kütüphanesi, Osmanlı Bankası Bankacılık ve Finans Tarihi Araştırma ve Belge Merkezi, YIVO Arşivi (New York), İsveç Millî Kütüphanesi (Stockholm), Merkez Siyonist Arşivleri (Kudüs), İsrail Devleti Arşivleri (Kudüs) ve Amerikan Millî Arşivleri'nin (Washington) yöneticilerine ve çalışanlarına teşekkür borçluyum. Anta Aksaraflar, Marko Menase ve Hanefi Kayan araştırmalarımın yaratmış olduğu yazışma, fotokopi ve şehrin bir ucundan diğerine kitap, belge taşıma işlerinde destek verdiler. Tümüne müteşekkirim.

Bu kitapta yer alan yazılarımı ilk halleriyle yayımlamış olan, *Felsefelogos, Toplumsal Tarih, Tarih ve Toplum* ve *Birikim* dergilerinin editörleri ile yayın yönetmenlerine, bu kitabımı da yayımlamayı kabul eden İletişim Yayınları'na, ilk kitabım ile bu kitabımın da editörlüğünü büyük bir titizlik ve sabırla üstlenen Asena Günal ile kitabın yayına hazırlanmasında emeği geçmiş tüm İletişim Yayınları mensuplarına en sıcak teşekkürlerimi iletiyorum.

Beti, Seza ve Nedim bana tahammül ediyorsunuz, sağolun.

Teşvikiye, Temmuz 2000

BİRİNCİ BÖLÜM

MİKRO TARİH

Bir Ailenin Öyküsü

Tarih ve Toplum dergisinin Mart 1999 sayısı 8 Mart Dünya Kadınlar günü vesilesiyle kadın temalı makalelere ayrılmıştı. Yazarlarını tanıdığım için ilk önce Laurence Ammour ve Lorans Tanatar Baruh'un birlikte yazdıkları "Çalışan Kadından Bir Kesit: Osmanlı Bankası Kadın Personeli" makalesini okumaya başladım. Birkaç saniye sonra yazarların temsili mahiyette örnek olarak verdikleri birkaç memure adı arasında komisyoncu Rober Filosof'un kızı Elza Filosof'un adına rastlayınca Osmanlı Bankası Bankacılık ve Finans Tarihi Araştırma ve Belge Merkezi'ni arayıp bu dosyayı incelemek için izin istedim. İnceleyebileceğimi öğrenince ertesi sabah oraya gittim. Elza Filosof'un personel sicil dosyası aradan geçen yetmiş yıla rağmen ilk günkü tertemiz haliyle karşımda duruyordu.[1] Birkaç gün sonra bir daha arayıp bu kez Nisim Yasef Bali adını verip böyle bir dosyanın olup olmadığını sordum. Gelen cevap "evet" idi.[2] Her iki dosyayı inceledikten sonra bu iki kişinin Osmanlı Bankası'ndaki memuriyet yıllarından

1 Osmanlı Bankası Bankacılık ve Finans Tarihi Araştırma ve Belge Merkezi, dosya OBA PP 162.

2 Osmanlı Bankası Bankacılık ve Finans Tarihi Araştırma ve Belge Merkezi, dosya OBA PP 193.

yola çıkıp hayat serüvenlerini kaleme almayı denemeye karar verdim.

Elza'nın ilk iş müracaatı

Elza, Tozkoparan Çatma Mescit sokak, Şalom ve Kariyo Han no. 54, iki numaralı dairede yaşayan Yahudi çift Mari ve Bohor Robert Filosof'un kızı ve Sultana'nın kızkardeşi olarak 15 Mart 1326 (1910) tarihinde dünyaya geldi. Nüfusunda doğum tarihi olarak 15 Mart 1910 yazılmış olmasına rağmen bankada mevcut personel kimlik dosyasında yer alan belgede doğum tarihini 1 Mayıs 1910 olarak beyan etti, hayatı boyunca da doğum günlerini hep 1 Mayıs'ta kutladı. Elza nüfusa Eliza adıyla kaydedildi, ancak ailesi ve yakınları onu her zaman Elza diye çağırdı. Baba Bohor Fransızca ve muhtemelen Almanca da bildiği için Avrupalı firmaların komisyonculuğunu yaparak geçimini sağlamaktaydı. Bohor Filosof, halı koleksiyoncusu idi. Her pazar günü gittiği ev müzayedelerinden halı satın alıp eve döner, eve artık sığmayan halıları da bir depoda saklardı. Batı'ya özenen, özenmekten öteye Batılı bir hayat tarzı süren Filosof ailesinin kızlarını, Eliza yerine kulağa daha Avrupaî gelen Elza diye çağırmaları da gayet doğaldı. Büyük kızlarına Yahudi geleneklerine uygun olarak Sultana adını vermeleri biraz tuhaftı ancak bu pek bir mesele teşkil etmedi ve Elza'nın ablası, aile arasında Clémence (Klemans) veya kısaltılmış hali olan Klemi diye çağrıldı.[3]

Elza yedi yaşında önce Alman Okulu'nda (1917-1919), sonra Galata *Alyans* okulunda (1919-1923) ve nihayet Şişli'deki Asrî Mektep'te (1923-1926) eğitim gördü. Bu okullarda Türkçe, Fransızca ve muhtemelen az da olsa Almanca öğrendi. Annesi ve babası evde kendi aralarında İspanyolca konuştuklarından bu lisanı da öğrenmiş oldu. 1926 yılında Osmanbey'de bulunan Asrî Mektep veya Fransızca adıyla Ecole Moderne'den mezun olan Elza, ailesinin teşvikiyle İstanbul'daki

---

3 Fransızca bir sözcük olup "iyi yürekli" anlamına gelir.

Fransız Konsolosluğu'nun özel kurslarına devam etti ve ileride herhangi bir iş müracaatında bulunduğunda ise kabul edilebilmesi için elzem olan stenografi ve daktilografiyi öğrendi.[4] Elza bu kursları bitirdikten sonra iş aramaya başladığında dönemin bütün genç kızları gibi önce Osmanlı Bankası'nı düşündü ve 1 Ağustos 1928 tarihinde Osmanlı Bankası'nın genel müdüriyetine iş başvurusunda bulundu. Elza dilekçesinde aldığı eğitimi kısaca özetledikten sonra dakikada yüz kelime süratle daktilo ve steno yazmayı bildiğini belirtti, işe alındığı takdirde görevini en iyi şekilde yerine getireceğini de eklemeyi unutmadı. Referans olarak da Fransız konsolosu Mösyö Martin'in,[5] Deutsche Orient Bank yöneticilerinden Michel Sandler'in ve Goldschmidt Okulu müdiresi Raşel Soryano'nun adlarını verdi.[6] Fransız konsolosu Mösyö Martin ve Deutsche Orient Bank'ın yetkilisi Michel Sandler muhtemelen babası Bohor'un iş veya dost çevresine mensup kişilerdi.[7]

---

4 Osmanlı Bankası A.Ş.'nin 19 Şubat 1929 tarihli personel kâğıdı. Elza bankaya iş başvurusunda "Osman Bey'in Modern Okulu'nda" eğitimine devam ettiğini belirmektedir. Burada semt olarak Osmanbey'i mi yoksa semte adını vermiş olan Osman Bey'in kurmuş olduğu (?) Modern Okul'u mu kastettiği anlaşılmamaktadır. Ancak semte adını vermiş olan Osman Bey hakkında yazılan yazılarda bir okul kurmuş olduğundan söz edilmemektedir. (Bkz. "Osmanbey", *Dünden Bugüne İstanbul Ansiklopedisi*, Tarih Vakfı, 1994, Cilt 6, s. 165 ve Feride Çiçekoğlu, "Osmanbey ailesi", *İstanbul*, S. 30, Temmuz 1999, s. 112-143.) Burhan Oğuz'a göre Ecole Moderne, Osmanbey'de şimdiki Yasan Han'ın bulunduğu yerdeydi. (Burhan Oğuz, *Yaşadıklarım Dinlediklerim, Tarihi ve Toplumsal Anılar*, Simurg Yayınları, İstanbul 2000, s. 151).

5 Henri François Martin, 1927 yılının Nisan ayından itibaren Türk hükümeti nezdinde diplomat olarak görev yapmaya başladı. (Mehmed Zeki ve Mahmud Paçacı, *Türkiye Teracim-i Ahvâl Ansiklopedisi*, İstanbul, 1928, Cilt 1, s. 63). Bu son derece ilginç biyografik sözlük hakkında bir inceleme için bkz. Doç Dr. Mete Tunçay, "Teracim-i Ahvâl Ansiklopedisi'ne göre Atatürk Türkiyesi'nde yabancılar", s. 85-112, *Atatürk Döneminin Ekonomik ve Toplumsal Tarihiyle İlgili Sorular Sempozyumu, 14-16 Ocak 1977*, İstanbul Yüksek İktisat ve Ticaret Mektebi Mezunları Derneği Yayını, İstanbul 1977.

6 Goldschmidt Okulu hayırsever Alman Yahudisi Samuel Goldschmidt tarafından İstanbul'daki Aşkenaz Yahudileri için kurulmuş olan bir Alyans okulu idi. 1908 yılında 250 öğrencisi vardı. (Aron Rodrigue, *Türkiye Yahudilerinin Batılılaşması Alliance Okulları 1860-1925*, Çeviren: İbrahim Yıldız, Ayraç Yayınları, Ankara 1997, s. 143).

7 Osmanlı Bankası A.Ş.'nin 19 Şubat 1929 tarihli personel kâğıdı.

1 Ağustos 1928 tarihli bu iş başvurusuna Osmanlı Bankası hemen cevap vermedi ve Elza'yı altı ay bekletti. Bu süre zarfında herhangi bir işe girmemiş olan Elza'nın altı ay boyunca ne yaptığı meçhuldür. Belki babasının yazıhanesinde çalıştı, belki baba Bohor onu bir tanıdık tüccarın yanına yerleştirdi, belki de çalışmayıp evde oturmayı tercih etti. Elza Filosof müracaatından altı ay sonra 9 Şubat 1929 günü Osmanlı Bankası yetkilileri tarafından mülakata çağrıldı ve imtihana tâbi tutuldu. İmtihan sırasında kendisine okunan 385 kelimelik Fransızca bir metni stenoyla not tuttu. Başvurusunda dakikada yüz kelime steno yazabildiğini ileri sürmesine rağmen imtihan sırasında dakikada seksen kelime süratle steno yazabildi. Bu belki de altı ay boyunca herhangi bir yerde çalışmamasından veya çalışmışsa da steno kullanmamış olmasından ileri geliyordu. Daha sonra steno ile yazdığı bu metni elli dakika içinde deşifre edip daktiloda yazdı. İmtihan neticesinde kendisine okunan 385 kelimelik metinden üç kelimeyi yazmadığı, yedi kelimeyi yanlış yazdığı ve bir imlâ hatası yaptığı tespit edildi. Bu oldukça iyi bir sonuç olduğundan Elza'nın imtihan edildiği günden dokuz gün sonra, 18 Şubat 1929 tarihinde, altı aylık geçici bir süreyle ve deneme maksadıyla, genel muhaberat servisinde istihdam edilmesine ve kendisine maaş olarak altı altın lira karşılığı Türk lirası verilmesine karar verildi.[8] Bu karar üzerine Osmanlı Bankası'nın hekimi aynı gün Elza'yı evinde ziyaret edip müstakbel memureyi muayene etti. Raporunda Elza için "nazlanabilir" notunu düştü.[9]

Memurelerini seçerken çok titiz davranan Osmanlı Bankası Elza'yı deneme maksadıyla iki gün süreyle genel muhaberat servisinde çalıştırttı. Genel muhaberat servisi şefi Elza'nın davranışlarını ve kabiliyetlerini gerçek çalışma ortamı içinde gözlemledi

---

8 Osmanlı Bankası Tarihi Araştırma Merkezi mensuplarından Laurence Ammour'un verdiği bilgiye ve banka kayıtlarına göre bir Türk lirasına ulaşmak için bir altın lirayı 4,10233 katsayısıyla çarpmak gereklidir. O zaman bu maaş 25.- Türk lirasına tekabül etmektedir. 1929 yılında doların yıllık vasati kuru 2,0687 lira idi. Bu maaş 12,08 dolara tekabül etmektedir. (T.C. İstanbul Belediyesi İstatistik ve Neşriyat Müdürlüğü, *İstanbul Şehri İstatistik Yıllığı*, Cilt 4, 1934-35, s. 7).

9 18 Şubat 1929 tarihli rapor.

ve değerlendirdi. Bu iki günün sonunda genel muhaberat şefi amirine hitaben hazırladığı raporda sonucu şöyle bildiriyordu:

> "Matmazel Filosof, Fransızca, stenografi ve daktilografi bilmektedir. Kendisine tevdi edilen deneme mahiyetindeki işleri nasıl yaptığına bakıldığında onun zeki, titiz bir kişi, tek kelimeyle mükemmel bir personel olduğu düşünülebilir. Kendisinin işe yeni başladığı doğrudur ancak onu yetiştirmek kolay olacaktır. İyi kabiliyetleri olduğu görüldüğü için çok iyi bir memure olmakta gecikmeyecektir. İki günlük deneme süresine bakılıp bir değerlendirme yapıldığında, yetişkin iyi memurelerle mukayese edilemezse bile, halihazırdaki vasat memurelerden çok daha üstündür ve daha da mükemmel olmayı vaat etmektedir."[10]

Genel muhaberat servisi şefinin bu olumlu raporu üzerine Elza Filosof, 19 Şubat 1929 tarihi itibariyle işe alındı. İşe alınırken Osmanlı Bankası müdüriyetinin, personelin riayet etmek zorunda olduğu kuralları içeren tüm genelgeleri okuduğunu, içerikleriyle mutabık olduğunu ve bu genelgelere uygun davranacağını bildiren matbu beyannameyi 23 Şubat 1929 tarihinde imzaladı. Altı altın liranın karşılığı olarak yirmi beş lira maaşla işe alınan Elza için bu maaş çok da az değildi. 1929 yılındaki yumurta fiyatları 8 ilâ 15 kuruş arasında değişiyordu.[11] Etin kilosu 130 kuruştu.[12] Ekmek 17 kuruş,[13] francala ise 23,5 kuruştu.[14] Beş, altı yıllık tecrübeli bir banka memuru da 45-60 lira maaş alıyordu.[15]

Elza işe başladıktan dört ay sonra 18 Haziran 1929 tarihinde hastalandı ve bir ay izne ayrıldı. Elza'yı Beyoğlu Karanfil sokak no.32'de mukim doktor S. Barzilay tedavi etmeye başla-

---

10 Muhaberat servisi şefinin 21 Şubat 1929 tarihli raporu.

11 "Yumurta fiyatları", *İkdam*, 7 Şubat 1929.

12 "Et fiyatları", *İkdam*, 9 Şubat 1929.

13 "Ekmek narhı", *İkdam*, 12 Şubat 1929.

14 "Ekmek fiatı arttı", *İkdam*, 1 Nisan 1929.

15 "Doyçe Oryant Bank'ın açığa çıkardığı Türk memurlar", *Cumhuriyet*, 6 Mayıs 1929.

dı. Doktor Barzilay raporunda hastasının tamamıyla iyileşmesi için verilen bir aylık izne ek olarak bir ay daha istirahat etmesinin gerekli olduğunu belirtti.[16] Elza, doktor Barzilay'ın raporunun da ekli olduğu bir dilekçeyle banka müdüriyetine başvurarak kendisine verilen hastalık izninin 15 Ağustos 1929 tarihine kadar uzatılmasını rica etti.[17] Müdüriyet müracaatı incelendikten sonra hastalık izninin bir ay daha uzatılmasına ve Elza işe tekrar başladığında, hastalık nedeniyle iki ay işinden uzak bulunduğu için deneme çalışma süresinin izin süresi kadar uzatılmasına karar verdi.[18] Verilen bu ek bir aylık hastalık izni Elza'nın sıhhatine tamamen kavuşması için yeterli olmadı ve Elza bankaya bir daha başvurarak bir ay daha izin istedi. Bunun üzerine Osmanlı Bankası'nın personel şefi bankanın hekimini Elza'nın evine gönderdi. Banka hekimi Elza'yı muayene ettikten sonra hastanın genel durumunun oldukça zayıf olduğuna ve ek bir aylık iznin haklı bir talep olduğuna dair bir rapor düzenledi.[19] Bu rapora rağmen personel servisi bu ikinci ek izni vermeyi reddetti. Deneme mahiyetinde istihdam edilen Elza Filosof'un işine 20 Ağustos 1929 günü itibariyle son verilmesine ve kendisine ihbar tazminatı olarak da iki haftalık ücret ödenmesine karar verildi.[20]

Elza uzun bir tedavi döneminden sonra sıhhatine kavuştu ve 14 Ekim 1930 tarihinde banka müdüriyetine başvurup işe tekrar alınmasını rica etti. Osmanlı Bankası yönetimi Elza'nın mektubunun üzerine talebin reddedilmesi şerhini ve 21 Ekim 1930 tarihini düştü. Bu red cevabı karşısındaki yirmi yaşında Elza'nın ne tür duygulara kapıldığı meçhuldur. Tek bilinen, 1930-1939 arasında meçhul bir tarihte Filosof ailesi Tozkoparan, Çatma Mescit sokaktan Tünel Kumbaracı Yokuşu Komnos Apt. no.4'e taşınmıştır.

---

16 11 Temmuz 1929 tarihli rapor.

17 28 Temmuz 1929 tarihli mektup.

18 Elza Filosof'un 28 Temmuz 1929 tarihli mektubunun üzerine düşülmüş 31 Temmuz 1929 tarihli not.

19 19 Ağustos 1929 tarihli rapor.

20 20 Ağustos 1929 tarihli belge.

Nissim Yasef'in iş müracaatı

Nissim Yasef veya yakınlarının tabiriyle Niso, 1903 yılının Nisan ayında Kuzguncuk Dağhamamı Karakolhane sokak 23 numaralı evde doğdu.[21] Altı erkek çocuktan oluşan bu geniş aile meçhul bir tarihte Kuzguncuk'tan Galata'ya taşındı ve Kuledibi Medrese sok.no.1'de bulunan ve adından da anlaşılacağı gibi aileye ait olan Bali Han'da yaşamaya başladı. Nissim Yasef'in ilkokulu nerede okuduğu meçhuldur, ancak bilinen 4 Eylül 1916 tarihinde Musevi Lisesi'ne girdiği ve buradan 10 Mart 1924 tarihinde mezun olduğudur. Mezun olduğunda Türkçe'nin yanı sıra Fransızca ve İspanyolca biliyordu. Mezun olduktan bir ay sonra Nissim, Fransa'da bulunan bir uzak akrabasının yanına gidip, geleceğini Fransa'da inşa etmeye karar verdi ve Türkiye'den ayrılıp Marsilya'ya gitti. 1924 yılının Nisan ayından aynı yılın 12 Ekim'ine kadar Marsilya'da Marius Bonifay et Cie., 27 Ekim 1924 den 8 Mayıs 1925 tarihine kadar da Paris'de Ph. Haber şirketlerinde çalıştı. Fransa serüveni Nissim Yasef'in askerlik hizmetini yapmak için Türkiye'ye geri dönmeye karar vermesiyle sona erdi. Nissim Mayıs 1925 ile Nisan 1926 tarihleri arasında askerlik hizmetini yaptı.[22] Askerliğini bitirir bitirmez 10 Nisan 1926 tarihinden itibaren Eminönü Dördüncü Vakıf Han no.36'da mukim İsaac Mizrahi adında borsa simsarlığı yapan bir Yahudinin yanında çalışmaya başladı. Nissim, 31 Temmuz 1928 tarihine kadar burada çalıştı.[23]

İsaac Mizrahi'nin tasarruf amacıyla Nissim'in işine son vermesi üzerine[24] Nissim tuhaf bir tesadüf eseri Elza'nın bankaya müracaatından sadece beş gün sonra 6 Ağustos 1928 tarihinde Osmanlı Bankası'na müracaat etti. Mektubunda iş tecrübelerini

---

21 10 Eylül 1928 tarihli nüfus kâğıdı tercümesi.

22 Her ne kadar Nissim Yasef Bali personel kâğıdında bu tarihleri belirtmişse de personel dosyasında bulunan ve Üsküdar Askerlik Şubesi'nden alınan bir belgede askerliğini bedelli olarak silahlı istihkâm alayında ve 28 Ekim 1926-28 Şubat 1927 tarihleri arasında yaptığı yazılmaktadır. (10 Eylül 1928 tarihli Üsküdar Askerlik Şubesi'nin belgesinin çeviri özeti.).

23 6 Eylül 1928 tarihli Osmanlı Bankası A.Ş. Merkez Şubesi'nin Personel kâğıdı.

24 Osmanlı Bankası A.Ş.'nin 5 Eylül 1928 tarihli istihbarat fişi.

özetlerken Fransa'da bulunduğu sırada sevkıyatçı olarak çalıştığını, İsaac Mizrahi'nin yanında muhasebe yardımcısı, veznedar ve perakendeci olarak çalıştığı için muhasebe, kasa ve senet muamelatına vakıf olduğunu ve Türkçeyi konuşup yazdığını da belirtti. İstanbul'da istihdam edilme imkânı olmadığı takdirde bankanın taşra şubelerinde de çalışmaya hazır olduğunu ilâve etti.[25] Şahsı hakkında referans alınacak kişiler olarak en son çalıştığı işyerinin sahibi İsaac Mizrahi'yi, Dördüncü Vakıf Han'da çalıştığı sırada komşuları olan Hanri Nahum adlı borsa simsarını, Mizrahi ve Hatem bankerlik şirketi ile gene bir bankerlik müessesesi olan J. Behar, Saporta ve Ortakları'nı gösterdi.[26] Ayrıca Fransa'dayken çalıştığı Marius Bonifay, Ph. Haber müesseseleri ve İsaac Mizrahi'den aldığı bonservisleri de müracaatına ekledi.[27] Osmanlı Bankası bu müracaat üzerinde gerekli soruşturmayı başlattı. Doktor Jak Akşiyote, memur adayı Nissim'i muayane ettikten sonra sıhhatinin mükemmel olduğunu ve Türkiye'nin her yerinde hizmet görebileceğini bildirdi.[28] Referans olarak gösterdiği kişilere başvuran bankaya İsaac Mizrahi, Nissim Yasef'in işine tasarruf amacıyla son verdiğini, kendisinin çok iyi bir aileye mensup çok namuslu biri olduğunu söyledi. Referans olarak gösterilen diğer müesseseler de aynı şekilde bilgi verdiler.[29] Osmanlı Bankası Nissim Yasef'i müracaatından on gün sonra bankaya davet edip imtihana tâbi tuttu. İmtihanda kendisine muhasebeyle ilgili beş soru soruldu. İmtihan sonundaki değerlendirmede üç sorudan beş üzerinden beş, birinden beş üzerinden üç, diğerinden ise iki notlarını aldı. Yazdığı Fransızca mektup için beş üzerinden üç aldı. Türkçe mektubunun kalitesi ise "vasat" bulundu.[30] Bu imtihanın sonunda Osmanlı Bankası Nissim'i altı aylık deneme süresi için

---

25 Nissim Yasef Bali'nin 6 Ağustos 1928 tarihli mektubu.

26 6 Eylül 1928 tarihli Osmanlı Bankası A.Ş. Merkez Şubesi'nin personel kâğıdı.

27 N. Bali imzalı ve 5 Eylül 1934 tarihinde bankadan ayrıldığında teslim aldığı bonservisler belgesi.

28 11 Eylül 1928 tarihli Jak Akşiyote'nin raporunun özet çevirisi.

29 Osmanlı Bankası A.Ş.'nin 5 Eylül 1928 tarihli istihbarat fişi.

30 16 Ağustos 1926 tarihli imtihan kâğıdı.

Kayseri'de istihdam etmeye karar verdi. Maaş olarak dokuz altın lira ve taşrada çalışma tazminatı olarak da dokuz altın lira verilmesine karar verildi.[31] Nissim 18 Eylül 1928 tarihinde Kayseri şubesinin veznedarı olarak işe başladı.[32] Kendisi hakkında tutulan istihbarat fişlerinin tümünde veznedarlık görevini yapabilecek, iyi huylu, çalışkan, müşteriyle iyi ilişkileri olan ve emtea ve muhasebe servislerinde çalışabilecek bir kişi olarak tasvir edildi.[33] 16 Mart 1929 tarihinde maaşı on altın liraya yükseltildi. Kayseri şubesinde sekiz ay çalıştıktan sonra Samsun'a tayin edildi. 30 Kasım 1929 tarihinde Kayseri şubesinden ayrıldı ve 23 Aralık 1929 tarihinde Samsun şubesinde işe başladı.[34] Samsun şubesinde portföy şefi olarak 2 Eylül 1932 tarihinde kadar çalışan Nissim burada da amirlerinin kendisi hakkında düzenledikleri sicil raporlarında mükemmel notlar aldı. İşine çok iyi intibak eden, çalışkan, kusursuz, zeki ancak biraz kavgacı biri olarak tarif edildi.[35]

Nissim'in Samsun yılları sakin geçti, sadece bir hadise bu sükûneti bozdu. Nissim 19 Mayıs 1932 günü Gazi Mustafa Kemal Paşa'nın Samsun'a çıkışı nedeniyle yapılan 19 Mayıs töreni ve resmî geçidini tüm banka memurlarıyla birlikte bankanın önünde izledi. Resmigeçidin bitmesinden sonra törene katılan izciler Nissim ile S. Alguadiş adlı bir diğer Yahudi banka memurunun bazı yersiz davranışlarda bulunarak resmigeçit sırasında onlar geçerken kendileriyle alay ettiklerini ve Türklüğe hakaret ettiklerini ileri sürdüler. İzcilere katılan bazı lise öğrencileriyle birlikte kırk kişiye ulaşan bir grup genç, S. Alguadiş ile Nissim mesai bitiminde bankadan çıktıklarında yollarını kesip tacizde bulundu. Bunun üzerine Alguadiş ile

31 Osmanlı Bankası A.Ş. merkezinden Kayseri Şubesi'ne gönderilen 10 Eylül 1928 tarihli mektup. 4.10233 katsayısı kullanıldığında bu maaş ve tazminat 37.- liraya tekabül etmektedir.

32 Osmanlı Bankası A.Ş. Kayseri Şubesi'nin 30 Eylül 1928 tarihli istihbarat fişi.

33 Osmanlı Bankası A.Ş. Kayseri Şubesi'nin 1 Mart, 11 Mart, 30 Eylül ve 1 Aralık 1929 tarihli istihbarat fişleri.

34 Nissim Yassef Bali'nin sicil dosyası.

35 Samsun Şubesi'nin 18 Şubat 1930, 30 Eylül 1930, 30 Eylül 1931, 25 Ocak 1932, 3 Eylül 1932 tarihli sicil raporları.

Nissim Samsun Emniyet Müdürlüğü'ne gidip ifade verdiler. Emniyet Müdürlüğü bu olaydan dolayı Samsun gençliğinin heyecan içinde olduğunu söyledi. Töreni izleyen diğer Osmanlı Bankası memurları ise Nissim ile Alguadiş'in herhangi uygunsuz bir davranışta bulunmadıklarını belirttiler. Soruşturma sonunda suçlama unsuru görülmedi ve dosya kapandı.[36] Nissim 3 Eylül 1932 tarihinde Samsun şubesinden Trabzon şubesine tayin oldu. Maaşı on bir altın lira, tazminatı da on iki altın lira olarak tespit edildi. Trabzon şubesine tayin olan Nissim'in Trabzon'da bulunduğu yıllarda ise daha gergin olduğu görülmeye başlandı. Bir sinir hastalığına yakalandığı ileri sürüldü. Müşterilerle iyi ilişkilerde olmasına rağmen kendisine verilen emirleri hemen kabul etmeyip bunları tartıştığı görüldü. Sicil dosyasına kendisinin bilgili ve zeki olduğu, bu "kötü karakteri"ni düzelttiği takdirde iyi bir memur olacağı not edildi.[37] Bu durum üzerine gerek şube müdüriyeti ve gerekse müffetişler tarafından uyarılan Nissim'in kısa sürede tavrını ve davranışlarını değiştirdiği görüldü.[38] Samsun şube müdüriyetinin hazırladığı en son raporda kendisinden "mükemmel, zeki ve faal bir memur" olarak söz edildi. Herhangi bir şubede mükemmel bir müfettiş veya müdür yardımcısı olabileceği ancak muhasebe bilgilerini geliştirmesi gerektiği ve bu imkânın da Samsun şubesinde mevcut olmadığı belirtildi. Buna karşılık şubeyi denetleyen müfettiş Nissim'i "çabuk

36 Samsun Şubesi'nin merkeze göndermiş olduğu 24 Mayıs, 6 Haziran ve 11 Haziran 1932 tarihli mektupları. 1 Mart 1926 tarih ve 765 sayılı Türk Ceza Kanunu'nun 159'uncu maddesi "B.M.M'ni veya hükümetin şahsi manevisini veya ordu ya donanmasını yahut Türklüğü tahkir ve tezyif edenler hakkında dahi bundan evvelki madde ahkamı tatbik olunur" uyarınca Türklüğü tahkir davaları açılabiliyordu. "Türklüğü tahkir" suçu Tek Parti döneminde özellikle gayrimüslimlere karşı getirilen bir suçlama oldu. Bu tür olaylarda şahıslar arasındaki kişisel anlaşmazlıklar taraflardan biri gayrimüslim ise çoğu zaman "Türklüğü tahkir" suçlaması şekline dönüştü. Soruşturmalar sonucunda ise çoğu zaman "Türklüğe hakaret" unsuru bulunmadı. Burada sözü edilen olayla ilgili olarak Nissim Yasef, oğluna, kendisine karşı yapılan suçlamanın resmigeçit sırasında geçenleri tırnaklarını birbirine vurarak alkışlar gibi yaptığı ve onlarla alay ettiği şeklindeki iddiayı nakletti.

37 Trabzon Şubesi'nin 14 Aralık 1932 tarihli raporu.

38 Samsun Şubesi'nin 16 Ocak ve 13 Nisan 1933 tarihli raporları.

öfkelenen, esneklikten yoksun, çalıştığı servisin işlerine bihakkın vakıf, çalışkan ama işi başından aşkın olduğu için bazı işleri ihmal eden, muhasebeye yeterince vakıf olmadığı için müfettiş olarak çalıştırılamayacak" biri olduğu yolunda rapor verdi.[39] Bu son raporun düzenlenmesinden sonra şube müdüriyeti ile arasında geçen ve mahiyeti meçhul bir hadise nedeniyle 9 Temmuz 1934 tarihinde, disiplinsizlik nedeniyle işine son verildiği ve kendisine on beş günlük ihbar tazminatı ödeneceği tebliğ edildi. Bunun üzerine Nissim ertesi gün Osmanlı Bankası genel müdürlüğüne bir mektup yollayıp bu karardan dolayı son derece müteessir olduğunu bildirdi. Kendisinin altı yıl boyunca Kayseri, Samsun ve nihayet Trabzon'da muhtelif görevlerde bulunduğunu, aşırı çalışma yüzünden sıhhî durumunun bozulduğunu bu nedenle Kayseri'de on, Samsun'da on beş gün hastanede yattığını ve nihayet Trabzon'da kalbini de rahatsız eden bir bağırsak hastalığına yakalandığını hatırlattı. Altı yıl zarfında 1933 yılının Temmuz ayında apandisit ameliyatı olmak için aldığı kırk beş günlük izin dışında hiç izin almadığını da belirtti. Nissim bankanın işine son vermesiyle kendisini bir anda sokakta bulduğunu, babası Rafael'in dört yıldan beri işsiz, annesi Zimbul'un da hasta olduğunu ve bankada çalışarak ailesine maddi yardımda bulunduğunu belirterek işlerine son verilen diğer mesai arkadaşlarına yapıldığı gibi kendisine de bir tazminat verilmesini talep etti.[40] Bu talebinin reddedilmesi üzerine Nissim, 14 Temmuz 1934 tarihinde umum müdürlüğe bir başvuruda daha bulundu. Trabzon şubesinde meydana gelen hadisede kendisinin tamamen masum olduğunu ve Giresun'da bulunan bölge müfettişi A. Vernazza'ya da Trabzon'a geldiğinde bu konuda soruşturma yaptığı takdirde masum olduğunun ortaya çıkacağını bildirdi; kendisine manevi tazminat ödenmesini istedi. Nissim mektubunda ailesine destek olmak için tekrar bir tazminat talebinde bulundu, ancak bu ikinci talebi de tekrar reddedildi.[41]

---

39 Samsun şubesinin 28 Eylül 1933 tarihli raporu.

40 Nissim Bali'nin 10 Temmuz 1934 tarihli mektubu.

41 Nissim Bali'nin 14 Temmuz 1934 tarihli mektubu.

Elza ve Nissim karşılaşıyor ...ve evleniyorlar

Osmanlı Bankası'na beş gün arayla iş müracaatında bulunan ve Elza'nın kısa bir süre, Nissim'in de altı yıllık bir mesaiden sonra, Osmanlı Bankası'ndaki memuriyet hayatları sona erdi ve bu iki gencin hayatları bir noktada kesişti. Elza 1930 yılının Ekim ayında Osmanlı Bankası'na tekrar iş müracaatında bulunmuş ancak bu müracaat reddedilmişti, bunun üzerine muhtemelen babası Bohor'un veya eş dostun yardımıyla ihracat ile meşgul olan Anadolu Kontuarı şirketine memure olarak girdi. Bu iş onun hayatının dönüm noktası oldu. Burada mesai arkadaşlarının kısaca Niso diye hitap ettikleri Nissim ile tanıştı. Niso Elza'yı görünce ona talip oldu, ancak nedendir bilinmez Elza'nın kanı ona hiç ısınmadı. Şirkette çalışan ve çoğu Yahudi olan diğer mesai arkadaşlarının ısrarlı telkinleri ve kulis faaliyetleri sonunda Niso ile evlenmeye razı oldu. Nikâh 15 Mayıs 1939 tarihinde Beyoğlu Evlendirme Dairesi'nde kıyıldı. 28 Mayıs 1939 günü Yahudi şeriatına uyarak dinî nikâh kıyıldı. Yahudi geleneklerine uygun olarak Eliza, iki bin lira drahoma parası verdi.[42] Daha sonra sinagogda dinî tören yapıldı ve genç çift balayını geçirmek için Yalova kaplıcalarına gitti.

Genç çiftin yaşamları hakkında pek bir bilgi yoktur. Tek bilinen evliliklerinin ikinci senei devriyesinde, yani 1941 yılının Mayıs ayının ilk yarısında Niso'nun diğer bütün gayrimüslimler ile birlikte silah altına alınıp Kütahya'ya sevk edilmiş olmasıdır. Niso Kütahya'da 140'ıncı Nafia takımında nafia eri olarak görevini yaparken yıllar önce iki kere kırdığı sağ kolunu 20 Temmuz 1941 tarihinde üçüncü kez kırdı ve 24 Temmuz 1941 tarihinde Kütahya Hava Hastanesi'ne yatırıldı. Hava Hastanesi Sıhhi Heyeti tarafından yapılan muayene neticesinde iki ay tebdil havaya gönderilmesi kararlaştırıldı. Niso hastanede yatarken onunla birlikte askerlik yapan tanıdıkları Elza'ya Niso'nun sürekli adını sayıkladığını bildirdiler ve kendisine trene binip kocasını görmek için Kütahya'ya gitmesini telkin ettiler. Değil İstanbul dışı-

---

42 Türkiye Hahambaşılığı Düğün Kayıt Defteri, 1939 yılı kayıt no. 103/142.

na çıkmak, yaşadığı ev, işyerinin bulunduğu Eminönü ve gezinmek için gittiği Beyoğlu üçgeninden oluşan yaşam alanının dışına hiç adım atmamış olan Elza'nın, Kütahya'ya tek başına mı, yoksa bir refakatçi ile birlikte mi gittiği meçhuldür. Tek bilinen Kütahya'ya gidip kocasını gördüğü ve beraberinde hatıra olarak artık çoktan tuz buz olmuş bir Kütahya vazosunu getirdiğidir. Yirmi kur'a ihtiyatların silah altına alınmaları serüveni bittikten kısa bir süre sonra Niso, 11 Kasım 1942 tarihinde yürürlüğe giren Varlık Vergisi ile karşı karşıya kaldı. Altı erkek kardeş vergiyi ödeyebilmek için aileye ait olan Bali Han'ı satmak zorunda kaldılar. Nesim Yasef Bali, 16 Ocak 1943 tarihinde cezası ile birlikte 204.- lira Varlık Vergisi'ni ödediği için Aşkale'ye gönderilmedi.

Asmalı Mescit'te hayat

1943 yılından sonra genç çiftin hayatının nasıl seyrettiği meçhuldür. Tek bilinen Elza'nın hamile kalamadığı için dönemin ünlü kadın hastalıkları hekimi ve nisaiyeci Prof. Dr. Tevfik Remzi[43] tarafından tedavi edildiği, Tevfik Remzi'nin çifte Yalova Kaplıcaları'na gitmelerini tavsiye ettiği ve nihayet genç çiftin evliliklerinden dokuz yıl sonra 4 Kasım 1948 tarihinde bir erkek çocuğa sahip olduklarıdır. 1948 yılının Kasım ayı Türkiye Yahudilerinin büyük bir heyecan içinde yeni kurulan İsrail devletine kitlesel bir şekilde göç etmeye başladıkları günlerdir. Genç çiftin bu heyecana kapılıp kapılmadığı, göç etmeyi düşünüp düşünmediği tamamıyla meçhuldür. Bütün İstanbul Yahudileri göç heyecanıyla çalkalanır ve sarsılırken genç çiftin aynı heyecana kapılıp göç etmeyi akıllarından geçirdiği, ancak Elza'nın hamile olması nedeniyle bunu hemen akıllarından çıkardığı da düşünülebilir, ancak bu tamamıyla bir faraziyedir. Genç çift 1960 yılına kadar Asmalı Mescit, Piremeci sokak, Musa Bey apartmanının ikinci katında yaşadı. Komşuları, Niso'nun İstan-

43 Prof. Tevfik Remzi 1895 yılının Aralık ayında İstanbul'da doğdu. Dresden, Berlin ve Cenevre'de uzun yıllar eğitim gördükten ve hekimlik yaptıktan sonra İstanbul'a geri döndü, Dar-ül-fünûn Tıp Fakültesi'nde kadın hastalıkları ve nisaiye kliniği profesörlüğüne atandı. (Mehmed Zeki ve Mahmud Paçacı, *Türkiye Teracim-i Ahvâl Ansiklopedisi*, L. Babok Matbaası, İstanbul, 1928, Cilt 1, s. 149).

bul dışında olduğu bir gün Elza'nın hastalanıp yatağa düşmesi üzerine vücudunu ispirto ile ovup iyileşmesini sağlayan ve ona, "bre Elzika senin bir kocan var, benim bin kocam var. Hepsi bana kürkler, hediyeler alıyor" deyip aklını çelmeye çalışan randevuevi sahibi şen şakrak Rum madam Hrisanti, Madam Hrisanti'nin oltasına takıldığı rivayet edilen Elektrik İdaresi'nde çalışan memur Sabri Bey'in güzel karısı, casus olduğu rivayet edilen esrarengiz bir Alman kadın, akşamları pavyonlarda mesai yapan dönemin tanınmış Rum dansözü Nana, karşı apartmanda oturan ve bir diğer randevuevi sahibi olan Nana'nın teyzesi, Rum bakkal Bobo, sonradan İsrail'e göç eden seyyar zerzevatçı İzak, onlarca sokak kedisini evinde besleyen çocuksuz Yahudi karı-koca Abuaflar, çocuklarından birinin adı Momo olan ve sonradan İsrail'e göç eden iki erkek çocuklu fakir bir Yahudi aile ve sonradan apartmana adı verilecek olan kapıcı Musa Efendi idi. Küçük çocuk bar ve pavyonların ortasında büyüdü, evinin hemen karşısında bulunan Tepebaşı Dram Tiyatrosu'nun bulunduğu Petit-Champs bahçesinde annesiyle oynadı ve ilkokulu Kuledibi'ndeki Musevi Birinci Karma İlkokulu'nda okudu. Çocuğun bu dönemden aklında kalan tek tük şeyler, parmaklarında birden peydahlanmış ve bir türlü yok olmayan garip siğillerin Hoca olduğu söylenen kapıcı Musa Efendi'nin bir akşam dua okuyup üflemesinden sonra sabah uyandığında esrarengiz bir şekilde yok olması, evinde sokak kedileri besleyen Madam Abuaf'ın bir kedisinin bacağını derin bir şekilde tırmalaması, çağrılan veterinerin kedinin kuduz olup olmadığını anlamak için kediye su içirmeye çalışması, kedinin su içmemekte direnmesi ve bir mart günü evden kaçmasıdır. Bunun üzerine aile oğullarına kuduz iğnesi yaptırıp yaptırmama kararını vermek zorunda kaldı. Karar oğlanın kudurması pahasına da olsa iğne yapılmaması oldu. Heyecanlı geçen bir haftanın sonunda kedinin eve geri dönmesiyle mart ayı nedeniyle sokağa kaçtığı ortaya çıktı ve bunun üzerine oğlanın çok şükür kudurmayacağı anlaşıldı. Ailenin tüm fertleri orta büyüklükteki, aynı zamanda hem yemek, hem oturma, hem de yatak odası olarak kullanılan bir odada yemek yediler, radyo dinlediler ve yatıp uyudular. Daha iyi mobilyalar ile döşenmiş olan ikinci oda hiç kullanılmadı, sadece ender olarak misafir gelince kapısı açıldı. Elza daha varlıklı olan eltilerinin, küçük oğlu için kendisine ara sıra verdikleri kullanılmış giysilerle idare etti ve ailenin mütevazı imkânlarını fazla zorlamamaya gayret etti. Yaz aylarında Niso'nun beş erkek kardeşi arasında en varlıklısı olan, iplik boyahanesi ile havlu fabrikası sahibi Hayri amcanın Fenerbahçe'deki bahçeli güzel köşküne gidip ara sıra orada kaldılar. Bazen de Suadiye'de, bir Beyaz Rus'un işlettiği, çam ağaçlı bir koru içinde bulunan Pansiyon Şröder'de bir oda kiralayıp yaz aylarını orada geçirdiler. Bugün pansiyonun ve Hayri amcanın köşkünün yerlerinde yeller esmekte.

Küçük çocuğun o yıllardan aklında kalan diğer birkaç şey, anne ve babasının yattıkları geniş ahşap karyolanın tahtakurusu istilasına uğraması üzerine tahtakurusu yuvalarını kurutmak için somya ve şiltelerin kaldırılması ve ispirto dökülüp kibrit çakılınca aniden parlayan mavi alevler; evin pencerelerine takılı olan İkinci Dünya Savaşı'nın karartma günlerinden kalan koyu lacivert muşamba perdeler; Zeynep adlı güzel bir kızın şoför sevgilisi tarafından kaçırılmasının mahallede yarattığı heyecan; 1955 yılının Eylül ayının ilk günlerinde bir güruhun Beyoğlu'nu talan ettiği bir sırada kapıcı Musa Efendi'nin apartmanın kapısını tutup "burada Rum yok" deyip bu güruhun apartmana girmesini önlemiş olması; ve karşı apartmanda, gece gündüz bıkmadan usanmadan keman çalan ve günün birinde ailecek ortadan kaybolan güzel genç Yahudi kızı Eti Mefano'dur. Eti'nin sırrı çok uzun yıllar sonra bir gazete haberiyle aydınlandı. Eti aslında "harika çocuk" idi. İstanbul Devlet Konservatuarı'nda okuyan Eti keman hocasının ısrarı üzerine "Harika çocuk" sınavına girdi ve sınavı kazanan üç öğrenciden biri oldu. Ancak annesinin anlattığına göre Yahudi olduğu için kendisine devlet bursu verilmedi ve annesinin kişisel fedakârlıkları sonucunda Paris Konservatuarı'na girebildi. Eti konservatuardan 1965 yılında mezun oldu ve Paris Oda Orkestrası'nda görev aldı.[44] Küçük çocuğun aklında

44 Nurdan Bernard "Uluslararası Türkler'e karşı medya balonları", *Yeni Yüzyıl*, 5 Temmuz 1998.

kalan bir diğer şey de babasının sürekli evlerinin yanı başında bulunan Kanuniesasi Kıraathanesi'ne gidip tavla oynaması ve annesinin de buna çok öfkelenmesi idi.[45] Küçük çocuğun o günlerin bir anısı olarak bugüne kadar sakladığı bir aile yadigârı da uçları hiç açılmamış Çekoslovak malı Koh-i-Noor marka kurşun kalemlerin saklandığı orijinal teneke bir kalem kutusu ve aynı markanın amblemini taşıyan bir kristal küllüktür. Bunlar Niso'nun Anadolu Kontuarı şirketinde çalıştığı günlerde şirketin L. und C. Hardtmuth firmasından ithal ettiği kalemlerdir. Nissim, oğluna bir kutu bu kalemlerden armağan etmiştir.

Küçük oğlanın aklında çok uzun yıllar yer etmiş olan bir diğer figür, akciğer mütehassısı Dr. Seyfettin Bey'di. Küçük oğlan geçirdiği zafiyet nedeniyle uzun yıllar Dr. Seyfettin Bey'in Sıraselviler Caddesi, Meşelik Sokak No. 36, Hrisovergi apartmanında bulunan muayenehanesine gidip, geldi. Bol bol röntgen filmleri çektirdi. Bol bol balık yağı ve ilaç içti. Denize de girmesi yasaklandı.

Elza ve Niso yaşamları boyunca Niso'nun gençlik yıllarındaki Fransa serüveni dışında Türkiye'den dışarı adımlarını atmadılar. Elza'nın bir pasaportu bile olmadı. Elza 1941 yılında Kütahya'da hastanede yatan kocasını görmek ve 1969 yılında Ankara'da askerliğini yapan oğlunu ziyaret etmek dışında İstanbul'un dışına adımını bile atmadı. Seyahat etmeye imkânları olmayan Elza ve Niso İsrail'e de hiçbir zaman gitmediler. Buna rağmen küçük oğlanın zihninde yer eden sıradan bir olay, Niso'nun hiçbir zaman gitmeyeceğini ve görmeyeceğini bildiği bir anavatana karşı sevgi beslediğine işaret ediyor. 1960'lı yılların Türkiyesi'nde üstlerinde bir doların bile bulunmasının insanların Türk Parasını Koruma Kanunu'na göre döviz kaçakçısı olarak tutuklanmalarına neden olduğu bir ortamda Niso, nereden eline geçirdiği bilinmez birkaç doları evde bulundurmamak için, zarfın postanede ışığa tutulup içine bakılması ihtimalini

45 Bu kıraathane Tepebaşı'nda Meşrutiyet Caddesi üzerinde bulunuyordu. Kuruluşu 19. yüzyılın sonlarına rastlar ve Café de la Paix adını taşır. II. Meşrutiyet'in ilânından sonra adını Kanuniesasi olarak değiştirdi. ("Kanuniesasi Kıraathanesi", *Dünden Bugüne İstanbul Ansiklopedisi*, Tarih Vakfı, 1994, Cilt 4, s. 422).

de hesaplayarak, siyah karbon kâğıdına sarıp bir zarfa koydu, üzerine "İsrail Merkez Bankası" yazıp İsrail'e postaladı.

Niso evlendikten bir süre sonra memur olarak çalıştığı şirketten ayrıldı ve altı kardeş arasında en varlıklısı olan Hayri'nin Bomonti'deki havlu fabrikasında memur olarak işe başladı. Aynı fabrikada altı erkek kardeşin en küçüğü ve en yoksulu olup çocukluğunda tramvay altında kalıp bir ayağını kaybeden İzak da ustabaşı olarak çalışıyordu. İzak fabrikada çalışan Ester adında yoksul bir Yahudi işçi kıza gönlünü kaptırdı ve onunla evlendi. Havlu fabrikası kapandığında İzak işsiz kaldı, bir süre sonra da vefat etti. Akabinde karısı Ester kanser oldu ve erken yaşta öldü. Küçük yaşta yetim kalan iki erkek çocuk, Hayri ve Rıfat, amcalarının oğulları tarafından İsrail'e gönderildiler. Bugün her ikisi de "hayatlarını kurtarmış" durumdalar. Rıfat İsrail Silahlı Kuvvetleri'nde muvazzaf subay olarak görev yapmakta, Hayri ise iş idaresi okudu ve bir şirkette çalışmakta.

Niso, fabrika kapandıktan sonra gene bir Yahudi sanayiciye ait Derby Lastik Fabrikası'na ambar ve satınalma memuru olarak girdi. Satınalma memuru olmanın verdiği avantajla Derby'ye matbaa işleri yapan bir matbaacıdan oğlu için o günün modası olan bir "bond çanta"yı hediye olarak koparmayı da başardı. Niso Derby'de uzun yıllar çalışıp oradan emekli oldu. Uzun bir emeklilik döneminden sonra 23 Eylül 1983 günü vefat etti, 25 Eylül 1983 günü defnedildi. Elza, Niso'yu kaybettikten bir süre sonra derin bir değişime uğradı, kendi içine kapandı ve dış dünya ile ilişkisi sadece TV seyretmek ve oğlu ile torunlarını öpmekten ibaret oldu. Pek fazla konuşmadı, oğlunun evinde bir odada kendi küçük dünyasına kapanıp günlerini geçirdi. Elza 27 Ocak 1997 günü vefat etti. Niso ve Elza, oğullarına ileride maddi olarak yük olmamak için yıllar önce İstanbul Ulus *Aşkenaz* Yahudi mezarlığında kendilerine satın aldıkları parsellerde yan yana yatmaktalar.

Bugün Elza ve Nesim'in adları, kulaklara fazla yabancı veya alafranga çalınmaması için Seza ve Nedim olarak değişikliğe uğramış bir şekilde torunları tarafından devam ettirilmekte.

Elza'nın ablası

Elza'nın ablası, 1322-1324 (1906/1908) doğumlu Sultana veya alafranga adıyla Clémence (Klemans), kızkardeşine tezat teşkil edercesine İstanbul'da kendi küçük âleminde son derece Batılı bir hayat sürdü. 11 Mayıs 1905 tarihinde Selanik'te doğan ve Galata'da Şahkulu Mahallesi Hendek Sokak, 6 numarada yaşayan aşkenaz eşi Rudolf (Rudi) Rozental ile 18 Aralık 1931 tarihinde Yüksekkaldırım *Aşkenaz* sinagogunda evlendi. Çift 30 Haziran 1936 tarihinde Rozental soyadını bırakıp Ney soyadını aldı.[46] İliya Ney diğer gayrimüslimler gibi yirmi kur'a ihtiyatlar ile birlikte silah altına alındı ve 11 Haziran 1941 tarihinde Dördüncü Grup Komutanlığı 22. Nafia Takımı'na er olarak katıldı. Millî Müdafaa Vekâleti'nin 15 Temmuz 1942 tarihli Ordu Dairesi Şubesi 35643 sayılı emirleri mucibince 15 Ağustos 1942 tarihinde terhis oldu.[47] Klemans ve Rudi bir süre Mersin'de BP'de çalıştılar ve daha sonra İstanbul'a geri döndüler. Rudi petrol istasyonları levazımatı ithalatı ile uğraşan bir şirket kurdu. Cumhuriyet Caddesi, no. 76-78 Elmadağ'daki şirket yazıhanesinin mal sahibi, Surp Agop Hastanesi Vakfı idi; evleri Taksim bahçesinin öteki tarafındaki Mete Caddesi'nde 38 numaralı Panorama Palas'ın sekiz numaralı dairesi idi. Rudi her gün 12.30 civarında bürosundan ayrılıp birkaç dakikada Taksim bahçesini enine kat ederek Mete Caddesi'ndeki evine gelir, yemeğini yer, *Le Journal D'Orient* gazetesini okur ve saat 14.00'de gene bahçeden geçerek bürosuna geri dönerdi.[48] İs-

---

46 İliya Ney'in 21 Mart 1933 tarihli ve Galata Nüfus İdaresi'nce verilen nüfus cüzdanı.

47 İstanbul İkinci Noteri tarafından düzenlenmiş 4 İkinciteşrin 1942 tarih ve 9765 sayılı hüviyet cüzdanı sureti.

48 *Le Journal D'Orient* gazetesi Yahudi asıllı gazeteci Albert Karasu tarafından 1918-1971 yılları arasında yayımlandı. Özellikle Yahudiler tarafından okundu. Gazete kozmopolit bir çizgi taşıdı. Bu gazete hakkında bir araştırma için bkz. Selim Kaneti, "La disparition du dernier quotidien de langue Française à İstanbul: Le Journal D'Orient", *Presse Turque et Presse de Turquie-Acte de Colloques d'Istanbul*, İsis Yayımcılık & Institut Français d'Etudes Anatoliennes-Varia Turcica XXIII, İstanbul 1992, s. 65-69 ve Giovanni Scognamillo, "Le Journal D'Orient", *Dünden Bugüne İstanbul Ansiklopedisi*, Tarih Vakfı, 1994, Cilt 4, s. 320).

tanbul'da yaşayan yabancı şirketlerin ecnebi müdürleri, diplomatlar ve Tarabya'da bir villası olan deri fabrikası sahibi Rum Dulos ailesi[49] ile görüşen çift, müreffeh bir hayat sürdü. Klemans resim dersleri aldı ve oldukça güzel portreler ve natürmortlar yaptı. Boş zamanlarını Union Française[50] ve Cercle d'Orient[51] kulüplerinde konser dinlemek, sohbet etmek ve dostlarıyla briç oynamakla geçirdiler. Çift hayatın tadını doya doya çıkarmak ve Avrupa'yı enine boyuna gezmek istediği için ayakbağı olacağını düşünüp çocuk sahibi olmadılar ve her yıl bir buçuk, iki ay kadar tatile çıkıp Avrupa'yı karış karış gezdiler. Yıllar geçtikçe çocuk sahibi olmamanın pek de iyi bir karar olmadığına kanaat getirdiler ama iş işten geçmişti, Klemans artık hamile kalamayacak kadar ileri bir yaştaydı. Bu Avrupa seyahatlerinden geriye kalan, Klemans'ın otellerden ve lokantalardan hatıra olarak topladığı kül tablaları ve üstünde kaldıkları otellerin bagaj etiketleri yapışık olan eski bir bavuldur.

Klemans küçük kardeşi Elza'nın hali vakti pek yerinde olmayan küçük bir memur olan Nissim (Niso) ile evlenmesini pek içine sindiremedi. Türkçe'yi Türkiye'ye yeni yerleşmiş bir yabancı kadar konuşmayı becerebilen ve ömrü boyunca eşi Rudi ve arkadaşlarıyla Fransızca, İngilizce, Almanca veya Rumca konuşmuş olan Klemans, Elza'ya oğluna katiyen İs-

49 Burada sözü edilen aile Aleko ve Foti Dulos idi. Deri sanayicisi Hasan Yelmen anılarında onlardan şöyle söz etmektedir: "Rum kökenliler (dericiler-RNB) kırk yıl önceleri çok büyüktüler, güçlüydüler. Bunlardan Aleko Dulos, Foti Dulos, Sotiryadis, Orietas-Kefalos, Tripo'lar, Triandafilidis'ler, Piç Yani, Panayot Sami gibi firmaların yerlerinde yeller esiyor." (Hasan Yelmen, *Kazlıçeşme'de 50 Yıl*, Cilt 1, Ezgi Ajans, İstanbul, 1992, s. 191).

50 İstanbul'da Tepebaşı Meşrutiyet Caddesi'nde Amerikan Konsolosluğu'nun karşısındadır. 1896 yılında Alexandre Vallaury tarafından tasarlanıp inşa edilmiştir. Yapı 19. yüzyılın sonunda İstanbul'da bulunan ve önemli bir grup teşkil eden Fransız kolonisi için bir sanat ve kültür merkezi olarak kullanılmıştır. (Afife Batur, "Union Française", *Dünden Bugüne İstanbul Ansiklopedisi*, Tarih Vakfı, 1994, Cilt 7, s. 324).

51 Bu kulüp, Türkçe telaffuz şekliyle "Serkldoryan" adıyla bilinen ünlü bir kulüptü. 1882 yılında levanten, azınlık ve yabancı uyruklular tarafından kurulmuştur. Cumhuriyet'in ilânından sonra adını Büyük Kulüp olarak değiştirdi. Bugünkü İstiklâl Caddesi'nde şimdiki adıyla Yeşilçam Sokağı'nın köşesindeki büyük binada kuruldu. (Behzat Üsdiken, "Cercle d'Orient", *Dünden Bugüne İstanbul Ansiklopedisi*, Tarih Vakfı, 1994, Cilt 2, s. 409)

panyolca ve Türkçe hitap etmemesini, Türkçe Türkiye dışında bir işe yaramadığı için sadece ve sadece Fransızca konuşmasını sürekli telkin etti. Ancak bu telkinler pek fazla işe yaramadı. Elza oğluna ara sıra Fransızca hitap etmesine rağmen Niso buna pek rağbet etmedi, buna karşılık oğulları da onlara hiçbir zaman Fransızca cevap vermedi. Neticede evde anne ve baba kendi aralarında İspanyolca, çocuklarıyla da Türkçe konuştular. Küçük oğlan her hafta derse gider gibi öğle yemeğine gittiği Klemans teyzesinde kaldığı birkaç saat boyunca Fransızca konuştu. Aslında Türkçe konuştuğu takdirde Klemans teyzenin kendisine cevap vermeyeceğini de çok iyi biliyordu.

Klemans ve Rudi, İstanbul'un daha pırıltılı yanlarını göstermek için Elza ve Niso'ya rehberlik de yaptılar. Türkiye'nin ilk uluslararası oteli olan Hilton'un 10 Haziran 1955 yılında hizmete açılması İstanbul sosyetesi için bir olay oldu. Bu müstesna olaya iştirak etmeyi tabiî ki ihmal etmeyen Rudi ve Klemi oteli ilk gezenler ve Boğaz'a nazır çay içenler arasında yer aldılar. Bir süre sonra Klemi, Niso'nun halen Hilton'u Elza'ya gezdirmemiş olmasına belli belirsiz kızarak bu konuda rehberlik yapmayı da üstlendi. Klemans ve Rudi, Elza'yı, Niso'yu ve yedi yaşındaki yeğenlerini yanlarına alıp onlarla birlikte küçük bir turistik gezi yaparcasına Hilton'u baştan aşağıya gezdiler. Bu geziden küçük çocuğun aklında kalan tek şey, o günlerin İstanbul'unda ağır aksak hareket eden asansörlerin yanında bir teknoloji harikası gibi görünen, otelin hızlı asansöründe annesinin başının acayip döndüğüdür.

Klemans ve Rudi, Elza ve Niso'nun Tepebaşı Piremeci Sokak'tan daha iyi bir semt olan ve oğlanın ilkokuldan sonra eğitim göreceği Saint Michel Fransız Ortaokulu'na daha yakın olan Osmanbey'e taşınmaları için sürekli baskı yaptılar. Osmanbey'de satın alınacak uygun bir daire bulunduğunda Niso'nun yeterli parası olmadığı için kendisine borç verdiler ve böylece aile 1960 yılında Piremeci Sokak'a veda etti. Klemans ve Elza'nın babaları Bohor Filosof vefat edince geride kalan nadide halı koleksiyonu Niso tarafından Kapalıçarşı Bedesteni'nde düzenlenen bir mezatta satıldı, paralar iki kızkardeş arasında bölüştürüldü, geriye bir tek Buhara halısı saklandı.

1970'li yılların başında yıllar boyu kirada oturdukları Panorama Apartmanı, sahibi tarafından satılınca Klemans ve Rudi'nin huzurları kaçtı. "Ecevit ve komünistler iktidara geliyor" vehmi de yüreklerine kor gibi düşünce apartmanın satılması nedeniyle hafiften kaçmış olan huzurları bu sefer büsbütün kaçtı. Rudi ve Klemans işlerini ve eşyalarını tasfiye etmeye karar verdiler. Tasfiye işi bitene kadar önce Ayaspaşa'da, bir levanten dostlarına ait Zambak Apartmanı'nın çatı katında bir süre kaldılar ve Boğaz'ın nefis manzarasını seyretmeye devam ettiler. Daha sonra Park Oteli'nin alt katlarında gene Boğaz manzaralı bir daire kiralayıp burada yaşamaya devam ettiler. Antika eşyalarını buraya naklettiler. Klemans İstanbul'un en iyi antikacılarını otele çağırdı ve eşyalarını en iyi fiyatlara sattı. Kendilerine sadece birkaç küçük tablo ve bir iki halı ayırdılar ve bunları da ömürlerinin geri kalan kısmını geçirmeye karar verdikleri Fransa'nın Nice kentine yolladılar. Nice'in en mutena yerinde Promenade Des Anglais'de Fransız Rivyera'sına nazır, bir odalı bir daire kiralayıp emekli hayatı yaşamaya başladılar. Yıllar gelip geçti ancak bütün tahminlerin aksine "komünistler" Türkiye'ye hiçbir zaman uğramadılar. Klemans ve Rudi Nice'de yaşayan ve genellikle "komünistler"den kaçan varlıklı ve yaşlı Türkiyeli Yahudilerle, daha sonra Ayetullah Humeyni'nin İslâm devrimini gerçekleştirmesiyle İran'dan kaçan varlıklı İranlı aileler ile görüşüp öğleden sonraları briç oynadılar. Ancak bir süre sonra Türkiye'ye özlem duymaya başladılar. Fransız televizyonunda Türkiye'yi tanıtan programlara rastladıklarında çok sevindiler. Eurovision şarkı yarışmalarında Türkiye'yi tuttular. Türkiye'de yaşarlarken Türklere küçümseyen bir edayla tepeden bakan Klemans ve Rudi, Fransa'daki yaşamlarında değişime uğradılar ve sıkı birer Türkperver "yabancı" oldular. Kaderin garip cilvesi Türkiye'de yaşarlarken Türklerden pek hoşlanmayan Klemans ve Rudi, Fransa'da yabancı dostlarına sürekli Türklerin "barbar" değil çok misafirperver insanlar olduklarını ve Türkiye'deyken hiçbir kötülüklerini görmediklerini vaaz ettiler. Açıkça itiraf etmeseler de Türkiye'den ayrıldıklarına pişman oldukları da görüldü. Bunda

"Özallı yıllar" sayesinde Türkiye'nin nihayet "küçük Avrupa" haline gelmiş olmasını görmeleri de büyük rol oynadı. Klemans 10 Mart 1988 tarihinde Rudi'yi kaybetti. Rudi, Nice'deki mezarlığa defnedildi.

Klemans Türkiye'yi en son 1991 yılında ziyaret etti. İstanbul'un yeni halini, kalabalığı, delik deşik kaldırımlarını ve yollarını görünce dehşete kapıldı. On iki yıldır görmediği Elza'nın çökmüş halini görünce derinden sarsıldı ve ağlamaya başladı. Yeğeni ile Boğaz gezintisi yaptığında, Mete Caddesi'ndeki Panorama Palas'ın yerinde Garanti Bankası'nın bulunduğu bir işhanını, Park Otel'in yerinde de yeller estiğini gördüğünde gözleri doldu. Nice'e geri döndüğünde sürekli, Nice'de yaşamaya devam etmek veya İstanbul'a dönmek arasında tereddüt etti. Rudi'sinin Nice mezarlığında yatmakta olması onu Nice'de kalmaya itti. Klemans yaşamının son yıllarını yirmi yaşındaki Cezayirli bakıcısı ile birlikte Promenade des Anglais'deki dairesinin balkonundan Fransız Rivyerası'na bakıp eski günlerini yad etmekle geçiriyor; hafızası gidip geliyor. Yeğeni kendisini nadiren günübirlik ziyaret ettiği zamanlarda bakıcısının anlamasını istemediği şeyleri zihninde yer etmiş yarım yamalak Türkçesi ve İspanyolcasıyla anlatmaya çalışıyor. Kızkardeşi Elza'nın vefat ettiği kendisine hiçbir zaman söylenmediği için hatırladığı zaman halen Elzika'nın sıhhatini sormakta. Türkiye'yi ve İstanbul'daki eski yaşamını hatırlatan tek şey İstanbul'dan getirttiği Türk halısı ve masasının üzerindeki, Rudi-Klemi çiftinin onlarca yıl öncesine ait belki bir yılbaşı gecesi, belki de bir davet öncesinde çektirdiği bir fotoğraf. Klemi'nin hayattaki son arzusu ve vasiyeti, Nice'de Rudi'sinin yanına gömülmek...

Tarih ve Toplum, Ağustos 1999

Not: Bu makale yayımlandıktan bir hafta sonra 7 Ağustos 1999 günü saat 18.30'da Klemi evinde vefat etti. Cenaze töreni Nice'de yapıldı. Klemi Nice Belediye Mezarlığında Yahudilere ayrılmış bölümde, Rudi'sinin yanına gömüldü. Cenazede bir tek yeğeni, yeğeninin eşi ve son günlerini birlikte geçirdiği Cezayirli bakıcısı hazır bulundu. Geriye üzerinde "Souvenir de Constantinople 1906" yazılı bir porselen deniz kabuğu, bir porselen kedi biblosu, bolca eski fotoğraf, doktor reçetesi ve eski fatura kaldı.

Elza ve Klemi (Sultana).

Elza Filosof (1929). Banka dosyasındaki fotoğraf.

Nisim Bali, Kayseri, 1928. Banka dosyasındaki fotoğraf.

Elza ve Nisim.

Elza ve Klemi (Sultana). Eylül 1991.

İKİNCİ BÖLÜM

BİR OLAY, BİR KURUM

31 Mart Vakası ve Hareket Ordusu'ndaki Yahudi Taburu

Yakın tarihimizin en fazla incelenmiş, hakkında en çok yayın yapılmış olaylarından biri 31 Mart Vakası'dır. Buna rağmen 31 Mart ayaklanmasını bastırmak için İstanbul'a gelen Hareket Ordusu'nun içinde yer alan bir Yahudi Taburu'nun mevcudiyeti, bu konudaki Yahudi kaynakları dikkate alınmadığından, yeterince araştırma konusu olmamıştır. İttihat ve Terakki Cemiyeti'nden ayrılıp muhalefet saflarına katılan Şerif Paşa anılarında bu taburdan kısaca şöyle bahsederdi:

> "31 Mart trajedisinden birkaç gün sonra, İstanbul surları dışında Arnavud, Bulgar, Yahudi, Selanikli, Manastırlı bir sürü gönüllüler, birkaç tabur da asker ordugah kurmuş, güya tehlikede bulunan hürriyeti, meşrutiyeti kurtaracaklardı. Yüzyılımızda İsrailoğlullarının gönüllü savaşa, ölüme gitmesi, yalnız Osmanlılıkta görülmüş tarihi nadirattandır."[1]

Bu makalede bu taburun hikâyesi merkez alınıp II. Meşrutiyet'in ilânı karşısında Selanik ve Konstantiniye Yahudilerinin tepkileri anlatılmaya çalışılacaktır.

---

1 Şerif Paşa, *Bir Muhalifin Hatıraları İttihat ve Terakkiye Muhalefet*, Nehir Yayınları, İstanbul 1990, s. 50.

İttihat ve Terakki Cemiyeti ve Selanik Yahudileri

Bu döneme ilgi gösteren çevrelerde büyük ölçüde geçerliliğini koruyan kanaat Yahudilerin ve Dönmelerin İTC içinde etkin olduklarıdır. İkinci bir kanaate göre ise II. Abdülhamid'in tahttan indirilmesinin gerisinde yatan asıl neden, geleceğin Siyonist lideri Theodor Herzl'in Filistin'de bir Yahudi yurdu kurmak amacıyla toprak satın alma talebinin II. Abdülhamid tarafından reddedilmesidir. Bu kanaatler hem gerçek olgulara, hem de aynı olguların tahrif edilmiş şekillerine dayanmaktadır. Avrupalı devlet adamları, Osmanlı İmparatorluğu'nda görev yapan diplomatlar ve Jön Türklerin hasımları arasında kabul gören fikir, Jön Türk ihtilalinin aslında Filistin'de bir Yahudi yurdu kurulmasını amaçlayan Siyonist Yahudiler tarafından gerçekleştirildiği idi. Gerçek ise daha değişikti. Selanik, Jön Türk ihtilâlinin merkezî idi. Mason cemiyetleri İTC'nin gizlilik altında yapmak istediği toplantıları için ideal mekânlardı zira üyelerin dışında hiç kimse bu mekânlara giremiyordu. Bu nedenle İTC'nin toplantıları mason cemiyetlerinde yapılmaktaydı. Bu cemiyetlerin önde gelen idarecileri ve kurucuları arasında Yahudiler ile Cavit Bey, Talat Bey gibi Dönmeler de yer alıyordu. Bu olgular Jön Türk ihtilâlinin aslında bir "Yahudi-Dönme-mason" hareketi olduğu yorumlarına yol açıyor ve bu görüş tarihî gelişmeleri komplo teorileri ile açıklamaya meyilli olan Avrupa çevrelerinde yaygın kabul görüyordu.[2] 1908 yılında 170.000 nüfuslu Selanik'te 90.000 Yahudi ve yaklaşık on bin Dönme yaşıyordu. Selanik'in Yahudi, Hıristiyan ve Dönme sakinlerinden oluşan kozmopolit yapısı Jön Türk ihtilâli için gerekli olan uygun koşulları ve ortamı sağlıyordu. Selanikli Yahudiler ihtilâl sonrasında kendileri

2 Bu abartılı görüş hakkında bir inceleme için bkz. Elie Kedourie "Jön Türkler, Farmasonlar ve Yahudiler", *Birikim*, Kasım 1978, S. 45, s. 54-68 ve Mete Tunçay, "Jön Türkler, Farmasonlar ve Yahudiler üzerine", *Birikim*, Kasım 1978, S. 45, s. 52-53. Ayrıca bkz. Robert Olson, "The Young Turks and the Jews: a Historiographical Revision", *Imperial Meanderings and Republican By-Ways-Essays on Eighteen Century Ottoman and Twentieth Century History of Turkey*, İsis Yayınları, İstanbul, 1996, S. XXIII içinde, s. 101-117 / Esther Benbassa "Les Jeunes-Turcs et les Juifs (1908-1914), Jean-Louis Bacqué-Grammont, Rémy Dor (Der.), *Mélanges Offerts à Louis Bazin*, L'Harmattan, Paris, 1992 içinde, s. 311-319.

için daha iyi bir dönemin başlayacağını ve uygun bir zamanda kendileri için de Osmanlı Devleti'ne hizmet etme imkânının yaratılacağını ümit ediyorlardı. İTC üyeleri ise ihtilâlin, Osmanlı Devleti'nin Makedonya üzerindeki hâkimiyetinin tekrar kurulmasına yardım edeceğine inanıyorlardı. İhtilâlin yapılmasından ve II. Meşrutiyet'in ilânından sonra Selanik Yahudileri arasında iki ana düşünce akımına rastlanır. Birinci akıma mensup olanlar, kendilerini II. Meşrutiyet'in ilkeleriyle özdeşleştiriyor, Osmanlı ülküsü çerçevesi içinde İmparatorluğun tüm halklarını birleştiren bir çatı altında Osmanlı Yahudileri için yeni bir hayat inşa etmeyi arzuluyorlardı. İkinci düşünceye mensup olanlar ise Siyonist akıma daha yakın bir şekilde hareket edip Sion'a, yani Filistin'e geri dönüp Osmanlı Devleti'nin onayı ve onun hükümranlığı altında buraya yerleşmeyi düşünüyorlardı.

Birinci akıma mensup olanlar Selanikli Yahudilerin konuştukları İspanyolca lisanını terk edip Türkçe konuşmalarını ve Osmanlı toplumuyla bütünleşmelerini savunuyorlardı. Club des Intimes, *Alyans* Mezunları Cemiyeti gibi Selanik Yahudi cemaatinin resmî müesseseleri bu akımı destekliyorlardı. *Alyans*'ın 1908 yılına ait salnamesinde rastlanan şu satırlar bu desteğin bir ifadesiydi: "Türkiye'yi bir anayasal imparatorluk haline getirmiş olan bu hareket içinde bu şehrin Yahudi gençliği önemli bir yer işgal etmektedir. Bu durum otuz beş yıldan beri nesiller boyunca *Alyans* okullarında ardı ardına okumuş olan çocuklara yerleştirilmiş olan haleti ruhiyenin bir neticesi değil mi?" *Alyans* Mezunları Cemiyeti, başta İTC'nin bir üyesi olmasına rağmen, İTC'nin otoriter tavrı artınca cemiyeti terk eden Dr. Rıza Nur ile de sıkı ilişki içerisindeydi. Kendisi de bir *Alyans* okulu mezunu olan Dr. Rıza Nur, *Alyans*'ın Paris'teki merkezini ziyaret ettiğinde *Alyans* başkanı Narcisse Leven'in dikkatini Osmanlı İmparatorluğu için yeni bir milliyetçilik hareketi oluşturabilecek Siyonist harekete çekip onu bu harekete karşı temkinli davranmaya davet etmişti. Leven de Rıza Nur'a kendisiyle hemfikir olduğunu bildirmişti.[3] Bu nedenle *Alyans*,

3 David Farhi, "The Jews of Salonica and the Young Turk revolution", *Sefunot*, Cilt 15, s. 13-15 ve *Sefer Yavan*, Cilt 51 (1981), s. 137-153.

II. Meşrutiyet'in ilânından sonra, o ana kadar silah altına alınmayan gayrimüslimlerin 1909 yılından itibaren askere alınmaları kararını[4] İmparatorluğun Müslüman ve gayrimüslim tebaaları arasında mevcut olan uçurumun kapanması ve eşitlik ilkesinin tüm Osmanlılar arasında yaygınlaştırılması yolunda bir adım olarak görüyor ve bu kararı destekliyordu. Dönemin Amerikan büyükelçisi olup bir süre *Alyans* Merkez Komitesi üyeliği de yapmış olan Yahudi asıllı Oscar Strauss da Selanik Yahudilerini İspanyolca'yı terk etmeye ve "içinde bulundukları tecrit durumunu terk edip etraflarında olup bitenlerin bilincine varıp genel uyanış hareketinin içinde yer almaları" için ülkenin lisanı olan Türkçe'yi ve aynı zamanda Fransızca'yı öğrenmeye davet ediyordu. Cemaat müesseseleri de bu haleti ruhiye içinde davranıyorlardı. Nitekim 1908 yılının Ekim ayında İTC, Selanik başhahamından liman doldurma boşaltma işlerinde çalışan Yahudi işçileri Osmanlı Devleti'nin Avusturya menşeli ürünleri boykot etme teşebbüsüne katılmalarını teşvik etmesini istedi ve başhaham bu talebi kabul etti. Yahudi mebus adaylarının Meclis-i Mebusan seçimlerine katılımları da Yahudilerin Osmanlılar ile eşit haklara sahip oluşlarının bir kanıtı olarak görüldü. Selanik başhahamı, herhangi bir mebus adayı lehine tavır koymaktan kaçınarak, Yahudi seçmenlere seçimlere katılıp oy kullanmaları yolunda çağrıda bulundu. İTC'nin listesinde yer alan Ya-

---

4 "Military service of the Jews", *The Jewish Chronicle*, 16 Nisan 1909, s. 11. Tanzimat'ın ilânından sonra gayrimüslimlerden alınan cizye vergisi kaldırılıp onun yerine bedel-i askeri adı altında bir vergi alınmaya başlandı. Nüfuslarına oranla askere alınması gereken gayrimüslim sayısı 16.666 iken Osmanlı makamları "asırlardan beri askerî kuvvetini yalnız Müslümanlardan teşkil etmiş olmak itibariyle sefer meşakkatine, silahşorluğa alışkın olmıyan gayri müslimlere askerliğin birden bire ağır geleceği düşünülerek tedrice riayete karar verildi. On bin kusur neferden her sene şimdilik yalnız 3.500 neferi silah altına alınsın geri kalan 13.166 neferine mukabil de iane-i askeriye olarak umumi milletten para tahsil edilsin denildi". Bedel-i askerî 25 Temmuz 1325 (1909) tarihli kanunla ılga edildi, ancak 15 Şubat 1915 tarihinde tekrar yürürlüğe girdi. (Mehmet Zeki Pakalın, *Osmanlı Tarih Deyimleri ve Terimleri Sözlüğü*, Millî Eğitim Bakanlığı Devlet Kitapları, 2. baskı, İstanbul 1971, Cilt I, s. 185). Gayri müslimlerin askerlik hizmetleriyle ilgili bir araştırma için bkz. Sinan Kuneralp, "İkinci Meşrutiyet döneminde gayrimüslimlerin askerlik meselesi (1908-1912)", *Toplumsal Tarih*, Aralık 1999, S. 72, s. 11-15. Ufuk Gülsoy, *Osmanlı Gayrimüslimlerinin Askerlik Serüveni*, Simurg Yayınları, İstanbul, 2000.

hudi mebus adayı avukat Emanuel Karasu idi.[5] Kendisini "Yahudi cemaatimizin ve sevgili Osmanlı ülkemizin terakkisini destekleyen Gençler Grubu" olarak tanımlayan bir Yahudi gençlik grubu, II. Meşrutiyet'in ilânına kadar cereyan eden faaliyetler içinde önemli bir yere sahip olması ve İTC içindeki nüfuzu nedeniyle Emanuel Karasu lehine oy verilmesi için çağrıda bulundu. Bir diğer grup ise Selanik Yahudilerinin özel çıkarlarını daha iyi savunabilecek bir kişi olduğuna inandığı mebus adayı Menahem Halfon lehine oy verilmesini istedi.[6]

II. Meşrutiyet'in 24 Temmuz 1908 tarihinde ilânı, Osmanlı Yahudi basını tarafından büyük bir sevinçle karşılandı. Osmanlı Yahudi basını bir bayram havasına dönüşen Meşrutiyet'in ilânı kutlamalarına Yahudilerin büyük bir heyecanla katıldıklarını, Hıristiyanlar, Müslümanlar ve Yahudiler arasında bir kardeşlik havası doğduğunu naklediyordu.[7] Dönemi izlemiş olan bir kişi bu coşkulu havayı şöyle naklediyordu:

> "Konstantiniye'nin çevresinde ve Meşrutiyet ilânı haberinin aktarıldığı bütün vilâyetlerde gösteriler büyük bir coşku ile yapıldı. Örneğin Bursa'da Kanun-i Esasi'nin tekrar ihdas edilmesi 26 Temmuz günü kutlandı. Vilâyet tarihinde özellikle hatırlanacak olan bu günde bu küçük şehrin tüm halkı sevinç ve heyecandan yerinde duramadı. Küçük, büyük, Müslüman, Hıristiyan, Musevi, zenginler ve fakirler, memurlar ve iş sahipleri, Osmanlı ve yabancı tebaalılar hepsi bir sevinç dalgası içinde birbirlerini kardeş olarak gördüler. En samimi tezahürlerle ve sevinç sarhoşluğu içinde bu unutulmaz günü şarkılarla ve 'Padişahımız çok yaşa!' nidalarıyla kutladılar. (...) İzmir'de Kanun-i Esasi'nin tekrar tesis edildiği haberinin yarat-

---

5 Bu kişi hakkında bir biyografi denemesi için bkz. Roni Margulies, "Karasu Efendinin biyografisine bir başlangıç", *Toplumsal Tarih*, İstanbul, Eylül 1995, S. 21, s. 24-29 / Edhem Eldem, "Emanuel Karasu biyografisine bir devam (?)", *Toplumsal Tarih*, Kasım 1995, S. 23, s. 43-45.

6 David Farhi, "The Jews of Salonica and the Young Turk revolution", *Sefunot*, Cilt 15, s. 13-15 ve *Sefer Yavan*, Cilt 51 (1981), s. 137-153.

7 Esther Benbassa, *Une Diaspora Sépharade en Transition, İstanbul, XIXe-XXe Siècles*, Les Editions du Cerf, Paris 1993, s. 55.

tığı heyecanın tarifi mümkün değildir. Kanun-ı Esasi'nin resmen tesis edilmesinden sadece 24 saat sonra Osmanlı hükümeti haberi İzmirlilere nakletti. Önce hiç kimse inanmak istemedi. Daha sonra bütün yüzlerde şaşkınlık ve sevinç belirdi ve herkesin göğsünden tek bir haykırış çıktı: Sultan ve Hürriyet'in şerefine müthiş sevinç haykırışları. Bunu takip eden sahneleri tarif etmek imkânsızdır. Rumlar, Müslümanlar, Ermeniler, Museviler birbirlerinin kollarına atılmakta, ölüleri uyandırmaya yetecek şekilde bağrışmaktalar ve birbirlerini sıcak bir şekilde kucaklamaktaydılar. (...) 3 Ağustos pazartesi akşamki kutlama tüm kutlamalar arasındaki en parlak ve en belirgini oldu. O günün akşamında Ermeniler İzmir sokaklarında büyük bir kortej halinde dolaştılar. Kortejin başında kısa bir süre önce serbest bırakılmış olan Ermeni tutuklular vardı. Çiçeklerle süslenmiş bir tahtta bir Türk asker ve bir Ermeni birbirlerini ellerinden tutmakta ve çok güzel bir Ermeni kızı da tahtın üstünde onlarla birlikte hazır bulunmaktaydı. Bir diğer tahtta bir Müslüman, bir Ermeni, bir Rum ve bir Musevi Osmanlı pankartlarında rastlanmakta olan 'Hürriyet, Uhuvvet, Eşitlik' kelimeleri kadar yeni ve sempatik bir grup teşkil ediyorlardı. Konstantiniye'den sonraki en muhteşem gösteri Selanik'te oldu. 15.00'den itibaren şehrin belli başlı merkezleri ve kahvelerindeki kalabalık çoğalmaya başladı. Ellerini çırparak 'Yaşasın Hürriyet! Yaşasın Vatan! Yaşasın Ordu!' diye bağıran halk arasında büyük bir coşku vardı.

Olympos meydanında muhtelif hatipler söz aldılar. Kimileri Türkçe, kimileri Fransızca, kimileri Rumca, kimileri de İspanyolca konuştular. Hepsi Müslüman, Musevi veya Rum tüm Osmanlılar arasında birlik ve beraberliği vaaz ediyorlardı."[8]

Bunlar cereyan ederken 22 Ocak 1909 tarihinde Haim Nahum, Hahambaşı seçildi.[9] Konstantiniye'de yayımlanan *Stam-*

---

8 Hercule Diamantopulo, *Le Réveil de la Turquie Etudes et Croquis Historiques*, Typo-lithographie Centrale I. Della Rocca, İskenderiye, (t.y.), s. 63-68.

9 "L'Eléction du Grand Rabbin de Turquie", *Le Moniteur Oriental*, 23 Ocak 1909. Haim Nahoum hakkında bkz. Esther Benbassa, *Son Osmanlı Hahambaşısının Mektupları-Alyans'tan Lozan'a*, Çeviren: İrfan Yalçın, Milliyet Yayınları, İstanbul 1998.

boul gazetesinde yer alan ve Haim Nahum'un hahambaşılığa seçilmesi üzerine Rum sosyetesine mensup bir hanımın kaleme aldığı iltifat ifadeleriyle dolu bir şiir de II. Meşrutiyet'in ilânından ötürü azınlıklar arasında doğan heyecan ve ümit dolu havanın bir kanıtı idi.[10]

II. Meşrutiyet'in ilânına bu kadar sevinen Selanikli Yahudiler *Volkan* gazetesini[11] kuran Kıbrıslı Derviş Vahdetî'nin teşebbüsüyle gerçekleşen 31 Mart ihtilâli karşısında da sessiz kalmamayı tercih ettiler.

Hareket Ordusu içindeki Yahudi Taburu

31 Mart ayaklanması haberinin Selanik'e nasıl ulaştığını Emanuel Karasu şöyle naklediyor:

> "*Pesah* bayramı münasebetiyle Selanik'te iken 13 Nisan Salı günü Gattegno adında bir kişi gelip sabahleyin Konstantiniye'den gönderilmiş ve birkaç dakika önce alınmış olan bir telgrafı gösterdi. Bu telgrafta 'sakin olun Beyoğlu sükûnet içindedir' yazılıydı. Kısa bir süre sonra okuduğu ikinci bir telgrafta 'endişe etmeyin, sıhhatim mükemmeldir' satırlarını okuduğumda Konstantiniye'de önemli bir şeyin meydana gelmiş olduğunu anladım. Bunun üzerine Rahmi Bey'in amcası olan Fevzi Bey'e gittim. Onunla birlikte telgraf bürosuna gittik. Memurlardan hemen Konstantiniye hakkında bilgi istedim. Bizlere çok kuru bir şekilde 'bir şey yoktur' cevabını verdiler. Bu cevaba karşılık Konstantiniye'den haber alıp bize bildirmeleri için ısrar ettik ancak nafileydi. Bu katı tavır karşısında Ahmed Rıza Bey'e, Talat Bey'e ve Cavit'e 'acele' ibareli telgraflar yollandı. Gene hiç cevap yoktu. Bu arada gece oldu. Club de L'Union'da genel durum hakkında bir konferans vermek zorunda olduğum için bunu fırsat bilip Selaniklilerin duygularına sıcak bir şekilde seslenip bazı kötü niyetli kişile-

10 "Turkey", *The Jewish Chronicle,* 26 Şubat 1909, s. 8.

11 Bu gazetenin çevrim yazısı yapılmış komple bir koleksiyonu için bkz M. Ertuğrul Düzdağ (Haz), *Volkan Gazetesi 11 Aralık 1908-20 Nisan 1909 Tam ve Aynen Metin Neşri,* İz Yayıncılık, İstanbul 1992.

rin Kanun-i Esasi'yeye karşı bir darbe hazırlığında bulunmakta olduklarını ima ettim. Tabiî ki öngördüğüm her şeyi anlatamazdım ve anlatmak da istemiyordum. Konferans biter bitmez telgraf bürosuna doğru yöneldik. Gene aynı ketumiyet mevcuttu. Bunun üzerine sağa sola aynı metni içeren telgraflar yollamaya karar verdik. Gecenin ilerlemiş bir saatinde bir cevap aldık. Keşan'daki bir memur 'Yaşasın Ahrar' diye cevap veriyordu. Cemiyet, Manastır, Edirne, Üsküp, Yanya vilâyetlerine çağrıda bulundu ve onların da katılımları üzerine İTC'nin merkez komitesini Selanik'te kurdu.

14 Nisan çarşamba sabahı Tevfik Paşa ve Edhem Paşa'nın Harbiye Nazırlığı'na atanmalarını bildiren telgraf üzerine Selanik ihtilalcilerinin hükûmet kurduklarını öğreniyordu. Mahmut Şevket Paşa ve bütün subaylar olağanüstü bir heyecan içindeydiler. Halk telgraf bürosunu işgal etmiş, hükûmetin Kanun-ı Esasi'ye aykırı bir şekilde kurulmuş olması nedeniyle, vilâyetlerden başkent Konstantiniye'nin otoritesini tanımadıklarını beyan etmelerini talep ediyordu. Diğer yandan Mahmut Şevket Paşa ihtilâlcilerin amaçlarının ne olduğunu bildiğinden Edhem Paşa'ya telgraf çekip sadece onu tanımamakla kalmayıp ordunun savunmaya yemin etmiş olduğu Kanun-ı Esasi'yi korumak için Konstantiniye'ye yürümeye hazır olduğunu bildiriyordu.

14 Nisan çarşamba akşamı askerî kulübe gidip mebus sıfatıyla ordunun vatansever duygularına hitap eden bir konuşma yaptım. Subaylar şartlı olarak eşlerini üç talâkla boşayacaklarını beyan etmişlerdi. Bildiğimiz gibi üç talâkla boşanma katidir. Subaylar Kanun-ı Esasi tekrar ihdas edilmediği takdirde eşlerini boşayacaklarını üç kere beyan etmişlerdi. Mahmut Şevket Paşa askerî kulübe geldiğinde etrafını subaylar sardı ve o anda orada Konstantiniye'ye yürüme kararı alındı. Heyecanlı bir şekilde taşradan orduya katılanlar oluyordu. Askerlerin isyan etmiş oldukları Yukarı Arnavutluk'un Debre şehrinde askerler olaylardan haberleri olur olmaz hasımlarıyla barışıp vatan için ölmeye hazır olduklarını bildirdiler.

14 Nisan Çarşamba gecesi saat 01.00'de bütün tedbirler

alınmış olup ertesi gün ilk askerî konvoy Çatalca'ya doğru hareket ediyordu. Gerisini zaten biliyorsunuz."[12]

Tarihe 31 Mart vakası olarak geçen ve 13 Nisan (Rumî 31 Mart) 1909 tarihinde meydana gelen isyan üzerine Selanik'ten hareket edip İstanbul'a gelen Hareket Ordusu'nun içinde 700 Selanikli Yahudinin yer aldığı bir tabur mevcut idi. Bu taburun resmî adı Musevi Taburu idi. Ancak bu taburun ömrü uzun olmadı; 31 Mart isyanı bastırıldıktan sonra dağıldı. Taburda bulunanlardan sadece birkaçı askerliği meslek olarak seçti ve askerî okula gitti. Bu kişilerden biri de gençliğinden beri ateşli bir Siyonist olan ve Yahudi taburunda subay olarak yer alan Şemtov Revah idi. Şemtov Revah'ın İtzhak Ben Zvi'ye[13] naklettiği anıları Hareket Ordusu içinde yer alan bu tabur hakkında oldukça öğretici ve aydınlatıcı bilgiler içermektedir:[14]

> "Yanılmıyorsam 1909 yılında meydana geldi. Konstantiniye kendini güvende hissetmiyordu. Kendi halkına ihanet eden, İngilizler lehine çalışan ve Mustafa Kemal Atatürk'ün ihtilâli sırasında Bursa'da öldürülen Ali Kemal, *Akşam* gazetesinin yayıncısı idi. Ahrar Fırkası ve Fener Patrikhanesi dış güçlerin desteğiyle Jön Türk hükümetinin devleti sükûnet içinde yönetmesine müsaade etmiyorlardı. Ancak gerçek ve çetin düşman geçmişte Abdülhamid'e hizmet etmiş olan Vahdeti Hoca idi. Kendisi İzmir'den gelmişti ve *Volkan* gazetesini kurmuştu. Gazete geniş bir okur kitlesine sahip olup ordu garnizonların-

---

12 G.S., "Une conversation avec M. Carasso, député de Salonique", *Le Moniteur Oriental*, 11 Mayıs 1909.

13 İtzhak Ben Zvi (1884-1963) İsrail devletinin ikinci cumhurbaşkanıdır. Ben Zvi 1907 yılında Filistin'e yerleşti, Jön Türk ihtilâlinden sonra mensubu olduğu Po'alei Zion Siyonist teşkilâtı adına İzmir, İstanbul, Selanik, Beyrut ve Şam'ı ziyaret etti ve buralardaki Yahudi cemaatleri ve Yahudi işçi hareketleri liderleri ile temas kurdu.

14 Yitzhak Ben Zvi, "Gdud Yeudi beMaapehat a Turkim a Tseirim" (Jön Türk ihtilâlinde bir Yahudi taburu), *Zihron Saloniki Gedulata veHurbana shel Yerushalayim de Balkan* içinde, Avraham Rekanati (Ed), (II), *A Vaad leOtseat Sefer Keilat Saloniki*, Tel Aviv, 1986, s. 88-90. Ben Zvi'nin bu makalesini mesnet alarak yayımlanmış bir makale için bkz. Gad Nassi, "El Batalyon Djudio en la revolusion de los Djovenos Turkos", *Aki Yerushalayim*, Mayıs 1999, S. 60, s. 9-12.

da 'İslâm'a dönelim' sloganıyla bedava olarak dağıtılmaktaydı. Derviş Vahdetî ihtilâl çıkana kadar Jön Türklere saldırdı.

Bir gün saat 09.00'da Hüseyin Cahit (Yalçın) Bey'le buluşmak ve onunla siyonizm üzerinde konuşmak üzere arkadaşım Yitzhak Elnekave'yle birlikte Konstantiniye'deki Meclisi Mebusan'a gittim. Birkaç gün önce kendisi *[Tanin]* gazetesinde halkımız için olumlu bir makale yazmış ve okurlardan siyonizmin ne olduğunu anlamadan onu kötülememelerini istemişti.[15] Meclis'e yaklaşmaktaydık. Bir çavuşun idaresinde iki bin civarında askerin 'Şeriat isterük, Hürriyet istemezük' diye bağırdıklarını ve tüfekleriyle havaya ateş ettiklerini gördük. Adliye Nazırı (Nâzım Paşa) ve Harbiye Nazırı vurulmuşlardı. Yarım saat sonra bir subayın emri üzerine bir asker ateş açtı ve mebus Şekip Arslan vurularak yere düştü. Zavallı adam Hüseyin Cahit'e çok benzediğinden yanlışlıkla öldürülmüştü.

Bizler Haliç'te bulunan askerî okulumuza geri döndük. Orada da askerlerin 'Selanikli çıfıtlardan ve gâvurlardan memnun değiliz. Padişahım çok yaşa!' bağırışlarını duyduk.

İTC'nin emirleri üzerine özellikle Yahudiler ve Dönmeler başta olmak üzere demiryolu ve deniz yoluyla Selanik'e geri döndük. Selanik'in heyecanını anlatmak çok güçtü. Hürriyetin beşiği Selanik müşkül durumdaydı. Konstantiniye'de yayımlanan *Tanin* ve *Sabah* gazeteleri Selanik'te *Yeni Asır* matbaasında basılıyorlardı. Silahlara çağrı yapıldıktan sonra, sosyalist Abra-

---

15 Şemtov Revah'ın anılarında sözünü ettiği Hüseyin Cahit Yalçın'la tanışmış olan, İstanbul'da Siyonist bir çizgide yayımlanan *Hamevasser* gazetesi yazarlarından Avraham Almaliah, Yalçın hakkında şunları belirtiyordu: "Yalçın'ın *Tanin* gazetesinde yayımladığı ve siyonizme anlayışla ve hatta sempatiyle bakan makaleleri Celâl Nuri İleri'nin kurmuş olduğu *Jeune Turque* gazetesi tarafından Fransızcaya tercüme edilip yayımlanıyordu. Celâl Nuri ile Prof Ahmed Agaif'in *Jeune Turque* gazetesinde yayımlanan siyonizmle ilgili yazıları Yahudi meselesinin ne olduğu konusuna derin bir şekilde hâkim olunduğu izlenimini veren bir şekilde yazılıyorlardı. Yalçın'ın 1949 yılında Filistin Uzlaşma Komisyonu'na seçilmesi onu tanımış olan Yahudileri ümitlendirdi." (Avraham Almaliah, "A chapter in the history of zionism in Turkey: Hüseyin Jahid (Yalçın)", (İbranice), *Hed HaMizrach,* 21 Kasım 1949, S. 11, s. 8). *Jeune Turque* gazetesinin Siyonizme meyletmesi, konusunda bir inceleme için bkz. Orhan Koloğlu, "Celâl Nuri'nin Jeune Turque gazetesi ve Siyonist bağı", *Tarih ve Toplum,* Aralık 1992, S. 108, s. 46-48.

ham Benaroya ve ben dahil olmak üzere, birçok Yahudi Hareket Ordusu'na gönüllü olarak katıldı. Mahmut Şevket Paşa orduya komutanlık ediyordu. 500 Yahudi gönüllü vardı. Verilen emir üzerine Serez, Drama, Edirne ve Çanakkale'ye gittim ve 150 Yahudi gönüllüyle birlikte Çatalca'ya geldim. Bu arada Sultan Abdülhamid'e ve Konstantiniye'deki Ordu'ya karşı bir ültimatom verilmişti. Mahmut Şevket Paşa çok sert bir konuşma yaptı. Başkent Konstantiniye'ye ayrı kollar halinde ve muhtelif çatışmalara girdikten sonra girdik. 700 gönüllüden oluşan Musevi Taburu Albay Kâzım Bey'in komutasında üç değişik istikametten Taksim Kışlası'na gitti. İsyan edenlerle çarpıştık. 23 Yahudi yaralandı ve, Allah rahmet eylesin, Teramin ile Beja dahil olmak üzere 21 Yahudi de çatışmalarda öldü. Cumartesi günü Konstantiniyeli Yahudiler beni evlerine davet ettiler. Ben ve üç arkadaşım Kuzguncuk ruhanî mektebi reisi haham Avraham Danon'un evine davet edilmiştik. Bu arada temsilcimiz Emanuel Karasu ve heyetin diğer üyeleri Yıldız Sarayı'na girdiler. Hareket Ordusu ve halkın adına konuşarak Sultan Abdülhamid'e tahttan indirildiğini tebliğ ettiler.

'Kızıl' Sultan tahttan indirildi, Selanik'e sürgüne gitti ve Alatini adlı zengin Yahudi bir aileye ait bir villada tutuklu kaldı.[16] Bizler Selanik'e geri döndük. Yahudi gönüllüler Selanik'in diğer sakinleri gibi isyanın bastırıldığından çok memnun oldular ve bunu kutladılar. Zaferimizden dolayı eski istibdat rejiminin düşürülmesinden mutlu olduk. Osmanlı İmparatorluğu'nun tüm halklarına barış ve terakkinin geleceğini umduk."

Hareket Ordusu'na katılan Yahudi gönüllüler bu vesileyle bestelenmiş İspanyolca bir şarkıyı hep birlikte terennüm ettiler:[17]

---

16 Alatini ailesi tütün ticareti yapıyordu.

17 David Tager, "The song of the Jewish volunteers in Saloniki" (İbranice), *Yeda Am*, 14 35-36, 1969, s. 69-70. Bu şarkı aynı zamanda İstanbullu Ester Zevulun tarafından da hatırlanmakta. Onun hatırladığı şekilde, "Muestras botikas.." ile başlayan bir dörtlük daha yer alıyordu. (Moshe Shaul, "Kantes de Askerlik", *Aki Yerushalayim*, S. 7, Kasım 1980, s. 49-51). Janet ve Jak Esim çifti de bu şarkıyı İstanbullu Raşel Levi'den dinlemişler. Onlar şarkıyı 15-16, 22-23 Şubat ve 1-2 Mart 1986 tarihlerinde Çekirdek Sanat Evi'nde bir dizi resitalde, 5 ilâ 8

Mancevos de los cazales	Köylerdeki gençler
Y mouchos de Salonique	Ve Selanik'ten birçoğumuz
Mos izimos volontarios,	Gönüllü olduk,
Nos fuemos al askierlik.	Askerliğe gittik.
O la libertad se va azer	Ya hürriyet gerçekleşecek
O nuestra sangre va correr	Ya kanımız akacak
por amor de la Turquia!	Türkiye'ye olan aşkımız için!
Turcos, judios y Cristianos,	Türkler, Yahudiler ve Hıristiyanlar,
Todos ottomanos,	Hepimiz Osmanlılar,
Mos tomimos de las manos,	Ellerimizi tutuşturduk,
djurimos de ser ermanos.	Kardeş olmaya yemin ettik.
Para Estambol vamos a partir,	İstanbul için hareket edeceğiz,
Con los malos vamos a combatir	Kötülerle savaşacağız
Por salvar a la Turquia!	Türkiye'yi kurtarmak için!
Nuestras buticas serrimos,	Dükkânlarımızı kapattık,
Nuestros etchos abandonimos,	İşlerimizi terk ettik,
Con parientes mos besimos,	Akrabalarımızla öpüştük,
Con amigos mos abrassimos	Arkadaşlarımızla kucaklaştık
A la armada mos enterguimos,	Orduya teslim olduk,
A la muerte nos metimos	Ölüme doğru koyulduk
Por salvar a la Turquia.	Türkiye'yi kurtarmak için.
Nuestras madres mos bezaron	Annelerimiz bizleri öptüler
Con amergura yoraron,	Acıyla ağladılar,
Nuestros padres esclamaron	Babalarımız haykırdılar
Al dio Santo le rogaron:	Tanrı'ya yalvardılar:
Que mos aga siempre piadad!	Her zaman bize acısın!
Si penamos por la libertad	Hürriyet için uğraşıyorsak
Es por salvar a la Turquia	Türkiye'yi kurtarmak içindir

Mart 1986 tarihlerinde de Bilsak'taki konserlerde seslendirdiler ve kasetini yayınladılar. Janet ve Jak Esim şarkının ikinci kıtasının son üç mısrasını şu şekilde seslendiriyorlardı:

A la gerra mos vamos a ir	Savaşa gideceğiz
Kon los enimigos vamos kombatar	Düşmanlarla savaşacağız
Por amor de la Turkia	Türkiye'ye olan aşkımız için

Mujeres y criaturas Deschimos en la sivdad Sin ningun mantenimiento Y cajo en la escuridad Si izimos esta crueldad Fue por salvar la libertad Por salvar a la Turquia!	Kadınları ve çocukları Şehirde bıraktık Hiç yiyecekleri olmadan Ve neredeyse karanlıkta Bu zalimliği yapmışsak Hürriyeti kurtarmak içindi Türkiye'yi kurtarmak içindi!
Con ayuda del Dio dischimos En camino mos metimos, Moutchas oras caminimos, En el comer no pensimos A Stambol arrivimos La sivdad la blokimos Por salvar a la Turquia!	Tanrı'nın yardımıyla dedik Yola koyulduk, Saatler boyunca yürüdük, Yemek yemeği düşünmedik İstanbul'a vardık Şehri ablukaya aldık Türkiye'yi kurtarmak için!
Niazi Bey y su partido Moutchoa anyos penaron, Con ayuda del Dio, Sus escopo alcansaron. El rey viejo lo abacharon Y presto nominaron Al rey justo en la Turquia!	Niyazi Bey ve partisi Çok yıllar uğraştılar, Tanrı'nın yardımıyla, Amaçlarına ulaştılar. Eski Padişahı tahttan indirdiler Ve çabucak tayin ettiler Dürüst padişahı Türkiye'de!

Fransız Yahudi basınında 17 Mayıs 1909 tarihli ve Konstantiniye çıkışlı bir haberde çatışmalarda ölen Yahudilerin anısına Galata'daki Zülfaris Sinagogu'nda bir dinî ayin düzenlendiği ve Hahambaşı Haim Nahum'un ayin sırasında sinagogda hazır bulunanları duygulandıran bir konuşma yaptığı da belirtiliyordu.[18] Çatışmalarda ölen Yahudi askerler, yapımına 1909'da başlanan ve 23 Temmuz 1911'de törenle açılan Abide-i Hürriyet'e gömüldüler.[19]

Bir başka araştırmacı, Şemtov Revah'ın aksine, Yahudi gönüllülerin askerî amaçlardan çok siyasi amaçlarla Hareket Or-

18 "Correspondances particulières des archives", *Archives Israélites,* 3 Haziran 1909, s. 172.

19 Moiz Mizrahi, "La Proklamasion de la Konstitusyon", *Şalom,* 29 Temmuz 1959.

dusu'na katıldıklarını ve isyanın bastırılmasında Hareket Ordusu'ndan ziyade Üçüncü Ordu'nun etkin olduğunu vurguluyor. Yahudilerin Hareket Ordusu'na gönüllü olarak katılmalarını teşvik eden kişilerden biri de bu taburun oluşmasını ve Yahudiler ile İTC arasındaki ilişkilerin kurulmasını sağlayan Pepo (Yosef) Modiano idi.[20] Hareket Ordusu'na katılan Selanikli sosyalist Abraham Benaroya da bir Yahudi Taburu'ndan söz edilemeyeceğini, ancak Yahudi gençlerin münferit olarak Hareket Ordusu'na katıldıklarını belirtiyor. Benaroya anılarını şöyle dile getiriyor:

> "Hepimiz ana kampın bulunduğu Çatalca'daydık ve orada başkente yollandık. Bizim bölük Konstantiniye'ye Davutpaşa tarafından girdi. Orada çatışma meydana geldi ve kayıplar oldu. Sultan'ın ordusunu yendik ve Sultanahmet Cami'nin yanında bulunan Harbiye Nezareti'ni ele geçirdik. İlk askerî mahkeme de orada kuruldu. Mahkûm edilenler anında idam edildiler. Buradan Galata ve ilerisine doğru yürüdük. Dolmabahçe ve Yıldız Köşkü'nü ele geçirdik. Sultan'ın askerî muhafızları kaçmaya başladılar ve esir düştüler. O akşam Taksim'de uyuduk. Burada Abdülhamid'in tahttan indirilip kardeşi Mahmut Reşat'ın sultan ilân edilmesine karar verildi."[21]

Jön Türk ihtilâlinin gerçekleşmesinden kısa bir süre sonra İTC 31 Mart olayını bahane ederek Tatil-i Eşgal Kanunu ile sendika faaliyetlerine ve grev hakkına kısıtlama getirdi. İTC'nin işçi hareketine karşı olduğu anlaşılınca Abraham Benaroya diğer sosyalistler tarafından Hareket Ordusu'na sadece Osmanlı tebaası elde etmek için katılmakla itham edildi.[22] Benaroya anılarında orduya katılma nedenlerini şöyle açıklamaktaydı:

---

20 David Farhi, "The Jews of Turkey in the Young Turks revolution" (İbranice), *Sefer Yavan,* Cilt 51 (1981), s. 137-153.

21 İtzhak Ben Zvi, "The Jews of Saloniki in the Turkish revolution" (İbranice), *Mahberet,* Cilt I, S. 8-9, (5713) 1952, s. 74.

22 Joshua Starr, "The Socialist Federation of Saloniki", *Jewish Social Studies,* Cilt VII, S. 4, Ekim 1945, s. 323-336.

"1909 yılında Selanik'e dönmemden sonra, daha sonra Sosyalist Federasyonu olacak olan, İşçi Kulübü'nü kurdum. Stefanos Papadopoulos'un da belirttiği üzere Mahmud Şevket Paşa'nın ordusuna siyasi nedenlerle değil sadece şahsi nedenlerle katıldım ve bu kararımdan dolayı Bulgar ve Yunan sosyalistleri, hatta bir Sırp tarafından da sert bir şekilde tenkit edilmiştim. Bu tenkitleri yapanlar kendimi oynamaya hazırladığım rol için Türkiye'deki mevkiimi kanunî bir hale getirme mecburiyetini göz ardı ediyorlardı. Ayrıca Avrupa Türkiyesi'nde kendimi bağlayacak herhangi bir sosyalist teşkilât da henüz yoktu ve zoraki olarak kişisel hissiyatım ve tasarılarım tarafından yönlenmekteydim. Katı monarşi tekrar iktidara gelseydi herhangi bir sosyalist veya demokratik faaliyetin icrası imkânsız olacaktı. Avrupa Türkiyesi'nde bir sosyalist parti mevcut olsaydı bile her demokrat, Sultan'ın Anayasa'yı lağv etmesi karşısında, Jön Türkleri desteklemek zorunda olacaktı. Bu tabiî ki Jön Türkler'in siyasi rejimi hakkında herhangi bir hayale kapıldığım anlamına gelmez."[23]

İsyanın bastırılmasından sonraki durum: Siyonist faaliyetler

Hareket Ordusu'nun zaferi Selanikli Yahudiler arasında büyük bir sevinç yarattı. Selanik Yahudi cemaatine ait Cercle Des İntimes kulübü muazzam bir gösteri düzenledi. Yahudilerden oluşan bandolar Türk marşları çaldılar. Osmanlı subaylarının hazır bulundukları bir topluluk karşısında vatansever nutuklar atıldı. Osmanlı subaylarından oluşan bir heyet Cercle Des İntimes kulübüne gidip ordu adına Selanik Yahudilerine Os-

23 Abraham Benaroya, "A note on The Socialist Federation of Saloniki", *Jewish Social Studies,* Cilt XI, (1949), s. 69-72. Benaroya ve Selanik Sosyalist İşçi Federasyonu hakkında ayrıntılı bilgi için bkz. George Haupt ve Paul Dumont (Haz), *Osmanlı İmparatorluğunda Sosyalist Hareketler,* Gözlem Yayınları, İstanbul, 1977 / Paul Dumont, "Yahudi, Sosyalist ve Osmanlı bir örgüt: Selanik İşçi Federasyonu", *Osmanlı İmparatorluğunda Sosyalizm ve Milliyetçilik,* Paul Dumont (Ed.), İletişim Yayınları, İstanbul 1995 içinde, s. 73-111 / Joshua Starr, "The Socialist Federation of Saloniki", *Jewish Social Studies,* Cilt VII, S. 4, Ekim 1945, s. 323-336.

manlı İmparatorluğu'nun gelişmesi için yaptıkları maddi fedakârlıklar ve döktükleri kan için teşekkür etti. Kulüp, Selanik cemaati mensuplarına, Hareket Ordusu saflarında savaşırken Konstantiniye'de ölen Yahudi askerlerin anısına bir anıt inşa edilmesi için açılan bağış kampanyasına katılmaları çağrısında bulundu.[24] Club Des İntimes, II. Abdülhamid'in tahttan indirilmesi üzerine büyük bir kutlama düzenledi ve Yahudi meslek loncalarını bu kutlamaya katılmaya davet etti:

> "Yahudiler, doğuştan aziz kardeşlerimiz! Bu sevinçli anı kutlamak için gerçek vatansever duygularımızı en iyi şekilde dile getirmeliyiz. Biz Yahudiler Kanun-ı Esasi'nin ilânına ilk sevinenlerdik. Bu bayram çifte bayramdır. Kanun-ı Esasi'nin geri dönüşünün ve Sultan V. Mehmet'in tahta çıkışının bayramıdır. Yaşasın anavatan! Yaşasın ülkemiz!"

Selanik Yahudi cemaati, yeni padişah Sultan V. Mehmet Reşat için sinagoglarda bir ayin düzenledi ve bu ayine katılmaları için cemaat mensuplarına davetiye yolladı: "Aziz vatanımızın vatansever ve sadık tebaaları olarak bu ayine katılmaya davetlisiniz." Sultan Mehmet Reşat için de bir şarkı bestelendi:

> Dünyada emsali(?) idik, yaptık bugün bir inkilâb
> Hainleri, alçakları, casusları ettik harab
> Biz yekvücûd ittifak, bir kale teşkil eyledik
> Hürriyeti, milliyeti hâkili[yi] (?) tebcil eyledik

Bu olaylar halk şarkılarına da yansıdı. Kudüs'teki Ben Zvi Enstitüsü'nün arşivlerinde, Sultan Mehmed Reşat ile Enver Bey ve Niyazi Bey'i metheden anonim bir şarkının güftesi de mevcuttu.[25] İsyan bastırıldıktan sonra Hareket Ordusu Komutanı Mahmut Şevket Paşa ile Harbiye Nazırı Salih Paşa, Hahambaşı Haim Nahum'u ziyaret ettiler. Her iki komutan Osmanlı Yahudilerinin ve özellikle Selanik Yahudilerinin Hareket Ordusu'na verdikleri destekten dolayı ordu adına Haim Na-

---

24 "Turkey", *The Jewish Chronicle,* 21 Mayıs 1909, s. 9.

25 David Farhi, "The Jews of Turkey in the Young Turks revolution" (İbranice), *Sefer Yavan,* Cilt 51 (1981), s. 137-153.

hum'a teşekkür ettiler. Harbiye Nazırı Haim Nahum'a gayrimüslimlerin de Müslümanlarla eşit bir şekilde askere alınmaları meselesinin halloldugunu, kanun tasarısının Meclis'te bulunduğunu, bu nedenle de Yahudilerin bir an önce gönüllü olarak orduya yazılmalarını tavsiye etti.[26] Hahambaşılık bu tavsiyeye uydu ve Osmanlı tebaalı tüm Yahudilerin vatanlarına karşı ödevlerini seve seve yerine getirmeye hazır olduklarını bildirdi.[27] Hahambaşı seçilen Haim Nahum, Ayan Meclisi reisi Ahmed Rıza Bey'i ziyaret ettiğinde Ahmed Rıza Bey kendisine Osmanlı İmparatorluğu'nda en fazla itimada mazhar milletin Yahudiler olduğunu söyledi:

> "Bizler Musevilerin Osmanlı vatanına olan sadakatlerinden kesinlikle eminiz. Onların büyük kabiliyetlere sahip olduklarını ve dünyanın tüm ülkelerinde bir terakki unsuru, önemli bir medeniyet faktörü teşkil ettiklerini biliyoruz. Museviler vatanın terakkisi için çalışmaya karar vermeleri kâfi olup karar verdikleri zaman çok şeyler yapacaklardır. Diğer ülkelerin Musevilerinin bizlere de gelmelerini, zekâları ve erdemleriyle bizlere yardım etmelerini çok arzuluyoruz. Bizim beklentilerimizi Avrupa'daki dindaşlarınıza, *Alyans*'a ve diğer büyük Yahudi müesseselerine bildiriniz. İmparatorluk muazzam tabiî zenginliklere haizdir. İmparatorluğun Mezopotamya gibi bazı bölgelerinde kilometrekare başına sadece beş kişiye rastlandığı bölgeler vardır. Bu bölgelere insan yerleştirmek, eğitimi yaygınlaştırmak ve bunun yardımıyla topraktan içerdiği zenginlikleri çıkarmak gereklidir."[28]

Bunun üzerine Haim Nahum, Yahudilerin Filistin'e yerleşmeleri konusunda mevcut olan kısıtlamalara, özellikle Filistin'e gelen Yahudilerin Yafa limanından Filistin'e ayak basmala-

---

26 "Turkey", *The Jewish Chronicle*, 18 Haziran 1909, s. 10-11.

27 "Le service militaire des Israélites Musulmans", *Le Moniteur Oriental*, 7 Temmuz 1909.

28 "Correspondances Particulaires des Archives", *Archives Israélites*, 3 Haziran 1909, s. 472 / "An invitation from Turkey", *The Jewish Chronicle*, 2 Nisan 1909, s. 10.

rını ve pasaportlarını resmî makamlara teslim edip karşılığında kırmızı sertifika almalarını emreden kanun ve nizamnamelere dikkati çekti. Bu durumdan bihaber olan Ahmed Rıza Bey şaşkınlığını gizleyemedi; Haim Nahum'dan Dahiliye Nezareti'ne resmî bir başvuruda bulunmasını istedi ve gerektiği takdirde kendisinin de şahsen müdahalede bulunacağını belirtti.[29] Bu konuşma Yahudi çevrelerinde büyük bir heyecan ve ümit yarattı. Bir Yahudi yurdunun kurulması için gayret sarf eden Siyonist çevreler böyle bir yurdun kurulması için adı geçen muhtemel yerler arasında Mezopotamya'nın da dikkate alınıp alınmaması konusunda tartışmaya başladılar.[30] Ahmed Rıza Bey'in bu sözleri Batı Avrupa'daki Yahudi çevrelerinde büyük yankılar uyandırdı. Bu çevrelerde Filistin'de özerk bir yönetimden söz edilmeye başlandı, bu da Jön Türk çevrelerinde büyük tepkilere yol açtı. Bunun üzerine Kudüs vilâyeti mebusu, Ayan Meclisi'ne bir dilekçe yollayıp Filistin'e Yahudi yerleşiminin yasaklanmasını talep etti. Meclis reisi dilekçeyi dört Yahudi ve iki Müslüman üyeden oluşan meclis komisyonuna havale etti. Komisyon üyesi Yahudi mebuslar Rus ve Rumen Yahudilerinin Osmanlı topraklarına göç etmeleri halinde bunların bir vatanseverlik tezahürü olarak Osmanlı tebaasına geçmelerini tavsiye ettiler.[31] Kahireli bir Yahudi, *Stamboul* gazetesinde Konstantiniye Yahudilerine hitaben yayımladığı açık mektupta, onları hayali bir ülkü olan Siyonizme karşı mücadele etmeye davet etti. Osmanlı tebaalı bir Yahudinin Siyonist olması ve bu ülküye gönül vermesi halinde vatansever olmayacağını belirterek mektubunu "Kahrolsun Siyonizm!" diye noktaladı. Bu açık mektup Konstantiniye basınında heyecan yarattı. Bazı gazeteler Siyonizme karşı çıkarken bazı gazeteler ise dinlerinden dolayı zulme uğrayan binlerce Yahudinin imparatorluk topraklarına kabul edilmelerine olumlu bir gözle baktılar.[32] Daha sonra sözü

29 "Turkey", *The Jewish Chronicle,* 4 Haziran 1909, s. 9.

30 "A jewish hope", *The Jewish Chronicle,* 30 Nisan 1909, s. 6-7.

31 "Turkey", *The Jewish Chronicle,* 18 Haziran 1909, s. 10-11.

32 "Jewish immigration into the Turkish Empire", *The Jewish Chronicle,* 25 Haziran 1909, s. 10.

edilen Yahudi göçünün hiçbir şekilde özerklik talebi içermeyeceği anlaşıldığında basın sakinleşti.[33]

Jön Türk ihtilâlinden sonra Selanik Yahudileri arasında o ana kadar herhangi bir önem arz etmemiş olan Siyonist faaliyetler yavaş yavaş canlanmaya başladı. Filistin'de yerleşik Yahudiler ile diasporada yaşayan Yahudiler arasında, Jön Türk ihtilâlinin Siyonist amaçların gerçekleşmesi için uygun bir ortam yarattığı inancı vardı. 1909 yılında revizyonist Siyonist hareketinin kurucusu ve lideri Vladimir Jabotinsky, Selanik'i ziyaret etti ve Club Des İntimes'de bir konferans verdi. Osmanlı Yahudilerinin, imparatorluğun diğer milletleri gibi bir millî azınlık şeklinde teşkilâtlanmalarını istedi. Jabotinsky, Osmanlı Yahudileri hakkındaki izlenimlerini 1912 yılında yaptığı bir konuşmada şöyle ifade etti:

> "Hangi ideolojik bakışla bakılırsa bakılsın sefarad Yahudiliği tamamiyle bir 'tabula rasa' (boş alan)dır. Ruhunu herhangi bir yöne henüz döndürmemiştir. Bu nedenle siyonist canlanma ideolojisi burada taraftar toplayamaz. Nitekim Osmanlı Yahudiliği için Filistin'e göçün ve kültürün pek fazla bir önemi yok ancak bu meselelerle son derece ilgililer. Türklerin millî mücadelesi onların etrafında cereyan ediyor ve Yahudiler bu mücadelede tarafsız kalmak zorundalar. Bu nedenle kendi millî kültürlerini yaratma zorundalar zira aksi takdirde diğer milletlere göre daha alt seviyeye düşecekler.. Bu kargaşa günlerinde milletlerin birbirleriyle savaştıkları bu günlerde Yahudiler tarafsız bir konum aldılar. Siyasi çevreler bu siyasi tarafsızlığın pekâlâ farkındalar. Türkler memleket sınırlarının dışında bir vatana sahip olma hülyası olmayan tek millet olan Yahudilere güvenmek zorundaydılar. Tam tersi Yahudiler için anavatan imparatorluğun sınırları içinde: İsrail topraklarında."

Bu faaliyetler sonucunda Selanik Yahudileri arasında Siyonist faaliyetler gelişmeye başladı. Bnei Zion (Siyon Oğulları) cemiyeti kuruldu. Aralarında Selanik delegesi olarak Anglo-

---

33 "The enemy within our gate", *The Jewish Chronicle,* 25 Haziran 1909, s. 8.

Levantine Banking Company'nin[34] müdürü Dr. Victor Jacobson'un da yer aldığı delegeler, 1909 yılının Aralık ayında Hamburg'da düzenlenen Dokuzuncu Siyonist Kongresi'ne gönderildiler. Delegeler arasında, daha ileriki yıllarda adını Tekin Alp olarak Türkleştirecek olan Moiz Kohen de vardı. Moiz Kohen yaptığı konuşmada Türklerin Yahudilere evvelden beri gösterdikleri hoşgörülü tavırdan sitayişle bahsetti. Osmanlı Devleti'ndeki yeni rejimin Filistin'e gerçekleşecek olan bir göçe sempati ile bakacağını belirtti.[35] Moiz Kohen uzun konuşmasında özetle şunları söyledi:

> "Evet, Türkiye'ye gerçekleştirilecek büyük bir Yahudi göçü ülkemizde dünyanın hiçbir yerinde rastlanmayan atak bir güç olacaktır. Ayrıca, bizde kendilerini asimile edecek daha yüksek bir kültür olmadığı için, göç eden Yahudiler kültürel kimliklerini koruyabileceklerdir. Örneğin ne Arnavut kültürü ne de Ermeni kültürü Yahudi kültürünü eritmeye ve onun özgün yapısını bozmaya yetecek güçtedir. Oysa Almanya, İngiltere ve Fransa'ya göç eden Yahudiler zaman içinde asimile olmakta; Almanlaşmak, İngilizleşmek veya Fransızlaşmaktadırlar. Bunlar, yaşadıkları ülke insanları gibi düşünmekte, davranmakta ve değer yargılarına sahip olmakta; kısaca tamamıyla asimile olup özgün kimliklerini yitirmektedirler. Ve kimliklerini yitirdikleri için de o ülke vatandaşlarından saygı görmemeye, geçmişlerinden utanmaya ve böylece kendilerine olan saygılarını yitirmeye ve kişiliklerinden ödün verdiklerinden dolayı da beceriksiz saygı duyulmayan başarısız öğrenciler haline gelip köleleşmeye başlamaktadırlar. Tüm bunlar Türkiye için söz konusu değildir, çünkü, yurdumuzda bir Yahudi kendini o kadar Osmanlı duyumsamasına rağmen kültürel anlamda bir Helenleşmeye neden görmeyecek veya eğilim duymayacaktır. Kültürel kimliğini bir Arap ya da Kürt kimliğine dönüştürme gereği de duymayacak ve bir Yahudi olarak kalabilecektir. (...)

34 Bu banka Siyonistler tarafından kurulmuştur. Banka malî sıkıntıda olan Osmanlı İmparatorluğu'na kredi açmayı, karşılığında da Yahudilerin Filistin'e yerleşmelerine izin verilmesinin teminini amaçlıyordu.

35 "Le congrès sioniste de Hamburg", *Le Moniteur Oriental*, 10 Ocak 1910.

Elbette, Yahudinin kimliğine sahip çıkması ve bunu korumak istemesi; aynı zamanda kavramın gerçek anlamda bir Osmanlı olmasına engel değildir. Yıllardır yaşadığı topraklarda huzurlu ve güvenli bir yaşam özlemi içinde olan Yahudi; özgürlüğün havasını solur solumaz kendisini şefkatle bağrına basan bu toprakları kendi yurdu belleyecek ve onu saf bir sevgiyle benimseyecektir. Tarih de göstermiştir ki, Yahudi göç ettiği toprakları her zaman sadakatle ve bağlılıkla benimsemiş ve sevmiştir. Acaba dünyada bir ülke var mıdır ki, Yahudi, vatan sevgisiyle kanını akıtmamış olsun? Uygarlık adına yapılan her savaşta Yahudi yer almış ve kahramanlar yetiştirmiştir. Bunun için yakın zamandan bir örnek verebilirim: Türkiye'de yaşayan gayrimüslimlerden yalnızca Yahudiler Jön Türkler'i desteklemiş, baskı, şiddet ve zorbalık rejimi olan II. Abdülhamit yönetimine karşı Jön Türkler'le birlikte mücadele vermişlerdir. Bu bağlamda, Türkiye'ye göç edecek Yahudilerden daha baştan birer Osmanlı yurtseverleri olmalarını istemek yersiz olacaktır; çünkü Yahudiler daha istenmeden birer Osmanlı yurtseveri zaten olacaklardır. Eğer göç eden Yahudiler gerçek anlamda bir Osmanlılaşmayı gerçekleştiremeyeceklerse göç son derece anlamsızdır. Çünkü, böylece, yeni bir vatan için doğduğu ve büyüdüğü toprakları terk eden Yahudi, yeni bir vatan sahibi olamayacak ve bizlere vatansız diye bağıran Yahudi düşmanlarını haklı çıkaracaktır. (...)

Gerçekten de dağınık bir göç birçok sakıncaları beraberinde getirebilir; en önemlisi de, anti-Siyonizm'in ortaya çıkması olasılığıdır. Eğer gerçekten bu göçü istiyorsak, şimdiye kadar Filistin'de uyguladığımız kolonileştirme sistemini devam ettirip geliştirebiliriz. Ülkemizde geniş ve verimli sayısız bölge vardır. Buralarda çevreleri Yahudi köyleriyle çevrili kentler kurulabilir. Böyle bir yerleşim düzeninde anti-Siyonizm yaşam şansı bulamayacaktır, çünkü bu bölgelerde yalnızca Sami ırkından gelenler yaşayacaktır. Dolayısıyla hiç kimse Yahudilerin zenginliğini kıskanamayacağı gibi onların gelişmesinden de zarar görmeyecektir. Aksine onların çalışkanlığına hayran olacaklar ve onları örnek alarak onlardan yararlanmaya çalışacaklardır. Issız topraklarda birden bire modern uygarlığın araçlarıyle donatılmış kentlerin ve onun gerektirdiği yaşamın yükselmeye başladığını gören Osmanlı mülkünün dostları, bu çalışkan komşularını kutlayacaklar ve bu yükseliş onlara ilerlemenin hırsını verecek ve yolunu gösterecektir.

(...) Eğer siyonist örgütler arasındaki büyük birlik sağlanırsa, Osmanlı İmparatorluğu'nun en elverişli bölgesi olan Filistin topraklarına Yahudi göçü gerçekleşebilir. Daha önce şunu belirtmekte yarar görüyorum: Yahudilerin durumları günden güne kötüye gitmesine rağmen, bu gibi planların bugünden yarına gerçekleşmesi mümkün değildir. Kardeşlerimiz arasında o kadar umutsuzları vardır ki, bunlar çaresizlikten, nereye gideceklerini, kendilerini neyin beklediğini bilmeden buldukları ilk gemiye binecek durumdadırlar. Bu insanlar için dağınık bir göç organizasyonu olabilir fakat diğer durumdaki kardeşlerimizi de Türkiye bugün kabul edebilir. Böylece ilk aşamada Yahudi sanatçı, mühendis, bilim insanı ve diğer entelektüel kesimi de Türkiye'ye çekebilmeliyiz; ki bu konuda çok büyük sıkıntılarımız vardır. Elbette bunun için sağlıklı temellerin hazırlanması gereklidir. Bu konuda öncelikle lokal komisyonlar kurularak gerekli bilgi akışı sağlanmalıdır. Böyle bir göç, bugün Türkiye'de yaşamakta olan Yahudilerin konumunu sağlamlaştıracak ve onların desteğiyle Siyonizm'in idealleri doğrultusunda bir Yahudi Kültür Merkezî kurulmasına önayak olacaktır.

Bize, yani Osmanlı Yahudilerine gelince; içimizde gelişmekte olan yurt sevgisiyle, Sultan II. Beyazıt'ın İspanya'dan sürülen Yahudiler için söylediklerini biraz değiştirerek tekrarlayacağız: Gelin kardeşlerim! Sizlerin kıymetini bilmeyen ve sizleri göçe zorlayan ülkeleri göçünüzle fakirleştireceksiniz; fakat buna karşılık değerli ve güzel Osmanlı ülkesini zenginleştireceksiniz. Gelin! Ve gerçek bir Yahudi olarak, 15. yüzyılda İzhak Sarfati'nin Almanya'daki Yahudilere ve 16. yüzyılda Selanik Yahudi Cemaati'nin taşradaki Yahudilere yaptığı çağrıyı tekrarlıyorum: 'Gelin kardeşlerim! Türkiye'ye gelin! Burda herkes barış içinde kendi bağının ve incir ağacının gölgesinde sakince yaşayabilmektedir. Gelin bize, bu bereketli topraklara! Bu çağrılara 20. yüzyılın başında yaşayan bizler şunu ekleyebiliriz: Gelin, özgür Türkiye'de sakin ve güvenlik içinde yaşamak için gelin!"[36]

Selanikli Yahudi aydınları ve sosyal faaliyet amaçlı kulüpleri arasında bilgilendirme ve tartışma faaliyetleri başladı. Bu faaliyetlere cemaat kurumları, Hahambaşılar, *Alyans* çevresi ve ilk başta Jabotinsky'ye kapılarını açmış olan Club Des İntimes direnç gösterdi. İTC Selanik içinde ve dışında Selanik Yahudilerine baskı yapıp Siyonist faaliyetlere kapılmalarını önlemeye çalıştı. Siyonist Kongresi'ne giden delegelere Siyonist faaliyetlerini durdurmaları ihtar edildi, hatta bir delege bu yönde faaliyette bulunmayı bile reddetti. Avrupa ülkelerini ziyaret etmekte olan Meclisi Mebusan üyeleri, Paris'teki *Alyans* merkezîni ziyaret edip Siyonist faaliyetler konusunda *Alyans*'ın dikkatini çektiler. Bu teşebbüsler sonucunda Club Des İntimes ikiye bölündü ve Osmanlıcılık eğilimine sahip Nouveau Club adında ikinci bir kulüp kuruldu. İmparatorluk içinde yükselen milliyetçi eğilimler ve İTC'ye karşı sürdürülen muhalefet sonucunda İTC'nin Siyonizme karşı gösterdiği duyarlılık arttı. 1911 yılının Nisan ayında Selanik'teki İTC üyeleri, Santo Semo adında bir Bulgar Yahudisi mühendisin Mezopotamya konusunda yaptığı bir konuşmadan son derece rahatsız oldular. Santo Semo, Osmanlı hükümetinin Irak'ta tesis etmeyi tasarladığı bir sulama projesi için davet edilen İngiliz mühendislik heyetinde, Nafia Nezareti temsilcisi olarak yer alıyordu.[37] *Rumeli* gazetesinin başyazarı Yunus Nadi, Santo Semo'yu konuşması sırasında Siyonist propaganda yaptığı için eleştirdi. Osmanlı İmparatorluğu içinde ve dışında faaliyet gösteren Siyo-

36 Jacob M. Landau, *Tekinalp Bir Türk Yurtseveri (1883-1961)*, İletişim Yayınları, İstanbul, 1996, s. 91-99.

37 Santo Semo'nun siyasi faaliyetleri 1903 yılına doğru başladı. Şark meselesi üzerine *Lord Beaconsfield and Stefan Stambouloff* adında bir kitap yayımladı ve İngiltere'deki Lordlar Kamarası mensuplarına dağıttı. Santo Semo daha sonra Londra'ya gitti ve üç yıl boyunca burada Jön Türkler'in temsilcisi oldu. 1906 yılında Londra'daki İngiliz Ticaret Odası'nda bir konuşma yaptı. *Don Abravanel* adında bir piyes yayımladı. ("Un précurseur M. Santo Semo", *Le Moniteur Oriental*, 17 Şubat 1909).

nistler, imparatorluktan ayrılmayı değil, bilâkis hayallerini imparatorluk içinde gerçekleştirmeyi düşünüyorlardı.

İTC'ye karşı muhalefet ve direnç artmaya başlayınca cemiyet Türk olmayan milletlere karşı daha sert davranmaya başladı. Bu yeni tavır sonucunda Osmanlılık ruhunu benimsemiş bulunan Selanikli Yahudiler arasında bile İTC'ye karşı muhalif bir tavır belirdi. 1910 yılının Mart ayında düzenlenen Selanik belediye seçimlerinde Yahudiler ve Dönmeler güçbirliği yaparak İTC'ye mensup Türk adayların seçimleri kazanmalarını önlemeye çalıştılar. Bu durum karşısında İTC cemaat liderlerine baskı yaptı. Bunun üzerine belediye reisi olan Yahudi asıllı avukat Yosef Naar istifa edip Türk adaylara yer açmak zorunda kaldı. Yahudilerin ve Dönmelerin İTC'ye karşılıksız desteklerini geri çekip mesafeli davranmaya başlamaları, İTC liderlerini endişeye sevk etti. İTC liderleri, cemiyetin, hareketin doğuş merkezi olan Selanik'te güç kaybetmesinden endişe duydular. İTC 1912 yılında yapılan mebus seçimlerinde kendi adaylarının seçilmesinin, Yahudiler ve Dönmeler tarafından engellenmemesi için büyük gayret sarf etti.

Selanik Yahudilerinin karşı karşı kaldıkları bir diğer milliyetçi hareket ise Yunan milliyetçiliği idi. Selanik'teki Yunanlılar bu şehri Makedonya'nın müstakbel merkezi olarak görüyorlardı. Aynı zamanda Yahudileri de şehrin denetimini ve iktisadi hâkimiyetini ele geçirmede bir rakip olarak görüyorlardı. 1910 yılının Haziran ayında Yahudi liman işçileri, İTC'nin baskısıyla Yunan uyruklu işyerlerine ve Yunan menşeili mallara karşı düzenlenen boykota iştirak ettiler. Bu boykot her ne kadar Yunan uyruklu Yunanlılara karşı ise de Osmanlı uyruklu Yunanlılara yani Rumlara da zarar verdi. Yunanlılar, Yahudilerin Yunan rakiplerine karşı üstünlük sağlamak için boykota iştirak ettiklerini ileri sürdüler.

Selanik'in Yunanlılar tarafından işgali

27-28 Ekim 1912 tarihlerinde Selanik'in Yunanlılar tarafından işgal edilmesinin akabinde, Yunan işgal ordusu Selanik Yahudilerine karşı herhangi bir menfi davranışta bulunmamaya itina ettiyse de, kentin Yunan sakinleri, bunu, Yahudi komşularına karşı baskı uygulamak için uygun bir fırsat olarak değerlendirdiler.[38] *Times* gazetesinin muhabiri bu olayları şöyle naklediyordu:

> "Silahtan tecrit edildiği sanılan birkaç Türk'ün üzerinde silah bulunması, Yunan askerlerinin üzüntü verici taşkınlıklar yapmasına sebep oluşturdu. Genellikle Türkler ve birçok Osmanlı Musevisi aynı muameleye uğradılar: Üzerlerinde silah aramak için yoklanıyorlardı, bu arada değerli neleri varsa saat, para vs. alınıyordu. İngiltere konsoloshanesi kavasının evi de soyulanların arasındaydı. Yöntem şuydu: Ayaktakımından Rumlar, Yunan askerlerine önemli evleri gösteriyorlar, kendileri de çapulculuğa katılıyorlardı. Talanın başlıca kurbanları Yahudiler oldu. Rum basınının başlattığı Yahudi aleyhtarlığı, askerler arasında da yayıldı, şiddet ve soygun hareketlerine dönüştü."[39]

Bu gözleme Selanik Ermeni cemaati ruhanî temsilcisi de katılıyordu:

> "Artık seyrekleşmiş olmakla beraber, bugüne kadar gündüz gözüyle çarşılarda, özellikle tramvaylarda, geceleri de Yahudi ve bilhassa Türk mahallelerinde, büyük maharetle yapılan soygunların haddi hesabı yoktur. Soyguncular asker, yahut asker üniforması giymiş yerli serseriler; tehdit yoluyla her istediklerini alıyorlar. Bu konuda genellikle Yunan askeri suçlanıyor. Fakat şunu söylemek gerekir ki asıl failler veya hiç değilse yol gösterenler, çoğunlukla yerli Rumlardır. Birçok Yahudi ve Dönme, çaresiz, herhangi bir Avrupa devletinin bayrağını veya Bulgar bayrağı çekmişlerdir evlerine. Başkaları, bu yüz kızartıcı saldırılardan kurtulmak için Bulgarların himayesine sığınmışlardır."[40]

---

38 David Farhi, "The Jews of Turkey in the Young Turks revolution" (İbranice), *Sefer Yavan*, Cilt 51 (1981), s. 137-153.

39 Aram Andonyan, *Balkan Savaşı*, Aras Yayıncılık, İstanbul, 1999, s. 389.

40 Aram Andonyan, *a.g.e.*, s. 390-391.

Selanik'in Yunanlılar tarafından işgalinden sonra meydana gelen gelişmeleri, Balkan Savaşı'nı gözlemlemiş olan Aram Andonyan şöyle tasvir ediyordu:

"Musevi unsur, şehrin düşmesine kadar, Selanik'in 150.000'-lik nüfusunun yarısını oluşturuyordu. Şehirde hâkim unsur o idi. Ticaret büyük kısmıyla onun elindeydi. Yunan hâkimiyeti Selanik'teki Musevi unsurun bu üstünlüğünü temelden sarsıyordu. İspanya'dan kovulduktan sonra Trakya'ya gelen Yahudiler için Selanik gerçek bir yurt olmuştu. Selanik'te Museviler imtiyazlı bir duruma sahiptiler ve 1908 ihtilâli bu durumu daha da pekiştirmişti. Çıkarları gereği, Osmanlı İmparatorluğu'na sadık tebaalar olmuşlardı daima. Türkler onları hiç sıkmamışlardı. Onlar da bu avantajdan yararlanmış, işleri güçleriyle uğraşmış, büyük servet sahibi olmuşlardı; ama unutmamak gerekir ki, Hıristiyan unsurlar aleyhinde zenginleşiyorlardı. Musevilere her bakımdan iyi davranan Türk makamları Hıristiyan unsurlara kuşku ile bakıyor, bu kuşku Hıristiyanların fikrî ve ekonomik gelişmesini köstekleyen büyük engeller yaratıyordu. Bu durumdan Museviler yararlanıyor, özellikle ticari teşebbüslerini genişleten Hıristiyan unsurları iktisadî egemenlikleri altına alıyorlardı. Yunanlılar şehre girer girmez, Hıristiyanlar geçmişin öcünü almaya koyuldular ve işgalin ilk günlerinde Selanikli Yahudiler kefaret ödediler. Bir yanda şehre giren komitacılar, öbür yanda yerli talancılar ve askerler, sudan bahanelerle Yahudileri öldürdüler, Yahudi ticarethanelerini ve evlerini soydular. Savaşın başında Yahudi unsurun yaptığı Türk taraftarı gösteriler ve Jön Türkleri onaylayıp onlarla işbirliği yapması da, bu şiddet hareketlerine sebep oluşturdu; fakat Yunan makamları bu taşkınlıklara çabucak bir son vermek basiretini gösterdi.

Kral Yeoryios, hahambaşına, 'Yunanistan'daki Yahudilerden çok memnun olduğunu, Selanik Yahudilerinin de Yunan hükümetine bağlılık göstereceklerini umduğunu' beyan ederek onların gönlünü almaya şahsen teşebbüs etti. En yüksek mertebeden gelen bu gönül alma örneğine çokları uydu. Şair Matsukas, Yahudilere hitaben bir çağrı ile beraberlik ve işbirliği teklif etti; fakat ne de olsa, kökleşmiş bir antipatiyi söküp atmak kolay değildi."[41]

Yahudilere karşı iftiralar, tahrikler ve mallarına karşı saldırıların baş göstermesi üzerine cemaat temsilcileri, Yunan makamlarına şikâyette bulundular. Hahambaşı Yaakov Meir, 2 Aralık 1912 günü Selanik'te Yunan Kralı Jorj ile görüştü. Hahambaşı Türk-Yahudi ve Selanik Yahudi cemaati ile Osmanlı İmparatorluğu'nun ilişkilerini şöyle değerlendirdi:

> "Askerlerinizin şehre girdiği ilk günlerde Yahudiler çok üzgündüler, bu da iki nedenden dolayı doğaldı:
>
> a) Bütün dünyanın bize karşı haşin davrandığı ve kapıları kapattığı 400 yıl önce bizleri kabul eden Türk vatanımıza karşı büyük minnet borcumuzdan dolayı üzgündük. Bütün Yahudi halkı bunu hiçbir zaman unutmayacaktır. Daha sonra biz Yahudilerin Osmanlı İmparatorluğu'nda hiçbir meselemiz olmamıştır.
>
> b) Bugün Osmanlı ordusunda 500 civarında Yahudi askeri mevcuttur. Selanik'teki her Yahudi ailesinin bir oğlu, kardeşi veya akrabası savaştadır: ölmüştür, yaralanmıştır veya kaybolmuştur.
>
> Bu sebeplerden dolayı Müslümanlar gibi biz de bütün kalbimizle yas tutuyoruz ve ağlıyoruz."[42]

Bu yüzyılın başında Selanik, önemli sayıdaki Yahudi ve Dönme nüfusuyla "Balkanların Kudüs'ü" sayılıyordu. Yahudiler imparatorluğa sadık idiler ancak Yahudi aydınlar Jön Türk ihtilâlinden sonra ortaya çıkan hür ortamdan büyük ölçüde etkilenmişlerdi ve ihtilâli destekliyorlardı. Bu nedenle Selanik Yahudilerinin Hareket Ordusu'na gönüllü olarak katılmaları hiç de şaşılacak bir durum değildi. Dönme bir aileden gelen Maliye Nazırı Cavit Bey, onun kâtibi Nissim Russo, mebus

---

41 Aram Andonyan, *a.g.e.*, s. 426-427.

42 David Farhi, "The Jews of Turkey in the Young Turks revolution" (İbranice), *Sefer Yavan*, Cilt 51 (1981), s. 137-153.

Emanuel Karasu gibi Selanikli Yahudiler ve Dönmeler, yeni siyasi rejimde önemli ve seçkin mevkiler işgal ediyorlardı.[43]

Selanik Yahudileri arasında doğan Siyonist hareket, İstanbul Yahudileri tarafından benimsenmedi. Bunda II. Abdülhamid döneminde milliyetçi faaliyetlerin alenî bir şekilde sürdürülememesinin de rolü vardı. Osmanlı yönetimi ile ilişkilerini bozmaktan endişe eden Konstantiniye Yahudi cemaati yönetimi, Siyonizm hareketine muhalifti. Nitekim Konstantiniye'deki Yahudi cemaati yönetimi, Siyonist organizasyonun kuruluşunu onaylayan 1897 Basel Kongresi'ni kınamıştı. Merkezî Paris'te bulunan *Alyans*'ın Türkiye komitesi başkanı İsaac Fernandez düşüncelerini şöyle dile getiriyordu:

> "Dr. Theodor Herzl'in başını çektiği hareket kadar Türkiye'deki Musevilerin çıkarlarına, *Alyans*'ın yaptıklarına ve Filistin'in sömürgeleştirilmesine ters düşen başka bir şey yoktur."[44]

Jön Türk ihtilâlini takip eden yıl zarfında Selanik Yahudileri arasında ortaya çıkan iki eğilimi ayıran, çizgi Yahudi kimliğinin ifade edilmesi ve bu kimlikle özdeşleşme ile asimilasyon gibi iki kutup arasından geçmiyordu. Dinin hâkim unsur olduğu, dinlere göre bir toplumsal ve idari teşkilâtlanmanın da mevcut olduğu çok milletli ve dinli Osmanlı İmparatorluğu içinde "asimilasyon" kavramı Avrupa'nın anladığı anlamı taşımıyordu. Bu iki eğilim arasında temeldeki farklılaşma, Yahudi kimliğinden ödün ve tavizin verilmediği liberal ve anayasal bir rejime ve çok milletli bir yapıya sahip bir devlet ideali ile Osmanlı İmparatorluğu'nun şemsiyesi altında Yahudi halkının Filistin topraklarında yaşamalarını mümkün kılacak bir siyasi ve ulusçu çözümün bulunması arasındaydı. Birinci Balkan Savaşı'nın çıkması üzerine Osmanlıcılık ülküsü Balkanlar'da or-

---

43 David Farhi, "The Jews of Turkey in the Young Turks revolution" (İbranice), *Sefer Yavan*, Cilt 51 (1981), s. 137-153.

44 Esther Benbassa, "20. Yüzyıl Başında Osmanlı İmparatorluğu'nda Siyonizm", *Tarih ve Toplum*, sayı 82, Ekim 1990, s. 34-39. Bu yüzyılın başında Osmanlı Devleti'nde Siyonist faaliyetler için bkz. Esther Benbassa, *Une Diaspora Sépharade en Transition, İstanbul XIXe-XXème Siècles*, Les Editions du Cerf, Paris, 1993.

taya çıkan etnik milliyetçilikle çöktü, ancak Selanik Yahudileri, 1908 Jön Türk ihtilâlinin doğurduğu hayalden henüz kurtulmamışlardı.[45]

---

45 David Farhi, "The Jews of Turkey in the Young Turks revolution" (İbranice), *Sefer Yavan*, Cilt 51 (1981), s. 137-153.

Gazete satıcısı (üstte, sağda).
Bir hoca, Niyazi ve Enver Beylerin fotoğraflarını satıyor (solda).
Sokaklarda gazete okuyan Yahudiler. Daha önceden gazeteleri kapalı kapılar ardında okurlardı (alta, sağda).
The Daily Graphic, *Londra, Eylül 1908. YIVO Arşivi, Dosya RG120.*

Manisa Moris Şinasi Hastanesi'nin Tarihçesi

Halihazırda Manisa'da faal durumda olan Moris Şinasi Çocuk Hastanesi, adını Manisalı bir Yahudi'den almaktadır. 1933 yılında faaliyete geçen hastane bugün Sağlık ve Sosyal Yardım Bakanlığı'na bağlı olarak yönetilmektedir.

Musa (Moris) Şinasi'nin hayat hikâyesi

Musa Eskenazi 1855 yılında Manisa'da doğdu. Ailenin dördüncü çocuğuydu. Salamon ve Jak adında iki erkek, Sultana adında da bir kızkardeşi vardı. Manisa'da tütün sanayiinde kısa bir süre çalıştı ve bu alanda biraz deneyim kazandı.[1] 14 yaşındayken ağır bir hastalık geçirdiğinden Manisa'da hastaneye kaldırıldı ve tedavi gördü.[2] Musa Eskenazi 1870 yılında 15 yaşında iken kardeşi Salamon ile birlikte yalınayak ve cebinde sadece iki mecidiyeyle Manisa'dan ayrıldı. Sığır taşıyan bir gemi ile İskenderiye'ye gitti. İskenderiye'de limanda gemilere yük aktarma ve boşaltma işlerinde çalıştı. Garafollo adında, tütün ticareti ve sigara imalatı yapan zengin bir Yunanlı, Musa'ya yakınlık

---

1 Avram Galante, *Histoire des Juifs de Turquie,* İsis Yayıncılık, İstanbul (t.y.), Cilt 4, s. 55 / Naim Güleryüz, "Moris Şinasi Çocuk Hastanesi", *Şalom,* 20 Ocak 1988.

2 Necdet Otaman'ın kızları Turan Necdet Özcan ve Cankız Şanal ile 20 Aralık 1999 tarihli görüşme.

duydu ve onun hamiliğini üstlendi. Onu evine aldı ve kendi oğlu ölmüş olduğundan ona öz oğlu gibi davrandı. Garafollo Musa'ya adabı muaşeret ve toplum içinde nasıl davranılacağını öğretti. Musa otuz yaşına kadar onun yanında kaldı, tütün ticaretini ve sigara imalatını iyice öğrendi. Bir gün Garafollo Musa'ya "Artık Amerika'ya gitme zamanın geldi, zira orası fırsatlar ülkesidir" dedi. Bunun üzerine Musa, Garafollo'nun kendisine verdiği 25.000 dolar ödünç parayla, Amerika'ya göç etti.

Musa Eskenazi Amerika'ya göç ettiğinde Moris Şinasi adını aldı.[3] 1893 yılında patentini aldığı sigara sarma makinesi ve makinede sarılmış bir paket sigarayla Uluslararası Şikago Fuarı'na katıldı. O günlerde herkes tütününü elde sarıp kendi sigarasını yaptığından Moris'in patentini aldığı sigara sarma makinesi, devrim yaratan bir yenilikti. Fuardan sonra Moris Şinasi, New York'a döndü ve kardeşi Salamon'u yanına getirtti. İskenderiye'den ayrılırken Garafollo'dan ödünç aldığı parayı da kendisine iade etti. Şinasi kardeşler 1893 yılında, Broadway ve 120. Sokak'ın kesiştiği yerde küçük bir sigara fabrikası kurdular, işçilerini de Manisa'dan getirttiler. Şirketin adı Schinasi Brothers Company (Şinasi Biraderler Şirketi) idi. İki kardeş bu fabrikada Osmanlı Devleti'nden tütün ithal edip hazır sigara üretmeye başladı. Bu sigaralar seyyar satıcılar tarafından satışa sunuluyordu.[4] Sigara kâğıdı ise Mısır'dan ithal ediliyordu.[5] Üretilen sigaranın markası Egyptian Prettiest (En Güzel Mısırlı) idi ve yirmi sigaralık bir paket 0,35 dolara satılıyordu. Bu o dönem için pahalı bir fiyattı.[6] Başta fabrikada yaklaşık iki yüz Manisalı Yahudi işçi çalışıyordu.[7] İşçiler haftada altı gün çalışıyorlardı.

---

3 *One century in the life of Albert J. Amateau 1889 - The Americanization of a Sephardic Turk*, Rachel Amado Bortnick tarafından yapılmış sözlü tarih bant çözümlemesi, Mart 1989, s. 52.

4 Altina Schinasi Miranda, *The Road I Have Travelled*, Apodaca Hill Press, New Mexico 1995, s. 3 / Naim Güleryüz, "Moris Şinasi Çocuk Hastanesi", *Şalom*, 20 Ocak 1988.

5 Joseph M. Papo, *Sephardim in Twentieth Century America*, Pele Yoetz Books, California 1987, s. 29.

6 *http://www.wclynx.com/private/theshaws/packssultans'sdomain.html.*

7 Marc D. Angel, *La America The Sephardic Experience in the United States*, The Jewish Publication Society of America, Philadelphia 1982, s.139.

Bu çalışma koşulları Amerika'da yayımlanan ve Sefarad Yahudilerine hitap eden *La America* gazetesi tarafından eleştirildi. Gazete Şinasi kardeşlerden işçileri sadece beş gün çalıştırmalarını istedi.[8] Şinasi kardeşler hemşerileri olan Sefarad Yahudilerine yardımda bulunmak amacıyla özellikle Sefarad Yahudisi olan işçileri istihdam ettiklerini beyan ederek kendilerini savundular. Ancak birçok kişi Şinasi kardeşleri işçileri düşük ücretle çalıştırıp sömürmekle suçladı.[9] Fabrikada Yunanistan'dan göç etmiş Yahudi kadınlar da çalıştı.[10] Şinasi Biraderler Şirketi, bir diğer sigara şirketinin de doğmasına neden oldu. Sam Benaderet adında Türkiyeli bir Yahudi Şinasi Biraderler'de ustabaşı olarak çalışmıştı.[11] Sam Benaderet daha sonra 1915 yılında San Francisco'ya yerleşti ve kendi sigara fabrikasını kurdu. Bu fabrika 1980 yılının Mart ayına kadar faal durumdaydı.[12]

Musa ve Salamon kardeşler çok kısa sürede büyük bir ticari başarıya ulaşıp beş ila altı yıl zarfında milyoner olmuşlardı. Sultan II. Abdülhamid Amerika'ya Türk tütünü ithal ettiği için Hicri 1324 yılının Rebî-ül-evvel ayında (milâdî olarak 1906 yılının Nisan ayı sonu-Mayıs ayı ortası) Moris Şinasi'yi dördüncü dereceden Mecidiye nişanıyla taltif etti. Moris Şinasi daha sonra İttihat ve Terakki Cemiyeti'ne de üye oldu. Moris Şinasi Amerika'da yedi yıl bekâr yaşadıktan sonra evlenmeye karar verdi. O zaman elli yaşındaydı ve çapkınlık yılları artık geride kalmıştı. İş için Selanik'e gittiğinde arkadaşı Jozef Ben Rubi'den kendisine uygun bir eş bulması için yardım etmesini rica etti. Jozef Ben Rubi'nin evinde otururken onun 16 yaşında ve halen okulda okumakta olan torununun fotoğrafını gördü. Bunun üzerine Moris arkadaşına "çok güzel bir kız, benimle evlenmek ister mi?" diye sordu. Jozef Ben Rubi bu soruya gü-

---

8 Marc D. Angel, a.g.e., s. 141.

9 Marc D. Angel, a.g.e., s. 144.

10 Joseph M. Papo, *a.g.e.*, s. 29.

11 *One century in the life of Albert J. Amateau 1889 - The Americanization of a Sephardic Turk*, Rachel Amado Bortnick tarafından yapılmış sözlü tarih bant çözümlemesi, Mart 1989, s. 52.

12 *http://www.wclynx.com/burntofferings/packsbenaderet.html.*

lerek şu cevabı verdi: "Musa sen yaşlı bir adamsın. Laurette ise küçük bir kız." Ancak Moris Şinasi bu cevap karşısında ısrar etti: "Okuldan eve geldiğinde kendisine sorar mısın?"

Laurette Ben Rubi okuldan eve döndüğünde Moris Şinasi ile karşılaşır karşılaşmaz ona ilk bakışta âşık oldu. Moris Şinasi çok zengin ve çok önemli bir insan olduğundan Laurette, Moris'in evlenme teklifine "evet" cevabını verdi. Moris ve Laurette 1903 yılında Selanik'te evlenip birlikte New York'a gittiler. Moris karısı için New York'ta Riverside Drive 351 numarada İtalya'dan ithal ettiği mermerlerle büyük bir malikâne inşa etti. Bu evde 4 Ağustos 1907 tarihinde Altina adında ilk kızı, daha sonra da Victoria ve Juliette adlarında iki kızı daha dünyaya geldi. New York'taki 35 odalı malikânenin birçok odası Türk üslûbunda döşetilmiş, banyosu da Türk hamamı tarzında kurnalı olarak inşa edilmişti.[13] Evin bekçiliğini Cako adında Anadolu'dan Amerika'ya göç etmiş bir Yahudi üstlenmişti.[14] Moris Şinasi Amerika'da yaşarken evde piyano olmasına rağmen gramofonda Türk musikisine ait taş plakları dinlerdi.[15] Moris'in kardeşi Salamon Şinasi de aynı bölgede ayrı bir malikâne satın aldığından iki kardeş birbirlerine yakın olarak yaşamaya devam ettiler.[16] Şinasi kardeşlerin Osmanlı Devleti ile olan mükemmel ilişkileri ve tütünü de Osmanlı Devleti'nde ithal etmeleri nedeniyle Sultan, Salamon Şinasi'nin oğlu Leon'a dönemin Washington sefiri Mehmet Ali Bey vasıtasıyla safkan bir Arap damızlık atı hediye etti.[17]

Moris Şinasi Amerika'ya göç edip sıkıntıya düşmüş Türklere de yardım etti. Bunun bir kanıtı bu yüzyılın başında Amerika'ya göç eden ve iş bulamadığı için çok sıkıntılı anlar geçiren İstanbullu bir şofördür. Hamdi adındaki bu şoför New York'ta

---

13 Altina Schinasi Miranda, *a.g.e.*, s. 3 / Naim Güleryüz, "Moris Şinasi Çocuk Hastanesi", *Şalom*, 20 Ocak 1988.

14 Altina Schinasi Miranda, *a.g.e.*, s. 12.

15 Altina Schinasi Miranda, *a.g.e.*, s. 28.

16 "The Rice Mansion sold for $ 600 000.-", *The New York Times*, 18 Aralık 1907, s. 5.

17 "Stallion from the Sultan", *The New York Times*, 7 Temmuz 1908, s. 14.

zor aylar geçirdikten sonra Musa Şinasi'nin yanında memur olarak çalışır ve bunu da şöyle anlatır:

> "Bu sıkıntılı, üzücü ve ezici yaşayış tütün tüccarı Eskenazi Efendi'nin yanına şoför olarak girinceye kadar devam etti. Bu Eskenazi Efendi'yi siz de tanırsınız. Ölürken Manisa'da hastane yaptırılmak üzere para bırakan zengin vatandaşımız. Eskenazi Efendi çok iyi, çok hayırperver bir adamdı. Yanında altı ay çalıştım.
>
> Altı ay sonra Türkiye'de hürriyet ilân edildiğini duyduk. New York'taki konsolosumuz Münir Bey'in teşebbüsü ile bu şehirde bulunan Türkler büyük bir miting yaptık. Vatan hepimizin gözünde tütüyordu. İstanbul'a dönmeye karar verdim. Kararımı Eskenazi Efendi'ye söyledim. Bana bilet parası, üstelik bir hayli de bahşiş verdi."[18]

Şinasi kardeşler Sefarad Yahudilerinin kurdukları derneklerde de faaldiler. Çoğunluğu Anadolu'dan göç etmiş olan Yahudilerin üye olduğu 1899 yılında kurulan Union and Peace Society (Dayanışma ve Barış Cemiyeti)'ne üye idiler.[19] Moris Şinasi 1914 yılında Doğu Yahudileri Federasyonu'nun onursal başkanlığına da seçildi.[20]

1916 yılında Tobacco Products Company (Tütün Ürünleri Şirketi), Şinasi Biraderler Şirketi'ni üç buçuk milyon dolar nakit ile satın aldı. Bu paraya Şinasi Biraderler'in Amerika ve Avrupa depolarında bulunan 1.300.000 dolar değerinde Türk tütünü stokları da dahildi. Fabrika satıldığında yıllık kapasitesi iki yüz elli milyon sigara idi.[21] Şirket satıldıktan sonra Salamon Şinasi'nin oğlu Leon Şinasi şirketin başkanlığına getirildi.[22]

Moris Şinasi'nin milyonerliğe uzanan yaşam öyküsü değişik kişiler tarafından değişik zamanlarda değişik şekillerde anlatılmıştır. Peyami Safa Musa Şinasi'den şöyle bahseder:

---

18 Cevat Fehmi, "Harikulade bir macera", *Cumhuriyet,* 12 Ağustos 1932.

19 Marc D. Angel, a.g.e., s. 27.

20 Marc D. Angel, a.g.e., s. 73.

21 "Schinasi Bros. sell for $ 3.500.000.- cash", *The New York Times,* 3 Mart 1916, s. 14.

22 "Schinasi Bros. new head", *The New York Times,* 7 Mart 1916, s. 17.

"Manisa'da bir hastane yapılması için dört yüz bin lira vakfederek ölen Moiz Eskenazi, gençliğinde meteliksiz bir adammış. İzmir ve Manisa hahamhanelerinde iş aramış, fakat okuması, yazması olmadığı için bulamamış. Sonra İzmir'den Mısır'a gider, pek nafile bir sermaye ile ufak bir tütüncü dükkânı açar; Mısır'dan da Amerika'ya geçer ve nihayet... milyoner olur.

Fakat Amerika'daki zengin dostları, niçin mektupları ile telgraflarını daima kâtiplerine okuttuğunu ona sorarlar. "Pek öyle okumam yazmam yoktur!" cevabını verir ve hayatını anlatır.

'Garip şey!' derler, 'okuma yazma bilmediğiniz halde milyoner oldunuz, ya bilseydiniz ne olacaktınız?'

'Ne mi olacaktım? Gayet basit: hahamhanede kâtip!'"[23]

Bir başka kaynağın anlatımı ise şu şekildedir:

"Bir zaman Manisa'dan bir grup yaptıracakları hastanenin parasını tedarik edebilmek için Amerika'da bulunan zengin hemşerileri Moris Şinasi'nin yanına giderler. Tesis edecekleri çocuk hastanesinden bahsedip yardım talep ederler. Moris Şinasi kendilerine bir çek uzatır ve "Ne kadar istiyorsanız yazınız" der. Onlar da "efendim, siz yazınız" derler. Der ki, "Ben, okuma yazma bilmem ki!" Onlar "ya bir de okumanız yazmanız olsaydı, kim bilir neler olurdunuz!" derler. O ise, "Eğer okumam yazmam olsaydı kiliseye bekçi olurdum. Aslında gittim, müracaat ettim fakat, bana, senin okuman yazman yok diyerek, bekçilik vermediler. Ben de gemiye atlayıp Amerika'ya geldim ve gördüğünüz gibi büyük bir zengin oldum," der."[24]

En nihayet bir Yahudi kaynağı bu hikâyeyi daha değişik bir şekilde anlatır:

"Bundan yıllar önce Manisa'da kalabalık bir cemaat yaşarmış. Böyle bir cemaatin kendine özgü bir mezarlığı olması ise çok doğal. İşte Manisa'daki Musevi mezarlığında Moris Şinasi adlı biri bekçilik yaparmış.

23 Peyami Safa, "Garip bir ders", *Cumhuriyet*, 26 Nisan 1933.

24 İsmail Yediler, "Moris Şinasi", *Zaman*, 12 Ekim 1997. Metinde geçen "kilise" sözcüğünün "sinagog" olması gerekmektedir.

Günlerden bir gün oldukça varlıklı bir adam elinde aradığı mezarın kaydı yazılı bir kâğıtla bekçi Moris'e danışır. Fakat bizim Moris okuma yazma bilmemektedir. Üzülerek yardımcı olamaz.

'Okuma yazma bilmeyen bir zatı nasıl mezarlık bekçisi yaparsınız?' şeklinde cemaat yetkililerine şikâyette bulunan bu varlıklı kişi Moris'in işine son verilmesine neden olur.

Zavallı Moris, Manisa sokaklarında aylak aylak dolaşmaktadır. Kimsesiz Moris'in Manisa'da yaşantısını sürdürmesi artık mümkün değildir. Moris tam umudunu yitirmek üzereydi ki, kahvede otururken yanına yaklaşan biri: 'Bak Moris, duyduğuma göre son günlerde İzmir'den kalkan şileplerle Amerika'ya ulaşanlar oldukça fazlaymış.'

Bu söz Moris'e yetmiştir. Ertesi gün sırtında Manisa'nın mis gibi kokan tütününü doldurduğu bir torba ile Amerika'ya yol alan bir şilebin içindedir bile.

Moris tütün dolu torbayı niye yanına almıştır? Zannederim, fazla bir şey bildiğinden değil. Satın alabileceği veya götürebileceği hiçbir eşya olmadığından herhalde.

Her neyse, Moris caddelerde yürürken tütün saran kişiler görünce getirdiği torbanın ne kadar doğru bir seçim olduğunu anlar. Artık o da New York caddelerinde tütün sarmaktadır.

Bunun üzerine bir yolunu bulup da Manisa'ya ona tütün göndermeleri için haber salar. Aradan geçen zaman zarfında Moris'in tütünleri herkes tarafından beğenilmektedir.

Ve aradan geçen çok uzun zaman zarfında Moris Eskenazi Amerika'nın tütün kralı olagelmiştir. Ancak onun bir minnet borcu vardır. Doğduğu büyüdüğü şehir olan Manisa'ya bir hastane yaptıracaktır."[25]

Moris Şinasi 1929 yılının Eylül ayında öldü. Cenazesi 6 Ekim 1929 tarihinde kaldırıldı. Öldüğünde servetinin on milyon doların üstünde olduğu tahmin ediliyordu. Musa Şinasi 14 yaşında iken geçirdiği hastalıktan kurtarıldığı Manisa'ya bir hastane ku-

---

25 Hayim Kampeas, "Konuklar ve Moris Şinasi Hastanesi", *Tiryaki,* Aralık 1994, sayı 5, s. 21.

rulması amacıyla servetinin bir milyon dolarlık kısmını bu şehirde kendi adını taşıyan bir hastane kurulması için bağışlar. Moris Şinasi Amerika'daki Kadınlar Hastanesi, Lying-İn Hastanesi, St.Luke's, Sydenham, Presbyterian ve çocuk hastanelerinin her birine de üç yüz biner dolar bağışta bulunulmasını vasiyet eder.[26]

Laurette Eskenazi'nin Türkiye'yi ziyareti

Moris Şinasi'nin vasiyeti gereğince Laurette Eskenazi, eşinin doğum yeri olan Manisa'ya seyahat için hazırlıklara başlar; eşinin adını taşıyacak hastanenin inşası için Türkiye'ye gitmektedir. Ancak Selanik doğumlu Laurette Eskenazi, Amerikan vatandaşlığına geçen Moris ile evlendiğince kendisi de Amerikan vatandaşı olmuştur. Bu nedenle Laurette Şinasi, Türkiye'ye geldiği takdirde eski bir Türk vatandaşı olması nedeniyle Türkiye'ye giriş veya çıkışında bir engel veya zorlukla karşılaşıp karşılaşmayacağı konusunda mütereddit idi. Bu nedenle Amerikan Dışişleri Bakanlığı ve Türkiye'nin Washington'daki büyükelçisi Ahmet Muhtar Bey ile bu konuyu aydınlığa kavuşturmak için temaslar yapıldı. Yapılan temaslar sonucunda böyle bir güçlüğün söz konusu olmadığı anlaşıldı ve Laurette Eskenazi Manisa'ya seyahat etmeye karar verdi.[27] Laurette Eskenazi eşinin hastane yapımı için vakfettiği mal varlığını yöneten Chemical Bank and Trust Company yöneticilerinden Huntington Turner'la birlikte 27 Nisan 1930 tarihinde İstanbul'a geldi.[28] Ancak gelmeden önce bu bağıştan haberdar olan, İstanbul'da kurulu Amiral Bristol Hastanesi başhekimi Dr. Sheppard, Chemical Bank and Trust Company ile temasa geçerek hastanenin Manisa yerine İstanbul'da yapılmasını talep etti. Amerikan Dışişleri Bakanlığı da konuya ilişkin görüşünü belirtirken hastanenin Manisa yerine İstanbul'da yapıl-

---

26 "Charities get bulk of Schinasi estate", *The New York Times,* 7 Ekim 1919.

27 AMA, Record Group 59 Dept. of State Dosya 367. 1162/Schinasi Memorial (Kutu 1734 içinde).

28 AMA, Record Group 59 Dept of State Dosya 367.1162/Schinasi Memorial 6 Mayıs 1930 tarihli mektup.

masını tavsiye etti. Ancak Moris Şinasi'nin vasiyetini yerine getirecek olan bankanın vasiyetnameye uygun olarak davranacağını tahmin ettiğini ekledi.[29] Laurette Eskenazi ve banka yöneticisi Huntington Turner, İstanbul'a vardıktan iki gün sonra Ankara'ya gidip Sıhhat ve İçtimai Muavenet Vekili Dr. Refik Saydam'ı ziyaret ettiler. Dr. Refik Saydam'la olan görüşmede Washington Büyükelçisi Ahmet Muhtar Bey'in kardeşi Orhan Şemsüddin Bey de hazır bulundu. Misafirler daha sonra Amerikan Büyükelçiliği aracılığıyla Hariciye Vekili Tevfik Rüştü Aras'ı da ziyaret ettiler. Ziyaretin ertesi günü Dr. Refik Saydam misafirleri evine yemeğe davet etti. Davette vekâlet mensupları da hazır bulundular. Yemek sırasında Dr. Refik Saydam'ın hastanenin Manisa'da kurulması konusunda pek istekli olmadığı görüldü. Refik Saydam, hastanenin inşası için gerekli arazinin hükümet tarafından temin edilip bağışlanacağına ve arazinin ve inşa edilecek binaların vergiden muaf tutulacaklarına dair söz verdi.[30] Laurette Eskenazi daha sonra *Gülcemal* vapuru ile önce İzmir'e oradan da karayoluyla Manisa'ya gitti. 11 Mayıs 1930 günü Manisa'ya varan Laurette Eskenazi kendisi için özel olarak Ankara'dan Manisa'ya gelen Sıhhat ve İçtimai Muavenet Vekâleti umumi müfettişi Fuat Bey, aynı vekâletten Dr. Naci Bey, CHF müfettişi Zühdi Bey, Belediye başkanı Rıza Bey ve Kızılay, Çocuk Esirgeme Kurumu ve Kadınlar Birliği üyeleri tarafından karşılanır.[31] Manisa belediyesi adına Madam Eskenazi'ye teşekkür edilip onuruna bir ziyafet verilir; sonra Laurette Eskenazi eşinin Manisa'da doğup büyüdüğü evi ziyaret eder. Öğleden sonra da Fuat Bey ve diğer kişilerle birlikte hastane inşaatı için ayrılan iki arsayı görmeye gider. Bu arsalardan bir tanesi Eski Hastane civarında Ulu Mezarlık adındaki bölgede, diğeri de polis merkezinin karşısındaki mevkiideydi. Madam Eskenazi Ulu Mezarlık mevkiinde olan araziyi beğendi. Ancak bu iki arsadan hangisinin daha uygun olduğuna dair kararın Sıhhat ve İçtimai Mu-

---

29 AMA, Dosya 367.1162/Schinasi Memorial 4 Nisan 1930 tarihli mektup.

30 AMA, Dosya 367.1162/Schinasi Memorial 6 Mayıs 1930 tarihli mektup.

31 "La construction d'un nouvel hôpital à Manissa", *Le Milliet*, 12 Mayıs 1930.

avenet Vekâleti tarafından verilmesini uygun gördü.[32] Madam Eskenazi daha sonra *Gülcemal* gemisi ile İzmir'den İstanbul'a geri döndü.[33] Geri dönüşünde *Cumhuriyet* gazetesi muhabirine verdiği demeçte şunları söylüyordu:

> "Ankara'ya giderek Hilâl-i ahmer [Kızılay] merkezî erkânı ile görüştüm. Oradan da Manisa'ya gittim. Hakkımda hüsnü kabul gösterilmesine müteşekkirim. Manisa'da inşa edilecek hastane için tefrik edilen [ayrılan] arsaları gördüm. Bunlardan biri tercih edildi. Şimdi planları yapılacak ve ona göre kaç yataklı olacağı kati surette kararlaştırılacaktır. Yakında intaç edileceğini [sonuçlanacağını] ümit ettiğim bu işle alakadar olarak burada kalacak, icap edince Ankara ve Manisa'ya tekrar gideceğim. Amerika'ya ne zaman gideceğim henüz malûm değildir"[34]

Vakfedilen bir milyon dolarlık bağışın iki yüz bin doları hastanenin inşaatına ve gerekli donanımın alınmasına, bakiye 800.000.- doların ise menkul kıymetlere yatırılıp bu yatırımdan elde edilecek gelirin, her yıl hastaneye gönderilmesine karar verildi.[35] Chemical Bank temsilcisi Huntington Turner, Madam Eskenazi'yle İstanbul'a geri döndükten sonra, Ankara'ya tekrar gidip Dr. Refik Saydam ve başvekil İsmet İnönü ile görüştü ve 27 Mayıs 1930 tarihinde Ankara'dan ayrıldı. Ayrılmasından hemen sonra Dr. Refik Saydam, Chemical Bank and Trust Co.'nun gönderdiği yazıda hastanenin inşaası için nakden ödenecek olan iki yüz bin dolarlık tutarla kırk yataklık bir hastanenin inşa edilebileceğini bildirdi. Turner'a, kendisinin teklif ettiği gibi, vakfedilen 800.000.- dolarlık kısmın menkul kıymetlere yatırılmasından elde edilecek yıllık yaklaşık otuz-bin dolar gelirin her yıl hastaneye bağışlanmak üzere T.C. Ziraat Bankası A.Ş.'ye havale edilmesinin uygun olduğunu söyle-

---

32 "Manisa hastanesinin inşasına başlanıyor", *Milliyet,* 13 Mayıs 1930.

33 "Mme Eskenazi, femme du donateur originaire de Manissa, est rentrée a Stamboul", *Le Milliet,* 19 Mayıs 1930.

34 "Memleketimize bir milyon dolar getiren kadın", *Cumhuriyet,* 20 Mayıs 1930.

35 "Manisa hastanesinin inşasına başlanıyor", *Milliyet,* 13 Mayıs 1930.

di. Dr. Refik Saydam talep edilen gümrük muafiyeti konusunda araştırma yaptığını, röntgen cihazları ile kinin ve neosalvarsan gibi bazı ilaçlar dışında gümrük muafiyeti tanınmayacağını bildirdi. Gümrük muafiyetinin tanınması için Vekiller Heyeti'nin TBMM'den bir kanun geçirtmesi gerektiğini, bunun da uzun formaliteler gerektirdiğini yazdı. Dr. Refik Saydam'ın kırk yataklık hastane için öngördüğü personel kadrosu ve bütçesi şöyle idi:[36]

Memurlar	*Sayısı*	*Maaş*	*Yıllık maaş tutarı*
İhtisas yapmış hekimler	2	350.- lira	8.400.- lira
Başhekim için ek ücret	1	100.-	1.200.-
Cerrahi ve tıp bölümleri için asistanlar	2	100.-	2.400.-
Röntgen mütehassısı ve radyoloji diplomasını haiz hemşire	1	200.-	2.400.-
Hariciyeci (kulak-burun-boğaz ve göz doktoru)	2	100.-	2.400.-
Başhemşire	1	125.-	1.500.-
Hemşireler	2	100.-	2.400.-
Hastabakıcılar (kadın)	6	40.-	2.880.-
Yönetici (Amerikalı)	1	300.-	3.600.-
Hizmetliler (kapıcı dahil)	10	40.-	4.800.-
Mekanisyen	1	150.-	1.800.-
Ahçı	1	60.-	720.-
Memur	1	80.-	960.-
Eczacı	1	100.-	1.200.-
Toplam	32		36.660.-

Hastanenin inşaası

Madam Eskenazi'nin Amerika'ya geri dönüşünün ardından, Dr. Refik Saydam Hastane için gerekli bütün teçhizatı kapsamına alan bir gümrük muafiyetinin tanınmasının çok zor olacağını belirttiği halde, muafiyet kanunu TBMM tarafından kabul edilir. Vekiller Heyeti hastanenin inşasında kullanılacak

36 AMA, Dosya 367.1162/Schinasi Memorial/20 3 Haziran 1930 tarihli belge.

olan malzemenin gümrüksüz ithal edilmesini mümkün kılan 1907 sayılı kanunu 28 Aralık 1931 tarihinde kabul etti. Kanun metni aynen şöyleydi:[37]

> "Madde 1 - Manisa'da Beynelmilel Moris Şinasi Hastanesi namı altında müteveffa [merhum] Moris Şinasi'nin vasisi tarafından inşa ve tesis edilecek hastane için hariçten getirilecek inşaat, tesisatı sıhhiye ve fenniye ve tefrişata ait malzeme ve eşya ile alât, edevat ve ilâçlar bir defaya mahsus olmak üzere gümrük resminden istisna edilmiştir.
>
> Madde 2 - Bu hastane için lâzım olan arazi Hükümetçe mubayaa olunarak [satın alınarak] hastane namına meccanen [bedelsiz] teberru olunur. [bağışlanır]
>
> Madde 3 - Hastane, Türkiye Cumhuriyeti kanunları ve nizamları dairesinde parasız ve karşılığı kâfi gelmediği takdirde yatağının beşte biri nisbetine kadar ücretli olarak faaliyette bulunur."

Dr. Refik Saydam tarafından hazırlanan hastanenin yönetimiyle ilgili kararname taslağının birinci maddesine göre hastanenin adı Beynelmilel Moris Şinasi Hastanesi olacaktı. Taslağın üçüncü maddesine göre hastanede açılacak olan servisler şunlardı: cerrahi, doğum ve genel dahiliye. Gerektiği takdirde göz, kulak, burun ve boğaz hastalıkları ile ilgili hastalar da kabul edilecekti. Taslağın dördüncü maddesine göre hastanede

a) bütün hastaların tedavi edileceği bir poliklinik

b) bir radyoloji laboratuarı

c) hastaların tahlillerinin yapılacağı bir kimyasal ve bakteriyoloji laboratuarı

d) hastalara verilecek ilaçların hazırlanacağı bir eczane tesis edilecekti.

Taslağın beşinci maddesine göre hastalar ücretsiz olarak tedavi göreceklerdi. Moris Şinasi'nin vakfettiği 800.000.- dolarlık meblağın menkul kıymet gelirlerinin yetersiz kalması halinde

---

37 "Manisa'da Beynelmilel Moris Şinasi Hastanesi namı altında inşa ve tesis edilecek hastane için hariçten getirilecek eşyanın gümrük resminden istisnasına dair kanun", 1907 sayılı kanun, *Resmî Gazete*, 31 Kanunuevvel 1931 s.1103.

vakfiyeyi yöneten Chemical Bank ve Sıhhat ve İçtimai Muavenet Vekâleti arasında yapılacak mutabakat gereğince paralı hastalar kabul edilebilecekti. Paralı hastaların sayısı hastanenin toplam yatak sayısının en fazla beşte biri kadar olabilirdi.

Taslağın sekizinci maddesine ve ilk teklife göre değiştirilmiş haliyle nihai personel listesi şöyleydi:[38]

Görevi	*Sayı*	*Aylık*	*Aylık toplam maaş tutarı*
Başhekim (cerrah veya dahiliyeci)	1	350.-	350.-
Uzman hekim (dahiliyeci veya cerrah)	1	300.-	300.-
Kulak-burun-boğaz uzmanı (haftada üç konsültasyon yapacak)	1	70.-	70.-
Göz hekimi (haftada üç konsültasyon)	1	70.-	70.-
Radyoloji uzmanı (haftada üç konsültasyon)	1	80.-	80.-
Hekim asistanları	2	70.- her biri	140.-
Amerikalı başhemşire	1	350.-	350.-
Amerikalı hemşire	1	300.-	30.-
Türk hemşireler (biri ebe)	4	65.- her biri	260.-
Elektrikçi-mekanisyen	1	80.-	80.-
Hastabakıcılar (kadın)	4	30.- her biri	120.-
Ahçı	1	50.-	50.-
Eczacı	1	100.-	100.-
Memur	1	80.-	80.-
Hizmetliler (bahçıvan, hamal, vs)	10	30.-	300.-
Toplam	31		(Yıllık) 28.560.-

1932 yılında doların Türk lirası karşılığı ortalama değeri 2,1193 lira idi.[39] Dolayısıyla yıllık toplam 28.560.- lira tutarındaki personel maaşları yaklaşık 13.500.- dolara tekabül etmekte olup vakfedilen 800.000.- doların yıllık menkul sermaye geliri hem personel hem de diğer hastane giderlerini rahat-

38 AMA, Dosya 367.1162/Schinasi Memorial/24 15 Ocak 1932 tarihli mektup.

39 T.C. İstanbul Belediyesi İstatistik ve Neşriyat Müdürlüğü, *İstanbul Şehri İstatistik Yıllığı*, Cilt 4, 1934-1935, İstanbul Belediye Matbaası, İstanbul (t.y.), s. 237.

ça karşılayabiliyordu. Hastane giderlerinin, Manisa Valisi, Manisa İl Sağlık Müdürü ve Chemical Bank and Trust Co.'nun seçeceği Türkiye'de yerleşik bir Amerikan yurttaşından oluşan üç kişilik bir heyet tarafından denetlenmesi öngörülüyordu.[40]

Kanun kabul edildikten sonra hastanenin inşaası için Chemical Bank yöneticisi Huntington Turner ve inşaatın mimarı W. Stuart Thompson 21 Mayıs 1932 tarihinde Ankara'ya tekrar gelip Dr. Refik Saydam'ı ziyaret ettiler. Daha sonra İstanbul yolu ile Manisa'ya hareket ettiler.[41] Vakfiyenin avukatlığını Ege Mıntıkası Baro Başkanı avukat İsmail Hakkı Gökmen yürüttü. Madam Eskenazi Manisa'yı ziyaret ettiğinde İsmail Hakkı Gökmen'in evini de ziyaret etti. İnşaatın proje mühendisi sürekli kahkaha attığı için "Kahkahacı Galip Bey" diye anılan Galip adında bir mühendisti. İnşaat sırasında şantiyede mühendislere prefabrik evler tahsis edilmişti. İnşaat bittiğinde bu evlerden birini İsmail Hakkı Gökmen rica edip aldı ve bağına yerleştirdi.[42] Hastanenin inşaatı 1 Haziran 1932 tarihinde başladı.[43] İnşaatın tarihini taşıyan temel taşı 1 Ağustos 1932 tarihinde Manisa Valisi'nin de hazır bulunduğu bir törende temele yerleştirildi.[44] Tören sırasında koyunlar kurban edildi ve Atatürk'e teşekkür edildi. İzmir gümrüklerindeki bürokrasi nedeniyle teçhizatın ithalinde yaşanan ve maliyet artışına neden olan gecikmelerden ise söz edilmedi.[45]

Moris Şinasi Hastanesi'nin inşası sürerken Sıhhat ve İçtimai Muavenet Vekâleti 24 Mayıs 1933 tarihinde "Hususi Hastaneler Kanunu"nu kabul etti.[46] Böylece Moris Şinasi Hastanesi'nin kurulması için de yasal dayanak hazırlanmış oldu. Daha sonra vekâlet ile Chemical Bank yöneticisi Huntington Turner arasında 31 Temmuz 1933 tarihinde on maddelik bir yönetim ta-

---

40 AMA, 367.1162-Schinasi Memorial / 24, 15 Ocak 1932 tarihli belge.

41 AMA, Dosya 367.1162/Schinasi Memorial/25 1 Haziran 1932 tarihli mektup.

42 İsmail Hakkı Gökmen'in oğlu Oğuz Gökmen'le 8 Aralık 1999 tarihli görüşme.

43 AMA, Dosya 367.1162/Schinasi Memorial/26 1 Haziran 1932 tarihli mektup.

44 AMA, Dosya 367.1162/Schinasi Memorial/27 1 Ağustos 1932 tarihli mektup.

45 AMA, 1 Ağustos 1932 tarih ve 867-9111/372 sayılı "News of Izmir" belgesi.

46 185 sayılı "Hususi Hastaneler Kanunu", *Düstur*, 3. Tertip, Cilt 14, S. 983-992.

limatnamesi imzalandı. 15 Ağustos 1933 tarihinde de Manisa Birinci Noterliği'nde düzenlenen vekâletname gereğince hastanenin ilk başhekimi Memduh Necdet Otaman'a, hastaneyi vasi Chemical Bank namına yönetmek üzere 12 Kasım 1933 tarihinde ruhsatname verildi.[47]

Hastane 15 Ağustos 1933 tarihinde düzenlenen bir törenle hizmete açıldı. Törende Sıhhat ve İçtimai Muavenet Vekâleti müsteşarı Hüsamettin Şerif [Kural] Bey, banka temsilcisi Huntington Turner, Vali Lütfi Kırdar ve dönemin ileri gelenleri hazır bulundu. Tören sırasında Moris Şinasi'nin külleri hastanenin duvarındaki "Moris Şinasi'nin doğduğu şehre hediyesidir (1855-1928)" ibaresini taşıyan anı plakasının arkasına gömüldü. Hastanenin 1 Ekim 1933 tarihinde resmî olarak hasta kabul etmesine karar verildi. Moris Şinasi Hastanesi'nde kırk yatak mevcuttu ve son model tıbbi teçhizat ile donanmıştı.[48] Amerikan Büyükelçiliği'nin 1941 yılında düzenlemiş olduğu bir rapora göre hastane binası ile teçhizatının değeri 302.571.-dolardı. Hastanede otuz yatak ve bir poliklinik mevcuttu. Her yıl 500 hasta yatarak, 7000 hasta ise poliklinikte ayakta tedavi görmekteydi.[49]

İlk başhekim Mahmut Necdet Otaman

Hastanenin ilk başhekimi Mahmut Necdet Otaman 1895 doğumlu olup 1920 yılında Dâr-ül-fünûn Tıp Fakültesi'nden cerrah ve dahiliye mütehassısı olarak mezun oldu. Aynı yıl fakültede teşrîh-i marazî [patolojik anatomi] asistanlığına, 1921 yılında da hariciye asistanlığına atandı. 1923 yılında Giresun Memleket Hastanesi'nde başhekimlik ve cerrahlık, 1929 yılında Sivas Nümune Hastanesi'nde cerrahlık, 1932 yılında da

---

47 Memduh Necdet Otaman'ın kızları Turan Necdet Özcan ve Cankız Şanal'ın elinde bulunan ruhsatname.

48 AMA, Dosya 367.1162/Schinasi Memorial/28 31 Ağustos 1932 tarihli mektup / "Manisa Hastanesi", *Tıp Dünyası*, 6 (4) s.2170 15 Ağustos 1933.

49 AMA, RG 59, E-325 Kutu 1549, Consular Trade Reports-194 / 12 Haziran 1941 tarih 811503 / Near East/42 sayılı belge.

Bandırma Nümune Hastanesi'nde cerrahlık yaptı. 9 Ağustos 1933 tarihinde ise Moris Şinasi Hastanesi'nde göreve başladı. Necdet Otaman göreve başladığında hastanenin inşaatı bitmişti. Bahçe düzenlemesi için Necdet Otaman İstanbul Belediyesi'nin başbahçıvanını Manisa'ya getirtti. Bahçenin tanzimi başhekimin eşi tarafından düzenlenen plana göre yapıldı. Başhekimin kızları yazın bahçede inşa edilen havuzun içinde yüzerlerdi. Hastanenin zemini muşamba ile kaplanmıştı. Zeminin aşınmaması için hastaneye gelen köylülerin, çarıklarını ve ayakkabılarını çıkartıp terlik giydikten sonra hastaneye girmelerine izin verilirdi. Başhekim Otaman ailesi ile birlikte hastanenin içinde bulunan lojmanda yaşıyordu.[50] İran Şahı Türkiye'yi ziyaret ettiğinde Atatürk ile birlikte 22 Haziran 1934 tarihinde Manisa'yı ve hastaneyi ziyaret etti.[51] Başhekim Necdet Otaman iyi bir hatip olduğu için Recep Peker'in teşvikiyle siyasete atıldı ve CHP'den VIII. dönem Manisa milletvekili seçildi. Siyasetten ayrıldıktan sonra 1969 yılında vefat etti.[52] Necdet Otaman aynı zamanda şairdi ve bazı şiirleri de bestelenmişti.[53]

Hastane kurulduğunda bahçesinde sebze yetiştirilen, kümesinde yumurta üretilen ve ahırları olan bir tesisti.[54] Başhekim Otaman keçi, hekimlerden Cafer Bey ise horoz ve tavuk besledi.[55] Başhekime ait makam arabası atla çekilen bir faytondu. Ambülans ise bir at arabasıydı. Yakın tarihe kadar hastanenin demirbaşında gözüken at öldüğünde demirbaştan silindi.[56]

---

50 Memduh Necdet Otaman'ın kızları Turan Necdet Özcan ve Cankız Şanal ile 20 Aralık 1999 tarihinde yapılan görüşme.

51 Memduh Necdet Otaman'ın kızları Turan Necdet Özcan ve Cankız Şanal ile 20 Aralık 1999 tarihinde yapılan görüşme / "Şehinşah hazretleri İzmir'de", *Vakit*, 23 Haziran 1934.

52 Memduh Necdet Otaman'ın kızları ile 20 Aralık 1999 tarihinde yapılan görüşme. / *TBMM Albümü 1920-1991*, TBMM Genel Sekreterliği Yayınları, Ankara 1994, s. 164.

53 Veli Behçet Kurdoğlu, *Şair Tabipler*, İstanbul 1967, s. 420-422. Bu kaynağı bildiren Dr. Şeref Etker'e candan teşekkür ederim.

54 Başhekim Dr. Sevim Benzergil, *Biyografi (bilgiler) özellikler*, Manisa [1997].

55 Memduh Necdet Otaman'ın kızları Turan Necdet Özcan ve Cankız Şanal ile 20 Aralık 1999 tarihinde yapılan görüşme.

56 Başhekim Dr. Sevim Benzergil, *Biyografi (bilgiler), Özellikler*, Manisa [1997].

Hastanenin bugünkü durumu

Hastane içinde bulunan su kaynağı zaman içinde Manisa'daki Silahlı Kuvvetler tesislerine devredildi, bahçesindeki küçük koruluk da beton binalar haline dönüştü. Hastanede halen ilk inşaat yapıldığında mevcut olan ve kol gücü ile çalışan bir asansör faal durumdadır. Moris Şinasi'nin vakfettiği bağışla ve Sağlık Bakanlığı'nın katkılarıyla ek binalar yapılmış olup hastanenin birçok bölümü de restore edilmiştir. İlk inşaat sırasında kurulan kazan dairesi ömrünü tamamladığından burası modern bir laboratuara, üst kat ise özel hasta odalarına dönüştürüldü. 1996 yılına kadar 45 yataklı bir hastane olarak çalışan Moris Şinasi Hastanesi, hayırseverler tarafından yapılan özel servis ile elli yatak kapasiteye çıkarıldı ve verdiği hizmetin niteliğini yükseltti. 1997 yılında ameliyathanede 260 çocuk ameliyat edildi. Gene 1997 yılında toplam 61.321 tıbbî tahlil yapıldı, 5695 röntgen filmi ve 107 elektrokardiyografi çekildi.

1997 yılı itibariyle yatak işgal oranı % 58.50 kaba ölüm oranı ise % 1.50 idi. Hastanede görev yapmış olan başhekimler ise şöyledir:[57]

Başhekim adı	*Görev süresi*
Necdet Otaman	1933-1946
Adil Özkan	1946-1953
Cafer Soyer	1938-1969
İbrahim Atagürleyik	1953-1969
İbrahim Erdemir	1970-1981
İsmet Aksu	1970-1981
Nusret Eryılmaz	1976-1982
Sacit Günbey	1983-1985
Sultan Durmuş	1985-1987
Sevim Benzergil	1988-

Moris Şinasi'nin vakfettiği 800.000.- dolar yatırıldığı menkul kıymet fonu Chemical Bank tarafından yönetilmeye devam etti. Chemical Bank 31 Mart 1996 tarihinde The Chase

57 Başhekim Dr. Sevim Benzergil, *Biyografi (bilgiler), Özellikler*, Manisa [1997].

Manhattan Bank ile birleşti ve fon The Chase Manhattan Bank tarafından devralındı. Fon banka tarafından başarılı bir şekilde yönetildiğinden 1933 yılından beri her yıl düzenli bir şekilde yıllık getirisi Moris Şinasi Hastanesi'ne bağışlanmaya devam edilmektedir.

Musa (Moris) Şinasi'nin toplumsal hafızada bıraktığı iz

Moris Şinasi vakfettiği hastane nedeniyle gerçek bir Türk hemşehrisi olarak görüldü. Türkiye Yahudilerinin Türkçe konuşmayıp halen Türkleşmedikleri için yoğun bir şekilde eleştirildikleri Tek Parti döneminde Moris Şinasi, Yusuf Ziya Ortaç tarafından Türkiye'ye katkıda bulunmuş bir vatansever olarak şu satırlarla anılıyor: "Avram Galanti gibi ilim adamı, İzak Frera gibi şair, Manisalı Eskenazi gibi memleket çocuğu, Tekinalp gibi türkçü yetiştiren bu toprağın Yahudileri, geçen Perşembe, sinagoglarında Türkçe konuşmak için yemin ettiler."[58]

Gazeteci Sinan Korle'nin 1948/49 yıllarında İsrail'e göç eden Türkiyeli Yahudilerle yaptığı bir söyleşide de Moris Şinasi sitayişle anılır:

> "Dünkü bilgisiz ve üzüntüsüz neslin yanında insani duyguyu kültürü ile mezcederek [karıştırarak] büyük cemiyetler içinde kendini gösteren olgun, münevver insanlar, -Yahudi olsun olmasın- her şeye rağmen daima takdirle anılmaktadır.
>
> Bunun en güzel bir misali uzak bir memlekette servet ve refaha kavuştuğu zaman kendisine vatanlık etmiş, kendisini doyurmuş toprakları unutmamış ve gördüğü iyiliklere mukabil hemşehrilerine bir hastane hediye etmiş Manisalı Eskinazi'dir.
>
> Maalesef asırlar boyunca bu topraklar üzerinde yaşamış bütün ırkdaşları arasından çıkan bu Eskinazi, tek hayırlı vatandaş olarak kalmaktadır."[59]

---

58 Yusuf Ziya Ortaç, "Yahudinin Türklüğü!", *Akbaba*, 1 Ekim 1940, sayı 351, s. 2.
59 Sinan Korle, "Bugünkü İsrail", *Vatan*, 16 Haziran 1949.

Manisalı Nihal Yeğinobalı ise anılarında hastane ve Moris Şinasi'den şu şekilde bahseder:

> "Benim gözümde gizem taşıyan bir başka köşe de kentin biraz dışındaki özel Eskenazi Hastanesi'ydi. Memnune Hanım bir gün bizi sınıfla oraya götürdü. Hastanenin önündeki hayat denilen geniş verandanın çatısının köşesinden asılan torbada Sayın Eskenazi'nin külleri olduğunu anlattı bize. Eskenazi, Manisalı bir Yahudi, sonradan Amerika'ya gidip doktor oluyor ve öldüğü zaman mirasıyla doğum yerinde bir hastane kurulmasını, naaşının yakılmasını, küllerinin o hastaneye götürülmesini vasiyet ediyor. Öğretmenimiz bize bu hastane gezisini, iyilik yapmak, başkalarını düşünmek ve yurda vefa borcunu ödemek gibi bir takım kavramları öğretmek amacıyla düzenlemişti. Ama beni en çok etkileyen şey, geleneklerimizin o denli dışında olan o şaşırtıcı kül torbası oldu. Sonradan uzun uzun düşündüm o torbayı, besbelli bu kenti benim kadar sevmiş olan Eskenazi'yi... ve ben de ölünce gömülmek değil yakılmak istediğime karar verdim."[60]

Hastanenin bugünkü başhekimi Dr Sevim Benzergil de Moris Şinasi'nin anısını ve doğduğu şehre olan bağlılığının kanıtı olan hastaneye karşı hissettiği görev anlayışını dile getirirken 15 yaşında Manisa'dan ayrılan Moris'in hemşehrileri tarafından halen unutulmadığını hatırlatmaktadır:

> "[Hastanenin] Orijinal yapısını bozmamaya özen göstererek çağdaş koşullara uygun yenileme ve restorasyon gerektiren bölümlerimizi önümüzdeki dönemlerde ele alıp çocuklarımıza layık oldukları daha nitelikli şartlar ve ortamlarda hizmet vermek, yetişecek yeni nesiller ve küçük Moris'in anısı adına bizlere yüklenmiş bir ödevdir."[61]

---

60 Nihal Yeğinobalı, *Cumhuriyet Çocuğu,* Can Yayınları, İstanbul 1999, s. 57.

61 Başhekim Dr. Sevim Benzergil, *Biyografi (bilgiler), Özellikler,* Manisa [1997].

Moris Şinasi.
Kaynak: The Road I have Travelled, *s.2.*

New York'taki malikâne. Kaynak: The Road I have Travelled, *s.26.*

Laurette Şinasi.
Kaynak: The Road I have Travelled, *s. 5.*

Hastanenin ilk yıllarındaki görünümü.

Manisa'da (Beynelmilel Moris Şinasi Hastanesi)

№ 2/3 **Ruhsatnamesidir**

1928 Senesinde Amerikada vefat ederek kendisinin doğmuş olduğu Manisa şehrinde (Beynelmilel Moris Şinasi Hastanesi) adıyla ve her milletten hastalara açık olmak üzre bir hastane yapılmak için bir Milyon dolar terkedip bunun iki yüz bin dolarının hastanenin inşa ve tesisine ve sekiz yüz bin dolarının temettu'unun daimî masrafına karşılık olarak tahsis edilmesini vasıyet eyleyen ve Nevyork'ta kâin (Chemical Bank) İdare heyetini buna vasi tayin eden Mister Şinasinin öz memleketine karşı bu suretle göstermiş olduğu merbutiyet ve hayırseverlik, Cumhuriyet Hükûmetince de takdir edilerek kabul buyurulan 28.12.1931 tarih ve 1907 numaralı mahsus kanun mucibince arazisi Hükûmetçe mubayaa ve meccanen teberru edilerek ve hariçten getirilen inşaat, tesisat ve teçhizatına ait malzeme ve eşya ve alât ve edevat ve ilâçları bir defaya mahsus olmak üzre gümrük resminden istisna edilerek bu suretle Vekâletimiz tarafından tasvip edilen plânlarına göre yapılan inşaat, tesisat ve teçhizatının tamamen ikmal edildiği ve mezkûr Kanunla faaliyetine de müsaade bahşedilmiş olduğu cihetle Hususî Hastaneler Kanunu mucibince muktazi muamelesinin ifa ve tescili ile açılmak üzre ruhsatnamesinin verilmesi hakkında alâkadarlar tarafından vakı istida üzerine mahallince icra edilen tetkikat neticesinde bina ve tesisat ve teçhizat itibarile Kanunen haiz olması lâzımgelen vasıf ve şartları tamamen ve kâmilen cami olduğu Manisa Valiliğinin olbaptaki tahriratından anlaşıldığından 5.6.1933 tarih ve 2219 numaralı Hususî Hastaneler Kanununa tevfikan 40 yataklı ve kâmilen meccanî olmak ve dahilî, haricî, Veladî, Çocuk Göz, Kulak, Boğaz ve Burun hastalıkları kabul ve tedavi olunmak ve malî idaresi Vekâletimiz ile mezkûr Bankanın salahiyettar mümessili Mister Huntington M. Turner arasında 31.7.1933 tarihinde tesbit edilen 10 maddelik talimat veçhile ifa ve icra ve Manisa birinci Noterliğince 15.8.1933 tarihinde tanzim ve tescil edilen Vekâletname mucibince halen hastanenin Baş Tabibi ve mes'ul Müdürü bulunan Operatör Doktor Memduh Necdet bey tarafından Amerikadaki vasi Banka namına Vekâleten idare olunmak üzre işbu ruhsatname verilmiştir.

Turan Necdet Özcan ve Cankız Şanal arşivi.

İlk başhekim Memduh Necdet Otaman.
Kaynak: TBMM Albümü 1920-1991, s.164.

T. C.
SIHHAT VE İÇTİMAİ
MUAVENET VEKÂLETİ
Hususi Kalem Müdürlüğü
274

Ankara 8/4/1935

Bay Dr. Necdet Otaman
Beynelmilel Moris Şinasi Hastanesi Başhekimi

5 Nisan 1935 tarihli mektubunuzu aldım. Hastaneniz bahçesi hakkındaki yazılarınıza, ve bu husustaki çalışma ve gayretlerinizi gösteren fotograflara çok sevindim. Bunun için bilhassa teşekkür ederim. Çalışmalarınızda daima muvaffak olacağınıza her zaman kani olduğumu bildirir ve saygılarımı sunarım.

Sıhhat ve İçtimaî Muavenet
Vekili
Dr. R. Saydam

Turan Necdet Özcan ve Cankız Şanal arşivi.

Hastanenin bugünkü hali.

Moris Şinasi'nin hastanedeki fotoğrafı.

ÜÇÜNCÜ BÖLÜM

CUMHURİYET'İN OLAYLI YILLARI: TEK PARTİ DÖNEMİ

Bir Tarih Romanının Filme Çekilememe Serüveni: *Musa Dağ'da Kırk Gün*'ün Hikâyesi

Çekoslovakyalı Yahudi bir aileye mensup Franz Werfel 1890 yılında Prag'da doğdu. Varlıklı bir sanayici ailenin oğlu idi ancak babasının ona uygun gördüğü iş hayatını reddetti ve kendini edebiyata verdi. Franz Kafka ve Max Brod'un arkadaşı olan Werfel gençlik yıllarında şiirle uğraştı. Birinci Dünya Savaşı'nın bitiminden sonra Viyana'da ve Berlin'de serbest yazar olarak çalıştı. Adolf Hitler'in 1933 yılının Ocak ayında Almanya'da iktidara gelmesinden sonra aralarında Franz Werfel'in de bulunduğu yüz otuz yazarın kitapları, üniversite, kütüphane ve kitabevlerinden toplatıldı. Franz Werfel gibi Yahudi olan Sigmund Freud, Karl Marx, Alfred Kerr, Stefan Zweig'in de kitapları toplatılmıştı. "Alman ruhuna ve düşüncesine aykırı olan" bu kitaplar 10 Mayıs 1933 tarihinde Almanya'da üniversitelerin bulunduğu tüm merkezlerde yakıldılar.[1]

Romanın yayımlanması ve Türkiye'de ilk tepkiler

Avusturya'da yaşayan Franz Werfel *Die Vierzig Tage Des Musa Dagh (Musa Dağ'da Kırk Gün)* romanını 1933 yılının Kasım

---

1 Peter Stephan Jungk, *A Life Torn by History Franz Werfel 1890-1945*, Weidenfeld and Nicholson, Londra, 1990, s. 141.

ayının sonunda Avusturya'da yayımladı. Roman, İttihat ve Terakki Cemiyeti'nin 1915 yılında aldığı, Ermenileri Anadolu'dan tehcir etme kararının, Antakya Musa Dağ'daki Yoğunoluk köyüne tebliğ edilmesinden sonra, romanın kahramanı olan Gabriel Bagratyan'ın köyde örgütlediği Ermenilerle birlikte Musa Dağ'a çıkıp 4 Ağustos 1915 tarihinden itibaren sürdürdüğü kırk günlük direnişin öyküsünü anlatmaktaydı. Roman yayımlandıktan sonra Avusturya ve İsviçre'de tepkiyle karşılandı.[2] Türkiye'den de tepki gelmesi gecikmedi. Falih Rıfkı (Atay), 25 Aralık 1933 tarihinde *Hakimiyeti Milliye* gazetesinde yazdığı bir başyazıda, *Musadağ* romanının gerek Alman ve gerekse İsviçre basınında iyi karşılandığını belirtti ve romanın içeriğini "Musadağ, Türk barbarlığını hikâye eden bir kitaptır. Muharrir tez olarak büyük harpteki Ermeni meselesini ele almıştır. On beş seneden beri gazetelerde çıkan bütün şayialar, isnatlar, rivayetler ve iftiralar, hepsine ayrı ayrı hayal hissesi katılarak, Musadağ'da romanlaştırılmıştır" şeklinde özetledi. Falih Rıfkı (Atay), Almanya'da basında hiçbir sansür mevcut olmamasına rağmen 1932 yılında Alman kentlerinin meydanlarında Alman yazarların ve sanatkârların kitaplarının yakıldığını hatırlattı ve "büyük harpte Osmanlı İmparatorluğu ordusunda çalışmış olan şahsiyetlerin Musadağ'ın intişarını [yayınını] nasıl telâkki ettiklerini merak etmemek mümkün değildir" diye sordu. Falih Rıfkı (Atay) "Türk milletinin ekalliyetler hakkındaki muamelesi, bu milletin kendi hâkimiyetini elinde bulundurmuş olduğu cumhuriyet devrinde ekalliyetlere karşı göstermekte devam ettiği muamele demektir. Dünyada ekalliyetleri olan devletler arasında yalnız Türkiye Cumhuriyeti *meselesiz*'dir" diye yazarak Türkiye'de bir azınlık meselesi olmadığını vurguladı. Falih Rıfkı (Atay) daha sonra

> "Almanya'daki neşriyatın ve telkinlerin ne kadar rejim kontrolüne tâbi bulunduğunu bildiğimizden bu satırları yazıyoruz. Ve bize öyle geliyor ki Musadağ'ın Alman efkârı umumiyesi üzerinde bıraktığı taze heyecana en eyi mukabele, Os-

---

2 Peter Stephan Jungk, *a.g.e.*, s. 279-280 ve 145 sayılı dipnot.

manlı ordusunda çalışırken bütün hâdiseleri yakından takip etmiş olan ve şimdi Almanya'nın Başvekilliğine yakın bir makamda bulunan dostumuz Fon Papen tarafından yapılabilir. Almanya'da idare başında bulunanların dahi böyle bir iddiayı nefretle karşılıyacaklarına eminiz. Türkiye'de bir gazete köşesinde çıkan en küçük bir tenkide cevap verecek kadar hassas olan ve bu hassaslıkta şüphesiz pek haklı olan hareket adamlarının, kendi lisanlarında, dost ve asil bir millete topyekûn söğmek küstahlığında bulunan otorite sahibi bir muharririn, Alman kütüphanesine girmiş olan bu kitabını kayıtsızlıkla karşılamalarına ihtimal vermeyiz"

diye yazarak, satır aralarında, Alman makamlarını müdahaleye davet etti.[3] Bu başyazının yayımlandığının ertesi günü *Hakimiyeti Milliye* gazetesinde yayımlanan bir açıklamada

"Dün bize haber verildiğine göre, baş makalemizde mevzuu bahs olan Musadağ kitabı, bir Alman tarafından, fakat hem Almanya'da hem de Viyana'da şubeleri bulunan bir tabı evi [basımevi] vasıtasile Viyana'da neşredilmiş ve oradan dağıtılmıştır. Esasen Almanya'da yeni idarenin bu kitabı bizim gibi nefretle karşılıyacağına emin olduğumuzu yazmıştık. Bu küçük izah verirken, mezkûr kitabın Almanya'da efkârı umumiyeyi zehirlemesine genç rejim inkilâpçılarının meydan vermiyecekleri ümidini izhar etmek isteriz"

denildi.[4] Burhan Asaf, 27-28 Aralık 1933 tarihinde yazdığı iki uzun makalede önce yazarın, daha sonra kitabın tahlilini yaptı. Burhan Asaf, Franz Werfel'i ve yazdığı romanı "Hıristiyan ahlâkiyatının çoktan aşınarak düzleşmiş zemini üzerinde Ermeni atını, Faust'kâri bir kükreyiş ile şaha kaldırmak istemiştir" diye tarif etti.[5] Burhan Asaf ikinci makalesinde ise kitabın içeriğini tahlil etti ve konuyu kısaca özetledi. Franz Werfel'in Ermeni yanlısı bir yazar olduğunu belirterek onun "pek çok

---

3 Falih Rıfkı "Musadağ", *Hakimiyeti Milliye,* 25 Birincikanun 1933.

4 "Bir tavzıh", *Hakimiyeti Milliye,* 26 Birincikanun 1933.

5 Burhan Asaf, "Musadağ'da kırk gün", *Hakimiyeti Milliye,* 27 Birincikanun 1933.

Ermeni kahvesi içtiği, kitabın hem gelişinden hem gidişinden belli" dedi. Franz Werfel'in bu romanı yazmaktaki amacını,

> "Ermeni davasından, bütün harp sonrası devresinde milliyetçilik ve ırkçılık zebanilerinin elinde kanlı işkencelerden geçen bütün 'ekalliyetler'e ait bir 'ıstırap destanı' çıkarmak istediği için, kendine anlatılan iddiaları dahi yarım kulakla dinlemiş ve bütün hâdiseyi, uydurma bir dağın (Musadağ) üzerinde uydurduğu 'kırk günlük kahramanlar harbı' etrafında teksif etmiştir [yoğunlaşmıştır]"

şeklinde izah etti. Burhan Asaf, kitabın Viyana'da yayımlandığını hatırlatarak, Nazi rejiminin Yahudilere karşı başlattığı ırkçı ve antisemit siyaset yüzünden Avusturya basınında *Musa Dağ* romanıyla ilgili çıkan övgü dolu yazıları, Yahudilerin söz konusu romanı Avrupa'da başgösteren ırkçı ve antisemit dalgaya karşı "bir direniş öyküsü" olarak okumaları ile açıkladı ve romana gösterilen ilgiyi de "Avusturya gazetelerinde çıkan tenkitlere bakılırsa, ırkçılık ve milliyetçilik aleyhine en büyük bir vesika olarak daha şimdiden Yahudi propagandacıların işine yaramaktadır" şeklinde aktardı. Burhan Asaf yazısını

> "Yahudilikle yakın bir kan âlakası olan Franz Werfel, bir halk muharriri olmadığı, münevverler arasında da ancak tasavvuf ve theosofyaya [Tanrı'ya ermişliği ülkü edinen gizemcilik] âlakası olanların alkışlarını topladığı için, aleyhimize olarak karaladığı 1200 sayfalık laftan dolayı daha fazla hassasiyet göstermemiz lüzumsuzdur"

diye yazarak makalesini noktaladı.[6] Falih Rıfkı (Atay)'ın başyazısının Alman makamlarını müdahaleye davet etme niteliğinde oluşunun, 3 Şubat 1934 tarihinde bir Alman kitabevi sahibi, Franz Werfel'in yayımcısına yazdığı mektupta eleştirdi. Kitabevi sahibi bu mektubunda yakın bir tarihte kitabın Almanya'da yasaklanabileceğini, çünkü Almanya'da yaşayan bir Türk gazetecisi ve yazarının resmî makamlara başvurarak kita-

---

6 Burhan Asaf, "Musadağda kırk gün (kitabın tahlili)", *Hakimiyeti Milliye*, 28 Birincikanun 1933.

bın Türk halkına karşı saldırgan bir şekilde yazıldığı için yasaklanmasını talep edeceğini belirtti. Werfel'in biyografisini yazan Peter Stephan Jungk'a göre mektupta sözü geçen ancak adı açıklanmayan bu yazar muhtemelen *Hakimiyeti Milliye* gazetesi başyazarı Falih Rıfkı (Atay) idi.[7]

Falih Rıfkı (Atay)'ın başyazılarına paralel olarak Türkiye'nin Berlin maslahatgüzarı Feridun Cemal Erkin de Alman makamları nezdinde girişimde bulundu. Erkin anılarında bunu şöyle naklediyor:

> "O sıralarda Franz Werfel adında bir Çek yazarın 'Musa Dağında Kırk Gün' başlığı altında, Ermeni olaylarını hikâye eden bir eser yayımladığı duyuldu. Bakanlıktan aldığım bir telgrafta bu kitabın satışının men'i ve toplattırılmasının sağlanması isteniyordu. Hariciye'de Ministerialdirektor (genel müdür) Hans Dieckhof'a giderek bu yolda teşebbüste bulundum. Hariciye'nin, isteğimiz yönünde harekete geçen vaadiyle birlikte, benim de, bu işlerle doğrudan doğruya yetkili Propaganda Bakanı Goebbels nezdinde müracaatımın uygun olacağı önerisini aldım. Randevu ile Propaganda Bakanına gittim. Bu zat, olağanüstü zekâ sahibi, söz üstadı bir politikcı idi. Beni dinledi ve derhal gereğini yapacağını vaat etti."[8]

Yasaklama kararının alınmasını Erkin anılarında şöyle nakllediyordu:

> "Üç gün sonra söz konusu kitabın bütün Almanya'da toplattırıldığı Büyükelçiliğe bildirildi. Tekrar Propaganda Bakanlığına giderek Bakana teşekkür ettim. Bakan şu cevabı verdi: 'Türkiye ile dostluğumuza en ufak bir gölge düşmemesine o kadar özenliyiz ki, bu hususta her şeyi yapmaya hazırız."[9]

Hakimiyeti Milliye'de yayımlanan bu yazılar kısa sürede sonuç verdi. 29 Ocak 1934 tarihli ve Berlin mahreçli bir haber-

---

7 Peter Stephan Jungk, *a.g.e.*, s. 279-280 ve 145 sayılı dipnot.

8 Feridun Cemal Erkin, *Dışişlerinde 34 Yıl Anılar Yorumlar*, Cilt I, Türk Tarih Kurumu Yayınları, Ankara 1980, s. 38.

9 Feridun Cemal Erkin, *a.g.e.*, s. 38.

de, Nazi hükümetinin propaganda bakanı Goebbels'in *Musa Dağ'da Kırk Gün* kitabını yasaklattığı yazıyordu. Goebbels bu kararla Nazi Almanya'sının "Türkiye'ye karşı samimi dostluk hislerini teyit etmek" istediğini de belirtti.[10]

Kitabın yayımlanmasından iki ay sonra, 1934 yılının Şubat ayının başında, Reich'in Alman halkının korunmasıyla ilgili başkanlık kararının yedinci paragrafı gereğince tüm Almanya'da bu karara aykırı olan kitaplar yasaklandı ve toplatıldı. Toplatılan kitaplar arasında Franz Werfel'in bu romanı da yer alıyordu. Alman makamlarının resmî açıklaması romanın kamu düzenini ve güvenini tehlikeye sokan bir eser olduğuydu. Bu karar Alman basını tarafından hararetle onaylandı.[11]

Nazilerin Franz Werfel'in kitabını yasaklamaları ve yakmalarına rağmen *Musa Dağ'da Kırk Gün* romanı Nazi işgali altında Soykırım'a uğrayan Yahudilerin en çok okudukları roman oldu. Nazi işgali altında bulunan ve İkinci Dünya Savaşı'nın sonunda tüm getto sakinlerinin Soykırım'a uğradığı Litvanya'nın Vilna kentindeki Yahudi gettosunun kütüphanesinde *Musa Dağ'da Kırk Gün* romanı da mevcuttu. Roman getto sakinleri tarafından en çok okunan kitaplardan biri oldu.[12]

ABD'de Türkiye'yi tanıtma amaçlı ilk derneğin kurulması

11 Haziran 1930 tarihinde New York'ta "American Friends of Turkey" (Türkiye'nin Amerikalı Dostları) derneği kuruldu. Aslında, gayri resmi olarak, 1923 ile 1930 yılları arasında Türkiye ve ABD devletlerini birbirlerine yakınlaştırma ve Türkiye'nin ABD'deki görünümünü iyileştirmek için Türkiye'nin ABD'de bazı faaliyetleri mevcuttu. Bu faaliyetlerde yüksek öğrenim için ABD'de bulunan Türk öğrenciler ön planda yer alıyorlardı. Bu öğrencilerden Galip Rifat ve Seha Zeki üç ay bo-

10 "Alman hükümeti Musadağı'nı yasak etti", *Hakimiyeti Milliye,* 30 İkincikanun 1934.

11 Peter Stephan Jungk, *a.g.e.*, s. 145.

12 Lucy S. Davidowicz, *The War Against the Jews 1933-1945,* Holt, Rinehart and Wilson, New York 1975, s. 259.

yunca ABD dahilindeki kolejlerde ve üniversitelerde kırkı aşkın konferans vermek için hazırlıklar yaptılar ve bu konuda Büyükelçi Ahmet Muhtar Bey'in desteğini de aldılar.[13] Türkiye'yi tanıtma amaçlı bu dernek, Amiral Bristol, *The New York Times* başyazarlarından Dr. Finley ve 1924 yılında Türkiye'ye gelip Türk eğitimi konusunda incelemeler yapıp rapor hazırlamış olan eğitimci ve felsefeci John Dewey tarafından kuruldu. Dönemin Washington'daki Türkiye Büyükelçisi Ahmet Muhtar Bey, Elçilik müsteşarı Bedi Bey, Türkiye'nin New York başkonsolosu Basri Bey ve temsilcisi Ahmet Bey de derneğin fahri üyeleri idiler. Dernek hem ABD'de hem de Türkiye'de faaliyet göstermeyi ve Türkiye'yi ABD'de olumlu bir şekilde tanıtmayı amaçlıyordu.[14] Türkiye ile ABD'yi yakınlaştırma faaliyetleri çerçevesinde derneğin ikinci başkanı M. Asa K. Jennings ABD'nin ünlü Jersey ve Guernsey ineklerinden Gazi Çiftliği'ne gönderilmesi konusunda girişimlerde bulundu ve bu girişimlerin sonucunda Jersey ve Guernsey inekleri yetiştiren ABD'li örnek çiftlik sahipleri, Gazi Çiftliği'ne birer boğa ve ikişer inek hibe ettiler. Hibe edilen bu hayvanlar Missouri Üniversitesi'nde ziraat öğrenimi gören Reşit Bey tarafından Türkiye'ye getirildiler.[15]

Derneğin amacı Amerikan kamuoyunda Türkiye'nin iyi bir şekilde tanıtılması Türkiye'ye gelen ve sonra ABD'ye geri dönen misyonerlerin ve Türkiye'den Amerika'ya göç eden Rum ve Ermenilerin Amerikan kamuoyunda Türkiye hakkında yaptıkları olumsuz tanıtımı etkisiz kılmaktı.[16] Bu duyarlı ortamda Franz Werfel'in *Musa Dağ'da Kırk Gün* romanının İngilizce çevirisinin, 1934 yılında ABD'de yayımlanmasının, Amerikan kamuoyunda Türkiye'ye karşı mevcut olan olumsuz tavrı daha da yaygınlaştırdığı varsayılabilir.

---

13 "Amerika'da genç Türklerin gördükleri", *Hakimiyeti Milliye,* 18 Teşrinisani 1933.

14 K.N., "Amerikalı Türkiye Dostları Cemiyeti", *Politika,* 29 Eylül 1930.

15 "Amerika'da Türk Dostları Cemiyeti", *Hakimiyeti Milliye,* 18 Teşrinisani 1931.

16 K.N., "Amerikalı Türkiye Dostları Cemiyeti", *Politika,* 29 Eylül 1930.

ABD Dışişleri Bakanlığı nezdindeki ilk müdahale

Franz Werfel'in romanının ABD'de filme çekilmesi tasarısı ilk kez 1934 yılının Kasım ayında gündeme geldi. ABD'nin Türkiye Büyükelçisi Mehmet Münir (Ertegün) Bey,[17] ABD Dışişleri Bakanlığı'nın Yakın Doğu İşleri Bölümü'nü ziyaret edip söz konusu kitabın Paramount film şirketi tarafından filme çekileceğini duyduğunu, ABD hükümetinin konuya müdahale etme imkânına sahip olmadığını bildiğini, ancak söz konusu filmin gerçekleşmesi halinde bu filmin ABD'de Türk karşıtı duyguların gelişmesine yol açacağını bildirdi.[18]

Bu ziyaretten sonra ABD Dışişleri Bakanlığı Yakın Doğu İşleri Bölümü şefi Wallace Murray, ABD'deki film yapım şirketlerinin önemli ihracat satışlarını yürüten Motion Pictures Producers and Distributors of America Inc. şirketinin başkanı Will H. Hays'e yazdığı 19 Kasım 1934 tarihli mektupta, Büyükelçi Münir Bey'in Türk hükümeti adına konuya karşı gösterdiği duyarlılığı iletti ve Paramount şirketinin bu filmi gerçekleştirip gerçekleştirmeyeceğini sordu.[19]

Bu mektuba Motion Pictures şirketi tarafından verilen 20 Kasım 1934 tarihli cevapta Franz Werfel'in kitabına dayanarak MGM için hazırlanan senaryonun bir daha gözden geçirildiği, söz konusu senaryonun Ermeni olaylarına odaklanmadığı, hatta hiçbir şekilde olaylara atıfta bulunmadığı belirtiliyordu. Mektupta ayrıca tüm senaryonun, roman kahramanı Gabriel Bagratyan'ın özel hayatı etrafında inşa edildiği ve bu liderin Fransız eşi, oğlu ve bir Ermeni kızıyla olan ilişkilerini ve sorunlarını ele aldığı yazıyordu. Motion Pictures, MGM şirketinin filmi çekme kararı alması halinde Türkiye Büyükelçisi'ni ve Türkiye'yi renci-

---

17 Münir Ertegün (İstanbul 1883-Washington 1944), 1908 yılında İstanbul Hukuk Mektebi'ni bitirdi, Dışişleri Bakanlığı baş hukuk danışmanlığına kadar yükseldi. Lozan Konferansı'na katılan kurula hukuk danışmanı oldu. Bern Ortaelçiliği, Paris ve Washington (1934-1944) büyükelçiliği yaptı. Washington'da öldü ve gömüldü. Cenazesi 1946 yılında *Missouri* zırhlı gemisiyle İstanbul'a getirildi. (*Büyük Larousse*, Gelişim Yayınları, 1986, cilt 6, s. 3792).

18 AMA, General Records of the Department of State Record Group 59, 16 Kasım 1934 tarihli ve Decimal File 811.4061/Musa Dagh/1 sayılı belge.

19 AMA, 19 Kasım 1934 tarihli ve 811.4061 Musa Dagh/2 sayılı belge.

de edecek herhangi bir bölümün yer almayacağına emin olduğunu belirtti.[20] ABD Dışişleri Bakanlığı, Motion Pictures şirketinden gelen bu cevabı Büyükelçi Mehmet Münir Bey'e iletti.[21]

ABD'nin Türkiye Büyükelçiliği'nin filmin çevrilmemesi için yaptığı müdahalelere Türkiye de katıldı. Dışişleri Bakanı Tevfik Rüştü (Aras), Amerikan Büyükelçisi ile yaptığı görüşmede kendisine, Türkiye'nin Berlin Büyükelçiliği'nden alınan bir habere göre Paramount şirketinin elli bin dolar karşılığında Franz Werfel'in romanının film çekim haklarını satın aldığını bildirdi. Tevfik Rüştü Washington'daki Büyükelçi Mehmet Münir Bey'e ilgili makamların Paramount şirketi nezdinde müdahale edip filmin çekilmesini önleyip önleyemeyeceklerini sordu. Büyükelçi bunun son derece zor olacağını, hatta bu müdahalenin filmin lehine bir durum yaratabileceğini ve film için bedava reklam olabileceğini belirtti. Elçilik, American Friends of Turkey derneğinin üyesi Asa Jennings'i konudan haberdar ettiğini ve ondan ABD'de Paramount şirketinde konuyla ilgili kilit adamlarla konuşmasını rica ettiğini, ABD Dışişleri Bakanlığı'na bildirdi.[22]

ABD Dışişleri Bakanlığı'nın büyükelçi Mehmet Münir Bey'e verdiği rahatlatıcı cevaba rağmen, 17 Nisan 1935 tarihinde *Washington Herald* gazetesinde yayımlanan kısa bir haberde, Franz Werfel'in romanının konusunun "Ermenistan'daki Türk katliamı" olduğu ve film çekim tasarısının halen gündemde olduğu yazıyordu. Mehmet Münir Bey, ABD Dışişleri Bakanlığı'na yazdığı yazıda Bakanlığın dikkatini bu habere çekti.[23] Dışişleri Bakanlığı'nın Motion Pictures şirketine büyükelçinin bu rahatsızlığını ifade eden yazısını iletmesi üzerine Motion Pictures şirketi bu tür yazıların basında bir daha yer almaması için daha sıkı denetim yapacağını bildirdi.[24] Motion Pictures şirketinin dış ticaret müdürü Frederick L. Herron, Büyükelçi Mehmet Münir Bey'i ziyaret ettikten sonra ABD Dışişleri Ba-

---

20 AMA, 20 Kasım 1934 tarihli ve 811.4061/Musa Dagh/3 sayılı belge.

21 AMA, 26 Kasım 1934 tarihli ve 811.4061/Musa Dagh/5 sayılı belge.

22 AMA, 27 Kasım 1934 tarihli ve 811.4061/Musa Dagh/6 sayılı belge.

23 AMA, 22 Nisan 1935 tarihli ve 811.4061/Musa Dagh/10 sayılı belge.

24 AMA, 29 Nisan 1935 tarihli ve 811.4061/Musa Dagh/13 sayılı belge.

kanlığı'nı arayıp görüşme hakkında bilgi verdi. Herron, Mehmet Münir Bey'in, romanın filme çekilmesi tasarısına tümüyle karşı olduğunu belirtti. Herron Büyükelçi'ye filmle ilgili herhangi bir senaryonun yazılmadığını söyledi ve yazıldığı zaman da Türkiye'ye zarar verecek herhangi bir unsurun yer almayacağı konusunda teminat verdi. Senaryonun yazımı bittikten sonra okunup onaylanması için Büyükelçiliğe gönderileceğini belirtti. Herron Büyükelçi'nin senaryoyu onaylaması halinde Motion Pictures şirketinin memnun olacağını, ancak onaylamaması halinde Büyükelçi'ye filmin çevrilmeyeceğine dair herhangi bir beyanda bulunmadığını da belirtti.[25]

Konunun Türk basınına yansıması

Türk basınında filmle ilgili ilk haber 29 Mayıs 1935 tarihinde *Haber Akşam Postası* gazetesinde yer aldı. Bu haberde Franz Werfel'in romanının MGM film şirketi tarafından filme çekileceği ve baş rolünde Amerikalı tanınmış aktör Clark Gable'in oynayacağı belirtiliyordu. Amerika'nın Kuzey Karolina eyaletinde yaşayan Nihat Ferit adlı bir Türk öğrencinin kaleme aldığı haberde Amerikalıların Türkleri tanımadığına dikkat çekildi ve Franz Werfel'in kitabında yer alan asılsız iftiralar gibi, Türkler aleyhine yapılan tüm propagandalara inandıkları belirtildi. Nihat Ferit yazısında Türkiye Büyükelçiliği'ne bağlı bir "Türkiye'yi Tanıtma Yurdu"nun tesis edilmesinin de çok faydalı olacağına dikkati çekti.[26]

Bu haberin yayımlanmasından hemen sonra *Haber Akşam Postası* gazetesi bu filmin çekilmesi halinde MGM'nin bütün filmlerinin Türkiye'de boykot edileceğini yazdı.[27] Türk basınında bu haberlerin çıkması üzerine ABD'nin Türkiye Büyükelçisi Robert P. Skinner, ABD Dışişleri Bakanı'na yolladığı mesajda, Büyükelçilik Ticaret Ataşesi'nin kendi bakanlığına *Son Posta* ve *Haber Akşam Postası* gazetelerinde yer alan haberleri

25 AMA, 14 Mayıs 1935 tarihli ve 811.4061/Musa Dagh/15 sayılı belge.

26 Nihat Ferit, "Biz zannediyoruzki bütün dünya bizi tanıyor", *Son Posta,* 29 Mayıs 1935

27 "Kendi zararlı çıkar!", *Haber Akşam Postası,* 30 Mayıs 1935.

bildirdiğini iletti. Skinner Dışişleri Bakanı Tevfik Rüştü Bey'in gayri resmi olarak kendisine söz konusu filmin çekiminin yasaklanmasını arzuladığını da bildirdiğini nakletti. Söz konusu filmin gerçekleşmesi halinde, Türk basınının konuyu abartacağını ve böyle bir filmin yapılmasının Türkiye'de yaşayan Ermeniler için hiçbir yararı olmayacağı gibi, zararı da olabileceğini belirtti. MGM'nin filmlerinin boykot edilmesi konusuna gelince, Türkiye'de gösterilen filmlerin genellikle Fransız ve Alman filmleri olduğunu ve Amerikan filmlerinin eski, küçük ve düşük kaliteli sinemalarda gösterildiklerini hatırlattı ve dolayısıyle Amerikan filmlerinin bu boykottan pek etkileneceklerine inanmadığını ima etti.[28] Bu arada Büyükelçi Mehmet Münir Bey MGM film şirketinin başkan yardımcısı J. Robert Rubin'i ziyaret edip filmin yapılması halinde sadece bu filmin değil, MGM'nin tüm filmlerinin Türkiye'ye ithallerinin yasaklanacağını bildirdi. Türkiye'nin onurunun söz konusu olduğu bir meselede hikâyenin sadece tek taraflı olarak anlatılmasının doğru olmadığına dikkati çekti. Mehmet Münir Bey daha sonra bu ziyarette yaptığı görüşmenin bir özetini ABD Dışişleri Bakanlığı Yakın Doğu İşleri Bölümü'ne nakletti ve Yakın Doğu İşleri Bölümü'nden, konuya müdahale edip romanın filme çekilmesinin önlenmesi için ABD Dışişleri Bakanı'nın dikkatini bu konuya çekmesini talep etti. Yakın Doğu İşleri Bölümü konuyu bakana aktaracağına söz verdi. Ancak ABD Anayasası ifade ve basın özgürlüğünü teminat altına aldığı için Federal Hükümet'in fazla bir müdahale imkânı olmadığını hatırlattı. ABD Dışişleri Bakanlığı, Yakın Doğu İşleri Bölümü yetkilisi Wallace Murray, ABD'li film şirketlerinin yabancı ülkeleri rencide edecek filmleri yapmanın meydana getireceği risklerin bilincinde olduklarını ve aynı şirketlerin bu tür film yapımına girişmeme niyetinde olduklarını belirtti.[29]

Türk hükümetinin ve Büyükelçi Mehmet Münir Bey'in ABD resmî makamları nezdinde yaptıkları bu müdahalelerin sonuç-

---

28 AMA, 4 Haziran 1935 tarihli ve 811.4016/Musa Dagh/17 sayılı belge.

29 AMA, 18 Haziran 1935 tarihli ve 811.4016/Musa Dagh/20 sayılı belge.

suz kalması üzerine Mehmet Münir Bey, 5 Eylül 1935 tarihinde ABD Dışişleri Bakanı Cordell Hull'a hitaben şahsi bir mektup yazdı. Mehmet Münir Bey mektubunda olayı özetledikten sonra romanın Ermeni çevrelerinin etkisinde kaleme alındığını, Türk halkına karşı bir sürü yalan ve iftira ihtiva ettiğini ve Türk halkını son derece rencide ettiğini belirtti. MGM'nin gönderdiği senaryo taslağının Türkiye'deki yetkili makamlarca incelendiğini ve sonucun kesinlikle olumsuz olduğunu bildirdi. Filmin gerçekleşmesi halinde bu filmin ne Türkiye'de ne de başka Avrupa ülkelerinde bir piyasa bulamayacağını ifade etti ve Bakan Hull'dan müdahale edip bu film tasarısını iptal ettirmesini istedi.[30]

Konunun ikinci kez Türk basınında yer alması: "Yahudi-Ermeni komplosu" iddiaları

Franz Werfel'in Alman Yahudisi, MGM şirketi sahiplerinin Amerikan Yahudisi olmaları, romanın da 1915 yılında meydana gelen Ermeni tehcirini eleştirmesi, dönemin Türk basınının da desteğiyle, bu film tasarısının, Türkiye'ye karşı tasarlanmış bir "Yahudi-Ermeni komplosu" oluşunun kanıtıymış gibi sunuldu. Bu film tasarısı ile ilgili ortaya çıkan tartışmalarda romanın baştan aşağı yalan ve iftira dolu olduğu ve Türkiye'yi küçük düşürme amacını güttüğü özellikle belirtildi. Romanın MGM şirketi tarafından filme çekileceği haberi 3 Eylül 1935 tarihinde bir kez daha basının gündemine girdi. *Haber Akşam Postası* yayımladığı makalede MGM'nin "bir Yahudi şirketi" olduğunu özellikle vurguladı ve Franz Werfel'in Yahudi oluşuna işaret ederek "bu suretle aslen Yahudilerin malı olan MGM şirketi gene bir hemcinslerinin eserini filme almış demektir" sonucuna vardı. Bu durum karşısında Türkiye'yi ve Türkleri "vahşi halde gösteren bu Yahudi şirketine karşı yapılacak en doğru ve tesirli şey"in MGM filmlerine karşı tüm Türkiye'de boykot ilân etmek olduğunu belirtti. *Haber Akşam Postası* gazetesi "bizimle ticaret

30 AMA, 5 Eylül 1935 tarihli ve 811.4061/ Musa Dagh/25 sayılı belge.

yapmak isteyen ve iyi geçinmek mecburiyetinde olan diğer Yahudi firmaların" dikkatlerini de bu konuya çekti ve Türk aleyhtarı propagandanın önüne geçilmediği takdirde Yahudilerin bundan zarar göreceklerini belirtti. Daha sonra gazete Türkiye'nin Yahudilere karşı "en merhametli ve bitaraf" davranan ülke olduğunu, Türkiye'de Yahudi düşmanlığının olmadığını, antisemit yayınlar yapan *Millî İnkılâp* dergisinin kapatıldığını belirterek Türk Yahudilerinin kendileri gibi Yahudi olan MGM şirketine başvurarak bu filmin yapılmamasını talep etmelerini istedi. Nihayet söz konusu filmin Türkiye dışında diğer ülkelerde gösterilmemesi konusunda Türkiye'nin kendisini çevreleyen dost komşu ülkelerle anlaşma yapması gerektiğini yazdı.[31] Aynı gün *Cumhuriyet* gazetesinde *Motion Pictures Herald* film dergisinin 119 sayılı nüshasında yer alan, MGM'nin Werfel'in romanının filme çekim haklarını satın aldığını belirten haberine yer verildi. *Cumhuriyet* gazetesi Washington'daki Türkiye Büyükelçiliği vasıtasıyla Werfel'in kitabının satışının ve filmin gösteriminin yasaklanması için girişimde bulunulmasını istedi.[32] Hariciye Vekâleti Umumi kâtibi Numan Rıfat Bey, *Cumhuriyet* gazetesine yaptığı açıklamada konudan haberdar olduğunu, ABD hükümeti nezdinde yapılan temaslar sonucunda filmin çevrilmeyeceği kanaatini taşıdığını belirtti. MGM şirketinin Türkiye temsilcisi ve ithalatçısı İpekçi kardeşler de, ABD İstanbul Başkonsolosluğu Ticaret Ataşesi nezdinde yaptıkları girişimde Ticaret Ataşesi'ne böyle bir filmin çevrilmesi halinde olayın sadece bu filmin Türkiye'de gösterilmemesi ile bitmeyeceğini, MGM'nin diğer filmlerinin de gösterilemeyeceğini ilettiklerini bildirdiler. İpekçi kardeşler bu temaslar sonucunda Amerikan Büyükelçiliği'ne gelen ve ABD Dışişleri Bakanı Cordell Hull'un imzasını taşıyan 9 Haziran 1935 tarihinde bir mektupta Türkiye'nin ABD Büyükelçisi'nin onayı olmadan filmin çevrilmeyeceğinin bildirildiğini de belirttiler.[33] İpekçi kardeşler

---

31 "Metro Goldvin Mayer isimli film şirketi Türklük aleyhinde propaganda yapıyor", *Haber Akşam Postası*, 3 Eylül 1935.

32 "Gene Türk düşmanlığı", *Cumhuriyet*, 3 Eylül 1935.

33 "Le film "40 jours sur le Mousa Dagh", *La République*, 4 Eylül 1935.

ayrıca filmin çevrilmesi halinde, Romanya, Yunanistan ve Yugoslavya hükümetlerinin de bu filmi ülkelerine sokmayacaklarını vurguladılar.[34] Filmin bir Yahudi-Ermeni komplosu olduğu iddiası en belirgin şekilde *Cumhuriyet*'te yayımlanan bir yazıda yer aldı. Gazetede "Franz Werfel'in romanı Ermeni parası ve tahriki ile bir Yahudi kaleminden çıkmış eserdir" dendi ve roman "müfsid [fesat] bir Yahudinin müfteri [iftira] kitabı" diye tarif edildi.[35]

Cumhuriyet gazetesi 4 Eylül 1935 günü MGM şirketine "Musa Dağı filmi çevrilecek mi?" sorusunu ihtiva eden bir telgraf yolladı ve 5 Eylül 1935 günü "şimdiye kadar bu hususta verilmiş bir karar yoktur" cevabını aldı, ancak, bu cevaptan tatmin olmadı. *Cumhuriyet* gazetesinin, adını saklı tuttuğu ve MGM şirketini iyi tanıyan bir kişiye bu konuda ne yapılabileceği konusunda sorduğu soruya karşılık olarak tüm yükün Washington'daki Türkiye Büyükelçiliği'nin üzerinde olduğu cevabını aldı. Cevabı veren kişi, ancak bu işin sanıldığı kadar kolay olmadığını belirtti ve "MGM sosyetesi [şirketi] bir Musevi sosyetesidir. Bu itibarla para kazanmak endişesini diğer endişelere tercih edebilir" demeyi de ihmal etmedi.[36]

Haber Akşam Postası "Yahudi müesseseler dikkat ediniz! Bir filmin kazancı yüzünden ırkınıza karşı şimdiye kadar düşmanlık etmeyen Türkleri kızdırmayın!" başlığıyla yayımladığı bir diğer makalede Türkiye'deki Yahudileri ikaz etti. Gazetede filmin çevrilmesi halinde "bu Yahudi müellefin ve Yahudi sermayesinin uyandıracağı" tepkinin pek büyük olacağı ve bundan zarar edecek olanın sadece MGM şirketi değil Türkiye'deki Yahudiler de olacağı ima edildi. Gazete bütün Yahudi müesseselerine, Türkiye'nin Yahudilere karşı geçmişten beri göstermekte olduğu iyi davranıştan MGM şirketini haberdar etmelerini tavsiye etti ve bu filmin çekilmesine engel olunmasını is-

---

34 "Söylediklerimiz çıkıyor: Türklük aleyhindeki filmi dost memleketlerde göstermiyecekler!", *Haber Akşam Postası*, 5 Eylül 1935.

35 "İstiyoruz! Bizi olduğumuz gibi tanıtacak propaganda!", *Cumhuriyet*, 6 Eylül 1935.

36 "Mahud <<Musadağı>> filmi", *Cumhuriyet*, 6 Eylül 1935.

tedi. Engel olunmadığı takdirde bu filmin bir Yahudi yazar ve Yahudi film şirketi tarafından yapılmış olmasının "Türk haleti ruhiyesi üzerinde pek fena bir tesir" yaratacağı yazıldı.[37]

ABD Dışişleri Bakanı filmin çevrilmeyeceğini bildirdiği halde, *The New York Times* gazetesinin 18 Ağustos 1935 tarihli kitap ekinde, kitap kulübü Book-of-the-Month Club Inc.'in, kulübe yeni üye olanlara bir kitap hediye etme kuralı çerçevesinde, o ayki yeni üyelere Franz Werfel'in romanını hediye olarak dağıtacağını ilân etmesi ve ilânda roman hakkında birçok kitap eleştirmeninin olumlu yorumlarının yer alması üzerine *Cumhuriyet* gazetesi, Türk kamuoyuna bu ilânı Amerikan basınının bu kitabın bedava dağıtımı için yoğun bir propaganda yaptığı şeklinde yansıttı ve o tarihe kadar Werfel'in kitabından yüz yetmiş bin nüshanın satıldığını yazdı.[38]

Bu haberlerin yoğunlaşması üzerine *Cumhuriyet* gazetesi romanın "Ermeni parası ve tahriki ile Yahudi kaleminden çıkmış (bir) eser" oluşuna rağmen, Batı dünyasında kötü etki yaptığını itiraf etti ve Atatürk Türkiyesi'nin ve inkılâplarının olumlu tanıtımı için bir tanıtım filmi yapılmasını teklif etti.[39]

ABD Dışişleri Bakanlığı'nın filmin çevrilmeyeceğine dair verdiği teminata rağmen *Cumhuriyet* gazetesinin bu film konusunda tekrar yayına başlamasını *Tan* gazetesi "bir kadeh suda fırtına" yaratmak olarak niteledi. Türk basınında MGM aleyhinde yeniden bir kampanyanın başlaması üzerine ABD Büyükelçiliği hükümete filmin çevrilip çevrilmeyeceği konusunu tekrar sordu. ABD Ticaret Bakanı'ndan gelen cevapta Washington'daki Türk Büyükelçisi'nin izni olmadan filmin çevrilmeyeceği belirtildi. Bu durum karşısında *Tan* gazetesi, *Cumhuriyet* gazetesinin konuyu daha fazla istismar etmeden, ABD hükümetine gösterdiği ilgiden dolayı teşekkür etmesinin

---

37 "Yahudi müesseseler dikkat ediniz!", *Haber Akşam Postası*, 5 Eylül 1935.

38 "Musa Dağında 40 gün", *Cumhuriyet*, 7 Eylül 1935.

39 "Bizi olduğumuz gibi tanıtacak propaganda!", *Cumhuriyet*, 6 Eylül 1935 / "İstiyoruz", *Cumhuriyet*, 7 Eylül 1935 / "Teklif ediyoruz", *Cumhuriyet*, 8 Eylül 1935 / "Notre patience est à bout", *La République*, 9 Eylül 1935 ve Abidin Daver, "Profitons du cinéma pour faire connaitre au monde le Turc et sa magnifique révolution", *La République*, 9 Eylül 1935.

yeterli olacağını yazdı.[40] Filmin senaryosunun değiştirildiği, Türkiye'yi rencide eden bölümlerinin çıkartıldığı ve yeni senaryonun Washington'daki Türkiye Büyükelçiliği'ne gönderildiği haberi üzerine *Haber Akşam Postası*, söz konusu filmin kolay kolay değiştirilemeyeceğini belirtti ve hiç çevrilmemesini talep etti.[41] Türk basınında özellikle o dönemde büyük bir etkisi olan *Cumhuriyet* ve onun Fransızca baskısı olan *La République*'in bu konudaki kampanyaları ve diğer gazetelerin de bu kampanyaya katılmaları üzerine ABD'nin Türkiye Büyükelçiliği olaydan ABD Dışişleri Bakanı'nı haberdar etti. Elçilik, İçişleri Bakanlığı'nda bir Basın Yayın Genel Müdürlüğü'nün tesis edildiğini ve onun başına da Almanlar tarafından eğitilmiş sabık bir komünist olan ve *Kadro* dergisi etrafında şekillenen hareketin liderliğini yapan Vedat Nedim Tör'ün getirildiğini yazdı. Vedat Nedim Tör'ün Almanya'ya gittiği ve Alman propaganda tekniklerini Goebbels'den öğrendiği belirtildi. Bu müdürlüğün amacının dış ülkeler nezdinde Türkiye'nin propagandasını yapmak olduğu, Türk basınında çıkan Türkiye'nin tanıtımı için film yapılması haberlerinin de bu müdürlüğün kurulma zamanına denk gelmesinin bir tesadüf olmadığı söylendi.[42] Vâ-Nû ise yazdığı bir makalede çevrilmesi muhtemel bu filme bu kadar önem atfetmenin olumsuzluğuna dikkat çekti ve bu şekilde filmin daha çok rağbet görüp seyirci toplayacağını yazdı.[43] Türk basınında yer alan bu haberler üzerine ABD Büyükelçiliği'nden yapılan yeni bir açıklamada MGM şirketinin Washington'daki Türkiye Büyükelçisi'ne yeni bir senaryo tasarısı sunduğu ve bu senaryoda Türkler aleyhindeki her unsurun kaldırıldığı belirtildi. Dahası MGM'nin, Türkiye Büyükelçisi'nin onayı olmadan filmi çevirmeme taahhüdünde bulunduğu da dile getirildi.[44]

---

40 "Bir kadeh suda fırtına!" *Tan* 8 Eylül 1935.

41 "Musa Dağında filmi tadil edilemez!", *Haber Akşam Postası*, 10 Eylül 1935.

42 AMA, 10 Eylül 1935 tarihli ve 811.4061/Musa Dagh/35 sayılı belge.

43 Vâ-Nû, "Haysiyet bezirgânlarının ekmeğine yağ sürmeyelim. Onları zarara sokalım, kâfi!", *Haber Akşam Postası*, 10 Eylül 1935.

44 "La dernière phase de l'affaire du film Moussa Dagh", *La République*, 10 Eylül 1935.

Ulus gazetesinde yazan Burhan Belge, "Musa Dağ" başlığını verdiği ve "bu da bir Ermeni masalıdır. Fakat bir Yahudi tarafından yazılmış" satırlarıyla başlayan yazısında filmin çevrilmesine engel olunması üzerine *The New York Times* gazetesinde çıkan yazılarda Amerika'da yaşayan Ermenilerin 1915 yılındaki tehcir sırasında yaşadıklarını naklettiklerini yazdı. Burhan Belge, "Türkiye ve Amerikan hükümetlerine karşı, Yahudi film şirketi ile Ermeni tahrikât cemiyeti(nin) müşterek bir cephe ve müşterek bir taktik" kullandıklarını yazdı.[45] Burhan Belge bir diğer yazısında Türkiye'yi kötü tanıtan bu tür filmlere karşı yapılacak tek şeyin bu tür filmlerden şikâyetçi olan ülkelerin "kendi aralarında bir anlaşma yapmaları ve bu gibi filmlere karşı film pazarlarını toptan kapamaları" olduğunu belirtti. Belge, *Musa Dağ* romanının filme alınmasında önemli bir etken olarak romanı yazan Franz Werfel'in ve MGM film şirketinin Yahudi oluşlarını gösterdi.[46]

Burhan Belge bir diğer yazısında afyonla mücadelede yapılan uluslararası antlaşmalar örneğini göstererek ülkeleri küçük düşüren bu tür filmlere karşı da benzeri bir anlaşmanın yapılması gerektiğini tekrarladı ve bu tür filmler için "kaldı ki bu gibi propagandalarla afyon arasında hiçbir fark yoktur. Her ikisi de zehirdir" diye yazdı. Belge, ABD resmî makamlarının istedikleri takdirde müdahale edip filmin çekilmesini önleyebileceklerini belirtti.[47]

Haber Akşam Postası gazetesinde 5 Eylül 1935 tarihinde Türkiye Yahudilerine yönelik yarı kapalı ima ve tehditlerde bulunan bir makalenin yayımlanması üzerine, Türk Yahudilerini Türkleştirme ve onlara Türkçe öğretme amacıyla kurulan Balat Türk Kültür Birliği üyesi Lem'i Gülman aynı gazeteye yolladığı mektupta Türkiye'de Türk toplumunun Türk Yahudilerine karşı gayet iyi davrandığını teyit etti ve *Musa Dağ* romanı türündeki propagandaların Türk Yahudilerinin bu tür hüsnü kabul görmelerine tahammül edemeyenlerin işi oldu-

45 Burhan Belge, "Musa Dağ", *Ulus*, 12 Eylül 1935.

46 Burhan Belge, "Film şirketleri", *Ulus*, 13 Eylül 1935.

47 Burhan Belge, "Musa Dağ - Amerika", *Ulus*, 14 Eylül 1935.

ğunu belirtti. Lem'i Gülman yazısına Türk Yahudilerinin Türkiye'ye isnat edilmek istenen bu çirkin iftirayı şiddetle reddettiklerini belirterek son verdi.[48]

Film tasarısı üzerine alevlenen bu tartışma ortamında Werfel'in Yahudiliğinin sürekli vurgulanması ile olayın antisemit bir hava kazanması üzerine İstanbul Yahudilerinin rencide olduklari görüldü. *Cumhuriyet* gazetesindeki "Hem nalına hem mıhına" sütunundaki imzasız yazılarıyla tanınan Abidin Daver, bir yazısında tanıdığı bazı Yahudilerin kendisine sitem ederek Yahudiler aleyhinde yazdığı yazılardan müteessir olduklarını, Franz Werfel'in Yahudi olmayıp Alman olduğunu, Yahudi olsa bile genelleme yapılamayacağı ve bir Yahudinin hareketinden tüm Yahudilerin sorumlu tutulamayacağını belirttiklerini aktardı. Abidin Daver bu serzenişlere verdiği cevapta önce Werfel'in Yahudi olduğunu teyit etti. Daha sonra Werfel'e yapılan eleştirilerin ve saldırıların yabancı bir Yahudiye yapılıp Türkiye Yahudilerine karşı yapılmadığının tefrik edilmesi gerektiğini ve şayet kendisine yapılan bu sitemin altında Türkiye aleyhinde bulunan yabancı Yahudilere de söz söyletmek istenmemesi yatıyorsa, buna hiçbir şekilde mutabık olmadığını güçlü bir üslûpla ifade etti ve Türk Yahudilerine görevlerini hatırlattı:

> "Eğer Türk'e düşmanlık eden bir Yahudinin Yahudi olduğunu yazmamamızı veya Türk'e düşmanlık eden Yahudilere karşı müsamahakâr davranmamızı istiyorsanız bunu sizin Türk yurddaşlığınıza kat'iyyen yaraştıramam. Türk düşmanı Yahudilere, ilk hücumu siz Musevî vatandaşlarımız yapmalısınız. Bu sizin içinde yaşadığınız memlekete ve millete karşı borcunuz ve vazifenizdir."

Bunu berrak bir şekilde belirten yazar daha sonra aynı berraklıkla Yahudilerin Yahudi kimliklerini ön plana çıkarmalarının ve beynelmilel Yahudilikle bir kardeşlik duygu ve dayanışması içinde bulunmalarının anlamsız olduğunu vurguladı:

---

48 "Türkiyeli bir Musevinin gönderdiği mektup", *Haber Akşam Postası*, 14 Eylül 1935.

> "Biz Türkiye Musevîlerini sadece Türk yurddaşı olarak tanıyoruz; arsıulusal [uluslararası] Yahudiliğin mümessili, müdafii, avukatı olarak değil... Bu noktayı iyice tayin ve tesbit ediyorum ki sûi-tefehhüme [yanlış anlamaya] meydan kalmasın!"[49]

Kahire'de yayımlanan *Aurore* gazetesinde Türkiye'deki iyi yaşam koşullarına atıfta bulunarak Türk Yahudilerinin Filistin'e göç etmemelerini tavsiye eden bir yazı da özetlenerek *Haber Akşam Postası* gazetesinde yayımlandı ve "Türkiye aleyhinde Türkleri tanımadan yazı yazan" Franz Werfel'in bu yazıyı okuduktan sonra utanması gerektiği belirtildi.[50]

Konu üçüncü kez Türk basınında

1935 yılının Eylül ayı sonunda bu şekilde noktalanan tartışmalar, aynı yılın Aralık ayında Türk basınının gündemini yeniden işgal etti. ABD'de yayımlanan *Motion Pictures Herald* dergisinin 4 Ekim 1935 tarihli nüshasında 1936 yılında çevrilecek filmler listesinde *Musa Dağ'da Kırk Gün* filminin yer alması üzerine, *Kurun* gazetesi bu filmin çevrilmesi halinde MGM'nin tüm filmlerinin Türkiye'de boykot edilmesi gerektiğini yazdı.[51]

Bu haber üzerine Yunus Nadi yazdığı başyazıda Franz Werfel'i "serseri Yahudi" olarak tarif etti ve yazarın romanında geçen Ermeni olaylarında "güya Türklerin zalim mevkiinde bulundukları(nın) iddiası"nı ileri sürmenin bir Yahudiye vazife olmadığını yazdı. Yunus Nadi, Franz Werfel'in romanının Almanya'da yasaklanmasını "Alman hükümetinin insanlık haysiyetine ve arsıulusal barış ahenginin şeref ve menfaatine tamamen uygun bir hareket" olarak niteledi. Daha sonra yapılan girişimler sonucunda Franz Werfel'in romanının ABD'de filme çekilme teşebbüsünün önüne geçildiğini hatırlattıktan sonra

---

49 "Musevî yurddaşlarla hasbihal", *Cumhuriyet*, 24 Eylül 1935.

50 "Türk Musevilerine dair bir Yahudi gazetesinde yazılan makale", *Haber Akşam Postası*, 26 Eylül 1935.

51 "Musadağında kırk gün..", *Kurun*, 5 Aralık 1935 ve *Cumhuriyet*, 12 Aralık 1935.

bu "suikast"ın tekrar hortladığını belirtti. Yunus Nadi, ABD'nin insanlar arasında "kin ve husumet ateşleri yakmaya yönelik bu türlü alçak teşebbüsler"e meydan bırakmayacağına inandığını, ancak buna rağmen "Yahuda rolünü, oynamakta ısrar eden altın buzağı tapıcısı bir Yahudi"nin bu teşebbüsü karşısında sinirlendiğini itiraf etti.[52] Yunus Nadi Türkiye'de yaşayan Ermenilerin ve Yahudilerin "bu alçak teşebbüs"e karşı ABD hükümetinin dikkatini çekebileceklerini hatırlattı. Yunus Nadi, "her şey oldu bitti de yirminci asırda bir Yahudi yazıcısı mı bize karşı ehli salîb hissiyatı körükleyecek?" diye sordu.[53] Yunus Nadi bu başyazısını yayımladığı gün ABD'nin Türkiye Büyükelçisi Robert P. Skinner bu başyazının bir kopyasını ABD Dışişleri Bakanı'na iletti.[54] Bu rapor üzerine ABD Dışişleri Bakanlığı'nın MGM yetkilileri ile yaptığı yeni bir görüşmede, daha önce belirtildiği gibi, Türkiye Büyükelçisi'nin onayı olmadan filmin çevrilmeyeceği bir daha tekrarlandı. MGM yetkilisi yapılması tasarlanan filmler listesini bir daha gözden geçirdiğini ve *Musa Dağ* filminin bu listede yer almadığını bir kez daha belirtti.[55]

Bu film tasarısı tartışılırken bu kez Paramount şirketinin, başrollerini Cary Grant ve Claude Ren adlı oyuncuların oynadığı *Son Karakol* filmi haber olarak basında yer aldı. Söz konusu filmin Musul'da geçmesi ve Ermeni tehcirine de değinmesi üzerine *Kurun* gazetesi bu tür filmlere karşı alınacak en iyi önlemin bu şirketlerin filmlerinin toptan boykot edilmeleri olduğunu bir kez daha tekrarladı.[56]

52 Hz. Musa'nın kardeşi olan Aaron Hz. Musa'nın yokluğunda İsrail kavminin talebi üzerine onlara yön verecek altından bir buzağı yaptı. Hz. Musa İsrail kavminin altın buzağıya taptıklarını ve onun etrafında dans edip eğlendiklerini görünce buzağıyı parçalayıp eritti. (*Encyclopaedia Judaica*, Ketter Publishing, Kudüs, Cilt 2, sh 710).

53 Yunus Nadi, "Türkler aleyhindeki filmi yapmakta ısrar mı ediyorlar?", *Cumhuriyet*, 12 Aralık 1935.

54 AMA, 12 Aralık 1935 tarihli ve 811.4061/Musa Dagh/48 sayılı belge.

55 AMA, 17 Aralık 1935 tarihli ve 811.4061/Musa Dagh/44 sayılı belge.

56 "Türklük aleyhinde bir film: Son Karakol", *Kurun*, 13 Aralık 1935.

Türkiye Ermeni cemaatinin tepkisi: "Yahudi komplosu" iddiaları ve kitabın yakılması

Yunus Nadi'nin *Cumhuriyet* gazetesinde yayımlanan bu başyazısından sonra istenen tepki Yunus Nadi'nin arzusu doğrultusunda oluşmaya başladı. Türk basınının bu konuda başından beri vurguladığı, Werfel'in bu romanı yazmasında, MGM'nin de filmi çevirme haklarını satın almasındaki başlıca etkenin, Werfel ile MGM sahiplerinin Yahudi, dolayısıyla maddiyata düşkün olmaları söylemi, Türkiye Ermeni cemaati içinde önemli bir görevi olduğu belirtilen Dr. Arşak Sürenyan tarafından büyük bir hevesle benimsendi. Dr. Sürenyan *Cumhuriyet* muhabirine verdiği demeçte haberin bütün Türk Ermenilerini müteessir ettiğini, bunun başlıca nedeninin de "bir Yahudinin sırf maddi endişelerle hareket ederek Ermenileri istismar etmeye kalkışması, diğer bir Yahudi müessesesi olan MGM film şirketinin de buna iştirak etmesi" olduğunu belirtti. Ermenilerin Franz Werfel'i tanımadıklarını, hiçbir Ermeninin de kitabın yazılmasında rolü veya yardımı olmadığını belirtti. Geçmişe ait bir meselenin "bu defa da bir Yahudi tarafından edebiyat sahasında istismar edilmesi"ne hiçbir Ermeninin razı olmadığını ifade etti. Dr. Sürenyan "Ermenilerle zerre kadar alâkası olmayan bir Yahudinin hiçbir sebep yokken Ermenilerle meşgul olmasında ve on beş, yirmi yıl önce cereyan eden hâdiseleri mübalağa ve mugalâta [ağız kalabalığı] ile mevzuu ittihâz etmesinde [yapmasında] para kazanmak endişesinden başka nasıl bir endişe olabilir?" diye sordu. Dr. Sürenyan kitabın Ermenice'ye çevrilmemiş olmasını, Ermenilerin bu kitaba karşı hiçbir ilgi göstermediklerinin bir kanıtı olarak sundu. Türk Ermenilerinin duygularının Türk yurttaşlarından farklı olmadığını ve "kardeşçe bir hayat" yaşadıkları Türkiye'de "bu yaşayışın bir bezirgân tarafından bozulmasına hiçbir Ermeni'nin izin vermeyeceğini" dile getirdi.[57] MGM'nin bu filmi çevirmeyi tasarlaması haberi üzerine

57 "Musa Dağında Kırk Gün", *Cumhuriyet,* 13 Aralık 1935.

İstanbul'da sinema salonu işletenler arasında yapılan kısa bir araştırma sonucunda, Saray sineması müdürü Franko, İpek, Melek ve Elhamra sinemalarını işleten İpekçi kardeşlerden İhsan İpekçi ve Sümer sineması müdürlerinden Rauf Bey söz birliği yaparak şayet bu film çevrilirse MGM'nin filmlerine karşı boykot uygulayacaklarını bildirdiler.[58] Ercüment Ekrem Talu alaycı bir üslûpla kaleme aldığı ve hayali bir durumu konu ettiği yazısında Franz Werfel'in Yahudiliğini ve Yahudi olmasından dolayı paraya düşkünlüğünü özellikle vurgulayarak Werfel'in bu kez "Harlem'de kırk gün!" başlıklı ABD'deki ırkçılığı ve cinayetleri konu alan bir roman yazıp kendisine bunu pazarlamaya çalıştığını Werfel'in kendi ağzından anlattı. Ercüment Ekrem Talu kendisinin sonunda "serseri Yahudi"yi kapı dışarı attığını belirtti.[59] Türkiye'deki Yahudi ve Ermenilerin bu konuda protesto girişiminde bulunacakları haberleri de basında yer aldı.[60] Bu olaylar üzerine Türkiye Ermeni cemaati Cismanî Meclisi bu konuyu tartışmak üzere 14 Aralık 1935 günü toplanacağını ilân etti.[61] Aynı gün sahibi ve genel yayın yönetmeni Yahudi asıllı Albert Karasu olan ve özellikle Yahudilere hitab eden *Le Journal D'Orient* gazetesi Franz Werfel'in Yahudi olmadığını, olsa bile Türkiye Yahudilerinin kendi dindaşlarından birinin yorum hatasından sorumlu olamayacaklarını ve Türkiye Yahudilerinin her zaman vatansever ve sadık kişiler olduklarını yazdı.[62] Türkiye Yahudileri de Franz Werfel'in Yahudi olmadığına inandıklarını ve her ne olursa olsun böyle bir yazarın Türkiye'nin aleyhindeki davranışlarına karşı Türkiye Yahudilerinde derin infial ve nefret uyandırdığını belirttiler. *Cumhuriyet* gazetesi de Yahudi vatandaşların

58 "Musa Dağı filmi çevrilirse MGM filmlerine bütün sinemalar kapalıdır", *Haber Akşam Postası*, 13 Aralık 1935.

59 Ercümend Ekrem Talu, "Harlem'de kırk gün!", *Cumhuriyet*, 14 Aralık 1935.

60 "Mahut film!", *Kurun*, 14 Aralık 1935.

61 "Ermeni ve Musevi vatandaşların infiali", *Cumhuriyet*, 14 Aralık, 1935.

62 "Türk Ermenileri", *Haber Akşam Postası*, 13 Aralık 1935 / "Franz Werfel n'est pas Juif", *Le Journal D'Orient*, 13 Aralık 1935.

bu davranışlarını "en samimi takdirleriyle" selâmladı.[63] 14 Aralık 1935 günü toplanacağı ilân edilen Türkiye Ermeni cemaati Cismanî Meclisi çoğunluk olmadığı için o gün toplanamadı ve 15 Aralık 1935 günü saat 10.30'da Beyoğlu Ermeni Kilisesi'nde toplanmayı kararlaştırdı. Ermeni cemaati Cismanî Meclisi'nin bu protesto hareketine Türkiye'deki Ermeni basın mensuplarının da katılacakları, Ankara'daki Matbuat Umum Müdürlüğü'ne bu filmin yapılma tasarısını protesto eden bir mektup yollayacakları ve bu mektubun ABD'ye iletilmesi konusunda Matbuat Umum Müdürlüğü'nün aracılığını isteyecekleri yazıldı.[64]

Türkiye Ermeni cemaati Cismanî Meclisi 15 Aralık 1935 tarihinde yaptığı toplantısından hemen sonra bu film tasarısına resmen tepki gösterdi. Ermeni Cismanî Meclisi Türkiye Ermenilerinin nefretlerini dile getirmek için bir beyanname hazırladı ve İstanbul gazetelerine yolladı. Bu beyannamede şöyle deniyordu:

> "Franz Werfel'in *Musa Dağında Kırk Gün* isimli eserinin Amerika'da filme çekileceğine dair gazetelerde yazılan haberi, bütün Türk Ermenilerinin duygularına tercüman olan heyetimizi çok müteessir kılmış ve içimizde derin bir infial uyandırmış olmakla bu teessür ve infialimizi göstermek için bugünkü müstesna toplantımızı yaptık.
>
> Yabancı bir memlekette ortaya atılan bu oyunların, Türk ülkemizde ayrılık ve gayrılığa ait zehirli tohumların saçmasından başka bir maksada hâdim [hizmet etmek] olmasa gerektir; ve lâkin biz, Türk Ermenileri yurdumuza ve Türklüğe öyle kavî [güçlü] ve çözülmez bir bağla bağlı bulunuyoruz ki bu gibi fesatlıkların sevgili vatanımıza sarsılmaz merbutiyetimize ve "Türk Birliği" mefkûresine [ülküsüne] zerre kadar tesiri olmıyacaksa da, heyetimiz uzağı gören ve sezen değerli hükümeti cumhuriyetimizin bu gibi istismar hâdiselerin önü-

63 "Ermeni ve Musevi vatandaşların infiali", *Cumhuriyet,* 14 Aralık 1935.

64 "Yahudi ve Ermenilerin protestosu", *Kurun,* 15 Aralık 1935.

ne geçmek için azamî kuvvet ve vasıtaları haiz olduğuna emindir.

Türk Ermenileri İdare Heyeti

Genel Sekreteri	Başkan
V.Akgül	B.(edros) Horasancı[65]

Ermeniler daha sonra sadece film şirketlerinin değil, tüm Türk halkının MGM filmlerini boykot etmesi gerektiğini belirttiler.[66] Bu protesto mektubunun yayımlandığı 15 Aralık 1935 günü saat 11.00'de Pangaltı Ermeni Kilisesi'nde toplanan Ermeniler, 1933 yılının Nisan ayında aralarında Franz Werfel'in de bulunduğu yüz otuz yazarın kitaplarının Naziler tarafından yakılmasından ilham alarak, Werfel'in kitabını yakma töreni düzenlediler. Önce Pangaltı Ermeni Kilisesi bahçesinde bulunan mezarlıkta bir sehpa inşa ettiler, altına tahta ve talaş konulmuş bu sehpanın üstüne Franz Werfel'in büyük bir fotoğrafını ve kitabını yerleştirdiler.[67]

Aztarar ve *Norlur* gazeteleri muharriri Aşot Keçyan bir kibrit çakarak bu kitap yakma törenini başlattı. Franz Werfel'in fotoğrafı ve kitabı yanarken Pangaltı Ermeni Kilisesi muganniler heyeti orada hazır bulunan kız ve erkek öğrencilerle birlikte İstiklâl Marşı'nı söylediler. Daha sonra Beyoğlu mütevelli heyeti üyelerinden Aram Aslan şu konuşmayı yaptı:

> "Yurddaşlar!
>
> Asil ve necib Türk milleti hakkında iftiralarla dolu bir kitab yazıldığını gazetelerden öğrenen Türk Ermenileri, sırf şahsi menfaatler takib etmek üzere Ermenilerin adını istismar eden bu milliyetsiz küstahın cür'etini şiddetle protesto eder.
>
> Yüz yıllardan beri ilk defa olarak Büyük Cumhur Başkanımız Atatürk'ün kurduğu cennette kardeşçe bir hayat yaşamaya başlıyan Türk Ermenileri bu aziz yurda karşı candan bağ-

65 "Türk Ermenileri", *Haber Akşam Postası*, 15 Aralık 1935, "Ermeniler Musa Dağında Kırk Gün filmini protesto ettiler", *Son Posta*, 16 Aralık 1935.

66 "Musa Dağında Kırk Gün", *Zaman*, 16 Aralık 1935.

67 "Türk Ermenileri", *Haber Akşam Postası*, 16 Aralık 1935.

lılıklarını fiilen ispat etmek için mukaddes vatanımıza suikasdde bulunan Franz Werfel mel'ununu ve *Musa Dağında 40 Gün* adlı hezeyannamesini [saçma sapan kitap] bugün alenen yakmak suretile aramıza nifak sokmak istiyenlerin mukadderatının böyle ölüm olduğunu bütün dünyaya ilân etmek isteriz.

Kahrolsun Türklüğe dil ve el uzatanlar!"

Törende hazır bulunan halk da hep bir ağızdan "kahrolsun" diye bağırdı. Fotoğraf ve kitap tamamıyla yandıktan sonra "Türk Ermeni münevverleri" adına Dahiliye Vekâleti'ne Aşot Keçyan ve Aram Aslan imzalı bir telgraf çekildi. Telgrafta şunlar yazılıydı:

"Mukaddes yurdumuza karşı suikasdde bulunmak üzere *Musa Dağında 40 Gün* adlı bir hezeyanname yazan Franz Werfel adında bir yabancının küstahlığını şiddetle protesto etmek için Türk Ermeni okumuşları bu sabah Pangaltı Kilisesi avlusunda toplanarak Franz Werfel'in fotoğrafını ve yazdığı kitabı büyük bir törenle alenen yakmışlardır.

Aziz yurdumuza ve Cumhuriyete karşı bağlılıklarını bu suretle fiilen ispat eden Türk Ermeni okumuşları bu vesile ile Büyük Önderimize ve hükümetimize karşı sadakatlerini arzederken bugünkü protestolarını alâkadar makamlara bildirmek hususunda yüksek tavassutunuzu istirham ederler."[68]

Kurun gazetesinde çıkan bir köşe yazısında ise "Türkiye'deki Ermeni meselesi, yasa ve vicdan önünde Amerika mahkemelerinde bile Türk'e hak kazandıracak bir kuvvettedir" dendi. Yazıda tek bir filmin tüm bir devletin ve milletin hoşnutluğuna üstün tutulmasının nedeni olarak bu film tasarısının arkasında gizlenenler olduğu söyleniyordu. Türklerin düşmanlarını azımsamadığı ve dört gözü açık beklediği hatırlatılarak "Musadağına altın buzağılara kavuşmak için çıkanlar, bunu unutmasınlar" deniyor ve "altın buzağı" deyimiyle de Yahudi-

---

68 "İstanbul Ermenilerinin F. Werfele mukabelesi", *Cumhuriyet*, 16 Aralık 1935 ve "Türk Ermeniler", *Haber Akşam Postası*, 16 Aralık 1935.

ler ima ediliyordu.[69]

Bu olaylardan sonra 23 aralık 1935 günü Basın Genel Direktörlüğü'nden yapılan bir açıklamada, MGM'nin bağlı bulunduğu Motion Pictures Producers and Distributors of America Inc. şirketinin Franz Werfel'in romanını filme çekmeme kararının değişmediğini yinelediği söyleniyordu.[70]

ABD Büyükelçisi Robert P. Skinner, ABD Dışişleri Bakanı'na yolladığı 24 Aralık 1935 tarihli raporunda *Cumhuriyet* gazetesinin editörünün gazetede yayımladığı ve tartışmalara yol açan bu haberi, *Musa Dağ* filminin de içinde yer aldığı, muhtemelen eski tarihli bir "çevrilecek filmler listesi"ne dayanarak hazırladığını belirtti.[71]

Romanın Fransızca'ya çevrilmesinin yarattığı tepkiler

1936 yılında Franz Werfel'in romanının Fransızca'ya çevrilip Fransa'da yayımlanması da basının tepkilerine yol açtı. *Haber Akşam Postası* gazetesinde "Franz Verfel adında Almanya'dan kovulmuş serseri bir Yahudinin Amerika'da 'Musa Dağında kırk gün' isminde Türklük aleyhinde bir kitap yazdığını müteaddit defalar yazmıştık" diye başlayan yazıda, romanda anlatılan hâdiselerin gerçeklerle âlâkası olmadığı belirtiliyor ve "hakikat bu merkezde iken, bu serseri Yahudinin memleketimiz ve Türklük aleyhine iftiralarla şişirdiği bu kitabın Fransızca'ya tercüme edilmesini çok garip bulduk. Öyle zannediyoruz ki, bu kitabı Fransızca'ya tercüme eden ve basanlar da herhalde kendisi gibi kanı ve ruhu bozuk, tefessüh etmiş birer serseriden ibarettir" deniyordu.[72] *Cumhuriyet* gazetesinde "Franz Verfel isminde serseri bir Yahudi tarafından memleket haricindeki Türk düşmanı Ermeniler ve Yahudilerin propaganda teşkilâtı hesabına yazdığı "Musadağında kırk gün" kitabını ve bu alçakça eser hakkında

---

69 S. Gezgin, "Musadağı ve altın buzağı!", *Kurun*, 16 Aralık 1935.

70 "Musa Dağında Kırk Gün filmi çevrilmiyor", *Cumhuriyet*, 24 Aralık 1935.

71 AMA, 24 Aralık 1935 tarihli ve 811.4061/Musa Dagh/49 sayılı belge.

72 "Musadağı Ermeni hâdisesinin uydurma olduğunu Fransızlar vesikalara müstenit olarak bilirler", *Haber Akşam Postası*, 20 Temmuz 1936.

vaktile *Cumhuriyet*'in yaptığı neşriyatı hatırlarsınız" denilerek konunun geçmişi hatırlatılıyor ve "bir müfterinin [iftiracının] bayağı bir eserini bir de Fransız efkârı umumiyesine [kamuoyuna] sunmak ananevi dostluğumuzu daha da takviye etmek üzere bulunduğumuz Fransa'ya yaraşır şeylerden değildir. Dost Fransız hükümetinden sade bu kitabın neşrine müsaade etmemesini değil, hatta Fransız bahriyesi dosyalarından Musadağı hâdisesine dair evrakı da çıkartarak hakikatı Fransız ve cihan [dünya] efkârı umumiyesine arz etmesini isteriz" diyerek Fransa'dan konuya müdahale etmesi talebinde bulunuluyordu.[73]

Film tasarısının 1937-38 yıllarında tekrar tartışılması

Musa Dağ filmi konusu 1937 yılında ABD Dışişleri Bakanlığı nezdinde tekrar gündeme geldi. ABD Kongresi'nin Kaliforniya eyaleti temsilcisi John H. Tolan Dışişleri Bakanı Cordell Hull'a yazdığı 2 Temmuz 1937 tarihli mektubuna eyaletine mensup Ermeni asıllı seçmenlerinden birinin kendisine gönderdiği ve Franz Werfel'in romanının Türk hükümetinin müdahalesi sonucunda filme çekilmemesinin şikâyet konusu edildiği mektubunu ekledi ve bakandan bilgi istedi.[74] Bakan, film yapımcılarının önemli ihracat bağlantılarını temsil eden Motion Pictures şirketi ile Türk hükümeti arasında varılan mutabakat sonucunda filmin çevrilmediğini ve Bakanlığın konuya müdahale edip etkileyemeyeceğini belirtti.[75] Filmin tekrar çekilmesinin söz konusu olduğu söylentileri üzerine ABD Dışişleri Bakanlığı Motion Pictures şirketi nezdinde yaptığı girişimde söz konusu filmin çevrilmesinin düşünülmediğini, ancak film yapımcılarının, muhtelif devletlerin bu tür müdahalelerinden bunaldıklarını ve bundan böyle bu tür müdahaleleleri dikkate almamaya eğilimli olduklarını söyledi.[76]

Musa Dağ'da Kırk Gün filmi tasarısının Türk kamuoyunda yarattığı Yahudi aleyhtarı havadan antisemit yazar Cevat Rıfat

73 "Gene mi Musadağı?", *Cumhuriyet*, 20 Temmuz 1936.

74 AMA, 2 Temmuz 1937 tarihli ve 811.4061/Musa Dagh/50 sayılı belge.

75 AMA, 10 Temmuz 1937 tarihli ve 811.4061/Musa Dagh/51 sayılı belge.

76 AMA, 15 Aralık 1938 tarihli ve 811.4061/Musa Dagh/57 sayılı belge.

Atilhan da istifade etmeyi ihmal etmedi. 1937 yılında yayımladığı *Musa Dağı* kitabının takdiminde

> "Bu kitap ne bir roman, ne bir efsane, ne de Yahudi Franz Werfel'in Türklük aleyhine yazdığı (Musa dağında kırk gün) kitabı gibi şeni [kötü] bir iftiradır. Bu eser Lût kavminin yerin dibine geçtiği yabanî ve esrarlı topraklarda cereyan etmiş nankörlük, namerdlik ve kahpelik dolu bir facianın tarihçesi ve kahraman ordumuzun bu ateş ve güneş diyarında gösterdiği büyük hamaset ve fedakârlığının bir dastanı zaferidir"

diye yazdı.[77] Kitabın Filistin cephesinde Osmanlı ordusuna karşı savaşan Yahudi casus örgütünü konu ettiğini söylüyor ve kitabın sonunda da "bu eseri şu son satıra kadar okuyan aziz kari [okuyucu]! Musa dağında kırk gün iftirasını uyduran insanların kirli içyüzlerini ve alçaklıklarını gördün" demeyi ihmal etmiyordu.[78]

22 Kasım 1938 tarihinde *The Boston Evening American* gazetesinde Atatürk'ün ölümünden sonra MGM'nin söz konusu filmin tekrar çekimi için teşebbüse giriştiği haberinin yer alması üzerine Türkiye Büyükelçisi Münir Ertegün Bey, Türkiye'nin bu konudaki tavrının Atatürk'ün ölümünden sonra da değişmediğini tekrarladı.[79]

Musa Dağ filminin çevrilmesi söylentilerinin basında yer alması üzerine ABD Dışişleri Bakanlığı Motion Pictures şirketi nezdinde girişimde bulunup ABD Türkiye ilişkilerinin mükemmel olduğu bir dönemde özel şirketlerden bu durumun kötüleşmesini sağlayacak hiçbir girişimde bulunmamalarını istedi.[80] Bunun üzerine Motion Pictures şirketi tekrar yaptığı araştırma sonucunda ABD Dışişleri Bakanlığı'na MGM'nin söz konusu filmi çekmeye niyeti olmadığını belirtti.[81]

---

77 Cevat Rıfat (Atilhan), *Musa Dağı*, Kenan Basımevi ve Klişe Fabrikası, İstanbul 1937, s. 3.

78 Cevat Rıfat (Atilhan), *a.g.e.*, s. 77-78.

79 AMA, 17 Aralık 1938 tarihli ve 811.4061/Musa Dagh/55 sayılı belge.

80 AMA, 20 ve 21 Aralık 1938 tarihli ve 811.4061/Musa Dagh/60-61-62 sayılı belgeler.

81 AMA, 2 Şubat 1939 tarihli ve 811.4061/Musa Dagh/64 sayılı belge.

... ve 1997: Tartışmalardan altmış küsur yıl sonra

Musa Dağ'da Kırk Gün romanının filme çekil(e)meme serüveni yıllar boyunca sürdü. Roman nihayet 1982 yılında High Investment Films Inc. adlı bir ABD'li yapımcı tarafından televizyon için filme çekildi. Filmin yapımcısı John Kurchian, rejisörü Sarkis Mouradian, belli başlı oyuncuları da Kabir Bedi, Roni Carol, Guy Stockwell, Peter Haskell ve Michael Constantine idi.[82] Film Los Angeles'daki Ermeni basınında 1982 yılının Nisan ayında "Elli yıllık beklemeden sonra Ermenilerin rüyası şimdi gerçek oldu" şeklinde reklam edildi.[83] Araştırmacı Edward Minasian'a göre Hollywood tarihinde herhangi bir film tasarısında hiçbir zaman böyle bir tepki vaki olmamıştı. Bu tepki karşısında romanın filme çekilmesini savunanların zihinleri alt üst olmuştu.[84]

Franz Werfel'in romanının Türkçe çevirisini okumak için 1997 yılını beklemek gerekti. Söz konusu romanın çevirisi 1997 yılında Belge Yayınları tarafından yayımlandı. Romanın çevirisini yayımlayan yayınevi kitabı tanıtırken "Bu kitabın Türkçeye bir takım ön yargılar ile kazandırılmamış olması büyük eksiklikti" diyor. İki tanıtım yazısı[85] dışında Türk basınından pek bir ilgi görmedi. Romanın 1935 yılında bir yıl boyunca Türk kamuoyunu, Türkiye Yahudi ve Ermeni cemaatlerini, 1934-1938 yılları arasında da aralıklı olarak beş yıl boyunca Türk ve ABD Dışişleri Bakanlıklarının gündemini işgal etmiş olmasından ne kitabın çevirisini yayımlayan yayınevi, ne Türk okurları, ne de Türkiye'deki Ermeni ve Yahudi cemaatleri haberdar değillerdi.[86]

Tarih ve Toplum, Şubat 1998

---

82 Romanın TV filmine çekilmesi konusunda beni ikaz eden kitap muhibbi dostum Püzant Akbaş'a ve bu bilgiyi teyit eden Prof. Richard G. Hovannisian'a candan teşekkür ederim.

83 Edward Minasian, "The forty years of Musa Dagh: The film that was dreamed", *Journal of Armenian Studies*, Sonbahar-Kış 1985-86, Cilt II, S. 2, s. 63-74.

84 Edward Minasian, "The forty years of Musa Dagh: The film that was dreamed", *Journal of Armenian Studies*, Sonbahar-Kış 1985-86, Cilt II, S. 2, s. 63-74.

85 Emin Karaca, "Musa Dağ'daki insanlık trajedisi", *Radikal*, 14 Temmuz 1997 ve Karin Karakaşlı, "Yoğunoluk 1915", *Virgül*, sayı 1, Ekim 1997, s. 10-12.

86 Hrant Dink, "Halklar denizinde kulaç atanlar", *Agos*, 1 Ağustos 1997.

Musa Dağ'da Kırk Gün *romanının film tasarısına karşı Türkiye Ermeni Cismanî Meclisi'nin 15 Aralık 1935'te yaptığı toplantı (İletişim Yayınları arşivi).*

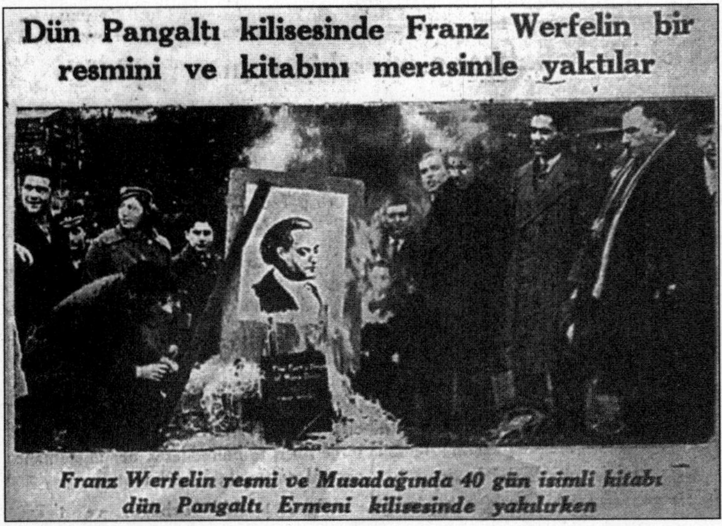

Dün Pangaltı kilisesinde Franz Werfelin bir resmini ve kitabını merasimle yaktılar

Franz Werfelin resmi ve Musadağında 40 gün isimli kitabı dün Pangaltı Ermeni kilisesinde yakılırken

15 Aralık 1935'te Pangaltı Ermeni Kilisesi'nde toplanan Ermenilerin kitabı ve yazarın fotoğrafını yakmaları (İletişim Yayınları arşivi).

L'affaire « Mousa Dagh »

LA REPUBI

Comment les Américains sont montés contre les Turcs

La presse de New-York distribue gratuitement le livre de Franz Werfel et mène une propagande intense pour l'écouler

Dans le supplément littéraire de son édition du 18 août, le « New-York Times » consacre, sous la rubrique « bibliographie » une page entière au roman « 40 jours sur le Mousa Dagh. Ce journal a fondé un « club du livre du mois » afin de faciliter ses abonnés, la lecture des meilleurs livres parus dans le courant du mois. Le club compte 100 mille membres.

Le cliché ci-contre montre l'annonce du journal dans laquelle ce dernier communique qu'un jury formé de cinq membres a désigné le roman « 40 jours sur le Mousa Dagh » comme le meilleur ouvrage en Amérique et qu'il sera envoyé 50.000 exemplaires aux abonnés. Le journal publie également un coupon à cet effet.

La page du "New York Times" où a paru l'annonce

Au coin de l'annonce figure le portrait de l'auteur juif du livre, Franz Werfel et au dessous les commentaires des divers journaux au sujet de cet ouvrage, déclarant en substance que ce roman des plus passionnant est destiné à faire sensation.

Tout ceci donne une idée suffisante de la propagande que mènent les intéressés pour faire lire un ouvrage nous présentant sous un jour aussi désavantageux que faux. Nous continuerons notre campagne à ce sujet jusqu'à ce qu'une décision intervienne, car cet état de choses est de nature à nous nuire fort auprès de l'opinion publique mondiale, d'autant plus que, comme nous l'avons annoncé, jusqu'ici 170.000 exemplaires ont été vendus de ce livre.

La République, *7 Eylül 1935, AMA, 5.9.35, 811.4061, Musa Dagh, 15 belge eki.*

Cevat Rıfat [Atilhan], Musa Dağı *(İstanbul, 1935) kitabının kapağı.*

Nazilerin İktidara Gelmeleri ve İstanbul'da Nazilere Karşı Bir Boykot Teşebbüsü

Nazilerin iktidara gelmeleri

Almanya'da 5 Mart 1933 tarihinde yapılan seçimler sonucunda Adolf Hitler ve Nasyonal Sosyalist Alman İşçi Partisi (NSDAP) iktidara geldi. Hitler ve yandaşları iktidara geldikten çok kısa bir süre sonra Lehistan'da ve Almanya'da Yahudilere karşı şiddetli bir antisemit kampanya başlattılar. Lehistan'ın Silezya bölgesinde Yahudilere saldırıldı, Yahudilere ait mağazalar yağmalandı, olaylarda ölen ve yaralananlar oldu. Aynı olaylar Almanya'da da meydana geldi.[1] NSDAP, iktidara geldikten sonra, aralarında Türkiye'nin de bulunduğu Almanya dışındaki ülkelerde de teşkilâtlanmaya başladı. İstanbul'da yaşayan Alman uyruklular arasında Hitler taraftarı olanların "Türkiye Nazileri" adında bir cemiyet kurmak için ilgili makamlara müracaat ettikleri, 1919 yılında Robert Kolej'de fen öğretmenliği, daha sonra Anadolu'da yol mühendisliği yapan ve bir şirkette çalışmakta olan

1 "Lehistan'ın Silezya kısmında Yahudilere hücum edildi", *Son Posta,* 17 Mart 1933 / "Yahudi katliamı mı?", *Son Posta,* 28 Mart 1933 / "Yahudi aleyhtarlığı", *Son Posta,* 30 Mart 1933 / "Berlin'de Yahudi avcılığı", *Cumhuriyet,* 29 Mart 1933 / "Almanlar Yahudilerle alışveriş etmiyecek", *Cumhuriyet,* 30 Mart 1933 / "Hitler tehdit ediyor", *Cumhuriyet,* 31 Mart 1933.

Franz Riener adında bir mühendisin bu cemiyetin başına getirildiği haberi basında yer aldı. Kendisiyle görüşülen Riener, Nasyonal Sosyalistlerin genel karargâhı olan Münih'teki Kara Ev'in[2] Türkiye temsilcisi olduğunu, Hitler hareketinin devrimci bir hareketten başka bir şey olmadığını söylüyordu:

> "Alman milleti büyük bir haksızlığı tamir etmek için elinde bulunan bütün vasıtalardan istifade edecektir.
>
> Musevi aleyhtarlığı meselesine gelince; Almanya'da Musevi aleyhtarlığı diye bir şey yoktur. Yalnız komünist aleyhtarlığı vardır. Bilmem neden, Almanya'da komünistlikten dolayı tevkif edilenlerin çoğu Musevidir. Esasen diğer memleketlerdeki komünist propagandacıların da ekseriyetini Museviler teşkil ediyor. İşte Musevi aleyhtarlığı diye ortaya atılan haberler hep bundan çıkıyor."[3]

Almanya'da başlayan antisemit hareket üzerine basın İstanbul Yahudilerinin görüşlerine başvurdu. Diş hekimi Jak Haron "Türkiye Musevîleri her şeyden evvel Türk vatandaşıdır. Fakat Almanya'daki Musevî aleyhtarlığı karşısında teessür ve infial duyduğumu niçin saklıyayım? Bence Alman Musevîleri lüzumsuz bir iğbirâr neticesi rahatsız ediliyorlar" cevabını verdi. Baytar Jak Saranga ise "Ben Türkiye'de yaşıyorum, Türküm. Bununla beraber Almanya'daki Musevî aleyhtarlığı için ciddi hiçbir sebep görmüyorum. Bu hareket hiç doğru değildir" dedi. *Aşkenaz* cemaati başhahamı ve Musevi Lisesi müdürü David Markus ise "Almanya'daki Musevîlere karşı yapılan aleyhtarlık tabiî çok fenadır. Buna niçin lüzum görülmüştür? Bir türlü anlıyamıyorum" cevabını verdi. Almanya'daki bu geliş-

2 "Kara Ev" 1931 yılının başında Nasyonal Sosyalist Partisinin genel merkezi olarak açılmış bulunan binadır. Yabancı araştırmacılar bu evi "Brown House", yani "Kahverengi Ev" olarak tanımladılar. (John Toland, *Adolf Hitler,* Ballantine Books, New York 1977, s. 337).

3 "Şehrimizdeki Hitlerciler", *Son Posta,* 31 Mart 1933. Dr. Cemil Koçak da Riener'in Nazi Partisi'nin İstanbul'daki mahalli grup yöneticisi olduğunu teyid etmiştir ve Türkiye'deki Nazi örgütlenmesini ayrıntılı bir şekilde belgelemiştir. (Dr. Cemil Koçak, *Türk-Alman İlişkileri (1923-1939),* Türk Tarih Kurumu Yayınları, Ankara, 1991, s. 177-179).

meler üzerine Almanya ile ticari ilişkileri olan İstanbullu bazı Yahudi tüccarlar Alman firmaları ile olan ilişkilerini kestiler. Ayrıca bazı Alman firmaları da kendilerini Türkiye'de temsil eden Yahudi tüccarlarla olan anlaşmalarını feshettiler.[4]

Almanya'da Yahudilere karşı boykot kararı

NSDAP 5 Mart 1933 seçimleriyle iktidara geldikten sonra antisemit bir siyaset takınınca Almanya dışındaki ülkelerdeki Yahudiler Nazi karşıtı gösteriler yaptılar ve Nazi ürünlerine karşı boykot düzenlediler. Bunun üzerine bu boykot hareketine bir tepki olarak Naziler de 1 Nisan 1933 gününden itibaren Almanya'da Yahudilere ait müesseselerin boykot edilmesine karar verdiler. 1 Nisan 1933 Pazar günü Nazi üniformalı parti mensupları Yahudilere ait işyerleri önünde nöbet tuttular. Bu işyerlerine girmek isteyen müşterilere saldırıldı, mağazaların vitrinlerine antisemit sloganlar yazıldı. Bu resmî Alman politikası Almanya'ya komşu olan ülkelerdeki antisemit çevreleri de kışkırttı. Polonya'da Nazi örneğini taklit eden aktif bir boykot hareketi görüldü. Almanya'nın siyasi ve toplumsal atmosferini hâkimiyet altına almış olan antisemit hava ve Nazilerin Alman Yahudilerine ait müesseseleri boykot etmeyi kararlaştırmaları üzerine Amerika ve Avrupa'daki Yahudiler Almanlara karşı gösterilerde bulundular ve karşı boykot düzenlemeye teşebbüs ettiler.[5] 20 Mart 1933 tarihinde Vilna Yahudilerinin Almanlara karşı boykot ilân etmeleri bu hareketin başlangıç noktası oldu. Alman ürünlerini ve müesseselerini boykot etme teşebbüsü World Alliance for Combatting Antisemitism (Antisemitizmle

4 "Şehrimizdeki Hitlerciler", *Son Posta,* 31 Mart 1933.

5 "Bütün dünya Yahudileri Almanlar aleyhinde", *Cumhuriyet,* 26 Mart 1933 / "Yahudi mallarına boykotaj", *Cumhuriyet,* 29 Mart 1933 / "Almanya'da Yahudilere boykot bugün başlıyor", *Cumhuriyet,* 1 Nisan 1933 / "Almanya Yahudilere bir cehennem oluyor", *Milliyet,* 30 Mart 1933 / "Almanya'da boykotaj resmen bugün başlıyor", *Milliyet,* 1 Nisan 1933. Nazilerin 1 Nisan 1933 tarihinde uygulamaya başladıkları iktisadi boykot üzerinde bir inceleme için bkz. Avraham Barkai, *From Boycott to Annihilation. The Economic Struggle of German Jews 1933-1943,* University Press of England, Hanover ve Londra 1989.

Mücadele için Dünya Birliği), British Anti-War Council (İngiliz Savaş Karşıtı Konseyi) gibi teşkilâtlar tarafından yürütüldü. Bu teşkilâtlar tüm dünyadaki Yahudilere seslenerek yaşamakta oldukları ülkelerde Alman ürünlerine ve müesseselerine karşı boykot düzenlemelerini istediler.[6]

Boykotun Türkiye'deki yansımaları

Hitler'in Almanya'da başlattığı bu antisemit kampanya ve dünya Yahudiliğinin gösterdiği tepki Türkiye'de yaşayan Yahudileri de etkiledi. *Cumhuriyet* gazetesi yazarlarından Abidin Daver kendi kişisel gözlemini şöyle nakilediyor:

> "Geçen gün İstanbul'da iş gören tanıdığı ecnebi bir Yahudi bu mesele münasebetiyle sanki Hitler veya Göring benmişim gibi tehditkâr bir sesle yüzüme bağırarak diyordu ki: 'Beyefendi Yahudiler Almanların zannettikleri gibi 1,5 milyon değildir, tam 35 milyonuz biz. Onlarla yalnız Alman Yahudileri değil bütün dünya Yahudileri harb edecektir. Elimizde öyle bir silah var ki Almanya'nın altını üstüne getirebilir.'"[7]

Amerika ve İngiltere başta olmak üzere tüm dünyadaki Yahudi toplumlarının olaylar karşısında duydukları infiale ve uluslararası Yahudi teşkilâtlarının Alman müesseselerini boykot etme çağrısına İstanbul Yahudileri de katıldılar. Bu çağrıdan etkilenen İstanbul Yahudilerinin bir kesimi çağrıya cevap verip İstanbul'da yaşayan Almanlara karşı bir boykot ve gösteri yürüyüşü düzenlemeye karar verdiler, bu kararı da kendi aralarında ağızdan ağıza yaydılar. Bu kararın oluşmasında İstanbul'da yaşayan *Aşkenaz* Yahudileri etkili oldu. Boykot teşebbüsünde bulunan Yahudiler üç sayfalık bir beyannameyi

---

6 *Encyclopaedia Judaica*, Ketter Publishing House Ltd., Kudüs 1972, Cilt 4, s. 1279-1282.

7 "Gott mitt uns!", *Cumhuriyet*, 2 Nisan 1933. Yazı her ne kadar imzasız ise de "Hem Nalına Hem Mıhına" sütununda yayımlanmış olup bu sütunun yazarı da Abidin Daver idi. Abidin Daver yazıda imâ edilen silahın para olduğunu yazdı: "bu Musevinin imâ ettiği silah para idi ve para öyle mel'un bir şeydir ki, Allahı bilmem ama şeytan muhakkak ona sahip olanlarla beraberdir."

daktiloda yazıp çoğalttılar. Bu beyannameyi 30 Mart 1933 Cuma günü saat 12.00 ile 14.00 arası özellikle Alman müesseselerine, bu müesseselerde çalışan Yahudilere, Alman Lisesi'nde okuyan Yahudi öğrencilere ve Yahudilerin yoğun bir şekilde yaşadıkları ve çalıştıkları Beyoğlu, Tünel, Yüksekkaldırım, İstiklâl Caddesi ve benzeri semtlere dağıttılar. Beyannamede Almanya'da meydana gelen antisemit olaylardan söz ediliyor ve Yahudiler antisemitlere karşı mücadele etmeye teşvik ediliyordu. Küçük bir kâğıda yazılı bir diğer beyannamede ise şu çağrıda bulunuluyordu:

> "Yahudi; seni öldürmek, seni boğmak isteyenlere karşı derhal uyan. Bulunduğun müesseselerde yalnız senin paranı çekmek için çalışıyorlar. Seni istemiyorlar. Bu adamlara büyük milletinin büyük varlığını göster. Bu adamlarla teması kes. Asil Yahudi haydi ileri!"[8]

Bazı Leh Yahudileri tarafından Teutonia Alman Kulübü[9] ile Alman Lisesi'nin önünde dağıtılan ve Alman Lisesi'nde okuyan Yahudi öğrencilerin ailelerini hedef alan bir başka beyannamenin metni ise şu şekildeydi:

> "Yahudiler! Kendinizi göstereceğiniz zaman geldi. Almanya'da Musevîler müthiş mezâlime maruz kalmışlardır. Onları bu hale sokan bir millet teşkilâtı olan ve para almaktan başka gayesi olmayan bu müesseseden çocuklarınızı çekiniz ve bütün Alman müessese ve emteasına karşı burada olanca kuvve-

---

8 "İstanbul Yahudilerinden Almanlara beyanname", *Vakit*, 31 Mart 1933 / "Şehrimizde nümayiş yapmak isteyenler ve sorguya çekilenler", *Vakit*, 1 Nisan 1933 / "Museviler Almanyadaki tazyikleri protesto ediyorlar", *Akşam*, 1 Nisan 1933 / "Almanya'da boykotaj resmen bugün başlıyor", *Milliyet*, 1 Nisan 1933.

9 Merkezi Tünel Galip Dede Caddesi'nde bulunan, 1847'de kurulmuş olan Alman kulübü. İstanbul'da bulunan Alemannia, Deutscher Ausflugsverein gibi diğer Alman dernekleri, 1933'ten itibaren Teutonia'ya bağlandı. 1939'da kulübün yönetim kurulu başkanı Deutsche Bank'ın İstanbul şubesi müdürlerinden Weidtmann'dı. 1944'e kadar Teutonia İstanbul'da Alman Nazilerinin toplantılar yaptığı bir yerdi. Burada Nazi Partisi'nin toplantıları serbestçe düzenlenmekte, toplantı ve törenler sırasında Nazi bayrakları, simgeleri ve üniformaları giyilmekteydi. (*Dünden Bugüne İstanbul Ansiklopedisi*, Tarih Vakfı, İstanbul 1994, C.7, s. 259 ve Dr. Cemil Koçak, *a.g.e.*, s. 177-179).

> tinizle mukabil propagandaya geçiniz".[10] Polis bu beyannameleri toplatarak Beyoğlu Kaymakamlığı'na ve oradan da Beyoğlu Emniyet Müdürlüğü'ne götürdü.[11]

Beyannameleri dağıtan Yahudi gençler 31 Mart cumartesi günü sabah saat 09.00'da Taksim meydanında toplandıktan sonra Alman Konsolosluğu'na yürüyüp konsolosluk önünde bir gösteri yapmayı da tasarladılar. Bu harekete paralel olarak İstanbul'daki Yahudi tüccarları da Almanya'daki firmalara verdikleri siparişleri durdurmaya başladılar.[12] Polise Yahudilerin böyle bir gösteride bulunacaklarının ihbar edilmesi üzerine Yahudilerin yoğun bir şekilde yaşadıkları Şişhane Karakolu, Tünel, Yüksekkaldırım, İstiklâl Caddesi, Ayaspaşa ve Alman Konsolosluğu etrafında önlemler alındı. Polise gelen bir diğer ihbarda ise İstanbul'da yaşayan Alman cemaati içindeki NSDAP mensuplarının bir karşı gösteri ile cevap vermeye hazırlandıkları bildirildi. NSDAP üyesi veya sempatizanı Almanlar Tünel'de toplandıktan sonra İstiklâl Caddesi'nde yürüyerek saat 10.00'da Alman Konsolosluğu'na gidip Yahudilerin bu muhtemel hareketlerine karşı önlemler almayı tasarladılar. Bunun üzerine polis 31 Mart günü öğleden evvel Almanları Galatasaray Polis Merkezi'ne davet edip onları orada saat 13.00'e kadar alıkoydu ve daha sonra serbest bıraktı. Bu tedbirlere rağmen aynı gün saat 09.00'a doğru Yahudilerden oluşan büyük bir kalabalığın Taksim'e gelmekte olduğu görüldü. Bunlar polis tarafından dağıtıldılar, yirmi üç Yahudinin ifadesi de birinci şube komiserlerinden Nureddin Bey tarafından alındı.[13]

---

10 "Museviler Almanyadaki tazyikleri protesto ediyorlar", *Akşam*, 1 Nisan 1933 / "Almanya'daki boykotaj bir gün devam etti", *Milliyet*, 2 Nisan 1933 / "Almanya'da Yahudilere boykotaj dün başladı", *Vakit*, 2 Nisan 1933.

11 "İstanbul'da hadise yok!", *Cumhuriyet*, 2 Nisan 1933.

12 "İstanbul Yahudilerinden Almanlara beyanname", *Vakit*, 31 Mart 1933 / "Şehrimizde nümayiş yapmak isteyenler ve sorguya çekilenler", *Vakit*, 1 Nisan 1933 / "Museviler Almanya'daki tazyikleri protesto ediyorlar", *Akşam*, 1 Nisan 1933 / "Almanya'da boykotaj resmen bugün başlıyor", *Milliyet*, 1 Nisan 1933.

13 "Almanya'da Musevilere karşı boykotaj bugün başlıyor", *Akşam*, 1 Nisan 1933 / "Almanya'daki boykotaj bir gün devam etti", *Milliyet*, 2 Nisan 1933 / "Almanya'da Yahudileri boykotaj dün başladı", *Vakit*, 2 Nisan 1933.

Bu olaylar üzerine basın İstanbul'daki Alman ve Yahudi cemaatleri liderlerinin görüşlerine başvurdu. *Aşkenaz* cemaati başhahamı Dr. David Markus İstanbul Yahudilerinin Alman menşeli ürünleri boykot etmeyi düşünmediklerini belirtti.[14] Alman konsolosu Markvold ise şöyle konuştu:

> "İstanbul'daki Almanların Museviler aleyhine nümayiş yapacakları hakkındaki haberi okudum. Hitlercilerin böyle bir nümayiş yapacakları doğru değildir. Esasen buna sebep de yoktur bu haberin hususi maksatla çıkarılmış olması muhtemeldir. Bu da bazı Musevilerin yapmağı tasavvur ettikleri nümayişleri mazur göstermektir.
>
> Almanya'da Musevilere zulüm yapıldığına inanan bazı Musevilerin İstanbul'da nümayiş yapmak istediklerini işittim. Türk zabıtası mutad olan tedbirleri ile meseleye müdahale etti ve bu müdahale tesirini gösterdi. Taksim meydanında yapılan bu toplantı, asayiş bir an için bile bozulmadan dağıtıldı. Istanbul Musevi münevverlerinin çoğu Almanya'daki Musevilerin vaziyetini anlamışlardır. Haham Dr. Markus Efendi bu sabah bana İstanbul Musevilerinin Alman mallarına boykotaj yapmayı düşünmediklerini söylemiştir. Ecnebi memleketlerde bulunan Musevilerin gösterecekleri dûr-endîşlik [ileriyi düşünmek, akıllılık] Almanya Musevilerinin menfaatına olduğunu bilmem söylemeğe lüzum var mı? Meselenin esası bazı siyasi ricalin sırf fırka menfaatı namına, Musevileri kastetmiyerek yaptıkları propagandalardan çıkmıştır. Heyecan bugün sükunet bulmuştur. Biz burada onun geç kalmış olan akislerine şahit oluyoruz, ki bunlar da yerinde değildir."

Yahudi cemaati reisi Hanri Soriano da şunları söyledi:

> "Son zamanlarda Almanya'da vuku bulan hadiseler Musevi gençliğini pek haklı olarak heyecana düşürdü. Museviler tarihte birçok zulümlere maruz kalmışlardır. Bu sebeple aralarında sıkı bir tesanüt vardır. Mamafih bir hadise vuku bulmaması

---

14 "Almanya'da Musevilere karşı boykotaj bugün başlıyor", *Akşam*, 1 Nisan 1933 / "Almanya'daki boykotaj bir gün devam etti", *Milliyet*, 2 Nisan 1933.

için hiçbir nümayiş yapılmamasını tavsiye ettim ve tavsiyem kabul edildi. Esasen bugünkü Alman ricalinin tuttukları yolun yanlışlığını ergeç anlıyacaklarına kaniim. Almanya, Alman Musevilerinin faaliyetinden her şubede istifade ediliyor."[15]

Gözaltına alınan yirmi üç Yahudiden on beşi serbest bırakıldı, sekizinin ise izinsiz gösteri yapmaktan dolayı tutuklulukları devam etti. Yahudilerin taşa tutacakları söylenen Alman Konsolosluğu, Teutonia Alman Kulübü ile Alman Lisesi önlerine polis nöbet noktaları konuldu. Daha sonra Almanya'da Yahudilere karşı yapılan boykotun durdurulduğu haberi üzerine Yahudiler biraz yatıştı. Hadiselerin bu şekilde gelişmesi üzerine İstanbul'da bulunan Dahiliye Vekili Şükrü Kaya 1 Nisan 1933 tarihinde Anadolu Ajansı'na verdiği demeçte şu açıklamada bulundu:

> "Böyle bir tasavvurdan haberdar olduk. Bu teşebbüslerin, ciddi ve aklı başında insanların işi olabileceğini ummadık. Çünkü başka memleketlerdeki unsurlar veya partiler arasındaki münasebetler ve hâdiseler Türk vatandaşları arasında fiili hiçbir akis uyandıramaz. Türk vatandaşlarının millî ve siyasî sahalardaki fiili hareketleri Türk hudutlarını aşamaz. Hiçbir memleketin dahili işlerine karışmamak ve hiçbir yabancıyı öz işlerimize karıştırmamak en esaslı prensibimizdir. Türkiye'de oturan yabancı misafirlerimiz Türklerin ve Türk kanunlarının sehabetkâr himayesindedirler. Misafirlerimizin kendi memleketlerindeki ırkî, siyasî ve içtimaî cereyanlara karşı hisleri ve fikirleri ne olursa olsun, onların fiili tezahürlerini ve nümayişlerin burada göstermelerine yalnız kanunlar ve beynelmilel mevzuat değil bilhassa kendi nezaket ve istirahatlarını muhafaza etmek endişeleri de mânidir".[16]

Görüşlerine başvurulan yetkililer kamuoyunu sakinleştirmeye çalıştılar. Nazilerin yerel temsilcisi Riener Almanya'da antisemitizm olmadığını, sadece komünist aleyhtarlığı bulunduğu-

---

15 "Almanya'daki boykotaj bir gün devam etti", *Milliyet*, 2 Nisan 1933.

16 "Musevîlerin Nümayişi" *Akşam*, 3 Nisan 1933 / "Dahiliye Vekilinin söyledikleri", *Hakimiyeti Milliyet*, 2 Nisan 1933.

nu ve komünistlerin büyük bir kesiminin de Yahudi olmalarından ötürü bunun antisemitizm şeklinde kamuoyuna yansıdığını tekrarladı.[17] Bir diğer demecinde ise "Biz misafir bulunduğumuz Türkiye'de siyasetle meşgul olmuyoruz. Geçen cuma günü İstanbul'da Museviler tarafından bir nümayiş yapılacağından haberimiz yoktu. Ortada bizi alâkadar eden bir vaziyet yoktur" dedi.[18] Alman Lisesi müdürü öğrencilere hitaben yaptığı konuşmada Alman Lisesi'nin tamamıyla ilmî bir gaye ile çalıştığını, Almanya hakkında ileri sürülen iftiraların doğru olmadığını, bunların Alman düşmanları tarafından ileri sürüldüğünü, Almanların hiçbir zaman Yahudilere düşman olmadıklarını, Alman Lisesi yönetiminin de okulda eğitim gören Yahudi öğrencilerden birçoğuna okul ücretlerinde diğer öğrencilere göre daha çok indirim yaptığını bildirdi. İstanbul'da Almanlara karşı girişilen bu hareketin özellikle Alman uyruklu Yahudiler tarafından örgütlendiği de belirtildi.[19] Bu olaylar sırasında yakasına Nazi simgesi gamalı haçı takmış olan bir Alman İstanbul sokaklarında yürürken yakasındaki haçı sökmek isteyen bir Yahudinin saldırısına uğradı. Saldırıya uğrayan Almanın polise başvurması üzerine Yahudi yakalandı. Olayın Almanın iddia ettiği gibi cereyan etmediğini söyleyip itiraz eden dokuz Yahudi de karakola götürülerek ifadeleri alındı.[20]

İstanbul Yahudilerinin boykot teşebbüslerini takiben Bursa Ya-

---

17 "Almanya'da Yahudilere boykot bugün başlıyor", *Cumhuriyet*, 1 Nisan 1933.

18 "Mesele yok!", *Milliyet*, 3 Nisan 1933.

19 "İstanbul'da hadise yok", *Cumhuriyet*, 2 Nisan 1933. Alman Lisesi müdürünün bu beyanı tüm gerçekleri yansıtmaktan uzaktır. NSDAP'ın iktidara gelişi İstanbul'daki Alman cemaatini ve Alman Lisesi yönetimini de etkiledi. Almanya dışında görev yapacak öğretmenlerin ve dolayısıyla İstanbul'daki Alman Lisesi'ndeki öğretmenlerin Nasyonal Sosyalist zihniyete uygun kişiler arasından seçilmesine özen gösterildi. Alman Lisesi öğretmenlerinden Yahudi asıllı Dr. Julius Stern 1933-1936 yılları arasında okulda görev yaptı. Alman konsolosluğuna çağrılıp kendisinden Hitler'e sadakat yemininde bulunması istenildiğinde görevinden istifa etti. (*125 Jahre Deutsche Schule, Istanbul Festschriht*, İstanbul 1993, s. 118-124 ve 136). Alman Lisesi'nde okuyan İstanbullu Yahudi öğrenciler de 1933 yılından itibaren arkadaşları tarafından tecrit edilmeye ve dışlanmaya başlandılar. (*A.g.e.*, s. 130-132).

20 "Almanya'daki boykotaj bir gün devam etti", *Milliyet*, 2 Nisan 1933 ve "İstanbul'da hadise yok!", *Cumhuriyet*, 2 Nisan 1933.

hudileri de sinagogda yapılan bir âyîni takiben Alman boykotundan zarar gören Alman Yahudileri için yardım toplamaya teşebbüs ettiler. Sinagogda bulunan Yahudilerin çoğu adlarını bu yardım listesine kaydettiler. Burada toplanan parayı kâfi görmeyen Yahudi gençleri aralarında oluşturdukları heyetler marifetiyle ev ev dolaşarak yardım toplamaya başladılar. Olaya el koyan emniyet güçlerinin sorgulaması sonucunda yardım toplayanlar itiraflarda bulundular. Toplanan yüzlerce lira tutarındaki parayı sahiplerine iade edeceklerini belirttiler. Bu kişiler hakkında da cemiyetler kanununa muhalefetten dolayı soruşturma başlatıldı.[21]

Türkiye'de yaşayan Alman uyruklu kişiler Türkiye Yahudilerine karşı bir kamuoyu oluşturma amacıyla, Türkiye Yahudilerinin Alman menşeli ürünlere karşı boykot düzenledikleri yolunda iddialar ileri sürdüler. Bu iddialar İstanbul Ticaret Odası'nın bir beyanıyla susturuldu. İstanbul Ticaret Odası Alman menşeli ithal ürünlerin gümrüklenmelerinde meydana gelen gecikmelerin kişisel çıkarlardan kaynaklandığını ve birçok halde gümrükleme veya ödemelerdeki gecikmelerin kota sistemine bağlı ithalat rejiminden ileri geldiğini ve Yahudi müesseselerin Alman menşeili ürünleri boykot etmeye yönelik bir güç birliği içinde olduklarına dair hiçbir işaret olmadığını beyan etti. Almanların bunu Yahudilere karşı entrikalar düzenleme amacıyla yaptıklarını ve hatta Alman menşeili ürünlerin Türkiye'ye ithallerinde Türkiye'deki Yahudi temsilcilerin çok etkili oldukları belirtildi.[22]

Olaylar karşısında Türk basınının tavrı

Almanya'da boykot şeklinde tezahür eden antisemitizm hakkında dönemin Türk basını Almanları telin eder, Yahudileri savunur bir tavır takındı. Yunus Nadi bu antisemit tezahür karşısında hayretini şöyle ifade ediyor:

> "Almanya'nın başına gelenlerin sebepleri Yahudilermiş gibi bu Yahudi aleyhtarlığını binnefis [kendiliğinden] kendisine

21 "Bursa Yahudileri", *Milliyet,* 11 Mayıs 1933.

22 "Nazi intrigues in Turkey", *The Jewish Chronicle,* 8 Eylül 1933, s. 26-27.

mal ederek icraata kalkıştı ve bu hareketin Almanya gibi şimdiye kadar Avrupa'nın en müterakki [ilerlemiş] memleketlerinden biri sayılan bir diyarda vukuu hakikaten derin bir hayret uyandırmış bulunmaktadır."

Yazısına devam eden Yunus Nadi Almanların Yahudi kökenli Almanlara ait müesseselere karşı boykot ilân etmelerine karşı düşüncelerini şöyle dile getiriyor:

"Avrupa'nın muhtelif memleketlerinde olduğu gibi Almanya'da dahi az çok Yahudi aleyhtarlığı bulunduğunu bilmiyor değildik. Fakat Almanya gibi çok müterakki bir memleketin idaresi mes'uliyetini deruhte eden bir hükûmetin bu Yahudi düşmanlığını sanki millî davaları halledecek bir mes'ele imiş gibi kendisine siyasi bir düstur ittihaz etmiş ve onun fiiliyat ve icraatına da geçmiş bulunması cidden parmak ısırılarak şaşılacak işlerdendir.

Versay muahedesinin zulmü ve Almanya'nın bu yüzden uğradığı ıstırabın haklı derinliği bu sütunlarda her fırsat düştükçe fasılasız ifade ve izah olunmuştur. Fakat çocukça bir hareket olan Yahudi aleyhtarlığının son şekli ile Almanya medeniyet dünyası önünde kendisine haklı davasını kaybettirecek bir küçüklüğe düşmüş bulunuyor. Fransız orduları Almanya'yı baştan başa istilâ etselerdi Almanya gene bu kadar küçük düşmüş olamazdı.

Bu asırda Yahudi Yahudi olarak değil, fakat insan olarak müdafaa edilecektir. Almanya bu yolda bir iki adım daha atarsa bütün beşeriyeti kendi aleyhine dönmüş bulmak tehlikesine maruzdur."[23]

---

23 Yunus Nadi, "Yahudi aleyhtarlığının en şiddetli şekli", *Cumhuriyet*, 31 Mart 1933. Yunus Nadi'nin "Versay muahedesi" diye atıfta bulunduğu antlaşma Birinci Dünya Savaşı'na son veren ve Almanya ile müttefik ve ortak devletler arasında 28 Haziran 1919 tarihinde imzalanmış olan antlaşmadır. Versailles antlaşması, bunu 1939'a kadar bir *Diktat* olarak kabul eden ve doğusunda çizilen sınırı ve Polonya Dantzig kordonunun kurulmasını kabul etmeyi hep reddeden Almanya tarafından hiçbir zaman benimsenmedi. (*Büyük Larousse*, Gelişim Yayınları A.Ş., 1986, Cilt 20, s. 12175).

Ahmet Şükrü [Esmer] ise başyazısında Yahudilerin tarih içinde neden sadece ticaret ve ödünç para verme işleriyle uğraştıklarını izah ettikten sonra Yahudilerin Siyonizm ülküsü beslemeleri yerine yaşadıkları ve vatandaşı oldukları ülkelere asimile olmalarını tavsiye ediyor:

> "Yahudilerin Avrupa'da gittikçe kuvvetleşen bu aleyhtarlığa karşı çareleri, Filistin'de bir yurt temin etmekti. Bir nevi Yahudi milliyetperverliği olan bu mefkûre [ülkü] harp sonunda tahakkuk etmekle beraber, bu Yahudilerin müşküllerini halletmiş değildir. Çünkü dünya Yahudileri Filistin gibi fakir ve dar bir muhite yerleşemiyorlar. Kudüs tahrip edileli aradan geçen 19 asır zarfında Yahudiler artık eski kaplarına sığamıyorlar. Binaenaleyh Yahudi meselesi Filistin'deki milliyetperverlik ile değil, diğer milletler içine kaynaşma ile halledilecektir."[24]

İstanbul Yahudilerinin Almanlara karşı giriştikleri gösteriye sadece iki yazar değindi. Cevat Rıfat Atilhan'ın 1933 yılının Nisan ayında yayımlamaya başladığı *İnkılâp* dergisinin ikinci sayısında yer alan imzasız bir yazıda Nazilerin siyaseti onaylanıyor, İstanbul Yahudilerinin boykot teşebbüsünü de şöyle değerlendiriliyordu:

> "Almanya'da Yahudilere yapıldığı iddia olunan tazyiki bahane ederek Türkiye'deki Yahudiler de, cihan Yahudileriile elbirliği olarak bir nümayişe teşebbüs ettiler. Bereket versin hükümetin himmetile [gayretiyle] bu hevesleri kursaklarında kaldı ve arzularını kuvveden fiile çıkarmaya muvaffak olamadılar.
>
> Bundan birkaç sene evvel Filistin'in unsur aslisi olan Müslümanlarla Yahudiler arasında cereyan eden büyük hadiseler ve didişmeler üzerine yine dünyanın her tarafında bir Yahudi kıpırdanması ve protesto nümayişleri görüldüğü halde Türkiye'deki Yahudiler o defa teessürlerini ve hislerini açıktan açığa izhâr etmeğe [göstermeye] cesaret bulamamışlardı.[25]

---

24 Ahmet Şükrü, "Yahudi aleyhtarlığı", *Milliyet*, 2 Nisan 1933.

25 Atilhan'ın burada atıfta bulunduğu olay 23-29 Ağustos 1929 tarihleri arasında Kudüs ve Hebron'da yerleşik Araplar ve Yahudiler arasında meydana gelen

Bunun sebebi bizce çok basittir:

Harbi umumide Türk ordusu Filistin ve Sina cephelerinde ziyadesile meşgul bulunduğu sıralarda Filistin'e yerleşmiş ve orada Türkün sayesinde geniş bir refaha ve varlığa mal olmuş olan Yahudiler, gördükleri nimete ordumuz aleyhine casusluk etmek suretile mukabelede bulunmuşlardı. Memûldur ki [ümit edilen] Filistin hadiselerile alenen münasebettar olmayı

şiddetli silâhlı çatışmalar sonucunda Yahudi yerleşimcilerin öldürülmeleri ve yaralanmalarıyla sonuçlanan olaydır. Bu olaylarda Hebron'da yaşayan 67 genç, yaşlı ve çocuk Yahudi katledildi. Olaylar karşısında başta Amerika'daki Yahudiler olmak üzere dünya Yahudiliği olayı telin etti, protesto telgrafları yolladı, Filistin Yahudilerine maddî yardımlarda bulundu. Yahudi gönüllüler de Filistin'e gittiler. ("Yahudiler Filistin Musevilerine yardım edeceklermiş", *Cumhuriyet*, 2 Eylül 1929 / "İstanbul Yahudileri Hahamhane'de toplandılar", *Son Saat*, 2 Eylül 1929). *İnkılâp* dergisi Kudüs'te meydana gelen olaylar karşısında Türkiye Yahudilerinin sessiz kaldıklarını ileri sürdü ama bu tam anlamıyla doğru değildir. Filistin'deki olaylarda ölen Yahudilerin anısına İstanbul sinagoglarında bir anma töreni düzenlendi ve tüm sinagoglar doldu. Törene katılanların çoğu dualar okunurken ağladılar. ("Synagogues in Constantinople crowded with weeping Jews", *JTA bülteni*, 5 Eylül 1929, s. 9). Bu gelişmeler karşısında Yahudilerin önce İstanbul Kulübü'nde gizlice toplanıp Filistin'de öldürülen Yahudiler için Avrupa'ya protesto telgrafı çekilmesi ve Filistin Yahudileri için yardım parası toplanması konularını tartıştıkları, çoğunluk elde edilemediği için ertesi gün Hahambaşı Haim Becerano nezaretinde Hahamhane'de bir kez daha toplanılacağı ileri sürüldü. Hahambaşılık bu yardımın gizlice toplanması, ve bu meyanda Türkiye'de yayımlanan Yahudi gazetelerinde de bu konuda haber yazılmaması kararı aldı. Bu haber üzerine Becerano böyle bir olayın vâkî olmadığını kesin bir dille ifade etti. Bu haberin gazetelerde yer alması üzerine İstanbul Yahudileri oldukça müteessir oldular ve haberi basına kimin sızdırdığı konusunda araştırmaya başladılar. ("Yahudilerin sırrı?", *Son Saat*, 3 Eylül 1929). Haim Becerano *Milliyet* gazetesine verdiği bir diğer beyanatta "Filistin Yahudileri için yardım kampanyası açmadık. Bu konuda bir tek kuruş toplamıyoruz. Türkiye'nin sınırları dışında meydana gelen olaylar için tamamıyla ilgisiziz. Filistin'de meydana gelen olaylar için hissettiğim duygular sadece sempati duygularıdır" dedi. ("Turkish Jews are not interested in Palestine events", *JTA bülteni*, 21 Eylül 1929, s. 10). Londra'da yayımlanan *The Jewish Chronicle* Hahambaşı'nın bu beyanatını son derece üzücü ve hayal kırıcı buldu. Gazetede, Yahudilerin Türkiye'ye karşı duydukları sadakati tekrar tekrar beyan etmelerine ve dünya Yahudiliğinden kendilerini tecrit etmelerine rağmen Türk basınının antisemit bir tavır takındığı ve her fırsatta Yahudilere sataşmayı ihmal etmediği yazıldı. ("Wretched position of Turkish Jews", *The Jewish Chronicle*, 25 Ekim 1929, s. 20-21). Her ne kadar Hahambaşı bu haberi tekzip ettiyse de *Son Saat* daha ileri bir tarihte İstanbul Yahudilerinin Filistin Yahudilerine para yardımında bulunmak için bir balo düzenlediklerini ve balonun tüm gelirinin Filistin'deki Siyonist Komitesi'ne gönderildiğinin anlaşıldığını yazdı. (*Son Saat*, 7 Ekim 1929).

nevima oradaki Yahudilerle alâkadar bulunmak manasına verdikleri için ihtiyatkâr hareket etmeği tercih etmişlerdi.

Fakat bu defa Almanya'daki hadiseleri vesile ederek maskelerini indirdiler ve bu memlekete lisanen, ahlâkan, harsan [kültüren], maddeten ve manen yabancı olan Yahudiler dünya üzerinde ayrı bir varlığa ve başka bir teşkilâta bağlı olduklarını göstermiş oldular.

Türkiye'de yaşayan ve burada para kazanan insanların hangi din ve hangi milliyete mensup olurlarsa olsunlar, ayrı hissiyat ve ayrı teşkilâta bağlı olmalarını şiddetle ve nefretle takbih ederiz [ayıplarız]. Yahudiler iyice bilmelidirler ki bu memleket sayısız Türkün bol kanile elde edilmiş bir Türk vatanıdır ve biz bu vatanı asırlardan beri fasılasız muharebelerde seller gibi Türk kanı dökmek suretile elde tutmaktayız."

Yazıda Yahudilere karşı antisemit suçlamalar sürdürülüyor ve bir ihtarda bulunuluyordu:

"Efendiler!

Eğer ayrı bir millete mensup iseniz yolunuz cehenneme kadar açıktır bu vatandan uzaklaşabilirsiniz. Türk muztarip iken, Türk istilâcı kuvvetlerin işgalinde iken bize karşı ne bir tarafgirlik ne bir teessür ne de bir alâka görmedik. Bilâkis sizler Beyoğlu'nda itilâf kuvvetlerile İzmir'de Yunanlılarla diz dize, kol kola idiniz. Bize gökyüzündeki ay yıldızı göstererek artık bunları fimabat [bundan sonra] ancak semalarda görebileceğimizi söyliyen sizlerdiniz bunları unutmuş değiliz. Siz de eğer unutturmak hüsnüniyeti varsa bundan sonra olsun biraz yidiğiniz ekmeğin, nail olduğunuz nimetin kadrü kıymetini bilmeniz lâzımdır."[26]

İnkılâp dergisinde yayımlanan bir diğer yazıda ise yazar, Almanya'nın kendi Yahudi vatandaşlarına karşı takındığı tavrı alkışlıyor. Adolf Hitler'in bu siyasetinin haklı temellere dayandığı belirtilerek bu siyaseti övülüyor. Bayağı ve antisemit bir üslûpla Türk gençliği Almanya'daki olayları örnek almaya da-

26 "Yahudiler kıpırdandı", *İnkılâp*, Mayıs 1933, sayı 2, s. 3-4.

vet ediliyor. Yazar, Yahudilerin Türkçe konuşmadıklarını hatırlatarak okurları Yahudilere karşı tahrik ediyor ve yazısına şu çağrıyla son veriyor:

> "Ey aziz Türk genci: Aralarımızda yaşattığımız mahlûklar işte bu tabiattadırlar. Manevi, maddi, siyasi, içtimai bizi her noktada her gün daha fazla zehirleyen ve emen bu cemaata karşı öz milliyet duygularınla, el birliği ile dinç ve imanlı olarak daima müteyakkız [uyanık] bulun!
>
> Etrafına bir kere bak! Hiçbir Yahudinin bir Türkten beş dirhemlik bir şey aldığını görebilir misin? Halbuki biz buna mukabil ne yapıyoruz? Avuç dolusu paralarımızı bunlara atmıyor muyuz? Maddi ve manevî emile emile günün birinde esasen kurulmuş ve fakat sinsi duran ve meydana çıkmamış Yahudi saltanatı ile apaçık karşılaşmıyalım. Bunun önüne geçmek zamanı çoktan gelmiş ve hatta geçmiştir bile... Türkün mert hasletlerinin başında misafirperverlik gibi temiz ve asil duygularımızı başımızda dolaşan hayırsız kargalara yemlik olacak kadar ileri götürmeyelim. Onun için el birliğile millî, harsî, vatanî duygularımızı bir tek vicdan halinde hareket etmeliyiz."[27]

Mehmet Asım [Us] ise *Vakit*'teki başyazısında İstanbul'da cereyan eden olaylara değiniyor ve fikrini şöyle beyan ediyor:

> "Bu hadiseler karşısında bizim samimi düşüncemiz şudur: Türkiye'deki Yahudiler Almanya'da ırkdaşlarının maruz kaldığı muameleleri takib edebilirler. Orada mezalim gören Alman Yahudilerine karşı merbûtiyyet [bağlılık] hisleri gösterebilirler. Hatta şu veya bu müessese ile ferdî olarak ticarî muamelelerini de kesebilirler. Fakat Türkiye'deki Yahudilerin Almanya'da cereyan eden hâdiselere karşı duyguları neden ibaret olursa olsun hareketlerine Türkiye ile Almanya'nın dostane münasebatını ihlâl edecek bir manzara veremezler. Her halde Türkiye'nin hariçteki millî menfaatlerini ihlâl edemezler. Bunun gibi Türkiyede bir ecnebî misafir sıfatı ile bulunan Almanlar da

27 Osman Oğlu Lemi, "Hadiseler karşısında Türk gençliği uyan Almanya'dan alınacak dersler", *İnkılâp*, Mayıs 1933, sayı 2, s. 2-3.

Hitler fırkasına ve taraftarlarına karşı merbût [bağlı] olabilirler. Fakat onların Hitlercilere gösterecekleri bu merbûtiyyet te Almanya'da cereyan eden dahili mücadeleleri Türkiye'ye nakledecek derecede ileri gidemez. Herkes bilmelidir ki, Türkiye'de bulunan Yahudiler Türkiye tabiyetindedir. Onlara hariçten gelecek herhangi şekilde bir zarar Türkler tarafından asla hoş görülmeyecek ve müsamaha edilmeyecektir."[28]

Peyami Safa ise iki ayrı yazısında Yahudileri savunuyor ve Hitler'i telin ediyordu. *Cumhuriyet*'te yayımlanan ilk yazısını şöyle bitiriyor:

> "Yahudi milletler içinde en insan, çünkü en beynelmilel kavimdir. Herkesle beraberdir, fakat Hitler gibi cephesi dar ve sert bir adamın bu cephesiz insanlara düşmanlığı ne beğenilecek, ne de şaşılacak bir şeydir. Yalnız Alman başvekilinin bu ezelden beri sulhperver kavme karşı öfkesi daha büyük düşmanlarına karşı geçiremediği dişlerinin çirkin ve aciz bir gıcırtısı gibi kulağımıza geliyor.
>
> Azizim Hitler! Versay muahedesinin maddelerinde de bir Yahudi hayaleti görüyorsan aldanıyorsun! Korkak ve cimri tanınan bu kavimden korkman ve onun malına boykot ilân etmen seni ondan daha korkak ve cimri tanıtabilir ve bence bu onun için olduğu kadar senin için de yanlış bir şöhret olur. Basübadelmevte uğramış bir İsa rolü yapma sana yakışmıyor. Asla unutma ki seni Versay'da çarmıha gerenler Yahudiler değildir."[29]

Peyami Safa *Yedi Gün* dergisindeki ikinci yazısında ise Yahudileri daha da ateşli bir şekilde savunuyor.[30] Cevat Rıfat [Atilhan] Peyami Safa'nın *Yedi Gün*'de yayımlanan yazısına *İnkılâp* dergisinde sert bir şekilde cevap verir:

> "*Yedi Gün* gazetesinin beşinci sayısında Peyami Safa beyin kudretli kalemi ve tatlı uslubu maatteessüf, Türklüğe kendisi-

---

28 Mehmet Asım, "Almanya ile Yahudilik âleminin çarpışması", *Vakit*, 2 Nisan 1933.

29 Peyami Safa, "Serseri Yahudi", *Cumhuriyet*, 3 Nisan 1933.

30 Peyami Safa, "Yahudinin suçu ne?", *Yedi Gün*, yıl 1, sayı 5, 12 Nisan 1933, s. 1.

ni asla sevdirmemiş ve Türkün müşkül günlerinde fena imtihandan geçmiş olan Yahudiliği müdafaa için kullanılmıştır. (...) Aziz muharrir eğer bu nesli Babıâli caddelerinde ve yahut Beyoğlu sokaklarında görüp tanımış ise maalesef bunda da aldanmıştır.

Çünki İstanbul'daki Yahudi Berlin'deki gibi Alman, Paris'deki gibi Fransız ve İngiltere'deki gibi zahiri İngilizlik iddiasında bile değildir ve oralarda olduğu gibi Türkiye'deki Yahudi bizim lisanımızı bile konuşmuyor.

Türkiye'deki Yahudiler bunca arzuya, bunca tezahürlere ve bu kadar israrlara rağmen hâlâ koğuldukları memleketin lisanını terennüm ediyorlar. Eğer içlerinde İspanyolcayı terketmiş olanlar varsa onlar da bunun yerine Türkçeyi kabul etmiş değillerdir. Pis ve bozuk bir Fransızca konuşuyorlar.

İstanbul'a gelen bir ispanyol operet trupunu candan, içten, hassas ve müteheyyic [coşkulu] alkışlayanlar Yahudilerdir.

Ve işte bu Yahudiler mağazalarında, yazıhanelerinde, evlerinde bir Türke iş ve ekmek vermiyen, bir Türk dükkânına girmeyi günah sayan ve hatta sokakta bir Türk seyyar satıcısından alış veriş etmeği kendilerine millî bir suç edinen bir cemaattir.

Türkün misafirperverliğine ve Türkün cihanşümûl [dünya çapında] necâbetin [soyluluğun] bu kadar bigâne ve yabancı kalmış başka bir unsur yoktur.

Kanun, başka dil, başka din, başka kan ve başka mefkûre [ülkü] taşımalarına rağmen kendilerini Türklük ismile taltif etmiştir.

Fakat birçok ecnebi dostlarımızdan işittiğimize göre kendilerine 'siz Türk müsünüz?' diye sual soranlara:

- Teessüf ederiz, bir Türk değil Yahudiyiz.

Diye mukabele eden bir cemaatı müdafaa etmek böyle yüksek bir kalem için büyük ve millî bir günahtır!"[31]

---

31 Cevat Rıfat "Bir Yahudi müdafii ve ilk defa Türkiye'de vukua gelmiş bir hal", *İnkılâp*, sayı 2, Mayıs 1933, s. 5-6.

YAHUDİNİN SUÇU NE?

"Pis Yahudi, korkak bezirgân, hain çıfıt, cimri musevî... Bu terkipler, adeta "yeşil salata, kırmızı turp, kuduz köpek, uyuz kedi" gibi meşhurdur!..

Bizde de:

- Kanında çıfıtlık mı var?

Suali 'ne kadar hainsin!' manasına geldiği gibi "Yahudi misin be mubarek?" suali de para verirken elleri titreyenlerin cimriliklerine telmîh [imâlı konuşma] sayılır.

Dünyanın bütün Yahudi hikâyeleri, pislik, cimrilik, ürkeklik, muziplik ve hainlik gibi en sefil tabiatları ve ihtirasları bu kavme isnat eder.

Ben burada geçmişi muhakeme edecek değilim. Esasen tarih bana çok şey söylemez. Yalnız kendi gördüğüm dünyada, kendi müşahede hudutlarımın içinde kalan vâkıalara göre bir hüküm vermek icap ederse büsbütün başka bir manzara karşısında kaldığımı söylemeğe mecburum. Ne buyurursunuz ki, bugünkü felsefenin ve riyaziyenin [matematiğin] en büyük kafaları Yahudidir; bugünkü musikinin ve birçok güzel san'at şubelerinin en önde gidenleri Yahudidir.

Almanya'da Hitler'in kırbaçladığı ve haşladığı Yahudiler mi haindirler? Almanya'da mallarına boykot ilân edilen Yahudiler mi para canlısıdırlar? Geriye başımı çevirmek istemediğim için tarihteki Yahudi katliâmlarından bahsetmek istemiyorum.

Her yerde itilen, sömürülen, ezilen hırpalanan, tartaklanan Yahudinin suçu nedir? Korkak değil, herkesi korkutan, cimri değil, malı elinden alınan, hain değil her devirde hiyanete uğrayan bu kavim, niçin umumî ve beşerî kinin hedefi olmaktan kurtulamamıştır? Çünkü Yahudi en "Beynelmilel" insan tipidir. Almanya'da Alman ve Fransa'da Fransız olarak iki Yahudi birbirile harp edebilir. Yirminci asır kafası, yalnız "millet" mefhumunu kavrayabiliyor, henüz "insanlık" mefhumunu idrak etmiş değildir. Bu, cemiyetle tabiatın kavgasıdır. Her yirminci asır adamı cemiyetin kendisine vurduğu milliyet damgasını beşeri hüviyetinin üstünde taşımak istiyor. Bunun için her milletin bünyesine intibak edecek kadar beynelmilel bir cümlei asabiyeyi haiz olan Yahudiler, hiçbir milliyet çerçevesi içine sığamıyorlar. Dünya onlara soruyor: "Kimdensin?" ve "hepinizdenim!" cevabına tahammül etmiyor.

Milliyet ve beşeriyet duygularının çarpışmasına kurban giden musevî, halbuki, en insanî kavmin oğludur. Fakat, ne yaparsınız ki, her dilden konuşan, her telden saz çalan, her milletin yüzüne gülen bu cihanşümûl [dünya çapında] insan tipi, içinde yaşadığımız azgın milliyet asrında her millete soğuk ve yabancı görünüyor.

Yahudinin suçu ne midir? Sadece insan olmaktan başka hiçbir şey değil!"

Peyami Safa, *Yedi Gün,* 12 Nisan 1933, Yıl 1, Sayı 5

Olaylardan çıkarılabilecek sonuç

Cumhuriyet'in ilk yılları bir ulus devlet inşa etme ve azınlıkları Türkleştirme gayretleriyle geçti. Böyle bir havanın hâkim olduğu bir ortamda Türkiye Yahudilerinin 1929 yılında Kudüs'teki Yahudi yerleşimcilere düzenlenen saldırılara ve Nazilerin Almanya'da Yahudilere karşı giriştikleri boykotta gösterdikleri tepki, ilk bakışta söz etmeye değmez ve önemsiz gözükse de, son derece öğreticidir. Bu tepkiler Tek Parti döneminin "tek dil-tek ülkü-tek hars" düsturuyla özetlenebilecek olan ve Türklük ülküsü ve kültürü dışında azınlıkların kendi aslî kültürlerine yer tanımayan azınlıkları Türkleştirme siyasetinin, Yahudiler söz konusu olduğunda, amacına pek ulaşmadığının ipuçlarıdır. Bu siyaset Yahudiler arasında Türkçenin yaygınlaşması, Türk ad ve soyadlarının alınmasıyla şeklî olarak başarıya ulaştı. "Tek ülkü" ve "tek hars" şiarlarının Yahudilerin zihinlerine nüfuz etmeyerek başarıya ulaşmamış olması ise pek şaşırtıcı değildir. Tek Parti dönemi gibi kısa sayılabilecek bir zaman dilimi içinde yüzyıllar boyunca süregelmiş, Yahudi ortak kültür ve belleğinde sarsılmaz bir yer etmiş ve dualarda "gelecek yıl Kudüs'te buluşalım" cümlesiyle ifade bulan

Eretz İsrael'e duyulan sevgi ve özlemi, başka bir deyimle Siyonizmi bir anda zihinlerden silip onun yerine Türk ülküsü ve kültürünün hemen ikame edilebileceğini tasavvur etmek yanıltıcı olmuştur. Nitekim özellikle Yahudi halkının genç kesimi arasında Siyonizm ülküsü ve evrensel Yahudi ailesinin bir parçası olma hissi canlılığını korumuştur. Bunun en canlı örneği de Tek Parti döneminin otoriter havası içinde dahi İstanbul Yahudilerinin Nazi boykotuna karşı alenen tepki göstermiş olmalarıdır.

1933 yılının Nisan ayında yayına başlayan *İnkılâp* dergisinin bu boykot teşebbüsünü bahane ederek gençliği Yahudilere karşı tahrik eden yayınları resmî makamlar tarafından dikkate alınmadı. Bu olaydan bir yıl sonra müsebbipler arasında *İnkılâp* dergisinin de bulunduğu, Trakya'da Yahudi yerleşim merkezlerine karşı yağma amacını güden olaylar meydana geldi. Bundan hemen sonra Trakya olaylarının itici etkisiyle birlikte Siyonizm ülküsüne gönül vermiş Türkiyeli Yahudi gençler ve aileler Filistin'e göç etmeye başladılar. Bu göç İsrail devletinin 14 Mayıs 1948 tarihinde bağımsızlığını ilân etmesinden ve Arap-Yahudi savaşının sona ermesinden sonra da kitlesel bir hal aldı ve Türkiye Yahudi nüfusunun yaklaşık üçte ikisi İsrail'e göç etti.[32]

Tarih ve Toplum, Nisan 1999

---

32 İsrail'e göç edip yerleşen Türkiyeli Yahudiler üzerinde bir inceleme için bkz. Walter Weiker, *The Unseen Israelis: The Jews from Turkey in Israel*, University Press of America, Maryland, Londra 1988.

— Haberin var mi Hayim ; dün camlari, çerçeveleri kirmak için bezimkile toplanacakti. Ama kimse yelmedi
— Aramizda camcilar yeldi de oudan... Be kuzum ..

Şehrimizde nümayiş yapmak istiyenler ve sorguya çekilenler

Yahudiler dün sabah Taksimde toplanacak oldular, Hitlerciler de, ama olmadı

Dün isticvap edilenlerden Musevi lisesi müdürü Dr. MARKÖS

Alman Nasyonal Sosyalist fırkası lideri Hitlerin yalnız Almanyadaki değil bütün dünyadaki Yahudilere karşı büyük bir mücadele açması yüzünden İstanbulda da evelki gün ve dün yazdığımız gibi iki büyük hâdise olmuştur.

Hâdisenin iç yüzü şudur:

Hitler bütün dünyada yaşıyan Almanlara hitaben bir beyanname neşrederek 1 Nisan 1933 Cumartesi günü saat 10 buçukta bütün dünyadaki Almanların Yahudilere karşı umumi boykota iştirak etmesini bildirmiştir.

Bu beyanname üzerine merkezi Londrada bulunan "Yahudilerle mücadele edenlere karşı mücade-

(Devamı 8 inci sayıfada)

Vakit,
1 Nisan 1933.

Balat'ta Bir Boykot Söylentisi

Balat yüzyıllar boyunca İstanbul'un Rum, Ermeni, Yahudi ve Türk sakinlerinin bir arada yaşadıkları bir semt olmuştur. Bu toplumsal doku zaman içinde bozulmuş ve bu semtin gayrimüslim sakinleri ya Balat'a nazaran İstanbul'un "daha iyi" semtlerine göç etmiş ya da Türkiye Yahudilerinin 1948/49 yıllarında İsrail'e göç etmeleri örneğinde olduğu gibi, Türkiye'den ayrılmışlardır. Günümüz Balat semtinde bu doku çoktan yok olmuş, geçmişin sakinlerini hatırlatır binaların çoğu da tahrip edilmiş durumdadır.

Balat her ne kadar gayrimüslimler ile Türklerin birlikte yaşadıkları bir semt olmuşsa da, toplumda yerleşik yaygın kanaatin aksine, bu semtin sakinleri arasında değişik kültürlerin, yaşama tarzlarının ve dinlerin beraberlerinde getirdikleri farklılıklardan doğan gerilimler de mevcut olmuştur.

İstanbul'un gayrimüslim sakinleri, Osmanlı döneminden kalan alışkanlıklarıyla, bir cemaat havası içinde kendi içlerine kapanık bir şekilde yaşamaya devam ettiler. Bunun yanı sıra Türkçe'yi bozuk bir şiveyle konuşmalarından ve de çoğu zaman Türkçe yerine kendi dillerinde konuşmayı tercih etmelerinden dolayı da basının ve halkın eleştirilerine sürekli maruz kaldılar. Bu nedenlerden ve de ayrıca cemaat içi dayanışma haleti ruhiyesinden ötürü alışverişlerini genellikle dindaşlarından yapmayı tercih etmişlerdir. İstanbul Yahudilerinin alışverişlerini kendileri gibi Yahudi olan esnaftan yapmalarında etkili olan bir diğer unsur da Yahudi dininin gereksinmelerinden dolayı et, peynir, şarap, rakı gibi gıda maddelerinin ve alkollü içeceklerin *kaşer* damgasını haiz olmaları gereğiydi. *Kaşer* damgası bu maddelerin hahamların denetiminde dinî kurallara tam riayet edilerek hazırlandıklarının tesciliydi. Bu gereksinme de bu tür gıda maddelerinin sadece Yahudi esnafı tarafından satılmasına yol açıyordu. Ancak bu tür bir toplumsal ayrışma zaman zaman gerilimlere de yol açmaktaydı. Bu makalede nakledilecek olan ve 1935 yılında basını kısa bir süre meşgul eden, Balatlı Yahudilerin Türk esnafını boykot ettikleri haberleri de bu çerçeve içinde değerlendirilmelidir.

Balat Yahudilerinin Türk esnafını boykot ettikleri ve sadece Yahudi esnaftan alışveriş yaptıkları söylentileri *Haber Akşam Postası*'na gönderilen bir okur mektubu ile başladı. Okur, mektubunda bu olayı şöyle naklediyordu: "Balat ve civarında oturan Yahudi vatandaşlarımızın aralarında anlaşarak Türklerden alışveriş etmemek için yemin ettiklerini duydum. Bu yanlış hareketlerini gazetenizde işaret ederek kendilerinin nazarı dikkatini celbetmenizi rica ederim." Gazete bu mektubu aldıktan sonra bu iddianın gerçek payını anlamak için bir muharririni Balat'a gönderir. Muharrir bu semtte bulunan Türk ve Rum birçok bakkal, kasap, fırın, şekerci ve tatlıcı ile konuştuktan sonra bu kişilerin söylediklerine sütunlarında yer verir. Bir Türk bakkal muharrire izlenimlerini şöyle naklediyor: "Yahudilerin bizlerden alışveriş etmemeleri yeni bir mesele değildir. Bu dükkânı açtım açalı yüzlerce müşterim arasında pek az, ancak birkaç tane Yahudi girmiştir. Son aylar zarfında iki tane Yahudi müşterim vardı. Şimdi bunlar da gelmiyorlar. Anlaşılan aralarında bir anlaşma yapmış olacaklar. Sonra geçenlerde birinden duydum. Yahudiler birbirlerini çok tutarlar. Ancak bir malı Yahudi bakkalların sattıkları fiyattan çok aşağı bir fiyatla satacak olursak o zaman gelip alırlar." Bir tatlıcı ve helvacı ise düşündüklerini şöyle naklediyorlar: "Yahudiler esasen birbirlerini tutarlar. Ve Yahudi olmayandan pek nadir alış veriş ederler. Fakat Yahudiden helvacı olmadığı için bizden mecburen alış veriş ediyorlar. Son zamanlarda Yahudi müşterilerimizin biraz seyrekleştiklerinin ben de farkına vardım. Fakat aralarında toplanıp yemin ettiklerini bilmiyorum." Muharririn konuştuğu diğer esnaf da aşağı yukarı aynı şeyleri söylüyor. *Haber Akşam Postası* gazetesinde bu konuşmalar nakelediliyor ve şunlar dile getiriliyordu:

> "Yahudiler dünyanın her yerinden kovuldukları, türlü hakaretlere uğradıkları halde Türkler kendilerine karşı tam bir misafirperverlik ve vatandaşlık sevgisi göstermiş ve göstermektedirler. Bundan başka Türkler hiçbir zaman Yahudilere karşı bir boykot yapmamışlardır. Yahudi vatandaşlarımızın bunu göz önüne alarak eğer böyle kararlar vermişlerse -ki buna inanmıyoruz- vakit kaybetmeden bu yeminlerini bozmalarını ve ırk farkı gözetmemelerini tavsiye ederiz. Bu kendilerinin menfaati iktızasıdır."[1]

Bu haberin gazetede yer almasının ertesi günü *Son Posta* gazetesi aynı habere sütunlarında yer verir ve Balat Türk Kültür Birliği üyelerinden Lemi Gülman'ın şu sözlerini yayımlar:

> "Bu habere yalnız gülmekle iktifa etmek lâzımdır. Bütün dünyada kendilerine karşı haksız muameleler gören Museviler nasıl olur da dostluğunu, misafirperverliğini, mertliğini gördüğü bir millete karşı böyle akıl almaz, şuursuzca bir işe kalkışırlar. Museviler dünyanın hiçbir yerinde görmedikleri rahatı Türkiye'de bulmuşlardır. Bir Türk gibi hürüz, bir Türk gibi bütün haklara sahibiz. Bizim Türk'ten farkımız ne? Böyle bir yemin etmek, düpedüz kendimizi Türklükten çıkarmak, kendi kuyumuzu kazmak değil midir? Türk musevileri, asırlarca Türklerle düşüp kalka, onlar gibi mert olmuşlardır. Hiçbir zaman biz, kendi refahımızı ve mertliğimizi kaybedecek kadar şuursuz olmayacağız. Çıkarılan bu şayia tamamen asılsızdır. Altı yüz yıl Türk sevgisi ve güveniyle yaşamış bir muhitte böyle bir hare-

1 "Olur iş değil!", *Haber Akşam Postası*, 5 Aralık 1935.

ket akla, mantığa, havsalaya sığamaz bir şeydir. Biz senelerden beri Türk kültürünü yaymak, bağlılığımızı kuvvetlendirmek için konferanslar, toplantılar, ulusal müsamereler yapmakla meşgulüz. Diyorum ya, biz Türk musevileri, hiçbir zaman mertliğimizden bir katre bile kaybetmiyeceğiz."[2]

Balat Yahudilerine Türkçe ve Türk kültürünü öğretme amacıyla kurulan Balat Türk Musevi Cemiyeti reisi Dr. Avram Şaul ve cemiyet idare heyeti üyesi İhsan Özkan da haberin ilk kez yer aldığı *Haber Akşam Postası* gazetesini ziyaret ederek gazete yetkililerine bir mektup verdiler. Gazete verilen mektubu aynen yayımladı. Mektupta şunlar yazılıydı: "Dünkü *Haber* nüshasında Balat Musevileri aleyhinde bir yazınızı okuduk. Museviler 500 seneden beri Türk kardeşleriyle birlikte rahat ve müreffeh bir tarzda yaşamış ve böyle yaşamağa devam etmeye azmetmişlerdir. Bunu her zaman Türklük lehinde vermekte olduğumuz müsamerelerle bir kere daha ispat etmiş bulunuyoruz. Binaenaleyh, anasır beyninde nifak zehrini saçmağı istihdaf eden bir ferdin asılsız ihbarını nazarı dikkate almamanızı ve tekzip etmenizi Balat Türk Musevileri namına rica eyleriz, efendim."

Gazetede bu mektubu yayımladıktan sonra olayı araştırmak üzere Balat'a bir muharririn yollandığı hatırlatıldı ve Yahudilerin Türk esnafından "hiç" alışveriş etmediklerinin yazılmadığı belirtildi: "Fakat şurası muhakkaktır ki, Musevilerin ana unsur olan Türklerle daha fazla kaynaşmaları lâzımdır. Bizim neşriyatımız da Türk Musevi Cemiyeti'nin faaliyeti de bunu istihdaf etmektedir."[3]

Balat Yahudilerinden Jak Darsa ise *Zaman* gazetesine yolladığı mektupta özetle şöyle yazıyordu: "Boykot akıntısı hakkın ve serbestliğin örnek ırkı olan Türk özünde hiçbir vakit ilgi uyandırmaz. Sathî, menfaatperest düşünceli ve ne yaptığını bilmeden iyi ve kötü her şeyi taklit etmek yaradılış ve şiarında olan iki üç kişi ehemmiyetsiz vakalar ihdas etmeğe çalışarak Türk efkârı umumiyesinde mevhum ve bir Musevi aleyhtarlığı

2 "Biz ve Balatlı museviler", *Son Posta*, 6 Aralık 1935.

3 "Yahudilerin Türklere boykotajı iftiradır!", *Haber Akşam Postası*, 7 Aralık 1935.

varmış düşüncesini uyandırmak istemişlerdir. Cumhuriyet hükümetinin buna yeltenen iki üç kişiyi kanunun pençesine tevdi etmesi lâzımdır. Türk Musevileri bu yurdun göğsünde doğmuş halis Türktürler. Binaenaleyh ne Balat'ta ne de Türkiye'nin hiçbir yerinde boykot yoktur." Gazete bu mektuba yer verdikten sonra kendi düşüncesini şöyle açıklıyor: "Şikâyet edilecek şey, meselenin gazetelere aksetmiş olması değil, Musevi yurttaşlarımız içinden, iki üç kişi de olsa, böyle bir şeye teşebbüs edenlerin çıkmış olmasıdır."[4]

Bu haberler üzerine *Son Posta*'da yayımlanan bir köşe yazısında Ek-Ta müstear adlı yazar oldukça sert bir dille Yahudileri eleştirir ve şöyle yazar:

> "İki gün evvel bir gazetede okudum: Balat'ta yerleşik Yahudi yurtdaşlarımız bir araya gelip Türklerden alış veriş etmemeğe yemin etmişlermiş! Bittabi, bu alış veriş tabiri burada pek yerinde değil. Zira, bu yurtdaşların hususiyetine yakından vakıf olanlar, ettikleri yeminin yalnız (alış) a ait olacağını ve (veriş) ile hiçbir alâkası bulunmıyacağını kolaylıkla takdir ederler.
>
> Bizim toprak kardeşlerimizden bazılarına, rahat, vakit vakit, oturdukları minderin üzerine saplanmış bir iğne tesiri yapar. Halbuki, gözlerini açıp da ibretle şöyle dört bir etraflarına bakınacak olsalar, Türkiye'de doğup gene Türkiye'de yaşadıklarına bin şükür etmeleri lâzım gelir.
>
> Hele Yahudiler!
>
> Gün geçmez ki Lehistan'ın bilmem neresinde, Romanya'da, Macaristan'da bir Yahudi kıtali olmasın.. Bu kıtallere, oralarda pogrom diye hususi bir ad bile takılmıştır.. Bir adki, Türk lehçesinde ne aslı ne de karşılığı vardır.
>
> Bizim Yahudiler İspanya'dan kovulmuşlardır; burada İspanyolca konuşurlar; Almanya'dan kovulmuşlardır, Almanca soyadı taşırlar.
>
> Bu öyle bir garibedir ki, insanın aklını durdurur, zihnini kurcalar:

4 "Balat'ta boykot!", *Zaman*, 8 Aralık 1935.

- Acaba bu yurdu onlara sevdirmek, dilimizi söyletmek için biz de mi İspanyollarla Almanların yaptığını yapsak?
gibi, adamı bir takım düşüncelere sevkeder.

Böyle iken biz gene Yahudilerle hoş geçinmeğe, kendilerini bize ısındırmak için vakit bırakmağa taraftarız.

Yahudi gençliği biraz farfaradır, hatta taşkındır. Nümayişkâr tavırlar takınarak, sokakta, tramvayda, vapurda, trende inadına yabancı dillerle bağıra bağıra konuşur, Türkçeyi, Türk âdetlerini, Türk terbiyesini bilmemezlikten gelir. Biz gene de sabrederiz.

Bu sefer, artık, bu Balat'ta başlayan boykotajın aslı varsa, sabrımızın tükenmek ihtimali olabilir. Yahudiler, bu yurtta bir akalliyet teşkil ederler. Onların Türklerden alış veriş etmemeleri bizim ekonomik varlığımızı pek de sarsmaz. Kendi kafasını eskisine nazaran çok değiştirmiş olan Türk milleti, içindeki akalliyet unsurlarından da -gene kendi selametleri için- aynı şeyi bekliyor."[5]

Son Posta gazetesi halktan birkaç kişinin de fikrine başvurur. Fikrine başvurulanlar arasında yer alan Maliye tahsil müfettişlerinden Hikmet şunları söyler:

"Musevilerin, Balat'taki Türklere hangi sahada ve ne şekilde boykot yaptıklarını bilmiyorum. Fakat Balat'taki Türklerin kendilerine Museviler tarafından boykot yapılışını yeni bir hâdise sayışlarına şaşırdım. Çünkü yalnız Balat'taki değil, bütün dünyadaki Yahudiler, kendi yağlarıyla kavrulmak gayretindedirler.

Onların izdivaç defterlerinde bile bu ezelî gayretin tesirlerini görürsünüz. Zaten daima göze görünmez bir kuvvet oluşlarının sırrı da buradadır. Birçok milletler, Musevi camiasının bu sahadaki taassubunu gösterebilselerdi, iktisaden Musevilere imrenmekten kurtulurlardı."

Galatasaray kulübü voleybolcularından Feridun ise fikrini şöyle açıklıyor:

---

5 Ek-Ta "Sen de mi, Mişonaçi?", *Son Posta,* 7 Aralık 1935.

"- Musevilerin boykot yapıp yapmadıklarını anlamak için şehirde kısa bir gezinti yapmak kâfidir:

Musevi mağazalarına, Musevi ticarethanelerine, Musevi imalathânelerine, hulâsa bütün Musevi müesseselerine girin:

Göreceksiniz ki oralarda çalışanların ve oralardan alış veriş edenlerin hepsi Musevidir. Museviler, bir Musevi mağazasından alacakları nesnenin kötüsünü, bir diğer mağazadan alacakları malın iyisine tercih ederler.

Fakat bence, bu bağlılığı takdir, hatta taklit etmek lâzımdır.

Geçenlerde bir arkadaş hesap ediyordu:

- Her gün ceplerimizden çıkan paraların muayyen bir kısmı Musevi kasalarına giriyormuş. Ve bu para bir daha umumî tedavül sahasına çıkarılmıyormuş. Mübalağayı oldukça seven arkadaş:

- Bu hesapça, diyordu, bilmem ne kadar sene sonra memleketin bütün parası Musevilerin ceblerine girmiş olacaktır.

Bu ezeli vaziyet, herkesçe malûmdur. Bu itibarla, Balat'taki Türklerin, Musevilerin boykot yapışlarını yeni sezişleri, hayli derin bir uykudan uyanışlarına delildir.

Binaenaleyh, onlara hayırlı sabahlar dilerim! Onlar bir daha unutmasınlar ki, yalnız Balat'ın değil bütün kâinatın Musevileri, Musevi olmayan dostlarına günahlarını bile vermezler, fakat Musevi olan düşmanlarından canlarını bile esirgemezler".[6]

Sonuç

Haber Akşam Postası gazetesini ziyaret eden Balat Türk Musevi Cemiyeti reisi Dr. Avram Şaul'un oğlu Eli Şaul'a göre Balatlı Yahudilerin Türk esnafını boykot etme yolunda hiçbir teşebbüsleri olmamıştı.[7] Buna rağmen gündelik basının sıradan bir söylentiye önem atfedip bu söylentiye sütunlarında haber ola-

---

6 "Musevilerin boykot yapmalarına ne dersiniz?", *Son Posta,* 10 Aralık 1935

7 Eli Şaul'un 5 Aralık 1999 tarihli mektubu. Eli Şaul'un anıları için bkz. Eli Şaul, *Balat'tan Bat Yam'a,* (yayına hazırlayan Birsen Talay-Rıfat N. Bali), İletişim Yayınları, İstanbul, 1999.

rak yer vermesi ve olayın, kısa bir süre de olsa, basının gündemini işgal etmesi birkaç olguya birden işaret etmektedir. Birincisi Balat Yahudileri ile semtin diğer sakinleri arasındaki ilişkilerde bir mesafenin mevcut olması ve bunun da muhtemelen Balat Yahudilerinin din ve hemşerilik duyguları, tek kelimeyle, cemaat haleti ruhiyesi içinde hareket etmelerinden ileri gelmesidir. İkincisi ise ulus-devletin kuruluş yıllarında siyasal iktidarın ana hedeflerinden birinin azınlıkları Türkleştirmek oluşu göz önünde bulundurulduğunda bu sıradan olayın azınlıklar ve dolayısıyla Yahudiler ile kamuoyu ve toplum arasında hep mevcut olan gerilimin varlığını ve devamlılığını bir kere daha kamuoyunun gözleri önüne sermesidir. Osmanlı döneminin millet düzeninden kalan alışkanlıkla kendi içlerine kapanık bir cemaat havasında yaşayan Yahudilere siyasi iktidar ile kamuoyunun yöneltttiği Türkleşme ve Türkçe konuşma talebine Yahudilerin süratle uyum sağlayamamaları, ve/veya bu talebe direnç göstermeleri toplumda bir gerginlik yaratmaktaydı. Bu gerginlikten dolayı Türk-Yahudi ilişkileri basının yanlı ve tahrik edici yayınlarıyla her zaman istismar edilmeye elverişli ve açık bir zemin teşkil ediyordu. Balat Yahudilerinin Türk esnafını boykot etmeye karar verdikleri söylentisi de bunun bir örneğiydi.

Tarih ve Toplum, Nisan 2000

1938 Yılı İtibariyle
Türkiye Yahudilerinin İktisadi Durumu

Türkiye'de yaşayan azınlıkların tarihiyle ilgilenen araştırmacıların önündeki en büyük engellerden biri bu konularda derli toplu araştırma bulunmamasıdır. Bu nedenle araştırmacılar ülkemizdeki Amerikan, Fransız, İngiliz büyükelçiliklerinin arşiv belgelerine, yurtdışında yayımlanmış basılı kaynaklara ve cemaat arşivlerine itibar etmek zorundadırlar. Bu makalede tam çevirisi yayımlanan Dünya Yahudi Kongresi[1] Ekonomi Bölümü'nün 1938 yılında Paris'te yayımladığı metin, muhtelif ülkelerde yaşayan Yahudi azınlıkların iktisadi durumlarını resmetmeyi amaçlayan bir belgedir.[2] Bu tür yayınların en önemli özelliği dayandığı bilgi kaynaklarını açıklamamasıdır. Ancak bu kaynakların bizatihi o yıllarda Türkiye'de yaşayan Türkiye Yahudileri olduğuna dair tereddüt edilmemesi gerekir, zira Türk iktisadi hayatına getirilen kanuni düzenlemelerle ilgili verilmiş bilgilerin tümü doğrudur. Dolayısıyla metinde yer

1 Dünya Yahudi Kongresi 1936 yılında kuruldu. Amacı İsrail dışında yaşayan Yahudi halkının İsrail'le olan bağlarının güçlenmesi, birlik ve beraberliğin ve dünyadaki Yahudilerin haklarının korunmasını sağlamaktır.

2 *La Situation Economique des Juifs Dans le Monde*, Cilt I, *La Situation Economique des Minorités Juives*, Congrès Juif Mondial Département Economique, Paris 1938, s. 301-308.

alan bilgilerin olayları yaşamış kişiler tarafından nakledildiğine dair zerre kadar şüphe yoktur.

Bilgilerin derlenmesinde karşılaşılan güçlüklerin ne olacağı konusunda raporda getirilen açıklama ise azınlık tarihlerini araştırmadaki en büyük engellerden birinin özlü bir itirafıdır: "Türk Yahudileri kendilerinde mevcut olan bilgileri iletmekten iğrenmektedirler zira bu bilgilerin kendileri tarafından verildiğinin anlaşılması halinde bu durumun siyasi açıdan kendilerine zarar getirebileceğinden endişe etmektedirler."

Türkiye Yahudi nüfusu

Türkiye'de halihazırda toplam 16 milyonluk bir nüfus içinde yaklaşık 74.000 Yahudi yaşamaktadır. Rumların, istisnalar hariç, eski yerleşim yerlerini terk etmelerinden sonra bu nüfusun neredeyse tamamı Türklerden müteşekkildir. Dolayısıyla Yahudilerin nüfusu toplam nüfusun yalnızca % 0.46'sını teşkil etmektedir. Savaş öncesi için Ruppin'in verileri yetkin verilerdir.[3] Bu verilere göre o zamanlar toplam 360.000 Yahudi mevcut olup bunun 150.000'i Avrupa Türkiyesi'nde, 210.000'i de Asya Türkiyesi'nde yaşamaktaydı. Bu olağanüstü nüfus azalması, büyük ölçüde, barış antlaşmalarının imzalanmasından sonra gerek Avrupa ve gerekse Asya'daki Türk topraklarının büyük bir kısmının Türklerin elinden çıkması ile açıklanabilir. Ancak yurtdışına göçün de artması dikkate alınmalıdır. İleride sunulmakta olunan tablo 1927 ve 1935 nüfus sayımlarına göre Türkiye'deki Yahudi ve Yahudi olmayan nüfusun hareketlerini vermektedir.

Buradan görülmektedir ki savaş sonrası Türkiye'nin nüfusu % 19 oranında artmış olmasına rağmen Yahudilerin nüfusu % 9 oranında azalmıştır. Yahudi nüfusunun büyük çoğunluğu halihazırda İstanbul (46.000) ve İzmir'de (15.000) yerleşiktir; yaklaşık 6.000 Yahudi Edirne'de yaşamaktadır. Gerisi Ankara, Bursa, Gelibolu ve Tekirdağ'dadır. Geçmişte ülkenin muhtelif yerlerinde bulunan cemaatlerin çoğu yok olmuşlardır.

---

3 Dr. Arthur Ruppin, "Die Zahl der Juden in der Türkei", *Zeitschrift für Demographie und Statistik der Juden*, Berlin, Ekim 1908, S. 10, s. 158-159.

Halen Anadolu topraklarının Türkler tarafından fethinden önce Bizans döneminde yerleşmiş eski cemaatlere mensup çok Yahudiye rastlanmaktadır. Bizans'ın fethi devrinde bu bölgelerde çok sayıda Hazar Türkleri yaşamaktaydı. Doğu Roma İmparatorluğu'nun son imparatorunun korumalarının onların arasından seçildiği bu halk, sonradan Yahudi dinini benimsemişti. Ancak Türkiye'de yaşayan Yahudilerin çoğunluğu İspanyol menşeilidirler; Ataları İspanya ve Portekiz'den kovulmuş olan bu insanlar Sultan II. Beyazıt'ın daveti üzerine Osmanlı İmparatorluğu'na göç ettiler. Osmanlı İmparatorluğu'nun gelişme çağında bu Yahudiler siyasi, ' ültürel ve iktisadi alanlarda birinci derecede önemli rol oynadılar: Doğu'da ticaret Yahudi bankerlerin finanse ettikleri Yahudi tüccarlar tarafından gerçekleşiyordu. Yahudi zanaatkârlar kumaş boyahanelerinde, seramik ve halı imalathanelerinde çalıştılar. İpekböcekçiliğini İran'dan Osmanlı İmparatorluğu'na getirenler Yahudiler oldu. Yüzyıllar boyunca Yahudiler Osmanlı iktisadi hayatına faaliyetleriyle katkıda bulundular. Dolayısıyla Osmanlı İmparatorluğu'nun 19. yüzyıldaki iktisadi çöküşünün özellikle Osmanlı Yahudilerini yakından etkilemiş olması da gayet doğaldı. Buna rağmen Yahudi halkı yeni duruma ayak uydurmaya çalıştı. Birinci Dünya Savaşı sırasında meydana gelen toprak kaybından kaynaklanan geçinme şartlarındaki zorluklar Türkiye Yahudilerini yeni ve vahim meseleler ile karşı karşıya bırakacaktı. Bu meseleler de Yahudi nüfusunun bir kısmının göç etmesiyle ancak çözülebilirdi. Ancak savaş sonrası Türkiyesi'nin [ekonomiyi] gitgide daha çok millileştirmeye eğilimli olan hızlandırılmış bir devlet kapitalizmini benimsemesi Türkiye Yahudileri için feci sonuçlara yol açtı. Ekonomiyi millileştirme tedbirleri aceleyle uygulandığı için meydana gelen güçlüklere tabiî bir çözümün bulunması engellendi, zira böyle bir tabiî çözümü araştırmak için zamana ihtiyaç hasıl olacaktı. Bu nedenle Türkiye Yahudilerinin bugünkü iktisadi durumları derinden sarsılmış bir vaziyette.

Türkiye'nin Yahudi nüfusu[4]

Yıl	*Toplam nüfus*	*Yahudi olanlar* *Sayı*	*%*
1927	13.648.270	81.872	0,60
1935	16.201.000	74.000[5]	0,46
Türkiye'nin Avrupa yakasındaki Yahudi nüfusu			
1927	1.040.669	52.726	5,07
1935	1.266.000	47.000[6]	3,71
Türkiye'nin Asya yakasındaki Yahudi nüfusu			
1927	12.607.601	30.146	0,24
1935	14.935.000	27.000	0,18

Azınlık haklarından feragat

Lozan Antlaşması gereğince Türkiye Cumhuriyeti dinî ve millî azınlıkların koruması ile ilgili hükümlere uymak zorunda kaldı. Türk hükümeti Yahudilere, Müslüman Türklerle tamamıyla eşit bir şekilde davranılacağına söz vererek onların Lozan'da bahşedilen haklardan feragat etmeleri sağlandı.

Ancak bu feragat kararından kısa bir süre sonra Türk hükümeti Yahudileri Türk Silahlı Kuvvetleri'nden ve belediyelerden kovmaya başladı. Ayrıca o zamana kadar Yahudi cemaatlerine tanınmış olan özerkliği de nazarı dikkate almamaya başladı. Buna karşılık, hükümet her türlü antisemit akıma karşı tedbir almaktadır. Böylece halkı Yahudilere karşı galeyana getirmeye ve Nasyonal Sosyalist harekete benzer antisemit bir hareketi yeşertmeye çalışan bir dergiyi toplattırdı.[7] Buna karşılık Yahudiler

4 Nüfus sayımlarında asıl itibar edilmesi gereken kaynak olan Devlet İstatistik Enstitüsü kayıtları bu çizelgeye göre sadece 1935 sayımıyla ilgili olarak bir farklılık göstermektedir. DİE'ye göre 1935 yılında toplam nüfus 15.157.450 olup, Yahudi nüfusu 78730 idi. (Rıfat N. Bali, *Cumhuriyet Yıllarında Türkiye Yahudileri, Bir Türkleştirme Serüveni (1923-1945)*, İletişim Yayınları, İstanbul, 2000, s. 561.)

5 Jacob Lestschinsky, *Le nombre des Juifs dans le monde* (Yidişçe), Vilna, 1936.

6 Jacob Lestschinsky, *Le nombre des Juifs dans le monde* (Yidişçe), Vilna, 1936.

7 Burada sözü edilen dergi Cevat Rıfat Atilhan'ın yayımladığı *Millî İnkılâp* dergisidir. 1934 yılında Trakya'daki Yahudi yerleşim merkezlerine karşı girişilen yağma teşebbüsünün ardından dergi kapatıldı.

için iktisadi hayata katılım her geçen yıl daha zor olmaktadır. Hükümetin bu yoldaki gayretleri de Türk uyruklu Yahudileri daha da dezavantajlı bir konuma sokmaktadır, zira bazı mesleklerin icrasında İslâm dinine aidiyet vazgeçilmez bir ön şarttır.

Mesleki dağılım

Türkiye'de ayrıntılı hiçbir istatistiki bilgi olmadığı için bu ülkede yaşayan Yahudilerin mesleklere göre dağılımlarını vermek imkânsızdır. Birçok ciddi kaynağın bize belirtmiş olduğu gibi Türkiye'de halen mevcut olan Yahudi teşkilâtları bile bu konuda ciddi herhangi bir belgeye sahip değillerdir. Ancak gerek Avrupa ve gerekse Asya yakasındaki Türkiye'de Yahudi halkı en değişik meslekleri icra etmektedir: özellikle kayıkçılar, hamallar, küçük zanaatkârlar, küçük komisyoncular veya perakendeciler [Yahudidirler]. Yahudi nüfusunun dar gelirli kesimine ait önemli bir kısmı ise "açıkgözler"den müteşekkildir. Bu "açıkgöz" insanların günlük ekmeklerini ne şekilde kazandıkları konusunda hiç kimse fikir yürütememektedir.

Ayrıntılı rakamların olmaması nedeniyle sadece çok genel bilgiler vermek zorundayız. Bu bilgiler bile büyük zahmetlerle elde edilmiştir. Çok değişik ve bazen dolaylı kaynaklara başvurmak zorunda kaldık. Türk Yahudileri kendilerinde mevcut olan bilgileri iletmekten iğrenmektedirler zira bu bilgilerin kendileri tarafından verildiğinin anlaşılması halinde bu durumun siyasi açıdan kendilerine zarar getirebileceğinden endişe etmektedirler.

Tarım

Daha önceki yıllardaki duruma kıyasla bugün artık kırsal kesimde bir Yahudi nüfusu mevcut değildir; bir istisna olarak bize Bandırma'ya yakın bir yerde yaşayan dört Yahudi aileden söz ettiler. Lozan Antlaşması'ndan bu yana yabancı uyruklu kişilerin kendi adlarına arazi satın almaları yasaktır. Lakin Türkiye'de gayrimüslimler yabancı olarak görülmektedirler; bu nedenle bu kanun ilk başta Yahudileri mağdur kılmaktadır. Bu nedenle Yahudileri tarıma yöneltmekle görevli olan JCA Türkiye'deki tüm faaliyetlerine son vermiştir.

Sanayi

Türk hükümeti bütün sanayileri tamamıyla millîleştirme niyetindedir. Sadece İslâm dinine mensup şirket sahipleri Devlet'ten kredi temin edebilmekteler. Buna rağmen özellikle ilk başta Yahudiler tarafından kurulan sanayi dallarındaki bazı Yahudi müesseseler, ayakta kalmayı başarmışlardır. Bu sanayiler kauçuk, iplik, çarşaf, ipekböcekçiliği, kumaşçılık, dokumacılık, sabun, parfüm, yağlı maddeler, küçük metalürji, deri ve oyuncak sanayileridir. Buna karşılık ağır sanayi tamamıyla Devlet'in elindedir veya Devlet'in sübvansiyonlarına bağlıdır. Sanayii teşvik için özel bir müessese kurulmuş olup bu müessese özellikle şeker, demir çelik ve tarım makineleri sanayilerini desteklemekle meşguldür.[8]

Türk sanayii artık çok az sayıda Yahudi memur ve işçi istihdam etmektedir. Türk kanunlarının sanayi müesseselerinde istihdam edilecek işçi ve memurların sadece Türk vatandaşı olmalarını şart koştuğu gerçektir ancak uygulamada onların özellikle Müslüman olmaları istenmektedir. Bu talep o kadar kuvvetle kendini belli etmektedir ki Yahudi sanayiciler bile Yahudi işçi ve memurları artık müesseselerinde çalıştırmaya neredeyse imkân bulamamışlardır.

Zanaat

Türk kanunları Türk uyruklu olmayanların zanaat dallarında faaliyet göstermelerini engellemektedir.[9] Bu şekilde halen Türki-

---

8 Burada bahsedilen kanun, kamu iktisadi teşekküllerinin kuruluşu ile ilgili 17 Haziran 1938 tarih ve 3460 sayılı "Sermayesinin tamamı devlet tarafından verilmek suretiyle kurulan iktisadi teşekküllerin teşkilât ile idare ve murakabeler hakkında kanun"dur.

9 Burada bahsedilen kanun, 4 Haziran 1932 tarihinde yürürlüğe giren "Türkiye'de Türk vatandaşlarına tahsis edilen sanat ve hizmetler hakkında ka-

ye'de kalabalık bir şekilde yaşayan yabancı uyruklu Yahudilerin de zanaatkâr olarak çalışmaları yasaktır. Az sayıda Türk uyruklu Yahudi, berber, şekerci, ayakkabıcı, terzi ve demirci olarak mesleklerini icra etmektedirler. Şapka zanaatkârları arasında göreceli olarak daha yüksek sayıda Yahudilere rastlanmaktadır.

Ticaret

Sadece toptan ve perakende ticaret kısıntısız olarak Yahudilere açıktır. Ancak ne kamuya ait müesseselerde bürokrat, ne de iktisadi hayatın Devlet'le herhangi bir şekilde ilişki içinde olan veya Devlet'in kredileriyle beslenen kesimlerinde memur olamamalarından ötürü, Yahudilerin ticari mesleklerdeki faaliyetleri çok kısıtlanmaktadır. Serbest olarak çalışan Yahudi müteşebbislerin Devlet'e tedarikçi olabilmeleri için İslâm dinine mensup Türklerle ortak olmaları şart olduğundan bu insanlar, geçmişteki duruma göre, oldukça dezavantajlı bir konumdalar.

Bankalar ve finans sahası

Geçmişte Yahudiler Türkiye'nin bankacılık sahasında önemli roller oynamışlardı. Türkiye'de faaliyette bulunan hemen hemen tüm büyük yabancı sermayeli bankalarda Yahudi memurlar ve müdürler mevcuttu. Dahası, özel bankaların önemli bir kısmı Yahudilerin ellerindeydi ve Yahudi bankacılar ve simsarlar ülkenin borsasında birinci planda rol oynuyorlardı. Yeni Türkiye'nin iktisadi politikasını millîleştirme eğilimleri özellikle bu alanda çok kötü bir etki yaratmıştır. Hükümet yabancı sermayeli bankaların Türkiye'deki faaliyetlerini felce uğratmak için bilinçli bir şekilde ardı ardına engeller çıkarmıştır. Birinci Dünya Savaşı'ndan bu yana ülkenin ekonomik durumunun gittikçe kötüleşmesinden dolayı bankacılık alanı cazibesini kay-

---

nun"dur. Bu konuda incelemeler için bkz. Yüksel Akkaya, "Türkiye'de Türk vatandaşlarına tahsis edilen sanat ve hizmetler hakkında kanun 1929 bunalımı, işsizlik ve bir kanun", *Toplumsal Tarih*, Ağustos 1999, S. 68, s. 42-52 / Ayhan Aktar, "Cumhuriyetin ilk yıllarında uygulanan Türkleştirme politikaları", *Tarih ve Toplum*, Aralık 1996, S. 156, s. 4-17.

betti ve yabancı sermayeli finans kuruluşları da Türkiye'deki şubelerini tasfiye ettiler. Crédit Lyonnais, American Express Co., Near Eastern Bank ve Banque de Levant'ın durumları böyle. Eskiden büyük ölçüde Yahudilerden müteşekkil çok geniş bir müşteri kitlesine sahip olan Selanik Bankası da faaliyetlerini kısıtlama ve şubelerini kapatma zorunda kalmıştır. Eski Bankı Osman-î Şahane bile öneminden çok şey kaybetti. Buna karşılık başka finans müesseseleri ön plana geçti. Bunlar hükümet tarafından kurulmuş olup ne personellerinde ne de müdüriyetlerinde Yahudilere rastlanmaktadır. Bu devlet müesseseleri Yahudilere aşırı bir tutumlulukla kredi vermekteler. Halihazırda küçük müesseselerin Yahudi patronları ve Yahudi zanaatkârlar için tek kredi müessesesi merkezi İstanbul'da, şubeleri de Edirne ve İzmir'de bulunan bir Yahudi istikrazat sandığıdır. American Joint Reconstruction Foundation tarafından kurulmuş bulunan bu sandık sözü geçen Yahudi çevreleri için hayati bir işleve sahiptir.[10]

Serbest meslekler

İstanbul'da, halen aralarında Tıp Fakültesi'nde görev yapanlar olmak üzere, büyük bir şöhrete sahip Yahudi hekimler mevcuttur. Aralarından biri de 1935 yılında TBMM'ye milletvekili seçilmiş olup Meclis'teki tek Yahudi milletvekilidir.[11] Ancak sayıları gitgide azalmaktadır. Çok az sayıda Yahudi tıp mesleğine itibar etmekte, zira Yahudi öğrenciler için Tıp Fakültesi'ne giriş gitgide zorlaştırılmaktadır. Yahudi öğrencilerin Tıp Fakültesi'ne kayıt yapmalarında kanunî hiçbir engel olmadığı gerçektir, ancak öğrenciler gayrimüslimlerin fakülteye kayıt yapmalarına karşı çıkmaktadır. Hitler'in Almanya'da iktidara gelmesinden sonra Türk hükümeti iki yıl sonunda derslerini Türkçe vermek kaydı şartıyla Alman uyruklu bazı Yahudi hekimleri İstan-

10 Bu sandık Dersaadet Küçük İstikrazat Sandığı'dır. Bu konuda ayrıntılı bilgi için bkz. Rıfat N. Bali, "Bir Yahudi Mali ve Sosyal Yardımlaşma Kurumu: Dersaadet Küçük İstikrazat Sandığı" *Tarih ve Toplum*, Nisan 1997, S. 160, s. 45-54.

11 Burada sözü edilen kişi Prof. Abravaya Marmaralı'dır.

bul Üniversitesi Tıp Fakültesi'ne çağırdı. Bu yabancı profesörlerin hastaları tedavi etmeleri yasaktır.

Yahudi hukukçular Türkiye'de hep çok sayıda var olmuşlardı ve birçoğu da büyük bir prestije sahipti. Şu anda önemli Yahudi hukukçular çok az sayıdadır. Avukatlık mesleğini icra etmekteler. Tüm serbest mesleklerde olduğu gibi hukuk mesleğinde de Yahudilerin katılımı hızlı bir şekilde düşmektedir. Yahudi öğrencilerin Hukuk Fakültesi'ne girişleri hiçbir engele tâbi değildir. Ancak Yahudi hukukçuların ihtida etmemeleri halinde mesleklerinde ilerlemelerinin engellenmesi yolunda bir eğilim mevcuttur. Türk yüksek öğrenim okullarında artık hiçbir Yahudi profesör mevcut değildir. Yahudi okullarında bile Yahudi öğretmenlerin Türk dilini tedris etmeleri yasaktır. Bu eğitim yüksek maaş alan İslâm dinine ait Türklere ayrılmıştır.

Geçmişte çok gelişmiş olan İbrani biliminin sadece tek bir temsilcisi vardır o da İstanbul Üniversitesi'nin ünlü şarkiyatçısı Prof. Abraham Galante'dir.

Türk basınında artık Yahudi gazetecilerinden pek söz edilemez. Yahudilerin basın alanındaki faaliyetleri Yahudi gazete ve dergileriyle kısıtlıdır. Ancak bugün sadece iki gazete ve dergi mevcuttur.[12] Birçok Yahudi gazete ve dergisinin faaliyetlerine son vermeleri yüzünden Yahudi basını artık hiç önemsenmez bir rol oynamaktadır.

Mesleki eğitim

Şimdiye kadar tasvir ettiğimiz şeyler doğrultusunda Yahudiler için mesleki eğitim imkânının aşağı yukarı sıfır olduğu anlaşılabilir. Eski Alliance Israélite Universelle Okulu artık mevcut değildir. Kapanışından beri Yahudilerin mesleki bir eğitim alabilecekleri ne bir okul, ne de bir atelye mevcuttur. Yahudi olmayan patronlar ve zanaatkârlar Yahudi çırakları kabul etmemekteler.

12 O tarihte yayında bulunan tek dergi *La Boz de Oriente* idi.

Göç

Buraya kadar yazılanlar Türk ekonomisinin Yahudiler için pek bir gelecek vaat etmediğini açıkça göstermektedir. Türk Yahudisindeki göç arzusunun özellikle güçlü olması anlaşılabilir. Nitekim yabancı ülkeler Yahudi göçünü kabul etmeye açık oldukları süre zarfında evvelden beri Türkiye'de yerleşik olan birçok Yahudi aile Türkiye'yi terk etti. Savaştan beri sadece Bursa vilâyetinden yaklaşık 1500 Yahudi göç etti; Güney Amerika'ya gittiler. Bir süreden beri İzmirli Yahudilerin, yaklaşık 6000 Yahudinin yaşadığı Rodos'a göç ettikleri görülmektedir; İtalyan yönetimi onları dostane bir şekilde karşılamıştır. Savaştan bu yana 2000 Türk Yahudisi Filistin'e göç etti. Ayrıca Paris'te önemli bir Türk Yahudisi cemaati mevcutttur.[13]

Bu son yıllarda, Türk hükümetinin devletçi bir kapitalist ekonomiye yönelme eğilimi arttıkça, Türk Yahudilerindeki göç eğilimi de artmaktadır. Halihazırda hükümet sadece bankaları, sigorta ve deniz taşıma şirketlerini değil en önemli sanayileri, Devlet'in ellerinde merkezileştirme, bu arada Yahudi unsurunu da Türk iktisadiyatından kökten bir şekilde tasfiye etme iradesini artık gizlememektedir.

---

13 Bu konuda bir inceleme için bkz. Annie Benveniste, *Le Bosphore à la Roquette La Communauté Judéo-espagnole à Paris (1914-1940)*, L'Harmattan, Paris, 1989.

Struma Faciası ile İlgili Yeni Bilgiler ve Belgeler

II. Dünya Savaşı yıllarının en önemli sorunlarından bir tanesi Soykırım'dan kaçan Yahudi mültecilerdir. Bu mülteciler İngiliz mandası altında yönetilen Filistin'e, göç sertifikaları alıp yasal yollardan, alamadıkları takdirde de yasa dışı yollardan ulaşmaya çalışıyorlardı. İngiliz mandası altındaki Filistin yönetiminin elinde kısıtlı sayıda göçmen sertifikası mevcuttu. Göç sertifikası bulunmayan mültecilerin İngiliz yönetimi tarafından geri gönderilme ihtimali de her zaman için mevcuttu. Ancak bu durum Soykırım'ın bütün şiddetiyle devam ettiği Nazi işgali altındaki Avrupa'da Yahudilerin göç sertifikası temin edememeleri halinde bile can havliyle her türlü imkânı kullanarak Filistin'e gitmek için yola çıkmalarını engellemiyordu.

İstanbul'da kurulu Mültecileri Kurtarma Komisyonu

Türkiye'den transit geçip Filistin'e giden bu Yahudi mülteciler için Türk Resmî makamlarının izniyle *Sohnut* Türkiye'de bir temsilcilik kurmuş ve başına Haim Barlas'ı atamıştı. Haim Barlas'ın yanı sıra İstanbul Yahudi cemaati ileri gelenlerinden Hanri Soriano, Edmond Goldenberg, Simon Brod, Rıfat Karako, Daniel Ancel, Marsel Franko ve diş hekimi Sami Günzberg'den oluşan bir heyet de Türkiye'den transit geçecek olan Yahudi mültecilerle meşgul olmaktaydı.[1] Bu heyette yer alan Simon Brod efsanevi bir isimdi. Brod 1890'lı yıllarda Rusya'dan Türkiye'ye kaçmış bir ailenin çocuğuydu. Simon babasının dükkânını muazzam bir tekstil ticarethanesi haline getirmişti. Ancak 1933 yılında çok sayıda Yahudi mültecinin Türkiye'ye gelmeye başlaması üzerine işini genç kardeşi Max'a devretti ve sadece mültecilerle meşgul olmaya başladı. Simon Brod'un Türk bürokrasisinde sayısız dostları vardı. Onlar sayesinde yeni gelen mültecilerden veya mülteci gruplarından haberdar oluyordu. Herhangi bir sorunla veya karmaşık bir meseleyle karşılaşıldığında Brod en son pes eden kişi olurdu. Brod harcadığı paraların hesabını ucuz sigara paketlerinin arkasına yazarak tutardı. Günde dört beş paket sigara içen Brod, bir paketi bitirir bitirmez onu buruşturup atar ve yenisini açardı. Bu şekilde mültecilerle meşgul olduğu 1933 yılından 1945 yılına kadar kendi cebinden harcadığı binlerce sterlin tutarındaki hesapları da çöpe atmış oldu ve bu paraları tahsil etmedi.[2] Brod Millî Korunma Kanunu'na aykırı hareket ettiğinden dolayı, tezgâhtarı David Ruso ile birlikte tutuklandı.[3] Brod ve tezgâhtarı üçer yıl hapse ve biner lira para cezasına mahkûm oldular.[4] Varlık Vergisi Kanunu'nun uygulanması sırasında, kardeşi Max Brod'un Polonya uyruklu olması nedeniyle ona tahakkuk ettirilen vergi, Simon Brod'un vergisinden daha azdı. Max kardeşi Simon'un vergisini ödeyerek onun Aşkale'ye gönderilmesini önledi. Ancak bu olaydan sonra Brod ailesi malî açıdan iflas etti. Brod kardeşler Sultanhamam'da mülkiyeti kendilerine ait olan hanı gülünç bir fiyata satmak zorunda kaldılar.[5]

---

1 Avram Galante, *Histoire des Juifs de Turquie*, İsis Yayıncılık, İstanbul (t.y.), C.2, s. 154.

2 Ehud Avriel, *Open The Gates!*, Athenum, New York 1975, s. 136-137.

3 "Maruf Yahudi tüccarı Simon Brod dün tevkif edildi", *Tasviri Efkâr*, 18 Eylül 1942.

4 "Kumaşçı Brod mahkûm oldu", *Haber Akşam Postası*, 23 Ekim 1942.

5 Max Brod'un oğlu Dan Brod'un 22 Şubat 1999 tarihli mektubu.

Struma'nın İstanbul'a varışı

1940 yılının Ağustos ayında Romanya'da yürürlüğe giren ırkçı kanunlar 1941 yılının Haziran ayında daha da sertleşti, bu nedenle Romen Yahudileri Filistin'e ulaşmak için yasa dışı yollar dahil olmak üzere her türlü çareye başvurup her türlü tehlikeyi göze aldılar. Bu tür yolculuklardan bir tanesi de facia ile sonuçlanacak olan Struma gemisinin yolculuğuydu.[6]

Struma Köstence'den hareket ettikten sonra motoru yolda birçok kere bozuldu, buna rağmen gemi Boğazlar'a kadar gelebildi. Motoru yine bozulunca 15 Aralık 1941 günü bir kılavuz gemisinin eşliğinde Sarayburnu önlerine çekildi. Geminin İstanbul'a varışı yabancı ülkelerin elçilikleri tarafından kendi dışişlerine hemen rapor edildi. İstanbul'daki Amerikan Konsolosluğu, raporunda gemide 769 yolcu bulunduğunu, hiçbir Amerikan vatandaşının yer almadığını, yolculardan 300 kadarının çocuk, 200 kadarının da kadın olduğunu yazdı. Çocukların 150'sinin 15 yaşın altında olduğu belirtildi. Erkek yolcuların çoğunun yaşı 16 ilâ 60 olup 60 yaşın üzerindeki erkeklerin az sayıda olduğu da not edildi. Gemide yeterli miktarda can kurtarma sandalı ile can yeleğinin mevcut olmadığı, geminin motorunun ciddi bir şekilde arızalandığı, tamir edilmesi için de beş bin liraya ihtiyaç olduğu rapor edildi.[7] Bir sonraki raporda yolcuların ihtiyacı olan gıda maddeleri ile motorun tamir edilmesi için talep edilen ücretin Türk parası ile ödenmesinin kabul edilmediği döviz ile ödenmesi

6 Struma faciası konusunda yayımlanmış birçok inceleme olup bu konuda Türkiye'de yayımlananları belirtmekle yetineceğim. Avram Galante, *a.g.e.*, Cilt 2, s. 150-157 / Bülent Gökay, "Belgelerle Struma faciası", *Tarih ve Toplum,* S. 116, Ağustos 1993, s. 42-45 / Gad Nassi, "Struma ve Mefkure'nin batırılışındaki esrar perdesi aralandı", *Şalom,* 18 Mayıs 1994 / Çetin Yetkin, "Struma olayının içyüzü", *Cumhuriyet,* 12-18 Aralık 1993 / Turhan Aytul ve Halit Çapın, "Struma faciası", *Milliyet,* 30 Haziran-6 Temmuz 1985 / Rıfat N. Bali, *Cumhuriyet Yıllarında Türkiye Yahudileri Bir Türkleştirme Serüveni (1923-1945),* İletişim Yayınları, İstanbul 1999, s. 346-362 / Esra Danacıoğlu, "Yahudilere mezar olan gemiler", *Popüler Tarih,* Temmuz 2000, S. 2, s. 58-63.

7 AMA, RG 59 Records of the Department of State, Box 4287, File 819.8591 (1940-1944), 17 Aralık 1941 tarih ve 819.8591/95 sayılı belge. 26 Aralık 1941 tarih ve 815.8591/118 sayılı belge.

talebinde ısrarlı olunduğu belirtildi. İstanbul'da bürosu bulunan Socony Vacuum Oil Company bunun üzerine Türk resmî makamlarında yaklaşık on bin doların bloke vaziyette bulunduğunu ve bunu tahsil etme konusunda hiçbir ümidi olmadığından bu bloke edilmiş paradan yerel makamların izniyle gerekli ödemelerin yapılmasına mutabık olduğunu belirtti.[8] Socony şirketinin bu teklifine Amerikan Dışişleri Bakanlığı mutabakatını verdi.[9]

Gemide bulunan mültecilerin durumu

Geminin günlük iaşe ihtiyaçları Kızılay Cemiyeti'nin İstanbul temsilciliği tarafından temin edildi. Bunlar şunlardan müteşekkildi:[10]

300	kilo	ekmek
100	"	galeta
100	"	tuzlu uskumru balığı
50	adet	limon
10	sandık	portakal
50	kilo	şeker
100	"	havuç
50	"	helva
1	sandık	yumurta (1600 adet)
250	kilo	patates
3	"	tuz
50	"	hurma
50	"	incir
50	"	salam
10	şişe	kanyak
2	kilo	ıhlamur
200	paket	onbirlik sigara
50	kilo	fındık
50	kilo	beyaz peynir

8 AMA, 25 Aralık 1941 tarih ve 819.8591/106 sayılı belge.

9 AMA, 31 Ocak 1942 tarih ve 819.8591/118 sayılı belge.

10 CZA A 201/7 sayılı dosya Türkiye Kızılay Cemiyeti'nin 23 Aralık 1941 tarihli İstanbul İhracat Gümrüğü Müdürlüğü'ne hitaben yazılı mektubu.

Bu iaşelerin bedeli Yahudi cemaati tarafından karşılanıyordu. Geminin Sarayburnu'nda demirli olmasından doğal olarak İstanbul Yahudi cemaati de haberdar idi. Gemiyi ilk görenlerden biri Robert Kolej'de öğrenci olan Heinz Tsiffer idi. Gemiye sandallarla yiyecek ve giyecek yardımlarını getirenler de İstanbul Yahudi cemaatinin gençleriydi. Bir grup Yahudi genci de gemideki dindaşlarıyla dayanışmada olduklarını simgelemek için Sarayburnu'nda ateş yakıp ve bunun hiç sönmemesi için gayret sarf etti.[11]

Geminin kaptanı Grigori Gorbatenco geminin İstanbul acentası Litopulos'a 10 Ocak 1942 tarihinde yazdığı mektupta taleplerini şöyle sıralıyordu:[12]

> "Mösyö,
>
> Bana gecikmeden şunları göndermenizi rica ederim:
>
> 1) Gemi için sinyalizasyon bayrakları. Onlar olmadan kıyı ile sinyalleşemiyorum,
>
> 2) Radyo alıcı cihazım için lambalar. Fatura bedelini lambaların tesliminde hemen ödeyeceğim,
>
> 3) İçme suyu,
>
> 4) Mürettebat için gıda. Özellikle konserveler. Ayrıca mutfağımız için 14 günlük tahta ve kömüre ihtiyacımız var. Su kaynatmak veya yemek pişirmek için hiçbir imkânımız yok.
>
> 5) Geminin gece sinyal lambaları için petrol. Bir damlamız yok! Aksi halde [yakından] geçen bir vapur bize bindirebilir."

Geminin durumunda bir iyileşme sağlanmasına çalışılırken mültecilerin de Filistin'e kabul edilmeleri konusunda İngiltere nezdindeki girişimler devam ediyordu. En son çare olarak gemide bulunan ve yaşları 16'nın altında olan çocuklar için Filistin'e giriş izni alındı. 16 Şubat 1942 tarihinde İstanbul'daki İngiltere Konsolosluğu Pasaport Kontrol Memuru İngiliz Konsolosu'na hitaben yazdığı notta gemide bulunan ve yaşları 11 ila 16 olan bütün çocuklar için Filistin'e giriş vizelerinin te-

---

11 Silvyo Ovadya, "Struma'nın anısını yaşatalım", *Şalom,* 10 Haziran 1997.

12 CZA, A 201/7 sayılı dosya.

min edildiğini bildirip Türk resmî makamlarından gerekli seyahat belgelerinin alınmasını talep ediyordu.[13] Bu yaş kategorisine giren çocukların sayıları 28 idi.[14] İngiltere Büyükelçiliği aynı gün, yani 16 Şubat 1942 tarihinde, Hariciye Vekâleti'ni arayıp çocuklar için Filistin'e giriş vizelerinin verildiğini bildirdi. Ancak Hariciye Vekâleti gemide bulunanlardan hiç kimsenin karaya ayak basmasına kesinlikle izin vermedi. Çocuklar konusunda herhangi bir esneklik gösterilmedi ve böylece çocukların Karadeniz'in karanlık derinliklerinde sona erecek olan kaderleri de belirlenmiş oldu.[15]

Bu zaman zarfında gemiden bir aracı vasıtasıyla Simon Brod'a gönderilen 21 Şubat 1942 tarihli bir mektup durumun vahametini açık bir şekilde ortaya koyuyor:[16]

21 Şubat 1942

"Sayın Bay B[rod],

Bu mektubu getiren şahıs davamızın yandaşı olduğunu birçok kez gösterdi, bu nedenle, size yazdığımız bu satırları ona emanet ediyoruz.

Size böyle doğrudan yazdığımız için kusura bakmayın, ama o uğursuz gemide geçirdiğimiz haftalar bizi ruhsal olarak öyle bir depresyona soktu ki, sonsuz minnettar olduğumuz ve olacağımız dostumuz ve velinimetimiz olarak size doğrudan yazarak içimizi dökmek zorunda kaldık.

Bu yolla mümkün olduğu kadar durumumuzu anlatmak istiyoruz ve bu yazdıklarımızla sabrınızı zorluyorsak bizi bağışlamanızı rica ediyoruz.

1) [Yolcuları] Karaya indirme: Bu konuda atılan adımları biliyoruz, sonuç ve ihtimaller hakkında hiçbir fikrimiz yok. Karaya indirme ve yola karayolundan devam edilmesi bizim için elbette ki tek gerçek kurtuluş yolu olurdu. Ancak görünen o ki, bu çözümün en ufak bir başarı şansı yok. Bu neden-

13 CZA, A 201/12 sayılı dosya.

14 CZA, A 201/7 sayılı dosya.

15 PRO, 8 Mart 1942 tarih ve 74424/FO371/32662 sayılı belge.

16 CZA, A 201/7 sayılı dosya.

le, aşağıda yazılı diğer çözüm yolunu ciddi bir şekilde düşünmek zorundayız:

2) **Trenle İskenderun'a kadar yolculuk:** Kapalı (kurşun mühürlü) vagonlar içinde de olsa, İskenderun'a kadar trenle gidebilsek, yolun en tehlikeli ve büyük bir bölümünü geride bırakmış oluruz ve Struma bizi oradan yine alabilir. Fantastik bir düşünce ama bunun da göz önünde bulundurulmasını rica ediyoruz.

3) **Yola Struma'yla devam edilmesi:** Yola Struma ile devam edilmesi en akla yakın çözüm gibi görünüyor. Bu çözüm, sizce mutlaka bilinen, ama bizim yine de mümkün olduğunca kısa bir şekilde anlatmak istediğimiz bazı önemli koşullara bağlı.

a) **Motor:** Onarım şimdi oldukça hızlı ilerliyor. Makine tamircilerinin görüşüne göre motor 1-2 gün içinde bitirilecek ve ondan sonra hemen bir deneme yapılacakmış. Umarız onarım doğru dürüst yapılır ve motor bizi gideceğimiz yere kadar götürür.

Motorun durumu bir yana, benzin ve yağ da önemli bir sorun teşkil ediyor.

b) **Benzin ve yağ:** Yaklaşık 15000 litre benzin ve yaklaşık 150 litre yağımız var. Bizim çok kabaca yaptığımız hesaplara göre yaklaşık ... litre daha benzinimiz olmalı ve eğer motor yağı deposunu doldurursak hemen hemen hiç yağımız kalmayacak ve yaklaşık 1000 litre yağa ihtiyaç olacak. Bu son rakamlar, dediğimiz gibi, sadece kabaca hesaplandı. Bir uzmanın bu rakamları gemide tespit etmesi ve hesaplaması gerekiyor.

c) **Kaptan ve gemi mürettebatı:** Bilindiği üzere kaptan yola devam etmeyi reddediyor ve her gün geminin boşaltılıp mürettebatıyla birlikte ülkesine (Bulgaristan) geri dönmeyi umuyor. Eğer kaptan yola devam etmeye mecbur edilecek olursa, bu durum bizim için İtalya veya Almanya'da yıllarca sürecek esaret ya da dalgaların içinde ölüm anlamına gelecek. Kaptan, kendisinin gemiye kumanda etmeye mecbur edilebileceğini sanmıyor, bu durumda ortaya önemli bir sorun çıkıyor: Mürettebat. Bir söylentiye göre, Türklerden oluşan bir mürettebat çoktan temin edilmiş. Böyle bir durumda yeni kaptanın, giderilebilecek pürüzleri bir uzman olarak tespit etmesi ve mümkünse gidermesi için, gemide birkaç gün kalması lazım.

d) Gemideki yangın söndürme cihazlarının içleri boş.

e) **Telsiz.** Vericimiz çalışmıyor, alıcımız ise yok. Bu durumun bizim için ne kadar tehlikeli olduğunu belirtmeye sanırım gerek yok.

f) **Yiyecek durumu.** Derinden ve içten duyduğumuz minnettarlığı ifade edecek söz bulamıyoruz. Gönderilenlerde çeşit ve miktar konusunda gösterdiğiniz sevgi dolu ihtimam, cömert yardımınız ve her şey için nasıl teşekkür edebiliriz ki. Buna rağmen bu konuda da bazı sıkıntılarımız var. Sizin de tahmin edeceğiniz üzere depolama olanaklarımız çok yetersiz, mutfak ve mutfak aletleri ise yetersizden de öte. Bu nedenle yolculuk için sadece az susatan ve çabuk bozulmayan yiyecekleri muhafaza etmek mümkün.

Yolculuk için erzak seçimi yapılırken mümkünse bu hususun da gözönünde bulundurulmasını rica ediyoruz.

g) **Aydınlatma motoru.** Dinamo yine bozuk. Gemide onarmayı deneyeceğiz.

h) **İlaçlar.** Hiç ilacımız yok. Yol için en gerekli olanların gönderilmesini rica ediyoruz.

Kısaca değindiğimiz tüm bu sorunların şahsen iletilip görüşülmesi gerekir. 2-3 kişiden oluşan bir heyetin Şükrü Bey tarafından kabul edilerek tüm bu hususların görüşülmesinin mümkün olup olamayacağını bize bildirmenizi rica ediyoruz.

Kıymetli zamanınızı daha fazla almak ve sabrınızı daha fazla zorlamak istemiyoruz. Ancak şundan emin olunuz ki, sizi her zaman minnetle anıyoruz. Çaresizlikten size yalvarıyoruz, lütfen bize sizin görüşünüze göre nasıl hareket etmemiz gerektiğini, yolculuğun başarı şansının nasıl olduğunu bildiriniz ki biz de biçare ve yıpranmış kader arkadaşlarımızı teselli ve teskin edebilelim.

Bu ümitle en derin saygılarımızı sunuyoruz

(imza) (imza)

Not: Dün yolcuları bir araya topladık ve onlara durumu anlattık. 3-4 kişi hariç herkes sadece sizin talimatlarınıza kayıtsız şartsız riayet etmeyi kabul etti. Yolcular yola devam etmeye hazırlar ve artık cevabınızı bekliyorlar.

Güvenilir bir mürettebat konusunda ısrar ediliyor. Mürettebat ve kaptanın özenle seçilmesini rica ediyoruz. Eğer bu angajman Litopulos tarafından gerçekleştirilecek olursa, o zaman Mihver tarafından kontrol edilen bir adaya götürülme tehlikesiyle karşı karşıya kalırız.

Bugün kaptanımız polislerin yanında bir kez daha bizimle yola devam etmeyeceğini söyledi. Korkarız, bu bir manevra değildi."

Struma'nın Karadeniz'e çıkartılması

Bu mektubun Simon Brod'a ulaşmasından iki gün sonra Struma gemisi 23 Şubat 1942 günü öğleden sonra Boğazlar'dan Karadeniz'e çıkarıldı. İstanbul'daki Amerikan Konsolosluğu'nun raporuna göre olay şöyle cereyan etmişti:[17]

> "Şüphe götürmez kaynaklara göre Türk polisi 23 Şubat 1942 günü saat 17.00'de gemiye girdi. Halatları kesti ve gemi bir Türk kurtarma gemisinin eşliğinde limandan çıkarıldı. Gemi Boğazlar'ın girişini saat 22.00'de terk etti ve Karadeniz'e yaklaşık 23 mil uzaklıkta iken susuz, yakıtsız ve gıdasız terk edildi. Geminin limanı terk ettiğinde denizde seyredecek durumda olmadığı da belirtilmişti.
>
> 24 Şubat günü saat 02.00'de Riva'daki sahil korumaları bir parlama gördüklerini ve Struma'nın tamamen parçalandığını belirttiler. Kurtarma sandalları yaklaştığında dört kişi çıkarıldı, bunlardan üçü ölmüştü."

Struma parçalanıp battıktan sonra geminin akıbetinden henüz haberdar olmayan İngiliz Dışişleri, Ankara'daki büyükelçiliğine yolladığı telgrafta elçiliğin Hariciye Vekâleti nezdinde

17 AMA, 27 Şubat 1942 tarih ve 819.8571/133 sayılı belge.

acilen girişimde bulunup en azından giriş izni alınmış olan çocukların Türkiye'den transit geçiş izni verilmesi için ısrarcı olunmasını talep ediyordu.[18] Ancak Hariciye Vekâleti taviz vermez tavrı ile, gemide bulunan, çocuklar dahil tüm mültecilerin kaderini mühürlemişti.

Türk hükümetinin tavrının nedenleri

Hariciye Vekâleti'nin kesin tavrı Struma'nın Türk karasuları içinde kalamayacağı idi. Mültecilerin Filistin'e girmelerine İngiltere'nin izin vermemesi ve geminin Karadeniz'e iade edilmesi teklifine İngiliz hükümetinin herhangi bir itirazda bulunmaması nedeniyle Ankara gemiyi yola çıktığı limana iade etmekten başka çaresi olmadığını hissetti. Vekâletin en çok endişe ettiği şey, mülteciler arasında İstanbul'un güvenliğini tehlikeye atacak ajan provokatörlerin yer alması ihtimaliydi. Struma mültecilerinin karaya ayak basmalarına izin verilmesi bir emsal yaratacak ve benzeri başka mülteci gemilerinin gelmesine yol açacaktı. Bu nedenle Hariciye Vekâleti gemiyi geldiği limana iade etmekle ileride benzeri teşebbüslerin tekrarlanmasının önünü keseceğine inanıyordu.[19]

The Palestine Post muhabiri Gershon Agronsky'nin anıları

Struma gemisinin içinde bulunduğu dramatik durum başta Filistin'deki Yahudiler olmak üzere herkes tarafından yakından izlenmekteydi. Filistin'de İngilizce olarak yayımlanan *The Palestine Post* gazetesinin kurucularından Gershon Agronsky durumu yakından izlemek için Türkiye'ye gelmeye karar verdi. Ancak bu geç kalmış bir karardı. Agronsky Türkiye'ye vardığında facia meydana gelmişti. Agronsky anılarında Türkiye'de bulunduğu günleri şöyle nakledIyordu:

18 PRO, 24 Şubat 1942 tarih ve 74429/FO371/32661 sayılı belge.

19 PRO, 8 Mart 1942 tarih ve 74429/FO371/32662 sayılı belge.

"Kudüs'ten ayrılmadan bir gün önce Struma'daki zavallı yolcularla ilgili olarak bana birçok görev verilmişti. Önce Türkiye'yi ziyaret edip gazetem için bir izlenim elde etmeyi düşündüm. 24 Şubat 1942 günü gece geç vakit İstanbul'a vardım. [*Sohnut*'un temsilcisi] Bay [Joseph] Goldin sayesinde faciadan haberdar oldum, ancak ertesi gün bile sağlıklı ayrıntılar yoktu: Goldin'in bilgi kaynağı olan Bay [Simon] Brod polisten herhangi bir bilgi temin edememişti.

İngiltere Konsolosluğu'nda filo komutanı Wilson'u gördüm. Wilson Yahudilikten Hıristiyanlığa dönmüş bir kişi olup Kudüs'te Shell firmasının temsilcisi olarak bulunduğu günlerden beri hepimizin tanıdığı biriydi. Türk kaynaklarından duyduklarına göre facia, Struma gemisi pazartesi gecesi zorla limandan çekildikten sonra, pazartesini salıya bağlayan gece meydana gelmişti. Tam bilgi yoktu ancak bir patlama duyan ve gemiden duman sütunlarının yükseldiğini gören tanıklar vardı. Wilson'a göre 60 kişi kurtulabilmişti. Konuşmasında patlamanın gemiyi Türk kıyılarında karaya oturtmak isteyen yolcular tarafından yapılan bir sabotaj olduğu iması vardı. Gemi Karadeniz'e götürülmeden önceki gece yolcular motoru bozmuşlardı. Wolfson'un sözlerinden motoru tamir eden ve çocukların karaya ayak basmalarına izin vermeyen Türk resmî makamlarına karşı öfke beslediği anlaşılıyordu. Bana başsağlığı diledi. Ona sadece Türklerin değil birkaç gün önce ilan edilmiş bulunan göç kotasının bu yolculara verilmesini teklif eden *Sohnut*'un teklifini kabul etmemiş olan Majesteleri'nin hükümetinin de kınanması gerektiği cevabını verdim.

Wolfson'un bundan haberi yoktu. Görünen o ki elçilikteki hiç kimse bunu duymamıştı. O zaman Anadolu Ajansı tarafından dağıtılan haber bültenine tek kelimenin eklenmesine izin vermeyen ağır sansür nedeniyle bu bilgiyi yayma zorunluluğunu hissettim.

Ashton tarafından yönetilen İngiliz Enformasyon Ofisi'nde de bana başsağlığı dileme ve Türkleri kınama türünden bir eğilimle karşılaştım. Ashton'un teklif etmesi üzerine otuz yıldan beri Türkiye'de yaşayan bir Amerikalı olan Socony şirketinin müdürü Romain Wey ile tanıştım. Wey şirketin nüfuzunu kullanarak Socony Bükreş bürosuyla ilgisi bulunan Segal ailesinden üç kişiyi gemideki yolcular arasından almayı becermişti.

Wey ile çok değişik insanların bir arada bulunduğu bir sosyal kulüpte öğle yemeği sırasında buluştum. Struma faciası kokteyllerin alındığı sırada günün tartışma konusuydu. Sadece tek bir tarafın görüşü duyuluyordu. Bu görüş de hiç kimsenin bu tür yolculuklarla Türk ve İngiliz hükümetlerinin politikalarını değiştirmeye zorlayamayacağı yönünde olan ve geminin Karadeniz'e götürülüşünü haklı çıkaran bir görüştü. Bunu söyleyen kişi bir Amerikan gazetesinin temsilcisi olduğunu belirtti, ancak muhtemelen Amerikan hükümeti için çalışan bir gizli ajandı.

Onlara [Struma faciasının] harp mültecilerini bu tür benzeri teşebbüsleri tekrarlamaktan alıkoymayacağını belirttim. Yanmakta olan bir evden atlayan bir insanın başına gelen trajedinin aynı koşullar altında bir diğer arkadaşının pencereden tekrar atlamasını önlemeyeceğini söyledim.

Socony şirketinin bürosunda gerçekleşen buluşma sıcak, samimi ve cesaret verici bir toplantıydı. Harwood'un bir öğrencisi olan Walker beni şu samimi sözlerle karşıladı: 'Bay Agronsky çok geç geldiniz! Bu arada 800 kişi Türkler ve İngilizler tarafından öldürüldü!' Türk polisine göre gemi ne su, ne gıda, ne de yakıt olmadan [Türkiye'ye] gönderilmişti ancak Walker bunları temin etmeye hazırdı. Türk filosuna ait *Alemdar* kılavuz gemisi Struma'yı Boğazlar'dan Rumeli'ye geçirdi. Orada kılavuz gemisinin kablosu serbest bırakıldı, polisler gemiden ayrıldı ve gemi kaderine terk edildi. Polisler yolcular arasında bulunan kadınların kendilerine karşı koyduklarını söylediler. Yolcular çarşaflara S.O.S. yazdılar. Struma'nın yakınlarından geçen bir gemi veya sandal olduğunda yolcuların geminin bir küpeştesinden diğerine koşmalarından ötürü gemi her seferinde batma tehlikesiyle karşı karşıya kaldı.

Bilgili kaynaklar Struma'nın akıntı nedeniyle facianın meydana geldiği Şile'nin on mil ötesine kadar sürüklendiğini ileri sürdüler. Orada sahilden bir buçuk mil ötede bir tanık bir infilakın duyulduğunu rapor etti. Gemide yangın çıktı ve akabinde dumanlar yükseldi, daha sonra gemi ikiye ayrıldı. Trajediden üç gün sonra su yüzeyinde hiçbir şey, "tek bir kibrit" bile yoktu.

Geminin [Boğaz'dan] kovulması kararının Nazi temsilcilerinin baskısı altında alındığına inanmak için haklı nedenler var. Çocuklar meselesi bu varsayımı destekliyor. Çocukların Filistin'e girmelerine izin veren beyan İstanbul'daki İngiliz Konsolosluğu tarafından 16 Şubat günü alındı. Aynı gün bu bilgi İstanbul Vilâyeti tarafından teyit edildi. 23 Şubat günü, başka bir deyimle bir hafta sonra, adamlarımız geminin Türk karasularının dışına çıkarılacağını duyduklarında en azından çocukların gemiden çıkarılmaları için [İstanbul Vilâyeti'nden] izin istediler. Ancak vilâyet yetkilileri valinin Ankara'da olduğunu ve kendisinden haber alınamadığı cevabını verdiler. Söylendiğine göre Kızıl Haç'ta çalışan Gino, geminin 26 veya 28 Şubat'a kadar Türk karasularının dışarısına çıkarılamayacağına dair söz aldı, ancak yolcular 23 Şubat günü sınırdışı edildiler.

Tek canlı kurtulan David [Stoliar] İstanbul'da hastanede sıkı koruma altında tutuluyordu. Fazla bir şey bilmiyor. Kendisi (ve de [Simon] Brod) bir patlama sesi duyduğunu, birden kendisini otuz ila kırk kişiyle birlikte denizde bulduğunu söylüyor. Bulgar kaptan da onunla birlikteydi. Her ikisi aynı tahta parçasına sarıldılar. David kaptanın denizde boğulduğunu söylüyor, diğerlerinin de soğukta donup boğulduklarını teyit etti.

Resmî bildiride Türk resmî makamların mültecileri kabul etmeleri için birçok ülkeyle temasa geçtikleri ancak olumlu cevap almadıkları belirtildi. Türklerin Struma yolcularının *Eretz İsrael*'e gitmelerine izin verilmesi için İngilizlere 13 ayrı kere başvurduklarını söylediklerini duydum. Resmî bildiride Romen makamlarının, yolcuları geri kabul etmeyişinin nedeninin yolcuların Romanya'yı izin almadan terk etmeleri olduğu belirtildi. Brod bana Gaffner adında bir yolcunun gemi biletini ve yolculuğu tasvir eden bir broşürü gösterdi. Biletin bir yüzü geminin acentesi veya sahibi olan Pandelis, diğer yüzüyse *Va'ad Aliyah* tarafından mühürlenmişti. Bilette resmî makamların bildirisiyle tezat teşkil eden iki paragraf vardı. Yolcuların beraberlerinde alabilecekleri eşyaların listesi verilirken [Romen] Maliye Vekâleti'nden izin alındığı açık bir şekilde belirtilmişti. Bir diğer paragrafta gemi kargosunun ilgili vekâletin izni alınarak gönderildiği belirtiliyordu. Ankara'da yaşayan Romanyalı bir Yahudi gazeteci Struma yolculuğa başlamadan üç ay önce Romen basınında [yolculukla ilgili] ilanların yer aldığını teyit etti.

Tamamen Nazi yanlısı olan ve İstanbul'da Almanca olarak yayımlanan *Türkische Post* gazetesi [Anadolu Ajansı'nın] resmî bildirisine ilaveten İstanbul'daki denizcilik çevrelerinde üç yüze yakın kişinin sağ kurtulduklarının söylendiğini yazdı. Romanya'da ise Nazi çevreleri 750 kişinin kurtulduğu bilgisini yaydı. Gemide akrabaları bulunan Romanyalılar, aralarında Socony şirketi olmak üzere İstanbul'daki bazı gruplara Bükreş'ten telefon edip kurtulanlar listesinde akrabalarının adlarının olup olmadığını sordular. Kendilerine hiç kimsenin kurtulmadığı söylendiğinde telefon hattının öbür ucunda acılı haykırışlar duyuldu. 6 Mart'ta İstanbul'dan ayrıldığım sırada tüm yolcuların kurtarıldıkları, aynı zamanda tüm yolcuların Yahudi olmayıp Nazi ajanı oldukları söylentileri dolaşıyordu.

Ankara'da İngiltere Büyükelçiliği'nin başmüşavirine Struma meselesini söyledim. Kopya çıkarması için göç sertifikalarını kendisine bıraktım. Geminin Romanya'dan izin alarak yola çıkmasına ve yolcular için göç sertifikası almak için teklif yaptığımıza dair bilgiler başmüşavir üzerinde etki yaptı. Amerikan Büyükelçiliği'ndeki birinci kâtibe meseleyi ayrıntılı bir şekilde tasvir ettim. Aynı zamanda büyükelçi [Laurence] Steinhardt ile de görüşmek istedim. Bana ayrılmış olan otuz dakikayı Steinhardt önemsiz şeyleri konuşmak için kullandı. Sözü Struma meselesine getirdiğimde, zamanı geldiğinde Londra ve Washington yönetimlerinde yer alan ve bu tür facialarin meydana gelmesine izin veren kişilerin tasfiyesi için Churchill'e baskı yapması konusunda Roosevelt'in ikna edilmesi gerekeceğini söyledi. Trajedinin, Majesteleri'nin hükümetinin *Eretz İsrael*'e karşı takındığı çürümüş ve hain bir düzenin sonucu olduğunu söyledi.

Amerikan gazetecilerinin bir tanesi evinde İngiliz ve Amerikan basının temsilcileriyle beni bir araya getiren bir toplantı düzenledi. Hiçbiri Türk makamlarının göç sertifikalarının hazır olduğu bilgisinin yurtdışına gönderilmesine izin vermeyeceğini belirterek, bir telgraf yollama fırsatı bulmadı. İngilizlere gelince; kendi delegasyonlarının kınanmasına yol açacak bilgileri yayımlamada hiç aceleleri yoktu."[20]

İsimsiz bir görgü tanığının ifadesi

İsrail'de bir arşivde bulunan bir belge olayla ilgili olarak bir diğer görgü tanığının gözlemlerini yansıtmaktadır.[21] Adı belirtilmemiş olan bir tanık olayları şöyle anlatmaktadır:

> "İstanbul'a 10 Şubat 1942 tarihinde geldim. Struma Galata köprüsünden pek uzak olmayan eski yerinde demirliydi.
>
> D.'den geminin tamiratı bittiğinde deneme için Haliç sularında denize açıldığını öğrendim. Gemi uzmanlar tarafından da incelendi. Sonuçlar Ankara'ya gönderildi ve kamuoyuna açıklanmadı. Ancak adı saklı olan bir kaynağa göre uzmanlar geminin denizde uzun bir yolculuk yapabilecek durumda olmadığını belirtmişlerdi. (İstanbul'dan *Eretz İsrael*'e olan mesafe 1100 deniz milidir).
>
> Geminin tamiratı sona erdiğinde, düşman olarak kabul edilmelerinden ötürü, kaptanı ile mürettebatın *Eretz Israel*'e devam etmeyi reddettikleri öğrenildi. Başka mürettebat bulması için geminin acentesi olan Litopulos ile müzakereler başladı. Bedeli ve şartları konusunda güçlükler vardı, ancak

---

20 Gershon Agron, *Assir Haneemanuth (The Loyal Rebel)*, M. Newman Publishing House Ltd., Kudüs, Tel-Aviv 1964, s. 124-129.

21 Hagana Arşivi, Dosya 14/a267, "I arrived in Kushta on 10.2.42", (İbranice). David Stoliar'a göre "D" dönemin İstanbul Emniyet Müdürü Ahmet Demir olmalıdır. Ahmet Demir Struma meselesine çok olumlu bakan bir kişi olup yaklaşık 17 Şubat 1942 tarihinde eşini kaybetmiş ve görevi geçici olarak, Struma meselesine olumlu yaklaşmayan yardımcısı üstlenmişti.

bunlar çözüme kavuşturulmak üzereydi ve yanılmıyorsam yedibin lira ödenmesine mutabık kalınılmıştı.

O günlerde Filistin'deki Manda Hükümeti'nin 11 ilâ 17 yaşları arasındaki çocukların Filistin'e girişlerine izin verdiğini öğrendik. Gemide bu yaşlar arasında yaklaşık 60 çocuk vardı.

Mösyö B[rod] hemen bu meseyle meşgul olmaya başladı. İstanbul'daki İngiltere Konsolosluğu'ndan bir mektup aldı ve [İstanbul] Emniyet Müdürü'ne gitti. Ancak Mösyö B[rod] ile iyi ilişkileri olan polis müdürünün karısı vefat etmişti. Onun yerine geçen kişi kendisine Struma ile ilgili tüm soruları Ankara'ya göndermesi konusunda talimat verildiğini bildirdi. Mösyö B[rod]'a her gün 'bugün git, yarın gel' denildi.

23 Şubat günü saat 17.00 civarında Mösyö L[itopulos] Dr. G[oldin]'e gemide birşeyler olduğunu ve muhtemelen Boğaz'dan çıkarılacağını haber verdi. Dr. G[oldin] hemen Mösyö B[rod]'la temas kurdu. Ancak meseleyi aydınlatmaya çalışırken gemi Karadeniz'e doğru çekilmişti. 'Resmî çevreler' Ankara'dan gelen emirler üzerine geminin, geldiği limana geri gönderildiğini bildirdiler.

Ertesi gün limanda bürosu bulunan ve oradan gemiyi ve cereyan eden her şeyi görebilen acentemiz L[itopulos] bana şunları söyledi:

'Öğle vaktinden itibaren gemide bazı hareketlilik görüldü, ancak fazla önem verilmedi. Saat 17.00 civarında bir kılavuz gemisiyle birlikte polisler geldi. Mülteciler bağırmaya başladılar ve üzerinde Fransızca 'Sauvez-nous' ('bizleri kurtarınız') yazılı bir beyaz bayrak çektiler. Geminin her iki yanında üzerinde büyük harflerle 'İmmigrants Juifs' ('Yahudi mülteciler') yazılı bezler vardı.

Birkaç dakika sonra bir diğer polis grubu geldi. Polisler güverteye tırmandılar ve mültecileri insafsızca dövmeye başladılar. Dövülenlerin çığlıkları korkunçtu. Birkaç dakika sonra güvertede kimsecikler yoktu. Gemiyi gören herhangi bir kimsenin herkesin nereye kaybolduğunu anlaması imkânsızdı, zira mültecilerin tamamının güvertenin altına yerleştirilmesi imkânsızdı. L[itopulos] gördüklerini anlatmaktan korktuğunu söyledi ve bana onun adını kullanarak bu olanları söylememem için yalvardı. Gördüklerini Dr. G[oldin]'e anlatmaya söz verdi. Bu olaylar cereyan ederken aynı handa işyeri olan Mösyö Bn.'ı olayları görmesi ve tanıklık yapması için [yanına] çağırdı.

O gece Bulgaristan'dan Türkiye'ye TCDD için gerekli teçhizatı getiren bir Türk buharlı gemisinin bir denizaltı tarafından torpillenip batırıldığı söylentileri vardı. Struma'nın da battığına dair söylentiler vardı. Aynı akşam Türk resmî makamlarına sorduk ancak bu söylentiye dair ne bir tekzip ne de bir teyit alabildik. Gayriresmî kaynaklar bilgiyi teyit ettiler. Bir geminin battığını ve yolcuları kurtarmak için yardım yollandığını söylediler. Ancak bir gün sonra sadece David [Stoliar] adında bir kişinin kurtulduğunu, bilincinin yerinde olmadığını ve askerî hastahanede koruma altında olduğunu söylediler. Bir başka söylenti David'in Struma'yı bir denizaltının batırdığını söylemiş olmasıydı.

Polis yetkilileri hiçbir şey söylemedi. Yahudi cemaati temsilcileri D.'nin tavsiyesi üzerine polise giderek ölülerin dinî vecibelere uygun olarak gömülmeleri için izin istedi. Bu şekilde bilgi temin etmeyi ümit ediyorlardı. Ancak Emniyet amirinin cevabı hükümetin bu meselenin kapatılmasını ve bir daha bahsedilmemesini istediğini belli eden 'kaba bir ima'ydı.

David'in yanı sıra bir kişinin daha kurtulduğu söylendi, ancak bu konuda herhangi bir teyit yoktu ve bu kişinin de nerede bulunduğu belli değildi.

David [Stoliar] askerî hastaneden bir hükümet hastanesine nakledildi, ancak kendisini ziyaret etmek için izin verilmedi. Ayrıca [*Or Ahayim*] Yahudi Hastanesi'ne nakledilmesine de izin verilmedi.

Facia Boğazlar'ın çıkışında Türk kıyısına uzak olmayan bir yer olan Şile'de meydana geldi.

Yukarıda anlattıklarımı esas itibariyle D. ile olan konuşmalarım sırasında öğrendim. Teferruatlarını hafızamda kaldığı şekliyle ve doğrulukları konusunda hiçbir mesuliyet almadan bildiriyorum."

Heinz Tsiffer'in tanıklığı

Struma Sarayburnu'nda karantina altında iken İstanbullu bir Yahudi genci o günlere dair izlenimlerini, facianın üzerinden 56 yıl geçtikten sonra, şöyle aktarıyordu:

> "Hemen hemen 56 senelik bir müddet geçmiş olmasına rağmen, hâlâ o gemi ve beyaz çarşaf üzerine 'Yaşasın Türkiye Cumhuriyeti, bizi kurtarın' diye büyük harflerle yazmış olan zavallı mülteciler gözümün önünde bulunuyor. Her sabah Eminönü meydanından çıkan Bebek tramvayından, yahut da Boğaziçi vapurundan onları görünce, kalbim parçalanıyordu.
>
> Oturduğum pansiyonda Heybeliada Bahriye Okulu eski mezunlarından rehber kaptan Rubin Perlman yaşıyordu. İstiklâl savaşında Haliç'ten Samsun'a silah kaçıran bir geminin yolunu kesmeye teşebbüs eden İngiliz polisi dolu motorbota Perlman, rehber motorun burnu ile çarparak polislerin denize dökülmelerine ve geminin Samsun'a varmasına sebep olmuş. Bir taraftan İstiklâl madalyası kazanırken, diğer taraftan İngilizler ön dişlerini kırarak onu hapse atmışlar. İşte bu kaptandan öğrendim ki, İstanbul tüccarlarından Simon Brod'un idaresinde bulunan bir heyet, mültecilerin en mühim ihtiyaçlarını temin ediyormuş. Aynı zamanda, Yahudi Ajansı [*Sohnut*] İstanbul mümessili Hayim Barlas, mültecilerin Filistin'e girmek müsaadesini ele geçirmek için İngilizlerle görüşmeler yapıyormuş. Fakat günler ve haftalar geçiyor, kışın soğuğu şiddetleniyor, gemi karla örtülüyor. Bu sefer kaptan Perlman, okul arkadaşı [olan] İstanbul liman müdürüne başvurunca, liman müdürü geminin kötü hali ve can kurtarma teçhizatı eksikliği yüzünden beynelmilel denizcilik kanunlarına dayanarak zaten geminin limandan çıkmasına mani olacağını bildirdi.
>
> Buna rağmen 24 Şubat'ta sabahleyin [Robert] koleje gittiğimde, Struma'nın aylarca bağlı olduğu rıhtımda bulunmadığını görünce tekrar kaptan Perlman'a başvurdum. Meğerse o da dairesinden Struma'nın rıhtımda olmadığını görmüş ve liman müdürüne sormuş. Ankara'dan başbakan Dr. Refik Saydam şahsen liman müdürüne 'gemiyi Karadeniz'e çıkarın' diye emir vermiş.

O günlerde bilinen şey, geminin 739 yolcusu, çoluk çocuğu ile Boğaziçi'nin açıklarında ya denizaltı yahut da deniz mayını tarafından batırılmış olmasıdır. Yüzerek kendisini kurtaran tek yolcu Mr. Stoliar'ın anlattığına göre, denize düşenler, kendisi gibi, tahta parçalarına sarılarak yüzmeğe çalıştılar ama, şiddetli soğuğun tesiri olarak, teker teker gözden kayboldular. (...)

Kabahat kimde acaba? Şubat 1942'de 20 yaşında idim. Avusturya, Romanya ve Yunanistan'daki akrabalarımın Almanlar tarafından öldürüldüğünü anlamam, yaşımdan ziyade ciddî ve olgun olmama sebep vermişti. Yoksa Struma'yı denize çıkarmak için Türkiye hükûmetine tazyik icra eden, Yakın Doğu İngiltere mümessili Lord Noyn'u öldüren iki Musevi genci gibi ekstremist olurdum. Refik Saydam mı kabahatli? Tam 4 asırdan beri Musevilerini koruyan Türkiye'yi ittiham [itham] etmek, nankörlük olurdu. Onun için bugün İsrail'de bulunan o devrin gençleri, Struma faciasının kabahatinin bizde olduğunu, vatanımıza, hükümetimize, ordumuza kavuşmadan ne şerefimizi ne de hayatımızı koruyacak bizden başka kimsenin bulunmayacağını, Struma'nın teşkil ettiği örnek bize isbat etmişti."[22]

Struma ile ilgili diğer anı kırıntıları

Struma faciası ile ilgili olarak Türkiye'de çok fazla anıya rastlanmadı. Tespit edilebildiği kadarıyla sadece Mina Urgan ve Yervant Gobelyan anılarında kısaca Struma'ya değindi. Mina Urgan'ın Struma ile ilgili anıları şöyleydi:

"İstanbul limanına demir atan Romanya bandıralı Struma gemisi tıkabasa Yahudi doluydu. Eski, püskü, battı batacak, küçük, paslı bir gemiydi bu. Ve salkım saçak Yahudi sarkıyordu her bir yanından. O gemide 769 Yahudi varmış kimine göre. Bizlere uzaktan sesleniyorlardı; 'yardım edin bize' diye yalvarıyorlardı sanki. Nasıl yalvarmasınlar ki? 1941 yılının Aralık ayıydı. Nazi orduları ülkelerini işgal etmişti. Romanya'ya sığın-

22 Heinz Tsiffer'in 8 Temmuz 1997 tarihinde Silvyo Ovadya'ya *Şalom* gazetesinde yayımlanmak üzere gönderdiği ancak yayımlanmayan mektup. (Heinz Tsiffer'in 30 Haziran 2000 tarihli yazısı).

mışlar, Filistin'e gitmek niyetiyle Struma'ya binmişlerdi. Ama Struma'nın onları oralara kadar götürecek durumda olmadığı besbelliydi. Korkunç bir suçluluk duygusuna kapılarak, onlara bir süre için neden sığınma hakkı vermediğimizi düşünüp dururum hâlâ. Yahudi sorunu konusunda aşırı duyarlı olmamın bir nedeni de Struma olayıdır zaten. Çünkü toplama kamplarını sadece okudum. Ama Struma'daki Yahudileri, çoluklarıyla çocuklarıyla uzaktan da olsa, kendi gözlerimle gördüm. Hattâ çocukların ağladığını duyar gibi oldum."[23]

Yervant Gobelyan ise anılarında Struma'ya şöyle değiniyordu:

"Boğaz'da oturduğumuzdan, mobilya fabrikasında çalışmağa başladığımda yine vapurla Hisar'dan Eminönü'ne gidip geliyordum. İkinci Dünya Savaşı başlamıştı. Okulu bırakmış, evin geçimi için babama yardımcı oluyordum. Makinist olarak çalışıyordum, ancak transmisyon kayışları ile birbirine bağlı makinelerin gürültülü sesinden ziyade, Kızkulesi açıklarında demirli bekleyen Panama bandıralı Struma nehir gemisinden yükselen kadın ve çocukların sesleri, çeşit çeşit insan çığlıkları geliyordu hep kulağıma. Hatta bu nedenli bir gün de parmağımı şerit testeresine kaptırdım hafifçe."[24]

Struma'yı kim batırdı?

Struma gemisinin kimin tarafından batırıldığı her zaman tartışmalı bir konu oldu. Genel kanı bir Alman denizaltısı tarafından batırıldığıydı. Ancak 1978 yılında SSCB Savunma Bakanlığı'nın yayımladığı bir kitaba göre Struma bir Sovyet denizaltısı tarafından batırılmıştı. Kitaba göre olay şöyle meydana geldi:

"24 Şubat 1942 günü sabah erken saatlerde Sheh-23 denizaltısı (komuta subayı kaptan teğmen D. M. Denezhko, askerî

23 Mina Urgan, *Bir Dinozorun Anıları*, Yapı Kredi Yayınları, İstanbul, 1998, s.276-277.

24 Yervant Gobelyan, "Tanıklıklarım", *Tarih ve Toplum*, Ekim 2000, sayı 202, s.38-44.

komiser ve siyasi eğitmen A. G. Rodinstev) 7000 ton ağırlığında ve korumasız seyreden düşman taşıma gemisini gördü. Bir denizaltı torpedosu altı palamarlık bir mesafeden (1200 yarda) hedefi vurdu ve hedef battı. Başçavuş V. D. Chernov, kumanda çavuşu G. G. Nosov ve torpido operatörü Kızıl Donanma'nın adamı I. M. Filatov olay sırasında örnek alınacak bir cesaret sergilediler."[25]

Faciadan tek sağ kurtulan kişi olan David Stoliar'ın tanıklığı

İlgi: Struma'nın İstanbul'da bulunduğu süre

5 Şubat 1999 tarihli ilk mektubunuzu tekrar okuduktan sonra bir araştırmacı ve tarihçi olarak daha çok 1941 yılının Aralık ayından 1942 yılının Şubat ayına kadar olan süre zarfında Türk resmî makamlarının tavrı ve de Struma ['nın batırılmasından] sonraki olaylarda tek kurtulan kişi olarak başımdan geçenlerle ilgili olduğunuz anlaşılıyor. Bu dönemle ilgili bazı olayları size anlatmaya karar verdim. Takdir sizindir.

Struma'nın 15 Aralık 1941 günü İstanbul limanına varışından 23 Şubat 1942 tarihine kadar:

Geminin motoru Boğazlar'a girişten birkaç kilometre öncesinde bozuldu ve o andan itibaren bir daha hiç çalışmadı. Motor geminin Köstence'den hareketinden 24 saat sonra zaten birkaç kere bozulmuştu. Dizel motorunun gövdesi çatlamıştı. Gemi Türk karasuları içinde olduğundan ve mayın dizilmiş bir bölgeye doğru sürüklenmekte olduğundan geminin SOS sinyallerine cevaben bir Türk kılavuz gemisi geldi ve Struma'yı Boğazlar'dan geçirerek İstanbul limanına getirdi. Gemiyi İstanbul limanının tam ortasına Avrupa ve Asya yakalarının ortasına demirlettirdi.

15 Aralık 1942 ile 23 Şubat 1943 tarihleri arasında gemiyi sürekli koruma altında tutan Türk polisi dışında herhangi bir

25 G. I. Vaneyev, *Black Sea Navy in the Great Patriotic War*, Voyenizdat, Moskova 1978, (Rusça), aktaran Zeev Ben-Shlomo, "Struma did not founder - Soviet sub torpedoed her in '42", *The Jewish Week*, 10 Eylül 1982, s. 12.

kimsenin gemiye ulaşması imkânsızdı. Gıda, su ve diğer malzemeler gemiye yanaşan sandallardan Struma'ya aktarılıyordu. İstanbul Yahudi cemaati tarafından gemiye gönderilecek olan her şey ihracat olarak işlem gördüğünden muhtelif formalitelere ve liman yetkililerinin ihracat onayına tâbi idi. Bu nedenle gıda ve ilaç sıkıntısı çekiliyordu. En azından bu bize polis tarafından yapılan açıklamaydı. Geminin dizel motoru sökülüp tamir edilmek üzere karaya çıkartıldı. Hiçbir zaman [motor] gemiye geri gelmedi.

O dönemdeki Ankara, Londra ve Kudüs arasındaki siyasi gelişmeler ve olaylar Dalia Ofer'in *Escaping the Holocaust* (Soykırım'dan Kaçarken) ve özellikle Lord Nicholas Bethell'in 1979 yılında yayımladığı *The Palestine Triangle* (Filistin Üçgeni) kitaplarından çok güzel bir şekilde tasvir edilmiştir.

Birden hiçbir ikaz olmadan 150 ila 200 polis gece gemiye çıktı. Yolcularla kısa süren bir kavgadan sonra kaptan ve gemi mürettabatı dahil olmak üzere herkesi güvertenin altına sokmayı başardılar. Geminin çapasını kestiler. Struma normalden çok daha büyük bir kılavuz gemisine bağlandı ve Boğazlar'dan Karadeniz'e çekildi. Çekildikten sonra kılavuz gemisi çekme halatını serbest bıraktı ve ayrıldı. Kılavuz gemisindeki birisi [Struma'da bulunanlara] "Burgaz'a geri dön" diye bağırdı. Struma'nın motoru yoktu, yiyeceği, suyu, yakıtı, ilacı hiçbir şeyi yoktu. Gemi denizin merhametine kalmış, başıboş bir şekilde dolanıyordu. Gün batımında gemiye bir torpedo isabet etti ve birkaç dakika içinde battı.

Denizde çok soğuk sularda yüzen, ağlayan, su yüzünde durmaya çalışan yüzlerce yolcu vardı. Kıyı bütün gün boyunca gözle görülmesine ve [kıyıdan] motopomplar gibi gürültüler gelmesine rağmen hiçbir yardım gelmedi. Türk resmî haber ajansı ertesi gün Struma'nın bir patlama sonucu Karadeniz'de battığını bildirdi. Sağ kurtulan hiç kimse yoktu. [Ajans haberinde] "Bazı kurtarma gemileri olay yerine ulaşmaya çalıştı ancak çok dalgalı deniz yüzünden bölgeye ulaşamadılar." [deniliyordu]

Geminin batmasının akabindeki 24 saat boyunca denizin

son derece sakin olduğunu lütfen kaydedin. Zaten bu sayede hayatta kalmayı başardım. Suların aşırı soğuk olmasından ötürü mürettebat dahil olmak üzere sularda yüzen birkaç yüz yolcu kısa zamanda [su yüzünden] kayboldu. El ve ayak parmaklarım kısa zamanda donmuştu.

Ertesi sabah Şile Feneri'nden içinde dört kişi bulunan bir sandal olay yerine geldi. Sulardan ölü halde olan ikinci kaptanı, enkaz arasından bir başka cesedi ve beni çıkardılar. Beni fenere götürdüler, yemek yedirdiler ve ertesi sabaha kadar istirahat etmem için yatak verdiler.

Fenere bir polis geldi ve beni alıp bir otobüs istasyonuna götürdü. Beni Üsküdar'a götürecek olan bir otobüse bindirdi. Üsküdar'da bir ambülans beni bekliyordu ve beni askerî hastaneye götürdü. Tek yataklı bir odaya konuldum. Kapıda her saatte bir polis nöbet bekliyordu ve hekim ile hastabakıcı dışında hiç kimsenin odaya girmesine izin verilmiyordu.

Ambülanstaki hekimler beni hastaneye sokarlarken birçok gazeteci orada bekleşiyordu. Zannederim Rusça konuşan bir tanesi bana kim olduğumu ve nereden geldiğimi sordu. Ona "David Stoliar, Struma'dan" cevabını verdim. Ertesi sabah gazeteler "Bir yolcu, David Stoliar hayatta kalabildi ve kurtarıldı." diye yazdılar.

El ve ayak parmaklarım donmuş halde hastanede geçirdiğim birkaç günden sonra polis tarafından askerî hastaneden alındım. Otomobille ve sonra araba vapuru ile karşıya geçtik ve İstanbul'daki Emniyet Müdürlüğü'ne gittik. Bu binanın en son katında yarım daire şeklinde sekiz hapishane hücresi vardı ve bu yarım dairenin ortasında bir kömür sobası bulunan küçük bir ortak alan mevcuttu.

Burada çoğunluğu Türkler tarafından yakalanmış birçok tutuklu bulunuyordu. İngilizler hesabına casusluk yapan bir Bulgar, bir Alman casusu ve hepsi zincir vurulmuş polis eşliğinde gelip giden başka insanlar vardı.

Polis beni orada iki üç hafta tuttu. Zincire vurulmamıştım, ancak her akşam bir hücreye konuyor ve sabah çıkarılıp ortak alanda durmama izin veriliyordu. Birçok kere alt katta bulunan bir sorgulama odasına alındım ve tekrar tekrar nereden geldiğimi ve gemiye ne olduğunu sordular. Neden hapiste bulunduğumu sorduğumda bir Türk vizesine sahip olmayıp Türkiye'de yasa dışı bulunduğumdan ötürü olduğunu söylediler.

Her gün yakında bulunan bir lokantadan bana yemek gönderiliyordu. Bunun İstanbul Yahudi cemaati tarafından organize edildiğini varsayıyorum. Birkaç gün sonra Yahudi cemaatinin gönderdiği bazı elbiseleri de aldım.

Nihayet bir öğleden sonra Bay Simon Brod'un beklediği zemin kata indirildim. Arabasıyla beni evine götürdü. Elbiseler verdi, yıkandım, ailesiyle birlikte yemek yedim ve yattım. Yemek sırasında Bay Brod bana Struma'nın enkazından sağ kurtulmamın bir mucize olduğunu, ancak bu trajedinin tek tanığı olarak Türk resmî makamlarından sağ kurtulmuş olmamın ise daha büyük bir mucize olduğunu söyledi.

Ertesi sabah beni arabayla bir polisin beklediği [Haydarpaşa] tren istasyonuna götürdü. Birinci mevkii yataklıda bir yerim vardı ve bilet parasını Simon Brod ödemişti. Tren yolculuğu Türkiye'nin Suriye ile olan sınırına ulaşmamıza kadar birkaç gün sürdü. Sınırda bana refakat eden polis seyahat belgelerimi verdi ve beni terk etti. İlk kere Kudüs'teki Filistin hükümeti tarafından düzenlenmiş seyahat belgelerimi görüyordum. Tren yolculuğu Kahire'ye kadar devam etti. Orada kim olduğunu bilmediğim birisinin yolladığı bir araba beni bekliyordu. Araba beni Filistin sınırına ve İngiliz Polis İstasyonu'na götürdü.

Birkaç formaliteden ve bir İngiliz Polisi tarafından ifadem alındıktan sonra nereye gitmek istediğimi sordular. Tel-Aviv'e götürülmemi istedim. Aynı araba beni Tel-Aviv'e götürdü. Halen el ve ayak parmaklarımda büyük sorunlarım vardı ancak serbesttim. Tel-Aviv'deki *Sohnut* (Yahudi Ajansı) beni görme ve benimle konuşma zahmetine bile katlanmadı.

Bu satırlar Struma'dan kurtulmamdan Tel-Aviv'e varana kadar başımdan geçenlerin nihai bilançosudur. İnsanların diğer insanlara karşı nasıl davrandıkları konusunda davranış notları vermek gerekirse ve bu notlardan 1 çok kötü ve 10 çok ilgili değerini taşıyorsa benim notlarım şöyle olacaktır:

İstanbul Yahudi cemaati	: 10
Türk resmî makamları	: eksi 0
Filistin'deki İngiliz resmî makamları	: 5
Filistin'deki *Sohnut* (Yahudi Ajansı)	: 1

İçten selamlarımla"

David Stoliar

Bend, Oregon, 27 Şubat 1999

"Aziz Bay Bali,

Size bir özür borçlu olduğumu hissediyorum. Struma trajedisi sırasında ve sonrasında Türk resmî makamlarına karşı bu kadar olumsuz bir tavrım olmasından dolayı çok üzgünüm. Ancak bugün 1940'lı yıllardan iki kuşak sonrasında yaşıyoruz ve insanların diğer insanlara karşı değişik tavırları olduğunu hissediyorum. Netice itibariyle, Şile Feneri'ndeki denizciler beni 25 Şubat 1942 günü denizden çekip almamış olsalardı bu mesajı size yazamamış olacaktım. Lütfen özrümü kabul edin."

David Stoliar

Bend, Oregon, 1 Mart 1999

TÜRKİYE
KIZILAY CEMİYETİ
İstanbul mümessilliği

Telefon: 21788

№ 670 İstanbul: 23/12/941

İstanbul İhracat Gümrüğü Müdürlüğüne

ŞEHİR

Romanyadan gelen Struma vapurundaki 747 musevinin iaşesine müteallik günlük ihtiyacı bulunan ilişik listede yazılı olan gıda maddeleri Cemiyetimiz namına temin edilmişdir. Vpura sevk ve teslimine müsadelerinizi saygılarla rica ederim.

Mümessil
İ. Cemal Akan

İlişiği
1

TÜRKİYE
KIZILAY CEMİYETİ
İstanbul mümessilliği

Telefon: 21788

№ İstanbul:

Struma vapurundaki 747 musevinin günlük ihtiyacı

300	kilo ekmek
100	" Galata
100	" tuzlu uskumru balığı
50	adet limon
10	sandık portakal
50	kilo şeker
100	kilo havuç
50	" helva
1	sandık yumurta 1600
250	kilo patates
3	" tuz
50	" hurma
50	" incir
50	" salam
10	Şişe kanyak
2	kilo ıhlamur
200	On birlik sigara
50	kilo fındık
50	" beyaz peynir

CZA 201/7 sayılı dosya.

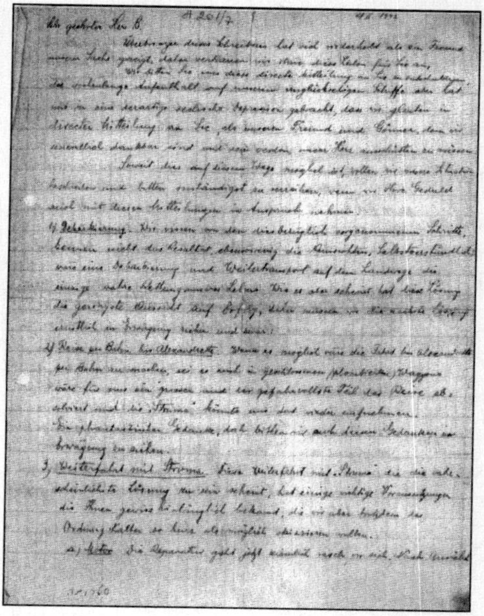

A 201/7 ... 1942

Sehr geehrter Herr B.

Überbringer dieses Schreibens hat sich wiederholt als ein Freund unserer Sache gezeigt, daher vertrauen wir ihm dieses Schreiben für Sie an.

Wir bitten Sie uns diese directe Mitteilung an Sie zu entschuldigen. Der [illegible] Aufenthalt auf unserem unglückseligen Schiffe aber hat uns in eine derartige seelische Depression gebracht, dass wir glauben in directer Mitteilung an Sie, als unseren Freund und Gönner, dem wir unendlich dankbar sind und sein werden, unser Herz ausschütten zu müssen.

Soweit dies auf diesem Wege möglich ist, wollen wir unsere Ansichten [illegible] und bitten [illegible] zu verzeihen, wenn wir Ihre Geduld auch mit diesen Mitteilungen in Anspruch nehmen.

1) Debarkierung. Wir waren von den diesbezüglich vorgenommenen Schritten, [illegible] wäre eine Debarkierung und Weitertransport auf dem Landwege die einzige wahre Rettung unseres Lebens. Wie es aber scheint hat diese Lösung die geringste Aussicht auf Erfolg, daher müssen wir die nächste Lösung [illegible] in Erwägung ziehen und zwar:

2) Reise per Bahn bis Alexandrette. Wenn es möglich wäre die Fahrt bis Alexandrette per Bahn zu machen, sei es auch in geschlossenen (plombierten) Waggons wäre für uns ein grosser und der gefahrvollste Teil der Reise [illegible] und die „Struma" könnte uns dort wieder aufnehmen. Ein phantastischer Gedanke, doch bitten wir auch diesen Gedanken in Erwägung zu ziehen.

3) Weiterfahrt mit Struma. Diese Weiterfahrt mit „Struma" die die wahrscheinlichste Lösung zu sein scheint, hat einige wichtige Voraussetzungen die Ihnen gewiss [illegible] bekannt, die wir aber trotzdem der Ordnung halber so kurz als möglich skizzieren wollen.

a) Motor. Die Reparatur geht jetzt [illegible] rasch vor sich. Nach Ansicht

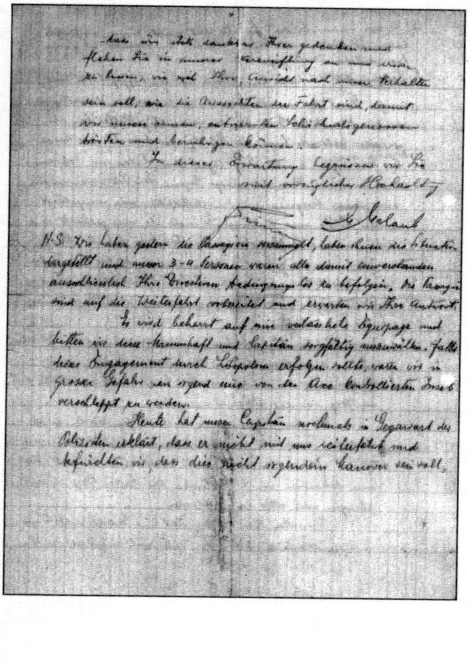

dass wir stets dankbar Ihrer gedenken und flehen Sie in unserer Verzweiflung an uns wissen zu lassen, wie weit Ihre Ansicht nach unser Verhalten sein soll, wie die Aussichten der Fahrt sind, damit wir unsere [illegible], [illegible] Schicksalsgenossen trösten und beruhigen können.

In dieser Erwartung begrüssen wir Sie mit vorzüglicher Hochachtung

N.S. Wir haben gestern die Passagiere versammelt, haben ihnen die Situation dargestellt und unsere 3–4 Personen waren alle damit einverstanden ausschliesslich Ihre Directiven bedingungslos zu befolgen. Die Passagiere sind auf die Weiterfahrt vorbereitet und erwarten wir Ihre Antwort.

Es wird beharrt auf eine verlässliche Equipage und bitten wir diese Mannschaft und Capitän sorgfältig auszuwählen. Falls dieses Engagement durch [illegible] erfolgen sollte, wären wir in grosser Gefahr an irgend eine von der Axe kontrollierten Insel verschleppt zu werden.

Heute hat unser Capitän nochmals in Gegenwart der Polizisten erklärt, dass er nicht mit uns weiterfahre und befürchten wir, dass dies nicht irgend ein Manöver sein soll.

CZA 201/7 sayılı dosya.

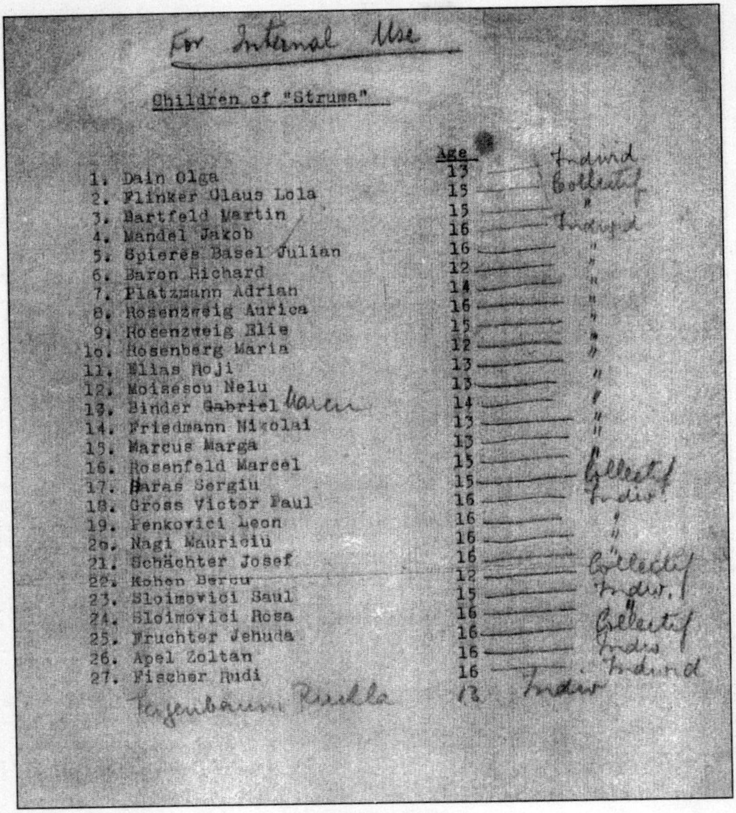

For Internal Use

Children of "Struma"

		Age	
1.	Dain Olga	13	Individ
2.	Flinker Claus Lola	15	Collectif
3.	Bartfeld Martin	15	"
4.	Mandel Jakob	16	Individ
5.	Spieres Basel Julian	16	"
6.	Baron Richard	12	"
7.	Platzmann Adrian	14	"
8.	Rosenzweig Aurica	16	"
9.	Rosenzweig Elie	15	"
10.	Rosenberg Maria	12	"
11.	Elias Roji	13	"
12.	Moisescu Nelu	13	"
13.	Binder ~~Gabriel~~ Marcu	14	"
14.	Friedmann Nikolai	13	"
15.	Marcus Marga	13	"
16.	Rosenfeld Marcel	15	Collectif
17.	Baras Sergiu	15	Indiv.
18.	Gross Victor Paul	16	"
19.	Fenkovici Leon	16	"
20.	Nagi Mauriciu	16	"
21.	Schächter Josef	16	Collectif
22.	Kohen Bercu	12	Indiv.
23.	Sloimovici Saul	15	"
24.	Sloimovici Rosa	16	Collectif
25.	Fruchter Jehuda	16	Indiv.
26.	Apel Zoltan	16	Individ
27.	Fischer Rudi	16	
	Feigenbaum Rischla	13	Indiv

CZA A 201/7 dosya, Struma'daki çocukların listesi.

DÖRDÜNCÜ BÖLÜM

CUMHURİYET'İN GÖZDEN KAÇAN YANI: ANTİSEMİTİZM

Yaşam Öyküsü, Yayımları ve Düşünce Dünyası ile Cevat Rıfat Atilhan

Popüler milliyetçi ve İslâmcı yayımlarda adına en çok rastlanan yazarlardan biri olan Cevat Rıfat Atilhan hakkında bugüne kadar hiçbir ayrıntılı ve kayda değer inceleme yapılmadığı gibi, hakkında verilen bilgiler de Atilhan'ı yücelten ve onu "Siyonizm uzmanı" veya "üstad" olarak tanıtan yazılarla kısıtlı kalmıştır. Diğer yandan ise yazarın masonlara ve Yahudilere karşı takındığı şiddetli hasmane tavrı yüzünden de nesnel ve tarafsız araştırmacılar Atilhan'ı ciddiye almamışlar, incelemeye değer bulmamışlar, kişiliğini ve Yahudi düşmanlığı saplantısının nedenlerini araştırmamışlardır.[1] Bu nedenle Atilhan'a sadece bir meczup gözü ile bakılmıştır. Halbuki Atilhan günümüz İslâmcı ve milliyetçi düşüncesinin içinde halen rastlanan antisemit söylemin oluşmasında çok önemli etkileri olmuş yazarlardan biridir. Bu makaleyle Atilhan'ın askerî, sivil ve siyasî yaşamı incelenecek, yayımları ve düşünce dünyasının tahlili yapılacaktır.

---

1 Bu saptamayı Dr. Turan Akkoyun da yapmıştır: "düşünce tarihimiz bakımından en önemli husus ise gerek Atsız gerekse Cevat Rıfat Atilhan'ın bu dergilerdeki fikirler ve yayınlarla hayatlarını sürdürüp tamamlamak olmuştur. Bu husus yakın dönem Türk aydınlarında pek rastlanmayan bir durumdur. Fakat kendilerine dair detaylı çalışmaların yapılmadığı görülmektedir". Dr. Turan Akkoyun, "1934'de Orhun ve Millî İnkılâp'ın kapatılmasına mahalli bir bakış", s. 44-49, *3 Mayıs 1944, 50. Yıl Türkçülük Armağanı* içinde, Akademi Kitabevi, İzmir, 1994.

Ailesi ve askerî yaşamı

Cevat Rıfat Atilhan 1892 yılında İstanbul'un Vefa semtinde doğmuş olup, beş kardeş içinde tek asker ruhlu olanıdır. Ağabeyi şair ve yazar Samih Rıfat'dır. Kardeşlerinden Ali Rıfat Çağatay Babıâlî Me'mûrîn-i Mülkiyye Komisyonu mümeyyizliğinde bulunmuş, aynı zamanda Türk mûsikîsine önemli eserler vermiş bir bestekârdı. Mehmet Akif Ersoy'un "Asım", "Bülbül" ve "İstiklâl Marşı" gibi şiirlerini bestelemiştir. Diğer kardeşi Muzaffer Rıfat, Türk eğitimine hizmet vermiş, Hüsniye Rıfat Hanım ise Devlet Şûrâsı'nda görev yapmıştır.[2] Atilhan'ın babası Şam Mutasarrıfı Hasan Rıfat Paşa idi. Ali Rıfat ile Samih Rıfat ana baba bir kardeşler olup Cevat Rıfat, Muzaffer Rıfat ve Hüsniye Rıfat Hanım, Hasan Rıfat Paşa'nın ikinci eşi olan Erzurumlu Nuriye Hanım'dan doğan çocuklardı. Annesi Erzurumlu Nuriye Hanım'dır. Cevat Rıfat Atilhan'ın birkaç çocuğu oldu, biri ünlü senarist Bülent Oran'dır. Atilhan, dedesi Manastır askerî kaymakamlarından Hurşit Paşa'nın arzusu ile, Kuleli Askerî Lisesi'nde öğrenim gördü. Daha sonra Harbiye'ye gitti ve 24 Mart 1912 yılında teğmen olarak mezun oldu. 1911 yılında Trablusgarp'da İtalya Savaşı'na, 1912 yılında Arnavutluk harekâtı ve Balkan Savaşı'nda Edirne kuşatmasına katıldı. 13 Mart 1913 günü Edirne kuşatmasının ateşkes ile sona ermesi üzerine Çörekköy'de 11. Müstakil Nişancı Taburu ile tek başına savaşa devam etti. Daha sonra yazılı bir antlaşma ile ateş kesti ve yaralı olarak esir edildi. Sofya'da esaretteyken kahramanlığı Bulgarlarca takdir edildi ve esareti sırasında imtiyazlı işlem gördü. Birinci Dünya Savaşı sırasında Mersinli Cemal Paşa emrinde Süveyş Kanalı ve Birinci ve İkinci Gazze Meydan Savaşları'na katıldı. İkinci Gazze Meydan Savaşı'nda Ebû Hureyre tepesinden düşmanın gerilerine yaptığı akın sonucunda savaşı Osmanlı Ordusu'nun lehine çevirdi. Bu savaş-

---

2 Avukat Daniş Esendal'ın biyografi yazısı, Cevat Rıfat Atilhan, *31 Mart Faciası*, 4. baskı, Aykurt Neşriyatı, İstanbul 1969 / Sadettin Nuzhet, *Samih Rıfat hayatı ve eserleri*, Semih Lûtfi Matbaası, Sühulet Kütüpanesi, İstanbul (t.y.), s. X-XIII / Beşir Ayvazoğlu, "Semih Rıfat ve kardeşleri", *Zaman*, 3 Mayıs 1996.

lar esnasında aldığı yaralardan dolayı Lübnan'a hava değişimine gönderildi ve Sînâ Cephesi Kuvvetleri Komutanlığı, Sekizinci Kolordu Hareket Şubesi Müdürlüğü'ne atandı. Bu görevi sırasında Sînâ cephesindeki Osmanlı Ordusu'na karşı savaşan Yahudi casusları takip edip yakalamakla uğraştı. Daha sonra Suriye ve Garbî Arabistan Umum Kumandanlığı Erkân-ı Harbiyye İkinci Şube Müdürlüğü görevine atandı ve bu görevi esnasında cephedeki ordunun subay, malzeme ve cephane noksanlıklarının tamamlanmasıyla ve Filistin, Suriye ve Lübnan halklarının iaşelerinin niteliğini iyileştirmekle uğraştı.

Mustafa Kemal'in 1919'da Samsun'a çıkıp Millî Mücadele'yi başlatması üzerine *Sadıkzade Arslan Bey* gemisine gizlice binip Zonguldak'a gitti. Millî Kurtuluş Savaşı sırasında Garp Cephesi komutanı Ali Fuat Cebesoy'un ve Başkumandan'ın tensibiyle on iki bin kişilik Zonguldak Cephesi Milis Kuvvetler Kumandanı oldu. Daha sonra bu birlikler düzenli ordu birlikleri olarak Birinci ve İkinci İnönü savaşlarında kullanıldılar. Bartın-Ereğli bölgesinde Fransızların Ankara'ya ilerleyişlerini 15 Ekim 1920 ve 12 Ocak 1921 tarihli çarpışmalarda durdurdu ve Fransızları Sapça geçitlerinden Karadeniz'e sürdü. İkinci büyük Bolu isyanında önde ilerlemek isteyen düşmanı durdurdu ve arkada ayaklanan asileri bertaraf etti. Millî Kurtuluş Savaşı'nın Türkiye Cumhuriyeti'nin kurulması ile sonuçlanması üzerine ordudan Yüzbaşı rütbesi ile istifa etti.[3] Kendi deyimiyle "çetin bir mücadeleden sonra" emekliliğini Millî Müdâfaa Vekili Recep Peker'e onaylattırdı ve sivil hayata atıldı.[4] İstiklâl Savaşı sırasında gösterdiği başarılardan dolayı kendisine 10 Ağustos 1936 tarihinde Dördüncü Fırka vasıtası ile gelen emirle TBMM'ce "Milis Generali" rütbesi verildi.

---

3 Bu bilgilerin derlendiği kaynaklar şunlardır: İhsan Işık, *"Yazarlar Sözlüğü"*, Risale Yayınları, İstanbul 1990 / "Nizamın ve rejimin düşmanları ve irticanın elebaşları kimlerdir?", *Vatan*, 22 Temmuz 1953, İnkılâp ve Din ilavesi / "Üstad Cevat Rıfat Atilhan vefat etti", *Bugün*, 5 Şubat 1967 / Cevat Rıfat Atilhan, *"Suzi Liberman"*, Sinan Yayınları, 5. baskı, İstanbul 1995, s. 8-9 / "Cevat Rıfat Atilhan M.P.'den adaylığını koydu", *Yeni İstiklâl*, sayı 211, 25 Ağustos 1965, s. 12 / Beşir Ayvazoğlu, "Semih Rıfat ve kardeşleri", *Zaman*, 3 Mayıs 1996.

4 Cevat Rıfat Atilhan, *Farmasonlar İslâmiyet'i ve Türkçülüğü Yıkmak İçin Nasıl Çalıştılar?*, Kardeşler Basımevi, İstanbul, 1951, s. 175.

Sivil yaşamı

Cevat Rıfat başlangıçta Türkçülük hareketi içinde de yer almış olup Enver Paşa'nın kardeşi Nuri Killigil Paşa'nın İstanbul Sütlüce'deki mühimmat fabrikasına sürekli giden kişilerden biri idi. Bu toplantılarda "ağzı köpüre köpüre Yahudi ve Mason aleyhtarı nutuklar" attığı ve "O eli hayli sıkı olan Paşa'dan ara sıra para sızdırdığı" söylentilerinin mevcut olduğu bir hatıratta da belirtiliyor.[5]

Atilhan, Panos der Mangasaryan adlı Ermeni asıllı bir vatandaş ile ortak olup ticarethane açtı. 1922 yılında askerî yaşamı sırasında tanıdığı Mühendis Ahmet Fehmi Bey'e rastladı ve onun sayesinde Çatalca ile Büyükçekmece arasındaki Ahmetli Köyü'nün yol müteahhitliğini yaptı. Büyükçekmece köprüsüyle Mimar Sinan'ın tarihi köprüsünü tamir etti, ayrıca İstanbul-Büyükçekmece ve Üsküdar-Kısıklı arasında otobüs seferleri düzenledi. Bomonti'de Berliet otomobilleri ile ilgili bir şehir servisi açtı. Manchester'da yerleşik Bakırcıyan Biraderler'den patiska, Paris'te yerleşik Kavukçuyan Biraderler'den ise yünlü kumaşlar ithal etti. Daha sonra Suriye'den gelen Hint Müslümanlarından Abdürrahman Ayyaz Bey sayesinde Hintli Müslüman büyük tüccarların vekili oldu. Onlara Kuran gönderdi, karşılığında çay ithal etti ve kendi deyimiyle "muazzam paralar" kazandı. İşleri böyle iyi giderken ortağı Panos der Mangasaryan Paris'e göç etti ve Atilhan ticarethanenin tek sahibi oldu. 1927 yılında Triks marka kundura imal eden bir fabrika açtı ve kendi deyimiyle "bütün piyasayı" elde etti. Sultanhamam'da kendine ait bir satış yeri açtı, sonra İpek Sineması'nın olduğu binada daha önceki kiracısı Koço Gramatopolo olan bir mağazayı mal sahibi Albert Saltiel'den kiraladı. Aynı zamanda müteahhitlik işlerine devam etti ve Eskişehir'de yol ve köprü inşaatları yaptı.[6]

---

5 Samet Ağaoğlu, *Babamın Arkadaşları* kitabından aktaran Burhan Oğuz, *Yüzyıllar Boyunca Alman Gerçeği ve Türkler,* Can Matbaa, İstanbul 1983, s. 378.

6 Cevat Rıfat Atilhan, *Farmasonlar İslâmiyet'i ve Türkçülüğü Yıkmak İçin Nasıl Çalıştılar?*, Kardeşler Basımevi, İstanbul, 1951, s. 176-179.

Atilhan'ın işleri böylece yolunda giderken, kendi anlatımına göre "farmasonların komplosu" ile Eskişehir'de yaptığı taahhüt işlerinden ortaya çıkan alacaklarını tahsil edemez duruma düştü. Atilhan durumunu dönemin Nâfıa Vekili Recep Peker'e şikâyet etti, ama sonuç alamadı.[7]

Bu zorluklardan sonra Atilhan 28 Ekim 1928 günü Şişli'deki mağazasının kepenklerinin mühürlenmiş olduğunu gördü. Cevat Rıfat durumu araştırdığında şu manzarayla karşı karşıya kaldı. Mal sahibi olan Albert Saltiel, Cevat Rıfat'tan önceki kiracıya ait ve hiçbir geçerliliği olmayan eski bir kira sözleşmesini kullanarak, mağazayı tahliye ettirip mühürlettirmişti.[8]

Yıllar sonra Atilhan "Albert Saltiyel, sana soruyorum, cevap verebilir misin!" başlıklı açık mektubunda bu olayı hatırlatır ve "eşyamı sokağa attırıp beni mahveden adam değil misin?" diyerek Albert Saltiel'i suçlar.[9] Albert Saltiel bir telefon konuşmasında kendisine "Siyonizmin ne olduğunu öğrendiniz mi beyefendi? Yahudilerin intikamı böyle olur işte" dediği için Cevat Rıfat, bu olayın Saltiel'in bir tertibi olduğuna kesinlikle emin olur.[10] Yıllar sonra Atilhan aynı telefon konuşmasında Saltiel'in "İşte Filistin'de kurşuna dizilen Yahudilerin intikamı" dediğini de belirtir.[11] Daha sonra Atilhan'a zorla boşalttırılan bu mağaza Jean Weinberg adlı Yahudi asıllı bir fotoğrafçıya on dokuz lira gibi çok cüzi bir bedelle satılır.[12] Atilhan bu olayı 1929 yılında İstanbul'da Hakimiyeti Milliye mat-

7 Cevat Rıfat Atilhan, *Farmasonlar İslâmiyet'i ve Türkçülüğü Yıkmak İçin Nasıl Çalıştılar?*, Kardeşler Basımevi, İstanbul, 1951, s. 181.

8 Cevat Rıfat Atilhan, *a.g.e.*, s. 182-183.

9 Cevat Rıfat Atilhan, "Albert Saltiyel, sana soruyorum, cevap verebilir misin!", *Millî İnkılâp*, 1 Haziran 1934. Hügo Arditty üzerinde daha ayrıntılı bilgi için bkz. Gökhan Akçura, "Emprezaryo Arditi Efendi", *İstanbul*, sayı 3, Ekim 1992, s. 70-74. 18 Mart 1938 tarihinde kuruluşu tescil edilmiş olan Türk Umumi Tiyatro A.Ş.'nin kurucu ortakları A.(lbert) Saltiel, H.(ugo) Arditty, V. Saltiel, L. Sevim, A. Alkalay, F. Ojalvo ve V. Samanon idi. (*Sicilli Ticaret Gazetesi*, 25 Mart 1938).

10 Cevat Rıfat Atilhan, *a.g.e.*, s. 182-183.

11 Cevat Rıfat Atilhan, "Albert Saltiyel, sana soruyorum, cevap verebilir misin!", *Millî İnkılâp*, 1 Haziran 1934.

12 Cevat Rıfat Atilhan, *a.g.e.*, s. 184.

baasında bastırdığı *Bir Facianın İçyüzü* adlı k tabında anlattığını söyler.[13]

Bu olaydan sonra, müdür yardımcıları Hayim Levi ve Vitali Levi adlı Yahudiler olan American Express Bank da Atilhan'a verdiği kredileri keser. Kredileri kesilen Cevat Rıfat ticari hayatını yüz bin liralık bir zararla kapatır ve bunun nedeninin de "Siyonistler ve farmasonlar" olduğunu düşünür.[14]

Atilhan ile Albert Saltiel arasında meydana gelen ve yukarıda özetlenen olayın 1928 yılında meydana geldiği ve Atilhan'ın Yahudi ve mason karşıtı yazılarına ilk kez 1933 yılında *İnkılâp* dergisinde rastlandığı hatırda tutulursa, Atilhan'ın en azından Türk Silahlı Kuvvetleri'nden istifa ettiği yıl olduğu tahmin edilen 1923 yılından Albert Saltiel ile ihtilafın meydana geldiği 1928 yılına kadar geçen süre zarfında Yahudi ve mason karşıtı makaleler yayımladığı ve/veya sözlü olarak bu düşüncelerini yaydığı varsayımı yapılabilir. Atilhan'ın böyle bir faaliyette bulunmamış olması halinde Albert Saltiel'in yukarıda alıntılanan tehditkâr sözlerine bir anlam vermek mümkün değildir. Buna paralel ve/veya alternatif ikinci bir varsayım ise aynı yıllarda Siyonizmin Türkiye Yahudi Cemaati içinde gündemde olan bir konu olmasından ötürü, Cevat Rıfat'ın Filistin'de yakaladığı Nili casusluk örgütüne mensup Yahudi casuslarına uyguladığı cezalardan ötürü İstanbul'daki Yahudiler nezdinde yarattığı infialdır. Ancak burada ileri sürülen her iki varsayım için de somut bir kanıt olmayıp, ihtimallerden söz edildiğini vurgulamak gerekir.

Bir incelemede Cevat Rıfat Atilhan'ın İzmir'de *Anadolu* gazetesini yayımlandığı ve gazete kapatıldıktan sonra İstanbul'a yerleştiği belirtilmişse de,[15] Atilhan *Anadolu* gazetesinin sahibi olmayıp kendisinin sadece bir yazı dizisi bu gazetede yayımlan-

---

13 Cevat Rıfat Atilhan, "Maskeler aşağı!", *Millî İnkılâp*, 1 Haziran 1934, s. 5. Tüm çabalara rağmen bu kitabın bugüne kadar kütüphanelerde kaydına rastlanmadı.

14 Cevat Rıfat Atilhan, *a.g.e.*, s. 186.

15 Avner Levi, *Türkiye Cumhuriyetinde Yahudiler*, İletişim Yayınları, İstanbul 1996, s. 100.

mıştır. Atilhan'ın İzmir'deki yaşamı hakkında fazla bir bilgi mevcut değildir. Sadece *İnkılâp* dergisinde adına rastlanmıştır.

Alman Nasyonal Sosyalist Partisi'nin önde gelen antisemit yazarı ve *Der Stürmer*'in yayımcısı olan Julius Streicher[16] Atilhan'ı 1933 yılında Münih'e davet eder. Daveti kabul edip Almanya'ya giden Atilhan'a Julius Streicher ve çevresi çok saygı göstermiş ona "Herr Major" diye hitap etmişlerdir. Atilhan daha sonra İstanbul'a beraberinde antisemit malzeme, *Der Stürmer*'de yayımlanan antisemit karikatürlerin klişeleri ve Almanlardan temin ettiği para ile döner.[17] İsrail Devlet Arşivleri'nde bulunan Cevat Rıfat Atilhan hakkında yazılmış olan ve yazarının İstanbul Yahudi cemaati mensubu Max Bilen olduğu sanılan bir raporda, Cevat Rıfat'ın Almanya'ya gittiği, Hitler tarafından kabul edildiği ve *İğneli Fıçı*'nın Almanca'ya da çevrilip yayımlanması için 80.000.- Reich Markı telif ücreti aldığı belirtilir.[18] Atilhan Almanya'da bulunduğu sırada 5 Aralık 1933 tarihinde Alman Nazi Devlet Bakanı Alfred Rosenberg'den davet aldığını ve bu davete evinde misafir kaldığı Dr. Müh. Harun İlmen[19] ile beraber gittiğini yazar. Bu görüşmede Atilhan,

---

16 Julius Streicher 1923 yılında Nürnberg'de *Der Stürmer* haftalık dergisini yayımlamaya başladı ve bu 1945 yılına kadar sürdü. 1935 yılında dergi 500.000 nüshalık bir tiraja erişti. İçerdiği çok bayağı antisemit yazılar nedeni ile Naziler'den bile tepki gördü. Julius Streicher 1945 yılında yakalandı ve Nürnberg Savaş Mahkemeleri'nde yargılandıktan sonra ölüme mahkûm oldu ve Ekim 1946 tarihinde asılarak idam edildi.

17 Avner Levi, *a.g.e.*, s. 102-103 / Stanford S. Shaw, *Turkey and the Holocaust*, New York University Press, New York 1993, s. 14, / Stanford S. Shaw, *The Jews of the Ottoman Empire and the Turkish Republic*, McMillan, Londra 1991, s. 253-254.

18 İDA 253/9 sayılı dosya 2 Şubat 1951 tarihli "Cevat Rıfat Atilhan" başlıklı belge.

19 Dr. Harun İlmen'in adına önce Alman arşiv belgelerinde rastlandı. 24 Kasım 1941 tarihinde kendisinden "Berlin'de iyi tanınan şahıslardan Dr. Harun beni ziyaret etti. Kendisi burada Teknik Kolej'de on yedi yıldan beri ders vermiştir. Şimdi yine İstanbul'da yaşamaktadır. Buradaki Elçilik ve önde gelen Türk çevrelerince görevlendirildiği anlaşılan Dr. Harun, Turancılığa karşı tavrımızı öğrenebilmek için geldi." diye bahsedilen (SSCB Dışişleri Bakanlığı Arşiv Bölümü, *Alman Dışişleri Dairesi Belgeleri Türkiye'de Alman Politikası (1941-1943)*, Havass, İstanbul 1977, s. 36) Dr. Harun İlmen'e daha sonra 1948 yılında Denizbank ile ilgili yazdığı "Eski Denizbank Umum Müdür Muavini ve Berlin Teknik Üniversitesi Başmühendislerinden Dr. Ing. Harun İlmen" diye imzaladığı bir makalede rastladım. ("Denizbank niçin kuruldu, ne yaptı ve neden tasfiyeye uğradı?", *Dava*, 11

Rosenberg'e Yahudi milletiyle bir mücadeleye girildiğinde "bir kişinin burnunu kanatmakla topyekûn imha arasında fark olmadığını" söyler. Daha sonra Atilhan, Alfred Rosenberg ile birlikte Oranienburg toplama kampını ziyaret eder. Atilhan toplama kampını "pırıl pırıl temiz, havadar, konforlu ve mükemmel bir otel"e benzetir ve "disiplini, konfor ve bol bol gıdayı gördükten sonra" kamp komutanına "bu kadar konfor bir sanatoryumda zor bulunduğundan, acaba ben onbeş gün burada kalabilir miyim?" diye sorar.[20]

Atilhan'ın dış ülkelerdeki antisemitlerle sıkı bir ilişkide ve dayanışmada olduğu kuşkusuzdur. Atilhan'ın *Filistin Cephesinde Yahudi Casuslar: Suriyenin Mataharisi Simi Simon* kitabı U. Bodung Verlag-Erfurt tarafından *Die Schöne Simi Simon* adı altında Almanca'ya çevrilip yayımlanır.[21] Aynı kitap İngilizce, Fransızca, Fince ve Macarca dillerine de çevrilir.[22] U. Bodung yayınevi, ödünsüz antisemit Theodor Fritsch'in müridi olan emekli albay Ulrich Fleischhaner tarafından kurulmuş bir antisemit propaganda merkezi idi. Daha sonra Fleischhaner, Weltdienst adlı bir örgütü yönetmeye başladı. Bu örgüt Hitler'e "teknik yardım bürosu" gibi hizmet verdi ve antisemit içerikli uluslararası konferanslar düzenledi. Tüm bu faaliyetlerin amacı düzmece antisemit kitabında olduğu gibi *Siyon Önderlerinin Protokolleri* ve "Yahudinin Cihan Hâkimiyeti"[23] mi-

---

Aralık 1948, sayı 2). Prof. Dr. Mete Tunçay da Deniz İnş. Mühendisi Harun Ilmen'in Osmanlı Amirali Ahmet Besim Paşa'nın oğlu olduğunu belirtmektedir (Mete Tunçay, *Bilineceği Bilmek*, Alan Yayımcılık, İstanbul 1983, s. 167). Harun Ilmen'in adına Kırım Türklerinden Müstecib Ülküsal'ın anılarında rastlanmaktadır. Müstecib Ülküsal 1942 yılında Berlin'e yaptığı ziyarette Dr. Harun'un kendilerine para yardımında bulunup Nazi subaylarıyla görüştürdüğünü yazar. (Müstecib Ülküsal, *İkinci Dünya Savaşında 1941-1942 Berlin Hâtıraları ve Kırım'ın Kurtuluş Dâvası*, Kutulmuş Matbaası, İstanbul, 1976, s. 40, 44, 47, 97).

20 Cevat Rıfat Atilhan, *İğneli Fıçı*, Özbahar Yayınları, 4. baskı, İstanbul 1969, s. 72-74.

21 Djev "Die Juden in der Türkei", *Der Stürmer*, sayı 37, Eylül 1934.

22 Cevat Rıfat Atilhan, *Filistin Cephesinde Yahudi Casuslar*, Üstün Eserler Neşriyatı, İstanbul 1947, arka kapak.

23 Atilhan'ın tüm eserleri Yahudi'nin Cihan Hâkimiyeti temasını işler. Bazı kitaplarının başlıkları da bu konuyu doğrudan belirtir. Örneğin *Yahudiler Dünyayı Nasıl İstilâ Ediyorlar?*, 1962 ve 1973, *Dünya İhtilalcileri*, 1965.

toslarını savunan ve yaygınlaştıran bir fanatik antisemit taraftar kitlesi yaratmak ve geliştirmekti.[24] Atilhan da kitaplarında bu uluslararası konferanslardan söz eder. İlk kongrenin 4 Mart 1934 tarihinde Münih'te Königshof Oteli'nde, ikinci kongrenin ise 1935 yılında Erfurt'ta düzenlendiğini belirtir. Atilhan 1934 yılında ilk kez Münih'te toplanan Siyonist, Komünist ve Farmason Düşmanları Kongresi'ne katılır. Bu kongreye katılanların tam listesini verir.[25] Alman, Fransız ve İngiliz katılımcılarının Müslümanlara karşı takındıkları olumsuz peşin yargılara rağmen kongrenin başkanlığına seçilir ve kongrenin üçüncü günü farmasonluk üzerine bir konuşma yapar.[26] Cevat Rıfat Atilhan daha sonra bu kongre ile ilgili izlenimlerini, kongrede yaptığı konuşmayı ve alınan kararları bir yazı dizisi halinde yayımlar.[27] Atilhan'a göre "1933 senesinde dünyanın her köşe ve bucağındaki temiz ve sağ duyulu insanlar büyük bir harp felâketinin yaklaşmakta olduğunu ve bunun Siyonizmle komünizmin nihai emellerinin gerçekleşmesi için beklenilen "fırsat" olduğunu biliyorlardı. Bu harp "Siyona doğru" emelini gerçekleştirecek, ve mason diktatoryasını yükseltecek, komünizmi dünyaya yayacaktı". Atilhan'a göre, işte bu nedenle "dünya mütefekkirleri bu tehlikeleri yakından gördükleri içindir ki, uzun asırların lâ-kaydî ve sükunetinden sonra ilk defa 4 Mart 1934 tarihinde bir kongre toplanıyordu".[28]

---

24 Norman Cohn, *Histoire d'un Mythe la "conspiration" Juive et les Protocoles des Sages de Sion,* Gallimard, Paris 1967 s. 215.

25 Cevat Rıfat Atilhan, *İslâm'ı Saran Tehlike Siyonizm ve Protokollar,* Aykurt Neşriyatı, İstanbul 1955 s. 248-253 / Cevat Rıfat Atilhan, "Siyonizm, Komünizm ve Farmasonluğa karşı beynelmilel dünya teşkilatı", *Sebilürreşad,* C.1, sayı 4, s. 54 ve sayı 5, s. 72.

26 Cevat Rıfat Atilhan, *Farmasonlar İslâmiyet'i ve Türkçülüğü Yıkmak İçin Nasıl Çalıştılar?,* Kardeşler Basımevi, İstanbul, 1951, s. 154-159.

27 Cevat Rıfat Atilhan, "Siyonizm, Komünizm ve Farmasonluğa karşı beynelmilel dünya teşkilâtı", *Sebilürreşad,* Haziran 1948, Cilt 1, sayı 4, s. 54 / Haziran 1948, sayı 5, s. 72-73 / Temmuz 1948, sayı 7, s. 104-105 / Temmuz 1948, sayı 8, s. 119-120 / Temmuz 1948, sayı 9, s. 137-138 / Ağustos 1948, sayı 11, s. 167 / Eylül 1948, sayı 13, s. 204 / Ekim 1948, sayı 17, s. 259, 271.

28 Cevat Rıfat Atilhan, "Siyonizm Komünizm ve Farmasonluğa karşı beynelmilel dünya teşkilâtı", *Sebilürreşad,* Haziran 1948, C.1, sayı 4, s. 54.

Der Stürmer'de Atilhan'la ilgili yazılar ve sayfa boyu fotoğrafları yayımlandı. Atilhan 1933/34 yıllarında Julius Streicher'in tüm Bavarya'da yürüttüğü Yahudilere karşı boykot kampanyasının yapılış tarzını, yıldırma usullerini, şiddetle sokağa hâkim olma yollarını, para-militer grupların, gençlik derneklerinin, kültür yurtlarının kötü niyetlere nasıl âlet edilebileceklerini gördü ve öğrendi. Türkiye'ye, bir Nazi Partisi kurma tasarısı, bol para, propaganda malzemesi ve antisemit malzemeyle geri döndü.[29]

Cevat Rıfat İstanbul'da Nazi Partisi kurma amacıyla çalışmaya başladı. İstanbul Üniversitesi'nin kapısında öğrencilere gamalı haçlı rozetler ile pazubantları dağıttı.[30] İstanbul'un bazı kamu binalarına, körfez vapurlarına ay yıldızlar arasına, Türk kültür ve gelenekleriyle hiç ilgisi olmayan gamalı haçlar boyadı, ancak yandaş bulamadı. Nazi Partisi kurma tasarısından vazgeçip, gayretlerini antisemitizm propagandası yapmaya odakladı ve *Millî İnkılâp* dergisini yayımlamaya başladı.[31] *Millî İnkılâp* dergisi 1934 Trakya Olayları'nın meydana gelmesinde etkin rol oynadı. Atilhan derginin bu rolünü "1934 senesi Temmuz başında *Millî İnkılâp* gazetesiyle yapmış olduğum samimi ve heyecanlı neşriyat bir ekalliyet tarafından çeşitli hilelere maruz kalan Trakya ve Boğazlar halkını haklı olarak heyecanlandırmış ve 3 Temmuz'da başlayan bir muhaceret hareketi ile Trakya ve Boğazlar'daki Yahudiler bir anda ve her türlü vasıtaya müracaat ederek İstanbul'a üşüşmüşlerdir" diyerek kendisi de teyit eder ve olaylar sırasında Edirne'de bulunan Trakya Mülkiye Müfettişi İbrahim Tali Bey ile CHF İl Başkanı İbrahim Akıncı Bey'in "ahalinin bu harekette haklı olduklarını ifade" ettiklerini belirtir.[32]

Der Stürmer'in 1934 yılının Eylül sayısında yer alan *Die Juden in der Türkei* (Türkiye'de Yahudiler) başlıklı ve *Der Stür-*

29 Avner Levi, *a.g.e.*, s. 102.

30 "Bu adam Türk gençlerine Hitler rozetini nasıl dağıtıyor?", *Savaş*, 10 Mayıs 1934 / Avner Levi, "1934 Trakya Yahudileri Olayı: Alınamayan Ders", *Tarih ve Toplum*, sayı 151, Temmuz 1996, s. 10-17.

31 Avner Levi, *a.g.m.*

32 Cevat Rıfat Atilhan, *Türk Oğlu Düşmanını Tanı!*, 4. baskı, 1966, Çelikcilt Matbaası, İstanbul, s. 11.

mer'in İstanbul muhabiri "Cev" tarafından aktarılan 6 Temmuz 1934 tarihli haber, antisemit içeriğiyle ve *Millî İnkılâp*'ı övmesiyle dikkati çeker. "Cev" muhtemelen Cevat Rıfat'ın kullandığı bir müstear addı. Bu haberde Türkiye'deki Yahudilerin Alman mallarını boykot ettikleri, Türkçe'yi bile öğrenmedikleri belirtiliyor. Cevat Rıfat'ın *Millî İnkılâp* dergisinde Yahudi aleyhtarı yazılar yayımlanır ve "Türkiye Türklerindir" ilkesinin tam bir şekilde uygulanması talep edilir.

1947'de İstanbul'da Yahudi basınının yeniden doğmasıyla gazeteciliğe başlayan Sabetay Leon anılarında Cevat Rıfat Atilhan'la 1936 yılında nasıl tanıştığını ya ıyor. Sabetay Leon, o yıl dönemin tanınmış kâğıt tüccarı Jozef Franses'in Karaköy, Kürekçiler Sokağı'ndaki mağazasında çalıştığını, mağazanın tam karşısında Naci Bey Lokantası'nın bulunduğunu ve buraya Türk aydınlarının yemek yemeye geldiklerini yazıyor. 1936 yılının bir günü lokantadan çıkan iki kişi çalıştığı Jozef Franses mağazasının önünden geçerken vitrine bakıp mağazaya girerler. Sabetay Leon bunlardan birinin Cevat Rıfat Atilhan olduğunu anlar ve onlara ne istediklerini sorar. Cevat Rıfat Atilhan mektup kâğıdı ve zarf satın almak istediğini söyler. Sabetay Leon, Atilhan'ı tahrik etmek için normal fiyatın üstünde bir fiyat talep eder. Atilhan bu cevap üzerine sinirli bir şekilde "Yahudiler gibi davranmayınız!" diye bağırır. Bunun üzerine Sabetay Leon "Ben Yahudiyim. Davranışım da Yahudi gibi olacaktır. Ticaret serbesttir. Fiyatlar işinize gelmiyorsa başka yerden satın alabilirsiniz" cevabını verir. Cevat Rıfat öfkeli bir şekilde "Karşınızda kim var biliyor musunuz?" diye sorar. Sabetay Leon da "Biliyorum. Karşımda *Millî İnkılâp*'ın eski yayımcısı, antisemit Cevat Rıfat var" diye cevap verir. Cevat Rıfat bunun üzerine gülerek ve yumuşak bir sesle, "Şimdi bana niye iyi hizmet etmek istemediğinizi anladım. Ancak haksızsınız. Artık Yahudilere dokunmuyorum. *Millî İnkılâp*'ı yayımlamıyorum" der. Sabetay Leon buna cevaben "Biz Yahudiler sizin kötülüklerinizi ve sizin yüzünüzden meydana gelen Trakya olaylarını unutmayacağız. *Millî İnkılâp* ise siz istemediğinizden değil hükümet men ettiğinden yayımlanmıyor" cevabını verir.

Sabetay Leon daha sonra Atilhan'ı daha fazla tahrik etmek için cebinden Mısır'da yayımlanan *La Tribune Juive* gazetesini çıkarır. Atilhan, "Bu Siyonist gazete elinizde ne arıyor?" diye sorar. Sabetay Leon buna cevaben "Türkiye'nin bütün gazetecilerinde ve kitabevlerinde bu gazete serbestçe satılıyor" cevabını verir. Cevat Rıfat "Siz Siyonist misiniz?" diye sorduğunda Sabetay Leon "Ben bütün kalbimle Sion'u seviyorum" der. Bunun üzerine Cevat Rıfat Atilhan "Arapların Siyonistlerin tasarılarını gerçekleştirmeye izin vereceklerini sanıyor musunuz?" diye sorar. Sabetay Leon "Siyonizmin gerçekleşmesi artık Araplara bağlı değildir, sadece ve sadece İsrail halkının Arz-ı Mevûd'a olan aşkına ve iradesine bağlıdır" cevabını verir. Bunun üzerine Cevat Rıfat maskesini tamamen çıkararak "Hitler dünyada İsrail adını silmeye yemin etti" der. Sabetay Leon da "İsrail'in her devirde birçok Hitler'i olmuştur. Hepsi ölmüştür ancak İsrail yaşamaya devam etmiştir" diye cevap verir. Cevat Rıfat Atilhan sinirli bir şekilde "Bir Türk'e bu kadar cüretle ve terbiyesiz bir şekilde konuşma cesaretini nereden alıyorsunuz?" diye sorar. Sabetay Leon cevaben "Türkiye'den. Siz Türkseniz ben de Türküm. Sizin Türklüğünüz İsrail halkına saldırmaya müsaade ediyorsa, aynı Türklük bana da Siyonizmi savunma hakkını veriyor" der. Cevat Rıfat Atilhan mağazadan çıkarken "Bu kadar Yahudi ve bu kadar Siyonist olmayınız" ikazında bulunur. Sabetay Leon "Benim Yahudiliğimin ve Siyonistliğimin Türkiye'ye hiçbir zararı yoktur. Sizin ırkçılığınız ve antisemitizminiz Türkiye için bir felâket, Türklük için de bir utançtır" der.[33]

Atilhan 1940 yılının Haziran ayının sonunda ihtiyat subayı olarak tekrar askere alınır ve Rami Kışlası'nda görev yapmaya başlar. 12 Ağustos 1940 akşamı tutuklanır. Beş ayı İstanbul'da üç ayı da Ankara Askerî Cezaevi'nde olmak üzere toplam sekiz ay tutuklu kalır. Kendisine isnat edilen suçlar "yabancı memleketlere kaçmaya teşebbüs, Cumhurreisi'ne hakaret, Türkiye'de Nazi Partisi teşkil etmek ve partinin reisi olmak, askeri

---

33 Sabetay Leon, "Nuestra primera diskusion kon el antisemita Djevat Rifat", *El Tiempo,* 4 Eylül 1956.

ihtilâl yapmak"tır. Başka bir eserinde Cevat Rıfat bu isnatı "Hitler'den aldığım büyük paralarla bir ordu teşkil ve Ankara'ya yürüyerek hükümeti elde etmek ve bir Nazi idaresi kurmak" olarak sıralar. Bu isnatları "Yahudi ve Dönmelerin acemice ve alçakça bir iftirası" olarak niteler.[34] Daha sonra Genelkurmay Başkanı Mareşal Fevzi Çakmak'ın müdahalesi ile Genelkurmay Başkanlığı askerî hâkimi Şevki Mutlugil Paşa bu olayın soruşturmasına atanır. Askerî Mahkeme 11 Nisan 1941 günü soruşturma açılmasına gerek olmadığına, tüm bu iddiaların Arnold Lenç (Atilhan daha sonra bu kişiden Armand Lens olarak bahsediyor) adında bir Alman Yahudisinin iftiraları olduğuna karar verir.[35] Şevki Mutlugil Paşa'nın ifadesinden aktarıldığına göre Mutlugil Paşa beraat kararının bir nüshasını Mareşal Fevzi Çakmak'a götürür. Mareşal Fevzi Çakmak da gözyaşlarını tutamayıp *"Biz kimlerle uğraşıyoruz?"* der ve Cevat Rıfat Atilhan'a iki bin lira hediye yollar.[36]

Cevat Rıfat Atilhan, bir kaynağa göre Ağustos 1942 tarihinde,[37] bir diğer kaynağa göre de Ekim 1942 tarihinde bir milyon lira sermayeli Emek Bankası T.A.Ş. adlı bir banka kurmaya teşebbüs eder. Bankanın müteşebbis kurucuları arasında Cevat Rıfat Atilhan'dan başka Seyhan milletvekili Korgeneral Naci Eldeniz, Seyhan milletvekili Sinan Tekelioğlu ve Sait Aydoslar vardı. Bankanın nizamnamesinin en önemli maddesi hisse senedi sahiplerinin ancak "T.C. tebaasından ve Türk ırkından bulunması" şartıydı.[38] Ancak bu banka kurma girişimi başarıya ulaşmadı. Cevat Rıfat Atilhan'a göre bu durumun suçlusu gene

---

34 Cevat Rıfat Atilhan, *Dünya İhtilâlcileri İsrail*, Aykurt Neşriyatı, İstanbul 1965, s. 259.

35 Cevat Rıfat Atilhan, *Farmasonlar İslâmiyet'i ve Türkçülüğü Yıkmak İçin Nasıl Çalıştılar?*, Kardeşler Basımevi, İstanbul 1951, s. 187-189 / Cevat Rıfat Atilhan, *Dünya İhtilalcileri İsrail*, Aykurt Neşriyatı 22, İstanbul 1965, s. 259, bu tarihi 12 Ağustos 1941 olarak vermektedir.

36 Avukat M. Fazlı Akkaya'nın ifadesi, Cevat Rıfat Atilhan, *Yahudi Casusu Suzi Liberman*, 3. baskı, İstanbul 1969, s. 11.

37 Cevat Rıfat Atilhan, *Farmasonlar İslâmiyet'i ve Türkçülüğü Yıkmak İçin Nasıl Çalıştılar?*, Kardeşler Basımevi, İstanbul, 1951, s. 191-192.

38 "Millî bir banka tesis ediliyor", *Tasvir-i Efkâr*, 22 Ekim 1942.

Yahudilerdi.[39] Emek Bankası'nın amacı maddi sıkıntı içinde bulunan emekli subaylara bir gelir kaynağı temin etmekti. Bankanın kuruluş çalışmaları Üçüncü Ordu Komutanı Salih Omurtak'ın "Siz emekli subaylar bir banka ya da bir kooperatif kurun. Millî Savunma'nın satın alma işlerini yürütün. Biz de yardım ederiz. Bu suretle sizin de durumunuz düzelebilir," önerisiyle başlamıştır. Ancak resmî makamların hisselerinin %49'unun nama, %51'inin ise Ankara hükümetinin göstereceği kurumlara ait olmasını şart koşması üzerine banka kurulamaz. Onun yerine Eski Muharipler Bankası kurulur.[40]

Filistin'de bir İsrail Devleti'nin kurulması ile sonuçlanacak Arap-Yahudi savaşlarının başlaması üzerine Atilhan'ın bu savaşta Arap saflarında savaşacak bir gönüllü Türk askerî birliği oluşturduğu haberleri yayılır ve bu haberler önce yalanlanır.[41] Buna karşın Atilhan bu gönüllü Türk Birliği'nin kurulmasıyla "samimi bir şekilde alâkadar olduğunu" ve "gerekli yerlere bildirdiğini" beyan eder.[42] Bu beyana bir cevap olarak Türki Yahudi basınından *Şalom* gazetesi bu davranışı "yersiz bir teşebbüs" olarak niteler ve Atilhan'ı sırf antisemit duygularının ve macera sevgisinin bir neticesi olarak bu sergüzeşte atılmakla eleştirir.[43] *Şalom* gazetesinde başka bir yazıda ise bu teşebbüs "boşuna zahmet" olarak nitelenir ve BM'de Filistin'i taksim kararını verenlerin Atilhan'dan önce bu konuda kafa yordukları belirtilerek şayet Atilhan'ın "bir maceraya atılma hevesi varsa" bunu kendi ülkesindeki sorunları çözmeye harcaması önerilir.[44] Filistin'in bir Arap ve Yahudi devleti olarak taksim edilmesi kararı üzerine, basında çıkan bu tür haberlere dayanarak yabancı ajans ve gazetelerin Türkiye'nin Araplara asker yollayıp savaşa Arap safların-

---

39 Cevat Rıfat Atilhan, *Farmasonlar İslâmiyet'i ve Türkçülüğü Yıkmak İçin Nasıl Çalıştılar?*, Kardeşler Basımevi, İstanbul, 1951, s. 191-192

40 Abidin Nesimi, *Yılların İçinden*, Gözlem Yayınları, İstanbul 1977, s. 128-130.

41 "Filistin için Türkiye'den bir gönüllü birliği hazırlandığı haberi asılsız", *Cumhuriyet*, 30 Ocak 1948

42 "Filistin'e Türkiye'den gönüllü gidecek mi?", *Tasvir*, 2 Şubat 1948.

43 L.B.D.T., "Bay Atilhan'ın yersiz bir teşebbüsü", *La Boz de Türkiye*, sayı 197, 15 Şubat 1948, s. 216.

44 Avram Leyon, "Boşuna çaba", *Şalom*, 5 Şubat 1948.

da katılacağı haberleri Anadolu Ajansı tarafından tekzip edilir.[45] Daha sonra yüz Türk subayının Filistin'e gidip Arap saflarında savaşacağı haberi de yalanlanır.[46] Avukat Daniş Esendal tarafından yazılan Atilhan'ın kısa yaşam öyküsünde ise Cevat Rıfat Atilhan'ın kendi servetinden yaptığı harcamalarla oluşturduğu üç yüz gönüllü ile Filistin'e gittiği, bilfiil savaştığı ve bir Yahudi köyünü teslim aldığı, daha sonra savaşan bu gönüllülerin ise Ürdün ordusuna katıldıkları iddia edilir.[47]

İngiltere'deki Arap siyasi heyetinin şefi İzzeddin Şava Bey bütün Arap milletlerinin katılımı ile Filistin'de bir "Mukaddes Cihad" ilânı ihtimaline işaret eder ve gönüllü yazılmak için dünyanın her bir yanından on bin kişinin müracaat ettiğini açıklar.[48]

Atilhan Araplara yardım için faaliyetlerde bulunmak ve gönüllü toplamak amacı ile Kudüs Müftüsü Hacı Emin el Hüseyni'ye ve Arap Birliği'nin Umumi Kâtibi Abdurrahman Azzam Paşa'ya mektupla başvurur.[49] Azzam Paşa sadece bir teşekkür telgrafı ile cevap verir. Kudüs müftüsü ise Cevat Rıfat'a olumlu cevap verip bu gönüllüler birliğinde yer almak isteyen emekli subayları kabul edeceğini bildirir.[50] Bunun üzerine Atilhan bu birliğin Filistin'e gönderilmesi için Arap Birliği'nden tahsisat ister.[51] Kudüs Müftüsü Cevat Rıfat Atilhan'a para gönderir ancak Türk hükümetinin Atilhan nezdindeki müdahelesi üzerine Atilhan bu tasarıdan vazgeçer ve Kudüs Müftüsü'nün gönderdiği parayı kendi amaçları için kullandı.[52]

---

45 Avram Leyon, "Boşuna çaba", *Şalom*, 5 Şubat 1948 / L.B.D.T., "Bay Atilhan'ın yersiz bir teşebbüsü", *La Boz de Türkiye*, 15 Şubat 1948, sayı 197, s. 216.

46 "100 Türk subayının Filistin'e gideceği haberi asılsız", *Hergün*, 6 Mayıs 1948.

47 Cevat Rıfat Atilhan, *Yahudi Casusu Suzi Liberman*, 3. baskı, Aykurt Neşriyatı, İstanbul 1969, s. 7.

48 "Filistin'de mukaddes cihad", *Cumhuriyet*, 15 Şubat 1948.

49 "Nizamın ve rejimin düşmanları ve irticanın elebaşları", *Vatan*, 22 Temmuz 1953, İnkılâp ve Din ilâvesi ve "100 Subayımız Filistin'e gidecekmiş", *Cumhuriyet*, 4 Mayıs 1948.

50 İDA 258/9 sayılı dosya 2 Şubat 1951 tarihli "Cevat Rıfat Atilhan" başlıklı belge.

51 "Filistin'e gidecek Türk gönüllüleri", *Tasvir*, 1 Mayıs 1948.

52 İDA 258/9 sayılı dosya "Cevat Rıfat Atilhan" başlıklı 2 Şubat 1951 tarihli belge.

1948 yılının Nisan ayının sonlarında Türk Yahudi basınından *Atikva* gazetesi yazarlarından Sabetay Leon, *Millî İnkılâp* dergisinin kapağında yer alan fotoğrafından tanıdığı Atilhan'a tesadüfen tramvayda rastlar. Kendisinden *Atikva* gazetesi için bir röportaj isteyen Sabetay Leon'a Atilhan "nasıl olur *Atikva* bana karşı olan bir gazetedir. Benim adımla üne kavuşmak istiyorsunuz" diye itiraz eder, ancak kendisine ertesi gün için randevu verir. Ertesi gün Sabetay Leon Atilhan'ın Tophane'deki Veli Alemdar Han no. 306 adresindeki bürosuna gider. Atilhan Sabetay Leon'a "Ben bir antisemitim ve hep öyle olacağım. Yalnız şunu biliniz ki ben profesyonel bir antisemit değilim. Yani bunu para için yapmıyorum. Antisemit olmam için kendime göre nedenlerim var" der. Bu nedenleri soran Sabetay Leon'a Atilhan kendisinin Türk ordusunda istihbarat müdürü olduğunu söyleyip "Bizim karşımızda Lawrence ve Aranson[53] vardı. Görevim gereğince casusları buldum. Onları mahkemeye verdik ve cezalandırıldılar. Benim onları cezalandırmamam için casuslar bana iki yüz elli bin sterlin rüşvet teklif ettiler. Ben bu teklifi reddettim ve cezalarını gördüler" der. Atilhan Jozef Toben ve Naman Belken adlı casusların bu namuslu davranışından dolayı kendisinden intikam alacaklarını söylediklerini belirtip bunun üzerine *Millî İnkılâp* dergisini yayınladığını, *İğneli Fıçı*, *Suzi Liberman* gibi kitapları yazdığını ifade eder. Atilhan daha sonra 1928 yılında Albert Saltiel ile olan ihtilâfından da kısaca söz eder.

Atilhan bu arada bir zamanlar Moris Romano adında bir Yahudi kâtibi olduğunu ve bu kişinin diğer Yahudilerin aksine iyi bir insan olduğunu belirtir. Filistin'de Arap saflarında çarpışacak gönüllü subaylar birliği için de Atilhan bunu para için yapmadığını söyler. Kendisinin hiçbir zaman maddî kaygılarla hareket etmediğini, hatta 1936 yılında maddî durumu iyi olmadığı bir sırada Alman Gav Later ve Karlo Hors'un kendisine teklif ettikleri yüz bin lirayı bile reddettiğini hatırlatır. Sabetay Leon'un kendisine Yahudilere sürekli düşmanlık yapacağına neden barışmaya teşebbüs etmediğini sorması üzerine, Atilhan

53 NİLİ Yahudi casusları örgütüne mensup bir Yahudi casus kadındı.

buna geçmişte teşebbüs ettiğini belirtir. *Millî İnkılâp* dergisini yayımladığı tarihte hatırı sayılır bir general dostunun kendisini arayıp onu Yahudilerle barıştırmak için arabuluculuk yapmayı teklif ettiğini ve kendisinin de bu teklifi kabul ettiğini anlatır. Dostu olan general Beşiktaş'taki gazinolardan birinde Atilhan'ı Türkiye Yahudi cemaatinin ileri gelenlerinden Marsel Franko, Moris Faraci ve diş hekimi Sami Günzberg ile bir araya getirir. Atilhan bu toplantıda Yahudi cemaatinin bu üç liderine artık hiçbir şekilde antisemit yazılar yazmayacağına dair söz verir. Ancak bu sözün verilmesine ve sulh yapılmasına rağmen Atilhan Türk Yahudilerinin sözlerinde durmadıklarını ve kendisinden intikam almaya çalıştıklarını düşünür. Buna kanıt olarak başından geçen iki olayı anlatır. 1940 yılının Haziran ayında Armand Lens ve Maria Maçek adlı Alman artistler İstanbul'a gelmişlerdi. Yahudi cemaati liderleri bu iki kadın artisti Atilhan ile duygusal ilişki kurmaya teşvik ettiler. Atilhan da onlar ile dost olduğunu itiraf etti. Bir süre sonra bu artistler Atilhan'ı Millî Emniyet Teşkilâtı'na ihbar ettiler ve bunun sonucunda Atilhan sekiz ay askerî cezaevinde tutuklu kaldı. Daha sonra askerî yetkililer bunun sözü edilen iki Alman artist tarafından atılan bir iftira olduğunu söylediler. Atilhan bu olayın sonucunda Armand Lens'in Suriye'ye kaçtığını, Maria Maçek'in ise 1948 yılında halen İstanbul'da yaşadığını ve Beyoğlu'nun tehlikeli isimlerinden olduğunu belirtir.[54]

Atilhan ile Yahudi cemaati liderleri arasında bir buluşmanın gerçekleştiğini ve bunun sonucunda Atilhan'ın antisemit yayınlarını durdurma sözünü verdiğini bir başka arşiv belgesi de doğrulamaktadır. İstanbul'daki İsrail Konsolosluğu'na ait belgelerin yer aldığı arşivde Necip Fazıl Kısakürek'in yayımladığı *Büyük Doğu* dergisiyle ilgili 18 Ağustos 1950 tarihini taşıyan bir raporda Atilhan hakkında şöyle denilmektedir:

> "Cevat Rıfat Atilhan *Milli İnkılap* dergisini yayımladığı sırada bu yayınından endişe eden İstanbul Yahudi cemaati [liderleri]

54 Sabetay Leon, "Una vijita de 2 horas onde el antisemita Cevat Rıfat Atilhan", *Atikva*, 14 Mayıs-18 Haziran 1948 arası yazı dizisi.

> kendisiyle temasa geçti. Atilhan'a antisemit faaliyetlerine tamamen son vermesine karşılık para ödemeyi teklif ettiler. Atilhan Nazizmin sonunun yaklaştığını görerek bu teklifi kabul etti ve Yahudilere karşı suç işlemiş olduğunu kabul eden ve bunun bir daha tekrarlanmayacağını belirten bir mektup imzaladı. Bu mektup İstanbul'da bulunmaktadır. [Hanri] Soriano'nun haberi bulunmaktadır." (Bu son cümlenin sonradan üstü çizilmiştir)[55]

Atilhan'a göre Yahudilerin kendisinden intikam almak istemelerine yol açan bir diğer olay Millî Kalkınma Partisi'ni kurma teşebbüsüdür. Atilhan bu partiyi Nuri Demirağ ile birlikte kurdu. Bir gün Vitali Kalef Levi adında bir Yahudi Nuri Demirağ'a gidip Nuri Demirağ ile Atilhan arasında anlaşmazlık yarattı. Bunun sonucunda Atilhan partiden ayrıldı. Atilhan Emek Bankası'nın kurulması teşebbüsünde de bankanın yönetim kurulunda yer alan Cemil Beraha adlı bir Yahudi asıllı vatandaşın kendisi aleyhinde faaliyette bulunduğunu ve bunun sonucunda bankanın kurulamadığını söylüyor. Atilhan daha sonra Sabetay Leon'a 1934 yılında Münih'te toplanan birinci antisemit kongresine katıldığını, kongrenin başkanı olduğunu, bir sonraki yıl ise aynı kongrenin Danimarka'da toplandığını, başkanın Elof Erikson olduğunu kendisinin de kongrenin genel sekreterliğini yaptığını anlatır.[56]

1948 yılında İstanbul'da *Or Yeuda* dergisini yayımlamakta olan Yahudi gazeteci İzak Yaeş, Cevat Rıfat Atilhan'ı bir gün bürosunda ziyaret edip bir söyleşi yapar. İzak Yaeş, Cevat Rıfat Atilhan'a, takındığı antisemit tavrın nedenini sorduğunda Atilhan başından geçen bir olayı anlatır. Atilhan bir dönem Selanik'te yaşadığını ve on iki yıl süreyle bir Yahudinin evinde kirada oturduğunu söyler. Ancak on bir yıl sonra maddi durumunun çok bozulduğunu ve bir yıl boyunca kira ödeyemediğini belirtir. Bunun sonucunda Yahudi mal sahibinin kendisini mah-

55 İDA, 258/9 sayılı dosya, 18 Ağustos 1950 tarihli 'Büyük Doğu' başlıklı belge.

56 Sabetay Leon, "Una vijita de 2 horas onde el antisemita Cevat Rıfat Atilhan", *Atikva*, 14 Mayıs-18 Haziran 1948 arası yazı dizisi.

kemeye vererek dört çocuğu ve eşi ile birlikte sokağa attığını aktarır. Atilhan mal sahibi varlıklı bir kişi olduğu ve bu kira gelirine ihtiyacı olmadığı halde böyle davrandığı için tüm Yahudilere değil, sadece zengin Yahudilere düşman kesildiğini ifade eder.[57]

1952 yılında Ahmed Emin Yalman'a, Malatya'da Hüseyin Üzmez tarafından yapılan silahlı saldırı üzerine Atilhan'ın evinde arama yapılır.[58] Kendisi gözaltına alınır, yargılanmak üzere tutuklanır[59] ve Malatya Cezaevi'ne konulur. Cezaevinde Necip Fazıl Kısakürek ile tartışır ve tartışma sonucu Necip Fazıl Kısakürek ayrı koğuşta yatmayı talep eder.[60] Atilhan daha sonra yargılanmak üzere Ankara'ya gönderilir.[61] Dava sonucunda beraat eder.[62] *Türk İslâm Hükümranlığı ve Uğradığı Suikastler* adlı kitabı ile laiklik ilkelerine aykırı yayın yaptığından İstanbul Üçüncü Ağır Ceza Mahkemesi'nde hakkında kamu davası açılır.[63] Cevat Rıfat Atilhan 1964 yılında Mogadişu'da toplanan İslâm Devletleri Kongresi'ne katılır, kongrenin İcra Komitesi Başkanı seçilir.[64]

Atilhan 4 Şubat 1967 tarihinde vefat etti. Cenaze namazı Kadıköy Osmanağa Camii'nde kılındıktan sonra naaşı askerî cenaze arabasına konulmak istendi, ancak cenazede bulunan gençler buna izin vermeyip tabutu Karacaahmet Mezarlığı'na kadar omuzlar üzerinde taşıdılar. Atilhan'ın mezarı başında bir konuşma yapan Nizamettin Nazif Tepedelenlioğlu, Atilhan'ı "büyük bir mücahittir. O'nu ben burada pek anlatamam. O'nu anlatmak için ciltler dolusu eser yazmak lazım. Esasen kendisini ciltler dolusu eserlerle anlatmaya çalışmıştır" sözleriyle övdü. Cenazede hazır olan gençlere "O bir nesil bekliyordu, işte o nesil sizler-

---

57 Yitshak Yaech, "Los jurnales Turkos kontinuean a atakar el Judaismo de Turkia", *La Verdad*, 15 Şubat 1959.

58 "İstanbul'da bazı evlerde dün arama yapıldı", *Akşam*, 5 Aralık 1952.

59 "İrtica tatbikatında yeni safhalar", *Vatan*, 25 Ocak 1953.

60 "Nurcular içinde tatbikata geçildi", *Vatan*, 1 Şubat 1953.

61 "Suikast failleri Malatya'dan Ankara'ya gönderildiler", *Vatan*, 9 Mart 1953.

62 "Suikast failleri mahkûm oldular", *Vatan*, 18 Temmuz 1954.

63 "Cevat Rıfat'ın mahkemesi", *Yeni İstiklâl*, 5 Nisan 1961, Sayı 16.

64 Cevat Rıfat Atilhan, *Suzy Liberman*, Sinan Yayınları, İstanbul 1995, s. 9.

siniz. Ve ne mutlu O'na ki vefat etmeden önce beklediği ve görmek istediği nesli görmüştür" dedi.[65] Vefatı, bir dönem yazılarıyla katkıda bulunduğu *Fedai* dergisinde Ali Fuat Başgil ve İsmail Hami Danişment'in vefatlarıyla birlikte anıldı ve bu üç kişi kastedilerek "üç ayda üç lider kaybettik" denildi.[66]

Ölümünün ilk yıldönümünde anısına MTTB Kültür Müdürlüğü'nde anma günü düzenlendi. Tahsin Demiray, *Sebilürreşad* dergisi sahibi Eşref Edib, Nizamettin Nazif Tepedelenlioğlu, Raif Ogan, avukat Fazlı Akkaya ve *Yahudileri Tanıyalım* (Toker Yayınları, İstanbul, 1968) ve *İsrail Zindanlarında Bir Türk Subayı* (Türkiye Basımevi, İstanbul, 1967) adlı antisemit kitapları yazan ve Mehmed Şevket Eygi'nin sahibi olduğu İslâmcı *Bugün* gazetesinin köşe yazarı olan M. Şahap Tan konuşmacı olarak katıldılar. Anma gününde Atilhan'ın kendi sesi teypten dinlettirildi ve kitapları sergilendi.[67] Daha sonra Atilhan'ı anma gününe katılan konuşmacıların belirsiz kişilerce tehdit edildikleri iddia edildi.[68] Bir raslantı eseri anma gününe rastlayan aynı günlerde İstanbul'da bir evde bir Kuran yırtılması olayı meydana geldi ve olay tanıkları arasında Atilhan'ın kızı Uskent Atilhan da yer aldı. Uskent Atilhan anlaşılmayan bir nedenden dolayı intihara teşebbüs etti,[69] daha sonra da olayla ilgili tanıklığını baskı altında verdiğini iddia ederek, Kuran yırtma olayını inkâr etti.[70]

Atilhan milliyetçi ve İslâmcı çevrelerde unutulmadı. Vefatının sekizinci yılında *Bizim Anadolu* gazetesinde yazılarını öven uzun bir makale yayımlandı.[71] İslâmcı çevrelerde Atilhan hakkındaki tek eleştirel değerlendirme 1952 yılında gazeteci Ahmet Yalman'a suikast teşebbüsünde bulunan Hüseyin Üz-

65 "Cevat Rıfat dün toprağa verildi", *Babıalide Sabah*, 6 Şubat 1967.

66 Kemal Fedai Coşkuner, "Üç ayda üç lider kaybettik", *Fedai*, yıl 5, cilt 4, sayı 40, Nisan 1967, s. 4.

67 "Cevat Rıfat'ı anma günü", *Bugün*, 3 Şubat 1968 ve "Cevat Rıfat Atilhan anıldı", *Bugün*, 4 Şubat 1968.

68 "Cevat Rıfat gününde konuşmacılar tehdit edildi", *Bugün*, 6 Şubat 1968.

69 "Kuran yırtma hadisesi. Bir şahit intihara teşebbüs etti", *Bugün*, 5 Şubat 1968.

70 "İrtica yok, küfür yobazlığı var!", *Bugün*, 14 Şubat 1968.

71 Kemal Kadir, "Yılmayan Adam: Cevat Rıfat", *Bizim Anadolu*, 4 Şubat 1975.

mez'den gelmiştir. Üzmez yıllar sonra Atilhan'ı şöyle değerlendiriyordu: "meselâ bir Cevat Rıfat Atilhan vardı, general geçinirdi. Oysa asker falan değildi. Masonlar hakkında filan kitap yazmıştı. O bizim gözümüzde bir ilâh gibiydi. Aslında bir sahtekâr, Allah'a da inanmıyor. Abdestsiz namaz kılıyor."[72]

Siyasi yaşamı

Atilhan muhtelif siyasi partilerin kurucuları arasında yer almıştır; bu partiler şunlardır:

a) Millî Kalkınma Partisi: Kuruluş tarihi 18 Temmuz 1945 olup, kurucuları Nuri Demirağ, Cevat Rıfat Atilhan, Hüseyin Avni Ulaş'tır.[73] Atilhan, Nuri Demirağ ile kavga ederek partinin başına geçmeye çalıştı.[74]

b) Türk Muhafazakâr Partisi: Kuruluş tarihi 8 Temmuz 1947 olup, kurucuları Cevat Rıfat Atilhan, Şükrü İşdeğer, Behçet Demirgil'dir.[75] Partinin kurulması üzerine Kudüs Müftüsü Hacı Mehmet (Muhammed) Emin El Hüseyni Atilhan'a şu mesajı göndermiştir:

> "Umum beşeriyetin [uygarlığın] ve hususile İslâm memleketlerinin müptelâ olduğu ve dünyanın her köşesinde mebâdîi diniyle düşmanı olan siyonist teşkilâtına karşı olan cihadınızı takdir ve tebrik ederim.
>
> Bir nüshasını gördüğüm partinizin nizamnamesini ve hususile 25. maddesini okudum. Bir Türk ve Arap Birliği ve kardeşliğini istihdaf eden [hedefleyen] mesainizin muvaffakiyetle neticelenmesini Cenâb-ı Hak'tan temenni ederim. Bundan başka şunu da ilâve etmek isterim ki Arap memleketlerindeki müslüman kardeşlerimiz ve Arap gazeteleri sizin takip buyur-

---

72 Önder Şenyapılı, "Ahmet Emin Yalman'a suikast", *Güneş*, 8 Ekim 1982.

73 Tarık Zafer Tunaya, *Türkiye'de Siyasi Partiler 1859-1952*, Tıpkıbasım Arba Yayınları, İstanbul 1995, s. 638-645.

74 "Nizamın ve rejimin düşmanları ve irticanın elebaşları kimlerdir?", *Vatan*, 22 Temmuz 1953, İnkılâp ve Din İlavesi.

75 T.C. İçişleri Bakanlığı Emniyet Genel Müdürlüğü, *Türkiye'de Siyasi Dernekler II*, Ankara, 1950, s. 455-466 ve *Türk Muhafazakâr Partisi Programı*, 1947.

duğunuz aynı mesaiyi takip, mübarek cihadınızı gönüllerinden takdir ettiklerini beyan ederim. Bu hususta zatıalilerinin müşterek bir düşmana ve müşterek bir gayeye doğru ve âlemi İslâmiyet'in dûçâr [yakalanmış] olduğu felâketlerden kurtarmak maksadile ibraz buyurduğunuz şerefli himmeti takdir eder ve size kemali hulûs ile arzı ihtiram eylerim efendim."

Mehmet Emin El Hüseyni[76]

Türk Muhafazakâr Partisi'nin yayın organları, *Mücadele* ile 1934 yılında kapatılıp sonra yeniden yayın hayatına başlayan *Millî İnkılâp* dergileriydi.[77] Parti'nin ve *Millî İnkılâp* dergisinin simgeleri aynı idi. *Millî İnkılâp* dergisindeki imzalı veya imzasız tüm yazılar sosyalist yazar Abidin Nesimi'ye aitti. Dergi altı sayı çıktı ve kapandı. Kapanmasının nedeni hiçbir bayinin dergiyi satın almamasıydı.[78] Dergide yer alan Fransızca veya İngilizce çeviriler de Devlet Demiryolları muhasebe müdür muavini Talha Balkı'ya aitti.[79]

c) İslâm Demokrat Partisi: Kuruluş Yılı Ağustos 1951 olan partinin 17 kurucu üyesi vardı, Cevat Rıfat Atilhan bunlara dahildi. Cemiyetler Kanunu'nun 24. maddesine aykırı faaliyette bulunduğu iddiası ile parti aleyhine dava açılmış ve mahkeme 7 Kasım 1952 tarihinde partinin kapatılmasına karar vermiştir.[80]

Yayınları

Millî İnkılâp dergisi

Atilhan'ın en göze çarpan yayını *Millî İnkılâp* dergisidir ve günümüze kadar ulaşmış olan nüshaları Millî Kütüphane'de mevcuttur. *Millî İnkılâp* dergisi yayın hayatına *İnkılâp* adı altın-

---

76 "Cevat Rıfat Atilhan'a Kudüs müftüsü bir mesaj gönderdi", *Tasvir*, 13 Şubat 1948.

77 Tarık Zafer Tunaya, *a.g.e.*, s. 710-711.

78 Abidin Nesimi, *a.g.e.*, s. 235-236.

79 Abidin Nesimi, *a.g.e.*, s. 186.

80 Halûk Ö. Karabatak, "İslâm Demokrat Partisi", *Tarih ve Toplum*, Ekim 1994, sayı 130, s. 4-13.

da 1933 yılının Nisan ayında İzmir'de başladı. Derginin sahibi Osman Senai idi ve başmuharrir ve Umumi Neşriyat Müdürü olarak Cevat Rıfat gözüküyordu. Cevat Rıfat, *İnkılâp* ismiyle aylık bir dergi yayımlayacağını açıklayınca, her yönden CHF'yi destekleyen bir gazete olan *Anadolu* bir tebrik yazısı yayımladı: "Cevat Rıfat Bey arkadaşımız tarafından *İnkılâp* adında aylık bir mecmua çıkarılacağını haber aldık. Mecmuanın mükemmel olması için çalışılmaktadır. Muvaffakiyetler dileriz."[81] *İnkılâp* dergisinin yayınındaki amaç "inkılâpçı Türklerin, yani Gazi inkılâbına canla başla ve bilfiil iştirak etmiş ve bu uğurda mesai sarfetmiş insanların tezlerini neşr ve müdafaa" olarak açıklandı. İlk sayısının kapağında Atatürk'ün bir fotoğrafı vardı ve dergide edebiyat ağırlıklı yazılara yer veriliyordu. İleriki sayılarda derginin geçireceği değişimi gösteren tek ipucu "Dünya siyasetinde yeni hadiseler" (s. 16-19) makalesi olup bu makale Almanya'daki "Yahudi Meselesi"ne değiniyor ve "istikbal ne gösterirse göstersin (...) Yahudiler karakterleri icabı yine başlarını eğecekler ve etraflarına çekilen ağın deliklerinden kaçmak fırsatını bulacaklardır" sonucuna varılıyordu. Bu yazıda Türkiye'deki Yahudilere de atıfta bulunulup onlardan "dünya üzerinde en ziyade Türkiye'de emniyet ve refaha mazhar oldukları halde burada da kendilerini sevdiremeyen ve Türklerden gördükleri büyük âlicenaplık ve nimetine istihfaf ile mukabele eden ve hatta bunca arzu ve tezahürlere rağmen Türkçe konuşmayı günah sayan Yahudiler" diye söz ediliyordu.

Mayıs 1933 tarihini taşıyan ikinci sayısı yine edebiyat ağırlıklı idi ve ilk kez şiddetli Yahudi karşıtı yazılar görüldü. Derginin bu sayısı da yayımlanmadan önce *Anadolu* gazetesinde geniş bir şekilde takdim edildi: "Memleketimizin en büyük edebî ve mefküre mecmuasıdır. İkinci sayısı 1 Mayıs'ta çıkıyor. Bu numara çok zengin ve ateşli yazılarla doludur. Yahudi müdafilerine cevaplar ve Yahudilik hakkında mühim yazılar vardır..."[82]

---

81 Dr. Turan Akkoyun, "1934'de Orhun ve Millî İnkılâp'ın kapatılmasına mahalli bir bakış", *3 Mayıs 1944 50. Yıl Türkçülük Armağanı* içinde, Akademi Kitabevi, İzmir 1994, s. 45.

82 Dr. Turan Akkoyun, *a.g.m.*

1 Ağustos 1933 tarihli beşinci sayısında derginin adının *Millî İnkılâp* olarak değiştiği ve derginin kendisini "taşkın milliyetperver aylık mecmua" olarak tanımladığı görülüyor. Derginin 1 Mayıs 1934 tarihli nüshası artık İstanbul'da yayımlanmaya başlanmış ve bu sayının kapağında da Atatürk'ün fotoğrafı yer almıştı.

Dergide yer alan imzasız ya da "Yalçın" müstear adıyla çıkan yazılar Abidin Nesimi'ye, "Çetin" müstear adlı yazılar ise Tevfik İleri'ye aitti.[83]

Derginin 15 Mayıs 1934 tarihli nüshasında İsveç'te yayımlanan *Nationen* dergisinin 1 Mayıs 1934 tarihli sayısında yer alan Cevat Rıfat Atilhan'la ilgili yazının bir haberi vardı. *Nationen* dergisi Nazi yanlısı olup şiddetli antisemit söylemi ile tanınıyordu. Derginin 1 Mayıs 1934 tarihli sayısında Cevat Rıfat Atilhan'ın fotoğrafıyla birlikte yer alan haber "Türk dünyasının uyanışı" başlığını taşıyordu. Söz konusu haberde Türkiye'de Siyonizme karşı bir hareketin başladığı ve bu hareketin mücahitlerinden birinin Cevat Rıfat Atilhan olduğu belirtiliyordu. *Millî İnkılâp* dergisi de "Türk Milletinin özgürlüğü için anlamlı bir faaliyet gösteren" cümlesi ile okurlara takdim edildi.

Millî İnkılâp'ın bu antisemit yayımlarına, İzmir'de yayımlanan *Işık* gazetesinin sahibi Rusçuklu Fahri tepki gösterdi. Ad zikretmeden 1933 yılında İzmir'de antisemit bir derginin varolduğunu belirterek "memleketimizde zaman zaman, ortaya atıldıktan bir müddet sonra unutulan Yahudi aleyhtarlığı modası son günlerde yine meydana çıktı. Nitekim son günlerde İstanbul'da intişar eden bir mecmuanın bu yoldaki taşkınlıkları kanun çerçevesinin dışına çıktığı için Türk adliyesi mütecavizlerin yakasına yapıştı" diye yazdı.[84]

Rusçuklu Fahri bir ay sonra yayımladığı bir diğer makalesinde gene Cevat Rıfat Atilhan'ın Yahudi düşmanlığını eleştirdi ve "İstanbul'da çıkan *(Millî İnkılâp)* Mecmuası Yahudi aleyhtarlığı yapıyor... Herkes her istediğini yazar ve söyler...

83 Abidin Nesimi, *a.g.e.*, s. 126.

84 Rusçuklu Fahri, "Yahudi aleyhtarlığı", *Işık*, 19 Mayıs 1934, aktaran Dr. Turan Akkoyun, *a.g.m.*

Cevat Rıfat Bey'in ne istediğini değil de, nasıl hareket ettiğini tetkik edelim. Bu zat Yahudi aleyhdarlığı ederken, ne kadar mümkünse o kadar sövüyor. Halbuki bir fikri müdafaa ve münakaşa ederken, sövüp saymaya başlamak o fikrin kabil-i müdafaa olmadığını gösteren en canlı delildir. Cevat Rıfat Bey, pekala bu yola sapmadan da Yahudi aleyhtarlığı yapabilir ve kendisine verilen cevaplara yine aynı suretle söğmeden mukabele edebilirdi..." diye yazdı.[85]

Derginin 1 Temmuz 1934 tarihli nüshasında yer alan Uzunköprü'den Osman oğlu Rasih imzalı yazıda, toplum ağır bir dille saldırılan Yahudilere karşı kışkırtılıyordu. Bu yazıda "Edirne kan ağlıyor... Edirne'nin şanlı cumaları Cumartesi oldu artık... Sarayiçi'nin serin rüzgârları eskisi gibi uğuldamıyor. Söğütlerin koyu gölgelerinde kahramanlık hikâyeleri anlatılmıyor, orada Musa oğulları günlük kazançlarını hesaplıyorlar. Onlar dünyanın en soysuz milletidir. Onun için Tanrı onları her vakit ezilmeğe mahküm etmiştir. Bundan büyük adalet mi olur?.. Niçin onları başımızın üstünde taşıyoruz? Kanımızı emdikleri için mi? (...) Tanrının sevmediğini peygamber sopa ile koğalarmış. Peygamberin sopa ile koğaladığını biz ne yapsak yeridir!.." denilerek yazıda halkın Yahudilere karşı ayaklanmasına davet çıkarılıyordu. Aynı günlerde de Yahudilerin Trakya kentlerinden kovulmaları, evlerinin ve işyerlerinin yağmalanmaları ile sonuçlanan Trakya Olayları meydana geldi. Olayların sonucunda *Millî İnkılâp* dergisinin yayımları "memleketteki anasır arasında nifak tevhit eder mahiyette" görüldüğünden, Cevat Rıfat hakkında soruşturma açılması ve derginin kapatılması için teşebbüste bulunuldu.[86]

Derginin 15 Temmuz 1934 tarihli nüshasında Temmuz başında meydana gelen Trakya olaylarının *Millî İnkılâp* dergisinin neşriyatına yüklendiği belirtiliyor ve meydana gelen olaylar "Trakya ve Çanakkale'de musanna Yahudi paniki muazzam bir teşkilâtın gürültülü, velveleli propaganda ve yaygaralar ile ya-

---

85 Rusçuklu Fahri, "Gazetecilik ve söğme siyaseti", *Işık*, 16 Haziran 1934, aktaran Dr. Turan Akkoyun, *a.g.m.*, s. 46.

86 "Musevi aleyhtarı bir mecmua hakkında takibat", *Akşam*, 10 Temmuz 1934.

pılmış yeni bir hiyanet numunesi" olarak tarif ediliyordu. *Millî İnkılâp* kapatılsa bile yayımlarını kitap halinde sürdürmeye devam edeceği yazılıyordu. Nihayet İcra Vekilleri Heyeti "neşriyatile memleket içinde ve dışında fena bir cereyan husule getirmek ve millî vahdeti bozmak gayesini takip ettiği anlaşılan" derginin kapatılmasına karar verdi.[87] *Millî İnkılâp*'ın kapatılması kesinleşince Rusçuklu Fahri sevincini gizleyemedi.[88]

Atilhan *Millî İnkılâp* dergisinde Atatürkçülük kisvesi altında şiddetli bir antisemitizm propagandası sürdürdü. Atatürkçülük bahanesiyle dönemin havasına uygun olarak önce Türkiye Yahudilerini Türkleşmemekle, Türkçe konuşmamakla eleştirdi, daha sonra da dönemin havasına uyarak Türkçe adlar alan ve Türkçe konuşan Yahudileri "Yahudiler ismimize dokunmayınız!" diye ikaz etti ve "Yahudi'nin Türkçe konuşması bir lütuf değil dünya kadar güzel dilimize ve tatlı şivemize bir tecavüzdür" diye yazdı.[89]

Bir kaynakta Cevat Rıfat Atilhan'ın Nazizmin yükseliş yıllarında Türkiye'deki Alman Büyükelçiliği'nden aldığı para yardımlarıyla *Millî İnkılâp* dergisini yayımladığı iddia edildi.[90]

Atilhan 1956 yılında *The Islamic United Nations* adlı aylık Yahudi ve İsrail karşıtı bir dergi yayımlamaya başladı.[91] Derginin Pakistan'da yerleşik Pan-Islamic League tarafından finanse edildiği ve editörünün İsrail'in kuruluş savaşı sırasında Arap ülkeleri safında savaşacak Türk gönüllülerden oluşan bir birlik kurmaya çalışan ancak başarısız olan R. Ettenheim adlı bir Alman olduğu belirtildi.[92]

---

87 "Millî İnkılâp mecmuası kapatıldı", *Cumhuriyet*, 17 Temmuz 1934.

88 Dr. Turan Akkoyun, *a.g.m.*

89 "Maskeler aşağı!", *Millî İnkılâp*, 1 Temmuz 1934, s. 6.

90 İDA 258/9 sayılı dosya 2 Şubat 1951 tarihli "Cevat Rıfat Atilhan" başlıklı belge.

91 "Antisemitic paper in Turkey", *The Jewish Chronicle*, 24 Ağustos 1956, s. 10.

92 David Ben-Mordechay Bligh, "Turkish Jewry surveys its future", *The American Zionist*, Ocak 1958, s. 11.

Kitapları

Atilhan'ın ilk yayını 1929 yılında Hâkimiyeti Milliye matbaasında bastırdığı *Bir Facianın İçyüzü* adlı kitabıdır.[93] Ancak bu kitap, Millî Kütüphane, Beyazıt Devlet Kütüphanesi, İstanbul Üniversitesi Merkez Kütüphanesi ve İstanbul Büyükşehir Belediyesi Atatürk Kitaplığı'nda mevcut değildir. İkinci yayını *Sina Cephesinde Yahudi Casuslar*'dır ve bu kitap önce *Harb-i Umumide Sina Cephesinde Yahudi Casusları* (37 tefrika) başlıklı bir yazı dizisi olarak 8 Kasım-27 Şubat 1933 tarihleri arasında *Anadolu* gazetesinde tefrika edilmiştir; kitap *Anadolu* okuyucularına da muhtelif tarihlerde tavsiye edilmiştir.[94] Atilhan'ın üçüncü kitabı *Dünya Nazarında Yahudilik ve Masonluk*'tur (Selamet Matbaası, 1935). Bu kitabın girişinde Cevat Rıfat, Yahudileri masonlara âlet olmakla suçlar. Kitapta Teodor Friç'in "Yahudilik meselesi nasıl halledilecek", Nazi kuramcısı Alfred Rosenberg'in "Ulusal ve sosyal düşüncede kriz" makaleleri ile Atilhan'ın, Hitler'in *Mein Kampf* (Kavgam) kitabının kısa bir özeti olan "Adolf Hitler Yahudilere niçin düşman oldu" makalesi yer alır.

Atilhan 1937 yılında yayımladığı *İğneli Fıçı* kitabında yoğun bir Yahudi düşmanlığı yaptığı için mahkemeye verilir. 24 Nisan 1937 tarihinde Asliye İkinci Ceza Mahkemesi'nde yapılan duruşmada Atilhan ticari olarak iflas etmesinin nedeninin Yahudiler olduğunu, kendisinden Filistin'de kurşuna dizdiği Yahudi casus şebekesi nedeniyle intikam alındığını bizzat Yahudilerin söylediğini belirtir ve *İğneli Fıçı* kitabının "ilmî" bir neşriyat olduğunu ekler.[95] 29 Mayıs 1937 tarihinde davanın ikinci duruşması yapılır. Bu duruşmada Atilhan aleyhinde 1936 yılında antisemit tavrı yüzünden açılan bir diğer dava bu ikinci dava ile birleştirilir. Cevat Rıfat ve avukatı Saim Nuri Uray, *İğneli Fıçı* kitabının "cemiyetin muhtelif sınıflarını umumun emniyeti için tehlikeli bir tarzda kin ve adavete tahrik etmediği"ni ve "ilmî bir

---

93 "Maskeler aşağı!", *Millî İnkılâp,* 1 Haziran 1934, s. 5.

94 Dr. Turan Akkoyun, a.g.m.

95 "İstanbul'da Yahudi teşkilatı", *Haber Akşam Postası,* 25 Nisan 1937.

mahiyete" sahip olduğunu savundular.[96]

Davanın üçüncü duruşması 21 Temmuz 1937 günü yapılır. Ancak bilirkişi olarak tayin edilen Yusuf Ziya [Ortaç] ve Mesut Cemil kitapla ilgili inceleme raporlarını henüz vermedikleri için duruşma 11 Ağustos 1937 tarihine ertelenir. Daha sonra davanın akıbetine dair bir habere rastlanmıyor.[97]

Atilhan'ın kitapları ve *Millî İnkılâp* dergisindeki yazıları onun, Hıristiyan antisemitizminin tüm temalarını benimsediğini gösterir. Örneğin kan iftirası,[98] *Siyon Önderlerinin Protokolleri* temalarına kitaplarda sürekli yer verir.[99] Ayrıca klasik antisemit temalardan olan "Yahudi-farmason işbirliği", "Yahudilerin Cihan hâkimiyeti ülküsü" gibi temaları da kullanır. Bunlara ek olarak Türkiye'deki Dönmeler, Birinci Dünya Savaşı'nda Filistin cephesindeki NİLİ Yahudi casus örgütüne mensup casusların Osmanlı ordusuna karşı savaşmaları, Sultan II. Abdülhamid'in hal'inin Yahudi-farmason-Dönme işbirliğinin bir sonucu olduğu gibi yerli temaları da sürekli tekrarlanır.

Atilhan'ın yayımladığı kitapların yıllara göre bir dağılımı yapıldığında aşağıdaki tablo ortaya çıkmaktadır:

1929 1	1933 1	1935 2	1937 3	1947 1	1950 1	1951 2	1952 1
1954 1	1955 2	1956 2	1957 2	1958 1	1959 2	1960 2	1961 2
1962 3	1963 2	1964 2	1965 1	1966 4	1967 1	1968 4	1969 7
1970 2	1971 2	1972 7	1973 4	1975 1	1978 1	1979 2	1995 2
1996 1	2000 2						

96 "İğneli Fıçı davası", *Haber Akşam Postası*, 30 Mayıs 1937.

97 "İğneli Fıçı davası", *Haber Akşam Postası*, 22 Temmuz 1937.

98 Örneğin *İğneli Fıçı*, ilk baskı 1937, Akşam Matbaası, daha sonra 1958, 1966, 1969, 1975, 1978 ve 1979 yıllarında tekrar basılmıştır. *Türk İşte Düşmanın!*, Aykurt Neşriyatı, İstanbul 1959, s. 67-68.

99 Örneğin *Gizli Devlet ve Fesat Programı* 1957, 1964, 1968, 1972 baskıları, *İslâmı Saran Tehlike ve Sionizm*, 1950, *İslâmı Saran Tehlike ve Siyonizm ve Protokoller*, 1955.

Atilhan'ın vefat tarihi olan 1967 yılına kadar 39 kez basılan eserlerinin 1968-2000 yılları arasında 35 kez daha basılmış olması, Atilhan'ın vefatından sonra da adının ve yayımlarının canlı tutulmaya çalışıldığına bir işarettir. Ayrıca kitaplarının en çok yayımlandığı yıllar olan 1969, 1972 ve 1973 yılları İsrail-Arap ülkeleri arasında yoğun çatışmaların ve/veya olayların yaşandığı yıllardır. 22 Ağustos 1969 tarihinde Kudüs'teki El Aksa Camii Avustralyalı Hıristiyan bir turist tarafından yakıldı. Yangının Yahudiler tarafından çıkarıldığı iftirası, Türkiye'deki sağ çevrelerde Yahudi/İsrail karşıtı hissiyatı canlandırdı. 1972 yılı İsrail'in Suriye ve Lübnan'a yaptığı saldırıların yılıdır. 1973 yılı ise 6 Ekim İsrail-Arap savaşının olduğu yıldır. Bu olaylar da Atilhan'ın kitaplarının, bir yerde İsrail'deki siyasi olayların Türkiye'deki yansımalarına endeksli ve duyarlı olduğunu göstermektedir.

Atilhan'ın kitaplarında atıfta bulunduğu yabancı yayınlar arasında Amerika'da yayımlanan *National American, World Service, Christian Free Press, Woman's Voice, The Cross and Flag, Common Sense, The American Nationalist, Social Justice* gibi yayın adlarına rastlanmakta.[100] Söz konusu yayınlardan *The Cross and the Flag,* Gerald L. K. Smith adlı bir antisemit tarafından yayımlanıyordu ve Amerika'da rastlanan en şiddetli antisemit yayımlardan biriydi. *National American*, Amerikan Nasyonal-Sosyalist Partisi'nin resmî yayınıydı. Dergi 1930'lu yıllarda yayımlanıyordu ve partinin simgesi altında siyah iki Nazi haçı vardı. *World Service* 1930'lu yıllarda ve 1940'lu yılların başında Naziler tarafından, Hitler Almanyası'nı övmek için Amerika'da dağıtılan bir propaganda yayınıydı. Bu yayın rahip Charles Coughin tarafından bilgi kaynağı gösterilerek kullanılıyordu. Katolik bir din adamı olan Rahip Charles E. Coughlin, 1930'lu ve 1940'lı yılların başında Amerika'daki en önemli antisemit kişilerden biriydi. Haftalık radyo yayınlarında sürekli antisemit vaazlar verirdi. *Social Justice*

---

100 Cevat Rıfat Atilhan, *Farmasonluk İnsanlığın Kanseri*, Aykurt Neşriyat, İstanbul 1960, s. 164 ve *İslâm ve Beni İsrail*, Aykurt Neşriyatı 9, İstanbul 1957, s. 331.

adlı antisemit ve antidemokrat bir yayının kurucusu ve yönetmeniydi. *Christian Free Press* 1930'lu yıllarda yayımlanan Nazi yanlısı bir dergiydi. *Women's Voice* 1930-50 yılları arasında bir kadın grubu tarafından yayımlanan nefret yüklü bir dergiydi. Yayın yönetmeni olan Lyrl Van Hyning ünlü bir antisemitti. *Common Sense* 1940-60 yıllarında yayımlanmış antisemit bir gazeteydi.

Atilhan'ın eserlerinde, belirgin bir şekilde, McCarthy, Henry Ford, Henry Coston, Theodore Fritsch gibi Amerikalı ve Avrupalı faşist ve antisemit yazarların eserlerine göndermeler görülür. Atilhan'ın özellikle Amerikalı radikal sağ ve antisemit çevrelerle sürekli ilişkide olduğu kesindir. Aksi takdirde kitaplarında atıflarda bulunduğu bu kadar çok ve farklı Amerikan menşeili radikal sağ ve antisemit yayıma nasıl ulaştığına bir yanıt bulunamaz. Atilhan'ın kendisi de gene antisemit içerikli bir belgenin "yüksek rütbeli bir Amerikan generali tarafından bize gönderildiğini" belirtir.[101] Antisemit bir kitap yazmış Suriyeli bir yazar da eserinde bu tür belgeleri Atilhan'a "Amerikalı bazı arkadaşlarının" gönderdiğini söylüyor.[102]

Atilhan'ın kitaplarından *İslâm ve Beni İsrail, el-İslâm ve Benû'İsra'îl* başlığıyla, *İslâm'ı Saran Tehlike Siyonizm ve Protokollar* kitabı ise *el-Hatar'ul-muk'ît bi'l-İslâm, es Sıhyuniyye ve Brokulatiha* başlığıyla Arapça'ya çevrildi.[103]

Türkiye Yahudi cemaatinin Atilhan'a karşı tavrı

Türkiye Yahudilerinin Atilhan'a karşı takındıkları tavır hakkında çok net bir resim yoktur. Atilhan Mayıs 1933 tarihli *Millî İnkılâp* dergisinde Türkiye Yahudilerinin dergiyi kapatmaya teşebbüs ettiklerini ve kendisini yetkili makamlara şikâyet edeceklerini duyduğunu, ancak Türk mahkemelerinin "Ya-

101 Cevat Rıfat Atilhan, *İslâm ve Beni İsrail*, Aykurt Neşriyatı 9, İstanbul 1957, s. 122.

102 Prof. Abdurrahman Meydani, *Tarih Boyunca Yahudi Oyunları*, Şule Yayınları, İstanbul 1993, s. 421.

103 Mustafa M. Tahhan, *Filistin'e büyük komplo*, Azim, İstanbul 1995, s. 433.

hudi yaygaraları"na kulak asmayacağını söyleyip Yahudileri ikaz ediyor: "Efendiler! Filistin'de değil Türkiye'desiniz".[104] 1934 yılında Yahudi cemaatinin Cismani Meclisi toplanıp dönemin Başvekili İsmet İnönü'ye derginin bir örneğini bir dilekçeye ekleyerek şikayette bulunur, ancak bir sonuç çıkmaz; Trakya Olayları meydana gelir.[105] İsrail devletinin kuruluşundan sonra Atilhan'ın Siyonizm, İsrail ve Yahudilere karşı yazılan ve bir İzmir gazetesinde iktibas edilen "Filistin hâdiseleri ve Türkiye" yazısını Dr. Eli Şaul cesur bir şekilde eleştirir, Atilhan'ı ırkçılık ve antisemitizm yapmakla suçlar ve Yahudilere yönelik iftiralarına cevap verir.[106] Bu yazıya Cevat Rıfat Atilhan, *Sebilürreşad* dergisinde "Yahudi küstahlığı" başlıklı bir karşı cevap verir.[107] Bu polemik Dr. Eli Şaul'un ağır bir dille yazdığı ikinci bir açık mektup ile sona erer.[108] İzak Şaul'un "Yahudi Düşmanlarına" başlıklı şiiri de, Cevat Rıfat'ın Yahudi düşmanlığına karşı şiirsel bir cevaptır.[109] Atilhan'ın kitaplarının basılır basılmaz Yahudi işadamı Eli Burla tarafından piyasadan toplatılıp imha edildiği söylenir.[110] Yahudi cemaati yönetimi, Atilhan ile hukuki yönden mücadele etmektense daha önce belirtildiği üzere, onu para karşılığında susturmayı veya bunda başarılı olunmadığı zaman kitaplarını toptan satın alarak imha etmeyi tercih etmiştir. Nitekim *Filistin Cephesinde Yahudi Casuslar, Suriyenin Mataharisi Simi Simon* kitabını 1947 yılında yayımlayan Üstün Eserler Neşriyatı'nın sahibi Bedri Arıkök'ün İstanbul'daki İsrail Konsolosluğu'na yaptığı bir ziyaret de bu gerçeği teyit etmektedir. Bedri Arıkök kendisinin

---

104 "Yahudilerin Feryatları!!!", *Millî İnkılâp*, Mayıs 1933, s. 11.

105 Avner Levi, "1934 Trakya Yahudileri Olayı: Alınamayan Ders", *Tarih ve Toplum*, Temmuz 1996, sayı 151, s. 10-17.

106 Dr. Eli Şaul, "Çok sayın üstadım Bay Cevat Rıfat'a açık mektup", *Şalom*, 24 Haziran 1948, s. 1.

107 Cevat Rıfat Atilhan, "Yahudi küstahlığı", *Sebilürreşad,* Cilt 1, sayı 10, Ağustos 1948, s. 159-160.

108 Dr. Eli Şaul, "Cevat Rıfat Atilhan'a ikinci ve son mektubumuz", *Şalom*, 9 Eylül 1948, s. 1.

109 İzak Şaul, "Yahudi düşmanlarına", *Şalom*, 22 Temmuz 1948.

110 Erol Şadi Erdinç'le görüşme.

İsrail devletine karşı sempati beslediğini söyler ve 1947 yılında yayımladığı bu kitaptan elinde kalan yaklaşık 2000 nüshalık stoku İsrail Konsolosluğu'na satmayı teklif eder. Arıkök, görüşmesi sırasında Atilhan'ın daha önce basılmış olan kitaplarının büyük bir kısmının Yahudi cemaati ileri gelenleri tarafından satın alındığını belirtir.[111]

Atilhan'a karşı cemaat yönetiminin takındığı bu sessiz ve görünürde kayıtsız tavra karşı cemaat mensuplarından da eleştiriler gelir. Atilhan'ın 1955 yılında yayımladığı *Gizli Devlet ve Fesat Programı* kitabına atıf yapılarak yazarın Yahudi dinine, din adamlarına ve Tevrat'a saldırdığı, kitabın birkaç aydan beri satışta olmasına rağmen hiçbir cemaat yöneticisinin bu durumdan haberdar olmadığı veya umursamaz olduğu belirtilir. Bu eleştirileri getiren yazar Türkiye Yahudiliğini savunmaya ve bu tür yayımları izleyip önlem almaya görevli olan cemaat yönetiminden kimsenin mevcut olup olmadığını sorgular.[112] Başka bir yazar da Hahambaşı Rafael Saban'ı görevini yapmaya çağırıp İstanbul Valisi Fahrettin Gökay nezdinde kitaba karşı önlem alınması konusunda gerekli girişimlerin yapılmasını ister.[113]

Cevat Rıfat Atilhan'da rastlanan antisemitizmin nedenleri

İsrail Devlet Arşivi'nde bulunan bir rapor Cevat Rıfat Atilhan'ın kişiliği hakkında ilginç bilgiler vermektedir. Raporu hazırladığı tahmin edilen Max Bilen'e göre Cevat Rıfat'ın çocukluğu zor maddi koşullarda geçmiş ve Atilhan varlıklı arkadaşlarına karşı daima hasmane duygular beslemiştir. Bu duygular zamanla içinde bulunduğu koşullardan Yahudileri so-

---

111 İDA, 258/9 sayılı dosya, 28 Şubat 1951 tarihli "Affaire Cevat Rifat Atilhan" başlıklı belge.

112 Moşe Levi Belman, "Una letra i una reflexion", *La Luz de Türkiye*, 13 Temmuz 1955 ve İ. Misistrano, "Una letra i una reflexion", *La Luz de Türkiye*, 20 Temmuz 1955.

113 Roberto Bally, "Un nuevo livro e una vieja kalomnia", *La Luz de Türkiye*, 27 Temmuz 1955.

rumlu tutup onlara karşı şiddetli bir nefret duygusu halinde gelişmiştir.[114]

Millî Kurtuluş Savaşı'nda parlak bir şekilde görev yapmış olan Cevat Rıfat Atilhan'ın yayınlarındaki şiddetli Yahudi ve mason karşıtı düşüncelerin ve her mel'ânetin altında "Yahudi parmağı" aramasının açıklaması kendisinin kaleme aldığı "Nasıl Yahudi ve Mason düşmanı oldum?" başlıklı yazı dizisinde vardır.[115] Bu yazı dizisinde Atilhan bu nedenleri şöyle sıralamaktadır:

a. Cevat Rıfat çocukluğunda iğneli fıçı ve kan iftirası öyküleriyle büyümüştür ve bir Yahudi eskicisinin "eskiler alayımmm!!" sesini duyduğunda "korkudan tepeden tırnağa kadar titre(yip) ve masum dimağında türlü, kanlı ve vahşi manzaralar canlandığı"nı belirtir.[116] Kendi anlatısı ve iddiasına göre bu iğneli fıçı efsanesine benzer bir olaya Manastır'da tanık olmuştur.[117]

b. Cevat Rıfat'a göre Balkan Savaşı'nda Edirne kuşatmasında Edirne Yahudilerinin gıda maddelerinde karaborsa yapmaları sonucunda kıtlık belirmiş ve bunun sonucunda Edirne kenti Bulgarların eline düşmüştür. Cevat Rıfat bu olayı "İsrael'in görünmez kanlı hançeri Edirne müdaafasını arkadan vurdu" diye yorumlamaktadır.[118]

c. Birinci Dünya Savaşı'nda Filistin Cephesinde verilen Osmanlı kayıplarının suçunu Cevat Rıfat sadece ve sadece Filis-

---

114 İDA, 258/9 sayılı dosya, 2 Şubat 1951 tarihli "Cevat Rıfat Atilhan" başlıklı belge.

115 Cevat Rıfat Atilhan, "Nasıl Yahudi ve Mason düşmanı oldum?", *Büyük Doğu*, sayı 22, 18 Ağustos 1950 s. 12, 16. / Cevat Rıfat Atilhan, "Nasıl Yahudi ve Mason düşmanı oldum?", *Büyük Doğu*, sayı 23, 25 Ağustos 1950 s. 12. / Cevat Rıfat Atilhan, "Nasıl Yahudi ve Mason düşmanı oldum?", *Büyük Doğu*, sayı 24, 1 Eylül 1950 s. 12. / Cevat Rıfat Atilhan, *İslâm'ı Saran Tehlike ve Siyonizm*, (t.y.), Cemal Azmi Matbaası, İstanbul, s. 32-33.

116 Cevat Rıfat Atilhan, "Nasıl Yahudi ve Mason düşmanı oldum?", *Büyük Doğu*, sayı 22, 18 Ağustos 1950.

117 İğneli fıçı veya kan iftirası, Hıristiyan antisemitizminde yer alan bir iftiradır. Bu iftiraya göre Yahudiler *Pesah* bayramında hamursuz hazırlamak için Hıristiyan çocuklarını kaçırıp öldürürler ve elde ettikleri kanla hamursuzu imal ederlerdi.

118 Cevat Rıfat Atilhan, "Nasıl Yahudi ve Mason düşmanı oldum?", *Büyük Doğu*, sayı 22, 18 Ağustos 1950 / Cevat Rıfat Atilhan, *İslâm'ı Saran Tehlüke ve Siyonizm*, (t.y.), Cemal Azmi Matbaası, İstanbul, s. 32-33.

tin'de savaşan Yahudi casuslara yüklemekte ve bu kayıpların intikamını "151 Siyon şefi Yahudiyi bizzat astırmak suretiyle" aldığını iddia etmektedir.[119] Cevat Rıfat'ın deyimiyle o günden itibaren "kendisiyle Yahudilik arasında ebediyetlere kadar devam edecek bir mücadele" başlamıştır. Mim Kemal Öke de Atilhan'ın "bizzat kovuşturduğu, Musevi casusluk faaliyetleri"nin onun "dünyaya bakış açısını hayli etkilediği"ni belirtmektedir.[120]

Atilhan'ın düşünce dünyası bir Yahudi/Siyonist ve Farmason güçbirliği ve komplosu ile felç olmuş bir durumdaydı. Atilhan her taşın altında "Yahudi-Farmason parmağı" aramaktaydı. Atilhan'ın Yahudi düşmanlığı saplantısının kendi ağzından sıraladığı nedenlerin dışında birkaç nedeni daha mevcuttur.

Türkçülük akımının içinde de yer alan Cevat Rıfat, Türkçülük akımının Nazizmden etkilenmiş ırkçı ve antisemit yaklaşımının da etkisinde kalmıştır. Bu konuda Ahmet Emin Yalman daha da ileri gidip Atilhan'ın Nazi ajanı olduğunu iddia etmektedir.[121] Falih Rıfkı Atay da isim belirtmeksizin Atilhan'ın Alman ve hatta İsrail gizli servislerinde çalıştığını iddia etmiştir.[122] 1947 yılında başlayan Arap-Yahudi savaşının Filistin topraklarında bağımsız bir Yahudi devleti, İsrail'in kurulması ile sonuçlanması ve bunun Arap dünyasında olduğu gibi Türkiye'deki İslâmî kamuoyuna yansıması menfi olmuş ve antisemit hissiyatı daha da fazla körüklemiştir, Atilhan bundan da etkilenmiştir. Atilhan'ın ilerlemiş yaşında bu Yahudi-Mason saplantısının büsbütün fantastik bir hal aldığı da görülmektedir. Atilhan'ın tüm kitaplarını "bütün eserleri" olarak tekrar yayımlayan ve Atilhan'ı gençlik yıllarında tanımış olan bir yayınevi sahibi şunları anlatmaktadır: Cevat Rıfat Atilhan ile

---

119 Cevat Rıfat Atilhan, "Nasıl Yahudi ve Mason düşmanı oldum?", *Büyük Doğu*, sayı 23, 25 Ağustos 1950.

120 Prof. Dr. Mim Kemal Öke, *Siyonistler ve Masonlar, İhanetler...Komplolar, Aldanmalar,* Çağ Yayınları, İstanbul 1990, s. 301.

121 Ahmet Emin Yalman, *Turkey in my Time*, University of Oklahoma Press, 1956, s. 250.

122 Falih Rıfkı Atay, "İçimizden birini hepinize takdim ediyoruz", *Dünya*, 13 Şubat 1953.

1965 yılında bir gün dolmuş-taksi beklemektedirler ancak boş geçen dolmuşlara "üstad" binmemektedir. Yayınevi sahibi buna bir anlam veremez ve Atilhan'a niçin dolmuşlara binmediklerini sorar:

> " 'Bak evlâdım; eğer vatanını-milletini, din-i İslâmı seviyorsanız artık bazı şeyleri bilmelisiniz,' dedi. 'Benim ecdadım, benim milletim bu Yahudi milletinden ve masonlardan çok çekti. Bunu en çok canlı olarak yaşıyanlardanım ve bu uğurda hâlâ mücadele ediyorum, edeceğim de. Her dolmuşa taksiye binmemem ise işte bu Yahudi ve masonlarla ilgili. Bineceğim taksinin önce tekerleklerine-lastiklerine bakıyorum. Yahudilerin (Altıgen Arması) var mı? Yok mu? diye. Varsa binmiyorum. Çünkü bu lastiklerin çoğunu onlar üretiyorlar.' 'Peki hepsinde işaret var ise, işaret olmayanı bulamazsanız,' dedim. Verdiği cevap ise hâlâ kulaklarımda: 'Gideceğim yol on günlükte olsa yürürüm ve yine de bu arabalara binmem' dedi."[123]

Sonuç yerine

Atilhan'ın antisemit tavrının muhafazakâr ve sağ kesime mensup kişiler arasındaki etkisini Beşir Ayvazoğlu şöyle dile getirmektedir: "1960'lardan sonra sağın ayırıcı vasıflarından biri de antikomünistliği kadar antisemit oluşudur. Milliyetçi ve muhafazakârların ilgilerini en çok çeken kitaplar arasında, Cevat Rıfat Atilhan imzasını taşıyanların çok ayrı bir yeri bulunmaktadır".[124] Cevat Rıfat Atilhan'da rastlanan antisemitizm MNP ile başlayan Türk siyasal İslâm hareketini de derinden etkilemiştir. RP'nin siyasi söylemini tahlil eden İhsan D. Dağı bunu şöyle nakletmektedir: "Siyonizmin dünyada ve Türkiye'deki gücüne ilişkin abartının İslâm kültürüne dayanan bazı nedenleriyle birlikte Cumhuriyet döneminde bu konuda son derece

---

123 Cevat Rıfat Atilhan, *Türk Oğlu Düşmanını Tanı-Masonluğun İçyüzü*, 6. baskı, Sinan Yayınevi, İstanbul 1996, s. 8.

124 Beşir Ayvazoğlu, "Türkiye'de sağcı olmak", *Türkiye Günlüğü*, Sayı 16, Güz 1991, s. 32-43.

'çarpıcı' eserler (*İğneli Fıçı* ve *Masonluğun İçyüzü* gibi) vermiş olan Cevat Rıfat Atilhan'ın muhafazakâr ve İslâmcı çevrelerin düşünsel formasyonları üzerindeki etkisinin de rolü olmuştur. RP İstanbul milletvekili Bahri Zengin de Cevat Rıfat Atilhan'ın eserlerinin ilk kuşak millî görüşçüler üzerinde derin etkisi olduğu ve RP'de devam eden Siyonizm temasının bu etkiye dayandığı kanısındadır."[125] Atilhan halen milliyetçi kesimde de yaygın rağbet görmektedir. Atilhan'ın "Tarih Boyunca Yahudi Mezalimi İğneli Fıçı" başlıklı bir yazısı MHP yanlısı bir internet web sitesinde yer almaktadır.[126]

Türkiye'de sağ düşünce dünyasının içinde Atilhan ve benzer antisemit yazarlar geleneğinin halen sürmesi, Atilhan'ın da içinde yer aldığı bu tür yazarları daha önce fazla önemsemediğini belirten bir İslâmcı yazarın İsrail'in Filistin'e karşı gerçekleştirdiği bir saldırı üzerine, bu davranışından dolayı günah çıkarırcasına Atilhan'a "haksızlık etmiş olduğunu" itiraf etmesi,[127] dahası "ülkemizde yayımlanan Siyonizm aleyhtarı kitaplardan bazıları" başlığı altında bir listenin yayımlandığı bir makalede listede yer alan otuz dokuz antisemit kitaptan onunun Atilhan'a ait olması[128] günümüz sağ düşüncenin bir kesiminin içinde Atilhan'ın popülaritesinin halen geçerli olduğunun bir belirtisidir.

---

125 İhsan D. Dağı, *Kimlik, Söylem ve Siyaset Doğu-Batı Ayrımında Refah Partisi Geleneği*, İmge Kitabevi, Ankara 1998, s. 32 ve dipnot 14.

126 http://www.otuken.net/ignelifici/

127 D. Mehmet Doğan, "Yahudiyatçı"ların hakkını vermek!", *Akit*, 17 Nisan 1996.

128 Bilim Araştırma Vakfı, "'Vallahi Billahi Yahudi ırkı da etten-kemikten yaratıldı' yazısına cevap", *Millî Gazete*, 16 Ağustos 1996.

CEVAT RIFAT ATİLHAN'IN KRONOLOJİK OLARAK DÜZENLENMİŞ BİBLİYOGRAFYASI

Bu bibliyografyada sadece kitaplar esas alınmıştır. Yazarın ayrıca *Sebilürreşad, Yeni İstiklâl, Hür Adam, Büyük Doğu* ve benzeri dergi ve gazetelerde yayımlanmış sayısız makalesi mevcuttur.

1. *Bir Facianın İçyüzü,* Hakimiyeti Milliye Matbaası, İstanbul 1929
2. *Sina Cephesinde Yahudi Casuslar*, İkinci Bin, İzmir 1933, Meşher Matbaası, 147 s.
3. *Dünya Nazarında Yahudilik ve Masonluk*, çeviren: İ. Uskent, yayımlayan Cevat Rıfat, İstanbul 1935, Selamet Basımevi. (Bu kitabın içinde Cevat Rıfat Atilhan'ın "Millî Birlik" ve "Adolf Hitler Yahudilere Niçin Düşman Oldu" yazıları yer alır.)
4. *Suzi Liberman*, İstanbul 1935, Türkiye Matbaası, 56 s.
5. *Masonluk Nedir?*, İstanbul 1937, Akın Basımevi, 36 s.
6. *İğneli Fıçı* - İkinci Bin, İstanbul 1937, Akşam Basımevi, 16 s.
7. *Musa Dağı*, İstanbul 1937, Kenan Basımevi ve Klişe Fabrikası, 78 s.
8. *Filistin Cephesinde Yahudi Casuslar-Suriyenin Mataharisi Simi Simon* (2. baskı), Üstün Eserler Neşriyatı, İstanbul 1947, Güven Basımevi, 64 s.
9. *İslâmı Saran Tehlike ve Sionizm*, İstanbul [t.y.] (derleme tarihi 1950), Cemal Azmi Matbaası, 176 s.
10. *Farmasonlar İslâmiyet'i ve Türklüğü Yıkmak İçin Nasıl Çalıştılar?*, Aykurt Neşriyatı: 1, İstanbul 1951, Kardeşler Basımevi, 208 s.
11. *Türk Oğlu Düşmanını Tanı!*, Aykurt Neşriyatı: 2, İstanbul 1951, Sinan Matbaası, 40 s. (resimli)
12. *Türk Oğlu Düşmanını Tanı!*, Aykurt Neşriyatı: 3, İstanbul 1952, Ak-Ün Basımevi, 88 s. (resimli)
13. *Kendi Vesikalarına Göre Masonluk Nedir?*, Aykurt Neşriyatı: 4, İstanbul 1954, Gün Matbaası, 84 s.
14. *İslâmı Saran Tehlike, Siyonizm ve Protokoller*, Aykurt Neş-

riyatı: 5, İstanbul 1955, Gün Matbaası, 380 s.

15. *Gizli Devlet ve Fesat Programı*, Aykurt Neşriyatı: 6, İstanbul 1955, Gün Matbaası, 88 s.
16. *Farmasonluğun Yırtılan Maskesi*, Aykurt Neşriyatı: 7, İstanbul 1956, Gün Matbaası, 109 s. + 1y (resimli)
17. *Tarih Önünde ve İlim Işığında 31 Mart Faciası*, Aykurt Neşriyatı: 8, İstanbul 1956, Gün Matbaası, 197 sh + 1y
18. *İslâm ve Benî İsrail*, Aykurt Neşriyatı: 9, İstanbul 1957, Sinan Matbaası, 398 s.
19. *Gizli Devlet ve Fesat Programı* (İlaveli 2. Baskı), Aykurt Neşriyatı: 10, İstanbul 1957, Sinan Matbaası, 93 s. + 1y
20. *İğneli Fıçı* (2. baskı), Aykurt Neşriyatı: 11, İstanbul 1958, Ahmed Said Matbaası, 192 s.
21. *Türk İşte Düşman'ın!*, Aykurt Neşriyatı: 12, İstanbul 1959, Ahmed Said Matbaası, 272 s.
22. *Bütün Çıplaklığıyle 31 Mart Faciası* (2. baskı), Aykurt Neşriyatı: 13, İstanbul 1959, Sinan Matbaası, 232 s.
23. *Farmasonluk - İnsanlığın Kanseri*, Aykurt Neşriyatı: 14, İstanbul 1960, Hüradam Matbaası, 214 s. + 1y
24. *Tarih Boyunca İslâm Hâkimiyeti ve Uğradığı Sû-ikastlar* (55. eser), Aykurt Neşriyatı: 15, İstanbul 1960, Çelikcilt Matbaası, 222 s. + 1y
25. *Meşhur Yahudi Casusu Suzi Liberman'ın Hatıra Defteri* (2. baskı), Aykurt Neşriyatı: 16, İstanbul 1961, Çelikcilt Matbaası, 120 s.
26. *Küfrün Karşısında Müslümanlık - Müslümanlığın Diğer Dinler Müvecehesindeki Üstünlük ve Azameti* (57. eser), Aykurt Neşriyatı: 17, İstanbul 1961, Çelikcilt Matbaası, 320 s.
27. *Yahudiler Dünyayı Nasıl İstilâ Ediyorlar?*, Aykurt Neşriyatı: 18, İstanbul 1962, Çelikcilt Matbaası, 222 sh + 1y
28. *Türkoğlu Düşmanını Tanı!* (3. baskı) (59. kitap), Aykurt Neşriyatı: 19, İstanbul 1962, Çelikcilt Matbaası, 109 s.
29. *Kendi Vesikalarına Göre Masonluk Nedir?*, Doğan Güneş Yayınevi No. 8, İçtimai Eserler Serisi No. 3, İstanbul 1962, Sıralar Matbaası, 45 s.

30. *Medeniyetin Batışı* (60. eser), Aykurt Neşriyatı: 20, İstanbul 1963, Çelikcilt Matbaası, 183 s.
31. *Farmasonlar İslâmiyet'i ve Türklüğü Yıkmak İçin Nasıl Çalıştılar?..* (2. baskı), Aykurt Neşriyatı: 1 ve 21, İstanbul 1963, Çelikcilt Matbaası, 279 s.
32. *Gizli Devlet ve Fesat Programı* (3. baskı), Aykurt Neşriyatı: 23, İstanbul 1964, Çelikcilt Matbaası, 86 s.
33. *Kendi Vesikalarına Göre Masonluk Nedir?* (İlaveli 3. baskı), Doğan Güneş Yayınları No. 18, İstanbul 1964, Çınar Matbaası, 80 s.
34. *Dünya İhtilâlcileri İsrail* (62. eser), Aykurt Neşriyatı: 22, İstanbul 1965, Çelikcilt Matbaası, 317 s.
35. *Türk Oğlu! Düşmanını Tanı!* (4. baskı), Aykurt Neşriyatı: 25, İstanbul 1966, Çelikcilt Matbaası, 147 s. + 2y (fotoğraflı)
36. *Küfrün Karşısında Müslümanlık*, Üçdal Neşriyat No. 1, İstanbul 1966, Fatih Matbaası, 277 s.
37. *Masonluğun İçyüzü*, Bedir Yayınları No. 36, İstanbul 1966, Nurettin Uycan Matbaası, 96 s.
38. *İğneli Fıçı* (3. baskı), Çelikcilt Matbaası, İstanbul 1966
39. *İstiklâl Harbinde Sarıklı Kahramanlar* (71. eser), Uğur Yayınları Seri No. 3, İstanbul 1967, Yaylacık Matbaası, 142 s. (resimli)
40. *Bütün Açıklığıyla İnönü Savaşları ve Hakiki Kahramanları*, Aykurt Neşriyatı (72. eser), İstanbul 1968, Yaylacık Matbaası, 63 s.
41. *Musa Dağı* (2. baskı), Aykurt Neşriyatı Cep Kitapları: 3, İstanbul 1968, Talat Matbaası, 178 s. + 1y
42. *Gizli Devlet ve Fesat Programı* (4. baskı), Aykurt Neşriyatı Cep Kitapları: 4, İstanbul 1968, Talat Matbaası, 112 s.
43. *Menemen Hadisesinin İçyüzü*, Aykurt Neşriyatı (73. eser), İstanbul 1968, Yaylacık Matbaası, 95 s. (resimli)
44. *Yahudi Casusu Suzi Liberman* (3. Baskı), Aykurt Neşriyatı, İstanbul 1969, Başaran Matbaası, 1[illegible]6 s.
45. *Tarihte ve Günümüzde Masonluk* (4. baskı), Aykurt Neşriyatı, İstanbul 1969

46. *Masonluk Nedir?* (4. baskı), Aykurt Neşriyatı, İstanbul 1969, matbaa belli değil, 96 s.
47. *Tarih Boyunca Yahudi Mezalimi İğneli Fıçı* (4. baskı), Özbahar Yayınları, İstanbul 1969, Toker Matbaası, 180 s. (resimli)
48. *Tarih Boyunca İslâm Hakimiyeti ve Uğradığı Sû-i Kastlar*, Özbahar Yayınları, İstanbul 1969, Toker Matbaası, 221 s.
49. *Suzi Liberman'ın Hatıra Defteri* (3. baskı), Aykurt Neşriyatı, İstanbul 1969, Başaran Matbaası, 176 s. (resimli)
50. *31 Mart Faciası* (4. baskı), Aykurt Neşriyatı Acı Gerçekler Dizisi, İstanbul 1969, Başaran Matbaası, 336 s.
51. *Türk Oğlu Düşmanını Tanı* (5. baskı), *Masonluğun İçyüzü* (3. baskı), Yağmur Yayınları: 53 - Fikri Eserler: 31, İstanbul 1970, Çınar Matbaası, *Türk Oğlu Düşmanını Tanı,* s. 157-256, *Masonluğun İçyüzü,* s. 1-156
52. *Menemen Hadisesinin İçyüzü* (2. baskı), Aykurt Neşriyatı, İzmir 1970, Ticaret Matbaacılık, 79 s.
53. *İttihad ve Terakki'nin Suikast'leri* (1. baskı), Aykurt Neşriyatı, İstanbul 1971, Özaydın Matbaası, 90 s. + 3y
54. *Türk İşte Düşmanın* (52. kitab), Uğur Yayınları, İstanbul 1971, Yaylacık Matbaası, 278 s. + 1y (resimli)
55. *Türk... İşte Düşmanın* (6. baskı), Aykurt Neşriyatı, İstanbul 1972, Yelken Matbaası, 126 s. + 1y
56. *İstiklâl Harbinde Sarıklı Kahramanlar* (3. baskı), Aykurt Neşriyatı, İstanbul 1972, Yaylacık Matbaası, 143 s. (resimli)
57. *Gizli Devlet ve Fesat Programı* (5. baskı), Aykurt Neşriyatı, İstanbul 1972, Yelken Matbaası, 111 s. (resimli)
58. *Masonluk Nedir - Tarihte ve Günümüzde Masonluk* (5. baskı), Aykurt Neşriyatı, İstanbul 1972, Dizerkonca Matbaası, 87 s. + 4y.
59. *Medeniyetin Batışı,* Türk Kültür Yayınları, İstanbul 1972, Kardeş Matbaası, 184 s.
60. *31 Mart Faciası* (5. baskı), Bahar Yayınları: 31, İstanbul 1972, Toker Matbaası, 240 s. (resimli)
61. *Bütün Açıklığı ile İnönü Savaşları* (2. baskı), Aykurt Neşriyatı, İstanbul 1972, Dizerkonca Matbaası, 63 s.

62. *Yahudiler Dünyayı Nasıl İstila Ediyorlar?* (2. baskı), Aykurt Neşriyatı, İstanbul 1973, Yelken Matbaası, 227 s.

63. *Bütün Açıklığı ile İnönü Savaşları - Menemen Hadisesinin İçyüzü* (3. baskı), Aykurt Neşriyatı, İstanbul 1973, Yelken Matbaası, *Bütün Açıklığı ile İnönü Savaşları,* s. 1-54, *Menemen Hadisesinin İçyüzü* (4. baskı), s. 55-120, *Sultan Abdülhamit Han ve İttihatçılığın Cinayetleri* (2. baskı), s. 121-219,

64. *İslâm ve Beni İsrail* (2. baskı), yayınevi belli değil, İstanbul 1973, Yelken Matbaası, 400 s.

65. *Dünya İhtilalcileri* (2. baskı), Aykurt Neşriyatı, İstanbul 1973, Yelken Matbaası, 38 s. + 6y (fotoğraflı)

66. *Tarih Boyunca Yahudi Mezalimi İğneli Fıçı* (5. baskı), Özbahar Yayınları, İstanbul 1975, Eser Matbaası, 180 s. (resimli)

67. *Tarih Boyunca Yahudi Mezalimi İğneli Fıçı* (6. baskı), Eser Neşriyat ve Dağıtım, İstanbul 1978, Kitsan Matbaası, 199 s.

68. *Tarih Boyunca Yahudi Mezalimi İğneli Fıçı* (7. baskı), Kit-San Neşriyat ve Dağıtım, İstanbul 1979, Kit-San Matbaası, 199 s. (resimli)

69. *Tarih Boyunca İslâm Hakimiyeti ve Uğradığı Sû-i Kastlar* (3. baskı), Kit-San Neşriyat ve Dağıtım, İstanbul 1979, Kit-San Matbaacılık, 259 s.

70. *Yahudi Casusu Suzy Liberman* (5. baskı), Sinan Yayınları: 5, İstanbul 1995, Hakikat Matbaası, 142 s.

71. *Musa Dağı* (6. baskı - kapakta 4. baskı yazar), Sinan Yayınları: 6, İstanbul 1995, Umut Matbaacılık, 147 s.

72. *Türk Oğlu Düşmanını Tanı* (6. baskı), *Masonluğun İçyüzü* (4. baskı), Sinan Yayınları, Umut Matbaacılık, İstanbul 1996, 303 s.

73. *31 Mart Faciası* (6. baskı), Sinan Yayınları, Bayrak Matbaacılık, İstanbul 2000, 297 s. + 7 y.

74. *Gizli Devlet ve Fesat Programı* (6. baskı), Sinan Yayınları, İstanbul 2000.

YAHUDİ DÜŞMANLARINA

Yeter artık, rahat bırakın bu masum milleti,
Atın artık üstünüzden bu pek menhus illeti.
Hangi akla hizmet için uğraşırsınız daha,
Kavuşmak mı istersiniz Hitler gibi refaha?..

Hiç korkmayın, bu milletten kimseye zarar gelmez,
Aksine, o kimseden yardımını esirgemez,
O halde uğraşmayın yine onunla bir daha,
Çünkü onlar güvenirler taptıkları Allah'a,

Hiç temenni etmeyin ki bu millet yenilecek,
Zira iddialarınız zamanla çürüyecek.
O varolmalıdır ve olacaktır ilelebet,
Ancak düşmanlarını bekler acı bir akibet.

Yahudi olmak ne bir günah ne de hiçbir suçtur,
Emin olun düşmanlar! Tuttuğunuz yol pek güçtür.
O halde atın yüzünden iğrenç maskenizi,
Kâinat etmedi, belki Tanrı affeder sizi.

Yahudi isem kabahat mi? Söyle, ey Cevat Rıfat!
Yoksa beni ezmek sana hak mı? hayır fikrin sakat.
Hayır, Yahudi de insandır, o da hür yaşayacak,
Bir gün düşmanları da hakikatı anlayacak.

İşte o gün dünya erecek saadetli çağa,
Kimse sarılmayacak ne silaha ne bıçağa.
Dünyanın her yerinde sulhun hükmü sürecek.
İsrail oğulları da, saadete erecek...

İzak Şaul, İzmir, *Şalom,* 22 Temmuz 1948

Tarih ve Toplum, Temmuz 1998 (sayı 175) ve Ağustos 1998 (sayı 176)

Cevat Rıfat Atilhan

Mösyö Saltiel Cevat Rıfat'ın kellesini getirene seve seve on bin mark ödeyecektir. Kaynak: Album Memduh 1937, İstanbul.

Albert Saltiel'in kâbusu. "Aman Tanrım! Cevat Rıfat'ın hayaleti mi?" Kaynak: Album Memduh 1938, İstanbul.

İGNELİ
FIÇI
YAZAN
CEVAT RIFAT
ATİLHAN

TÜRK OĞLU
DÜŞMANINI TANI!

TÜRK OĞLU
Düşmanını Tanı
Cevat
Rifat
Atilhan
5. baskı

YAHUDİLER
DÜNYAYI
nasıl istilâ
Ediyorlar?
CEVAT RİFAT ATİLHAN

Irkçı Bir Dernek:
Türkiye Siyonizmle Mücadele Derneği

Siyonizm 1897 yılında İsviçre'nin Basel kendinde toplanan ilk Siyonist Kongresi'nde Theodor Herzl tarafından ortaya atılan "Judenstaat" (Yahudi Devleti) kavramı ile siyasal akımlar arasında yerini aldı. İsrail Devleti'nin 14 Mayıs 1948'de kurulması ile birlikte Siyonizm siyasal amacına ulaştı. İsrail Devleti'nin kurulmasının bir sonucu olarak Orta Doğu siyasi coğrafyasının sürekli savaşlara sahne olması ve İsrail-Filistin sorununun da günümüze dek süregelmesi, Siyonizm kavramının siyaset gündeminde güncelliğini daima muhafaza etmesine ve taraflar arasında tartışmalara yol açmasına neden oldu. Bu tartışmalarda dikkati çeken olgu ise Siyonizm karşıtı görüş taşıyan yayınların birçoğunun, Siyonizm ile Yahudiliği özdeşleştirip, açıkça antisemitizme kaymış olmalarıdır.

Adolf Hitler'in *Kavgam* kitabındaki temalar

Türkiye de bu tartışmalara yabancı kalmadı. Siyonizm Türkiye'de hem sol hem de sağ kesimde yer alan hiziplerin, yazarların ve ideolojik saflaşmanın ayrılmaz bir tartışma teması haline geldi. 1970'li yıllarda sağ-sol çatışmalarının Türkiye'de en şiddetli olduğu ortamda sağ kesim, Siyonizmi komünizm ile birlikte Türkiye'yi tehdit eden en tehlikeli akımlardan biri olarak kabul etti.[1] Bunun nedenini Adolf Hitler'in *Mein Kampf (Kavgam)* kitabının içerdiği komünizm-Siyonizm-Beynelmilel Yahudilik ilintisi iddialarında aramak gerekir. *Kavgam*'ın Türkiye'de 1963-1980 yılları arasında milliyetçi ve ülkücü yayınevleri tarafından on dokuz kere yayımlanmış olması bu kitabın milliyetçiler nezdinde güzide bir yer işgal ettiğinin kanıtıdır. Türkiye'de aşırı sağ milliyetçiler arasındaki Adolf Hitler hayranlığı, Hitler'in komünist karşıtı bir lider oluşu, Rusya'ya savaş açmış olması ve "saf ırk" kavramının şiddetli bir savunucusu ve "uygulayıcısı" olması ile açıklanabilir. Hitler'in bu düşüncelerinin de Türkiye'deki aşırı sağ milliyetçiliğin içerdiği Turancı, ırkçı, antikomünist ana düşüncelerin birçoğu ile örtüştüğü de görülebilir.[2]

Bu görüşün kuramsal temel kitabı olan *Kavgam*'ın içerdiği,[3]

- Basın-yayın sektöründe Yahudilerin egemenliği (s. 63, 66, 242-243),
- 1917 Bolşevik İhtilali'nin Yahudilerce gerçekleştirilmiş olması (s. 324, 529),
- Karl Marx'ın Yahudi oluşu nedeniyle Marksizmin ve sosyal demokrasinin ardında Yahudilerin olduğu (s. 55, 64, 66, 69, 168, 317-323, 454, 474),
- Siyon Önderlerinin Protokolleri (s. 304),
- Yahudilerin cihan hâkimiyeti ülküsü (s. 645-670),

türünden antisemit temalar milliyetçi yayınlarda hep mevcut olmuştur. Karl Marx'ın Yahudi olması ve 1917 Bolşevik İhtilali içinde Rus Yahudilerinin yer almaları Siyonizmin komünizmi "beynelmilel Yahudi"nin "cihan hâkimiyeti" amacına ulaşmak için kullandığı bir basamak yaptığı iddiası milliyetçiler arasın-

---

1 Örneğin Abdülhadi Toplu'nun *Türk Milliyetçiliği ve Karşı İdeolojiler* (3. baskı, Töre-Devlet Yayınevi, Ankara 1978) kitabında, s. 58-66'da Komünizm ve s. 67-97'de Siyonizm yer alır.

2 Mehmet Ali Ağaoğulları, *The Ultranationalist Right*, s. 177-217. İrvin Cemil Schick ve Ertuğrul Ahmet Tonak (der.), *Turkey in Transition*, Oxford University Press, Oxford 1987 içinde.

3 Bu kitap ile ilgili tüm göndermeler Yağmur Yayınevi, İstanbul 1980 baskısına aittir.

da o kadar yerleşiktir ki, *Kavgam*'ın bu iddiayı kapsayan bölümü Türkiye'de ayrı kitap haline getirilmiş ve *Komünistler ve Beynelmilel Yahudi* başlığı ile yayımlanmıştır.[4]

Derneğin kuruluşu

Türk milliyetçilerinde, Amerika'da Mc Carthy döneminde yaygın olan "komünistler geliyor" saplantısı vardır ve bu "tehlike"ye karşı önce Türkiye Komünizmle Mücadele Derneği kurulmuştur. Daha sonra bu dernekten esinlenerek diğer bir "tehlike" olan ve komünizmin "ayrılmaz bir parçası" olup ana amacı onu basamak olarak kullanarak "cihan hâkimiyeti"ne erişmek olan Siyonizme karşı da İzmir'de Türkiye Siyonizmle Mücadele Derneği kurulmuştur.[5]

Türkiye Siyonizmle Mücadele Derneği'nin tüzüğünde kuruluş tarihi belirtilmemiştir. Tüzüğün iki maddesinin Emniyet Genel Müdürlüğü'nün 26 Haziran 1968 tarihli yazısı ile düzeltilmiş olması göz önünde bulundurulduğunda, derneğin 1968 yılında kurulduğunu varsaymak mümkündür.

Tüzüğün ikinci maddesine göre derneğin amacı ve konusu şöyleydi:

> "Dernek başta Siyonizm olmak üzere yıkıcı, yıpratıcı fikir ve cereyanlarla mücadele etmek, Milli Kültürümüzü, milli ve manevi değerlerimizi korumak amacı ile kurulmuştur. Bu maksada ulaşmak için aşağıdaki mevzularla iştigal eder:
>
> a) Tarih, Vatan, Din, Kültür ve kader birliği şuurunu kökleştirmek,
>
> b) Demokratik nizam ve insan hakları fikrini kıymetlendirmek,

---

4 Bkz. Adolf Hitler, *Komünistler ve Beynelmilel Yahudi*, Abdullah Işıklar Yayınevi, İstanbul 1963 / Millî Ülkü Yayınları, Konya 1976 / Kamer Yayınları, İstanbul 1993.

5 Türkiye Komünizmle Mücadele Derneği Fatih Şubesi'nin bir dönemin polemikçi ve antisemit yazarı M. Şahap Tan'a yazdığı ve "Müslüman Türk'e hakiki düşmanını teşhir eden" biri diye Tan'dan övgüyle söz ettiği mektup da bu tür dayanışmanın ilginç bir örneğidir. (M. Şahap Tan, *Yahudileri Tanıyalım*, Toker Yayınları, İstanbul 1968, s. 39-40).

c) İçtimaî tesanüt [toplumsal dayanışma] fikrini yaymakla beraber içtimaî [toplumsal] yardım ve hizmetleri maddeten ve manen icra etmek,

d) Türk vatanı ve milliyeti için her türlü fedakârlıktan çekinmeyen ve bencillikten uzak mefkûrecilerin [ülkücülerin] çoğalmasına çalışmak,

e) Ahlâk, âdet ve an'anelere uygun yaşamayı ve milli mukaddesata hürmeti telkin etmek,

f) Türk hars [kültür] ve mukaddesatına aykırı cereyanlar ve Siyonizm ve onun kolu Masonluk âfeti ile mücadele etmek."

"Büyük Türk Milleti!" hitabıyla başlayan ve derneğin amacını okurlara açıklayan 1 sayılı yayında şöyle denilmekte:

> "Dünya Yahudiliği ve onun siyasi kolu olan Siyonizm, beşeriyet [uygarlık] için en az komünizm kadar büyük bir felâket kaynağı olmuştur. Asırlardan beri insanlığın başına gelen bütün felâketler, komünizm de dahil, hepsinin Siyonizmin başının altından çıktığı tarihi bir gerçektir. Bu sebeple, dünyayı tehdit etmekte olan Siyon tehlikesine karşı mücadelenin zaruretine inanan bizler, Türkiye'de ilk defa Siyonizmle Mücadele Derneği'ni kurmuş bulunuyoruz."

Derneğe giriş koşullarının arasında yer alan,

"a) Derneğin gayesine aykırı fikre sahip olmamak (Siyonist, komünist veya Mason olmamak),

b) Şeref ve haysiyet kırıcı bir suçtan mahkûm olmamak,

c) Okur, yazar olmak (Millî ve manevi şuura sahip olmak)" koşullarına uygun olma kaydıyla 18 yaşını bitirmiş herkesin derneğe üye olabileceği belirtilmişti.

Dernek yayınları ve *Fedai* dergisi

Derneğin İzmir'de kurulmasıyla birlikte merkezi İzmir'de bulunan ve 1963 yılının Ağustos ayında yayına başlayan *Fedai* dergisi ve yayımcısı Kemal Fedai Coşkuner'in derneğin sözcüsü haline geldiği görüldü. *Kavgam*'ın içerdiği ana temalara derneğin yayınlarında ve Kemal Fedai Coşkuner'in *Fedai* dergisindeki yazılarda da rastlanmaktadır. Derneğin kuruluş tarihi olduğu sanılan 1968 yılının Haziran ayında yayımlanan *Fedai* dergisindeki bir yazı "Dünya Daima Yahudi İhtilâli İçinde Yaşar" başlığını taşımaktadır.[6] Daha sonraki sayılarda rastlanan antisemit yazılar, dernek genel sekreteri Hüseyin Avni Güngörmez'in "Dünya İnsanlığının En Büyük Tehlikesi Siyonizm ve Farmasonluk"[7] yazısı ile 1917 Rus İhtilali'nin Yahudiler tarafından düzenlendiğini iddia eden General Netcheolodon'un *Yahudiler ve Rus İhtilâli* kitabından yapılmış alıntılardır.[8] Nihayet Adolf Hitler, Cevat Rıfat Atilhan ve II. Abdülhamid'in fotoğrafları "Tarihin kaydettiği üç büyük Yahudi düşmanı. Beşeriyet size minnettardır!.." alt ve üst başlıkları ile *Fedai* dergisine kapak olur ve böylece derginin antisemit çizgisi en tepe noktaya erişir.[9]

Derneğin ilk beyannamesinde "Beynelmilel Yahudi"yi ve onun "siyasi teşkilâtı" olan Siyonizmin hedeflerini iyi anlatmak için *Siyon Önderlerinin Protokolleri* adlı düzmece kitaba atıf yapılır. Beyanname "bütün ihtilaller, karışıklıklar, huzursuzluklar(ın) beynelmilel Yahudiliğin başı(nın) altından çıktığı"nı belirterek, "Allah İslâm Alemini, vatanımızı, Siyonizmin felâketlerinden korusun, bu melun âsi kavmi kahreylesin" dileği ile son bulur. Bu beyannamenin bir özeti de daha sonra *Fedai* dergisinde yayımlanır.[10]

Derneğin yayınlarından sadece 1 ve 3 sayılı olanlarına kütüphanelerde rastlanabildi. Yayınlarda altı çizilen olgu "Dünyayı Saran Tehlike Dünya Yahudiliği-Siyonizm"dir; Siyonizm ve Yahudi birbirlerinde ayrıl(a)maz iki kavram olup antisemit söylemin kalıp cümlesi olan "Dünya Yahudiliği" sloganına dö-

---

6 Elhac Mehmet Kemal Pilavoğlu, "Dünya daima Yahudi ihtilali içinde yaşar", *Fedai*, S. 42, s. 6.

7 *Fedai*, S. 44, Ocak 1969, s. 6 ve 15 / S. 45, Şubat 1969, s. 9 ve 22.

8 General Netcheolodon "Yahudiler ve Rus İhtilali", *Fedai*, S. 47, Nisan 1969, s. 16 ve 21 / *Fedai*, S. 48, Mayıs 1969, s. 7 ve 16. Daha sonra bu kitap *Rus İhtilali ve Yahudiler* başlığıyla yayımlanmıştır (Sebil Yayınları, İstanbul 1975).

9 *Fedai*, s. 45, Şubat 1969.

10 "Türkiye Siyonizmle Mücadele Cemiyeti'nin millete beyannamesi", *Fedai*, S. 48, Mayıs 1969, s. 14-15.

nüşür. Siyonizm ya kolları her tarafa uzanan, dünyayı çepeçevre saran ve kollarında "farmasonluk", "Komünizm", "Emperyalizm", "Kapitalizm", "küfür", "her türlü şirk", "müstehcen neşriyat", "allahsızlık" yazan bir ahtapot (yayın no. 1) veya üzerinde "Komünizm", "Siyonizm", "Sosyalizm", "çeşitli emperyalizm" "masonluk" yazan bir Yahudi (yayın no. 3) olarak simgelenir. Dernek ile *Fedai* dergisinin özdeşleştiğinin bir kanıtı olarak derneğin 1 sayılı yayını ile *Fedai* dergisinin Mart 1969 nüshasının kapaklarının aynı olması gösterilebilir. 3 sayılı yayında H.(üseyin) A.(vni) G.(üngörmez)'nin "Asıl Komünist Kimdir?" ve "Siyonist Yahudiye" başlıklı şiirleri ile mason, komünist ve Yahudilere karşı yazılmış şiirler de yer alır.

Derneğin 16 Şubat 1969 tarihli genel kurultay toplantısında "İslâm alemi için en az komünizm kadar Siyonizm'in de büyük tehlike teşkil ettiği" ifade edilir ve genel başkanlığa *Fedai* dergisinin sahibi Kemâl Fedai Coşkuner getirilir.[11] Coşkuner'in derneğin kurucu üyesi olduğu bir makalede belirtilmişse de tüzükte yer alan kurucu üyeler arasında ismi geçmemektedir.[12] Kemâl Fedai Coşkuner MHP yanlısı İzmir Ülkü-Bir Derneği'nin kurucu ve yöneticileri arasında yer almaktadır; milliyetçi yazar Osman Yüksel Serdengeçti tarafından yayımlanan *Serdengeçti* dergisinin kapanmasından sonra bu derginin isim hakkını alıp adını *Fedai* olarak değiştirmiştir.[13] *Fedai* dergisi yazarlarının çoğunluğu antisemit ve milliyetçi kişilerdi. Bunlar arasında antisemit söylemi ile ünlü Cevat Rıfat Atilhan, "Yahudilere ölüm" ve "Yahudi" şiirlerini yayımlayan Enver Tunçalp,[14] milliyetçi *Serdengeçti* dergisinin sahibi Osman Yüksel Serdengeçti, Türkiye Komünizmle Mücadele Derneği kurucularından ve bir

---

11 "Dergimiz başmuharriri Kemal Fedai Coşkuner, Türkiye Siyonizmle Mücadele Derneği Genel Başkanlığına getirildi", *Fedai*, S. 45, Şubat 1969, s. 16.

12 Cansever Tanyeri, "Kemal Fedai Coşkuner Hayatı ve Fedai Dergisi Üzerine Notlar", s. 194-197, *3 Mayıs 1944. 50 Yıl Türkçülük Armağanı*, Akademi Kitabevi, İzmir, 1994 içinde.

13 Cansever Tanyeri, a.g.m.

14 *Fedai*, S. 44, Ocak 1969, s. 16. Bu şairin *Asalak Siyon* adlı şiir kitabını inceleyen bir yazı için bkz. Rıfat N. Bali, "Popüler Milliyetçi Edebiyatta Yahudi İmgesi", *Birikim*, S. 81, s. 78-83.

dönem dernek genel başkanlığını yürütmüş olan İlhan E. Darendelioğlu da yer alıyordu.[15] Derginin yayın siyaseti komünizm, farmasonluk ve Siyonizm ile mücadeleydi.[16] Derginin simgesi parıldayan bir hilâli çevreleyen 16 yıldızdı. Bunun anlamı şuydu: "16 yıldız, tarih sahnesine çıkmış 16 Türk Devletini, ortadaki hilâl da İslâmiyet'i temsil etmektedir." Bu simge aynı zamanda "İslâmiyet'le mücehhez bir Türklük, Türkçülük dolayısıyla yüce Turan ideali"ni ifade etmekteydi.[17] Kemal Fedai Coşkuner'in esas mesleği öğretmenlikti; milliyetçi faaliyetleri yüzünden 1964 yılında dönemin Millî Eğitim Bakanı İbrahim Öktem tarafından Van'a sürgün edilmiş ve bunun üzerine meslekten ayrılmıştı. Üç yıl süreyle Türkocağı İzmir Şubesi başkanlığı yaptı.[18] Muhtelif milliyetçi ve İslâmcı yayınlarda makaleleri yayımlandı. MHP yanlısı bir gazete olan *Orta Doğu* gazetesinde, Yahudi'nin Nil'den Fırat'a uzanan cihan hâkimiyeti ülküsü, Siyonizm ve mason örgütler ilişkisi, komünizmin Siyonizmin bir vasıtası olduğu, *Siyon Önderlerinin Protokolleri* türünden antisemit temaları içeren "Yakın Tarihimiz ve Siyonizm" başlıklı bir yazı dizisi yayımladı.[19]

Dernek tüzüğünün derneğin amacını ve konusunu izah eden maddesi ile dernek genel başkanlığını üstlenmiş olan Kemal Fedai Coşkuner'in kişiliği ve *Fedai* dergisinin içeriği incelendiğinde, belirgin olarak milliyetçi ve İslâmcı bir düşünce ön plana çıkmaktadır. İsrail devletinin 1967 savaşından zaferle ve toprak kazancıyla çıkmış olması, Türkiye'de İslâmcı ve milliyetçi kesimlerde Türkiye'nin de Siyonizmin tehdidi altında bulunduğu inancının yerleşmesine yol açmıştır. Bu inancın da Siyonizme karşı mücadeleyi resmî bir kimlik altında sürdürecek bu derneğin kurulmasına neden olduğunu varsaymak

---

15 Hakkı Öznur, *Ülkücü Hareket Teşkilatlar ve Mücadeleler,* Alternatif Yayınları, Ankara 1999, C. 2, s. 98-99.

16 *Fedai,* S. 40, Nisan 1967.

17 "Fedai'nin amblemi", *Fedai,* S. 53, Ocak 1970.

18 "Kale yüreği yanıklara teslim edilir", *Yeni İstiklâl,* S. 210, 18 Ağustos 1965.

19 Kemal Fedai Coşkuner, "Yakın tarihimiz ve Siyonizm", *Orta Doğu,* 1-15 Ocak 1976.

mümkündür.[20] Nitekim Kemal Fedai Coşkuner'in milliyetçi bir üslûpla kaleme aldığı *Vatanda Gurbetler* başlıklı şiir kitabının içinde yer alan "Son Durum Üzerine Ağıtlar" şiiri de, 5-10 Haziran 1967 tarihleri arasında cereyan etmiş olan Arap-İsrail savaşının İsrail'in zaferiyle sonuçlanması üzerine, 30 Haziran 1967 tarihinde yazılmış olan bir "ağıt"tır.[21]

Kemal Fedai Coşkuner genel başkan seçildikten sonra verdiği yazılı beyanda "Siyonizmle mücadele(nin) Türkiye'nin en büyük davası" olduğunu ifade etmiştir. Siyonizm ile Türkiye ilişkisini "bir dev cesametinde olan düşmanımızın madde üstünlüğü yanında bizim varlığımız bir karınca mesafesindedir" diye tanımlıyor ve "küfre karşı yegâne dayanağımız olan iman kuvvetiyle" de mücadeleye devam edeceğini belirtiyor.[22] Derneğin antisemit niteliğinin bir başka kanıtı olarak dernek genel sekreteri Hüseyin Avni Güngörmez'in "Beynelmilel Yahudi",[23] "Sosyalist Dönme" ve "Mason Muharrirlere"[24] başlıklarını taşıyan antisemit şiirleri gösterilebilir.

Türk sosyalist ve Marksist hareketlerinin içinde yer alan Dr. Şefik Hüsnü'nün Dönme,[25] Nâzım Hikmet'in annesinin de Yahudi[26] olduğu iddialarına dayanarak Türkiye'deki Marksist hareketin başlangıcında Siyonizmin yer aldığını ve dolayısıyla Siyonizmin Türkiye'yi çökertmeye yönelik tasarılarından bir tanesinin komünizmi ülkemize yerleştirmek olduğunu sağcı çev-

---

20 Türkiye Siyonizmle Mücadele Derneği'ne benzer başka bir girişim olan "Siyonizmi Tanıtma Derneği"nin kurulması girişiminden de M. Şahap Tan'ın *Yahudileri Tanıyalım*, (Toker Yayınları, İstanbul 1968) kitabında söz edilmektedir (s. 44-45 ve 133-134). Bu girişimin Türkiye Siyonizmle Mücadele Derneği ile ilgili olup olmadığı belli değildir.

21 Kemal Fedai Coşkuner, *Vatanda Gurbet*, Endüstri Basım ve Yayınevi, İzmir 1970, s. 66-67.

22 Kemal Fedai Coşkuner, "Türkiye Siyonizmle Mücadele Cemiyeti", *Fedai*, S. 46, Mart 1969, s. 14.

23 *Fedai*, S. 47, Nisan 1969, s. 15.

24 *Fedai*, S. 49, Haziran 1969.

25 Hikmet Tanyu, *Tarih Boyunca Yahudiler ve Türkler*, Yağmur Yayınları, İstanbul 1977, C. 2, s. 722 / Mustafa Akgün, *Yahudinin Tahta Kılıcı*, Ankara 1992, s. 192.

26 Mustafa Akgün, *a.g.e.*, s. 188 / Hikmet Tanyu, *a.g.e.*, s. 342.

reler sıklıkla dile getirmektedirler.[27] İlhan E. Darendelioğlu "Komünist Yahudiler" yazı dizisinde bunu "Türkiyemiz de dahil bütün dünyada Komünizm'e en çok hizmet eden Yahudilerdir" şeklinde veciz bir şekilde özetlemiştir.[28] Derneğin 3 sayılı yayınında yer alan "Asıl komünist kimdir?" sorusunun yanıtı bu başlığı taşıyan şiirin ilk sekiz mısrasında verilmekte olup bu mısralar yukarıdaki düşünce tarzının veciz bir örneğidir:

> Milâttan yüzlerce yıl önce Yahudiler
> Talmud'un ahkâmınca zaten komünisttiler.
> Sion Dağı üstünde Salamon mabedinde
> Çıplak ateş dansları Tarihi bir misaldir.
>
> Yirminci asırdaysa bu şeytan Yahudiler,
> Dünyayı hükmetmeği şu yoldan denediler:
> Karl Marxs ile Engels meşum bir kitap yazdı
> Bu menfur kızıl kitap, dünyaya mezar kazdı.

Kemal Fedai Coşkuner hakkında, 1967 Arap-İsrail Savaşı vesilesiyle yazdığı yazıların "halkı Yahudiler aleyhine kin ve adâvete [düşmanlığı] tahrik edici mahiyette" olması nedeniyle İstanbul Cumhuriyet Savcılığı'nca dava açıldı.[29] Coşkuner bu davadan beraat etti, ancak temyiz mahkemesi beraat kararını bozdu.[30] Davanın akıbetine dair bir bilgiye sonradan rastlanmadı.

Mescid-i Aksa Camii 1969 yılında Avustralyalı bir turist tarafından yakıldı ancak dernek, Arap çevrelerinin bu yangını Yahudilerin çıkardığı iddialarını destekledi ve derhal bir bildiri yayımlayıp Türkiye'nin İsrail ile olan siyasi ilişkilerini kesmesini istedi.[31] 1969 yılının Şubat ayında dernek genel başkanlığına

---

27 Dr. Reha Oğuz Türkkan'ın "Türkiye'de Solculuğun Başlangıcı ve Azınlıkların Rolü", (*Türk Kültürü*, yıl XVI, S. 184, s. 209-213) makalesi sadece Yahudilerin değil tüm azınlıkların solculuğun Türkiye'de yerleşmesinde rolü olduğunu iddia eder.

28 İlhan E. Darendelioğlu, "Komünist Yahudiler", *Bugün*, 30 Ağustos-13 Eylül 1967.

29 "Kemal Fedai'nin Yahudi davası", *Fedai*, S. 41, Nisan 1968, s. 5.

30 "Temyiz'in bozduğu Yahudi davası yeniden tazelendi", *Fedai*, S. 46, Mart 1969.

31 "Türkiye Siyonizmle Mücadele Derneği'nin bildirisi", *Fedai*, S. 50, Ekim 1969, s. 17.

seçilen Kemal Fedai Coşkuner kısa bir süre sonra işlerinin hem *Fedai* dergisini, hem de dernek çalışmalarını beraber yürütemeyecek düzeyde yoğun olduğunu belirterek genel başkanlıktan çekildi.[32] Coşkuner, 3 Aralık 1979 tarihinde İzmir'de Tilkilik semtinde Hürriyet İlkokulu civarında kimliği belirsiz kişilerce yapılan silahlı saldırı sonucu 75 yaşında hayatını kaybetti.[33] Cinayetten sonra MHP Genel Başkanı Alparslan Türkeş verdiği beyanatta Coşkuner'in öldürülmesinden dolayı duyduğu üzüntüyü dile getirdi. Türkeş MHP İzmir ve Antalya il başkanlıkları ile Coşkuner'in üyesi bulunduğu Antalya Gazeteciler Cemiyeti'ne başsağlığı telgrafları yolladı. Cenazeye MHP'li üç parlamenterden oluşan bir heyet katıldı.[34] Ülkücü Gazeteciler Cemiyeti Genel Başkanı Yaşar Okuyan verdiği demeçte "Kemal Fedai Coşkuner'e alçakça kurşun sıkanlar, aslında Türk demokrasisini kurşunlamışlardır" dedi.[35]

Türkiye Siyonizmle Mücadele Derneği "birlikten güç doğar" sözünü teyit edercesine ve belki de aynı "düşmanlar"a karşı "güç birliği"nde bulunmak ve gayretleri gereksiz yere tekrarlamamak amacıyla İzmir Ülkü Ocakları Derneği'ne katılarak kendini feshetti.[36]

İslâmcı ve milliyetçi çevrelerin düşünce dünyasında sarsılmaz bir yer edinmiş bulunan ve Türkiye Cumhuriyeti'ni parçalayıp yıkmayı amaçlayan "dış mihraklar"dan biri, Marksizm ve sosyalizm ile aynı bağlamda değerlendirilen ve II. Abdülhamid'in hal'i ile önce Osmanlı İmparatorluğu'nu, günümüzde de Türkiye Cumhuriyeti'ni parçalama amacını güden Siyonizmdir. Bu kesime mensup düşünürlerin bir kısmına göre Siyonizm dış mihrakların "anası"dır. Siyonizm günümüz Türkiyesi'nde milliyetçi ve İslâmî düşünce kesimlerinin bir bölümünün İsrail ve Yahudi karşıtı söyleminde "düşman" olarak gele-

32 "Başkanlıktan çekildim", *Fedai*, S. 50, Ekim 1969, s. 19.

33 "Büyük öncü Coşkuner şehid edildi", *Hergün*, 5 Aralık 1979.

34 "Türkeş: Katliamlar son bulmalı, saldırıları kınamak çözüm değil!", *Hergün*, 5 Aralık 1979.

35 "Okuyan: Coşkuner'e sıkılan kurşun devlete sıkılmıştır", *Her Gün*, 5 Aralık 1979.

36 Cansever Tanyeri, a.g.m.

neksel simgesel konumunu muhafaza etmekte ve antisemit söylemin "ana malzemesi"ni teşkil etmeye devam etmektedir.

Siyonist karşıtı söylem Türkiye'de, bir ideolojiye veya siyasi akıma akılcı ve bilimsel usullerle karşı çıkma yerine, bunu popülist bir dille şiddetli bir antisemitizme bürünüp yapmaktadır. Bu da antisiyonizmin antisemitizme dönüşmüş şeklinin çok belirgin bir örneğidir. Bu açıdan Türkiye Siyonizmle Mücadele Derneği, bu derneğin yayınları ve *Fedai* dergisi Türkiye'deki ırkçı ve antisemit söylemin en tartışmasız örneklerinden bir tanesidir. Bu antisemit geleneğin günümüze kadar süregelmiş olması ve halen devam etmesi fantastik senaryoların üretilmesine yol açmakta ve Türkiye ile Yunanistan arasında Kardak adası nedeniyle ortaya çıkan ihtilafın faturası da yine Siyonizme çıkartılabilmektedir.[37]

Kemal Fedai Coşkuner ve *Fedai* dergisi üzerinde yapılmış tek incelemede Türkiye Siyonizmle Mücadele Derneği'ne hiç yer verilmemiş ve Coşkuner "memleket meselelerine kafa yoran bir aydın" olarak tanımlanmıştır.[38] Irkçı ve antisemit olduğu tartışmasız olan bir dernek, bir dergi ve bu derneğin genel başkanı ve derginin sahibi bir kişinin böyle tanımlanması, Türk milliyetçiliğinin kendi özeleştirisini yapmaktan, kendi içinde yer alan ırkçılığı içtenlikle ifşa etmekten, nesnellik ve bilimsellikten ne kadar uzak olduğunu da tartışmasız bir şekilde kanıtlamaktadır.

Toplumsal Tarih, Mayıs 1996

37 Cahit Akbal, "Ortodokslar, Siyonizm Taşeronu", *Akit,* 2 Şubat 1996 / "Ortodokslar Siyonizm Taşeronu", *Yeni İstanbul,* 5 Şubat 1996 / Ahmet Akgül, "Kafkasya'dan Kardak kayalıklarına", *Yörünge,* 4 Şubat 1996, S. 264, s. 32-33.

38 Cansever Tanyeri, a.g.m.

Türkiye Siyonizmle Mücadele Derneği
Genel Merkezi Yayınları No. (1)

KESTELLİ–FAİK MUHİTTİN ADAM CADDESİ
AYDIN İŞ HANI KAT : 2 NU. 106
İZMİR

DÜNYAYI SARAN TEHLİKE

Dünya Yahudiliği - Siyonizm

Arzın Üzerinden Bu Musibet Kalkmadıkça Dünyada Huzur Yoktur.

Türkiye Siyonizimle Mücadele Derneği
Genel Merkezi Yayınları No. (3)

Çimentepe — Horasan
Camii yanı — Eşrefpaşa
No : 24 İZMİR

DÜNYAYI SARAN TEHLİKE

Dünya Yahudiliği — Siyonizm

Kur'anı Azimüşşanın (20) küsur yerinde şer bir kavim olarak, belirtilen Yahudiler Bakara suresinin onbirinci ayetinde mealen şöyle izah edilir :

"Yahudilere yer yüzünde fesat ile uğraşmayınız denildiği zaman onlar : "Biz ancak ıslah ediyoruz" derler. Bilin ki ıslah edici değil ancak müfsit (Bozguncu) durlar."

İnsanlık belki bir zaman daha siyonizmin getireceği acıları çekecektir. Fakat Canab-ı Hak Ayeti Kerime ile müjdelemektir ki İsrail'in mutlaka sonu gelecek ; siyonizm kâbusu ergeç arzın üzerinden kalkacak ; nihai zafer İslâmiyetin olacaktır

TÜRKİYE
SİYONİZMLE MÜCADELE
DERNEĞİ

TÜZÜĞÜ

0-06-77-71

Basıldığı Yer
[illegible]

Millî Gazete'nin Bir Kültür Hizmeti Olarak Dağıttığı Kitap: *Dünyayı Kimler Yönetiyor? Gizli Dünya Devleti**

Türkiye'nin siyaset söyleminde vazgeçilmez bir yer edinmiş olan "dış mihraklar" kavramı "işlerin kötüye gittiği" her vesilede gündeme gelmiş, "dış mihraklar" veya daha geniş tanımıyla, "Türkiye'yi bölmek isteyen iç ve dış güçler" gizli, gizemli ve "karanlık emeller"i olan gizli güçlerin işbirliğini ifade etmiştir.[1] Aslında "dış mihraklar" paranoid bir haleti ruhiyenin dışavurumudur, bir günah keçisi arayışıdır, bir toplumun kendi gerçekleriyle yüz yüze gelmekten kaçınmasıdır, zaaflarını kabul edip özeleştiri yapmak yerine bundan kaçınıp toplumda görülebilen tüm olumsuzlukları, aksaklıkları ve zaafları gizli güçlere yükleme kolaylığıdır.

1950'li yıllardan başlayarak milliyetçi ve İslâmcı kesime mensup yazarların ve siyasetçilerin düşünce dünyaları bir "Siyonist-farmason-Dönme-komünist işbirliği" saplantısının egemenliği ve ipoteği altında kalmıştır. İslâmcı basında birçok kez tekrarlanarak yayımlanan ve bir dönemin haleti ruhiyesini yansıttığı için

---

(*) Bu makalenin ilk şekli *Birikim* dergisinin Ekim 1996 sayısında "Vallahi ben masumum, suçlu Sam Amca, Siyonistler ve Yahudiler'dir" başlığıyla yayımlandı.

1 "Dış mihraklar", Türkiye'nin popüler siyasi deyimleri arasında da yer almıştır. Bkz. Alper Sedat Aslandaş ve Baskın Bıçakçı, *Popüler Siyasi Deyimler Sözlüğü*, İletişim Yayınları, İstanbul 1995, s. 72-73.

klasik sayılabilecek bir yazıda *Sebilürreşad* dergisinin yayımcısı Eşref Edib "Türk milletini ve devletini tehdit eden tehlikeler" olarak "Kara irtica, sarı irtica ve kızıl irtica"yı gösteriyordu. Eşref Edib'e göre Kara irtica Türkleri Hıristiyanlaştırmak, Sarı irtica Masonluk ve Yahudilik, Kızıl irtica ise komünizm ve dinsizlikti.[2] Türkiye'de sağcı düşünce dünyasının önemli bir kesiminde Karl Marx'ın Yahudi oluşu ve 1917 Bolşevik Devrimi'nin kadrolarında bazı Yahudilerin yer almış olmaları "Kızıllar"ın ardında Yahudilerin saklı olduğu saplantısına yol açmıştır. Buradan hareketle Yahudilerin bir yandan komünizmin, diğer yandan kapitalizmin ardında var oldukları ifade edilmiştir. Bu iddialardan da hareketle düzmece antisemit *Siyon Önderlerinin Protokolleri* kitabı mesnet gösterilerek Yahudilerin "Cihan Hakimiyeti Ülküsü" doğrultusunda hedeflerine ulaşmak için her şeyi amaçlarına alet ettikleri tekrarlanmıştır. Artık Türkiye'de her taşın altında, Alexander Dumas'ın "birimiz hepimiz, hepimiz birimiz için" diye haykıran ünlü dört silahşörü gibi, Türkiye'yi yıkmak için güçbirliği yapmış "Siyonist, farmason, Dönme ve kızıllar" dörtlüsü aranmaktadır. Türkiye'nin çok partili demokrasiye geçtiği 1946 yılından itibaren başlayan bu gizli güç arayışı sürecinde önce Dönme bir aileden gelen *Vatan* gazetesi sahibi Ahmet Emin Yalman'ın vefatı ile onun şahsında simgeleşen Dönmeler gündemden düşmüş, daha sonra SSCB'nin yıkılması ile "kızıllar" gündemi terk etmiş, ancak "Siyonist-farmason işbirliği" tüm sıcaklığı ile günümüze değin gündemi ve beyinleri işgal etmeye devam etmiştir.

Bu "Siyonist-farmason işbirliği" söylemi günümüzde göreceli olarak modernleşmiştir ve yerini "Yeni Dünya Düzeni ya da yeni Masonik Düzen" söylemine bırakmıştır.[3] Ancak bu yeni üslûp düşünce olarak eskisinden çok farklı değildir. "Siyonist-farmason" işbirliği ile yönetilen dünyada olduğu gibi, Yeni Dünya Düzeni'nde de, Yahudi kökenli çokuluslu Amerikan

---

2 Eşref Edib, "Türk milletini ve devletini tehdit eden tehlikeler: Kara irtica, sarı irtica, kızıl irtica", *Sebilürreşad*, Cilt IV, sayı 91, Kasım 1950, s. 242-248.

3 Bu konuda yakın tarihte yayımlanmış bir kitap için bkz. Harun Yahya, *Yeni Dünya Düzeni ya da Yeni Masonik Düzen Dünyanın Beşyüz Yıllık Gerçek Tarihi ve Dünya Düzeninin Gizli Yöneticileri*, Vural Yayıncılık, İstanbul 1996.

şirketleri Amerika'daki etkin çevreleri ellerine geçirmiş olup dünyayı yönetmektedirler.

Ülkemizde siyasetin en tepe noktalarında yer alan kişiler tarafından kısaca "dış mihraklar" diye adlandırılan, buna karşın popülist söylemde "Siyonist-farmason" işbirliği olarak tanımlanan, bu tür günah keçisi arayışlarının veya paranoid tavırların yayın dünyasında yer alan son bir örneği 1996 yılının ikinci yarısında yayımlanan *Dünyayı kimler yönetiyor? Gizli Dünya Devleti* kitabıdır. Kitabın, 24 Aralık 1995 genel seçimlerinden önce *Millî Gazete* tarafından kupon karşılığında bir kültür hizmeti olarak okurlarına dağıtılacağı ilân edilmiş ancak bu, 1996 yılının Ağustos-Eylül aylarında gerçekleşmiştir. Bu kitap şiddetli bir zenci ve Yahudi düşmanlığının egemen olduğu 1960'lı yılların Amerika'sında radikal bir sağ teşkilat olan John Birch Society'e mensup Amerikalı yazar Gary Allen'in *None Dare Call It Conspiracy* ile *Die Insider* başlıklı kitaplarının birer çevirisini içermektedir. Ayrıca bazı telif bölümler de eklenerek kitap İslâmî bir söyleme büründürülmüştür. *None Dare Call It Conspiracy* kitabı 1972 yılında başkanlık seçimlerinden önce John Birch Society'nin gayretleri sonunda cep kitabı olarak basılıp Amerika'da beş milyon nüsha dağıtılmış ve paranoid sağın kutsal kitabı haline gelmişti. Kitap içerik olarak "İnsider" (İçerdekiler) diye adlandırılan bir grup tarafından denetlenen bir "dünya hükümeti"nin her şeye egemen olduğu düşüncesi üzerine kuruludur. Batı dünyasında artık sadece aşırı sağ çevrelerde geçerli olan antisemit temaları da içermektedir. Uluslararası bankacıların çoğu Yahudi olup Yahudiler "İçerdekiler" grubunun içindeki gerçek "İçerdekiler"dir. Bu paranoid komplo teorilerine göre tüm Amerikan kurumları Yahudilerin ve Siyonistlerin emirlerine tâbidirler. Ekim 1917 Bolşevik Devrimi'ni de Yahudiler gerçekleştirmiştir.[4] Ezcümle dünya, Siyonistlerin, yani Yahudilerin "Gizli Dünya Devleti" bir başka deyimle "Cihan Hakimiyeti" kurma amaçlarına hizmet eden ku-

4 George Johnson, *Architects of Fear - Conspiracy Theories and Paranoia in American Politics*, Jeremy P.Tarcher Inc. Los Angeles 1983, s. 135-136 ve Arnold Forster ve Benjamin R. Epstein, *The New Anti-semitism*, McGraw Hill Book Co., New York 1974, s. 285-291.

rumlar, siyasetçiler, bankacılar vs. ile doludur. Herkesin de bu gizli güçten sakınması, önlemler alması gerekmektedir.

Millî Gazete okurlarına sürekli olarak kitabı "özellikle okumaları" yönünde telkinlerde bulunmuştur. Kitabın arka kapağında Türkçe çevirinin editörü tarafından şunlar yazılmıştır: "Bu eseri dikkatle okumanızı; sonra da eşinize, çocuklarınıza, torunlarınıza, yakınlarınıza ve çevrenizdeki insanlara mutlaka ama mutlaka okutmanızı tavsiye ediyoruz". Editörün tavsiyesiyle yetinilmemiş, ayrıca *Millî Gazete*'de kitabı öven muhtelif yazılar da yayımlanmıştır. Bir yazar kitabı tanıtırken "bin kitap değerinde bulduğum bu çok özel ve önemli eserin, okuyuculara ulaşmasında emeği geçen tüm yetkili ve ilgili zevata tebriklerimi ve teşekkürlerimi sunuyorum" diye yazdıktan sonra hızını alamayıp kitabı "kalbleri ve kafaları doyurmak ve sükunete erdirmek üzere hazırlanmış bilgileri belgelerle isbatlamış bir '**şaheser**'" olarak gördüğünü belirtmiştir. Kitabın "insanlığın bünyesine kanser hücreleri gibi yerleşen Siyonist mikroplarını ve şeytanın çocukları olan Yahudi ve masonları ve bunların gizli tertip ve tahribatlarını" ortaya koyduğunu yazmıştır.[5] Bir başka tarihte kitabı öven iki okurun yazıları *Millî Gazete*'de yayımlanmıştır.[6] En nihayet bir köşe yazarı bir dış politika yazısında da bu kitabı mesnet ve kaynak olarak kullanmıştır.[7]

Ancak bu kitaba yapılan en önemli gönderme Erbakan'dan gelmiştir. Erbakan İslâm Birliği Takip Komiteleri'nin otuz İslâm ülkesinin elliye yakın temsilcisinin hazır olduğu toplantısında yaptığı konuşmada dünyayı üç bin yıllık bir maziye sahip bir Gizli Dünya Devleti'nin yönettiğini belirterek İslâm ülkeleri temsilcilerini uyarmıştır. Erbakan bu konudaki bilgilerin *Gizli Dünya Devleti* kitabında yer aldığını belirterek şunları söylemiştir:

> "*Gizli Dünya Devleti* adlı kitapta bu örgütlenmeden bahsediliyor. Önümüzde bulunan her işe dikkat etmek gerekir. Her de-

---

5 Ahmet Akgül, "Gizli Dünya Devleti" üzerine, *Millî Gazete*, 29 Haziran 1996.

6 Adnan Orhan, "Gizli Dünya Devleti", *Millî Gazete*, 3 Ağustos 1996 / A. Levent Sancar, "Gizli Dünya Devleti", *Millî Gazete*, 6 Ağustos 1996.

7 M. Han Kayani, "Refah'a Siyonist sorgulama", *Yeni Şafak*, 27 Eylül 1996.

rinin altında birşeyler vardır. Nasıl deri soyulduğunda altından organlar ortaya çıkar ve görünürse, dünyada da bu işler böyledir. Her işin altında bir gerçek vardır. Sizden istediğim laf üretmeyin, icraat yapın ve gerçekleri acilen görün. Deriyi soyun altındaki gerçekleri farkedin."

Erbakan bu örgütün 3000 yıllık kökeninde *Kabala* adı verilen bir yapılanma olduğunu, bunun Yahudilerin mistisizmi içinde yer aldığını belirtiyor:

> "Bindiğimiz her uçağın ve geminin bilet fiyatının %10'u buraya gidiyor. Bu para verilmezse bu uçaklar, gemiler kalkmaz. Bunlar 3000 yıl öncesinden beri ne yapacaklarını planlamışlar. Bunları bilerek her adımımızı atalım. Kullanılan her dolardan bu gizli devlete belli miktarda para gidiyor. Bu nedenle paranın onlara kaymaması için doları kullanmamak gerekir. Biz Mısır ile bir milyon dolarlık anlaşma yaptık. Ancak bu anlaşmayı dolar üzerinden yapmadık. Böylece hem bu gizli örgüte para gitmesini önledik. Aldığımız bilgilere göre örgüte yılda 7 trilyon dolar para yağıyor."[8]

Gizli Dünya Devleti kitabı RP tarafından yakın tarihteki iç siyasi gelişmelerin açıklanmasında da bereketli bir kaynak olarak kullanıldı. RP mensupları ve RP'nin gayri resmi yayın organı olan *Millî Gazete* bu kitabı kaynak göstererek Refah-Yol hükümetinin istifasına ve RP'nin kapatılmasına kadar uzanan bir dizi siyasi kararı Siyonizmin veya başka bir deyimle, Gizli Dünya Devleti'ni yöneten Siyonistlerin en son uygulamaları olarak yorumladı. 28 Şubat 1997 MGK kararları akabinde İslâmî harekete karşı alınan tedbirleri hem *Millî Gazete*, hem de RP Tokat Milletvekili Ahmet Feyzi İnceöz *Gizli Dünya Devleti* kitabında ileri sürülmüş olan komplo teorilerinin kanıtı ve Gizli Dünya Devleti'nin en son icraatı olarak kabul etti. RP Tokat Milletvekili İnceöz şöyle yazdı: "*Gizli Dünya Devleti* kitabını hala okumayanlar (özellikle sadece *Millî Gazete*'nin Kültür Hizmetleri serisinde dağıtılan bu kitabı) hala olayları yüzeysel

8 Erhan Seven, "Hoca'dan masallar", *Ateş*, 14 Aralık 1996.

değerlendiriyorsunuz demektir."[9]

RP'nin kapatılma kararının açıklandığının ertesi günü *Millî Gazete*'de yayımlanan bir başyazıda bu kapatma kararına atıfta bulunularak Siyonizmin veya başka bir deyimle, Gizli Dünya Devleti'nin "dünya hakimiyeti projesi"nin amacına ulaşmakta olduğu ve Türkiye'deki son siyasi gelişmelerin de bu çerçevede değerlendirilmeleri gerektiği ileri sürüldü.[10]

2001 yılının başında meydana gelen ekonomik krize bir çözüm bulunabilmesi için Dünya Bankası yöneticilerinden Kemal Derviş'in Türkiye'ye davet edilip ekonomiden sorumlu devlet bakanı yapılması, ardından Derviş'in, alınması gereken ekonomik tedbirleri açıklaması üzerine *Millî Gazete*'de yayımlanan iki ayrı başyazıda yeniden Gizli Dünya Devleti'ne, yani Siyonizme atıfta bulunuldu. Bütün bu önlemlerin "Siyonizmin hakimiyeti için çalışan Gizli Dünya Devleti"nin bir senaryosu olduğu belirtildi daha sonra da okurlara şu hatırlatmada bulunuldu: "Gazetemiz tarafından verilen *Gizli Dünya Devleti* adlı kitapta bu konularla ilgili geniş bilgiler bulabileceksiniz."[11]

Siyonizmin başat rol oynadığı komplo teorilerinin İslâmî kesimde son derece revaçta olması, FP'nin kurmay kadrolarından Abdullah Gül'ün ihtiyat payı koyarak dile getirdiği şu sözlerinde de gözükmektedir: "bütün dış ilişkileri Siyonizm ve emperyalizmle açıklamak gibi bir sığlık içinde olmak doğru değil, ama Siyonizm gerçeğini de görmezlikten gelemeyiz."[12] Ancak MNP ile başlayan ve günümüzde FP ile devam eden siyasal İslâm'ın gayri resmi yayın organı olan *Millî Gazete*'nin "bir kültür hizmeti" olarak böyle bir kitabı okurlarına dağıtması son derece düşündürücüdür ve son tahlilde *Mossad* ve Siyonizmin baş aktörler olarak yer aldıkları komplo teorilerinin İslâmî kesimde daima yaygın bir okur ve dinleyici kitlesi bulacağına işaret etmektedir.

---

9 Ahmet Feyzi İnceöz, "Mazlum Millet ve Ebed", *Millî Gazete*, 20 Ağustos 1997.

10 "Bizi kim uyandıracak Allah'ım!", *Millî Gazete*, 17 Şubat 1998.

11 "Uluslararası Tezgah", *Millî Gazete*, 17 Nisan 2001 ve "Paranın Sihri", *Millî Gazete* 18 Nisan 2001.

12 Cengiz Erdinç, "Büyük Doğu'nun Batılısı", *Aktüel*, 18 Temmuz 1996, sayı 263, s. 40-43.

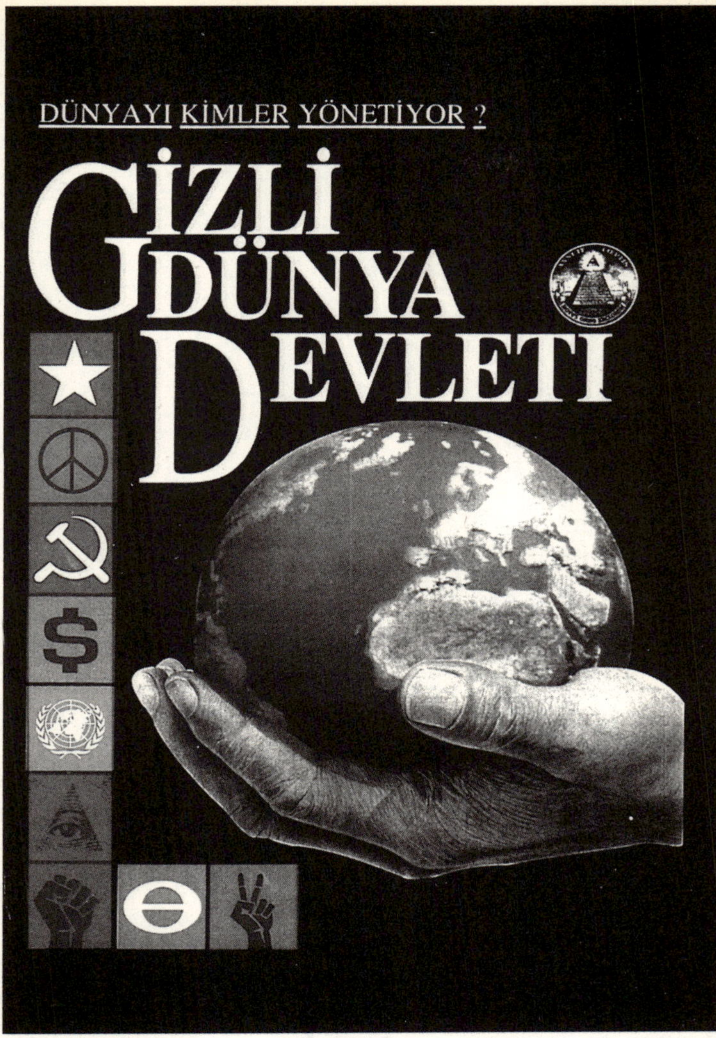
DÜNYAYI KİMLER YÖNETİYOR ?
GİZLİ DÜNYA DEVLETİ

İslâmî Söylemin Vazgeçemediği Bir Tema: Siyonizm ve Yahudi*

Türkiye'de siyasal İslâm'ın söyleminde yoğun bir şekilde yer alan Yahudi temasının ne şekilde kullanıldığı, birkaç istisna hariç, genellikle pek inceleme konusu edilmeyip ihmal edilmiş bir alandır.[1] Bu makalede siyasal İslâm'ın söylemi tahlil edilirken MNP ve onun halefleri olan MSP, RP ve FP kurmaylarının demeçleri ve partinin gayri resmi yayın organı olan *Millî Gazete* ile diğer İslâmî yayınlarda yayımlanan yazılar temel alınacaktır.

(*) Bu makale "The image of the Jew in the rhetoric of political Islam in Turkey" (*CEMOTİ* (Paris) 1999 sayı 28, s. 95-108) makalesinin genişletilerek Türkçe olarak yeniden yazılmış şeklidir.

1 Bu alanda yapılmış nadir incelemeler şunlardır: Jacob M. Landau, *Politics and Islam, The National Salvation Party in Turkey,* Middle East Center University of Utah, 1976 / Jacob M. Landau, "Muslim attitudes towards Jews, Zionism and Israel", s. 77-86, *Jews, Arabs, Turks Selected Essays,* The Magnes Press, Kudüs 1993 içinde / Türker Alkan, "The National Salvation Party in Turkey", *Islam and Politics in Middle East,* Metin Heper ve Raphael Israeli (der.), Crown Helm, Londra 1984 içinde, s. 79-102 / Nora Şeni, "Rhétorique de l'Islam Politique" s. 435-440, *La Turquie Entre Trois Mondes, Actes du Colloque International Montpellier, 5-7 Octobre 1995*, coordonnés par M. Barın, S. Kançal, R. Perez, J. Thobie, Varia Turcica XXXII, L'Harmattan, Paris 1998 içinde.

Siyasal İslâm'ın doğuşu

1923 yılında kurulan modern Türkiye Cumhuriyeti'nin en belirleyici özelliklerinden biri Osmanlı İmparatorluğu geleneğini ve idari yapısını yıkıp yerine modern bir ulus-devlet inşa etmesi ve laikliği yerleştirmesidir. Bu değişikliğin sonucunda Tek Parti döneminin sonuna kadar din unsuru devlet tarafından ciddi bir şekilde denetim altına alınmıştır. Bu bir yerde Cumhuriyet devrimlerinin kaçınılmaz bir sonucuydu. Hilâfetin kaldırılması, kılık kıyafet devrimi, şapka devrimi, tekke ve zaviyelerin kapatılması, ezanın Türkçe okutulması gibi kararlarla din öğesi otoriter bir şekilde denetlenmiştir. II. Dünya Savaşı'nın sona ermesiyle birlikte, 18 Temmuz 1945 tarihinde MKP, 7 Ocak 1946 tarihinde de DP kuruldu ve Tek Parti iktidarı fiilen sona erdi.

21 Temmuz 1946 tarihinde yapılan milletvekili genel seçimlerinde iktidar olamayan DP, 14 Mayıs 1950 seçimlerinde ezici bir çoğunlukla iktidarı ele geçirdi. DP'nin iktidar olması aynı zamanda o tarihe kadar toplum içinde bastırılmış olan din öğesinin de artık kendini daha serbestçe ifade etmesine yol açtı. DP hükümeti bu konuda duyarlı olan seçmen tabanını daima gözetir oldu. Seçimleri kazandıktan bir ay sonra da 16 Haziran 1950 tarihinde ezanın tekrar Arapça okunmasına izin verdi.

DP'nin kurulması ve iktidar olmasıyla birlikte Tek Parti döneminde otoriter bir şekilde kontrol altında tutulan İslâmî akım tekrar canlandı. Antisemit kitaplarıyla ünlü Cevat Rıfat Atilhan İslâmî kimlikli İDP'yi 27 Ağustos 1951 tarihinde kurdu ve parti başkanlığını üstlendi. İDP'nin ömrü kısa oldu ve 7 Kasım 1952 tarihinde kapatıldı.[2] İDP'den sonra İslâmî görünümlü bir partinin tekrar siyaset sahnesine çıkması için aradan sekiz yılın geçmesi lâzımdı.

Makine mühendisliği profesörü olan Necmettin Erbakan TOBB başkanlığı görevini kısa bir süre sürdürdükten sonra olaylı bir şekilde istifa ettirildi. Erbakan 12 Ekim 1969 tarihin-

---

2 Haluk Karabatak, "İslâm Demokrat Partisi", *Tarih ve Toplum*, Ekim 1994, S. 130, s. 4-13.

de yapılan milletvekili genel seçimlerinde AP'den milletvekili adayı olmak istedi. Başvurusu veto edilince Konya'dan bağımsız olarak adaylığını koydu ve milletvekili seçildi. Genel seçimlerden önce *Milliyet* gazetesinde kendisi ile yapılan bir röportajda Erbakan'ın "Dünyada üç türlü istikamet vardır. 1- Komünizm, 2- Siyonizm, 3- Her milletin kendi milliyetçiliği ve mukaddesatçılığı. Biz üçüncü yolu tercih etmek mecburiyetindeyiz" şeklindeki ifadesi kendisinin siyasi hayatı süresince büyük bir iştahla benimseyeceği ve bereketli bir şekilde kullanacağı Siyonizm ve Yahudi karşıtı tavrının bir ilânı gibiydi.[3]

Erbakan Konya'dan bağımsız milletvekili seçildikten sonra AP'deki mukaddesatçı görüşe mensup milletvekilleri ile birlikte 26 Ocak 1970 tarihinde Millî Nizam Partisi'ni (MNP) kurdu. MNP ve Necmettin Erbakan'ın siyaset sahnesine çıkmasıyla din ağırlıklı İslâmî söylem günlük siyasetin içine girmiş oldu. Erbakan partinin kurulduğu gün yaptığı basın toplantısında partiye masonların ve Siyonistlerin alınmayacaklarını bildirdi.[4] Erbakan'ın seçimlerden önce *Milliyet* gazetesine verdiği demeci ve bu beyanı, MNP'nin gelecekteki siyasi çizgisinin Yahudi karşıtı sert bir çizgi olacağını belli etti. MNP'nin ve kurmaylarının bu antisemit tavrını görme ve ifşa etme erdemine sahip olmuş ender gazetecilerden biri Tekin Erer'di.

Tekin Erer "26 Ocak 1970 Pazartesi günü Ankara'da Nazi Partisi doğdu" satırlarıyla başlayan makalesinde MNP'nin kuruluşunu konu ediyordu. Tekin Erer MNP'ye "Nazi Partisi" demesini, partinin adının Adolf Hitler'in sık sık sarf ettiği "millî nizam" ve "yeni nizam" sözlerine benzemesi ile açıklıyordu. Adolf Hitler'in getirmeyi vaat ettiği millî nizamla Yahudi ırkını topyekûn yeryüzünden silmeyi vaat ettiğini hatırlatan Tekin Erer, MNP yandaşı gazetelerde de "Nazi basını kadar, hatta ondan daha şiddetli Yahudi aleyhtarlığı" yapıldığına dikkati çekti.[5]

MNP'nin siyasi ömrü kısa oldu. 12 Mart 1971 askerî muhtırasından kısa bir süre sonra laikliğe aykırı davrandığından,

---

3 Yılmaz Çetiner'in röportajı, *Milliyet*, 25 Eylül 1969.

4 "MNP kuruldu", *Cumhuriyet*, 27 Ocak 1970.

5 Tekin Erer, "Millî Nizam Partisi", *Son Havadis*, 2 Şubat 1970.

Anayasa Mahkemesi kararıyla 20 Mayıs 1971 tarihinde kapatıldı. Ancak 15 ay sonra, 11 Ekim 1972 tarihinde, MSP olarak tekrar siyaset sahnesine çıktı. MSP sekiz yıl sonra 12 Eylül 1980 askerî darbesiyle tekrar kapatıldı.

12 Eylül 1980 darbesinden sonra Necmettin Erbakan'ın diğer siyasi liderler gibi siyasi yasaklı olması nedeniyle avukatı Ali Türkmen, 19 Temmuz 1983 tarihinde RP'yi kurdu. 6 Eylül 1987 tarihinde yapılan referandum sonucunda 12 Eylül öncesi siyasilere konulmuş olan siyaset yapma yasağının kaldırılması üzerine, Necmettin Erbakan 11 Ekim 1987 tarihinde RP'nin genel başkanı seçildi. RP'nin söylemi ve çizgisi, MNP ve MSP'ninkiyle ile bir süreklilik göstermektedir ve Yahudi teması bu söylemde de oldukça ağır bir yer işgal etmektedir. RP, kuruluşundan 11 yıl sonra laikliğe aykırı davrandığı gerekçesiyle Anayasa Mahkemesi kararı ile 16 Ocak 1998 tarihinde kapatıldı. Necmettin Erbakan ve beş milletvekili için beş yıl siyaset yapma yasağı getirildi. RP milletvekillerinin neredeyse tamamı 1997 yılının son günlerinde RP'nin kapatılma ihtimaline karşı yedek parti olarak kurulmuş bulunan FP'ye üye oldular.

Siyasi İslâm'ın MNP, MSP, RP ve FP olarak geçirdiği evrim içinde MNP'nin kuruluş tarihi olan 26 Ocak 1970'ten, RP'nin kap tılış tarihi olan 16 Ocak 1998'e kadar, sürekli ağırlıklı bir yer işgal eden ortak bir konu vardı. Bu konu, gerek Erbakan'ın ve siyasi kurmaylarının beyanlarında ve yazılarında ve gerekse MNP/MSP/RP'nin gayri resmi yayın organı olan *Millî Gazete* ile partiye bağlı gençlerin faaliyetlerini örgütleyen Millî Gençlik Vakfı'nın yayımladığı *Gençlik* dergisinde yer alan antisemit ve son tahlilde *Siyon Önderlerinin Protokolleri*'nin ruhuna uygun "Yahudi'nin Cihan Hakimiyeti" konusudur.

Siyasal İslâm'ın söyleminde Yahudi teması

Siyasal İslâm'ın söylemi içinde yer alan Yahudi temasının neden incelenmediği konusunda bir fikir yürütmek gerekirse, 1990'lı yıllara kadar Erbakan'ın ve temsil ettiği İslâmî akımın Türk ve yabancı bilim adamları ve aydınları tarafından marjinal bir akım olarak görüldüğü ihtimali akla gelebilir. Siyasal İslâm hareketi Türkiye'de incelenmeye başlandığı zaman da bu hareketin kullandığı dilde yer alan antisemitizmin üstünde durulmaması da, 1970'li yıllarda Filistin cephesinde İsrail'e karşı savaşmış sol kesime mensup aydınlarla sağ kesimdeki aydınların büyük bir çoğunluğunun Siyonizm ve İsrail karşıtı bir duyguyu paylaşıp Siyonizm ve İsrail karşıtı bir mevkiide buluşmaları ile bağlantılı olabilir. Belki de bu Siyonizm ve İsrail karşıtı ortak hissiyattan dolayı MNP, MSP ve RP'nin söyleminde iç içe geçmiş olan Siyonizm ve antisemit üslûp önemsenmemiştir.

İslâmî akımda yer alan Yahudi imgesine bakılınca, Prof. Jacob Landau'nun da incelemesinde tespit ettiği gibi, bu Yahudi imgesi "kötü ve çirkin"i yansıtan bir imgedir. Batı, Hıristiyan, Yahudi, mason, Siyonist karışımı melez bir nitelik taşımaktadır.[6] İslâmî hareket içinde Yahudi'ye atfedilen bu "kötü ve çirkin" hal, neredeyse siyasal İslâm'ın ve İslâmî yayımların vazgeçilmez bir unsuru haline gelmiştir. Nitekim Prof. Türker Alkan'ın MSP'yi konu eden incelemesinde yer alan Necmettin Erbakan'ın 1980 yılında yaptığı konuşmaların tematik tahlilinde, yedi ana temadan birinin antisemit isnatlar ile Siyonizm olduğu ve bunların Erbakan'ın konuşmalarının oluşturduğu havuz içinde %12 oranında yer işgal ettikleri görülmektedir.[7]

MNP, MSP ve RP'nin ve *Millî Gazete*'nin, İsrail, Siyonizm karşıtı ve antisemit bu tavrı aslında, çok partili demokrasinin 1946 yılında başlamasıyla tekrar canlanan ve su yüzüne çıkan İslâmî hareketin içinde önemli bir yeri olan bir hissiyatın ifadesidir. Bu hissiyat basın, yayın ve popüler eserler yoluyla beslenip palazlanmış ve popüler kültürde ağırlıklı bir yer edinmiştir. Daha başka bir deyimle MNP, MSP ve RP hitap ettiği seçmen tabanının nabzına göre şerbet vermektedir. Ancak bu şerbete kendileri

---

6 Jacob M. Landau, "Muslim attitudes towards Jews, Zionism and Israel", s. 77-86, *Jews, Arabs, Turks Selected Essays*, The Magnes Press, Kudüs 1993 içinde.

7 Türker Alkan, "The National Salvation Party in Turkey", *Islam and Politics in Middle East*, Metin Heper ve Raphael Israeli (der.), Crown Helm, Londra 1984 içinde, s. 79-102.

de inanırlar, zira seçmen tabanının beslendiği aynı popüler kültür kaynaklarından kendileri de beslenmişlerdir. Bu nedenle günlük siyasette kullanılan bu antisemit söylemi sadece "belâgat" olarak tarif edip dikkate almamak mümkün değildir.

MNP, MSP ve RP'nin söylemindeki ana temalardan biri Türkiye'yi de hedef seçen "Yahudi'nin ve Siyonizmin cihan hâkimiyeti" temasıdır. Bu tema değişik şekillerde gündeme getirilmektedir.

a) "Nil'den Fırat'a Büyük İsrail" teması

MNP, MSP ve RP'nin lisanında yer edinen antisemit tavır bir yerde Batı karşıtı bir tavırdan türemiştir. MNP ve onun halefi MSP'ye göre Ortak Pazar "Batı'nın Hıristiyan kulübü" olup Türkiye'nin Ortak Pazar'a girişi Türkiye'nin "Batı'nın uşaklığı"nı yapması demektir. MNP için 1970'li yılların üslûbuyla "beynelmilel Siyonizm" veya "beynelmilel Yahudilik", batıcılığın üstünde yer alan, dünyayı kapitalizm ve komünizm diye bölen ve "Kapitalizm, komünizm ve bunların anası" diye tarif edilen dünyaya hâkim bir ideolojiydi. İslâmcılara göre bu ideoloji kaynağını Eski Ahit'te yer alan şu ayetten alıyordu: "O günde RAB Abramla ahdedip dedi: Mısır ırmağından büyük ırmağa, Fırat ırmağına kadar, bu diyarı senin zürriyetine verdim".[8] İslâmî kesim bu ayeti Siyonizmin yayılmacı ülküsünün sarsılmaz bir kanıtı olarak kabul etti. "Nil'den Fırat'a Büyük İsrail" olarak özetleyip sloganlaştırdı ve bu ayetten Siyonizmin Türkiye'yi fiziki olarak da tehdit ettiği anlamını çıkarmak istedi. GAP projesi çerçevesinde İsrailli firmaların muhtelif tarım projelerine ilgi duymalarının İsrail'in "Nil'den Fırat'a" yayılmacı hülyasının bir kanıtı olduğu iddia edildi. Bu firmaların esas amaçlarının, Eski Ahit'te öngörüldüğü gibi İsrail'in Güney Doğu Anadolu'yu ele geçirmesi olduğu ileri sürüldü. İslâmî kesim İsrail'in 1967 ve 1973 savaşlarında edindiği toprak kazançlarını da bu yayılmacı ülkünün fiziki kanıtları olarak kabul etti.

---

8 *Kitabı Mukaddes Eski ve Yeni Ahit*, Tekvin Bap 15, ayet 18, Kitabı Mukaddes Şirketi, İstanbul 1995.

b) "Ortak Pazar Siyonizmin bir oyunudur" teması

MNP'ye göre Siyonizm Türkiye'ye hâkim olmayı amaçladığından Türkiye'yi Ortak Pazar'a sokmaya zorluyordu. Ortak Pazar'la ilgili TBMM tartışmalarında, özellikle Erbakan'ın yaptığı konuşmalarda, bu düşüncenin ifade edildiği görülmektedir. 1970 yılının Mayıs ayında MNP tarafından TBMM'ye verilen gensoru önergesi müzakereleri sırasında Erbakan şu konuşmayı yapmıştır:

> "On iki yıl içerisinde üç bin büyük Ortak Pazar müessesesi Amerika'daki siyonist kapitalistler tarafından satın alınmış ve 1969 yılında bu üç [bin] büyük firmanın Amerika'ya yaptığı net kâr transferi on üç milyar doları bulmuştur. Bugünkü İsrail'in Büyük Millet Meclisi'nin içinde Teodor Helz [Theodor Herzl-RNB] heykeli bulunmaktadır. Yüz sene önce Viyana'da yaşayan ve İsrail projesinin temelini atan bu Siyonist, devrinde, İsrail'in ilk alması icabettiği toprakların haritasını çizmiş ve bu haritada Türkiye topraklarının büyük kısmı İsrail'in bir vilâyeti olarak gösterilmiştir. İsrail projesi aslında budur.
>
> İncil'de de Kayseri'ye kadar uzanan Asurilerin ülkesinin İsrail'e aid olduğu zikredilmektedir. Batı, gerektiğinde İsrail'in bu projesine göz yumabilir. Müşterek Pazar'ın ekonomik maksatlarının çok ötesindeki gayeleri ve tatbikatları mevcuttur. Bilhassa üye devletlerin arazilerini yabancıların satın almalarına açık tutmaları maddesi, Türkiye'nin birçok toprağının art ve ileri maksatlı kapitalist dünya siyonistleri tarafından rahatça ve çok ucuz fiyatla satın alınmasını da imkân dahiline sokabilir. Bu durum, Türkiye'nin İsrail'e bir vilâyet olarak hazırlanması neticesini intac edebilir [doğurabilir]. Bu bakımdan bir sömürge olarak faydalanmak için Batı, Türkiye'nin Müşterek Pazar'a girmesini istemekte, dünya siyonistleri de bu girişi arkadan arkaya desteklemektedirler. İşte, Müşterek Pazar meselesine aslında bu açıdan bakmak zarureti vardır."[9]

---

9 *TBMM Tutanak Dergisi*, Dönem 3,Cilt 4, Toplantı 1, 15 Mayıs 1970, aktaran Prof. Dr. Necmettin Erbakan, *Mecliste Ortak Pazar*, MNP Gençlik Teşkilâtı, İstiklal Matbaası, İzmir 1971, s. 17-18.

Erbakan bir diğer konuşmasında Ortak Pazar'ın "Yahudiler tarafından ortaya atılan, katolikler tarafından benimsenen bir mason oyunu" olduğunu ileri sürmektedir: "Ortak Pazar üç katlı bir binadır. En üst katında Yahudi patron, orta katında ise Avrupalı memur oturur. Alt katı boştur. Buraya da Türkiye ve Afrika devletleri alınmak istenmektedir."[10]

Erbakan 11 Ekim 1970 günü MNP Manisa İl Teşkilâtı'nın açılış töreninde yaptığı konuşmasına "Viyana'da yaşamış Theodor Herzl adlı bir Yahudi hahamın hazırladığı bir plan"dan bahsederek başlamıştır. "Bu planda Anadolu'yu İsrail'e bir vilâyet yapacaksınız denilmektedir" dedikten sonra şunları söylemiştir:

> "İçimizden biri kalkıp da iki buçuk milyon Yahudi nasıl olur da otuz beş milyonluk Anadolu'yu kendisine vilâyet yaparmış derse, sen Yahudiyi İsrail'deki iki buçuk milyon Yahudi zannedersen iki buçuk günde mahvolursun, maazallah... Amerika bugün bir Yahudinin oyuncağıdır. Amerika'nın en büyük şehri New York'un dokuz milyonluk nüfusunun altı milyonu Yahudidir. Amerikan senatosundaki altmış iki üyeden elli altısı Yahudidir. Amerika'da bir insan Yahudilik projelerine, Hahambaşı'nın planına sadakatle çalışmaya yemin etmezse Amerikan Reisi Cumhuru adayı olamaz. Kennedy "Yahudiliğe çalışacağım" dediği halde katolikliğe çalışmaya başladığı için Yahudiler tarafından katlettirilmiştir. New York'un Bankalar Caddesi denilen Volsitik (Wall Street-RNB) caddesi bütün dünyanın parasını toplayan bir Yahudi mahallesidir. Bugünkü Rus Pirezidyum heyetinin dokuz üyesinden yedisi Yahudidir. Bu durum diğer devletlerde de aynıdır. Yahudi Anadolu'yu harb ederek alamıyacağını çok iyi bilmektedir. Bir hile ile tarihin bu büyük pehlivanının kanına iki zehir şırınga etmiştir. Bu zehirler masonluk ve komünistliktir."[11]

10 "Ortak Pazar Yahudi ve Mason oyunudur", *Babıali'de Sabah*, 1 Ağustos 1970.

11 "Yahudiler Anadoluya da göz diktiler", *Bugün*, 14 Ekim 1970.

c) "Türkiye'deki anarşinin tek kaynağı: Siyonizm" teması

MNP'nin kapatılmasından sonra kurulan MSP'nin kullandığı siyasi dilde de aynı antisemit ve Siyonizm karşıtı hissiyat vardır. Ancak MSP'nin siyasi hayata atıldığı dönemde Türkiye aşırı sağ ve aşırı solun çatışmalarına sahne oluyordu. Bu dönemde MSP Türkiye'nin içinde bulunduğu anarşiden "beynelmilel Siyonizm" ile "beynelmilel Yahudi"yi sorumlu tutuyordu. MSP'ye göre Siyonizmin amacı Türkiye'yi kapitalizm (sağ) ve komünizm (sol) diye ikiye ayırmak, insanları birbirine kırdırmak ve bu şekilde Türkiye'ye hâkim olmaktı. 1980 yılının Temmuz ayının sonunda İsrail'in Kudüs'ü başkent ilân etmesinin Türkiye'de İslâmî kamuoyu üzerinde oldukça olumsuz yansımaları oldu. MSP'nin talebine rağmen Türkiye'nin İsrail'le olan siyasi ilişkilerini iptal etmemesi yüzünden Dışişleri Bakanı Hayrettin Erkmen MSP'nin verdiği bir gensoru önergesiyle düşürüldü. Böyle bir siyasi atmosferde Necmettin Erbakan'ın Şeker Bayramı vesilesiyle *Bayram Gazetesi*'ne yazdığı iki başyazıdan biri "Kudüs ve Siyonizm", diğeri ise "Anarşi ve Siyonizm" başlığını taşıyordu. Erbakan "Kudüs ve Siyonizm" başlıklı yazısında İsrail'in yayılmacı ülküsünün hedefinin Türkiye olduğunu ileri sürüyor:

> "Bugün bütün İslâm âlemi gayet iyi bilmektedir. Müslümanların ilk kıblesi olan Kudüs'ün başkent olarak ilân edilişi, Yahudilerin 'Dünya hâkimiyeti'ni tesis için hazırladıkları bir planın adımlarından sadece birisidir. Nitekim İsrail devletinin fikir babası 120 yıl önce Viyana'da yaşamış lider Theodor Herzl'in Yahudi milletinin hedefleri arasında Kudüs'ün İsrail'e başkent yapılması vardır. İslâmî âlemin ve özellikle göz önünde bulundurulması icap eden hedef şudur: İsrail Parlamentosu önünde heykeli bulunan Theodor Herzl, hedef olarak İsrail devleti hudutlarının Nil'den Dicle'ye kadar genişletilmesini, yani Konya'dan Hakkâri'ye kadar olan Anadolu topraklarının da İsrail topraklarına katılmasını istemiştir."[12]

---

12 Necmettin Erbakan, "Kudüs ve Siyonizm", *Millî Gazete*, 15 Ağustos 1980.

Erbakan "Anarşi ve Siyonizm" başlıklı ikinci makalesinde de "cihan hâkimiyeti"ni amaçlayan Siyonizmi tekrar konu etmiştir. Türkiye'deki anarşik ortamın kaynağını Siyonizm olarak göstermekte ve onu şöyle tarif etmektedir:

> "Siyonizmi iyi bilenler onu bir ahtapota benzetirler. Bu ahtapotun sayısız kolları vardır. Komünizm bir koludur, Kapitalizm diğer koludur, Masonizm yan kuruluşudur, ırkçılık başka bir koludur. Bu cereyanların herhangi birine gerçeği bilmeden kapılanlar, kendileri ne derlerse desinler, neticede Siyonizme hizmet etmektedirler, Siyonizmin askerliğini yapmaktadırlar."[13]

d) "Beynelmilel Siyonizm" teması

12 Eylül 1980 darbesiyle kapatılan MSP 1983 yılında siyaset sahnesinde RP olarak yer aldığında aynı üslûbu kullanmaktan vazgeçmemiştir. RP'nin MNP ve MSP'den fikrî miras olarak devraldığı "beynelmilel Siyonizm" saplantısı, partinin ünlü "Adil Ekonomik Düzen" programında da yer almaktadır. Programın giriş bölümünde Türkiye'deki "Köle Düzeni"nin müsebbipleri şu şekilde tarif edilmektedir:

> "Türkiye'de halihazır ekonomik sahada yürürlükte bulunan 'Köle Düzeni' kendi kendine oluşmamıştır. Bu yeryüzündeki 'Emperyalizm' ve 'Siyonizm' güçlerinin bilinçli, planlı ve programlı olarak yürüttükleri 'Modern Müstemlekecilik' tatbikatının bir sonucudur.
>
> Bilmek mecburiyetindeyiz ki yeryüzü boş değildir. Merkezleri Amerika New York'ta Wall Street bankalar caddesine yerleştirilmiş bulunan Siyonizm bir inançtır, bir ideolojik güçtür. Bunlar Cenab-ı Hakk'ın asıl kullarının kendileri olduklarına inanmaktadırlar. Diğer kulların kendilerine köle olmak için yaratıldıklarına kanidirler. Yeryüzüne kendilerinin hâkim olacaklarını kabul etmekte, diğer insanları ne kadar sömürürlerse o kadar büyük ibadet hazzı almaktadırlar. Siyonistler dün-

---

13 Necmettin Erbakan, "Anarşi ve Siyonizm", *Millî Gazete,* 16 Ağustos 1980.

ya emperyalizmini kontrolleri altına almışlardır. Faizci kapitalist nizam vasıtasıyla bütün insanlığı sömürmektedirler. Emperyalist devletler vasıtasıyla yeryüzünde siyasi hâkimiyetlerini sürdürmektedirler.

Emperyalizm ve Siyonizm Türkiye'de "Taklitçi Partiler"i desteklerler. Ellerindeki her türlü imkânla bunların işbaşına gelmesine çalışırlar. Bu gayretli çalışmalarının sonucu olarak Türkiye'de kırk yıldan beri temelde birbirinin aynı olan Batı taklitçisi partiler iş başına gelmişlerdir. (...)

Bu sömürü sadece borç verme mekanizmasıyla değil, hemen her sahada yürütülmektedir. Dünyanın ulaşım sistemi, iletişim sistemi, silah sanayi, temel stratejik sanayileri, ticareti, banka, para kredi ve transfer sistemleri, ajansları, haberleşme araçları, basın yayın kuruluşları vasıtasıyla Emperyalizm ve Siyonizm bütün insanlığı sömürmektedir."[14]

RP'nin Türkiye'nin içinde bulunduğu iktisadi durumun teşhisini yaptığı bir yayında gene "beynelmilel Siyonizmin cihan hâkimiyeti" fikri üzerinde durulmaktadır. Türkiye'deki iktisadi ve toplumsal düzenin cihan hâkimiyetini amaçlayan İsrail ve Siyonizm için çalıştığı ifade edilmekte ve Türkiye'deki bankaların faaliyetleri şöyle tarif edilmektedir:

"Bankaların, Türkiye'de bugün dışardaki Siyonist bankalardan aldıkları borç ve sıcak döviz, toplam olarak takriben yirmi milyar dolar civarındadır. Bu borçlar karşılığında yüksek faizler Siyonist bankalara ödeniyor, ayrıca Merkez Bankası'nın parasını yüksek faizlerle kullanıyorlar. Merkez Bankası da dışarıdaki Siyonist bankalardan kırk milyar dolar borç almış bulunuyor. Böylece Merkez Bankası bankalardan faiz alıyor ve dışarıdaki Siyonist bankalara ödüyor. Türkiye'nin 1988 yılında dışardaki Siyonist bankalara ödediği borç ve faiz tutarı 8,5 milyar dolar, yani kırk trilyon TL'dir. Bunun manası, Amerika'daki Siyonist bankalara her hafta bir TIR, on ton altın gönderilmesi demektir. (...) Türkiye'de vatandaşın fırında, çarşıda

14 Necmettin Erbakan, *Adil Ekonomik Düzen*, Milsan Ankara Tesisleri, Ankara 1991, s. 1-3.

pazarda ne alırsa fiyatlarının içinde ödediği paralardan teşekkül eden bu ödemeler, Amerika'daki Siyonist bankalar tarafından İsrail'e uçak, tank ve harp teçhizatı almak için kullanılmaktadır. Çünkü, bilinen diğer bir gerçek de odur ki, Amerika'daki Siyonist bankalar yıllık kârlarının en az yarısını İsrail'e ödemektedir. Böylece bu düzen vasıtasıyla ekmek, ayakkabı alırken İsrail'e uçak ve tank parası ödemiş oluyoruz. (...)

Yakında Lübnan'ı alacağım, onu takiben de Konya'yı ve Erzurum'u kendime vilâyet yapacağım, bir an evvel Sultan Süleyman zamanındaki toprakları yani Arz-ı Mevûd'u ele geçireceğim. Böylece Tevrat[t]'a bize v[a]adedilen dünya hâkimiyetine ulaşacağım diyor."[15]

Erbakan 2 Haziran 1996'da yapılan yerel seçimler öncesindeki seçim gezilerinde yaptığı propaganda konuşmaları sırasında Kahramanmaraş'ta şu sözleri sarfetmiştir: "RP'ye oy veren bu dünyada ve ahirette ihya olur. Vermeyen ise heba olur. RP dışındaki partilere oy verenler Ermeni ve Yahudilere oy vermiş sayılırlar. Çünkü diğerleri bunlarla işbirliği içinde."[16] Antalya'da yaptığı konuşmada da benzer şeyleri söylemiştir: "Türkiye'deki yöneticiler Yahudileri destekliyor. Bunu ancak deliler yapar. 2 Haziran'daki seçimin Yahudiye yaramasını istemiyorsanız RP'ye oy verin."[17]

Erbakan, RP iktidar olana kadar bu dili yoğun bir şekilde kullanmaya devam etti. 8 Temmuz 1996 tarihinde RP-DYP koalisyon hükümeti kurulup başbakan olduktan sonra tavır değiştirerek antisemit ve Siyonizm karşıtı bu söylemi kullanmamaya itina gösterdi. Ancak Yahudi-Siyonizm teması RP ve Erbakan'ın bilinç altına çok sağlam bir şekilde yerleşmiş olduğundan, başbakanlığı döneminde Erbakan üst düzey siyasetçilerin ve TSK mensuplarının hazır bulundukları bir brifing sı-

15 Refah Partisi, *Türkiye'nin Gerçek Durumu Sebepleri Teşhis*, Milsan Ankara Tesisleri, Ankara (t.y.), s. 18-22.

16 Sermet Çuhadar, "Refah Partisi'ne verilmeyen oylar Ermeniye gider", *Cumhuriyet*, 24 Mayıs 1996.

17 Erhan Seven, "Hoca: Bize oy vermeyeni evliya çarpar", *Yeni Yüzyıl*, 3 Mayıs 1996.

rasında Eski Ahit'te yer alan ve İslâmcıların "Nil'den Fırat'a büyük İsrail" diye sloganlaştırdıkları ayete atıfta bulunarak Yahudiliğin, Siyonizmin yayılmacı ülküye sahip olduğunu tekrarlamaktan kendini alamadı ve şunları söyledi:

> "İsrail bayrağındaki yıldızın üstünde ve altında iki mavi çizgi vardır. Bu çizgiler birer semboldür. Yukarıdaki çizgi Fırat Nehri'ni, aşağıdaki çizgi ise Nil Nehri'ni gösterir. Musevilerin inancında bu sınırlar İsrail devletinin doğal sınırlarıdır..."[18]

e) "İsrail Güney Amerika'ya nakledilmelidir" teması

MSP döneminde Erbakan İsrail'in Orta Doğu'daki varlığını bir "suni yapı" olarak adlandırıyor ve ABD'nin Yahudilere yerleşmeleri için "Güney Amerika'da bir ülkeyi vermeleri insanlık için çok daha hayırlı ve kestirme bir yol" olur diyordu.[19]

İsrail Kudüs'ü başkent ilân ettikten sonra Erbakan bir kere daha aynı teklifte bulundu:

> "Yahudilerin kirli çizmelerinden Kudüs'ü kurtarmak artık vacip oldu. (...) Eğer ABD İsrail'i bu kadar seviyorsa, Carter Yahudilere bu kadar bayılıyorsa, onlara Güney Amerika'dan veya kendi topraklarından yer versin."[20]

Erbakan'ın İsrail'e karşı beslediği bu hissiyatı RP de benimsedi. RP genel başkan yardımcısı Rıza Ulucak 1991 yılında su konusuyla ilgili yaptığı bir söyleşide önce "İsrail daima sınırlarını genişletmeye çalışıyor. Gerçek amacı Nil'den Fırat'a kadar uzanan bir ülkedir. 1896 yılında Basel'de toplanmış olan Siyo-

---

18 Sedat Ergin, "Erbakan ve İsrail", *Hürriyet*, 25 Temmuz 1996. Daniel Pipes'ın *The Hidden Hand-Middle East Fears of Conspiracy* (St. Martin's Press, New York 1996) kitabında Yaser Arafat ve Libya Devlet Başkanı Kaddafi'nin de aynı ifadeyi kullandıkları görülmektedir (s. 53). Keza, "Büyük İsrail" teması Orta Doğu ülkelerinde de yaygın bir şekilde kullanılmaktadır. (Daniel Pipes, a.g.e., s. 49-74). Bu da bir yerde Erbakan ve RP'nin kullandığı siyasal söylemin Arap ülkelerindeki yaygın antisemit ve antisiyonist söylemden etkilendiğine işaret etmektedir.

19 Sedat Ergin, "Erbakan Cumhuriyet'e anlattı", *Cumhuriyet*, 2 Ağustos 1979.

20 "MSP Konya'da Kudüs'ü kurtarma yürüyüşü yaptı", *Hürriyet*, 7 Eylül 1980.

nist Kongresi'nin kararlarını gerçekleştiriyor" diyor ve daha sonra "bu bölgede İsrail devletinin varlığı için hiçbir neden yok. Toprağı esas sahiplerinin ellerinden almış olan bir parazit devlettir ve başka bir yerde olsaydı hepimiz çok daha iyi olacaktık. İsrail Güney Amerika'ya nakledilmeli" diyerek Erbakan ile aynı özlemi taşıdığını belirtiyordu.[21]

"Kötü ve çirkin Yahudi" imgesinin doğmasının nedenleri

Türkiye'deki siyasal ve popüler İslâm'ın içinde yer alan bu antisemit ve Siyonizm karşıtı tavrın nedenleri şöyle sıralanabilir:

(1) Türkiye'de çok partili demokrasi 1946 yılında başladı. Bu aynı zamanda İsrail devletinin kurulma sürecine denk geldi. Türkiye'de çok partili demokrasinin başlamasıyla birlikte İslâmî hareketin en önemli düşünce dergilerinden biri olan ve 1908 yılından beri yayımlanan ancak Tek Parti döneminde yayınına ara veren *Sebilürreşad* dergisi 1948 yılının Mayıs ayında tekrar yayın hayatına atıldı ve 1966 yılına kadar yaşamını sürdürdü. 1948 yılında tekrar yayına başlayan *Sebilürreşad* dergisinin içeriğinde, geçmişe kıyasla, Siyonizm ve Yahudilik konusu çok daha ağırlıklı bir yer işgal ediyordu. 1924 öncesi döneme göre tüm makalelerin ancak yüzde onu Siyonizme ve Yahudiliğe ayrılmışken, 1948'den sonra yayımlanan makalelerin en az üçte biri bu konulara ayrıldı.[22] Başta *Sebilürreşad* dergisi olmak üzere İslâmî hareketin daha sonraki yıllarda yayımladığı dergi ve gazetelerde de Yahudi-İsrail-Siyonizm faktörü çok önemli bir yer tuttu.

Sebilürreşad'ın antisemit tavrının belli başlı nedeni İsrail devletinin kurulmasıydı. İsrail devleti "Müslüman Orta Doğu'ya saplanmış bir hançer" olarak görülüyordu. İsrail devletinin varlığı hiçbir zaman İslâmî kesim tarafından kabul edilemedi. Bir ümmet zihniyeti içinde hareket eden İslâmî kesim, İsrail devletinin kuruluşuyla sonuçlanan 1948 yılındaki savaşı

---

21 Norman Frankel, "Water and Turkish foreign policy", *Political Communications and Persuasions,* Cilt 8, No. 4, Ekim-Aralık 1991, s. 257-311.

22 Esther Debus, *Sebilürreşad,* Peter Lang, Frankfurt Am Main, 1991, s. 50.

ve daha sonra 1967 ve 1973 yıllarında cereyan etmiş olan savaşları bir Arap-İsrail savaşı olarak değil, bir Müslüman-Yahudi savaşı olarak gördü.

Tek kelimeyle özetlemek gerekirse, İslâmcılar açısından İsrail devleti, eşyanın tabiatına aykırı bir varlık, bir anomali, ABD'nin bir uzantısı, emperyalizmin bir kolu idi. Bu söylem, RP-DYP koalisyon hükümetinin kurulmasına kadar da devam etti.

(2) İslâmî camia içinde İsrail'in bu şekilde bir hasım konumuna konulmasının Türkiye'ye özgü başka tarihsel nedenleri de mevcuttur. En önde gelen neden II. Abdülhamid'in hal'inin bir Siyonist-farmason-Dönme komplosu sonucunda gerçekleşmiş olduğu inancıdır. Theodor Herzl Sultan Abdülhamid'den Filistin'de bir Yahudi devleti kurmak için toprak talebinde bulunmuş ve bu talebi Sultan tarafından reddedilmiştir. İslâmcılar bu komplonun bu talebin reddedilmesine bir misilleme olduğunu düşünürler. İslâmcılar Abdülhamid'in hal edilmesini Osmanlı İmparatorluğu'nun çöküşünün başlangıcı olarak görürler. İsrail devletinin de Osmanlı İmparatorluğu'nun çökmesi pahasına kurulduğuna inanırlar.

(3) Popüler eserler de önemli bir etkendir. Prof. Landau'nun da önceki incelemelerinde belirttiği gibi Yahudiler ve Siyonizm konusunda İslâmî çevrelerde mevcut olan popüler literatür, istisnalar dışında, Yahudi'nin "kötü ve çirkin" imajını sağlamlaştırmıştır. *Siyon Önderlerinin Protokolleri* de gerçek olarak algılanmıştır. Popüler eserlerin etkili olduğu konusunda RP İstanbul milletvekili Bahri Zengin de hemfikirdir. Zengin'e göre Cevat Rıfat Atilhan'ın kitaplarının MNP geleneğinden gelen ilk kuşak Millî Görüşçüler üzerinde derin etkisi olmuş ve RP'de devam eden Siyonizm teması ve antisemitizmin kökeni büyük ölçüde Atilhan'ın kitaplarından beslenmiştir.[23]

Bu ana nedenlerden beslenen Yahudi imgesi siyasal İslâm söyleminin ayrılmaz bir parçasıdır. "Siyonizm", "Yahudi", "İsrail" kavramları iç içe geçirilerek birbirleriyle serbestçe ikame eder bir şekilde kullanılmaktadır. Sonuçta Yahudi, İslâm'ın

23 İhsan D. Dağı, *Kimlik Söylem ve Siyaset: Doğu-Batı Ayrımında Refah Partisi Geleneği*, İmge Kitabevi, Ankara 1998, s. 32.

içinde "her türlü fesadın müsebbibi" ve "İslâm'ın hasmı" şeklinde bir görünüm kazanmıştır.

Tüm bu olumsuzluklar içinde İslâmcılar için tek olumlu yan, İsrail'de dinin, gündelik hayata yoğun bir şekilde nüfuz etmesi ve Türkiye'de olduğu gibi din-devlet işlerinin kesin bir çizgiyle ayrılmamasıdır. Ancak bunun gündeme gelmesi için siyasal İslâm'ın Türkiye'de bir iktidar deneyiminden geçmesi ve seçimlerde elde ettiği iktidarı 28 Şubat 1997 tarihli MGK kararlarıyla terk etmek zorunda kalması gerekmiştir.

İslâmî söylemde "olumlu Yahudi" imgesi

24 Aralık 1995 tarihinde yapılan genel seçimlerde RP 158 milletvekili ile birinci parti oldu. Üç ay süren ANAP-DYP koalisyon hükümetinden sonra 28 Haziran 1996 tarihinde göreve başlayan RP-DYP hükümeti 18 Haziran 1997 tarihinde resmen sona erdi. Necmettin Erbakan'ın başbakan olmasıyla oluşan RP-DYP hükümeti sırasında gerek TSK'nın ve gerekse kamuoyunun RP'ye karşı takındığı katı tavır sonucunda İslâmî hareket ilk kez İsrail'in olumlu bir yanını keşfetti. Bu olumlu yan İsrail'in bir din devleti olması, dinin baskı altına alınmaması ve orada kimsenin kılık kıyafetine ve ibadet şekline karışılmaması idi. Bu inancı en iyi dile getiren İslâmcı gazeteci Mehmed Şevket Eygi oldu. Eygi *Millî Gazete*'deki bir makalesinde şunları yazdı:

> "Yahudilerin 2000 yıldır devlet tecrübesi yoktu. 1948'de İsrail'i kurdular ve ortaya kendilerine mahsus bir sistem kurdular. (...) Orada bizdeki laiklerin anladığı manada laiklik, din ve devlet ayrılığı yoktur. İsrail'in kimliği din üzerine dayalıdır. (...) hafta tatili onların mukaddes günü olan Cumartesidir. Evlenme boşanma işleri hahamlara bırakılmıştır. Bütün ülkede koşer yiyecekler satılır. Dinleri yasak ettiği için İsrail'de domuz beslemek yasaktır. İsrail, kendi dilini latin alfabesiyle değil dinî alfabeleri olan İbrani alfabesiyle yazmaktadır. İsrail'de başka bir dine mensup kişiyle evlenmek isteyen Yahudinin nikâhı kıyılmaz. İsrail'de bazı yerlerde toplu taşıma vasıtalarında

kadınlarla erkeklerin yerleri ayrıdır. İsrail'de din partileri vardır ve hükümetlerde yer alırlar. İsrail'de ordu ile din içiçedir; askerleri, subayları başlarında dinî takkelerle dolaşabilir."

Eygi yazısında Türkiye'deki siyasi elitlere ve aydınlara da şöyle sesleniyordu:

"Şimdi bizdeki sahte laiklere, yalancı demokratlara, sözde ilericilere, 'Madem ki İsrail'i çok seviyorsunuz ve onlarla her hususta işbirliği yapıyorsunuz, o halde biz de oradaki sisteme paralel ve benzer bir sistem istiyoruz' diyoruz. Bakalım ne cevap verecekler."[24]

Eygi başka bir yazısında da aynı fikri savunuyor:

"Türkiye'de de İran'ınki gibi bir rejim kurulsun diyen çıksa adamı boğarlar. Ben böyle demiyorum, ülkemizde İsrail'dekine benzer bir sistem kurulmasını teklif ediyorum. bizdeki laik, ilerici, medenî, Batıcı geçinen çağdaşlar İsrail hayranıdır. Teklifimi yadırgamamaları gerekir.

İsrail'de bizdeki gibi yazılı bir anayasa yoktur. Yine İsrail'de bizdeki gibi bir laiklik yoktur. Orada din ve devlet iç içedir. Nikâh, evlendirme işleri hahamlara bırakılmıştır. Hafta tatili, Musevilerin kutsal günü olan cumartesidir. Ülkede yenilen içilen her şey dinî otoritelerin kontrolu altındadır."[25]

Benzer bir şekilde genç kuşak İslâmcı yazarlardan Mustafa İslâmoğlu, İstanbul Üniversitesi Rektörlüğü'nün üniversiteye kayıtlı kız öğrencilerden başörtülü olanların üniversiteye girmelerine izin vermemesi üzerine yazdığı makalede, başörtülü bu öğrencileri, Mısır'da Firavun altında zulüme uğrayan ve erkek çocukları gözleri önlerinde öldürülen, ama yılmayıp tekrar erkek çocuk doğuran Yahudi annelere benzetti:

"İsrailoğulları'nın imanlı anaları ikincisini doğurdu. Pes etmediler, zulme 'eyvallah' demediler, çeşitli mazeretlerin ardı-

---

24 Mehmed Şevket Eygi, "İsrail sistemi", *Millî Gazete,* 21 Ekim 1997.

25 Mehmed Şevket Eygi, "Kötüye gidiyor", *Millî Gazete,* 15 Ağustos 1997.

na sığınarak umutlarını yendiler. Direndiler, direnişlerinin bedeli çok ağır oldu, ama yine de direndiler. Onlar ne kadar çocuk yaparsa, kurtuluş umudu o denli artıyordu ve sonunda Musa'larına kavuştular. (...) Müslüman kızlar! İsrailoğulları analarının çektiğini düşünün. Kendinizi onların yerine bir an için koyun, tabii size bu zulmü reva görenleri kimin yerine koyacağınızı da biliyorsunuz."[26]

Ancak İslâmî camianın İsrail-Yahudilikle ilgili olarak kullandığı bu olumlu imgeler İslâmî düşünce içinde yer alan Yahudilikle ilgili diğer tüm olumsuz imgeleri bertaraf etmeye hiçbir zaman yeterli olmadı.

"Kötü ve çirkin Yahudi" imgesi içinde Türk Yahudisinin yeri

Siyasal İslâm'ın kullandığı söylem incelendiğinde Türk Yahudisiyle ilgili olarak şu ana özellikler göze çarpmaktadır:

a) "Hoşgörünün kanıtı: Türkiyeli Yahudi"

İslâmî söylem içinde Türk Yahudisi, diğer azınlıklar gibi, Osmanlı Devleti'nin mirası, Osmanlı Devleti'nin gayrimüslimlere karşı gösterdiği hoşgörünün canlı bir kanıtı olarak görüldü. Siyasal İslâm'ın Batı'da hoşgörüsüz ve totaliter bir görünümü haiz olması nedeniyle ezici çoğunluğu Müslüman olan bir ülkede halen gayrimüslimlerin yaşıyor olması dış dünyaya yansıtılmak istenen İslâm imajı açısından olumlu bir unsur olarak kabul edildi. Kendisini Osmanlı Devleti'nin mirası olarak tanıtan bir siyasi hareket, Osmanlı'nın mirası içinde yer alan Yahudileri, Batı'da yerleşik olan "İslâm eşittir terör" peşinyargısının doğru olmadığını ve Türkiye'deki İslâmî hareketin Osmanlı'nın mirası doğrultusunda gayrimüslimleri de kucakladığını kanıtlamak için kullandı.

---

26 Mustafa İslâmoğlu, "İsrailoğulları kadınlarından başörtülü kızlara", *Yeni Şafak*, 26 Şubat 1998.

b) "Türkiye Yahudileri, biz sizleri değil, Yahudi'yi kastediyoruz"

Siyasal İslâm'ın söylemi içinde Türk Yahudisi nev'i şahsına münhasır bir kişilik arz ediyor. Hiçbir şekilde Siyonist olmayan, yani İsrail ile duygusal bir bağı dahi bulunmayan, bir bakıma Türkleşmiş bir Yahudi olarak görülüyor. Dolayısıyla Yahudilere ve Siyonizme karşı getirilen tüm antisemit isnatlar sanki Türkiye Yahudisini değil, başka bir Yahudi türünü kastediyor. Bunun en iyi örneği de 12 Eylül 1980 askerî darbesi liderlerinden Kenan Evren'in 1990 yılında anılarını yayımlamasının ardından Erbakan'ın Kenan Evren'e verdiği cevapta görülüyor. Evren anılarında o yıllarda *Cumhuriyet* gazetesinin Washington muhabirliğini yapan Ufuk Güldemir'in kitabına atıfta bulunuyor. Ufuk Güldemir kitabında 12 Eylül 1980 öncesi ortamı tasvir ederken Türkiye Yahudilerinin MSP'nin antisemit söyleminden fevkalâde rahatsız olduklarını, bu nedenle koşullar gerektirdiği takdirde Türkiye Yahudilerinin ABD'ye göç etmeleri için bir zemin arayışında bulunmak üzere bir Türk-Yahudi heyetinin ABD'ye gittiğini yazıyor.[27] Erbakan Evren'in atıfta bulunduğu bu olaya şöyle cevap veriyor:

> "Burada bir gerçeği vurgulamak istiyorum. Bizim inançlarımıza göre ister Musevi, ister Hıristiyan veya başka bir dine mensup olsun, veya hiçbir dine bağlı bulunmasın herkesin yaşama hakkı, düşünce ve inanma hakkı ve mülkiyet hakkı vardır. Devlet bu hakları kesin olarak teminat altına almak zorundadır. Bu bakımdan Musevi cemaatinin de bu hakları pek tabiî teminatımız altındadır. Dolayısıyla ne Musevi cemaatinin ne de herhangi başka bir topluluğun bu konuda endişe etmesine sebep yoktur."[28]

---

27 Ufuk Güldemir, *Kanat Operasyonu*, Tekin Yayınevi, İstanbul 1986, s. 68-70.

28 "Necmettin Erbakan'ın 'Evren'in Anıları' üzerine düşünceleri", *Milliyet*, 5 Aralık 1990.

c) Zimmînin çağdaş tarifi: Müslümanlarla iyi geçinmek zorunda olan Türkiyeli Yahudi

İslâmcılar açısından Türk Yahudisinin siyasi bir tavrı olması, dolayısıyla laikliği ve Atatürkçülüğü savunması ve İslâm'a karşı tavır alması mümkün değildi. Siyasal İslâm, azınlıkları, Osmanlı millet düzeni içinde yer alan zimmîler olarak gördü. RP-DYP iktidarı sırasında ve sonrasında Türkiye Yahudilerine Türkiye'de hâkim unsurun İslâm olduğu uygun bir dille hatırlatıldı ve laik-İslâmcı geriliminde taraf olmamaları özellikle istendi. Bu anlayışın Türkiye'deki Yahudi toplumu yönetimi tarafından gayet iyi kavrandığının net bir yansıması da RP-DYP koalisyonunun güven oylaması sırasında DYP İstanbul milletvekili Cefi Kamhi'nin çekimser oy kullanmasıdır. Türkiye Yahudilerinin laik-İslâmcı zıtlaşmasına karışmayıp seyirci kalmaları, sadece seyirci kalmayıp İslâmcılarla "iyi geçinmeleri" gerektiği yolundaki mesajların en iyi örneklerine gene Mehmed Şevket Eygi'nin yazılarında rastlanıyor. Mehmed Şevket Eygi RP-DYP koalisyonunun dağılmasından sonra yazdığı makalede Yahudileri şöyle ikaz ediyor:

> "Türkiye bir dönüm noktasına gelmiştir. 2000'li yıllarda çok değişik, bambaşka bir Türkiye olacaktır. Yahudiler, kendi hataları yüzünden büyük zararlara uğrayabilirler. Müslüman çoğunlukla iyi geçinmek, onların siyasetinin temeli olmalıdır. (...) Türkiye Yahudileri de her şeyden önce Türkiyeli olmaya mecburdurlar. Onlar İsrailli gibi değil, Türkiyeli gibi davranmak zorundadır. Böyle yapmadıkları takdirde satrancı yanlış oynamış ve sonunda kaybetmiş olacaklardır. (...)Türkiye Yahudileri bu ülkedeki ılımlı Müslümanları desteklemekle mükelleftir. İslâmî harekete karşı çıkmaları, ileride onlar için telafisi mümkün olmayacak zararlara ve felâketlere yol açacaktır."[29]

Mehmed Şevket Eygi "Musevi vatandaşlarımıza" başlıklı bir diğer yazıda Türkiye Yahudilerinden olan beklentisini şöyle ifade ediyor:

---

29 Mehmed Şevket Eygi, "Sabataistler, Museviler", *Millî Gazete*, 11 Haziran 1997.

"Bizim Yahudilerden beklediğimiz, çoğunluğu teşkil eden Müslüman vatandaşların temel hak ve hürriyetlerini korumak için çalışmaları, her hususta iyi bir vatandaş, iyi insan olarak topluma örnek olmalarıdır."[30]

RP-DYP koalisyonu aleyhine verilen gensoru oylaması sırasında DYP milletvekili Cefi Kamhi'nin gensoruya katılmaması, Yahudi cemaati yönetiminin siyasi tavrını alenî bir şekilde ortaya koymak istememesinin bir diğer örneğiydi. Nitekim Cefi Kamhi'nin gensoru oylamasına katılmama kararını "Babama ve cemaatime danıştım, gensoru görüşmesine katılmama kararı aldım" şeklinde izah etmesi, Yahudi cemaati üst yönetimi tarafından olumsuz bir tavır alış olarak anlaşıldı ve cemaat yönetiminde büyük rahatsızlık yarattı. Kamhi bu demecinin basın tarafından tahrif edildiğini söyleyip tekzip etti. Cemaat gazetesi *Şalom*'un başyazarı "Cemaat yönetimi apolitik" başlığını taşıyan bir başyazısında cemaatin görünürde apolitik olan tavrını bir kere daha tekrarladı.[31]

RP-DYP koalisyonunun 18 Haziran 1997 tarihinde başbakan Erbakan'ın istifasıyla dağılmasından sonra kurulan yeni ANAP-DSP koalisyon hükümetindeki laik ve liberal kesimi temsil eden Başbakan Mesut Yılmaz'a ADL tarafından 17 Aralık 1997 tarihinde Washington'da, Türkiye Yahudi cemaatinin yöneticilerinin de hazır bulundukları bir törende, "seçkin devlet adamı" ödülü verildi. Bu ödül İslâmî kesim tarafından Amerikan Yahudi lobisi ile Türkiye Yahudilerinin RP-DYP koalisyonu hükümetinin düşmesi karşısında hissettikleri ferahlama duygusunun bir tezahürü olarak anlaşıldı. Bunun üzerine Mehmed Şevket Eygi Türkiye Yahudilerini bir kere daha ikaz etti. Yahudilerin Anadolu'ya Osmanlı Devleti'nin hoşgörüsü sayesinde kabul edildiklerini hatırlatan ve "bu memlekette tarihi devamlılığa en fazla taraftar olması gereken cemaat Musevi cemaatidir" diye başlayan yazısında şu ikazda bulundu:

---

30 Mehmed Şevket Eygi, "Musevi vatandaşlarımıza", *Millî Gazete*, 23 Eylül 1997.

31 Silvyo Ovadya, "Cemaat yönetimi apolitik", *Şalom*, 28 Mayıs 1997.

"Zamanımızda bazı Yahudilerin, Türkiye'deki din ve ideoloji kavgasında yanlış taraf tutmaları son derece yanlıştır. İdeolojiler, tarihî arızalar gelip geçicidir. Rusya'daki Marksist arıza gibi her birinin bir başlangıç ve bir de bitiş tarihi vardır. Ama tarihi devamlılık öyle değildir, o sürer gider. (...) Bu ülkedeki Yahudilerin menfaati, çoğunlukta olan ve tarihi devamlılığı temsil eden Müslümanlarla anlaşmak, uzlaşmak, onları desteklemektir."[32]

İktidar - reelpolitika ve lobilerin gücü

Muhalefette olduğu zaman Siyonizm, İsrail ve Yahudi düşmanlığının bayraktarlığını yapan Necmettin Erbakan'ın İsrail konusundaki tavrı da çok katı ve açıktı:

"İsrail ile aynı toplulukta, ortak menfaatler doğrultusunda çalışan iki müttefik devlet olacağız. Bu bizim en başta Müslümanlığımıza ve insanlığımıza aykırıdır. İsrail ile nerede ve ne şekilde olursa olsun yan yana görünmek bizim için bir züldür [alçalmadır]."[33]

Ancak RP iktidar ortağı olunca reelpolitikayı ve ABD'deki Yahudi lobisinin gücünü keşfetti. İsrail'le askerî ve sivil anlaşmalar imzaladı. Türk ve Amerikan Yahudi lobilerinin müşterek gücünden faydalanmayı denemekten geri kalmadı. Devlet bakanı Fehim Adak, 1997 yılının Ocak ayındaki ABD ziyareti sırasında AIPAC yetkilileri ve Washington Institute for Near East Policy'den Alan Makovsky ile görüştü ve o güne kadar beynelmilel Siyonizme hizmet etmekle suçladıkları Yahudi kökenli Lehman Brothers ve Solomon Brothers gibi finans kuruluşlarıyla kredi sendikasyonu için masaya oturdu.[34] Fehim

---

32 Mehmed Şevket Eygi, "Yahudiler", *Millî Gazete*, 23 Eylül 1997.

33 Necmettin Erbakan, *Türkiye'nin Temel Meseleleri*, Rehber Yayıncılık, Ankara 1991, s. 89.

34 "Fehim Adak Wall Street'te", *Sabah*, 15 Ocak 1997 / "Refah-Yol'dan İsrail için güvence", *Hürriyet*, 16 Ocak 1997 / Sema Emiroğlu, "Adak: Yahudilerle de iş yaparız", *Milliyet*, 19 Ocak 1997 / Şebnem Şenyener, "Adak ABD'den memnun ayrıldı", *Sabah*, 19 Ocak 1997.

Adak bir soru üzerine Lehman Brothers ve Solomon Brothers kuruluşlarını kastederek "Yahudilerle iş yapabileceklerini" söyledi: "herkesle iyi ilişkiler içinde yaşamayı hedef alırız. Ticarettir, işinize gelirse yaparsınız. Menfaatlerimizi ön planda tutarak herkesle müzakere yaparız. Finans kuruluşları Solomon ve Lehman Brothers dahil."[35] Abdullah Gül de 1997 yılının Şubat ayındaki ABD ziyaretinde ABD'nin önde gelen Yahudi sivil toplum kuruluşlarıyla görüştü.[36] AJC'den gelen bir heyet de başbakan Erbakan'la 4 Haziran 1997 tarihinde görüştü.[37] Ancak RP'nin tabanını yıllar boyu antisemit bir söylemle bereketli bir şekilde beslemiş olan Erbakan gerek İsrail Dışişleri Bakanı David Levy ve gerekse güçlü Amerikan Yahudi sivil toplum kuruluşlarının temsilcileriyle olan görüşmelerinde bu temaslarını kamuoyuna pek fazla yansıtmamaya veya David Levy ile olan görüşmesinde olduğu gibi, soğuk ve mesafeli geçen bir görüşme şeklinde yansıtmaya itina gösterdi.

Anayasa Mahkemesi tarafından RP aleyhine kapatma davası açılmasından sonra RP'nin kapatılma ihtimaline karşı kurulmuş olan FP'nin emanetçisi, eski RP Genel Başkan Yardımcısı Recai Kutan FP kurmayı olarak verdiği ilk demeçlerinden birinde şu düzeltmeyi yapmayı ihmal etmiyor:

> "İsrail'e bakış açımız konusunda bir yanlış anlama var. Yahudi düşmanıymış gibi takdim ediliyoruz. Bunu da onaylamıyoruz. Biz İsrail'in bazı haksız uygulamalarına karşıyız. Ancak İsrail'le ilişkileri geliştirmek istiyoruz. İsrail ile uygun konularda uzlaşma arayışı içinde olacağız. Bunun böyle bilinmesini istiyoruz."

Kutan daha sonra "özellikle ABD'de bulunan etkin lobi kuruluşları ile sıkı ilişkiler içine gireceğiz" diyerek bir yerde RP'ye vurulan antisemit damgasından rahatsız olduğunu ve

35 Sema Emiroğlu, "Adak: Yahudilerle de iş yaparız", *Milliyet,* 19 Ocak 1997.

36 Aslı Aydıntaşbaş, "Gül'ün dikeni ABD'yi rahatsız etti", *Yeni Yüzyıl,* 21 Şubat 1997.

37 "Erbakan Amerikan Yahudi Kongresi üyeleriyle görüştü", *Şalom,* 10 Haziran 1997.

dolayısıyla bu söylemi terk edeceklerini ve ABD'deki Yahudi lobisi ile de temasa geçeceklerini ilân etti.[38]

Geleceği tahmin etmek

FP kurmaylarından Rıza Ulucak'ın RP'nin İsrail'e bakış açısının yanlış anlaşıldığını ve RP'nin ve onun halefi FP'nin antisemit bir parti olmadığını açıkladığı "Arafat İsrail ile anlaşma yaparken bizim İsrail'e karşı çıkmamız hatalıydı" şeklinde bir görüş birliğinin oluştuğu bir ortamda,[39] en azından bundan böyle, siyasi üslûp açısından FP'nin Yahudi ve Siyonist karşıtı unsurları ihtiva eden bir üslûbu kullanmayacağı ve dolayısıyla siyasal İslâm'daki Yahudi imgesinin iyi veya kötü bir sıfat atfedilmeyen bir Yahudi imgesine doğru ilerleyeceği varsayılabilir.

Akademik çevrelerin veya, Fethullah Gülen hareketinde olduğu gibi, sivil toplum görünümlü İslâmî hareketlerin düzenledikleri "dinler arası diyalog" türündeki toplantılar da bu eğilimi güçlendirecektir. Ancak siyasal alandaki bu tür olumlu bir gelişmenin popüler kültür, basın ve günlük yaşama hemen veya normal sayılabilecek bir süre içinde yansımasını ummak pek iyimser bir beklenti olur. Bunun nedeni de popüler kültürle beslenmiş halk arasında yerleşik bulunan olumsuz hissiyatın köklerinin oldukça derinde bulunmasıdır.

MNP, Türkiye'deki ideolojik kutuplaşmanın sağ kesiminde konforlu bir yer ve mevzi edinmiş bulunan popüler antisemit kültür yaratıcılarının serbestçe faaliyet gösterip antisemit hissiyatı basın ve yayın yoluyla halk arasına yaygın bir şekilde nüfuz ettirdikleri bir ortamın içinden doğdu. MNP siyaset yaparken kullandığı lisanla da bu ortamı besledi ve geliştirdi. Dolayısıyla "çirkin ve kötü Yahudi" imajının siyasal İslâm'ın söylemi içinde kendine bir yer edinmiş olması bir anomali değildi ve bu, popüler kültürle beslenmiş kırsal alandaki halkın ve kırsal alandan kente göç etmiş olan kırsal kökenli kentlile-

---

38 Ergun Aksoy, "Kutan: askeri, solcuları kucaklayacağız", *Radikal*, 7 Mart 1998.

39 Ferai Tınç, "Fazilet sancısı", *Hürriyet*, 17 Mart 1998.

rin damak tatlarına uygun olarak verilen bir cevaptı.

Siyasal İslâm'ın FP ile yeni bir görünüm kazanmaya ve sadece İslâmî kimlikli seçmenlere değil geniş bir tabana hitap eden sağ ve muhafazakâr bir parti olmaya çalıştığı bir ortamda, FP için artık Yahudi temasına söyleminde yer vermesi olmazsa olmaz bir şart olmaktan çıkacaktır. Ancak kültürel olarak onlarca yıl boyunca bu şekilde beslenmiş bir ortamın da bir günden diğerine temizleneceğini ve taptaze bir soluk soluyacağını ummak da biraz fazla iyimserlik olacaktır. Bu nedenle FP'nin antisemit söylemi terk edeceğine dair verdiği sinyal iyiniyetli ve samimi bir iradenin ifadesi olarak kabul edilebilir. Ancak buna rağmen antisemit söylemin basında ve popüler eserlerde pek fazla bir değişikliğe uğramadan devam edeceği tahmin edilebilir. Nitekim bunun en iyi kanıtı olarak da Recai Kutan'ın FP'nin antisemit söylemi terk edeceği yolunda verdiği demeçten sadece 16 gün sonra *Millî Gazete*'de yayımlanan ve Türkiye'deki irtica tartışmalarının aslında Siyonizmin sinsi bir planı olduğunu açıkça ima eden ve Soykırım'ı inkâr eden şu başyazıyı göstermek yeterlidir:[40]

> "Onlar bütün dünyaya yutturdukları 'holokost' efsanesiyle sadece Ortadoğu'ya el koymakla yetinmediler. Siyonistler, Nazizm'in 50 milyon kurbanı içerisinde kendi paylarına ayırdıkları '6 milyon' yalanıyla bütün Avrupa ülkelerini ve Amerika'yı haraca kesmesini becerdiler.
>
> Yeryüzünü avuçlarının içine almak için kullandıkları korkunç bir medya imparatorluğu ve bütün dünyayı sarsacak boyutta örgütledikleri ekonomik şebeke sayesinde Yeni Dünya Düzeni'nin gerçek ve tek sahibi oldular.
>
> Sömürü düzeninin hâkimi durumundaki Siyonizmin ekonomik açılımlarını örnek almak yerine, onların hangi ülkede hangi oyunu oynadıklarının araştırılması gerekir (...)
>
> Ne var ki adını koyup, fakat kimliğini bir türlü tesbit edemediğimiz şu 'irtica' nam düşmanın yerli bir hüviyete sahip olmadığını niçin kavrayamıyoruz?"

---

40 "Ne kazanıyoruz?", *Millî Gazete,* 23 Mart 1998.

Cumhuriyet Dönemi'nde Antisemitizm*

Giriş

Irkçılık ve onun bir tezahürü olan antisemitizm günümüz Türkiyesi'nin pek incelenmemiş konularından biridir.[1] Türkiye'deki düşünce akımları, çok geniş bir şekilde, sağ ve sol olarak ikiye ayırt edilirse antisemitizm açısından solun nispeten temiz bir maziye sahip olduğu görülebilir. Solda rastlanan ve antisemitizmden ziyade "azınlık karşıtı" şeklinde tanımlanabilecek tezahürler, azınlıkların bu arada özellikle Yahudilerin,

(*) Bu yazı *Felsefelogos* dergisinin Mart 1998 tarihli sayısında yer alan makalenin genişletilmiş ve değiştirilmiş şeklidir.

1 Türkiye'de İslâmî kesimde rastlanan antisemitizmin bir tahlili daha önce Prof. Jacob M. Landau tarafından yapıldı, ancak bu tahlil 1980 yılına kadar olan yayınları temel aldı. Bkz. Jacob M. Landau, "Muslim Turkish attitudes towards Jews, Zionism and Israel", *Die Welt des Islams*, XXVIII (1988), sh. 291-300 / Jacob M. Landau, "Al dmuta şel ha antisemiyat be ripublika ha Turkit" (Türkiye Cumhuriyeti'nde antisemitizm), *Ninth World Congress of Jewish Studies, Division B, Volume II, The History of the Jewish People (The modern times)*, World Union of Jewish Studies, Kudüs 1986, sh. 77-82 / Jacob M. Landau, "Tofaot şel antişemiyut be sifrut ve be itonut şel ha Republika ha Turkit" (Türkiye Cumhuriyeti Edebiyatında ve Basınında Antisemitizm Olayları), *Society and Community, Proceedings of the Second International Congress for Research of the Sephardi and Oriental Jewish Heritage 1984*, Abraham Haim (der.), Misgav Yerushalayim, Kudüs 1991, sh. 225-236.

"komprador", "kapitalist" "ABD ve emperyalist güçlerin işbirlikçisi, komisyoncusu ve/veya uzantısı" gibi klişelerle tarif edilmeleri şeklinde kendini belli etti. Sağ kesimde rastlanan ve hiç tereddüde mahal vermeyen antisemit isnatlara ise sol kesimde rastlanmadı.[2]

Türkiye'de rastlanan antisemitizmin milliyetçi ve İslâmcı akımları içine alan sağcı düşünce kesiminde yoğun ve yaygın bir şekilde yer almasından ötürü bu makale milliyetçi ve İslâmcı ideolojilerin yayımlarında yer alan antisemitizmi tahlil etmeye çalışacaktır. Bu tahlil yapılırken temel veri olarak antisemitizmin her devirdeki temel klasik eserlerinden olan *Siyon Önderlerinin Protokolleri* ile Adolf Hitler'in *Kavgam* kitaplarının Türkiye'deki yayın serüvenleri temel alınacaktır. Bunlara ek olarak 1980'li yıllardan itibaren antisemitizmin yeni bir türü olarak kendini gösteren ve kısaca "Soykırım inkârı" olarak tarif edilebilecek yayınlar da incelenecektir. Bu üç türdeki yayınların bu incelemeye temel veri olarak alınmalarındaki neden, bunların İslâmcı ve milliyetçi ideolojilerde sanıldığından çok daha yaygın bir şekilde kullanılmalarından ve daha da önemlisi, gerçek olarak kabul edilmelerinden dolayıdır.

Türkiye'deki sağcı düşüncenin en bariz vasıflarının birinin antisemitizm oluşu pek çok kişi tarafından bilinen, ancak açıkça ifade edilmeyen bir gerçektir. Bu gerçek sadece muhafazakâr görüşlü aydınlardan Beşir Ayvazoğlu tarafından "1960'lardan sonra sağın ayırıcı vasıflarından biri de anti komünistliği kadar antisemit oluşudur" şeklinde dile getirilmiştir.[3] Benzer bir şekilde MHP yanlısı *Orta Doğu* gazetesi dış politika yazarı Ferruh Sezgin'in Türkiye-İsrail ilişkilerini inceleyen bir makalesinin

---

2 Sağ kesimde rastlanan antisemitizmle ilgili iki öncü çalışma şunlardır: Yalçın Sadak, "Türkiye'de antisemitizmin tarihsel ve güncel temelleri", *Ve Yazılar*, Düzlem Yayınları, İstanbul 1997, s. 135-160 içinde / Nora Şeni, "Rhétorique de l'Islam Politique" s. 435-440, *La Turquie Entre Trois Mondes, Actes du Colloque International Montpellier, 5-7 Octobre 1995*, M. Barın, S. Kançal, R. Perez, J. Thobie, (koordine edenler) Varia Turcica XXXII, L'Harmattan, Paris 1998 içinde. Sol ve antisemitizm hakkında bir inceleme için bkz. Yakup Başak, "Türkiye'de Yahudiler, ırkçılık ve sosyalistler", *Birikim*, Mart-Nisan 1995, sayı 71-72, s. 153-157.

3 Beşir Ayvazoğlu, "Türkiye'de sağcı olmak", *Türkiye Günlüğü*, sayı 16, Güz 1971, s. 32-43.

yer aldığı *Avrasya Dosyası* dergisinin yayın kurulu da makaleyi tanıtır İngilizce özette benzer bir tespitte bulunmaktadır: "Türkiye'nin siyasetinde inkâr edilmesi mümkün olmayan bir önemi olan Türk milliyetçiliği antisemitik bir yapıyla tanımlanır".[4]

Yahudi cemaati seçkinlerinin antisemitizmin mevcudiyetini inkâr etmeye yönelik gayretleri ve nedenleri

Antisemitizmin Türkiye'de mevcut olup olmadığı konusu tartışmaya açıldığı veya inceleme konusu olduğu an araştırmacı, çok duyarlı bir noktaya el attığını başta Türkiye Yahudi cemaatini kamusal alanda temsil eden kişilerden gelen telâşlı ve heyecanlı tepkilerden anlar.[5] Çoğunluğu işadamı ve 500. Yıl Vakfı kurucu üyesi olan bu kişiler konunun tartışmaya açıldığı her ortamda antisemitizmin Türkiye'de mevcut olmadığını, hatta ve hatta, hiçbir zaman mevcut ol(a)mayacağını güçlü bir dille belirtmiş ve bu görüşlerini tebliğ halinde sunmayı da eksik etmemişlerdir.[6] Böyle bir tepkinin bir diğer örneğine gene yakın

---

4 Ferruh Sezgin, "Türkiye ile İsrail arasında 'iyi ilişki' mümkün müdür?, *Avrasya Dosyası*, Sonbahar 1994, Cilt 1, sayı 3, s. 81-86: "The Turkish nationalism which has an unrejectable importance in Turkish policies is characterised by an anti-Semitic structure".

5 Bunun en tipik örneklerinden biri 1995 yılında düzenlenen ırkçılık ve antisemitizm ile ilgili bir toplantıda 500. Yıl Vakfı ikinci başkanı Naim Güleryüz'ün söyledikleridir. Doç. Dr. Nora Şeni'nin İslâmcı basında sıkça rastlanan antisemit yazıları konu eden konuşması üzerine Naim Güleryüz'ün söyledikleri toplantı tutanaklarında şöyle yer almıştır:

"Naim Güleryüz İslâmî basındaki antisemit tavrın bir genel çerçeve içinde değerlendirilmesi gerektiğini ve bu basını okuyanların Türk halkının küçük bir azınlığını teşkil ettiğini belirtti. İslâmî hareketin seçimlerdeki başarısı ülkenin iktisadi durumuna karşı bir protesto oyu olduğunu söyledi. Sonuç olarak Güleryüz Türkiye'nin antisemitizmin yaygın bir ideoloji olmadığı nadir ülkelerden bir tanesi olduğunu vurguladı." (Council of Europe *Racism and anti-semitism Summary, İstanbul, 19-20 January 1995 Strasbourg (t.y.)*, s. 35-36.)

6 Jak V. Kamhi, "Le Racisme, ...L'antisémitisme, ..." ve Naim Güleryüz, "Antisémitisme: Attitude exemplaire la Turquie", Avrupa Konseyi Irkçılık ve Antisemitizm Semineri, 19-20 Ocak 1995. Avrupa Konseyi, 500. Yıl Vakfı ve Dışişleri Bakanlığı'nın işbirliğiyle İstanbul'da düzenlenen seminerde sunulmuş, ancak yayımlanmamış tebliğler.

tarihte rastlıyoruz. Bir yabancı araştırmacının Türkiye'deki İslâmî akımın antisemitizmi inceleyen bir makalesinin çevirisi cemaat gazetesi *Şalom*'da yayımlandı.[7] Yayımlanmasının hemen akabinde de cemaat ileri gelenlerinin tepkilerine yol açtı. 500. Yıl Vakfı kurucu üyelerinden Alber Bilen yazıyı "peşin hükümlerle dolu bir araştırma" olarak niteledi:

> "Genel olarak bu sözde araştırma 500. Yıl Vakfı'nın ortaya attığı görüşlere ters düşüyor. Herhalde 500. Yıl Vakfı kurucuları ve o zamanki yöneticileri hakikate uygun esaslara dayanarak 1992 yılında kutlamaları düzenlediler ve çok değerli araştırmalar ortaya koydular."[8]

Yahudi cemaati ileri gelenlerinin bu davranışlarına benzer bir davranışa sosyal demokrat kimlikli liberal aydınlarda da rastlanıyor. *Milliyet* gazetesi yazarlarından Şahin Alpay siyasal İslâm'la ilgili bir makalesinde şu tespitte bulunuyor:

> "Ancak 1970'lerde Arap ülkelerinden gelen etkilerle Millî Görüş hareketine İslâmcı, siyasi, ideolojik bir kimlik ilâve edildi. Bir anlamda ithal taklitçi bir kimlik... Bu bağlamda Milli Görüş saflarındaki anti semitizmin, İsrail'le mücadele eden Arap milliyetçiliğinden ithal olduğuna, Yahudi düşmanlığının Türkiye geleneğinde yeri bulunmadığına dikkati çekeriz".[9]

Alpay, antisemitizmin İslâmî hareketin içinde mevcut olduğunu kabul etmesine rağmen, bunun esas nedenini kolaycı bir çözümle Orta Doğu menşeli etkilerde arıyor. Alpay antisemitizmin Türkiye'de mevcut olmasında Türkiye'ye has nedenlerin mevcut olabileceğini düşünmek bile istemiyor.

Yahudi cemaatini kamuoyunda temsil eder konumda olan Yahudi işadamlarının Türkiye'de antisemitizmin mevcut olma-

---

7 Esther Benbassa, "Islamisme et Antisémitisme en Turquie", *L'Arche*, S. 491, Ocak 1999, s. 86-88. Bu yazının çevirisi "Türkiye'de İslâm ve Antisemitizm" başlığıyla 17 Şubat 1999 tarihli *Şalom* gazetesinde yayımlandı.

8 Alber Bilen'in mektubu, *Şalom*, 24 Şubat 1999.

9 Şahin Alpay, "Siyasal İslâm'ın başarı şansı", *Sözleşme*, sayı 1, Kasım 1997, s. 20-22.

dığını güçlü bir şekilde vaaz etmelerinin bir nedeni, cemaatin önde gelen işadamları ve liderlerinin 1974 yılındaki Kıbrıs harekâtı ve onun sonucunda ABD'nin Türkiye'ye uygulamaya başladığı silah ambargosu kararından itibaren Türkiye'yi, başta ABD olmak üzere, yurtdışında tanıtma gibi bir misyonu üstlen(diril)miş olmalarıdır. Bu misyon 1989 yılında resmî bir hüviyete kavuşmuştur. 1989 yılında ünlü Yahudi işadamları ve cemaat liderleri öncülüğünde 500. Yıl Vakfı kuruldu. Vakfın amacı İspanya'dan 1492 yılında kovulmuş olan *Sefarad* Yahudilerin Osmanlı İmparatorluğu'na göç etmelerinin beş yüzüncü yılını 1992 yılında kutlamak ve dünya kamuoyuna Türkiye'nin bir hoşgörü ülkesi olduğu mesajını vermekti. Ancak esas amaç Amerika'daki Yunan ve Ermeni lobilerinin Amerikan Kongresi'nde, Temsilciler Meclisi'nde ve kamuoyunda Türkiye karşıtı faaliyetlerini etkisiz kılmak ve Türkiye'yi, özellikle Amerikan kamuoyunda, olumlu bir şekilde tanıtmaktı.

Aynı Yahudi işadamları, Cumhuriyet döneminde meydana gelmiş olan tüm ırkçı, ayrımcı ve antisemit olayları yok varsayıp, önemlerini azalttılar; mazur gördüler ve böylelikle kendi tarihlerini "sterilize ettiler". Bu tür ayıklayıcı ve seçici bir tarih anlayışının gelişmesinin nedeni ise basittir. İnsan hakları ihlâlleri konusunda Türkiye'nin yıpranmış ve yorgun görünümünü parlatmak, Amerikan Ermeni lobisinin 1915 Ermeni Tehciri'ni Amerikan Kongresi nezdinde "soykırım" olarak tescil etme çabalarına karşı koymak ve yurtdışı çevrelerinde Türkiye'yi tanıtmak görevini üstlenmiş olan Yahudi işadamları kendi cemaatlerinin tarihinde yer alan, en hafif deyimiyle, tatsız olayların bu tür bir tanıtım misyonuna gölge düşürmesini arzulamadılar.

Bu davranış tarzı ve tanıtım mantığı içinde antisemitizmin de Türkiye'de mevcut olmadığı ileri sürüldü. Antisemitizme Türkiye'de rastlanmadığının, adları kamuoyuna mal olmuş ünlü Yahudi işadamları tarafından beyan edilmesi de bu beyanatlara kamuoyu nezdinde ciddi bir inandırıcılık kazandırdı. Nitekim İshak Alaton'un dönemin başbakanı Tansu Çiller'i Amerika'da tanıtacaklarını söylerken "Çiller'i pazarlayacağız" sözlerini sarf etmesi üzerine kendisine yöneltilen suçlamaları "antisemitizm yapılıyor" sözleriyle karşılaması İslâmcı bir gazetecinin şunları yazmasına neden oldu:

> "Skandalın ortaya çıkmasıyla birlikte Musevi vatandaşlarımız meseleyi anti-semitizm suçlamasına indirgemeye yeltenmişlerdi. Halbuki kendi itiraflarıyla da bu ülkede hiçbir zaman antisemitizm dalga yaşanmamış ve Türk taht-ı idaresinde Yahudi vatandaşlarımız 600 sene mes'ud ve bahtiyar yaşamışlardı."[10]

Bir yandan tanıtım faktörünün ağır basması, diğer yandan kamuoyunun gözü önünde siyasal iktidarla bir tartışmaya girmek istemeyen ve en önemlisi RP yönetimindeki büyük kentlerin yerel yönetimleriyle güçlü iş ilişkileri olan Yahudi işadamları, antisemitizmin Türkiye'de mevcut olmadığını olur olmaz her vesileyle, yüksek sesli bir şekilde tekrarlayıp durdular.

Türkiye'de antisemitizmin nedenleri

İslâmcılara has nedenler

a) Sultan II. Abdülhamid'in hal'i

Antisemitizmin Türkiye'de doğup serpilmesinde ve kök salmasında birçok neden rol oynamıştır. Osmanlı İmparatorluğu'nun yıkılması ve bunun yerine çok daha küçük topraklara sahip bir Cumhuriyet'in kurulmaşı Türk aydını üzerinde oldukça olumsuz izler bırakmıştır. Türk aydını ile muhafazakâr ve milliyetçi değerlere bağlı sıradan insan, Osmanlı İmparatorluğu'nun dağılmış olmasını hiçbir zaman kabullenememiş ve bunun müsebbibi olarak Türkiye'de yaşayan azınlıkları görmüşlerdir. Bu düşüncenin gerisinde azınlıklara mensup bazı bireylerin veya hiziplerin Kurtuluş Savaşı sırasında ayrılıkçı hareketlere girişmiş bulunmaları yatmaktadır. Her ne kadar Kurtuluş Savaşı sırasında Yahudilerin böyle ayrılıkçı teşebbüsleri ve emelleri olmadıysa da Filistin'de bir Yahudi yurdunun kurulmasını amaçlayan Siyonizm, İslâmcılar tarafından ayrı-

10 Mustafa Özcan, "Pazarlayıcılarımız", *Zaman*, 31 Ağustos 1993.

lıkçı, ondan daha da vahimi, Osmanlı İmparatorluğu'nun çökmesine yol açan bir hareket olarak kabul edilmiştir.

Türkiye'deki milliyetçi ve İslâmcı düşünce dünyasında Osmanlı İmparatorluğu'nun son sultanlarından II. Abdülhamid'in İttihat ve Terakki Cemiyeti tarafından tahttan indirilmesi bir yerde İmparatorluğun çöküş sürecinin başlangıcını simgelemektedir. İttihat ve Terakki Cemiyeti'nin, nüfusunun çoğunluğu Yahudi ve Dönme olan Selanik'te kurulmuş olması, gizli toplantılarının, üyelerinin çoğunluğu Yahudi ve Dönmelerden oluşan Selanik farmason localarında yapılması nedeniyle İslâmcıların ve milliyetçilerin zihinlerinde, II. Abdülhamid'in bir "Yahudi-Siyonist-farmason-Dönme komplosu" sonucunda hal edildiği inancı yerleşti.[11] Abdülhamid'e hal'ini tebliğ eden heyette Yahudi asıllı Selanik mebusu Emanuel Karasu'nun[12] da yer alması bu kanaatin aynı zihinlerde sarsılmaz bir şekilde perçinlenmesine yol açtı. Aslında İslâmcılar ve milliyetçiler açısından hal bu yüzyılın başında başlamış olan bir sürecin gayet doğal ve mantıkî bir ikinci adımıydı. Bu süreç Theodor Herzl'in Sultan II. Abdülhamid'i 17 Mayıs 1901 tarihinde ziyaret edip Osmanlı İmparatorluğu'nun borçlarının Yahudi bankerler tarafından ödenerek tasfiye edilmesine karşılık kendisinden Filistin'de bir Yahudi yurdu kurulması amacıyla toprak talep etmesiyle başlıyordu. II. Abdülhamid'in bu talebi reddetmesi İslâmcı ve milliyetçilerin daima gururla hatırladık-

---

11 Her ne kadar bu varsayım ilmî olarak kabul görmemişse de ve bu konuda birçok ilmî makale yayımlanmışsa da popüler yazarların hiçbiri bu konuya önem vermedi. Bu varsayıma itibar etmeyen incelemeler için bkz. Jacob M. Landau, "The 'Young Turks' and Zionism: some comments", *Jews, Arabs, Turks: Selected Essays,* The Magnes Press, The Hebrew University, Kudüs, 1993, içinde, s. 169-177 / Elie Kedourie, "Jön Türkler, Farmasonlar ve Yahudiler", *Birikim,* İstanbul, 1978 (Kasım), S. 45, s. 54-68 / Robert W. Olson, "The Young Turks and the Jews a Historiographical Revision", *Turcica,* Tome XVIII, 1986, s. 219-235 / Prof. Dr. Mim Kemal Öke, "Young Turks, Free Masons, Jews and the Question of Zionism in the Ottoman Empire", *IIIrd Congress on the Social and Economic History,* The Isis Press, İstanbul 1990 içinde, s. 29-46.

12 Karasu hakkında bir biyografi denemesi için bkz. Roni Margulies, "Karasu Efendinin biyografisine bir başlangıç", *Toplumsal Tarih,* Eylül 1995, sayı 21, s. 24-29 / Ethem Eldem, "Emanuel Karasu biyografisine bir devam (?)", *Toplumsal Tarih,* Kasım 1995, sayı 23, s. 43-45.

ları bir olgudur. Ancak İslâmcılara ve milliyetçilere göre bu red cevabı Ulu Hakan'ın sonunun başlangıcıydı. Onlara göre bu red kararından dolayı II. Abdülhamid İttihat ve Terakki Cemiyeti tarafından tahttan indirildi. İslâmcı ve milliyetçi yazarlara göre 1897 yılında İsviçre'nin Basel kentinde toplanan Birinci Siyonist Kongresi'yle başlayan Siyonizm hareketi, II. Abdülhamid'in hal edilmesi ve Osmanlı Devleti'nin dağılması pahasına, İsrail devletinin 1948 yılında Filistin topraklarında kurulmasıyla birlikte amacına ulaştı ve bu hareketin kurucusu Theodor Herzl'in "Yahudi yurdu" hülyası gerçekleşti. İslâmcılar ve milliyetçiler nezdinde mevcut olan antisemitizmin ortaya çıkmasının en temel nedenlerinden biri budur.

b) Türkçülük hareketi ve Cevat Rıfat Atilhan

Bir diğer neden 1940'lı yıllarda ortaya çıkan Türkçülük hareketidir. Türkçülük hareketi Nasyonal Sosyalist akımın ırkçılığından esinlendi. Saf kan, soy ve ırk ilkelerine dayanan ve Türk ırkına mensup tüm milletlerin bir araya gelmelerini savunan bir hareket oldu. Türkçülük hareketinin mensupları ırk, soy ve kan ilkelerine dayanarak Türkiye'de yaşayan gayrimüslimleri "öz Türk" olarak görmeyip onları daima birer "gayri Türk", birer "yabancı" olarak gördüler.[13] Aralarında, 1960'lı yıllarda MHP Genel Başkanı olarak siyasete atılan Alparslan Türkeş ile daha sonra İslâmî bir çizgiye kayan Prof. Hikmet Tanyu'nun da bulunduğu Türkçülük hareketine mensup kişiler, 1944 yılında tutuklanıp yargılandılar ve daha sonra beraat ettiler.[14] Türkçülük hareketini başlatan milliyetçiler o yıllarda Avrupa'da hâkim olan Nasyonal Sosyalist akımdan şiddetle etkilenmişlerdi. Nihal Atsız ve Cevat Rıfat Atilhan başta olmak üzere bir grup yazar, şiddetli bir antisemitizm propagandası yaptılar.

---

13 Türkçülük hakkında ayrıntılı bir çalışma için bkz. Jacob M. Landau, *Pan Turkism: From Irredentism to Cooperation*, Indiana University Press, Indiana 1995. Türkiye'deki milliyetçiliğin azınlıklara bakışı için bkz. Tanıl Bora, "Türkiye'deki milliyetçilik ve azınlıklar", *Birikim*, Mart-Nisan 1995, sayı 71-72, s. 34-49

14 Bu konuda bir monografi için bkz. Alparslan Türkeş, *1944 Milliyetçilik Olayı*, Kamer Yayınları, 14. baskı, İstanbul 1992.

c) Diğer nedenler

İslâmcılar kendi zihin dünyalarında tartışmasız gerçek olaylar olarak kabul ettikleri birkaç iddia ve/veya söylentiyi de unutmadılar. Bunlardan en önemlisi, 1909-1920 yılları arasında Osmanlı Devleti'nde Yahudi milletinin Hahambaşısı[15] olan ve Lozan Konferansı müzakerelerinde Türk heyeti içinde müşavir olarak görev alan Haim Nahum'un, aynı heyette yer alan Dr. Rıza Nur'u : anılarına[16] dayanılarak, Türk heyeti başkanı İsmet Paşa'yı etkisi altına alıp Türkiye'deki İslâmî akımı sınırlayacağına ve hilâfeti kaldıracağına dair İngiliz heyetine söz ve taviz verdirdiği iddiasıydı. Dr. Rıza Nur'un Lozan'da müzakerelere katılan heyette yer almış birinci derecede bir tanık olması anılarında ortaya attığı bu iddiayı inandırıcı kılmaktadır. Ancak Dr. Rıza Nur'un aşırı duygusal kişiliğini göz önünde bulundurup bu iddianın ne derece gerçek olduğu konusunda hiç kimse de herhangi bir ilmî araştırma yapmamıştır. Rıza Nur'un bu iddiası da, popüler sağcı yazarların desteğiyle, sağ düşünce dünyasında tartışılmaz bir gerçek olarak kabul edilmiştir.

İkinci hâdise de, Cumhuriyet'in ilk yıllarında hâkim olan azınlıkları Türkleştirme akımına uyan ve adını Tekin Alp olarak değiştiren Moiz Kohen'in 1936 yılında yayımladığı ve Cumhuriyet devrimlerini savunan *Kemalizm* adlı kitabında "Kahrolsun şeriat hükûmeti" başlıklı bir bölüme yer vermesidir.[17] Kitabın bu bölümü, Moiz Kohen'in Yahudi oluşundan dolayı, Türk Yahudilerinin İslâm'a hasmane yaklaşımının bir ifadesi olarak anlaşılmıştır. Moiz Kohen'in Türkçü bir ad ve soyadı almasından ötürü İslâmcılar onu Müslüman kılığına bürünmüş bir Yahudi ajanı olarak gördüler. Bunun sonucunda Moiz Kohen Kemalizmi savunan, İslâm'a savaş ilân eden, Osmanlı İmparatorluğu'nun yıkımına yol açmış "kavmiyetçiliği" yani milliyetçiliği ve ırkçılığı vaaz eden ve adını Türkçeleştire-

---

15 Haim Nahum hakkında bir monografi için bkz. Esther Benbassa, *Son Osmanlı Hahambaşısının Mektupları - Alyans'tan Lozan'a,* Milliyet Yayınları, İstanbul 1998.

16 Dr. Rıza Nur, *Hayat ve Hatıratım,* Altındağ Yayınevi, 4 cilt, İstanbul 1967-1968.

17 Tekin Alp, *Kemalizm,* Cumhuriyet Gazete ve Matbaası, İstanbul 1936, s. 94-104.

rek kimliğini gizleyen "Yahudi asıllı bir gizli ajan" konumuna sokulmuştur.[18] İslâmcı yazar M. Ertuğrul Düzdağ, Tekin Alp'e geniş bir bölüm ayırdığı kitabında Tekin Alp'i Yahudilerin "çift taraflı siyaseti"nden dolayı "gizli çehre" olarak sunmaktadır.[19] Keza bir diğer İslâmcı yazar, Sadık Albayrak da Tekin Alp'i "İslâm'ı yıkmak için her kalıba giren Yahudi" olarak tarif etmektedir.[20] Ancak İslâmcı yazarlar hiçbir şekilde Tekin Alp'i motive eden nedenin Tek Parti döneminin Yahudileri Türkleştirme hareketi olduğunu anlamadılar, anlamak da istemediler.

"Yahudi-Siyonist-farmason-Dönme çetesi"nin içinde yer alan Dönmeler de antisemitizmin Türkiye'de gelişmesinde vesile oldular. 1950'li yıllarda *Vatan* gazetesi sahibi Dönme kökenli Ahmet Emin Yalman'ın *Büyük Doğu* dergisinin sahibi İslâmcı şair ve yazar Necip Fazıl Kısakürek'le olan şiddetli polemikleri, Ahmet Emin Yalman'ın 22 Kasım 1952 tarihinde Malatya'da bir suikaste maruz kalmasıyla doruk noktasına ulaştı. Ahmet Emin Yalman'ın Dönme kökenli ve aynı zamanda laikliğin güçlü bir savunucusu olması, İslâmcıların zihinlerindeki Yahudi-Müslüman çatışması fikrini tekrar canlandırdı. Ahmet Emin Yalman hayatta olduğu yıllarda Yahudilerin İslâm'a düşman olduğu ve İslâm'ı çökertmek uğruna Dönmeleri de "gizli ajan" olarak kullandıklarına dair İslâmcı kesimde geçerli olan popüler kanaatin

---

18 İslâmcı gazeteci Mehmed Şevket Eygi birçok yazısında Tekin Alp'in bu tavrını eleştiren yazılar yazdı. Örneğin Mehmed Şevket Eygi, "İslâm basını", *Millî Gazete,* 13 Şubat 1992 / Mehmed Şevket Eygi, "Şeriat düşmanı Tekin Alp", *Millî Gazete,* 16 Ağustos 1993 / Mehmed Şevket Eygi, "İçimizdeki dönmeler", *Millî Gazete,* 21 Ocak 1994 / Mehmed Şevket Eygi, "Parvus'lar", *Millî Gazete,* 1 Mart 1994 / Mehmed Şevket Eygi, "İçimizdeki ajanlar", *Millî Gazete,* 10 Haziran 1994 / Mehmed Şevket Eygi, "İçimizdeki dönmeler", *Millî Gazete,* 17 Temmuz 1994 / Mehmed Şevket Eygi, "Kemalizm ve Moiz Kohen", *Millî Gazete,* 5 Ağustos 1994 / Mehmed Şevket Eygi, "Moiz Kohen", *Millî Gazete,* 29 Eylül 1995 / Mehmed Şevket Eygi, "Kamhi ve laiklik", *Millî Gazete,* 14 Mart 1996 / Mehmed Şevket Eygi, "Sahte kimlikli ajanlar", *Son Çağrı,* 14 Mayıs 1997. Ayrıca bkz. Nureddin Şirin, "Moiz Kohen'in günah tohumları", *Selâm,* 1 Mayıs 1997.

19 M. Ertuğrul Düzdağ, *Yakın Tarihimizde Gizli Çehreler,* İz Yayıncılık, İstanbul 1991, s. 51-100. Bu bölüm daha önce 23 Ocak-12 Mart 1976 tarihleri arasında *Sebil* dergisinde yayımlandı.

20 Sadık Albayrak, *Devrimin Çakıl Taşları,* Ferşat Yayınları, 5. baskı, İstanbul 1988, s. 137-141.

bir canlı kanıtı olmaya devam etti, halen de devam etmekte.

Yahudiliğin İslâm'ın düşmanı olduğu mitosu bir noktada İslâmcıların gözünde Yahudilerin Batı'yı ve kozmopolitizmi temsil ettikleri iddiası ile de eklemlendi. Bunun, Hıristiyan Batı-Yahudi bileşik kültürü ve uygarlığı ile İslâm kültür ve uygarlığının çatışması olduğu ileri sürüldü. Bu, özellikle 1970'li yıllarda sağ-sol çatışmalarının egemen olduğu bir ortamda Türk-İslâm görüşünü ve milliyetçi bir İslâm'ı savunan *Yeniden Millî Mücadele* dergisi etrafında toplanmış Mücadele Birliği adlı bir grup tarafından iddia edildi. Bu iddia çerçevesinde de azınlıkların ve özellikle Yahudilerin büyük sermayeyi temsil ettikleri ve Türkiye'yi iktisaden sömürdükleri tekrarlanıp durdu.

İslâmcıların masonluğu dinsizlik diye kabul ettikleri bir ortamda, masonluğun bazı ritüel ve simgelerinin Yahudiliğin bazı dinsel simgeleriyle benzeşmesi nedeniyle masonluk, daima Yahudiliğin bir gizli tarikatı olarak anlaşıldı. Mason toplantılarının ve ritüellerinin gizli olması yüzünden de masonlar, aynen Dönmeler gibi, İslâm'ı yıkmak için Yahudiliğin emrinde ve Yahudiliğin cihan hâkimiyeti amacına hizmet eden bir gizli tarikatın üyeleri olarak görüldüler.

İslâmî kesimde rastlanan antisemitizmin doğmasında etkili olan nedenlerden bir diğeri de Türkiye'de İslâmî yazarların önemli bir besin kaynağının Arap düşünce dünyası oluşudur. Arap düşünce dünyasında siyasi nedenlerle rastlanan antisemitizm bu kaynaklardan beslenen Türkiye'deki İslâmî kesimi de etkiledi.

Nihayet İslâmcılar ve milliyetçiler Tek Parti döneminde CHF iktidarının, genelde azınlıkları ve özelde bilhassa Yahudileri Türkleştirme yönündeki zorlayıcı siyasetinin, "Vatandaş Türkçe Konuş!" kampanyaları ile simgeleşen hareketin, azınlık karşıtı fikrî mirasını da devraldılar.

Milliyetçilere has nedenler

Milliyetçilere gelince; onlar da bir yerde İslâmcıların aynı esin kaynaklarından faydalandılar ve İslâmcıların düşünce dünyasında yer edinen Yahudi mitosu aynı şekilde ve aynı nedenlerden dolayı onların düşünce dünyasında da yer edindi. Ancak antisemitizmin milliyetçilerin düşünce dünyasında yer edinmesinde etkin olan, özgün iki olgudan biri Adolf Hitler ve *Kavgam* kitabıdır. Bu kitap Türkçeye çevrilip defalarca yayımlanmıştır. Diğer olgu ise Türkçülük hareketi içinde rastlanan ırkçılık unsurudur.

İslâmcıların esin kaynağı: *Siyon Önderlerinin Protokolleri*

Siyon Önderlerinin Protokolleri *kitabının mahiyeti*

Antisemit edebiyatın "en çok satan" kitabı olan *Siyon Önderlerinin Protokolleri* (bundan böyle kısaca *Protokoller* diye anılacaktır) antisemit yayınlarda sürekli karşımıza çıkan ve "kaynak" niteliği taşıyan bir kitaptır. Antisemit çevreler *Protokoller*'in Yahudi bilgelerince yapılan *Kahal* toplantı tutanakları olduğunu ve Yahudi bilgelerinin verdikleri talimatlar çerçevesinde Yahudinin "Dünya Hâkimiyeti"ne ulaşabilmesi için kullandığı bir "el kitabı" niteliği taşıdığını iddia ederler.

Protokoller konusunda yakın tarihte yayımlanmış en yetkin incelemeyi yapan Pierre-André Taguieff'e göre bu düzmece kitabın serüveni şöyle özetlenebilir:[21]

a) *Protokoller*'in özetlenmiş ilk örneği 26 Ağustos-7 Eylül 1903 tarihleri arasında Rusya'da *Znamia* (Bayrak) gazetesinde tefrika edildi. Bu gazete profesyonel bir antisemit olan P.A. Kruşevan tarafından yönetiliyordu. Aynı metin bir kez daha 1905 yılında Sen Petersburg'da imzasız bir broşür halinde *Belalarımızın Kaynağı* başlığı altında yayımlandı. Serge Aleksandroviç Nilus'un ilk kez 1901 yılında yayımladığı ancak içinde *Protokoller*'in yer almadığı, daha sonra 1905 yılında gözden geçirilmiş ve genişletilmiş ikinci baskısını yayımladığı

21 Pierre-André Taguieff, *Les Protocoles des Sages de Sion, Introduction à L'Etude des Protocoles un Faux et Ses Usages Dans le Siècle*, C. I, Berg International, Paris 1992, s. 39-76.

ve içinde *Protokoller*'in yer aldığı *Velikoie ve Malom I Antikhrist, bak Blizkaya Politiçeskaya Vozmozhnost: Zapiski Pravoslavnago* (Bir Ortodoksun Notları veya Büyük İçinde Küçük) başlıklı kitabı *Protokoller*'i dünyaya resmen tanıtan kitaptır. 1905 nüshasında yer alan 24 "seans" veya "tutanak" *Protokoller*'in ilk ve tam metni olup bu nüsha *Protokoller*'in doğuş tarihi sayılmaktadır. Nilus'un iddiası, kitabın temel aldığı Fransızca el yazmasının özgün ve gerçek olmasıdır. Yazmada değişik renkte mürekkeplerin ve değişik tarzda el yazılarının kullanılmasına getirilen açıklama ise, *Protokoller*'i değişik kişilerin kaleme aldıkları, bunları nöbetleşe ve değişik tarihlerde yazdıklarıdır. Nilus'a göre bunlar *Kahal* toplantılarının tutanakları olup bu el yazması o tarihte Fransa'da Rus siyasî polis şefi olan General Ratçovski tarafından hanım arkadaşı Madam K'ya verilmiştir. Bu el yazmasının Nilus'a aktarılması ise şöyle gerçekleşmiştir.

Bir ateist olan Nilus 1900 yılında Tanrı'nın varlığına inanır bir şekilde Rusya'ya döner ve manastırdan manastıra seyahat etmeye başlar. Bu süre zarfında *Bir Ortodoks'un Notları veya Büyük içinde Küçük* kitabını yazar.[22] Bu küçük kitap ateist bir aydının tekrar inanca kavuşmasını ve mistik rönesansını anlatmakta olup basında olumlu eleştiriler almıştır. Yankıları Büyük Düşes Elisabeth Feodorovna'ya kadar ulaşır. Nilus, Çar'ın çevresindeki maiyetten Helena Aleksandrovna Ozerova ile de 1901 yılında tanışır. Feodorovna, Çar II. Nikola'yı çevreleyen mistik serüvenseverler ile hep mücadele ediyor ve Çar'ın günah çıkarttığı özel rahibini de sevmiyor. Feodorovna, Nilus'un Rus ve mistik bir Ortodoks olan Çar'ın üzerinde olumlu bir etkisi olacağını sanıyor. Feodorovna Nilus'un Ozerova ile evlenmesini ve Çar'ın günah çıkarttığı özel rahibi konumuna gelmesini istiyor. Nilus Paris'i terk ettiğinde geride yakın dostu Madam K.'yı bırakmıştır. Madam K. tüm servetini yitirmiş ve Nilus'tan ayrıldığı için manen çökmüş olduğundan mistik konulara ve çevrelere ilgi göstermeye başlamıştır. Bu çevrelerle

---

22 Bu ilk baskısı olup *Protokoller*'i kapsamaz.

görüşürken Fransa'daki Rus siyasi polis şefi Ratçovski'ye rastlar. Ondan *Protokoller*'in el yazmasını alır ve Nilus'a yollar. Belki Ratçovski Nilus'un Çar'ın gözdesi haline gelebilecek bir mevkiye ulaşacağı konusunda duyum almış ve onun nezdinde iyi görünmek istemiştir.

Nilus'un ve *Protokoller*'i benimseyen çevrelerin iddiaları Alexandre du Chayle'ın tanıklığıyla sarsıldı. Fransız uyruklu ve emekli bir Don Kazakları subayı olan Alexandre du Chayle, 1909 yılının tamamını Rus Kilisesi'nin iç yaşamını incelemek için gittiği Optina Pustin Manastırı'nda geçirdi. 1910'da Sen Petersburg İlahiyat Akademisi'ne girip burada dört yıl boyunca öğrenim gördü. 1914'den itibaren Rus ordusunda görev aldı. Alexandre du Chayle'nin 14 Mayıs 1921 tarihli *La Tribune Juive* gazetesinde çıkan tanıklığı şöyleydi. Chayle 1909 yılının Ocak ayının sonuna doğru dinî araştırmalar yapma amacı ile ünlü Optina Pustin manastırının yakınlarına yerleşmişti. Manastırın bir rahibi Chayle'yi manastırın civarında yaşayan ve ruhanî konularda yazan Nilus ile tanıştırdı. Nilus eşi ve eski sevgilisi Madam K. ile birlikte yaşıyordu. Chayle bu el yazmasını Nilus'un evinde incelemiş ve metnin bazı tuhaf yanları gözüne çarpmıştı. Yazım hataları ve özellikle Fransızca'ya uygun olmayan cümleler bu el yazmasının bir yabancı tarafından kaleme alındığına işaret ediyordu.

Protokoller'i kamuoyuna tanıtan yazı ise Londra'da yayımlanan *The Times* gazetesinin 8 Mayıs 1920 tarihli nüshasında yer alan makaleydi. Burada *Protokoller*'in İngilizce çevirisine atıf yapılarak "... şimdiye kadar hiçbir ırk ve din bundan daha karanlık bir komplo iddiası ile karşı karşıya gelmedi" deniliyordu.[23]

The Times'ın bu yazısı ile "Yahudi tehlikesi" teması, daha doğrusu "Yahudi'nin Cihan Hakimiyeti" kurmaya yönelik komplo iddiası, tartışılabilir yani kabul edilebilir, hatta ve hatta saygın bir konuma geliyordu. Bu makale ile *Protokoller* tescilli antisemitlere has dar bir çevreden çıkıp geniş halk kitlelerine ulaşabiliyor ve geleceğin "çok satan" bir kitabı olma yolu-

23 "The Jewish peril, a disturbing pamphlet: A call for enquiry", *The Times*, 8 Mayıs 1920.

na giriyordu. *Protokoller*'in Fransızca çevirisini yapan Roger Lambelin'in, çevirisine eklediği girişte belirttiği gibi, *Protokoller* bir kültürel kabul edilebilirlik konumuna gelmiştir:

> "Pekâlâ denilebilir ki bu kadar belirtiler ve bunca oluşlarla başgösteren Yahudi tehlikesi, 1906 yılının Ağustos ayında British Museum kütüphanesince tescil edilen ve *Le Grand Dans le Petit, et l'Antichrist Comme une Possibilité Politique* başlığını taşıyan Rusça bir kitabın bir forması meydana çıkıncaya kadar gizli kaldı. (*Bir Ortodoksun Notları* - Tashih ve İlâveli ikinci tab'ı 1905-Tsar koré-Selo). Bu tercüme 1919 Birinci Kânununda [Aralık ayında] (Eyre and Spottiswood) matbaasında başılmış ve ona *Protocole of the Learned Elders of Sion* adı verilmiştir. *Times* muharrirlerinden biri buna bir makale tahsis etmiş ve oldukça mufassal malûmat vermiş olmasaydı, kitap daha uzun zamanlar İngiltere'de meçhul kalacaktı."[24]

The Times'ın İstanbul muhabiri Philip Graves ise, *The Times*'daki yazının yayımlanmasından bir yıl sonra *Protokoller* metninin bir intihal olduğunu kanıtlıyordu. *The Times*'da 16-17-18 Ağustos 1921 tarihlerinde yayımlanan yazılarında Graves şunları söylüyordu:

> "İstanbul'da muhabir sıfatıyla bulunduğu tarihlerde bir gün bir Rus vatandaşı olan Bay X kendisini ziyaret etmiş. Bay X bir süre evvel İstanbul'da bulunan, eskiden Rus Gizli Polisi'ne mensup, bir Rus mültecisinden bir parti eski kitap satın almıştı. Onların arasında 1860 yılllarında Cenevre'de yayımlanmış ilk sahifesi eksik bir kitap vardı. Bay X ilk bakışta bu kitabın intihal edilerek *Protokoller* haline dönüştüğüne kani oldu."

The Times, İstanbul muhabirinin ipuçlarına dayanarak, British Museum'da bu kitabın ikinci basımının bir nüshasını buldu. İkinci baskısı 1864 yılında Brüksel'de yapılmış olan bu kitap, *Dialogue aux Enfers entre Machiavel et Montesquieu ou la*

---

24 Sami Sabit Karaman, *Yahudi Tarihi ve Siyon Önderlerinin Protokolleri*, Yeni Cezaevi Matbaası, Ankara 1943, s. 64.

Politique de Machiavel au XIXè Siècle kitabıydı. Yazarı avukat Maurice Joly idi. Bu kitap III. Napolyon'un rejimine karşı bir belgeydi ve Yahudilikle hiçbir ilgisi yoktu. Ancak bu kitapla *Protokoller* karşılaştırıldığında *Protokoller*'in bu belgenin çok geniş bir intihali olduğu görülüyordu. *Dialogue aux Enfers entre Machiavel et Montesquieu* kitabının hangi yoldan Rusya'ya girmiş olabileceği sorusunu *The Times*'ın muhabiri, Aleksis Nikolayeviç Sukotin'in rolüne dikkat çekerek cevaplıyordu. Nilus, kitaplarının birinin önsözünde, yazmanın Paris'ten A. N. Sukotin tarafından gönderildiğini yazmıştı.

Graves İstanbul'da incelediği *Dialogue*'un cildinde A.S. rumuzu olduğunu da belirtmişti. *The Times*'a göre Sukotin'e bu kitap Ratçovski tarafından sahte el yazması ile birlikte Paris'te verilmişti. Bütün bu olguları özetleyen *The Times* şu sonuca varıyordu:

a) Protokoller'in Cenevre basımı *Dialogue aux Enfers entre Machiavel et Montesquieu* kitabının bir intihalidir.

b) Protokoller Rusya'da Saray çevresindeki bazı muhalif gruplar tarafından Çar'a baskı yapmak ve liberallere karşı mücadele etmek için hazırlanmıştır.

c) İntihal acele ve dikkatsizce yapılmıştır.

d) Protokoller'in bir bölümü *Dialogue aux Enfers entre Machiavel et Montesquieu* kitabına ait olmayıp herhalde Rus gizli polisince eklenmiştir.

Antisemit olanlar ise daha da ileri giderek *Protokoller*'in düzmece olup olmamasının önemli olmadığını, zira düzmece olsa bile hiçbir şeyin değişmeyeceğini belirtiyorlardı. Bunun nedeni de gelişen siyasî ve iktisadî olayların düzmece oldukları iddia edilen *Protokoller*'de öngörülen gelişmeleri teyit etmesiydi. Prof. Hikmet Tanyu bilimsel olma iddiasıyla yayımladığı ancak tarihi antisemit bir görüşle inceleyen kitabında bu tezi öne sürmüştür:

> "Siyonistler, Yahudiler, bunu telâş ve öfke ile reddetmek istiyorlar. Fakat dünyada vuku bulan olaylar bu tesbit edilen esaslara uymaktadır. Hattâ Osmanlı Devleti ve bunu takiben

Türkiye Cumhuriyeti içinde oynanan olaylar ve oyunlar uygunluk göstermektedir."[25]

Protokoller'in gerçek olduğunun kanıtı olarak şunlar gösterilmektedir.

1) *Protokoller*'in toplatılması, imha ettirilmesi veya düzmece olduğu iddiaları özgün veya Yahudilerin zulmüne uğrayanların bilmemeleri gereken sırlar olduklarının kanıtlarıdır.

2) İntihal yapılan belgenin yazarı olan Maurice Joly Yahudi olup Moses Joel adı altında sünnet olmuştur.[26]

3) *Protokoller*'e sinmiş olan "Yahudi düşüncesi" bu belgelerin özgün olduğunun kanıtıdır. İsrail devletinin kuruluşu, Yahudiliğin dünya üzerinde hâkimiyet kurması bir hak olarak yorumlanmaktadır ve *Talmud*'da da bunu itiraf ve teyid eden veya kanıtlayan metinler mevcuttur.[27]

4) *Protokoller*'in meydana gelebilecek olayları sezinleme gücü vardır. Bu iddia aslında tarihsel gelişimin sadece *Protokoller*'deki plana uygun olarak yorumlanması anlamına gelir. Hikmet Tanyu da kitabında buna değinmektedir:

> "Burada zikredilen birçok noktanın açılan tarih sahnesinde benzer ortak noktaları ortaya çıkmıştır."[28]

5) *Protokoller* konusunda açılan tartışmalarda, özgün veya düzmece olduklarına dair kuşkulu bir tavır takınılarak bu şekilde intihal kanıtının verilmediği havası yaratılmaktadır.

6) *Protokoller*'in özgün olduğuna dair maddi kanıt olmaması, özgünlüklerinin kanıtı olarak ileri sürülmektedir. Bunu ileri sürerken de gerçekten ciddi bir gizli örgütün geride maddi kanıt bırakmayacağı belirtilmektedir.

---

25 Hikmet Tanyu, *Tarih Boyunca Yahudiler ve Türkler,* 1. Kitap, Yağmur Yayınları, İstanbul 1976-77, s. 476.

26 Bu iddia Cevat Rıfat Atilhan tarafından da tekrarlanmıştır: "Burada Moris Joly'nin Mozes Joel olduğu bildirilmiştir ki çok şayanı dikkattir." (*İslâmı Saran Tehlike ve Sionizm,* Cemal Azmi Matbaası, İstanbul, derleme tarihi 1950, s. 94).

27 Türkiye'de yayımlanan ve *Protokoller*'i içeren eserler bu tür bir yöntemin sonucu olarak *Talmud*'dan alıntılar ile doludur.

28 Hikmet Tanyu, *Tarih Boyunca Yahudiler ve Türkler,* 1. Kitap, Yağmur Yayınları, İstanbul 1976-77, s. 556.

Protokoller'in düzmece olduğu yargı tarafından da tescil edilmiştir. İsviçre Yahudi cemaati *Protokoller*'i İsviçre'de dağıtan yayınevini 1934 yılında mahkemeye vermiş ve duruşma sonucunda mahkeme *Protokoller*'in düzmece olduğuna hükmetmiştir.

"Yesevizade" müstear adını kullanmış ve birçok antisemit yazıya ve kitaba imza atmış olan Şakir Alpaslan Yasa da Prof. Hikmet Tanyu'nun *Tarih Boyunca Yahudiler ve Türkler* eserini eleştirirken *Protokoller*'in düzmece olduğuna dikkat çekmiştir:

> "S. 475 ile 552'de 'Siyon Hükemâsının Protokolleri' namıyla meşhur kitabı bütünüyle ve aynen nakılediliyor. Burada bu kitabın münakaşasını yapmak istemiyoruz; bu, çok uzun bir mes'ele olurdu. Lakin şu kadarını söyleyelim ki, böyle bir Yahudi planın düzmece olması ihtimali, sahih [gerçek] olması ihtimalinden daha çok kuvvetlidir. Yahudiyat, yani Yahudiliği tedkik ilmi, asla böyle şüpheli vesikalara istinad ettirilemez."[29]

Protokoller*'in Türkiye serüveni*

Tek parti dönemi

Protokoller'in Türkiye'deki ilk yayımlanma tarihi 1934'tür. Bu ilk yayın Cevat Rıfat Atilhan'ın önce *İnkılâp* daha sonra da *Millî İnkılâp* adıyla yayımladığı dergisinde yazı dizisi halinde yer aldı. *Protokoller*'in bu ilk dizisinin yazarı W. Creutz adında İsveçli aşırı sağcı bir radikal yazardı ve yazı dizisi *Nationen* adlı Nazi yanlısı bir İsveç dergisinden iktibas edilip Türkçeye çevrilmişti. *Nationen* dergisinde ayrıca Atilhan'dan sitayişle bahseden bir yazı da yayımlandı.[30]

II. Dünya Savaşı yıllarında Türkçü ve Nazi eğilimli akımların yoğun olduğu bir ortamda antisemitizm de gelişti ve serpildi. Antisemitizmin bayraktarlığını yapan kişiler Türkçülük hareketinin içinde yer alan Nihal Atsız, Reha Oğuz Türkkan, Nihal Atsız'ın kardeşi Nejdet Sancar ve aynı akıma mensup başka

29 Yesevizade, *Yahudilik ve Dönmeler*, Araştırma Yayınları, İstanbul (t.y.), s. 51.

30 "Den Turkiska Vardeus Uppvahnande", *Nationen*, 1 Mayıs 1934, s. 10.

yazarlardı. Türkçülüğün içinde rastlanan antisemitizmde ırkçı unsur çok güçlüydü. Sürekli, soy, kan temizliği gibi Nazilerden esinlenmiş, ırkçılık kokan bir Yahudi düşmanlığı propagandası yapıldı. Türkçülük akımı kendine dönemin başvekili Şükrü Saracoğlu nezdinde güçlü bir taraftar buldu. Azınlık ve Yahudi karşıtı siyaset 11 Kasım 1942 tarihinde yasalaşan Varlık Vergisi Kanunu ile tepe noktasına ulaştı. Nazilerin Türkiye'yi etkileri altına alma yönündeki propaganda çalışmaları sırasında Ankara'daki Almanya Büyükelçiliği *Protokoller*'in Türkçe'ye çevrilmesi için kitabı her tarafa göndermeye başladı.[31] Bu çabalar başarıya ulaştı ve *Protokoller*'in ilk tam metin çevirisi 1943 yılında yayımlandı. Çeviriyi yapan General Sami Sabit Karaman[32] çeviriyi 1941 yılında tamamladı, ancak 1943 yılında yayımladı. Çeviride Roger Lambelin'in Rusça'dan Fransızca'ya çevirmiş olduğu *Protokoller* nüshası esas alındı. 1943 yılında yayımlanan bu çevirinin özelliği çevirenin saygın kimliği ve kitaba yazdığı önsözdü. Sami Sabit Karaman önsözünde okuduğu bir fıkraya atıfta bulunarak şu satırlarla Yahudilerin "cihan hâkimiyeti" peşinde olduklarını ileri sürdü:

> "Muharrir, ortaçağ Yahudilerinin Avrupa hayatından bahsederken aşağı yukarı şöyle diyor: Bunlar bir memlekete ilk gittikleri zaman kuru bir süngere benzerler; bir müddet sonra bakarsınız ki bu kuru sünger, içine girdiği memleketin (gerçekten kuyusunu kurutmuş) ve kendi şişmiştir. Nihayet ev sahibinin sabrı tükenir, ruhu isyan eder; ve işte o vakit bir Yahudi aleyhtarlığıdır alır yürür ve tazyik gittikçe şiddetini arttırır. Bu sefer Yahudiler dayanamaz ve bir muhacerettir başlar; başlar amma uzun sürmez; onlar bir yolunu bulurlar ve içtik-

31 Rıfat N. Bali, *Cumhuriyet Yıllarında Türkiye Yahudileri Bir Türkleştirme Serüveni (1923-1945)*, İletişim Yayınları, İstanbul 1999, s. 432.

32 General Sami Sabit Karaman (Şam, 1877-İstanbul, 1957) I. Dünya Savaşı sırasında Filistin cephesinde İngilizlere karşı savaştı ve 1918 yılında İngilizlere esir düştü. Daha sonra Kurtuluş Savaşı'na katıldı ve 1931 yılında ordudan emekli oldu. Sivil yaşamı sırasında 1939 yılında Kozlu Kömür İşletmesi'nin, 1940-1947 yılları arasında Sümerbank'ın yönetim kurulu başkanlıklarını yaptı. (*Meydan Larousse*, 1986, C.II, Sami Sabit Karaman maddesi / "Emekli General Sami Sabit Karaman gömüldü", *Cumhuriyet*, 6 Eylül 1957).

leri suyun mühim bir kısmını hükümdarların sarnıçlarına boşaltmak suretile dönerler ve eski yerlerini alarak yeniden emmeye başlarlar...

Çağdaş Yahudiler şimdi artık bulundukları memleketlerin yalnız ekonomyasını ele almakla kalmayarak fikir alanında da ön safları tutmuşlar ve bu sefer bildiklerini daha iyi okumaya başlamışlardır."

Karaman daha sonra bu yazdıklarına kanıt olarak Berlin'deki Yahudi nüfusunu örnek gösteriyor:

"1926 tarihinde, bütün Prusya'da 403.969 Yahudi tescil ve bu miktarın 172.672'sinin Berlin'de bulundukları tesbit edilmiştir. Bu rakamları öğrendikten sonra Yahudilerin, Berlin'de fikir alanında tuttukları yüzdelere bakalım:

Hekim %48, Profesör 43, birinci sınıf doktor 68, hastane müdürü 46, dişçi 38, kimyager 32, avukat 56, tiyatro rejisörü 80, ordinaryus profesör 44, tın fakültelerinde muallim 50, felsefe fakültelerinde 25.

Berlin'in 3,5 milyon nüfusu içinde ancak 172 bin küsür Yahudinin bu nisbeti elde etmesi neyle tevil [anlam], nasıl tefsir [yorum] edilebilir?"[33]

Sami Sabit Karaman amacının Yahudilik lehinde veya aleyhinde yayında bulunmak değil antisemitizmin yeniden uyanmasına neden olan *Protokoller*'i Türk aydınına tanıtmak olduğunu yazar. Will Durant'ın *History of the Civilisation* kitabının Yahudilere ait bölümünü Türkçe'ye çevirip kitaba dahil ederek ve kitabın başlığını da *Yahudi Tarihi ve Siyon Önderlerinin Protokolleri* koyarak kitaba da ilmî bir görünüm verir.

1921 yılında ABD'de Ford otomobillerinin sahibi Henry Ford'un yayımladığı ünlü antisemit *The International Jew* kitabının çevirisi de 1943 yılında *Beynelmilel Yahudi* başlığı altında yayımlandı. Bunun üzerine Yahudi tarihçi Avram Galanti bu iki antisemit yayına bir cevap olarak *İki Uydurma Eser* adlı ki-

33 Sami Sabit Karaman, *Yahudi Tarihi ve Siyon Önderlerinin Protokolleri*, Yeni Cezaevi Matbaası, Ankara 1943, s. 6.

tabını yayımladı. Bu kitapta hem *Protokoller*'i hem de *Beynelmilel Yahudi* kitabını ayrıntılı bir şekilde eleştirdi.

Çok partili demokrasi dönemi

Tek Parti döneminin sona ermesiyle birlikte 1946 yılından itibaren İslâmî hareket Türkiye'de gene canlanmaya başladı. Bu da *Protokoller*'in yoğun bir şekilde tekrar gündeme geleceğinin işaretiydi. Nitekim *Protokoller* 1946 yılında Necip Fazıl Kısakürek'in yayımladığı önemli bir İslâmî dergi olan *Büyük Doğu*'da da birkaç sayı boyunca tefrika edildi.

İsrail devletinin 1948 yılında kurulması tüm İslâm âleminde olduğu gibi Türkiye'deki İslâmcı kitlede de büyük bir hayal kırıklığı ve olumsuz etki yarattı. Türkiye'deki İslâmcılar İsrail devletinin kurulmasıyla başlayan Arap-Yahudi savaşını, bir ümmet anlayışı ve dayanışması içinde bir Müslüman-Yahudi savaşı, İsrail devletinin kuruluşunu da İslâm âlemi için bir hezimet olarak gördüler. Cevat Rıfat Atilhan, Arapların safında Yahudilere karşı savaşacak emekli Türk subaylarından kurulu bir gönüllü birliği kurmaya çalıştı, ancak başarıya ulaşamadı. İsrail devletinin kurulması İslâmî kesimde Yahudilere karşı mevcut olan husumeti canlandırdı. Dönemin İslâmî basını Arap-İsrail ihtilâfında sürekli Arapları destekledi ve Arap yanlısı yazılar yayımlandı. Arapların yenilgisi ve İsrail devletinin kuruluşu ile sonuçlanan bu ihtilâf nedeniyle Yahudilere karşı daha önceden beri duyulan öfke su yüzüne çıktı ve özellikle Cevat Rıfat Atilhan'ın yazıları ve kitaplarıyla antisemitizm sürekli canlı tutuldu. Bu nedenle 1948 ile 1960 yılları arasında *Protokoller* dokuz kez yayımlandı. *Protokoller*'i yazı dizisi şeklinde iki kere yayımlamış olan *Sebilürreşad* dergisi dönemin en etkili İslâmî yayın organıydı ve İslâmî düşüncenin oluşmasında büyük etkinliği vardı.

1961-1970 arasında *Protokoller* tam on yedi kez yayımlandı. Bu durum, 1967 yılındaki Mısır-İsrail savaşının İsrail devletinin zaferiyle sonuçlanmasının Müslüman vicdanında yarattığı hayal kırıklığı, üzüntü ve öfkenin İslâmî kesime yansıması ile ilgiliydi. Nitekim 1967 ve 1968 yıllarında *Protokoller* yedi kez yayımlandı.

1971-1980 dönemi Türkiye'nin sağ-sol çatışmalarıyla bir iç savaş yaşadığı siyasal kargaşalıklara ve 12 Mart 1971 askerî müdahalesine sahne oldu. Türkiye'nin neredeyse bir iç savaşa sürüklendiği 1971-1980 döneminde ise *Protokoller*'in yayımında ikinci bir büyük patlama yaşandı. Bu dönemde *Protokoller* yirmi sekiz kez yayımlandı. Bu dönemde milliyetçi sağa mensup MHP Türkiye'nin gündemini işgal etmekte ve siyasal İslâm 26 Ocak 1970 tarihinde kurulan MNP ile doğmaktaydı. *Protokoller*'in hem milliyetçi sağ hem de İslâmî kesim tarafından bereketli bir şekilde kullanıldığı görüldü. Her iki taraf *Protokoller*'i kullanırken Türkiye'nin içinde bulunduğu kargaşanın Yahudiler tarafından yaratıldığını, Yahudi'nin dünya hâkimiyeti hedefine ulaşmak için Türkiye'yi sağ ve sol diye iki kampa böldüğünü ve insanları birbirlerine kırdırdıklarını ileri sürdü. Alman antisemit yazar ve siyasetçi Theodor Fritsch'in 1887 yılında yayımladığı bir antisemit temalar derlemesi olan ve *Protokoller*'den de söz eden *Antisemiten-Katechismus* kitabı 1972 yılında *Tarih Boyunca Yahudi Mes'elesi* başlığı altında İslâmî çizgideki bir yayınevi tarafından çevrilip yayımlandı.[34]

Türkiye'nin bu on yıllık iç kargaşa süreci 12 Eylül 1980 askerî darbesi ile sona erdi ve sağ ve sol kesimden tüm militanlar, aydınlar ve siyasî kadrolar tutuklandı. Askerî darbenin döneminin basını üzerinde çok sıkı ve baskıcı denetimi ve müdahalesi nedeniyle basında aşırı uçlar egemen olamadı. Bunun bir sonucu olarak 1981-1990 döneminde *Protokoller*'in yayın sayısında ciddi bir azalma oldu ve ona indi. Bu on yayımın sekizi İslâmcılara aitti. Bu da Türkiye'de siyasal İslâm'ın antisemitizminin bir diğer göstergesiydi.

1991'den günümüze dek siyasal İslâm'ın Türkiye'de gittikçe

34 Theodor Fritsch (1852-1933) bir Alman antisemit yazar ve siyasetçisidir. 1886 yılında Deutsche Antisemitische Vereinung hareketine katıldı. 1887 yılında Hammer yayınevini kurdu. İlk kitabı olan *Antisemiten-Katechismus* "Yahudi Kötülükleri"nin bir kataloğuydu. Kitap daha sonra *Handbuch der Judenfrage* adıyla kırktan fazla kere yayımlandı. Nazilerin ilham kaynağı oldu. Naziler onu Altmeister olarak onurlandırdılar. Nazi Reichstag'ın bir üyesi oldu. Vefatında antisemit *Der Stuermer* dergisinin sahibi Julius Streicher kişiliği hakkında takdir dolu bir konuşma yaptı. (*Enyclopaedia Judaica*, Ketter Publishing Ltd. Kudüs, C. 7).

güç kazandığı ve kökleştiği görülmektedir. Bunun sonucunda *Protokoller*'in yayın sayısında ciddi bir artış gerçekleşmiştir. En büyük artış 1992 yılında görülmüş ve kitap ilk kez bir yıl içinde sekiz ayrı baskı yapmıştır. Bu yayımların yedisi İslâmî yayınevlerine aittir. Yayımlardaki bu patlama, İspanya'dan kovulan Yahudilerin Osmanlı İmparatorluğu'na göçlerinin beş yüzüncü yılı kutlamalarının 500. Yıl Vakfı önderliğinde 1992 yılında gerçekleşmesi ile de bağlantılıdır. Bu kutlamaların bir doğal sonucu olarak Yahudi teması 1992 yılı boyunca Türk basınında gündemi işgal etmiş ve bu da İslâmî kesimi rahatsız etmiştir. Bu rahatsızlık *Protokoller*'in yayın sayısındaki artışla kendini göstermektedir.

Siyon Önderlerinin Protokolleri Bibliyografyası

Tarih	*Yazar / Çevirmen*	*Yayın şekli*	*Kitap/Makale başlığı*	*Yayınevi / Dergi / Gazete adı*	*Eğilimi*
1934 Mayıs-Temmuz	W. Creutz	Dergi	*"Beni İsrail Hükemasının Protokollarına ait İfşaat"*	*Millî İnkılâp*	Milliyetçi
1943	Roger Lambelin/ Sami Sabit Karaman	Kitap	*Yahudi tarihi ve Siyon Önderlerinin Protokolleri*	Kendi yayını	Milliyetçi
1943	Henry Ford	Kitap	*Beynelmilel Yahudi* (s. 92-99)	Anadolu Türk Kitap Deposu	Milliyetçi
1946 Ekim	—	Dergi	"Yahudilik ve Masonluk sırrı"	*Büyük Doğu*	İslâmî
1948 Temmuz	Cevat Rıfat Atilhan	Dergi	"Siyonizmin Protokolleri"	*Sebilürreşad*	İslâmî
1950	Cevat Rıfat Atilhan	Kitap	*İslâmı Saran Tehlüke ve Siyonizm* (s. 83-99)	Kendi yayını	İslâmî
1950 (3/03)	—	Dergi	"Siyon Önderlerinin 22 prensibi"	*Büyük Doğu*	İslâmî
1952 Mayıs-Ağustos	—	Dergi	"Siyonist tehlike" (*"Hatarul Yahudi"* kitabının çevirisi)	*İslâm Dünyası*	İslâmî
1955	Cevat Rıfat Atilhan	Kitap	*İslâmı Saran Tehlike ve Siyonizm ve Protokoller* (s. 207-253)	Aykurt Neşriyatı	İslâmî
1955	Cevat Rıfat Atilhan	Kitap	*Gizli Devlet ve Fesat Programı* (s. 33-81)	Aykurt Neşriyatı	İslâmî

Tarih	*Yazar / Çevirmen*	*Yayın şekli*	*Kitap/Makale başlığı*	*Yayınevi / Dergi / Gazete adı*	*Eğilimi*
1957 Eylül	—	Dergi	"Siyonist Umdeleri"	*Sebilürreşad*	İslâmî
1957	Cevat Rıfat Atilhan	Kitap	*Gizli Devlet ve Fesat Programı* (s. 38-84)	Aykurt	İslâmî
1958 Ağustos-Ekim	—	Dergi	"Siyonistlerin 22 prensibi"	*İslâm*	İslâmî
1961 (17/5)	—	Gazete	"Siyonist Önderlerinin Prensiplerinden"	*Yeni İstiklâl*	İslâmî
1961	Salih Özcan	Kitap	*Siyonizmin Gayeleri* (s. 65-67)	Hilâl Yayınları	İslâmî
1961	Henry Ford	Kitap	*Beynelmilel Yahudi* (s. 68-73)	*Serdengeçti*	Milliyetçi/İslâmî
1962 (17/10)	Mecdi Akıncı	Gazete	"Beynelmilel fesat programı"	*Yeni İstiklâl*	İslâmî
1963	Ziya Uygur	Kitap	*Tevrata Göre Siyonizmin Ana Prensipleri ve Protokoller* (s. 143-247)	Bilgi	İslâmî
1964	Cevat Rıfat Atilhan	Kitap	*Gizli Devlet ve Fesat Programı* (3. Baskı) (s. 38-80)	Aykurt	İslâmî
1965	Hasan K. Üçışıklar	Kitap	*İslâm Dininin ve Müslümanların Amansız Düşmanları. Türkiye'de Gizli Devletler: 1)Komünizm, 2) Sosyalizm, 3) Siyonizm, 4)Masonluk, 5)Hıristiyanlık. Kurtuluş ve Zaferler Müjdeler* (s. 17-19)	Kendi yayını	İslâmî
1965 (9/06)	—	Gazete	"Siyonist umdeleri"	*Yeni İstiklâl*	İslâmî
1967 (20/06)	Adıdeğmez	Gazete	"Yahudi Protokolleri"	*Babıali'de Sabah*	İslâmî
1967 (17/10)	—	Gazete	"Siyonist umdeleri"	*Bugün*	İslâmî
1967 (16/11)	Ünver Oral	Dergi	"22 maddelik siyonist oyunu"	*Millî Hareket*	Milliyetçi
1968	İsmail Hakkı Yılanlıoğlu	Kitap	*Üç Büyük Tehlike: Siyonizm, Komünizm, Masonluk* (s. 11-15)	*Altınışık*	İslâmî
1968	Cevat Rıfat Atilhan	Kitap	*Gizli Devlet ve Fesat Programı* (4. baskı) (s. 54-105)	Aykurt	İslâmî
1968	Ziya Uygur	Kitap	*İnkilapler İhtilaller ve Siyonizm* (s. 481-597)	Üçdal	İslâmî

Tarih	*Yazar / Çevirmen*	*Yayın şekli*	*Kitap/Makale başlığı*	*Yayınevi / Dergi / Gazete adı*	*Eğilimi*
1968	Şahap Tan	Kitap	*Yahudileri Tanıyalım* (s. 56-57)	Toker	Milliyetçi/ İslâmî
1969	Süleyman Sürmen	Kitap	*Sağ Sol Kavgası* (s. 91-94)	Sürmen	Milliyetçi
1970 (13/04)	Asaf Gördük	Gazete	"Siyonizmin dehşet ve ibretli metodu"	*Bizim Anadolu*	Milliyetçi
1971	Kemal Yaman	Kitap	*Millet Düşmanlarının İhanet Planları* (s. 1-167)	Otağ	Milliyetçi
1971	Louis Marschalko	Kitap	*Cihanı Yutmaya Hazırlanan Sinsi Canavar, Yahudi* (s. 252-270)	Sebil	Milliyetçi/ İslâmî
1971 Ağustos	—	Dergi	"Siyonizmin ihanet programı"	*Yeniden Millî Mücadele*	Milliyetçi/ İslâmî
1972	Abdülhadi Toplu	Kitap	*Türk Milliyetçiliği ve Karşı İdeolojiler* (s. 69-76)	Toplu	Milliyetçi/ İslâmî
1972	Cevat Rıfat Atilhan	Kitap	*Gizli Devlet ve Fesat Programı (5. baskı)* (s.14-18, 53-105)	—	İslâmî
1974	Roger Lambelin	Kitap	*Enternasyonal Kavga ve Kızıl Yahudi Kadro* (s. 1-153)	İhya	İslâmî
1974	Henry Ford	Kitap	*Beynelmilel Yahudi* (s. 79-104)	Otağ	Milliyetçi
1975	Kemal Yaman	Kitap	*Millet Düşmanlarının İhanet Planları - Belgeler (2. baskı)* (s.1-198)	Otağ	Milliyetçi
1975 (17/11)	Mustafa Cerid	Gazete	"Siyonizm"	*Babıali'de Sabah*	İslâmî
1975	General Netcheolodon	Kitap	*Rus İhtilâli ve Yahudiler* (s. 145-228)	Sebil	İslâmî
1976	Abdülhadi Toplu	Kitap	*Türk Milliyetçiliği ve Karşı İdeolojiler*	Töre Devlet	Milliyetçi/ İslâmî
1976	Victor Marsden	Kitap	*Dünya Hükümeti Yolu ile Dünya Hâkimiyeti Kurmak için Siyon Liderlerinin Protokolleri*	Ser-Da	İslâmî
1976	Göknur	Kitap	*Türk Milliyetçiliğinin Asıl Hedefleri ve Kıbrıs* (C.II, s. 28-29)	Bozkurt	Milliyetçi
1976	Mohammad Halifa al-Tunisi	Kitap	*Al-Khatr Al-Yahûdî Brutkulat Hukamâ'Sahyun*	—	İslâmî
1976	Prof. Hikmet Tanyu	Kitap	*Tarih Boyunca Yahudiler ve Türkler* (s. 475-556)	Yağmur	Milliyetçi/ İslâmî

Tarih	*Yazar / Çevirmen*	*Yayın şekli*	*Kitap/Makale başlığı*	*Yayınevi / Dergi / Gazete adı*	*Eğilimi*
1976	Ziya Uygur	Kitap	*Tarih Boyunca Devrimler İhtilaller ve Siyonizm* (3. Baskı) (s. 497-613)	İhya	İslâmî
1977	Bir Eski Mason	Kitap	*Bir Masonun Hatıraları Masonluğun İçyüzü* (s. 5-13)	Su	Milliyetçi
1977 (6/02)	A. Bedri Sapmaz	Gazete	"Siyonist teşkilâtın gizli tamimi"	*Millî Gazete*	İslâmî
1978	Victor Marsden	Kitap	*Dünya Hükümeti Yolu ile Dünya Hakimiyeti Kurmak için Siyon Liderlerinin Protokolleri*	Ser-Da	İslâmî
1978	Abdülhadi Toplu	Kitap	*Türk Milliyetçiliği ve Karşı İdeolojiler*	Töre Devlet	Milliyetçi
1978	Kemal Yaman	Kitap	*Millet Düşmanlarının İhanet Planları - Belgeler* (3. baskı) (s. 73-182)	Otağ	Milliyetçi
1978	Cemal Anadol	Kitap	*Siyonizmin Oyunları (Yahudinin Cihan Hakimiyeti Ülküsü)* (s. 163-167)	Millî Kültür	Milliyetçi
1978	Prof. Dr. Ahmet Çelebi	Kitap	*Mukayeseli Dinler Açısından Yahudilik* (s. 287-305)	Kalem	İslâmî
1978 (23/01)	Abdülkadir Öztimur	Gazete	*Kendi Beyanları ile Yahudilerin İçyüzü ve Siyonizmin Hedefleri*	*Millî Gazete*	İslâmî
1978	Abdülkadir Öztimur	Kitap	*Kendi Beyanları ile Yahudiler ve Siyonizmin Hedefleri* (s. 1-5)	Meral	İslâmî
1979	Prof. Hikmet Tanyu	Kitap	*Tarih Boyunca Yahudiler ve Türkler* (Genişletilmiş ve yeniden gözden geçirilmiş 2. baskı) (s. 468-523)	Bilge	Milliyetçi/ İslâmî
1980 (4/01)	Mustafa Müftüoğlu	Gazete	"Yahudinin melanet programı"	*Millî Gazete*	İslâmî
1980 (24/08)	—	Gazete	"Siyonistlerin kirli emelleri ve takip ettikleri yollar"	*Yeni Devir*	İslâmî
1981 (22/06)	—	Dergi	"Siyon Önderlerinin Protokolleri"	*Bayrak*	Milliyetçi
1981 (29-30/07)	Mehmet Fahri	Gazete	"Yahudi dünya devleti ve mason teşkilatı"	*Millî Gazete*	İslâmî

Tarih	*Yazar / Çevirmen*	*Yayın şekli*	*Kitap/Makale başlığı*	*Yayınevi / Dergi / Gazete adı*	*Eğilimi*
1985	Cihan Yamakoğlu	Kitap	*Devlet Olmak İçin - 2 Türkiyenin İnsan Yapısı* (2. baskı) (s. 69-77)	Kendi yayını	Milliyetçi
1985 (11/07)	Mustafa Müftüoğlu	Gazete	"Yahudinin melanet programı"	*Millî Gazete*	İslâmî
1985 (6/12)	Sadık Özarslan	Gazete	"Beraber okuyalım"	*Millî Gazete*	İslâmî
1986	Mustafa Müftüoğlu	Kitap	*Yalan Söyleyen Tarih Utansın - 7. Cilt* (2. baskı) (s. 113-115)	Çile	İslâmî
1986	Ali Uğur	Kitap	*Dünya Siyonist Kongreleri ve Türkiye* (s. 9-15)	Ocak	İslâmî
1987	Cemal Anadol	Kitap	*Siyonizmin Oyunları* (İlaveli 3. baskı) (s. 195-199)	Sahhaflar	İslâmî
1989	Ahmed Gürkan	Kitap	*İslâm Kültürünün Garbı Medenileştirmesi* (4. baskı) (s. 32-33)	Nur Yayınları	İslâmî
1990	O. Gazi Aşiroğlu	Kitap	*Gayri resmi Tarih* (s. 20-21)	Burak	İslâmî
1991	Mustafa Müftüoğlu	Kitap	*Yalan Söyleyen Tarih Utansın* - 7. Cilt (4. baskı)	Çile	İslâmî
1992	Roger Lambelin	Kitap	*Yahudi Tarihi ve Siyonist Liderlerin Protokolleri*	İnkilâb	İslâmî
1992 (Haziran 1988 tarihini taşır)	—	Dergi	"Siyon Liderlerinin Protokollerinden" (s. 24-25)	*Zafer*	İslâmî
1992	Henry Ford	Kitap	*Beynelmilel Yahudi* (s. 56-60)	Kamer	Milliyetçi
1992	O. Gazi Aşiroğlu	Kitap	*Gayri resmi Tarih* (Genişletilmiş 2. baskı) (s. 20-21)	Burak	İslâmî
1992	Mustafa Akgün	Kitap	*Yahudinin Tahta Kılıcı* (s. 242-245)	Kendi yayını	İslâmî
1992	—	Kitap	*Siyon Liderlerinin Protokolleri*	Kamer	İslâmî
1992 (8 ve 15/07)	Mehmet Talu	Gazete	"Siyonizm I" ve "Siyonizm II"	*Millî Gazete*	İslâmî
1992 (3 ve 4/03)	Mehmet Serpolat	Gazete	"Sorularla Siyon Liderlerinin (dünya hakimiyeti) Protokolları"	*Millî Gazete*	İslâmî
1993	Louis Marschalko	Kitap	*Yahudi* (4. baskı) (s.251-269)	Sebil	İslâmî

Tarih	*Yazar / Çevirmen*	*Yayın şekli*	*Kitap/Makale başlığı*	*Yayınevi / Dergi / Gazete adı*	*Eğilimi*
1994 (11-12/04)	Şükran Apaydın	Gazete	"Siyonistlerin 22 prensibi"	*Beklenen Vakit*	İslâmî
1994	Adil Gökburun	Kitap	*Şeytanca Protokoller* (s. 217-326)	Kendi yayını	İslâmî
1994	Abdülhadi Toplu	Kitap	*Türk Milliyetçiliği ve Karşı İdeolojiler* (3. Baskı)	Kamer	Milliyetçi
1994	Mustafa Akgün	Kitap	*Yahudinin Tahta Kılıcı* (s. 301-302)	Kendi yayını	İslâmî
1995	Burhan Bozgeyik	Kitap	*İslâm Dünyasını Saran Ateş (Son Oyunların Perde Arkası)* (s. 362-363)	Erhan	İslâmî
1995 (16/07)	Muhammed Han Kayâni	Dergi	"İsrail'in gözü Gap'ta" (Yazı Misbahul Islam Faruqi'nin *Jewish Conspiracy and the Muslim World The Protocols of the Elders of Zion* (1967, Pakistan) kitabı temel alınarak hazırlanmıştır)	*Yörünge*	İslâmî
1996	Mustafa Akgün	Kitap	*Yahudinin Tahta Kılıcı* (3. baskı) (s. 301-302)	Kendi yayını	İslâmî
1996	General Netcheolodon	Kitap	*Rus İhtilâli ve Yahudiler* (s. 145-228)	Sebil	İslâmî
1997 (1/05)	Ali Eren	Gazete	"Kadınları adam saymayanlar ve gizli emirler"	*Akit*	İslâmî
1997	Ziya Uygur	Kitap	*Tarih boyunca inkılâplar ihtilâller ve Siyonizm* (s. 321-397)	Divan	İslâmî
1998 (24/02)	Abdullah Şanlıdağ	Gazete	"Siyonizmin emelleri"	*Akit*	İslâmî
2000	Henry Ford	Kitap	*Beynelmilel Yahudi*	Kayıhan	İslâmî
2000	Cevat Rıfat Atilhan	Kitap	*Gizli Devlet ve Fesat Programı*	Sinan	İslâmî
Tarihsiz	Fuad er Rıfai Abdurrahman	Kitap	*Yahudiliğin Gerçek Yüzü* (s. 23-46)	Hak	İslâmî
Tarihsiz	—	Kitap	*Siyon Liderlerinin Protokolleri*	Devlet	İslâmî

Siyasi eğilimi	*1934-1940*	*1941-1950*	*1951-1960*	*1961-1970*	*1971-1980*	*1981-1990*	*1991-2000**	*Yayın toplamı*	*Genel toplama göre oran*
Milliyetçi	1	2	—	3	8	2	3	19	% 20
Milliyetçi / İslâmcı	—	—	—	2	6	—	—	8	% 9
İslâmcı	—	4	6	12	14	8	22	66	% 71
Toplam	1	6	6	17	28	10	25	93	%100
Ortalama kez/yıl	0,14	0,60	0,60	1,70	2,80	1,00	2,50	1,37	

(*) Tarihsiz iki kitabı da kapsar.

Bu incelemede yer alan *Protokoller*'in Türkiye'de yayımlanmış tüm *Protokoller*'i eksiksiz olarak kapsadığı iddia edilemez. 1980'li yıllardan itibaren İslâmî basın yayın alanında büyük bir patlama meydana gelmiştir ve altı yüz değişik derginin yayımlandığı tahmin edilen bir İslâmî basın yayın ortamı mevcuttur. Bu nedenle yayımlanmış *Protokoller*'in sayısının yukarıdaki listede yer alanlardan daha fazla olması muhtemeldir.

Protokoller'in yanı sıra *Yeni Protokoller* adı altında da yayımlanan bir diğer düzmece belgeye de İslâmî yayınlarda rastlanmaktadır. ABD'de "Hahamlar Merkez Komitesi" adı altında, gerçekte mevcut olmayan bir teşkilâtın, Hıristiyan Amerika'yı çökertip Yahudilerin cihan hâkimiyetini kurmaya yönelik

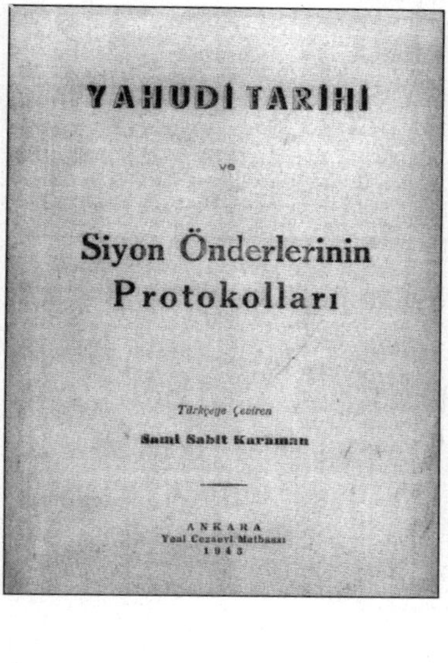

amaçlarını sıralayan ve bu amaca uygun olarak ABD Yahudi toplumuna yönelik "talimatı" olduğu iddia edilen bu düzmece belge ilk kez 1956 yılındaki ABD başkanlık seçimi sırasında ortaya atılmıştır.

Yeni Protokoller Bibliyografyası

Tarih	*Yazarı*	*Yayın şekli*	*Kitap/Makale başlığı*	*Yayınevi / Dergi / Gazete adı*	*Eğilimi*
Eylül 1957	—	Dergi	"Yeni Protokollar"	*Sebilürreşad*	İslâmî
17 Ekim 1962	Doç.Dr. Mecdi Akıncı	Gazete	"Siyonistlerin dünyaya hâkim olmak için hazırladıkları Beynelmilel Fesat Programı"	*Yeni İstiklâl*	İslâmî
18 Kasım 1964	—	Gazete	"Siyonistlerin yeni protokolu"	*Yeni İstiklâl*	İslâmî
1964	Cevat Rıfat Atilhan	Kitap	*Gizli Devlet ve Fesat Programı* (s. 9-10)	Aykurt Neşriyatı	İslâmî
1968	M. Şahap Tan	Kitap	*Yahudileri Tanıyalım* (s. 56-57)	Toker Yayınları	İslâmî
20-21 Kasım 1975	Cemal Anadol	Gazete	"Yahudi Hâkimiyeti"	*Bizim Anadolu*	Milliyetçi
21 Şubat 1993	—	Dergi	"Amerika Hahamlar Merkezinin gizli genelgesini açıklıyoruz: Ordu ve hükümette kilit noktalara kimler niçin getiriliyor?	*Yörünge*	İslâmî
31 Ocak 1994	Burhan Bozgeyik	Gazete	"Yahudilerle dost olanlara ne demeli?"	*Millî Gazete*	İslâmî
1995	Burhan Bozgeyik	Kitap	*İslâm Dünyasını Saran Ateş Çemberi* (s. 361-362)	Erhan Yayın Dağıtım	İslâmî

Protokoller*'in yaygınlık düzeyi ve popülerliği*

Protokoller İslâmî ve milliyetçi her türlü ilmî ve popüler eserde ya kaynak ve mesnet ya da atıfta bulunmak suretiyle sayısız kereler kullanılmıştır. Bunun sonucunda *Protokoller*'in gerçek bir belge olduğu inancı İslâmcı ve milliyetçi yazarların zihinlerinde sarsılmaz bir yer edinmiştir. Bütün bu yazılarda *Protokoller* Yahudi'nin Türkiye'yi ele geçirme ve dünya hâkimiyeti kurma tasarısının "belge"si olarak takdim edilmektedir.

RP kurmay kadrosunda yer alan bir dönem TBMM başkan vekilliği yapan ve halen FP milletvekili olan Yasin Hatiboğlu, yazdığı iki makalesinde *Protokoller*'i ve Henry Ford'un *Beynelmilel Yahudi* kitabını mesnet olarak göstermiştir.[35] İslâmî gazetelerde yazılan makalelerde *Protokoller* kaynak olarak gösterilmektedir. *Protokoller*'in "cihan hâkimiyeti"ni amaçlayan "Büyük İsrail"in gerçekleşmesi tasarısının bir parçası olduğu iddia edilmiştir.[36] İslâmî eğilimli *Türkiye* gazetesinde okuru eğitmek amacıyla açılmış bir köşede "Siyonizm nedir?" sorusuna cevap olarak Siyonizmin "bir nevi Yahudi ideali" olduğu cevabı verilmekte ve on beşinci Protokol kaynak olarak gösterilmektedir. Yahudilerin cihan hâkimiyeti kurmak için herkesi amaçlarına uygun bir şekilde kullandıkları ileri sürülmektedir. Bunu yapmak için kullanılan yöntemlerin *Protokoller*'de belirtildiği yazılıp *Protokoller*'in on tanesi sıralanmıştır.[37]

Yeni Şafak gazetesinin bir dönem dış politika yazarı Mustafa Özcan, 1992 yılında Bosna krizi sırasında yazdığı bir makalede *Protokoller*'e atıfta bulunarak yazının başlığını "Sırp liderlerinin Protokolleri" koymuştur.[38] Yazar bir sonraki yıl yazdığı bir makalede "Sırp Protokolleri"nin mevcut olduğunu belirtmektedir: "*Siyon Liderlerinin Protokolleri* gibi bir gerçeğin olmadığını savunan Müslümanlar da var. Ama bizim kanaatimizde *Protokoller*'in gerçek olduğu yönündedir".[39] Mustafa Özcan birkaç yıl sonra yayımladığı bir diğer yazısında ise kendisinin on yedi yaşındayken *Protokoller*'i okuduğunu ve o yaşlarda, yazılanların gerçek olarak değerlendirdiğini söylemektedir. 1992 yılında Bosna krizi sırasında yazdığı söz konusu yazıların başlıklarını *Protokoller*'den esinlenerek verdiğini samimiyetle ifade etmek-

---

35 Yasin Hatiboğlu, "Yahudiyi tanımak", *Millî Gazete*, 28 Ocak 1982 / Yasin Hatiboğlu, "Protokollar ve ekrandaki manzara", *Millî Gazete*, 24 Nisan 1982.

36 Örneğin Muhammed Han Kayani, "Türkiye tehlikede", *Yeni Şafak*, 9 Mayıs 1997.

37 Ali Güler, "Yahudilerin siyaseti", *Türkiye*, 9 Temmuz 1996.

38 Mustafa Özcan, "Sırp Liderlerinin Protokolleri", *İslâm*, Aralık 1992, sayı 112, s. 25.

39 Mustafa Özcan, "Protokoller", *Zaman*, 26 Haziran 1993.

tedir.[40] Bir diğer İslâmcı yazar da *Protokoller*'den esinlenerek, birçok yazısına *Protokollar* başlığını atmıştır.[41] 1992 yılında tekrar yayımlanan *Protokoller*, RP'nin gayri resmi yayın organı olan *Millî Gazete*'nin kültür-sanat sahifesinde "Yahudi gerçeğini kavramak için oldukça yararlı" bir kitap olarak tanıtılmıştır.[42] RP'ye bağlı Millî Gençlik Vakfı'nın yayın organı olan *Gençlik* dergisinin Yahudileri ve Siyonizmi konu eden özel sayısının kültür-sanat sayfasında *Protokoller*'in yeni bir baskısı tanıtılmaktadır.[43] MNP, MSP ve RP'nin kurucularından ve kurmaylarından Süleyman Arif Emre hatıratında, Yahudiliği İslâm'a hasmane tavır almış bir dünya teşkilâtı olarak gördüğünü söylemekte ve *Protokoller*'den söz etmektedir:

> "Gizli Siyon Protokolleri'nde mevcut hedeflerin çoğu gerçekleşmiş gibidir. Başka milletleri kendilerinin hâkimiyeti altına alabilmek için Yahudilerin gizli Protokollerine yazdıkları hedefler vardır".[44]

Protokoller'in gerçek belge olarak kabul edilip kaynak gösterildiği makalelerle ilgili örnekleri çoğaltmak mümkündür.[45] *Protokoller* sadece gazete yazılarına mesnet olmadı. Yazarı Marmara Üniversitesi İlahiyat Fakültesi sekreteri olan ve İmam Hatip Liseleri'ne tavsiye edilen bir dinler tarihi kitabında[46] ve üni-

---

40 Mustafa Özcan, "İsrail çıkmazı", *Yeni Şafak*, 9 Nisan 1997.

41 Mehmed Şevket Eygi, "Protokollar", *Millî Gazete*, 16 Ağustos 1998 ve 14 Ekim 1999.

42 "Yahudilerin tarihi ve hedefleri", *Millî Gazete*, 4 Kasım 1992.

43 *Gençlik*, yıl 2, sayı 22, 15 Aralık-15 Ocak 1994, s. 49.

44 Süleyman Arif Emre, *Siyasette 35 Yıl*, Akabe Yayınları, 2. baskı, İstanbul 1990, s. 224-225.

45 Temsili mahiyette birkaç örnek daha vermek gerek rse bkz. Atilla Yargılı, "Yahudi tuzakları (1)", *Yeni Asya*, 5 Aralık 1993 / Muhammed Han Kayani, "Siyonistler ve Kuran-ı Kerim", *Zaman*, 9 Temmuz 1994 / Veyis Ersöz, "Tekamül nazariyesi", ve "İnsanlığın baş belâsı dört Yahudi", *Beklenen Vakit*, 17-19 Şubat 1995 / Yaşar Kaplan, "Semalarımızda İsrail uçakları", *Akit*, 18 Nisan 1996 / M. Necati Özfatura, "Batı, sağlam Türk aile yapısını parçalamak istiyor", *Türkiye*, 14 Mayıs 1996 / Ali Yürük, *Türkiye Neden Böyle*, Ocak Yayınları, 11. baskı, Ankara 1994, s. 50 / Prof. Abdurrahman Meydânî, *Tarih Boyunca Yahudi Oyunları*, Şûle Yayınları, İstanbul 1993, s. 244-247 / Ali Güler, "İsrailoğulları", *Türkiye*, 20 Temmuz 1997.

46 Ahmet Kahraman, *Mukayeseli Dinler Tarihi*, 6. baskı, Marifet Yayınları, İstanbul 1993.

versitelerde hazırlanan tez ve ödevlerin kaynakçalarında da yer aldı.[47] Türkiye'nin 1970'li yıllarda sağ-sol çatışmalarıyla bir iç savaşa sürüklendiği yılları anlatan İslâmî bir romana bile konu oldu. Romanda, sağ-sol, kapitalizm-komünizm ideolojilerinin çatışmalarının arkasında gerçekte Yahudilerin ve Siyonizmin yattığı, insanları birbirlerine kırdırarak Yahudilerin "cihan hâkimiyeti" için *Protokoller*'de çizilen planın uygulandığı anlatılıyordu.[48] Bu birkaç örnek *Protokoller*'in İslâm düşünce dünyasına ne kadar yerleştiğinin ve fertlerin bu düzmece belgenin gerçek olduğuna ne kadar inandıklarının göstergeleridir.

Protokoller'in İslâmî zihniyette nasıl sarsılmaz bir yer ettiğinin diğer bir örneğine de yakın tarihte İran yanlısı yayın çizgisiyle tanınan *Selam* gazetesi yazarlarından Nureddin Şirin'in bir demecinde rastlandı. 31 Ocak 1997 gecesi Ankara'nın Sincan ilçesinde, RP'li belediye başkanının düzenlediği ve İran Büyükelçisi'nin de katıldığı "Kudüs'ü Anma Gecesi" toplantısı, şeriat

---

47 Örneğin Bahri Aktaş, *Yahudilik*, İstanbul Üniversitesi Sosyoloji bölümü dönem ödevi. İstanbul [1990]. / Mehmet Esgin, *Kuran-ı Kerim Açısından İslâm Dışı Dinler*, Selçuk Üniversitesi Sosyal Bilimler Enstitüsü, Yayımlanmamış bilim uzmanlığı tezi, Konya, 1990 (kaynakçada Prof. Hikmet Tanyu'nun kitabı yer aldı) / Abdulbaki Bilgin, *Kütüb-i Sitte'de İslâmiyet Dışında Adı Geçen Dinler*, Erciyes Üniversitesi Sosyal Bilimler Enstitüsü, Yayımlanmamış bilim uzmanlığı tezi, Kayseri, 1991 (kaynakçada Prof. Ahmet Çelebi'nin kitabı yer aldı) / Mustafa Ünal, *Süleyman Mabedi'nin Tahribi ve Yahudiler Üzerindeki Etkisi*, Erciyes Üniversitesi Sosyal Bilimler Enstitüsü, Yayımlanmamış bilim uzmanlığı tezi, Kayseri, 1991 (kaynakçada Prof. Ahmet Çelebi'nin ve Prof. Hikmet Tanyu'nun kitapları yer aldı) / Fuat Günel, *Hadislere Göre Yahudilik ve Yahudiler*, Marmara Üniversitesi Sosyal Bilimler Enstitüsü, Yayımlanmamış bilim uzmanlığı tezi, İstanbul, 1991 (kaynakçada Prof. Hikmet Tanyu'nun kitabı yer aldı) / M. Hadi Tezokur, *Yahudilikte İbadet ve İnanç Esasları*, Selçuk Üniversitesi Sosyal Bilimler Enstitüsü, Yayımlanmamış doktora tezi, Konya, 1992 (kaynakçada Prof. Hikmet Tanyu, Theodor Fritsch, Henry Ford ve Cevat Rıfat Atilhan'ın kitapları yer aldı) / Adem Özen, *Cumhuriyetten Günümüze İstanbul Yahudileri*, Marmara Üniversitesi Sosyal Bilimler Enstitüsü, Yayımlanmamış bilim uzmanlığı tezi, İstanbul, 1993 (kaynakçada Cevat Rıfat Atilhan, Henry Ford, Theodor Fritsch, Şahap Tan ve Prof. Hikmet Tanyu'nun kitapları yer aldı) / Mir Murteza Gholbi, *Arap İsrail Çatışmasının Temelinde Olan Filistin Sorunu (1900-1980)*, İstanbul Üniversitesi Sosyal Bilimler Enstitüsü, Yayımlanmamış doktora tezi, İstanbul, 1990 (kaynakçada Ziya Uygur'un kitabı yer aldı) / Halis Ören, *Keşşaf ve Nesefi Tefsirlerinde Hz. Musa ile İlgili İsrailliyat*, Marmara Üniversitesi Sosyal Bilimler Enstitüsü, Yayımlanmamış bilim uzmanlığı tezi, İstanbul, 1988 (kaynakçada Ziya Uygur'un kitabı yer aldı).

48 İsmail Fatih Ceylan, *Zamansız Rüzgâr*, Tuğrâ Neşriyat, İstanbul (t.y.), s. 139.

propagandasına dönüştüğü gerekçesiyle, TSK'nın sert tepkisine yol açtı. Daha sonra aralarında *Selam* gazetesi köşe yazarı Nureddin Şirin'in de bulunduğu geceyi düzenleyenler hakkında soruşturma açıldı. Soruşturma sonucunda Şirin 17,5 yıl hapse mahkûm oldu. Şirin hapiste iken *Selam* gazetesinde yayımlanan bir yazısında *Protokoller*'e atıfta bulunarak şunları söylüyor:

> "Diğer yandan Türkiye Müslümanlarının karşı karşıya kaldığı baskı ve zulümleri, Siyonizmin evrensel amaçlarından ayrı düşünmemiz mümkün değildir. Bu gerçeği görmek için; 'Siyon liderlerinin protokolları'nda nelerin hedeflendiğine bakmamız yeterli olacaktır. Uluslararası Siyonizmin hedefleri arasında sadece Filistin İslâm topraklarında bir 'İsrail devleti' kurmak yatmıyor. Aksine, siyonist liderler, tüm yeryüzünde İslâmî değerleri yıkma amacı taşıyor."[49]

Popüler İslâmcı ve milliyetçi yazarların desteğiyle *Protokoller* vasıtasıyla, Siyonizmin "Yahudinin cihan hâkimiyeti" amacını kovaladığı kamuoyunda yaygın bir kanaat haline geldi. ABD'nin Yahudiler yani Siyonistler tarafından yöneltildiği gibi bir kanaatin muhafazakâr görüşlü kamuoyunda yerleşik olduğu, bir yabancı gözlemcinin Samsun'da kurulu olan "yabancılar pazarı"ndaki tezgâh sahipleriyle yaptığı mülakatlarda aldığı cevaplarda da görülüyor. Aynı gözlemci Kazakistan'a yaptığı bir iş gezisinden dönen Adanalı bir işadamının Kazakistan'da satın aldığı *Protokoller*'in Rusça çevirisini odasında iftiharla teşhir ettiğini de yazmaktadır. Gözlemci tüm bu kişilerin RP'ye oy verdiklerini belirtmiştir.[50]

Protokoller*'in yaygınlığının nedenleri*

Bu şaşırtıcı ve düşündürücü durumun oluşmasında birçok farklı etken rol oynamıştır. İslâm düşünce dünyasının esin

---

49 Nureddin Şirin, "Siyonizme karşı direniş onurumuzdur", *Selam*, 11-17 Mayıs 1998.

50 Adam Smith Albion, "The voice of the people", *Institute of Current World Affairs*, 20 Mart 1995, ASA-6, s. 1-8.

kaynaklarını teşkil eden kaynaklar çoğu zaman Arap menşeili ve genellikle antisemit yayınlardan oluşmuştur. Bunun yanı sıra Türkiye'de telif olarak yayımlanmış yayımların birçoğu da popüler antisemit eserlerden oluşmaktadır. Bu durum birbirlerini kaynak gösteren popüler ve çoğu zaman antisemit yeni eserlerin artmasını mümkün kılmıştır. Bu fasit dairenin kırılabilmesi için nesnel eserlere ihtiyaç vardır. Bu ihtiyacı karşılayacak taraf olan Yahudi cemaati yönetimi, bu tür antisemit yayınlara, birkaç münferit istisna haricinde, aleni bir şekilde yanıt vermeme siyasetini gütmüştür. Bu tavrın nedeni, böyle bir cevabın meydana getirebileceği muhtemel bir polemik ortamından ve dolayısıyla kamuoyunu gerginleştirmekten kaçınmak istenmesidir. Bu nedenle Türkiye Yahudileri, ortamı antisemit yayınlara ve/veya yanlış ve tahrif edilmiş bilgilere bırakmışlardır. Böylece hurafelerin gerçek, antisemit eserlerin de ciddi incelemeler olarak kabul edildiği ve bilgisizliğin egemen olduğu bir ortamda *Protokoller* gerçek bir belge olarak kabul görmüştür.

Bir başka neden de, Tek Parti döneminde laik bir ulus-devlet kurma sürecinde bir İslâm din bilginleri ve âlim sınıfının yetişmesine imkân verilmemiş olmasıdır. Bunun sonucunda İslâmî öğretim yer altına girmiştir.[51] Popüler mitolojinin hâkim olduğu bir ortamda ilimle uzaktan yakından ilgisi olmayan bir din görevlileri ordusunun halkı yanlış bilgilendirmesi sonucunda popüler antisemit mitoloji ve efsaneler gerçek olarak kabul edilmiş ve zihinlere yerleşmiştir. Bu durum 1940'lardan 1960'lara kadar süregelmiş ve 1960 sonrasında da devam etmiştir. 1960 sonrası İslâmcı kuşağın ve entelektüellerin dayandıkları kaynaklar da 1940-1960 döneminde çıkan yayımlardır. Dolayısıyla, İslâmcı aydınların da kabul ettikleri gibi, İslâmcılar genel bir entelektüel birikimden yoksun kalmışlardır.[52] Bu dö-

---

51 Mehmet Özden, "Refah Partisi örneğinde Türkiye'de fikir ve siyaset", *Türkiye Günlüğü*, sayı 41, Temmuz-Ağustos 1996, s. 36-43.

52 Mustafa İslâmoğlu, "Müslümanlar entelektüel birikimden yoksun", *Selâm*, 18 Mayıs 1997, s. 8. Mehmed Şevket Eygi de *Millî Gazete*'deki yazılarında sürekli Müslümanların bilgi birikimsizliğini eleştirdi.

nemde Yahudilik konusunda yazılan kitapların hemen hemen tümü, antisemitizme kayan ilkel ve yüzeysel bir popülizm içermektedir. Yahudilik söz konusu olunca İslâmî düşünce dünyasında sadece bu popüler antisemit yazarlar akla gelmektedir. Ankara Üniversitesi İlahiyat Fakültesi Dinler Kürsüsü Başkanı Prof. Hikmet Tanyu örneğinde olduğu gibi, ciddi bilim adamlarının yazdıkları eserlerde de antisemit düşüncenin yoğun bir şekilde mevcut oluşu bu düşünce ortamını iyice bulanıklaştırmıştır. İbranice bilen ve İsrail'e gidip bir buçuk yıl orada kalıp inceleme yapan Prof. Hikmet Tanyu bu incelemelerinin sonucunda kaleme aldığı hacimli *Tarih Boyunca Yahudiler ve Türkler* kitabında, bilimsellik ve "kaynak eser" kisvesi altında, antisemitizm propagandası yapmaktadır. Kitabında *Protokoller*'e geniş yer vermesi, antisemitizmin sağ çevrelerde daha da yayılmasına neden olmuştur. Bu kitap, hacmi ve yazarının akademik unvanı nedeniyle Yahudilikle ilgili olarak Türkiye'de hazırlanan üniversite tezlerinin ve yayımlanan kitapların hemen hemen tamamının kaynakçalarında yer almıştır. Prof. Hikmet Tanyu'nun bu kitabının her iki baskısı da İslâmî ve milliyetçi kesimlerde çok olumlu yorumlara mazhar olmuş ve bir üniversite öğretim üyesi tarafından övülmüştür.[53]

1983 yılında vefat eden Konya Selçuk Üniversitesi Rektörü Prof. Erol Güngör gibi saygın bir bilim adamının, antisemit bir görüşe sahip Ziya Uygur'u muhatap alıp kendisiyle "Tevrat, Yahudilik ve masonluğa dair meseleleri" tartışması ciddi bir sorunun varlığını işaret etmektedir.[54] Bu sorun bilgisizliktir. Aynı zamanda da Türk toplumunda Yahudilik konusunda mevcut olan bilgi boşluğunun antisemit kişiler tarafından nasıl doldurulduğunun ibret verici bir örneğidir.

---

53 Osman Cilacı, "Prof. Dr. Hikmet Tanyu, Yahudiler ve Türkler", *Türk Kültürü*, Ağustos 1977, sayı 178, s. 645-647 / Dr. Osman Cilacı, "Prof. Dr. Hikmet Tanyu: Tarih boyunca Yahudiler ve Türkler", *Türk Kültürü Özel Sayı*, 11 Aralık 1980, sayı 217, s. 135-136.

54 Beşir Ayvazoğlu, *Defterinde 40 Suret*, Ötüken Yayınları, İstanbul 1996, s. 123.

Milliyetçilerin esin kaynağı: Adolf Hitler ve *Kavgam*

Türkiye'deki milliyetçilerin el kitabı bir yerde Adolf Hitler'in *Kavgam*'ı olmuştur. 1940 ile 2000 yılları arasında *Kavgam* otuz kez yayımlandı. *Kavgam*'ın yayınlanış seyri de Türkiye'nin siyasi istikrarı ile doğrudan ilgilidir. *Kavgam*'ın yayımlanması, Nasyonal Sosyalist görüşten etkilenen Turancı düşüncenin egemen olduğu II. Dünya Savaşı yıllarında başladı ve kitap, 1940-1945 arasında iki kez yayımlandı. Türkiye'de milliyetçi ve aşırı sağın kuvvetlendiği 1961-1980 döneminde on dokuz kez yayımlandı. *Kavgam* Türkiye'de milliyetçi ve aşırı sağın itibar ettiği neredeyse her mevsimlik bir "el kitabı"dır; İslâmî kesimdeki antisemitizmin oluşmasında *Protokoller* ne kadar önemli bir etkense, milliyetçi kesimdeki antisemitizmde de *Kavgam* da bir o kadar etkili olmuştur.

Bu araştırmada yer alan *Kavgam* bibliyografyasındaki *Komünistler ve Beynelmilel Yahudi* kitabı ise *Kavgam*'ın içinde yer alan ve komünistler ile Yahudileri konu eden kısımların milliyetçi çevreler için "çekici" bir başlık altında kitaplaştırılması ile türetilen Türkiye'ye özgü bir kitaptır. Başlığın çekiciliği, 1960'lı ve 70'li yılların Türkiyesi'nde milliyetçi sağın ve İslâmcıların gözünde "Komünist" ve "Beynelmilel Yahudi"nin iki "azılı düşman"ı temsil etmesinden ileri gelmekteydi. Hitler ve Nasyonal Sosyalist ideoloji Türkiyesi'nde aşırı sağa daima cazip geldi. Nitekim *Kavgam*'ın yanı sıra Dr. Goebbels'in *Savaş Notları* (Millî Hareket Yayınları, İstanbul 1968) ve *Siyasi Vasiyetim* (Ötüken Yayınları, İstanbul 1968), Adolf Hitler'in *Tek Kurtuluş Yolu* (Altay Yayınları, İstanbul 1970), Gottfried Feder'in *Nazi Partisi Programı* (Millî Hareket Yayınları, İstanbul 1971) gibi Nasyonal Sosyalist ideolojiyi savunan başka kitaplar da yayımlandı.

Kavgam'ın milliyetçiler arasında el kitabı olduğunun bir kanıtı, dönemin MHP Genel Sekreteri Yaşar Okuyan'ın parti içi için hazırladığı bir yayında *Kavgam*'dan alıntılar yapmasıdır.[55] Türk milliyetçiliğinin kökü olan Türkçülük akımının İkinci

55 T.C. Ankara, Çankırı, Kastamonu İlleri Sıkıyönetim Komutanlığı Askeri Savcılığı, *İddianame (MHP ve Ülkücü Kuruluşlar)*, Ankara 1981, s. 191 ve 553.

Dünya Savaşı yıllarında doğması, Nazi etkisine bağlanabilirse de *Kavgam*'ın 1970'li yıllarda bir başucu kitabı olarak Türk milliyetçileri tarafından benimsenmesi, Adolf Hitler'in antikomünist bir lider olması ve Rusya'ya savaş açmış olması ile açıklanabilir. "Kızıllar geliyor" paranoyasının ve şiddetli bir komünizm düşmanlığının Türkiye'de geçerli olduğu 1970'li yıllarda komünizm, Yahudilikle eşleştirildi. Buna kanıt olarak da Karl Marx'ın Yahudi oluşu ve Bolşevik Devrimi'nin Yahudi

Babıali'de Sabah, *10 Şubat 1966.*

kökenli Ruslar tarafından yapılması gösteriliyordu. *Kavgam* kitabında ileri sürülen antisemit iddiaların tümü milliyetçi kesim tarafından büyük bir hevesle benimsendi ve sürekli bu yönde tahrikçi yayımlar yapıldı. Türk milliyetçiliğinin bayraktarlığını yapan MHP ile ilgili bir doktora tezinde mülakat yapılan kişilerin %85'inin "antisiyonist, antimasonik ve yahut antiateist nitelikli" bir veya birkaç kitap okudukları tespit edildi.[56] Mülakat yapılanların en çok etkilendikleri yazarlar arasında, *Protokoller*'in yayıncısı olan ve İslâmî yanı daha ağır basan milliyetçi Mücadele Birliği'nin dergisi *Yeniden Millî Mücadele*'nin yazarlarından Kemal Yaman ile Cevat Rıfat Atilhan da var. Gençlik yıllarında Mücadele Birliği üyesi olan gazeteci Taha Akyol, milliyetçi sağ kesimde komünizmin bir Yahudi doktrini olarak algılanışının ne kadar yaygın olduğunu anılarında şöyle anlatmaktadır:

> "Saatlerce atılan nutuklarda, aslında hepsi 15-20'yi geçmeyen bu klişelerden biri hâlâ hatırımdadır:
>
> 'Yahudiler Bolşevik devrimini yapınca Çarın sarayına Tevrat'tan bir ayet yazdılar: 'Bu gece Kral Baltazar köleleri tarafından öldürüldü!'
>
> Yahudi kökenli Bo'şeviklerin isim listelerinden başka, Bol-

56 Mustafa Çalık, *MHP hareketi kaynakları ve gelişimi 1965-1980*, Cedit Neşriyat, Ankara 1995, s. 123-124.

Ortadoğu, *16 Eylül 1975.*

şevizmin bir Yahudi oyunu olduğunun kanıtlarından biri de işte bu 'Kral Baltazar'dı.

Sormuştum, 'hangi kitapta yazıyor bu?'

Buz gibi bir hava!

'Bize inanmıyor musun?'

Yine sormuştum: Bolşevizm Yahudi hareketi ise, Bolşevizm'e karşı olan Menşevik hareket içinde de Yahudiler vardı?!

Bu itirazıma da cevapları hazırdı:

'İki Yahudi grubunun iç kavgası... Hangisi kazansa Rusya'ya Yahudi hakim olacaktı!'"[57]

MHP tabanında *Kavgam*'ın halen "el kitabı" güncelliğini koruduğunu, 1999 yılında Erciyes'in Teker Yaylası'nda yapılan parti kurultayında görüyoruz. Kurultay boyunca *Kavgam* kitabı sürekli satıldı.[58]

57 Taha Akyol, *Hayat Yolunda Gençler İçin Anılar ve Öneriler*, Milliyet Yayınları, İstanbul 1997, 2. Baskı, s. 29

58 Deniz Som, "Dağdaki MHP'liler", *Cumhuriyet*, 3 Ağustos 1999.

Kavgam Bibliyografyası

Yılı	*Kitap Başlığı*	*Yayınevi*
1940	*Kavgam*	Muallim Ahmet Halit Kitabevi
1941	*Kavgam* (2. Baskı)	Muallim Ahmet Halit Kitabevi
1963	*Komünistler ve Beynelmilel Yahudi*	Abdullah Işıklar
1966	*Kavgam Nasyonal Sosyalist Hareket* (2. Kitap)	Kağan Kitabevi
1966	*Kavgam Nasyonal Sosyalizm* (3. Kitab)	Kağan Kitabevi
1966	*Kavgam Nasyonal Sosyalist Hareket* (2. Kitab, 2. Baskı)	Kağan Kitabevi
1966	*Kavgam* (3. ve 4. Kitab)	Kağan Kitabevi
1968	*Kavgam Nasyonal Sosyalizm* (1. Kitab, 3. Baskı)	Kağan Kitabevi
1968 (?)	*Kavgam* (1. Kitap, 2. Baskı)	Kağan Kitabevi
1968	*Kavgam Nasyonal Sosyalizm* (3. Baskı)	Kağan Kitabevi
1969	*Kavgam Nasyonal Sosyalizm* (2, 3, 4. Kitap, 4. Baskı)	Kağan Kitabevi
1971	*Kavgam Nasyonal Sosyalizm* (genişletilmiş 5. Baskı)	Kağan Kitabevi
1972	*Kavgam*	Yağmur Yayınları
1972	*Kavgam* (2. Baskı)	Yağmur Yayınları
1972	*Kavgam* (3. Baskı)	Yağmur Yayınları
1972	*Kavgam* (6. Baskı)	Kağan Kitabevi
1975	*Kavgam* (3. Baskı)	Yağmur Yayınları
1975	*Kavgam* (7. Baskı)	Toker Yayıncılık
1976	*Kavgam* (8. Baskı)	Toker Yayınları
1976	*Komünistler ve Beynelmilel Yahudi* (2. Baskı)	Millî Ülkü Yayınları
1980	*Kavgam*	Yağmur Yayınları
1989	*Kavgam* (9. Baskı)	Toker Yayınları
1992	*Kavgam* (9. Baskı)	Toker Yayınları
1993	*Komünistler ve Beynelmilel Yahudi* (2. Baskı)	Kamer Yayınları
1994	*Kavgam* (10. Baskı)	Toker Yayınları
1995	*Kavgam* (12. Baskı)	Toker Yayınları
1996	*Kavgam* (13. Baskı)	Toker Yayınları
1997	*Kavgam* (14. Baskı)	Toker Yayınları
1998	*Kavgam*	Kamer Yayınları
2000	*Kavgam* (15. Baskı)	Toker Yayınları

Yıllar	*Baskı Sayısı*
1940-1950	2
1951-1960	—
1961-1970	9
1971-1980	10
1981-1990	1
1991-2000	8
Toplam	30

Antisemitizmde yeni bir boyut: Soykırım inkârı

Soykırım inkârı nedir?

Tarih yazımı tartışmalarında her zaman iki tür yazımdan söz edilir: resmî tarih ve gayri resmî tarih. Resmî tarihten anlaşılan Devlet'in yansıtmak istediği tez ve ideoloji doğrultusunda veya bir ülkede egemen olan ideolojinin gözetiminde yönlendirilmiş ve/veya bu ideolojinin telkinleri ışığında yazılmış tarihtir. Bu şekliyle resmî tarih, tarihin bir ideolojinin amaçlarına uygun olarak tahrif edilmiş şekilde yazıldığı anlamını içerir. Buna karşılık gayri resmî tarih, egemen ideolojinin ve görüşün bağımlılığından uzak daha nesnel ve tarafsız bir tarih anlatımını içerir ve bu içerdiği anlamı ile de "gerçek" tarihin kendi tarih anlatımı olduğunu ima eder.

Günümüzde gayri resmî tarihin bir vesile ile gündeme gelmesi, II. Dünya Savaşı sırasında meydana gelen Yahudi Soykırımı'nın "revizyonist tarihçiler" tarafından ele alınması ile olmuştur. "Revizyonist tarihçiler" diye adlandırılan ve daha sonra "İnkârcılar" diye kısaca sınıflandırılan bir zümre, ki bunlar arasında David Irving dışında hiçbiri tarihçi değildir, Soykırım esnasında katledilen Yahudilerin sayılarının son derece abartılı olduğunu, gaz odalarının hiçbir zaman mevcut olmadığını, *Anne Frank'ın Günlüğü*'nün de düzmece bir belge olduğunu iddia etmişlerdir.

"Soykırım'ın İnkârı" diye kısaca özetlenebilecek olan bu fenomen bir yerde antisemitizmin bu sefer bilimsel bir kıyafet ve üslûp altında ortaya çıkmasıdır. Soykırım'ın son derece abartılı olduğunu ileri süren bu revizyonist tarihçiler Soykırım'ın Almanya'ya zarar verme amacı ile ileri sürülen bir Siyonist-Yahudi yalanı olup, İsrail ve Dünya Yahudiliği'nin siyasi ve maddi amaçlarına hizmet eden bir resmî tarih tezi olduğunu iddia etmektedirler.[59] Aslında bu tezi ısrarla savunanlar ve bu konuda yayın yapanlar, bir yazarın tanımladığı gibi, "Bellek Katilleri"[60]

59 Yisrael Gutman, *Denying the Holocaust*, Shazar Library, Kudüs 1985, s. 9.

60 Pierre Vidal-Naquet ve Limor Yagil, *Holocaust Denial in France, Analysis of a Unique Phenomen*, Tel Aviv Üniversitesi Faculty of Humanities, (t.y.), s. 1.

dir; amaçları Soykırım'ı yaşamamış olan bireyler ve özellikle günümüzün genç kuşakları nezdinde Soykırım hakkında önce kuşku yaratmak, daha sonra da insanları Soykırım'ın vuku bulmadığına inandırmaktır. 1993 Nisan ayında Washington'daki Holocaust Memorial Müzesi'nin açılışı vesilesiyle Amerikalıların Soykırım'ı bilme düzeylerini ölçmek için yapılan bir kamuoyu araştırmasında "Soykırım'ın vuku bulmamış olması mümkün müdür? Değil midir?" sorusuna öğrencilerden %20, yetişkinlerden ise %22 oranında "mümkündür" yanıtının alınması Soykırım hakkında kuşku yaratmak isteyenler için ortamın elverişli olduğunun bir kanıtıdır.[61]

Revizyonist tarihçilerin üç ana amacı vardır:

• Siyonistler tarafından beslendiği ve büyütüldüğü iddia edilen "Soykırım efsanesi" ve bunun Batı kamuoyunun vicdanında yarattığı "suçluluk" duygusunu tartışmaya açarak İsrail Devleti'nin siyasi meşruiyetini zedelemek.

• III. Reich ve liderlerinin itibarlarını iade etmek.

• Geleneksel antisemit temaların ifadeleri için yeni iletişim kanalları yaratmak ve geliştirmek.[62]

Soykırım inkârcıları bugün muhtelif ülkelere dağılmış bir şekilde yayın yapan bir topluluk haline gelmiştir. Bugün Soykırım'ı inkâr eden revizyonizm en fazla Almanya'da gelişmektedir. Almanya bu türde kitapların en yaygın şekilde dağıtıldığı yerdir. Bunun nedeni de hitap edilen kitlenin, ya Nazilerin bugünkü varisleri, ya hayatta kalmış Naziler, ya da 1930'lu yıllarda Nazilerin müttefiki olan aşırı sağın müttefikleridir.

Soykırım inkârı ve Amerika

Revizyonizmin gürbüzleşip geliştiği ikinci ülke ise güçlü maddi kaynakların mevcut olduğu ABD'dir. ABD'de California'da William A. Carto'nun sahibi olduğu kısaca JHR diye anılan *Journal of Historical Review* ile Los Angeles Revizyonist

---

61 Deborah Lipstadt, *Denying the Holocaust*, Plume Book, New York 1994, s. XI.

62 "Holocaust revisionism, a denial of history", *Facts*, S. 26, Haziran 1980, s. 12.

Tarih Kongreleri'ni finanse eden Liberty Lobby adlı bir sivil toplum kuruluşu mevcuttur. Bu kuruluşta antikomünizm, antisemitizm, zenci düşmanlığı, Demokratlar'dan nefret gibi bir düşünce sentezi mevcuttur.[63]

Kısaca IHR diye anılan Institute for Historical Review (Tarih Revizyonu Enstitüsü) William A. Carto'nun bir girişimi olup 1980 yılında kurulmuştur. IHR 1981 yılından bu yana düzenlediği yıllık toplantılar ile revizyonist tarihçiler için bir forum olmayı amaçlamıştır. Robert Faurisson (Fransa), Ditlieb Felderer (İsveç), David Irving (İngiltere), Dr. Arthur Butz (Northwestern Üniversitesi, ABD) gibi revizyonist tarihçiler hep bu toplantılara katılmış ve tebliğ sunmuşlardır. IHR'nin Ekim 1992 tarihinde toplanan 11. Revizyonist Konferansı, neo-Naziler ve antisemitler için bir forum olmuştur. Bu konferansta "George Orwell Özgür İfade" ödülü Alman neo-Hitler'ci Ewald Althans'a verilmiştir.[64]

Amerikalı Soykırım revizyonistleri arasında Fred Leuchter Associates adında gaz odaları üreten bir şirketin baş mühendisi olan Fred A. Leuchter de vardır. Leuchter'in revizyonistlerle ilişkisi, 1988 yılında Ernst Zundel adlı neo-Nazi bir Alman asıllı Kanadalı'nın Kanada yasalarına göre ırkçılık ve nefret propagandası yapmak suçuyla yargılanması sırasında mahkemede tanıklık etmesi ile başladı. Sanık Zundel, Leuchter'i Auschwitz, Birkenau ve Majdanek toplama kamplarında kitlesel ölüme yönelik gaz odalarının bulunmadığını kanıtlaması için tanık olarak mahkemeye çağırdı. Ancak bu tanıklığa rağmen Zundel mahkûm oldu. Leuchter'in savunması *Leuchter Report: The End Of A Myth* adı altında yayımlandı. Ancak Leuchter'in raporu başından beri yanlı ve yanlıştı. Ayrıca kendisinin hiçbir zaman bir mühendislik öğrenimi görmediği de sonradan ortaya çıktı.[65]

Başka bir revizyonist ve uzun zamandan beri bir neo-Nazi

---

63 Pierre Vidal Naquet, a.g.e., s. 5.

64 Marc Caplan, *Hitler's Apologists: The Antisemitic Propaganda of Holocaust "Revisionism"*, Anti-Defamation League Publication, New York 1993, s. 5-7.

65 Marc Caplan, a.g.e., s. 8-9.

olan Mark Weber de IHR'de editör olarak bulunuyor. Ernst Zundel'in Kanada'da yargılanması sırasında Weber, Auschwitz toplama kampının 1944 yılında gökyüzünden çekilmiş fotoğraflarını gördükten sonra Soykırım'ın abartılmış olabileceğini düşünmeye başladığını belirtmiş. 1979 yılında Weber, ırkçı, antisemit ve neo-Hitlerci radikal bir grup olan National Alliance ile uzun sürecek bir ittifak ve işbirliğine girdi. IHR'in yayın organı olan JHR'nin Mayıs 1992'den bu yana da yayın editörü.[66]

Mark Weber ile birlikte adı geçen başka bir revizyonist de Bradley Smith. Bradley Smith ve Mark Weber 1987 yılında California'da kurulu olan, kısaca CODOH olarak anılan, Committee for Open Debate on the Holocaust'un yöneticileri oldular. Bradley Smith CODOH'da daha çok üniversite kampüslerine yönelik çalışmalar yaptı. Üniversitelerde yayımlanan dergi ve gazetelerde paralı ilanlar verdi. Soykırım'da yaşamlarını kaybeden Yahudi sayısının (altı milyon) çok abartıldığını ve ana ölüm nedeninin de tifüs olduğunu iddia etti. Smith'in ilanı on beşin üstünde üniversite kampüsünün dergi ve bültenlerinde yayımlandı ve Amerika'da ifade özgürlüğünün sınırları konusunda büyük tartışmalara yol açtı.[67]

Northwestern Üniversitesi'nde bilgisayar bilimi ve elektrik mühendisliği profesörü olan Dr. Arthur R. Butz'un 1976 yılında yayımladığı *The Hoax of the Twentieth Century* kitabı en yaygın olan Soykırım inkârı kitabıdır. Butz, kitabını tanıtmak için Avrupa ve Amerika'da seyahat etmiştir. 1977 yılında Almanya'ya yaptığı ziyareti aşırı sağa mensup Deutsche Volksunion tarafından mali açıdan desteklenmiş, kitabı da neo-Nazi *National Zeitung* gazetesinde tefrika edilmiştir.[68]

Soykırım inkârı ve Avrupa

Amerika'da bu tür bir tarih yazımı ve revizyonizm dal budak salarken Avrupa da bu akımdan etkilendi. Revizyonist ta-

66 Marc Caplan, a.g.e., s. 10-11.

67 Marc Caplan, a.g.e., s. 12-15.

68 Marc Caplan, a.g.e., s. 68.

rihçilere önce Fransa'da rastlandı; bunlar arasında en ünlüsü Robert Faurisson'dur. Faurisson Lyon Üniversitesi'nin Çağdaş Edebiyat Bölümü'nde öğretim üyeliği yapmıştır ve IHR'nin kuruluş yılı olan 1979'dan beri de bu enstitünün Yayın Danışma Komitesi'ndedir. Kendisi *The Rumor of Auschwitz, Treatise in Defense of Those Who Accuse Me of Falsifying History* ve *Is the Diary of Anne Frank Genuine?* başlıklı muhtelif revizyonist incelemeler yayımlamıştır. *The Rumor of Auschwitz* yayımlandıktan sonra şiddetli tartışmaların yaşandığı bir ortamda Massachusetts Institute of Technology'nin ünlü dilbilim Profesörü Noam Chomsky, Robert Faurisson'un ifade özgürlüğünü savunan bir makale yayımladı. Bu makale de *The Rumor of Auschwitz* kitabının Fransa'da yayımlanan çevirisinde giriş olarak yer aldı. Fransa'nın önde gelen 34 tarihçisi *Le Monde* gazetesinin 21 Şubat 1979 tarihli nüshasında Faurisson'u kınayan bir metin yayımladılar.[69]

Robert Faurisson 1983 yılında ırkçı iftiralarda bulunma suçuyla yargılanıp daha sonra ertelenen üç aylık bir hapis cezasına çarptırıldı. Faurisson'un Eylül 1990 tarihinde *Le Choc du Mois* adlı aşırı sağa mensup bir dergide yayımlanan bir söyleşisinde gaz odalarını "bir efsane" olarak tanımlaması üzerine, ileride değinilecek olan Gayssot Yasası'nı ihlâl suçundan hakkında dava açıldı. Uzun bir yargılamadan sonra 19 Nisan 1991 tarihinde 250.000.- Fransız Frangı tutarında bir tazminat ödemeye mahkûm oldu.[70]

Başka bir revizyonist olan Henri Roques ise Fransa'da büyük bir tartışmanın odak noktası haline geldi. 78 yaşında bir tarım mühendisi olan Roques, Kurt Gerstein adındaki bir Nazi subayının 1946 yılında Nürnberg Mahkeme Heyeti'ne verdiği, ancak mahkeme tarafından reddedilen ifadesi ile Gerstein'in daha sonra 1947 yılındaki hekimler duruşmasındaki ifadesini ve 1961 yılında Adolf Eichmann'ın Kudüs'teki duruşmada verdiği ifadeyi karşılaştırıp, bazı tezatların mevcut olduğunu ve

---

69 Deborah Lipstadt, a.g.e., s. 17'deki dipnotu.

70 Marc Caplan, a.g.e., s. 41-42.

dolayısıyla ifadelerin kanıt olarak kullanılamayacağını, bu nedenle de Gerstein'in ifadesinin 1946 yılında Nürnberg'de reddedildiğini iddia etti. Bu muhtelif ifadeleri konu eden ve gaz odalarının varlığını tartışmaya açan *Confessions of Kurt Gerstein, a Comparative Study of Different Versions - a Critique* adlı bir doktora tezi yazdı. Bunu önce Paris Üniversitesi'ne sundu. Burada reddedilen tezi 1985 yılında Nantes Üniversitesi'ne sundu ve tez Edebiyat Fakültesi'nde kabul edildi.

1986 yılında bu tezin üniversitede kabul edilmesi Fransa'da büyük yankılar uyandırdı ve hükümetin bu konuda yaptığı bir araştırma sonucunda tezin kabulünde büyük usulsüzlükler olduğu ortaya çıktı.[71] Aynı yıl Fransa Millî Eğitim Bakanı Alain Devaquet bu usulsüzlükleri konu ederek tezin geçersiz olduğunu ilan etti. Nantes Üniversitesi'ne mensup iki yüzün üstünde öğretim üyesi de, imzalı bir bildiri ile Roques'in tezinin üniversite tarafından kabul edilmesini kınadılar. Daha sonra Roques'in tez danışmanı olan Jean Claude Rivière'in Europe Action adlı aşırı sağ bir örgüt mensubu olduğu ve tezini kabul eden diğer öğretim üyelerinin de aşırı sağcı oldukları ortaya çıktı. 1986 yılından sonra Roques IHR ile sıkı ilişkiler kurdu. 1987 yılında IHR'nin Sekizinci Yıllık Konferansı'nda konuk konuşmacı ve 1990 tarihinden sonra da IHR'nin yayın danışma kurulu üyesi oldu.[72]

Fransa'da Faurisson'a destek veren bir yayınevi de La Vieille Taupe'dur. Bu yayınevi aşırı sol görüşlü Thion Serge ve Pierre Guillaume adlı iki kişi tarafından kurulmuştur ve anarşist ve Marksist eserleri yayımlamakla ünlüdür.[73] Ayrıca Guillaume, neo-Nazi malzemeleri Fransa'da yayımlayan ve dağıtanlar arasında en önde gelen kişidir.[74]

İngiltere'de ise Soykırım'ı inkâr çabaları, 1974 yılında Richard Harwood tarafından yazılan *Did Six Million Really Died? The Truth At Last* adlı 28 sahifelik bir kitapçık ile başladı. Bu

---

71 "Radical Round Up", *Patterns of Prejudice*, Nisan 1986.

72 Marc Caplan, a.g.e., s. 43-45.

73 Pierre Vidal Naquet, a.g.e., s. 52.

74 Deborah Lipstadt, a.g.e., s. 10.

kitapçık tüm parlamento üyelerine, gazetecilere ve bilim adamlarına yollandı ve kırk ülkede yaklaşık bir milyon nüsha sattı. Richard Harwood, II. Dünya Savaşı'nın siyasi ve diplomatik yönleriyle ilgilenen ve Londra Üniversitesi'nde çalışan bir yazar olarak tanıtıldı. Daha sonra İngiliz basını, bunun yalan olduğunu ve Richard Harwood'un, Richard Verral'ın müstear adı olduğunu buldu. Richard Verral'ın İngiltere'de bir neo-faşist örgüt olan National Front'un yayın organı *Spearhead*'ın editörü olduğu ortaya çıktı. Harwood'un kitabı, 1969'da Liberty Lobby'nin bir yan kuruluşu olan Noontide Press tarafından yayımlanan *The Myth of the Six Million* adlı kitaba dayanıyordu.[75] Avrupa'da rastlanmaya başlayan bu yeni tür antisemitizme karşı bir tek Fransa yasal önlem aldı ve 13 Temmuz 1990 tarihinde Gayssot Yasası'nı kabul etti.

Gayssot Yasası nedir?

13 Temmuz 1990 tarihinde Fransız Parlamentosu tarafından kabul edilen ve kısaca "Gayssot Yasası" diye anılan 90-615 sayılı yasa, her tür ırkçı, antisemit veya yabancı düşmanı eylemin cezalandırılması için kabul edilmiş bir yasadır. Yasanın 9. maddesi gereğince Fransa'nın 29 Temmuz 1881 tarihli Basın Özgürlüğü Yasası'nın 24. maddesine 24. bis maddesi eklendi. Bu maddede şu hüküm yer alıyordu:

> "8 Ağustos 1945 tarihli Londra Antlaşması gereğince Nazi suçlularının yargılanacakları Nürnberg duruşmalarını yürütmek için kurulmuş olan Uluslararası Askerî Mahkeme'nin kuruluş statüsünde yer alan 'İnsanlığa karşı işlenmiş bir veya birkaç suç'un varlığına itiraz edenler veya bu suçların varlığını tartışanlar cezalandırılacaktır."

Yasanın bu maddesine göre Soykırım'ı inkâr etmek, Soykırım'da katledilenlerin sayılarını tartışmak, "İnsanlığa karşı işlenmiş suç" kavramına girmektedir.

75 Deborah Lipstadt, a.g.e., s. 104.

Soykırım inkârı ve Türkiye

1980'li yılların başından itibaren Avrupa ve ABD'de görülmeye başlanan, Soykırım'ı inkâr etmeye yönelik bu çabaların antisemitizmin yeni bir türü olduğu Türkiye'de pek iyi anlaşılmadı. Nitekim *Aktüel* dergisinde yer alan ve bu tür yayınları konu eden bir yazı, konuyu resmî tarih ve gayri resmî tarih tezlerinin çatışması gibi sundu.[76] Anlaşılabilmesi için bu türde yayınların İslâmî basında yoğun bir şekilde görülmesi gerekiyordu.

David Irving vakası

Dünya kamuoyunda en çok tanınan revizyonist yazar herhalde İngiliz David Irving'dir. Irving 1959'da Londra Üniversitesi Karnaval Komitesi'nin gazetesi olan *Carnival Times*'da Güney Afrika'daki ayrımcılığı destekleyen ırkçı karikatürler, Nazi Almanyası'nı metheden bir yazı ve İngiliz basınının sahiplerinin Yahudiler olduğunu belirten yazılar yayımladı. II. Dünya Savaşı ile ilgili birçok kitap yayımlayan Irving'in en ünlü ve tartışmalı kitabı 1977'de basılan *Hitler's War* oldu. Bu kitapta Irving, Hitler'in aslında zayıf bir önder olduğunu, "Nihai çözüm" diye adlandırılan Soykırım kararından haberdar olmadığını ve Soykırım'ı emretmediğini iddia ediyordu. Sürekli Hitler'in insancıl yanını göstermeye uğraştı. Bu kitapla ilgili çıkan tanıtım ve eleştiri yazılarında Irving, saygın üniversite profesörlerince ağır eleştirilere uğradı.[77]

David Irving'in Nazi Komutanı Goebbels'in yayımlanmamış 75.000 sayfalık günlüklerini temel alarak, Adolf Hitler'i, III. Reich'i ve Soykırım'ı aklamaya uğraştığı *Goebbels Mastermind of the Third Reich* adlı çalışması, Amerikan yayın dünyasının saygın adlarından olan St. Martin's Press tarafından kabul edildi. Ancak yayımlanmasına ramak kalmışken kitabın asıl amacı

---

76 Gönül Kıvılcım, "Gaz odaları hiç olmadı", *Aktüel*, 25 Şubat-3 Mart 1993, s. 58-61.

77 Marc Caplan, a.g.e., s. 19-25.

anlaşıldı ve kitap yayın programından kaldırıldı.[78] Bu olay İslâmî basında tamamıyla yanlı ve çarpıtılmış bir halde yer aldı. *Yeni Şafak* gazetesinin dış politika yazarı Mustafa Özcan bu gelişmeyi şöyle değerlendiriyor:

> "Terör çeşitlerinden birisi de dediğimiz gibi sindirme metodudur. İşte bu metoda Siyonistler sık sık başvuruyorlar. Son iki hafta içinde uluslararası önemli iki şahsiyet Siyonistlerin sindirme kampanyalarına maruz kaldı. Bunlardan birisi adı Hitlerciye çıkan yazar David İrving."

Mustafa Özcan yazısını şöyle bitiriyor:

> "Fikre cevap veremeyenler tahammülsüzlüklerinin sonucu teröre başvuruyorlar. Bu da bu yola yeltenenlerin aczini ve davalarının yanlışlığını gösteriyor."[79]

Deborah Lipstadt'ın *Denying the Holocaust* kitabında David İrving'den "en tehlikeli Soykırım inkârcısı" ve "Hitler partizanı" olarak söz edince İrving kendisini karaladığı gerekçesiyle 1995 yılında Lipstadt'a karşı dava açtı. Uzun süren duruşmalardan sonra İrving davayı kaybetti. Mahkeme İrving'in antisemit olduğuna hükmetti ve 2,5 milyon sterlin tutarındaki mahkeme masraflarını ödemeye mahkûm etti.[80]

Louis Marschalko'nun kitabı [81]

Batı ülkelerinde ve özellikle ABD'de 1980'li yıllarda beliren Soykırım inkârı örnekleri Türkiye'de de mevcuttur. Sözde "bi-

78 Paul Gray, "Revisiting a revisionist", *Time*, 15 Nisan 1996, s. 56.

79 Mustafa Özcan, "Irwing ve Brando", *Yeni Şafak*, 15 Nisan 1996.

80 "Holokostun inkârcısı suçlu bulundu", *Şalom*, 19 Nisan 2000.

81 Lajos Marschalko 1903 yılında Macaristan'ın Hajduszoboszlo kentinde doğdu. 1930'lu yıllarda ve II. Dünya Savaşı sırasında gazeteci olarak çalıştı. Antisemit eserler de yazdı. 1945 yılında Macaristan'dan ayrıldı, Almanya'ya yerleşti ve aşırı sağ dergilerde yazdı. 1950'li yılların sonundan itibaren Londra'da yayımlanan *Hidfö (Bridgehead)* adlı antisemit aylık derginin yayın yönetmeniydi. İki kitabı İngilizce'ye çevrildi ve 1958 yılında Londra'da yayımlandı. Bunlar *The World Conquerors* ve *The Real War Criminals* idi. Türkçeye çevrilen kitabı *The World Conquerors*'dır.

limsel" temellere dayanarak yapılan inkâr, Macar Nazi çevrelerinin önde gelen adlarından olan Louis Marschalko'nun Türkçe'ye çevrilen *Protokoller*'inde ve *The World Conquerors* kitabında[82] ve bu çeviri temel alınarak hazırlanan ve birkaç kez yayımlanan makalelede mevcuttur.[83] Bu sözde "bilimsel" araştırmaların en son örneği *Tarih ve Medeniyet* dergisinde yayımlanan, Louis Marschalko'nun kitabını mesnet göstererek Soykırım'ın bir "efsane" olduğunu belirten bir makaledir.[84] İşadamı İshak Alaton dergiye bir protesto mektubu göndermiş ve Yahudi cemaati gazetesi *Şalom*'da yayımlanan başyazıda da *Tarih ve Medeniyet* dergisi eleştirilmiştir.[85]

Harun Yahya'nın kitabı

Türkiye'de yayımlanan ve Soykırım'ı inkâr eden ilk kapsamlı telif kitap, Harun Yahya müstear adlı yazar(lar)ın 1995 yılının Aralık ayında yayımladığı *Soykırım Yalanı* kitabıdır. Aynı yazarın geçmişteki yayımlarına göre çok daha özenli olarak hazırlanan kitabın bilimsel bir araştırma havasında sunulmasına özellikle özen gösterilmiş.[86] Kitap Avrupa ve Amerika'da yerleşik "revizyonist tarihçiler"in kitaplarından oluşmuş geniş bir kaynakça, dipnotlar, fotoğraflarla desteklendi. Kitabın ön-

---

82 Louis Marschalko, *Cihanı Yutmaya Hazırlanan Sinsi Canavar: Yahudi* (İngilizceden çeviren: Cüneyd Emiroğlu), Sebil Yayınları, İstanbul 1971. Aynı kitap yayınevi tarafından 1993 yılında ikinci baskı yaptı.

83 "Altı milyon Yahudinin öldürüldüğü Yahudice bir yalan", *Zafer*, Haziran 1988, sayı 138, s. 16-19 / Louis Marschalko, "Altı milyonluk yalan", *Zafer*, Haziran 1994, sayı 210, s. 22-25.

84 Özcan Yılmaz, "Yahudi katliamı efsânesi", *Tarih ve Medeniyet*, Mayıs 1997, sayı 38, s. 49-53.

85 Silvyo Ovadya, "Tarih saptırılamaz", *Şalom*, 4 Haziran 1997 / "Holokost inkârcılığına Alaton'dan yanıt", *Şalom*, 4 Haziran 1997.

86 Harun Yahya müstear adını kullanan yazar veya yazarlar kamuoyunda "Adnan Hoca" adıyla tanınan ve Adnan Oktar'ın başkanlığını yürüttüğü, Bilim Araştırma Vakfı'nın üyeleridir. Bu grubun antisemit içerikli yayınları şunlardır: Harun Yahya, *Yahudilik ve Masonluk*, Araştırma Yayınları, İstanbul, 1987, 1988 / Bilim Araştırma Grubu, *Masonluk ve Kapitalizm*, Araştırma Yayıncılık, İstanbul, 1992 / Bilim Araştırma Grubu, *Şeytan'ın dini Masonluk*, Araştırma Yayıncılık, İstanbul, 1993 / Bilim Araştırma Grubu, *Yahova'nın Oğulları ve Masonlar*, Araştırma Yayıncılık, İstanbul, 1993 / Harun Yahya, *Yeni Masonik Düzen*, Vural Yayıncılık, İstanbul, 1996.

sözünde yazar amacını şöyle açıklıyor:

> "Bu kitabın amacı ise, sözünü ettiğimiz 'siyasi amaçlar için bilinçli olarak üretilmiş yalanlar'ın önemli bir örneğini ortaya çıkarmaktadır. Konu, Türkiye'de daha önce hiç yayımlanmamış bir konudur: Yüzyılımızın ilk yarısında Nazi Almanyası ile Siyonist liderler arasında kurulmuş olan gizli ilişkiler ve daha da önemlisi, ünlü 'Yahudi soykırımı' efsanesinin içyüzü."[87]

Yazar daha sonra antisemit olmadığını, ancak antisiyonist olduğunu vurgulamaya özen gösteriyor.[88] Kitap yayımlandıktan sonra İslâmî basının ilgisine mazhar oldu. Kitabı metheden gazeteci Mustafa Kaplan önce Yahudiler hakkında ne düşündüğünü ifade ediyor:

> "Benim zaten çocukluğumdan beri değişmeyen bir inancım var -belki de Cevat Rıfat'ın [Atilhan] *İğneli Fıçı* kitabını okuduğumdandır- Yahudi milletini günahım kadar sevmem. Dünyadaki bütün ahlâksızlıkların, anarşinin, her türlü çarpık görüşün altında mutlaka onlardan birinin olduğu kanaatini taşırım. Onlar diğer insanlarca enterne edilmedikleri, dünya işlerinden ellerini çektirme hadisesi gerçekleşmediği müddetçe insanlığa huzur geleceğini sanmıyorum."

Yazar daha sonra *Soykırım Yalanı* kitabını şöyle değerlendiriyor:

> "283 sayfalık kitap, Yahudi yalanlarını geniş kaynaklara dayanarak isbata çalışmış. İsrail devletinin kurulabilmesi için nasıl senaryoların yazıldığı ve beşeriyetin nasıl aksi propagandalarla aldatıldığı ortaya konmuş".[89]

Kitap daha sonra iki İslâmcı gazetede yazı dizisi olarak yayımlandı.[90] *Millî Gazete*' de "bilimsel araştırma" olarak tanıtıldı ve okurlara tavsiye edildi.[91] Kitaba tek tepki gösteren ve bir

87 Harun Yahya, *Soykırım Yalanı*, Alem Yayıncılık, İstanbul 1995, s. XIII.

88 Harun Yahya, *Soykırım Yalanı*, Alem Yayıncılık, İstanbul 1995, s. XIV.

89 Mustafa Kaplan, "Soykırım meselesi", *Akit*, 4 Şubat 1996.

90 Harun Yahya, "Soykırım Yalanı", *Akit*, 30 Ağustos-6 Eylül 1996 / Harun Yahya, "Nazi-Siyonist işbirliği", *Yeni Asya*, 23 Şubat-1 Mart 1996.

91 "Nazi-siyonist ilişkilerinin arka yüzü", *Millî Gazete*, 11 Ocak 1996 / Gülay Pınarbaşı, "Bu kitab'ı mutlaka okuyun", *Millî Gazete*, 10 Mayıs 1996.

yazıyla eleştiren CHP üyesi ressam Bedri Baykam oldu.[92] Bu yazının kitabın satışını engellediği iddiası ile Harun Yahya Bedri Baykam aleyhine altı değişik dava açtı, ancak daha sonra bunlardan vazgeçti.[93] Kitabın bir özeti 1996 yılında yazı dizisi halinde *Akit* gazetesinde yayımlandı.[94] Bu yazı dizisine İsrail Büyükelçiliği'nin müsteşarı tepki gösterdi ve şunları söyledi:

> "Ailemin büyük bölümü Soykırım sonucu hayatını kaybetti. Babam, Yahudi toplama kamplarında eziyet gördü. Nasıl Yahudi Soykırımı'nın olmadığı savunulabilir? Bu tür yayınlar, Yahudi aleyhtarlığının da ötesinde insanlık dışı bir yaklaşımı sergiliyor."[95]

1997 yılının son günlerinde Harun Yahya kitaptan derlenmiş bir özeti bir makale halinde bir İslâmî dergide tekrar yayımladı ve kitabının yakında ikinci baskısının yapılacağını ilân etti.[96] İslâmî basın yazılarında kitabı kaynak olarak göstermeye devam etti.[97]

Kitap yayımlandıktan sonra Amerika'daki Soykırım inkârcısı IHR kuruluşuna ait *The Journal of Historical Review* dergisi tarafından övüldü. Bu yazıda kitabın RP yanlısı İslâmî basın tarafından methedildiği not ediliyor.[98] IHR *Soykırım Yalanı* kitabının İngilizce çevirisini de yayımlayacağını ilân etti. Harun Yahya'nın "Türkiyeli, geniş temasları olan radikal İslâmcı" bir gazeteci olduğunu vurguladı. Yazıda kitabın Amerika'da yaşayan Müslümanlar nezdinde özellikle ilgi görebileceği belirtilerek şöyle deniyor:

---

92 Bedri Baykam, "Yahudi Soykırımı olmadı diyenler...", *Siyah Beyaz*, 19 Mart 1996.

93 Bedri Baykam ile 18 Şubat 2000 tarihli görüşme.

94 Harun Yahya, "Soykırım Yalanı", *Akit*, 30 Ağustos-6 Eylül 1996.

95 "İsrail RP'ye kızgın", *Cumhuriyet*, 3 Eylül 1996.

96 Harun Yahya, "İsrail'in kirli tarihi", *Cuma*, 26 Aralık 1997-1 Ocak 1998, sayı 380, s. 16-25.

97 Hakan Albayrak, "Siyonistler Yahudiler'den ne zaman özür dileyecek?", *Millî Gazete*, 15 Aralık 1999.

98 "'Holocaust Deception' makes waves in Turkey", *http://www.ihr.org/jhr/v16/v16n4p35_Weber.html*.

"Harun Yahya'nın radikal İslâmî bakış açısı [Amerikalı Müslüman Lider] Louis Farrakhan'ın İslâm Ulusu müritleri ve diğer Amerikalı müslümanlar için gayet uygundur."[99]

Soykırım Yalanı kitabının 96 sayfalık bir özeti kitapçık olarak 14 Ağustos 1998 günü *Akit* gazetesiyle birlikte okurlara ücretsiz dağıtıldı.

1995 yılında ilk baskısı yayımlanan *Soykırım Yalanı* kitabı 2000 yılının son günlerinde bu kez *Soykırımın Perde Arkası* başlığıyla bir kez daha yayımlandı. Yazar kitabın önsözünde "soykırım efsanesi"ni sorgulamanın ve hiç meydana gelmediğini söylemenin kişileri "Yahudi düşmanı" yapmayacağını, dahası İslâm dininin gerekleri nedeniyle bir Müslümanın antisemit olmasının imkânsız olduğunu vurguladı.

Harun Yahya'nın Bosna sorununun gerisinde İsrail'in yer aldığını iddia eden bir diğer kitabında da Soykırım'ın yalan olduğu iddia ediliyor.[100]

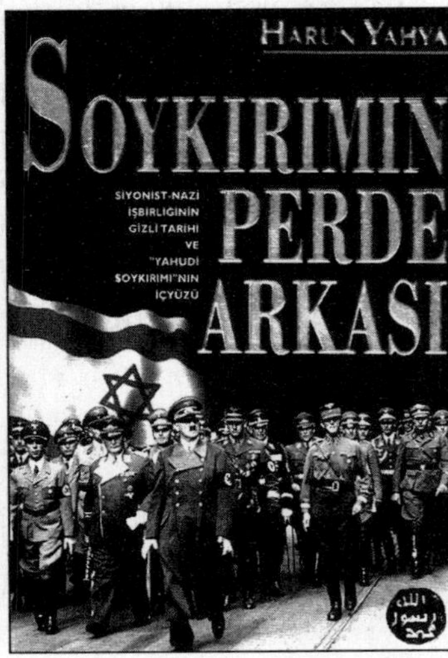

99 Theodore J. O'Keefe, "Fund-raising letter", Ekim 1999, *http://ihr.org/letters/990924fundraiser.html.*

100 Harun Yahya, *Gizli el Bosna'da,* Vural Yayıncılık, İstanbul 1997, s. 195-199.

Roger Garaudy'nin kitabı

Roger Garaudy ihtida etmiş bir Hıristiyan ve eski bir Marksist olduğu için İslâmî kesimde büyük ilgiye mazhar olan bir kişidir. 1996 yılının Mayıs ayında Türkiye'de birçok konferansa katılan Garaudy'ye İslâmî basın büyük ilgi gösterdi. Garaudy'nin Fransa'da yankılar yaratan, Soykırım'da katledilmiş Yahudilerin sayılarını sorgulayan, bu yüzden de Gayssot yasası nedeniyle yasaklanan *Les Mythes Fondateurs de la Politique Israélienne* kitabının bir özeti İslâmî bir gazetede yazı dizisi olarak yayımlandı.[101] Kitap daha sonra iki ayrı yayınevi tarafından Türkçe'ye çevrildi.[102] Roger Garaudy'nin, bu kitabıyla Gayssot Yasası'nı ihlal ettiği gerekçesiyle Fransa'da mahkemeye verilmesine ilişkin olarak İslâmcı bir yazar şu yorumda bulunuyor:

> "Eğer altı milyon Yahudinin katledildiği hikâyesi çok kuvvetli delillerle isbat edilebilecek bir gerçek olsaydı, işin içyüzünün araştırılması halinde bu iddiayla ilgili bazı yalanların ortaya çıkarılmasına imkân olmasaydı, o iddianın kanunla korunmasına ihtiyaç duyulmazdı. Roger Garaudy'nin kanunla korunan yalanın içyüzünü ortaya çıkartmaya kalkışmasıyla birlikte, adamların eteklerinin tutuşması ve hemen bu konudaki kanunu işleterek Garaudy'yi gözaltına almaları, hadisenin arka planı hakkında bir takım ipuçları vermektedir."[103]

İslâmî basın, Garaudy'nin kitabının yasaklanmasını ve kendisinin mahkemeye verilmesini İsrail ve uluslararası Yahudi lobisinin İsrail'i her türlü eleştiriden korumak için yarattığı kamuoyu baskısının bir örneği olarak kabul etti. Gayssot yasasını da benzer şekilde Yahudi lobisinin etkisi altında çıkarılmış bir yasa olarak algıladı. Bu görüş sadece İslâmî basınla kısıtlı

---

101 Roger Garaudy, "Uluslararası Siyon Terörü ve Yalan Devleti" (Çeviren: Cemal A. Karaağaçlı), *Akit*, 17-23 Mart 1996.

102 Kitap iki ayrı yayınevi tarafından Türkçe'ye çevrildi. Roger Garaudy, *İsrail, mitler ve terör*, (Çeviren: Cemal Aydın), Pınar Yayınları, İstanbul 1996 ve Roger Garaudy, *İsrail Siyasetini Oluşturan Efsaneler*, (Çeviren: Ali Aydın), Çizgi Kitabevi, Konya 1996.

103 M. Ahmet Varol, "Kanunla korunan yalan", *Akit*, 8 Mayıs 1996.

kalmadı, *Hürriyet* gazetesinden Murat Bardakçı da bunu benimsedi.[104]

Roger Garaudy'nin kitabının Türkçe'de yayımlanması üzerine 20 Eylül 1996 günü Kanal 7'de düzenlenen ve kitabın çevirmeni ile yayıncısının katıldıkları bir programda kitabın tanıtımı yapıldı. Bu programda Soykırım'da katledilen Yahudilerin sayısı sorgulandı. II. Dünya Savaşı sırasında elli milyon kişi hayatını kaybettiği halde neden sadece Yahudilerden söz edildiği tartışıldı. Bunun üzerine Yahudi cemaatinin gazetesi *Şalom*'da Kanal 7'deki programı eleştiren ve Soykırım'ın inkâr edilemeyeceğini belirten bir başyazı yayımlandı.[105] Bunu takiben *Şalom* yazarı Yusuf Altıntaş "kitabın içeriği hakkındaki görüşlerimizi bir başka yazımızın konusu sayıyor ve bu sütunlarda yazarı Roger Garaudy'yi tanıtmak istiyoruz" diyerek Garaudy'nin kişiliğini eleştirdi.[106] Ancak yazar ileriki haftalarda kitabın içeriğine değineceğini ilân etmesine rağmen bu sözü hiçbir zaman yerine getirmedi. Bunun nedeni *Şalom*'da yayımlanan başyazı üzerine *Akit* gazetesinin *Şalom*'a sert bir üslûpla cevap vermesiydi.[107] Bu tepki karşısında sadece *Şalom* yazarı Yusuf Altıntaş değil, daha önceki başyazının yazarı da sustu ve tartışmayı sürdürmedi. Roger Garaudy'nin kitabı İslâmî kesimde oldukça fazla ilgi gördü, onunla yapılan bir söyleşi bir kitap tanıtım dergisinde yayımlandı.[108] Roger Garaudy aynı dergi tarafından "ayın yazarı" seçildi.[109]

Gayssot yasasını ihlal ettiği gerekçesiyle Roger Garaudy'ye dava açılmış olması İslâmî basında gene antisemit bir tepkiye yol açtı. *Millî Gazete* haberi şu başlıkla verdi: "Sapkınlığın tarihini yazdı mahkemelik oldu" ve şu yorumda bulundu:

---

104 Murat Bardakçı, "Garaudy'nin şeytan ayetleri İsrail'i çıldırttı", *Hürriyet*, 13 Ekim 1996.

105 Silvyo Ovadya, "Holokost inkâr edilemez", *Şalom*, 26 Eylül 1996.

106 Yusuf Altıntaş, "Roger Garaudy'den bir bilimsel (!) kitap", *Şalom*, 9 Ekim 1996.

107 İrfan Keskin, "Şalom'dan küstahlık", *Akit*, 15 Ekim 1996.

108 İrfan Keskin, "*İsrail, mitler ve Terör* kitabı vesilesiyle Garaudy ile söyleşi", *Kitap Dergisi*, Kasım 1996, sayı 84, s. 48-50.

109 "Roger Garaudy niçin ayın yazarı?", *Kitap Dergisi*, Kasım 1996, sayı 84, s. 45.

"Söz konusu kitabında yazar, Hitler'in altı milyon gibi akıl almaz sayıda Yahudi'yi yok ettiği propagandasının bayağı bir yalandan ibaret olduğunu gözler önüne seriyor. Gaz odalarının ve gaz odalı kamyonların bulunduğu iddiasının ise tamamıyla Siyonist yalanı olduğunu ispatlıyor".[110]

Roger Garaudy'nin hakkında açılan dava sonucunda tazminat ödemeye mahkûm edilmesi Türkiye'de tepkilere yol açtı. *Sabah* gazetesi köşe yazarlarından Gülay Göktürk 1998 yılının son günlerinde yazdığı bir yazıda Roger Garaudy'nin mahkûm edilmesini düşünce özgürlüğü açısından eleştirdi. Okurlarına da Amerika'da soykırım inkârcılarının kurduğu CODOH internet sitesine bakmalarını tavsiye etti.[111] Bu yazı *Millî Gazete* ve *Yeni Şafak* tarafından da iktibas edildi.[112] Göktürk'ün, liberal kesime mensup ve İsrail'e ve Yahudi cemaatine olumlu yaklaşımı ile tanınan önemli bir gazetenin köşe yazarı olması nedeniyle yazı Yahudi cemaati içinde infial yarattı ve Göktürk'e protesto yazıları yollandı.[113] Göktürk bu protestolar üzerine yazdığı ikinci yazısında da ilk tavrında ısrar etti.[114] Bu yazısı da *Millî Gazete* ve *Yeni Şafak* tarafından iktibas edildi.[115] Ancak Yahudi cemaat yönetiminin *Sabah* gazetesi nezdinde gösterdiği tepkinin bir sonucu olarak *Sabah* gazetesi dolaylı bir özür dileme olarak değerlendirilebilecek bir davranışla Soykırım'ı konu eden geniş bir haber yayımladı.[116] Türk basınında Gülay Göktürk'ün yazıları, Kürşat Bumin dışında, hiç kimse tarafından eleştirilmedi.[117] Bumin'in bu eleştirisi üzerine çıkan kısa süreli tartışmada Göktürk özgür düşünce adına,

---

110 "Sapkınlığın tarihini yazarak mahkemelik oldu", *Millî Gazete*, 17 Şubat 1998.

111 Gülay Göktürk, "Auschwitz'de kaç kişi öldü?", *Sabah*, 22 Aralık 1998.

112 *Yeni Şafak* ve *Millî Gazete*, 24 Aralık 1998.

113 Tepkiler için bkz. 30 Aralık 1998 ve 6 Ocak 1999 tarihli *Şalom* gazeteleri.

114 Gülay Göktürk, "Galiplerin tarihi", *Sabah*, 24 Aralık 1998.

115 *Yeni Şafak* ve *Millî Gazete*, 25 Aralık 1998.

116 "Soykırım unutulmadı", *Sabah*, 1 Ocak 1999.

117 Kürşat Bumin, "Garaudy, Voltaire, Jakobenizm ve Yeni Şafak", *Yeni Şafak*, 24 Aralık 1998.

ırkçı ve antisemit yayınlar dahil olmak üzere, her tür yayının serbest bırakılması fikrini savunmakta ısrar etti.[118]

Garaudy'nin mahkûm edilmesine İslâmcı kesimden Ali Bulaç da karşı çıktı. Bulaç köşe yazısında Soykırım hakkındaki kuşkularını şöyle dile getiriyor:

> "Değil altı milyon Yahudi altı Yahudi dahi öldürülmüş olsa, bu insanlık suçudur. (...) Bu açıdan bakıldığında Nazilerin bir insanlık suçu işlediklerine hiç şüphe yok. Ancak öte tarafta eğer sahiden gaz odaları olmamışsa veya altı milyon Yahudi değil de söz gelimi 1.5 milyon Yahudi öldürülmüş; ama buna rağmen bunun üzerine bir tarih ve geniş amaçlı bir siyaset oturtulmuşsa, bırakın da tarihî gerçekler açığa çıksın. Bile bile bir yalan, bir efsane üzerine tarih ve siyaset inşa edilebilir mi?"[119]

Yahudi cemaati yönetimi Gülay Göktürk'e gösterdiği yoğun ve sert tepkiyi İslâmî kesime mensup bir yazar olması nedeniyle Ali Bulaç'a göstermedi. Tepkiler, *Şalom* gazetesinde yayımlanan bir başyazı ile,[120] soyadını açıkça belirtmekten çekinen İzak adlı bir kişinin Ali Bulaç'ı telefonla aramasıyla sınırlı kaldı. Bulaç kendisini arayan bu okurun telefonda ifade ettiği görüşlerine yer veriyor:

> "Yazım üzerine ismi İzak olan bir Musevi okuyucum aradı. Orta yaşlı, Türkçeyi güzel kullanan saygılı ve belli ki kültürlü bir Musevi Türk. Benim anti-semitik olmadığımı bildiğini, Medine Vesikası'yla ilgili çalışmalarımı ilgi ve takdirle izlediğini ifade ettikten sonra, Garaudy meselesi hakkında düşüncelerini iletti. İzak Bey'e göre, rakamlarda bir abartı olsa bile, bunun bir önemi yok, Auschwitz'de 4 milyon değil de 1,5 milyon kişi de öldürülmüş olabilir."

Bulaç okuyucusunun bu tepkisine karşı Soykırım'ın siyasi amaçlara hizmet etme gayesiyle abartıldığı ve/veya kullanıldığı

118 "Irkçı düşünce özgür olsun mu?", *Aktüel*, S. 391, 14-20 Ocak 1998, s. 38-41.

119 Ali Bulaç, "Garaudy'nin mahkûmiyeti", *Zaman*, 7 Ocak 1999.

120 Yakup Barokas, "Holokost ve özgür düşünce", *Şalom*, 27 Ocak 1999.

düşüncesinde olduğunu söylüyor: "Bu konuyla kimin ve hangi maksatla ilgilendiğine bakmak lazım. İşin içinde galiplerin yazdığı tarihin payı var." Bulaç bir sonraki yazısında nihai cevabını vereceğini belirtiyor.[121] Ali Bulaç bir sonraki yazısında da ilk tavrında ısrar ediyor ve Yahudileri şu sözlerle üstü örtülü bir şekilde eleştiriyor:

> "Ön yargılarımızdan kurtulmamız, 'diyalog ve hoşgörü' gibi kavramları insanlığın sahici barışı ve mutluluğu yolunda kullanmamız sanıldığı kadar kolay değil. Sürekli hoşgörü ve diyalogdan bahsedenler, herhangi bir işin ucu kendilerine dokununca her şeyi bir anda unutuveriyor, dünyayı ayağa kaldırıyorlar."[122]

İslâmî bir tarikat yayını olan *Furkan* dergisi de Garaudy'ye ilgi gösterdi. Dergi, Roger Garaudy'nin *Anne Frank'ın Günlüğü*'yle ilgili şu sözlerini yayımladı:

> "*Anne Frank'ın Günlüğü*'nde Yahudi katliamı ile ilgili anlatılanlar tamamen uydurmadır. Çünkü hatıraları tükenmez kalemle yazmıştır. Oysa tükenmez kalem ancak 1951 yılından itibaren kullanılmaya başlanmıştır. Anne Frank ise 1945 yılında ölmüştür."[123]

Soykırım müzelerine yapılan ziyaretlerin İslâmî kesimdeki yansımaları

Türkiye-İsrail ilişkilerinin son yıllarda gelişip ivme kazanmasının doğrudan bir sonucu da Türk resmî heyetleri tarafından İsrail'e sıkça yapılan ziyaretlerdir. Bu ziyaretlerde, protokol gereği, Yad Vashem Soykırım Müzesi ziyaret edilir. Ancak bu müzeye yapılan ziyaretler İslâmî basının tepkisine yol açmıştır. Cumhurbaşkanı Süleyman Demirel'in Yad Vashem Soykırım Müzesi'ni ziyaret etmesi İslâmcı bir gazetede şu satırlarla anlatıldı:

---

121 Ali Bulaç, "Soykırım rakamları", *Zaman,* 14 Ocak 1999.

122 Ali Bulaç, "Zor geçit", *Zaman,* 16 Ocak 1999.

123 *Furkan,* Yıl 1, S. 9, Nisan 1996, s. 10.

"Kudüs'e giden Demirel, burada, tarihi gerçeklerle çelişen sözde Yad Vashem Soykırım Müzesi'ni ziyaret etti. Cumhurbaşkanı Demirel, dün öğleden sonra İkinci Dünya Savaşı döneminde Naziler tarafından katledildiği iddia edilen, ancak yalan olduğu belgelerle ortaya konulan 6 milyon Yahudi'nin anısına yapılan sözde Soykırım Müzesi'ni gezdi."[124]

Genelkurmay başkanı Orgeneral İsmail Hakkı Karadayı'nın Yad Vashem Soykırım Müzesi'ni ziyareti, İslâmî basında "Orgeneral Karadayı'dan sözde Soykırım Müzesi'ne ziyaret" başlığıyla verildi.[125] Başbakan Mesut Yılmaz'ın 1998 yılında İsrail'e yaptığı resmî ziyaret esnasında müzeyi ziyareti İslâmî basında başbakanın "Sözde Soykırım Müzesi"ni gezmesi şeklinde yer aldı.[126] Buna benzer bir tepkiyi Washington'daki United States Holocaust Memorial Museum (Birleşik Amerika Soykırım Anıt Müzesi)'ni gezen bir gazeteci de gösteriyordu. Müzeyi ziyaret eden İslâmcı yazar Halil Akgün izlenimlerini şöyle aktarıyor:

> "Yahudiler bu tarihi tecrübeden, insanlık tarihinin en gözde yalanlarından birini ürettiler: Yahudiler, sadece Yahudi oldukları için kötü görüldü, aşağılandı, öldürüldü".[127]

II. Dünya Savaşı'nın sona erişinin ellinci yılı münasebetiyle düzenlenen etkinliklerin yansımaları

1995 yılında Türk basınında Soykırım konusunda haberlere ve yazı dizilerine daha sık bir şekilde rastlanmaya başlandı. *Sabah* gazetesi yazarlarından Zeynep Göğüş'ün Auschwitz temerküz kampını ziyaret etmesi ve bu konuyu yazılarında işlemesi İslâmî basının da konuyla biraz ilgilenmesine yol açtı.[128] Ancak İslâmî basından konuya ilgi gösteren az sayıda gazeteci

---

124 "Demirel İsrail'de", *Akit*, 12 Mart 1996.

125 "Org. Karadayı'dan sözde Soykırım Müzesi'ne ziyaret", *Akit*, 26 Şubat 1997.

126 "Yılmaz: İsrail'i ilk tanıyan biziz", *Akit*, 8 Eylül 1998.

127 Halil Akgün, "Duvar", *Yeni Şafak*, 28 Ocak 1997.

128 Zeynep Göğüş, "Nazi Kamplarından kurtuluşun 50. yılı", *Sabah*, 27 Ocak 1995 / Zeynep Göğüş ve Korcan Karar, "İnsanlık ders almadı", *Sabah*, 28 Ocak 1995.

Soykırım'a kuşkulu bir şekilde yaklaştı. *Zaman* gazetesinde yazan Nuh Gönültaş Nazilerin yaptıklarını lânetlemenin yanı sıra Soykırım'ın gerçekliği konusundaki kuşkusunu dile getirmekten de geri kalmadı:

> "Auschwitz, Güney Polonya'da bir yer. Burası dünyanın en büyük ölüm fabrikası olarak biliniyor. Bu kampta birbuçuk milyona yakın Yahudi'nin İkinci Dünya Savaşı sırasında Naziler tarafından yok edildiği iddia ediliyor."

Yazar, Nazilerin anne ve çocukları gaz odalarına nasıl gönderdiklerini anlatan Zeynep Göğüş'ün satırlarını alıntıladıktan sonra kuşkusunu şöyle dile getiriyor:

> "Bu manzara karşısında yüreği titrer insanın. Bu manzaranın gerçekte varolmadığını, sadece propaganda için söylendiğini varsayarsanız bile, yine de Nazilere lanet edersiniz."[129]

Yeni Şafak gazetesinin dış politika yazarlarından Mustafa Özcan'ın tavrı ise kuşkudan ziyade doğrudan doğruya Soykırım'ı inkâra yönelikti:

> "Yahudiler, II. Dünya Savaşı sırasında gaz odalarında 6 milyon Yahudinin öldürüldüğünü iddia ediyorlar. Bazen bu iddialara ilmi metodlarla cevap vermeye çalışanlar çıkıyor. Ama böyle bir tabu konuya girmek ve iğneli fıçıyı kurcalamak mümkün mü? Bunlar David İrwing'in akibetine uğramaktan da kendilerini kurtaramıyorlar. Ya kovuşturmaya maruz kalıyorlar veya yabancı ülkelere sokulmuyorlar. Bunlardan biri de Japonya'da yayınlanan *Marco Polo* dergisi yazarlarından Masanori Nshioka. 'The Greatest Taboo of Postwar History: There were no Nazi gas Chambers' yani 'Savaş sonrası tarihin en büyük tabusu. Gaz odaları aldatmacası' başlıklı 10 sayfalık yazısı Yahudilerin sabırlarını zorlamış bulunuyor. Bu yazıda gaz odalarının bir efsane ve muhayyel vaka olduğu dile getiriliyor. Önce dergi ilan yoluyla cezalandırılıyor. Aldıkları talimatlar doğrultusunda Microsoft, Philip Morris, Cartier, Philips Electronics, Mit-

---

129 Nuh Gönültaş, "Auschwitz", *Zaman*, 5 Şubat 1995.

subishi ve Volkswagen firmaları ilanlarını kesiyorlar. Amerikan Sinagoglar Komitesi Başkanı Haham Abraham Cooper ve Avrupa Yahudi Kongresi Başkanı Jean Kahn dergiyi ve Japonya'yı uyarıyor. Bu eylemin akabinde *Marco Polo* dergisinin editörü Kazuyosi Hanada görevinden azlediliyor ve dergi de kapatılıyor. İşte sözde iddiaları çürütmenin karşılığı bu."[130]

II. Dünya Savaşı'nın sona ermesinin ellinci yılı münasebetiyle düzenlenen "Faşizm Karşıtı Filmler Haftası"nda Soykırım'ı konu eden filmlerin RP yönetimindeki İstanbul Büyükşehir Belediyesi'ne bağlı Tarık Zafer Tunaya Kültür Merkezi'nde gösterime girmesi, İslâmî basının bir kesimini öfkelendirdi. Öfkenin nedeni bu filmlerin İslâmî kesimin duyarlılığını ve tabanını temsil eden RP yönetimindeki İstanbul Büyükşehir Belediye Başkanlığına bağlı bir birimde gösterilmeleriydi. İslâmcı bir gazeteci

> "II. Dünya Harbi'nde 'altı milyon Yahudinin katledildiği' yalanı, insanlık âlemindeki yalanların en büyüğüdür. Yahudi kendini mazlum gösterebilmek ve dünyaya şantaj yapabilmek için, bir Hitler'e ve altı milyon Yahudinin katledildiği masalına ihtiyaç duymuştur."

yorumunda bulunup Louis Marschalko'nun kitabını mesnet olarak kullandı. Yazar yazısına şöyle son veriyor:

> "Bu bilgileri 'tarih kültürü' hayli zayıf olan sayın Başbakan'ın dikkatlerine sunuyorum. Neyi kutladığını bilsin!.."[131]

Aynı gazetenin bir diğer yazarı ise filmlerin gösterildiği haftayı şöyle tarif ediyor:

> "2. Dünya Savaşı'nın bitiminin 50. Yılı münasebetiyle bütün dünyada (özellikle Türkiye'de) Yahudi-Siyonist örgütler ve onların alt birimi olan Lionslar ve Rotaryenlerin elbirliği ile yaptıkları propagandalar sayesinde 'sağnak yağışlı, gök gürültülü bir Yahudi haftası' yaşadık.

---

130 Mustafa Özcan, "İkinci yükselişleri", *Yeni Şafak*, 20 Şubat 1995.

131 Hasan Karakaya, "II. Dünya Savaşı'nın sona erişinin 50. yıldönümünde 'gaz odaları' yalanı", *Beklenen Vakit*, 12 Mayıs 1995.

50 yıldır yapılan Yahudi propagandasını bu yıl daha şiddetli olarak yaşamak zorunda kaldık."

Yazar bu yorumundan sonra Ukrayna, Kırım ve Kafkaslar'da meydana gelen ve Müslümanları hedef alan soykırımlara ait filmlere bu gösteriler sırasında neden yer verilmediğini soruyor:

> "Sanırım Tarık Zafer Tunaya'daki 'Faşizm Karşıtı Filmleri Haftası'nı düzenleyen arkadaşlara göre bunlar 'faşist-soykırımı' anlatmıyorlar. Herhalde 'gerçek' oldukları için. Eğer bunlar gerçeklerle örtüşmeyip Yahudi katliamları(!)nı anlatan filmler gibi birer "senaryo" birer yalan olsalardı gösterime gireceklerdi."[132]

Soykırım inkârı ve İsrail-Filistin ihtilafı

İsrail devleti ile Filistin Özerk Yönetimi arasındaki barış görüşmelerinin henüz bir sonuca varmamış olması ve değişen siyasi koşullardan dolayı zaman zaman patlak veren silahlı çatışmaların Türkiye'deki İslâmî kesimde yarattığı infial kimi zaman Soykırım'ın inkâr edilmesi şeklinde de kendini gösterdi. Bunun en son örneği 2000 yılının Eylül ayında meydana gelen gösterilerde yüzden fazla Filistinli gencin öldürülmeleriyle sonuçlanan olaylardı. Bu olaylar nedeniyle İslâmî basında yer alan haberlerde Soykırım'dan, ya "İkinci Dünya Savaşı yıllarında Almanya'da Hitler yönetimi tarafından katledildikleri öne sürülen Yahudiler"[133] veya "Hatta bizim kuşbeyinli bazı uşak ruhlu medyamızda bile yer alan Hitler nazizminin Yahudi katliamı, soykırımı yalanları bile Yahudileri bu bölgeye "göçe zorlamak için uydurulmuş yalanlardır"[134] şeklinde söz edildi. Gene bu olaylar nedeniyle yayımlanmış bir makalede de İsrail devletinin güdümünde olan Türk basınının İslâmî duyarlılığa sahip kişileri de etkilediği, hatta ve hatta onları Soykı-

---

132 Erdal Şimşek, "Yahudi Propaganda Haftası", *Beklenen Vakit*, 14 Mayıs 1995.

133 "İşte soykırım bu", *Akit*, 10 Ekim 2000. Bu alıntıya bir eleştiri internetteki Medyakronik web sitesinden geldi. Bkz http://www.medyakronik.com/arsiv/index.asp Ekim 2000 ayı arşivi, "Çekilme *Akit*, sahibi sensin!"

134 Doç. Dr. Halil Ürün, "Filistin topraklarında hüküm süren vahşet", *Akit*, 19 Ekim 2000.

rım'ın gerçek olduğu konusunda inandırma eşiğine bile getirdiği anlatıldı ve şu örnek verildi:

> "İsmini verirsem tanıyacağınızı bildiğim bir Müslüman; bir defasında bir 'film'e gitmeye karar vermiş. Film, 'Yahudi soykırımı'nı ve 'sürgün'ü anlatan bir film. Müslüman; gerçekten 'şuurlu' biri... Biliyor ki; bal gibi 'Yahudi propagandası' yapılacak o filmde... Anlayacağınız; tamamen, 'önyargılı olarak girmiş sinema salonuna... Başlamış filmi seyretmeye... Daha sonraları, bir yakınına ne demiş biliyor musunuz: 'Allah beni affetsin...Adamlar, olayları öyle bir dramatize etmişler, insanın merhamet duygusuna öyle hitap etmişler ki, bunun bir propaganda filmi olduğunu bile bile farkında olmadan benim de gözlerimden yaşlar döküldü!"[135]

Diğer örnekler

İslâmî basının bir kesimi, Soykırım'ın yalan olduğunu iddia etmek için her fırsatı vesile bildi. İsrail Başbakanı Benyamin Netanyahu'nun Nazi toplama kamplarında altı milyon Yahudinin yok edildiğini beyan etmesi İslâmî bir gazetenin şu yorumu yapmasına neden oldu:

> "Tarih başbakanlık görevine büyük bir yalanla başlayan Binyamin Netanyahu'yu yalanlıyor. Yahudilerin soykırım iddialarını yalanlayan belgelerle dolu yüzlerce eser bulunuyor".[136]

Gene İslâmî basında yer alan bir diğer haberde Soykırım'ın Yahudi bankerler tarafından yapıldığı iddia edildi.[137] İslâmî akımın radikal kesimine mensup *Selam* gazetesinde yayımlanan ırkçılıkla ilgili bir makalede ırkçılık lanetleniyor ancak Soykırım'dan şöyle söz ediliyordu:

> "Yahudilerin tahrifçi özelliklerini göz önünde bulundurarak, kendisi de Yahudi olan Hitler'in Yahudi soykırımı yaptığı ya-

---

135 Hasan Karakaya, "O tencerede Müslüman kanı kaynıyor!", *Akit*, 18 Ekim 2000.

136 Ömer Özkaya, "Soykırım yalanı", *Akit*, 29 Haziran 1996.

137 Ali Güler, "Soykırım, Yahudi bankerlerin işi", *Akit*, 17 Mart 1997.

lanını bir kenara bırakacak olursak; iyimser rakamlarla 30-40 milyon insanın hayatına mal olan 2. Dünya Savaşı'nın da en büyük sebeplerinden birisinin ırkçı düşünceden kaynaklandığını görürüz."[138]

Soykırım'ın İsrail devleti ve uluslararası Yahudi lobisi tarafından siyasi amaçlarla kullanılmasını konu eden bir yazıda ise yazar, Soykırım inkârcılarının gerçek amaçlarına değinmeyip onlardan şöyle söz ediyor:

> "Muhtelif akademisyenler Holokost olayının siyonist organizasyonlar tarafından abartıldığında ısrar ediyor. Biraz uçuk görünse de siyonistlerin tasvir ettiği Holokost olayının hiçbir zaman yaşanmadığını iddia eden tarihçiler bile var. Holokost tarihçilerinin vereceği nihai hüküm ne olursa olsun, kimsenin itiraz etmediği bir gerçek var ki, o da Holokost kavramının siyasi acentası."[139]

Bir diğer gazeteci ise Avusturya'da müze haline dönüştürülmüş bir temerküz kampını ziyaret ettikten sonra izlenimlerini şöyle naklediyor:

> "Her şey belgelerle kanıtlanmış gibi gösterilse de Nazi ölüm kampını gezerken akıllara bazı sorular takılıyor. Kampta işkence odası, soğuk oda, gaz odası ve iki adet de yakma odası var. Ama revirler, spor alanları var, çamaşırhaneler de var. Bu kadar insan durup dururken yakılmak için toplanmışsa, bu çamaşırhane, bu revir ne diye var? Bu kadar insanı yakmaya bu iki fırın nasıl yeterli olmuş? Yakılanların fotoğrafları panolarda sergileniyor. Bu kadar fotoğrafı nasıl temin etmişler? Ya da tutuklular bu güzel fotoğrafları nasıl çektirmişler? Fotoğraf çektirmeyen tutuklu yok muydu acaba? *Dünyamız Nazi zulmüne doğru kayıyor ve Yahudilerin Nazi'lerden çektiklerini herkes konuşuyor da, insanlığın Yahudilerden çektiklerini kimse konuşmuyor. Acaba neden?* Ve kimse şu soruyu sormuyor: *Yahudilere bu yapılanlar durup dururken mi yapılmış? Niçin başka bir millete*

138 Kerim Gülbetekin, "Tüm zamanların vebası: Irkçılık", *Selam*, 2 Eylül 1997.

139 Halil Akgün, "Holokost ne işe yarar?", *Yeni Şafak*, 18 Ekim 1997.

değil de, Yahudilere yapılmuş? Hitler bir *arî ırk* rüyası ile dünyayı kana bulamış, *Yahudiler* de aynı ırkçı yaklaşımla dünyayı kana bulamaya devam ediyorlar. *Hitler* sürekli lanetlendiği halde, Yahudilere neden kimse bir şey demiyor?

Müzenin ziyaretçi defterini inceliyorum, dünyanın her yerinden, *Afrika* ülkelerinden, *Latin Amerika* ülkelerinden, *Uzak Doğu*'dan, *Avustralya*'dan ve nice ücra ülkelerden ziyaretçiler gelmiş, müze defterine ziyaret sırasındaki duygu ve izlenimlerini yazmışlar. Deftere yazılanlardan anladığım şu: Avrupa'nın değişik noktalarında müze olarak bütün dünyanın ziyaretine açık bulunan bu ölüm kampları, bugün *Siyonizmin beyin yıkama merkezleri* gibi kullanılmaktadır. Nazi *konsantrasyon* kamplarının müzeye çevrilmiş kalıntılarında fevkalâde egzecere edilerek [abartılarak] sunulan işkence ve zulmün baş sorumlusu olarak gösterilen *Hitler*, kuşkusuz büyük bir insanlık suçu işlemişti. (...)

Bu kampları gezdikten sonra şu kanaate varıyorum ki, bu kamplardaki yakma odaları tutukluları keyfi olarak yakmak için değil, yeterince beslenememekten ölümcül ya da bulaşıcı hastalıklara yakalanan tutukluları yakmak için kullanılmış olabilir. Eldeki kanıtlar, tutukluların tamamının yakılarak ya da gaz odalarına doldurularak öldürüldüğünü iddia edebilmek için yeterli değil. O halde, *1938-1945 arasını tarihçilerin objektif bir bakışla yeniden değerlendirmeleri gerekiyor.* Fakat böyle bir şeye kimsenin cesaret edebileceğini zannetmiyorum. Siyonistler o kapıyı da kapatmışlar. *Avusturya* ve *Almanya*'da Yahudiler hakkındaki bu iddiaların doğru olmadığını söylemenin cezası çok ağır, en az 5 yıldan başlıyor. Bu nedenle, kimse bu iddiaların aksini savunamıyor. Ne diyorsa başını eğmek, inanmasa da onaylamak zorunda. *Fransa'da Garaudy* bu işi biraz kurcalamak istedi, başına gelmedik kalmadı."[140]

İslâmî kesimin önde gelen yazarlarından Abdurrahman Dilipak ise başörtü meselesi nedeniyle üniversiteye alınmayan kız

---

140 Yaşar Kaplan, "1938'de Avusturya ve Mauthausen ölüm kampı", *Akit*, 7 Ağustos 1999. Vurgulama yazarı tarafından yapıldı.

öğrencileri konu eden bir makalesinde Hitler'e ve Soykırım'a yaptığı atıfta Soykırım'ın meydana geldiğini reddetmemesine rağmen temerküz kamplarındaki insan yakma fırınları ve Soykırım'ın boyutu konusunda kuşkuları olduğunu ifade ediyor:

> "Ne kadar Yahudi yakıldı, bu fırınların hepsi gerçek mi? Bunu tartışabiliriz. Bu gerçeği ortadan kaldırmıyor. Rakamlar değişebilir, ama gerçek ortada."[141]

İslâmî kesimin önde gelen yazarlarından Mehmed Şevket Eygi'nin Soykırım'a bakışı da Dilipak'a benzer bir şekilde kuşku dolu ve Soykırım'ı sıradanlaştıran bir bakıştı:

> "Yakın tarihin en büyük katliamı ise Sovyetler Birliği'nde, Marksist-Leninist ideoloji yüzünden olmuştur. Komünist sistemin, ölümüne sebep olduğu insanların sayısı seksen milyon olarak tahmin ediliyor. Nedense bunun üzerinde fazla durulmuyor da, bütün dikkat ve alakalar Hitler rejiminin Yahudi soykırımına yoğunlaştırılıyor. Revizyonist tarihçiler Yahudi soykırımının abartıldığını iddia ediyor. Ben konunun uzmanı olmadığım için bir mütalaada bulunmuyorum. Öldürülenlerin sayısı çok gösterilse de soykırım soykırımdır, zulüm zulümdür. Amerikalı yerlilerin yok edilmesi faciası da Yahudi soykırımı kadar suçtur, vahşettir."[142]

İslâmî eğilimli bir televizyon kanalı olan Kanal 7'de, İslâmî kesimden bir şirketler grubu olan YİMPAŞ'ın desteğiyle hazırlanan bir programda, Auschwitz Temerküz Kampı'na yer verildi. Ancak basına gönderilen bültende Yahudilerden söz edilmeyip sadece "Hitler'in emriyle kurulan kampa 5 yıl içinde toplam 1,5 milyon insan getirildi ve bunlardan 1 milyon 100 bini aynı dönem içinde gaz odalarında ve fırınlarda yakılarak ya da kurşuna dizilerek öldürüldü" denildi.[143]

Kanal 7'de böyle bir programa yer verilmesi İslâmî camianın radikal uçlarını rahatsız etti. Daha önce de *Akit* gazetesinde

---

141 Abdurrahman Dilipak, "Bir gün sıra size de gelir!", *Akit,* 13 Ağustos 1997.

142 Mehmed Şevket Eygi, "En büyük soykırım", *Millî Gazete,* 22 Mart 1999.

143 "Gurbet Yolları Auschwitz'de", Kanal 7 program ilânı, *Akit,* 20 Haziran 2000.

"Soykırım Yalanı" başlığıyla bir yazı yayımlayan Selim Bilen[144] *Cuma* dergisine yolladığı okuyucu mektubunda program hakkındaki düşüncelerini şöyle ifade ediyor:

> "Kanal 7'nin iddiasına göre Yahudiler 2. Dünya Savaşı sırasında sistemli bir katliama maruz kalmışlar, gaz odalarında milyonlarcası öldürülmüş hatta bu ölülerden sabun bile yapılmış! 'Austchwitz' toplama kampını ve soykırım müzesini gezen Kanal 7 muhabiri siyonistler tarafından tahrif edilmiş ve yeniden dekore edilmiş mekanları dramatik bir üslupta Kanal 7 ekranlarına taşıyor. (...)
>
> Kanal 7 yöneticileri lütfen bu tür belgeselleri yayınlarken daha dikkatli olsunlar. Ve bu programlara sponsor olarak imzalarını atan kuruluşlar da, paralarını verdikleri programların içeriği konusunda biraz daha dikkatli olsunlar. Belki de farkında olmadan siyonistlerin oyunlarına alet olabilirler."[145]

Soykırım inkârına karşı Yahudi cemaatinin tepkisi

Soykırım felaketini yaşamamış olan Türkiye Yahudileri için Soykırım, Yahudi kimliğinin, özellikle genç kuşaklarda, yitirilmeyip canlı tutulmasında kullanılan olağanüstü güçlü bir temadır. Bu nedenle cemaat seçkinleri Soykırım konusunda son derece duyarlı davranmakta ve bu konuda en ufak bir eleştirel yaklaşıma sert tepkiler göstermektedirler.

Şahin Alpay, *Milliyet* gazetesindeki köşe yazısında[146] önce "Yahudi Soykırımı'nın, soykırımların 'şahı' olduğu"nu vurguluyor, sonra da ailesini Soykırım'da kaybetmiş Amerikalı bir yazarın Soykırım'ın Yahudi âlemi içinde istismara ve sömürüye açık bir konu haline gelmesini konu eden kitabını[147] kaynak göstere-

---

144 Selim Bilen, "Soykırım Yalanı", *Akit*, 7 Mart 2000.

145 Selim Bilen, "Kanal 7'de soykırım masalı", *Cuma*, Sayı 200027/507, 14-20 Temmuz 2000, s. 41.

146 Şahin Alpay, "Soykırımın sömürüsü", *Milliyet*, 8 Ağustos 2000

147 Norman G. Finkelstein *The Holocaust Industry: Reflections on the Exploitation of Jewish Suffering* Verso Londra 2000. Türkçe çevirisi: *Soykırım Endüstrisi*, Söylem Yayınları, İstanbul, 2001.

rek Kudüs'ün ABD tarafından İsrail devletinin "ebedi ve bölünmez" başkenti olarak Filistin Özerk Yönetimi'ne kabul ettirilmesi gayretlerini, Amerikalı yazarın "Soykırım sömürüsü" dediği olguya bağlıyor. Bu yazı cemaat gazetesinin tepkilerine yol açtı. *Şalom* gazetesi başyazarı, Amerikalı saygın bir akademisyen olan yazarın şimdiye kadar yaptığı yayınları ve özgeçmişini inceleme gereği bile görmeden[148] onu "ne idüğü belirsiz bir yazar" olarak niteledikten sonra Şahin Alpay'a sesleniyor: "'soykırımların şahı' olduğu konusunda en ufak tereddütünüz olmayan Yahudi Soykırımı'ndan söz ederken biraz saygı lütfen."[149]

Şahin Alpay'a böyle bir tepki gösterebilen aynı cemaat seçkinleri, Soykırım inkârı olayının en çok rastlandığı İslâmî basındaki örnekler karşısında aynı sert yaklaşımı göstermeyip tepkilerini daha dolaylı ve diplomatik bir şekilde dile getiriyorlar. Nitekim İslâmî kesimde yoğun olarak rastlanan bu "Soykırım inkârı" eğilimine cevap teşkil etmek üzere *Şalom* gazetesini yayımlayan yayınevi, Soykırım'ın nasıl meydana geldiğini anlatan çeviri bir kitap yayımladı.[150] Ancak kitapta "Soykırım inkârı" olayının neden ve nasıl ortaya çıktığı izah edilmedi. Bu konuda kitap yayımlamış olan kişilerin geçmişlerine değinilmedi. Kitapta "Soykırım inkârı" konusunu meslek edinmiş kişileri incelemeye ve onları eleştirmeye, Türkiye'de son birkaç yıldan beri görülmeye başlayan bu tür yazılara cevap vermeye yönelik tek bir satıra dahi rastlanmadı, sorun yok varsayıldı. Harun Yahya *Soykırım Yalanı* kitabını eleştirdiği için Bedri Baykam'a dava açtığında Yahudi cemaati yönetimi Baykam'a görünür bir şekilde destek vermedi. Verilen destek Baykam'a avukat olarak Prof. Köksal Bayraktar'ın tavsiye edilmesi ve savunmanın hazırlanmasına yarayacak yayınların temini şeklinde oldu. İsrail Büyükelçiliği de Baykam'a gösterdiği duyarlılıktan ötürü teşekkür etti. Ancak bu destek alenî bir şekilde yapılmadı ve kamu-

---

148 Norman Finkelstein hakkında ayrıntılı bilgi http://www.normanfinkelstein.com web sitesinde kolayca görülebilir.

149 Yakup Barokas, "Soykırımı siyasileştirme...", *Şalom*, 16 Ağustos 2000.

150 *Holokost II. Dünya Savaşı Sırasında Yahudi Soykırımı*, (Çev. Mehmet Harmancı), Gözlem Yayınları, İstanbul 1997.

oyuna yansıtılmamasına azami gayret sarf edildi. Bedri Baykam cemaat yönetiminin bu tavrı karşısında da derin bir hayal kırıklığına uğradı.[151] Bu hayal kırıklığını da bir duruşma sonrası düzenlediği basın toplantısında şöyle dile getirdi:

> "Bana Soykırım hakkında belgeler getiren 2-3 kişi dışında Musevi Cemaati'nden kimse bana yardımcı olmamıştır. Bu dava Fransa'da olsaydı burada 200 kamera, 20 bin kişi, polis kordonu olurdu.
>
> Burada aklıma sorular geliyor: *Soykırım Yalanı*'nı yazan-ortaya atan insana neden yalnızca ben tepki veriyorum ve ben mahkemeye gidip geliyorum? Bunu sormak hakkım diye düşünüyorum. Ayrıca yalnız Musevi vatandaşların değil, bütün demokrasi ve insan haklarına inandıklarını söyleyen aydınlarımızın ve basınımızın da bu konuya neden gereken özeni göstermediklerini ve bu sanki benim kişisel alacak-verecek davammış gibi konuya bakmalarını da anlıyor değilim ve bu müşahedemi de sizlere söylemeden geçemeyeceğim."[152]

Yahudi cemaati yönetiminin görünürde tepkisiz bu tavrı, yurt içinde kamuoyu desteğinin mevcut olmadığı bir ortamda, antisemit çevrelere cevap verilmesi halinde oluşacak muhtemel bir polemiğin engellenmesine dönük bir siyasetti. Cemaat yönetimi aleni bir tartışmaya girmektense tepkisini dolaylı olarak dile getirmeyi tercih etti. Bunun için de ya ABD'deki Amerikan Yahudi sivil toplum kuruluşları veya İsrail'e yakınlığı ile bilinen bazı Türk basın mensuplarını sözcü olarak kullanmayı tercih etti.

İslâmî yayın çevrelerinde görünen ve özellikle 1991-1997 yılları arasında kayda değer bir artış gösteren Soykırım'ı inkâr etmeye ve bir "yalan" olduğunu iddia etmeye yönelik çabalara alenî bir tepki ABD'den geldi. Başbakan Mesut Yılmaz'a Amerika gezisi sırasında Amerikan Yahudi toplumunun etkin kuruluşu ADL tarafından, 17 Aralık 1997 tarihinde, Türkiye Yahudi cemaati üst kademe yöneticilerinin de hazır bulundukları bir

---

151 Bedri Baykam ile 18 Şubat 2000 tarihli görüşme.

152 "Bedri Baykam'ın basın toplantısı", *Şalom*, 28 Eylül 1996.

toplantıda, "seçkin devlet adamı" ödülü verildi. Ödül töreni sırasında bir konuşma yapan ADL Ulusal Direktörü Abraham H. Foxman, "öğrenim çağındaki öğrencileri ve yurttaşları Soykırım konusunda eğitmelerini Türkiye'den ısrarla istedik" dedi.[153] Bu ifade bir yandan ADL'nin Türkiye'de görülen bu tür yayınlara karşı olan duyarlılığının diplomatik bir dille ifadesi, diğer yandan da Türkiye Yahudi cemaati yönetiminin arzusunun ADL sözcüsü tarafından dile getirilmesiydi. Benzer bir şekilde 26-28 Ocak 2000 tarihlerinde Stockholm'de düzenlenen Uluslararası Soykırım Konferansı'nın nihai sonuç belgesinde Soykırım'ın okullarda ders programlarına alınması dileği yer aldı. Türkiye bu konferansa Devlet Bakanı Şükrü Sina Gürel başkanlığında, aralarında Türkiye Yahudi cemaati yöneticilerinin de bulunduğu bir heyetle katıldı ve sonuç belgesine imza attı.[154] Ancak Türkiye'nin bu karar gereğince hangi zaman süresi zarfında Soykırım'ı tarih dersi kitaplarına dahil etmeye başlayacağı konusunda herhangi bir tahminde bulunmak güçtür.

Son yıllarda yoğun bir şekilde İslâmî kesimde rastlanan Soykırım'ı inkâra yönelik yayınların Türkiye Yahudi cemaati yönetimini fazlaca rahatsız ettiği ve cemaat yönetiminin Soykırım inkârını ve antisemitizmi suç sayan özel bir yasanın çıkmasını arzu ettiği, Yahudi cemaatine, İsrail'e ve Yahudi lobilerine yakınlığıyla tanınan, *Sabah* gazetesinin dış politika yazarı Sedat Sertoğlu'nun Adalet Bakanı'na hitaben yazdığı iki açık çağrıda görülmektedir. Sertoğlu ilk çağrısını Gülay Göktürk'ün Roger Garaudy'nin mahkûm olmasını eleştiren iki köşe yazısının yayımlanmasından hemen sonra yaptı:

> "Türkiye Cumhuriyeti'nin antisemitizm ve her türlü dil, din veya ırk ayrımcılığını cezalarla yasaklaması gerekiyor".[155]

Gülay Göktürk'ün bu yazısından bir buçuk yıl kadar sonra gene *Sabah* gazetesinde yer alan bir diğer köşe yazısı da Yahu-

---

153 "ADL presents prime minister of Turkey with distinguished statesman award", *ADL News*, 19 Aralık 1997.

154 Osman İkiz, "Soykırım ders oluyor", *Milliyet*, 21 Şubat 2000.

155 Sedat Sertoğlu, "Adalet Bakanı'na", *Sabah* 13 Ocak 1999.

di cemaatinin tepkisine yol açtı.[156] Bu sefer infiale neden olan, sol ve liberal eğilimli olarak tanınan Can Dündar'ın Türkiye'nin, sınır komşularıyla ilgilenmeyip dünyaya sadece Amerika'nın gözü ile bakmasını eleştiren bir yazısında yer alan şu satırlarıydı:

> "2. Dünya Savaşı'nı anlatan Hollywood filmleri çoğunlukla Yahudi sermayesiyle çekildiği için savaşın yegane mağdurunun Yahudiler olduğu sanıldı. Ölü saymak ayıptır, ancak savaştaki 40 milyon kaybın 6 milyonunun Yahudi, 26 milyonunun Sovyet yurttaşı olduğunun bilinmesinde de yarar var.
>
> Hayata Hollywood perdesiyle, CNN ekranı dışında bir mercekten bakmanın zamanı gelmedi mi sizce?"[157]

Bu yazının yayımlanmasından hemen sonra Sedat Sertoğlu, Gülay Göktürk'ün yazısının ardından gösterdiği tepkinin aynısını sergiledi, isim vermeden Can Dündar'ı eleştirdi ve antisemitizme karşı bir yasanın çıkarılması için Adalet Bakanı'na açık çağrıda bulundu:

> "İkinci Dünya Savaşı'nda Naziler tarafından, insanlık tarihinin en büyük soykırımına uğrayan Yahudiler için, radikal İslâmcı çevrelerin düşünceleri malum.. Kafaları belli.
>
> Ama Türk toplumu önüne, boynuna 'sol-entel' kartvizitini asarak çıkıp, sonra da bu soykırımı Amerikan filmlerine bağlamaya kalkışmak, 'sadece onlar ölmedi, başkaları da öldü' demek, hem insafsızlık, hem bilgisizlik, hem de aykırı görünmek uğruna gerçekleri saptırmanın tipik bir örneğidir. (...)
>
> Adalet Bakanı Hikmet Sami Türk'e de, buradan bir çağrımız var; Anti-Semitizm yasasını çıkartmaktan neden çekiniyorsunuz? Hangisi olursa olsun, bir ırkı aşağılamanın suç olmasını neden kabul etmiyorsunuz? Elinizi tutan mı var?"[158]

Sertoğlu'nun bu yazısı, beklenebileceği gibi, *Şalom* gazetesinin övgüsüne mazhar oldu. Gazetenin başyazarı Sertoğlu'nun satırla-

156 İvo Molinas, "Yahudi sermayesi", *Şalom,* 28 Haziran 2000.

157 Can Dündar, "Amerikan gözlüğü", *Sabah,* 12 Haziran 2000.

158 Sedat Sertoğlu, "İki konu..", *Sabah,* 23 Haziran 2000.

rını alıntıladıktan sonra kendisine teşekkür etti ve Sertoğlu'nun Adalet Bakanlığı'na hitaben yaptığı çağrıyı destekledi.[159]

Ancak Sedat Sertoğlu'nun bu son yazısı ve *Şalom* gazetesinin Sertoğlu'nu desteklemesi İslâmî basının tepkisini çekti. *Akit* gazetesinin yazarı tepkisini popülist bir üslûpla şöyle dile getiriyor:

> "Son uyarımız ise *Şalom* gazetesine. Aylardır kartel medyasındaki destekçilerinizi de arkanıza alarak yarı gizli şekilde sürdürdüğünüz 'Soykırım Efsanesi Kanunlarla Korunsun' kampanyası artık kabak tadı vermeye başladı."[160]

Yahudi cemaati yönetiminin *Sabah* gazetesi köşe yazarı Sedat Sertoğlu vasıtasıyla gösterdiği bu tepkiler, yazılanların sadece liberal kesime mensup önemli bir gazetenin gene aynı kanada mensup önemli yazarları tarafından kaleme alınmış olmasından ileri gelmemektedir. Bu tepkiler bir yerde tarihte emsali olmayan bir trajedinin, Soykırım'ın, Türk kamuoyunda gittikçe artan bir oranda sıradanlaştırılması karşısında cemaatin duyduğu rahatsızlığı da dile getirmektedir.

Soykırım İnkârı Bibliyografyası

Tarih	*Yazar / Çevirmen*	*Yayın şekli*	*Kitap/Makale başlığı*	*Yayınevi / Dergi / Gazete adı*	*Eğilimi*
1971	Louis Marschalko	Kitap	*Cihanı Yutmaya Hazırlanan Sinsi Canavar: Yahudi*	Sebil	İslâmî
1988 Haziran	Louis Marschalko'dan derleme	Dergi	"Altı milyon Yahudinin öldürüldüğü Yahudice bir yalan"	*Zafer*	İslâmî
1992 (Haziran 1988 tarihini taşır)	Louis Marschalko'dan derleme	Dergi	"Altı milyon Yahudinin öldürüldüğü Yahudice bir yalan"	*Zafer*	İslâmî
1993	Louis Marschalko	Kitap	*Cihanı Yutmaya Hazırlanan Sinsi Canavar: Yahudi*	Sebil	İslâmî
1994 Haziran	Louis Marschalko	Dergi	"Altı milyonluk yalan"	*Zafer*	İslâmî

159 İvo Molinas, "Yahudi sermayesi", *Şalom*, 28 Haziran 2000.

160 Erdal Şimşek, "Şalom gazetesinin soykırım rüyası", *Akit*, 10 Temmuz 2000.

Tarih	*Yazar / Çevirmen*	*Yayın şekli*	*Kitap/Makale başlığı*	*Yayınevi / Dergi / Gazete adı*	*Eğilimi*
1995 (20/02)	Mustafa Özcan	Gazete	"İkinci yükselişleri"	*Yeni Şafak*	İslâmî
1995 (12/05)	Hasan Karakaya	Gazete	"II. Dünya Savaşının sona erişinin 50. Yıldönümünde 'gaz odaları' yalanı"	*Beklenen Vakit*	İslâmî
1995 (14/05)	Erdal Şimşek	Gazete	"Yahudi propaganda haftası"	*Beklenen Vakit*	İslâmî
1995 Haziran	Gufran Koyuncu	Dergi	"Soykırımın içyüzü"	*Zafer*	İslâmî
1995 (Aralık)	Harun Yahya	Kitap	*Soykırım Yalanı*	Alem Yayıncılık	İslâmî
1996 (23/02-1/03)	Harun Yahya	Gazete	"Nazi-Siyonist işbirliği"	*Yeni Asya*	İslâmî
1996 (17-22/03)	Roger Garaudy	Gazete	"Uluslararası Siyon terörü yalan devleti"	*Akit*	İslâmî
1996 (30/08-6/09)	Harun Yahya	Gazete	"Soykırım Yalanı"	*Akit*	İslâmî
1997 Mayıs (30/08-6/09)	Özcan Yılmaz	Dergi	"Yahudi katliamı efsânesi"	*Tarih ve Medeniyet*	İslâmî
1997 (26/12)	Harun Yahya	Dergi	"İsrail'in kirli tarihi"	*Cuma*	İslâmî
1998 (23/03)		Gazete	"Ne kazanıyoruz?"	*Millî Gazete*	İslâmî
1998 (14/08)	Harun Yahya	Kitap	*Soykırım Yalanı* (Gazete ile birlikte bedelsiz dağıtıldı)	*Akit*	İslâmî
1998 (22/12)	Gülay Göktürk	Gazete	"Auschwitz'de kaç kişi öldü?"	*Sabah*	Liberal
1998 (24/12)	Gülay Göktürk	Gazete	"Galiplerin tarihi"	*Sabah*	Liberal
1999 (7/08)	Yaşar Kaplan	Gazete	"'1938'de Avusturya' ve Mauthausen ölüm kampı"	*Akit*	İslâmî
2000 (7/03)	Selim Bilen	Gazete	"Soykırım Yalanı"	*Akit*	İslâmî
2000 (10/07)	Erdal Şimşek	Gazete	"Şalom gazetesinin soykırım rüyası"	*Akit*	İslâmî
2000 (14/07)	Selim Bilen	Dergi	"Kanal 7'de soykırım masalı"	*Cuma*	İslâmî
2000 Aralık	Harun Yahya	Kitap	*Soykırımın Perde Arkası*	Vural Yayıncılık	İslâmî

Yıllar	*Yayın sayısı*
1971-1980	1
1981-1990	1
1991-2000	22
Toplam	24

Basında ayrımcılık

Yahudi cemaatinin rahatsızlık duyduğu bir diğer husus da adları ticari yolsuzluklara karışan Yahudi asıllı işadamlarından söz edildiğinde bu kişilerin "Yahudi asıllı" olduklarının vurgulanmasıdır.[161] Basının bu tavrını eleştiren Sedat Sertoğlu aynı yazısında antisemitizmin ya özel bir kanun çıkarılarak veya TCK'ya bir madde eklenerek yasaklanması konusunda Adalet Bakanı'na daha önce yaptığı çağrıyı yineledi.[162] Ancak bu çağrı İslâmî basının tepkisine yol açtı. Bir köşe yazarı "Antisemitizm(in) Türkiye'nin tanımadığı bir kavram" olduğunu belirterek Osmanlı Devleti'nin 1492 yılında İspanya'dan kovulan Yahudilere kucak açtığını hatırlattı. Öyle bir kanunla hedeflenenin antisemitizm yapıldığı bahane edilerek İsrail devleti ve Siyonizmi eleştirenlerin susturulmak istenmesi olduğunu belirtti.[163]

İnternette antisemitizm

İnternet teknolojisi sayesinde Türkiye'de yayıncılık sanal ortamda da hızla gelişmektedir. Sanal ortamda da antisemit yayınlara rastlanmaktadır.

MHP yanlısı milliyetçi bir görüşü yansıtan http://www.otuken.net sitesinde Cevat Rıfat Atilhan'ın "Tarih boyunca Yahudi mezalimi" başlığını taşıyan ve Hıristiyan antisemitizminin klasik temalarından olan kan iftirası ile ilgili bir metin yer almaktadır.[164]

Harun Yahya müstear adlı yazar(lar)ın, Soykırım inkârı dahil olmak üzere, yayımladıkları antisemit kitap ve makaleleri *http://www.harunyahya.com, http://www.harunyahya.net ve*

---

161 Bu vurguya tepki gösterenlerin başında İshak Alaton gelmektedir. Bkz Şelale Kadak "Vurguncunun dini önemli mi?" *Yeni Binyıl* 13 Kasım 2000 / Böyle bir vurguyu yapmış olan *Milliyet* gazetesine gösterilen tepki için bkz. Yavuz Baydar "Yahudi tanımı gereksiz..." *Milliyet* 13 Kasım 2000.

162 Sedat Sertoğlu "Vazgeçelim.." *Sabah* 15 Kasım 2000.

163 Asım Yenihaber "Siyonizmi eleştirmek yasak, İslâm'a, Türk'e hakaret serbest!" *Akit* 19 Kasım 2000.

164 *http://www.otuken.net/ignelifici/*

http://www.harunyahya.org sitelerinde yer almaktadır. Aynı yazarın *Soykırım Yalanı* kitabı merkezi California'da bulunan Soykırım inkârcısı CODOH kuruluşuna ait *http://www.codoh.com/inter/inturk/inturk.html* web sitesinde de yer almaktadır.

Harun Yahya'nın *Soykırım Yalanı* kitabının internette yer alması kitabın daha geniş bir okur kitlesine erişmesini sağladı. Nitekim kitabın bir bölümü internette rastlanan onlarca tartışma forumlarından biri olan Tarih ve Demokrasi Forumu'nda yer aldı ve tartışmalara yol açtı.[165]

Türkiye'de antisemitizmin yaygınlık düzeyi

İslâmcı çevrelerde Yahudileri her türlü olumsuz gelişmenin müsebbibi olarak gösteren ve popülist antisemit yazar Cevat Rıfat Atilhan ile başlayan bu antisemit tavrın özellikle popüler yayınlarda ve siyaset lisanında rağbet görmesi üzerine aynı söylem, İslâmî duyarlığı ve İslâmî tabanı siyaset alanında temsil eden MNP, MSP ve en nihayet RP tarafından da benimsendi. MNP, MSP ve RP'nin, kurmay kadroları dahil olmak üzere, önde gelen hatipleri tarafından parti konuşmalarında kullanılan lisanda ve partinin gayri resmî yayın organı olan *Millî Gazete*'nin 1973 yılındaki kuruluşundan bu yana içerdiği makalelerde ve haberlerde yoğun bir şekilde ciddi antisemit temalar yer aldı.

Popülizm ile yanlış ve/veya tahrif edilmiş bilginin kol gezdiği ve suçlanan tarafın, yani Yahudi cemaatinin yönetiminin de, bu tahribatı düzeltecek ve doğru bilgilerin yayılmasını mümkün kılacak bir girişimde bulunmadığı, kamuoyunun ve aydınların da konuya son derece duyarsız kaldıkları bir ortamda yalanlar, yanlışlar, antisemit efsaneler boşluğu doldurdu. Yanlış bilgilerle yazılmış kitaplar "kaynak eserler", antisemit yazarlar "Siyonizm üstadı" haline geldiler. "Aşırı" ve "radikal"

165 "Bir araştırma konusu olabilir", *http://www.f9.parsimony.net/forum12963/messahes/7944.html* / Gamze Tokol, [Arafiyan: 1637], "Yahudi Katliamı", 12 Mart 1998 *http://www.arafiyan.net/arafiyan/bilkent/02/0599.html* ve Hatice Dalkır, [Arafiyan: 1637], "Yahudi Katliamı", 12 Mart 1998, *http://listweb.bilkent.edu.tr/arafiyan/02/0598.html*.

akımlar gibi tasnif edilmek istenen İslâmî ve milliyetçi hareketlerin Türk toplumunun geneline mal edilemeyeceği tezinden yola çıkılarak bu iki düşünce akımının içinde ciddi ve göz ardı edilemeyecek bir oranda mevcut olan antisemitizm önemsizleştirilmek istendi. Ancak antisemit içerikli yayınların sadece İslâmî ve milliyetçi yayımların içinde işgal ettikleri yer ve önem tahlil edildiğinde bu yayımların bu kesimler içinde nicelik bakımından hiç de marjinal olmadıkları görülecektir. Antisemit yazarların İslâmî kesimde ne derece popüler olduklarının bir kanıtı Türkiye Yazarlar Birliği Başkanı Mehmet Doğan'ın bir yazısıdır. Doğan, İsrail'in bir saldırısı sonucunda Filistin'de masum sivil halktan insanların ölmesi üzerine kaleme aldığı yazıda, Yahudiler hakkında "kalıp düşünceler" ile yazılmış eserlerin yoğun olduğunu ve onları fazla önemsemediğini "itiraf" eder ancak sonra şu satırlarla alenen günah çıkartır:

> "Gelmiş geçmiş Yahudiyatçıların en yamanları arasında mutena bir yer işgal eden Cevat Rıfat Atilhan, Ziya Uygur, Yesevizade, Harun Yahya, Ali Uğur gibi eşhasın öteye gidenlerine rahmet, yaşayanlarına selamet dilemek ihtiyacını hissediyorum. Onlara haksızlık ettiğimi herkesin huzurunda tekrar tekrar itiraf ediyorum."

Bu satırlarda dikkat edilmesi gereken nokta adları sıralanan tüm yazarların, hiç tereddüde yer vermeyecek şekilde, antisemit yazarlar olmalarıdır.[166]

İslâmcı düşünce dünyasında rastlanan antisemitizm artık öyle bir hal almıştır ki, İslâmcı yazar ve gazeteciler durumun ciddiliğini kavrayıp bu konuda özeleştiri yapma erdemini göstermişlerdir. Kendi tabanlarına bunun yanlış olduğunu, "her taşın altında Yahudi parmağı arama" saplantısından ve paranoyasından kurtulmaları gerektiğini belirtmişlerdir.[167] Ancak bu öze-

166 D. Mehmet Doğan, "Yahudiyatçı'ların hakkını vermek!", *Akit*, 17 Nisan 1996.

167 Ali Bulaç, "Yahudilerinki imtiyaz mı bedel mi?", "Yahudi meselesi", "Müslümanlardan anti-semitik eğilimler", *Yeni Şafak*, 18-20 Nisan 1995 / Ali Murat Güven, "Vallahi billahi Yahudi ırkı da etten kemikten yaratıldı! (1-2)", *Millî Gazete*, 7 ve 9 Ağustos 1996 / Metin Karabaşoğlu, "İçimde bir Yahudi var", s. 51-68, *Camide Dans Var* Karakalem, İstanbul, 1995 içinde.

leştiri karşısında Türkiye Yahudilerini kamuoyunda temsil eder konumda olan işadamlarının tavrı son derece şaşırtıcı ve düşündürücüdür. Ali Bulaç'ın İslâmcılarda rastlanan antisemitizmi tahlil eden ve eleştiren köşe yazılarının *Yeni Şafak*'ta yayımlanmasından bir süre sonra İshak Alaton ve Üzeyir Garih, aynı gazetede yayımlanan bir röportajda şu beyanda bulundular:

> "Bugünkü konuşmamızın en önemli olayı şu: *Yeni Şafak* ve benzeri gazetelerde şu intiba uyanıyor: Türkiye'de Yahudi düşmanlığı vardır. Bence katiyetle yoktur. Türkiye'de Yahudi düşmanlığı yoktur".[168]

Böylece bu işadamları İslâmcı yazarların bizatihi kendilerinin kabullendikleri bir olguyu inkâr ve örtbas etmeye yönelik ibret verici davranışlar sergiliyor ve böyle davranmakla da, zaten kamuoyunda tabu olan bir konunun daha da tabu haline gelmesine destek veriyorlar.

Geleceği tahmin etmek

Gerek Yahudi cemaati yönetimi ve gerekse Türkiye'nin İsrail Büyükelçiliği tüm bu antisemit iftiralara karşı açıkça tavır almadı. İsrail'in eski Ankara Büyükelçisi Zvi Elpeleg göreve başladığı tarihte verdiği ilk demeçlerinden birinde "İstanbul'da halen 'Sion Protokolu'nun satıldığını öğrendim. Artık bazı hurafelerin tamamen yok olmasını istiyorum" demiştir.[169] Ancak görevi sırasında bu konuda herhangi somut bir girişimde bulunmamıştır. Hatta ironik bir şekilde Türklerin *Protokoller*'e ve benzeri antisemit komplo teorilerine inanmalarını, İsrail'in geniş bir güce sahip olduğunu düşünmelerine yol açtığı için faydalı bulmaktadır.[170]

---

168 Tutkun Akbaş ve Osman Özsoy, "Sözen'den kötüsü olamaz", *Yeni Şafak*, 24 Temmuz 1995.

169 Liz Behmoaras, "Bugünlerde göreve başlayacak İsrail'in Ankara yeni büyükelçisi", *Şalom*, 19 Temmuz 1975, s. 8.

170 *Ha'aretz*, 30 Eylül 1997, aktaran Amikam Nachmani, "The remarkable Turkish-Israeli tie", *Middle East Quarterly*, Cilt V, S. 2, Haziran 1998, s. 19-30.

Yahudi cemaati yönetimi, antisemit yayınlara kamuoyu önünde alenî hiçbir tepki göstermeyip tepkilerini kamuoyunun gözünden uzak bir şekilde hükümet ve resmî makamlarla olan özel temaslarında gündeme getirmektedir. Cemaat liderleri son yıllarda İslâmî basında yer alan antisemit yazılardan ve kitaplardan dolayı duydukları derin rahatsızlığı başta eski Cumhurbaşkanı Süleyman Demirel ve dönemin İstanbul Büyükşehir Belediye Başkanı Recep Tayyip Erdoğan olmak üzere en yüksek düzeydeki resmî makamlara özel temaslarında defalarca dile getirmişlerdir. Resmî makamlardan konuyla ilgilenileceğine dair teminat almalarına ve TCK'nın 312. maddesinin bu tür yayınları ve konuşmaları suç kabul etmesine rağmen, yurttaşlar arasında kin ve nefretin doğmasını ve yaygınlaşmasını amaçlayan bu yayımlar yasaklanmamıştır.[171]

İsrail-Filistin sorunu ve yakın tarihte imzalanan Türkiye-İsrail ticari ve askerî antlaşmaları nedeniyle İslâmî kesimde oluşan aşırı duyarlı ortamın dağılmayacağı varsayıldığında, Türkiye'deki mevcut antisemitizmin yakın vadede yok olacağına veya azalacağına dair ümit beslenmesi için herhangi bir işaret mevcut değildir. Gerçi 8 Temmuz 1996 tarihinde kurulan RP-DYP koalisyon hükümetinden sonra, başta *Millî Gazete* olmak üzere İslâmî basında ve yayınlarda rastlanan antisemit yazılarda gözle görülür oranda ciddi bir azalma olmuşsa da, bir yerde bunu siyasal İslâm'ın iktidar sınavının bir zorunluluğu ve gereksinmesi olarak yorumlamak mümkündür. RP'nin Anayasa Mahkemesi tarafından 16 Ocak 1998 tarihinde kapatılmasından sonra halefi olan FP'nin kullandığı siyasi üslûp ise MNP-MSP-RP geleneğinden çok farklı olup şimdilik herhangi bir antisemit renk taşımamaktadır. Buna karşılık RP'nin kapatılmasının bir sonucu olarak İslâmî basının bir kesiminde alışılagelmiş antisemit söylem halen sürmekte ve gerek iç ve gerek dış konjonktüre bağlı olarak sıçramalar göstermektedir.

Orta ve uzun vadede Türkiye'de rastlanan antisemitizmin nasıl seyredeceği bir yandan Türkiye-İsrail ilişkilerinin seyrine,

171 Institute for Jewish Policy Research ve American Jewish Committee, *Antisemitism World Report 1997*, Londra 1997, s. 284.

diğer yandan Orta Doğu'daki Filistin sorununun bir nihai çözüme kavuşup kavuşmayacağına ve en nihayet Türkiye'deki iç siyasi gelişmelere bağlıdır. Ancak popülist bir lisanı benimsemeyi ilke edinmiş İslâmî basının kayda değer bir kesimi, bu tavrını değiştirmediği sürece antisemitizmin Türkiye'de gözle görünür bir şekilde azalacağını sanmak iyimser bir tahmin olacaktır.

Merkezî otoritenin TCK'nın 312. maddesini sadece laiklik karşıtı yayınlar ve eylemler söz konusu olduğunda uygulamakla yetinmesi ve antisemit yayınlara ve beyanlara karşı bu maddeyi uygulamaması durumunda bir iyileşme, mümkün değildir. Bir iyileşme beklemenin fazla iyimserlik olduğu düşüncesini destekleyen bir diğer etken de, siyasi partiler, basın ve aydınların öncülüğünde düşünce ve ifade özgürlüğünün en geniş anlamda yorumlanması gerektiği konusunda kamuoyunda hâkim olan yaygın kanaattir. Düşünce ve ifade özgürlüğünün en geniş şekilde algılanması ve düşünce özgürlüğü adına Soykırım'ın vuku bulmadığını ifade etmenin serbest olması gerektiğini savunan sadece gazeteci Gülay Göktürk değildir. Galatasaray Üniversitesi'nin bir öğretim görevlisi de benzer bir şekilde Roger Garaudy'nin mahkûm olmasına yol açan Gayssot yasasını "entelektüel terörizm" olarak nitelemiştir.[172] Yargıtay Başkanı Sami Selçuk da 1999-2000 adlî yılının açılışında yaptığı ve her kesimden büyük övgüler alan konuşmasında, Türkiye'deki düşünce özgürlüğüne getirilen kısıtlamayı Fransa örneği ile karşılaştırırken Soykırım inkârını suç sayan Gayssot yasasını eleştirmiştir:

> "[Fransa] Bugün bile zaman zaman Jakoben devletliği ile depreşen bir ülke. 90-615 sayılı ve 13.07.1990 tarihli yasanın 9. maddesiyle 1881 Basın Özgürlüğü Yasası'na eklenen 24 bis. maddesiyle Yahudilik karşıtı propagandayı suç saymış Roger Garaudy'yi cezalandırmış. Düşünceyi açıklama özgürlüğünü çiğnemiş."[173]

---

172 Melike Batur, "entelektüel terörizm sadece Türkiye'nin sorunu değil", *Yeni Yüzyıl*, 14 Kasım 1996.

173 Sami Selçuk, *Demokrasiye Doğru*, Yeni Türkiye Yayınları, Ankara, 1999, s. 49.

Yargıtay Başkanının da düşünce özgürlüğünü en geniş anlamda değerlendirdiği bir ortamda antisemitizmi ve onun en son tezahürü olan Soykırım inkârını suç sayacak bir yasa tasarısının TBMM tarafından, değil kabul edilmesi, gündeme dahi getirilmesi söz konusu olamaz.

Kamuoyu ile aydınların önemli bir kesiminin bu yoğun antisemit yayınlara karşı takındığı bu şaşırtıcı umursamazlık ve duyarsızlıktan ötürü antisemitizm propagandası ve ticareti yapanlar serbest bir şekilde hareket etme fırsatına sahiptir. Dolayısıyla önümüzdeki yıllarda *Siyon Önderlerinin Protokolleri* ile doğup büyümüş, ondan feyz almış bir kesimin, Soykırım'ın, "resmî tarihin bir diğer uydurması", "Siyonizmin bir diğer senaryosu" olduğunu savunan yayınlarına daha çok rastlamamız da muhtemeldir.

Uluslararası Ermeni lobisinin desteğiyle, liberal ve sol kesime mensup yazar ve gazetecilerin 1915 Ermeni Tehciri'nin aslında bir "soykırım" olduğu konusunda birkaç yıldan bu yana sürdürdükleri kamuoyunu etkileme, şekillendirme ve ikna etme çabaları da tarihte emsali bulunmayan Soykırım'ın Türk kamuoyu nezdinde sıradanlaşmasına yol açabilir. Bu sıradanlaşma sonucunda sol ve liberal düşünceye mensup kesimlerde Soykırım'ın savaşlar sonucunda meydana gelmiş onlarca kırımdan hiç de farkı olmayan bir diğer trajedi olarak kabul görmesi ihtimali mevcuttur. *Sabah* gazetesi köşe yazarlarının yazıları da bu muhtemel gelişmenin öncü işaretleridir.

28 Şubat Sonrasında İslâmî Söylemde "Nazi Rejimi" Teması

Giriş

İkinci Dünya Savaşı'nın Avrupa'da yarattığı devasa toplumsal tahribat sadece savaşa katılan ülkelerin yaşattığı korkunç maddi yıkımla sınırlı kalmadı. Bu yıkım kendini insanların ruh halinde de gösterdi. İnsan havsalasının alamayacağı boyutta bir Soykırım'a tanık olan Avrupa ve Yahudi âlemi, yıllar boyunca bu Soykırım'ın yarattığı müthiş travma ile boğuştu, nedenlerini anlamaya çalıştı.

Bu felâketin baş müsebbibi olan Adolf Hitler ve Nasyonal Sosyalist iktidar ise tarihe, Mussolini ile birlikte, faşist ve totaliter bir rejimin en çok bilinen örnekleri, Soykırım ise vahşetin doruk noktası olarak geçti. Bu nedenle de İkinci Dünya Savaşı'nın bitiminden sonra "Hitler" kelimesi ya totaliter bir rejimin liderini ya da savaş vahşetini tanımlamak için sık sık kullanılır oldu.

İkinci Dünya Savaşı'na katılmamış, Nazi Almanyası'nın saldırısına uğramamış, dolayısıyla faşist, totaliter ve ırkçı bir rejimle gerçek anlamda tanışmamış olan Türkiye'de ise "Nazi" ve "Hitler" sözcüklerinin mecazi anlamda kullanımlarına çok daha seyrek rastlanmaktadır. Basında Adolf Hitler ve Nazi rejimi benzetmeleri yapılması, uluslararası konjonktürle ve Türkiye'nin iç siyasî gelişmeleriyle ilgilidir.

28 Şubat 1997 MGK kararları öncesinde yapılan benzetmeler

"Nazi" ve "Hitler" benzetmelerine ilham veren uluslararası gelişmeler, yakın tarihteki savaşlardır. Bunlar, kronolojik sırayla, Ortadoğu'da İsrail devleti ile FKÖ arasında görülen ve savaşa varan silahlı çatışmalar, Irak'ın Kuveyt'i işgal etmesi üzerine başlayan Körfez Savaşı ve nihayet Bosna Savaşı'dır. Körfez Savaşı sırasında Irak devlet başkanı Saddam Hüseyin, Bosna Savaşı'nda Sırp lider Slobodan Miloseviç sık sık "çağdaş Adolf Hitler" olarak anılmışlardır.

Hitler adının savaşlar nedeniyle akla gelmesine Türkiye'de de rastlanmıştır. Güneydoğu'da yaşanan savaş nedeniyle Dışişleri Bakanlığı'nın bir yetkilisi Abdullah Öcalan'ın tıpkı Hitler gibi insanlık adına işlenen suçlar kapsamında yargılanması gerektiğini söylemiştir.[1]

Ortadoğu ihtilafı nedeniyle rastlanan örnekler

Basında "Nazi" ve "Hitler" sözcükleriyle Nazi dönemine yapılan göndermelerin ilk örnekleri, seksenli yıllarda doruk noktasına ulaşan, Ortadoğu ihtilafı sırasında görülmektedir. O yıllarda İsrail devletinin Filistinli mültecilere karşı uyguladığı baskılar nedeniyle, Soykırım'a uğramış Yahudilerin bizatihi kendilerinin birer "çağdaş Hitler" kesilip Filistinlileri "soykırıma tâbi tuttukları", sadece Türkiye'de değil, Batı âleminde de sık sık dile getirilmiştir.

İsrail'in 1982 yılında Lübnan'ı işgal etmesinden sonra Hıristiyan Falanjistlerin İsrail Silahlı Kuvvetleri'nin izniyle Filistinli mültecilerin yaşadıkları Sabra ve Şatilla kamplarına yaptıkları baskın sırasında meydana gelen katliam, hem Batı dünyasında,

---

1 "Hitler gibi insanlık suçu işledi", *Cumhuriyet*, 18 Şubat 1999.

hem İslâm ülkelerinde, hem de Türkiye'de haklı olarak infiale varan tepkilere neden olmuştur. Kamuoyu katliamda İsrail Silahlı Kuvvetleri'nin ihmali ve sorumluluğu olduğuna inandığından, tepkiler İsrail devletine yönetilmiştir. *Hürriyet* gazetesinin başyazarı Oktay Ekşi, bu katliam vesilesiyle kaleme aldığı yazısında İsrail devletinin tutumunu ve hatalarını eleştirdikten sonra makalesini şöyle bitiriyor:

> "Bütün bunlar Hitler'in bu defa İsrail'de hortladığının kanıtlarıdır. Oysa, dünyaya bir tek Hitler dahi çok fazladır."[2]

Buna benzer diğer bir örnekse, Filistin halkının içinde bulunduğu sefil durum nedeniyle düzenlenen bir toplantıda dönemin İstanbul Barosu Başkanı Prof. S. Sulhi Tekinay'ın "İsrail'in, Filistin halkına karşı başlattığı dayak ve baskı politikası ile nefretle andıkları Hitler'in ne kadar sadık bir öğrencisi olduğunu gösterdiği" şeklindeki sözleridir.[3] Oldukça sert bir üslûpla yazılmış bir başka yazı ise FKÖ'nün iki numaralı yöneticisi Ebu Cihad'ın İsrail tarafından öldürülmesi üzerine Taha Akyol'un kaleme aldığı başyazıdır:

> "İsrail Nazi'leşmiştir.
>
> Naziler de Yahudiler'e zulmederken hiçbir vicdan rahatsızlığı duymazlardı. Bir Nazi, Yahudiler'e zulmederken nasıl "görev" yapıyor idiyse, bugün İsrailli askerler de Filistin'de aynı "görev"i yapıyorlar, aynı "görev"le cinayet işliyorlar. (...)
>
> İsrail Nazi zulmünden utanç duyan insanlığın bir nevi "**tazminat**" ödemesi gibi Batılılar tarafından kuruldu. Artık bugünkü İsrail, Nazi zulmünün tazminatı olan bir İsrail değildir. İsrail bir müstevlidir, bir zalimdir, bir katildir.
>
> Ve İsrail bu "**Nazi'leşen**" karakterinden arınmadıkça, terörden vazgeçmedikçe ve bağımsız bir Filistin devletinin kurulmasını kabul etmedikçe Ortadoğu huzur yüzü görmeyecektir.
>
> Çünkü "karakter değişmesi" İsrail'i hızla Nazi karakterine büründürmektedir. Ortadoğu'daki bu kanlı Musevî-Nazi reji-

---

2 Oktay Ekşi, "İsrail'in Hitler'leri!..", *Hürriyet*, 20 Eylül 1982.

3 Kasım Akdoğan, "İnsan Hakları ve Filistin Paneli", *Türkiye*, 17 Nisan 1988.

mi bölgede istikrarın baş düşmanı ve terörizmin baş sorumlusudur."[4]

Cumhuriyet *gazetesi, 22 Eylül 1982.*

Bu tür benzetmelerin bir örneği, İsrail'in Batı Şeria ve Gazze'de Filistinlilere karşı uyguladığı baskılar nedeniyle Şanlıurfa'da düzenlenen bir mitingde, RP Şanlıurfa Belediye Başkanı Halil İbrahim Çelik'in söylediği şu sözlerdir:

> "Yahudilerin her şeyini inceledim. Bunlar Allah'a bile tuzak kurarlar. Allah onları lanetlemiştir. Hitler'in mezarına çiçek dikeceğim. Hitler'in yaptıkları İsrail'in yaptıklarının yanında hiç kalır."[5]

Basında Hitler ve Nazi benzetmelerine daha yoğun bir şekilde rastlanmasına neden olacak yakın tarihten bir olaysa, 1982 yılında Sabra Şatilla kamplarındaki katliamdan dolaylı olarak sorumlu olan Ariel Şaron'un, 28 Eylül 2000 günü Kudüs'te Harem-i Şerif'i ziyaret etmesinin ardından çıkan çatışmalarda on yaşında Filistinli bir çocuğun İsrailli askerlerin açtığı ateş sonucunda ölmesidir. Bu olay muhafazakâr ve İslâmî kesimi

4 Taha Akyol, "Katil devlet", *Tercüman,* 20 Nisan 1988. Vurgulama yazarı tarafından yapıldı.

5 "İsrail zulmüne karşı yürüdüler", *Hürriyet,* 27 Mart 1988 / "Şanlıurfa Belediye Başkanı: Hitler'in mezarına çiçek göndereceğim!", 16 Nisan 1988, aktaran *Demokrasinin 50 Yılı 1945-1995,* Cilt 2, s. 942, Aydın Kitaplar, İstanbul (t.y.).

infiale sürüklemiş ve birçok yazarın bu benzetmelerde bulunmasına yol açmıştır.[6]

"Nazi" benzetmesinin diğer örnekleri

MNP ile başlayıp FP ile günümüze kadar gelen siyasal İslâm hareketinin totaliter ve antisemit eğilimleri nedeniyle basında, seyrek de olsa, siyasal İslâm'ı temsil eden Erbakan ve onun kurduğu partileri Nazi rejimine benzeten yazılara rastlanmıştır. Gazeteci Tekin Erer'in, 26 Ocak 1970 tarihinde Necmettin Erbakan'ın kurduğu MNP'yi konu eden köşe yazısı "Kuruldu, kuruluyor derken 26 Ocak 1970 Pazartesi günü Ankara'da Nazi Partisi doğdu" satırlarıyla başlamaktadır.[7] Necmettin Erbakan'ın liderliğini yaptığı siyasal İslâm'ın totaliter bir yanı olduğunu vurgulayan bir diğer gazeteci ise *Sabah* gazetesi köşe yazarlarından Necati Doğru'dur. 8 Temmuz 1996 tarihinde kurulan RP-DYP koalisyon hükümeti sırasında Erbakan'ın Meclis'ten geçirmeyi tasarladığı basın yasası konusunda yazan Doğru, yasa tasarısını şöyle değerlendirmektedir:

> "Yeni bir basın yasası çıkartarak 'kamyona çarpan Mercedes'te bir milletvekili, 18 yıldır aranan toplu katliam zanlısı bir eski ülkücü ve bir de polis şefi vardı' diye yazan gazeteleri 'huzur bozucu' diye cezalandırmak istiyorlar. Ardından da reklamların vergiden düşürülmesini önleyen bir başka yasayla bağımsız basını ekonomik yoldan çökertmek, kendilerine bağlı besleme basın yaratmak istiyorlar.
>
> Hitler'in yaptığı gibi...
>
> Erbakan, Hitlerleşiyor..."[8]

---

6 Ayhan Katırcıkara, "Bebekleri ve çocukları öldürmek", *Türkiye,* 4 Ekim 2000 / Ali Haydar Haksal, "Filistinli çocuk: Rami", *Millî Gazete,* 7 Ekim 2000 / "Barak, Nazi gibi", *Yeni Şafak,* 12 Ekim 2000 / Ahmet Taşgetiren, "Yeni bir Yahudi imajı", *Yeni Şafak,* 14 Ekim 2000 / "İsrail, Nazi'den beter", *Akit,* 16 Ekim 2000 / Mustafa İslamoğlu, "Testilerinizin ahvalından sual eylerim", *Akit,* 16 Ekim 2000.

7 Tekin Erer, "Millî Nizam Partisi!", *Son Havadis,* 2 Şubat 1970.

8 Necati Doğru, "Erbakan, Hitlerleşiyor...", *Sabah,* 19 Kasım 1996. Yazarın bu-

Hitler ve onun temsil ettiği Nazi rejiminin totaliter bir sistemin ve vahşetin en görkemli örnekleri olması nedeniyle basın siyasi nitelik taşımayan haberlerde bile okurun ilgisini çekmek amacıyla "Nazi" kelimesini yerli yersiz kullanmaktadır. Nitekim İstanbul'un eğlence yerlerinde yaz mevsiminde yaşanan izdihamlar ve tartışmaları konu eden kısa bir haber "Diskotek kapılarında Nazi işkenceleri" başlığıyla verilmektedir.[9] Bir diğer örnekte de İETT merkezinde ücretsiz seyahat kartı almak için bekleyen özürlü vatandaşlarla ilgili bir haber "Naziler bile Yahudiler'e böyle işkence yapmadı" başlığıyla verildi.[10]

Bu benzetmelerin dışında Türk basınında Adolf Hitler ve onun şahsında temsil edilen Nazi rejimine yoğun anlamda yapılmış herhangi bir atfa rastlanmamaktadır. Bu durumun değişmesi için 28 Şubat 1997 tarihli MGK kararları ile başlayan, 18 Haziran 1997 tarihinde dönemin başbakanı Erbakan'ın RP-DYP koalisyon hükümetinin istifasını sunmasıyla ilk hedefine ulaşan, ancak esas olarak İslâmî hareketi sindirme ve tasfiye etmeyi amaçlayan siyasi sürecin başlamasını beklemek gerekmektedir.

28 Şubat 1997 tarihli MGK kararları sonrasında yapılan benzetmeler

28 Şubat 1997 tarihli MGK kararlarından sonra, RP-DYP koalisyon hükümetinin istifasına yol açan baskılar ve başörtü yasağı nedeniyle yüksek öğrenim kurumlarında yaşanan ciddi gerginlikler sırasında İslâmî basının dile getirdiği tepkilerde Nazi rejimine artan bir yoğunlukta göndermeler yapıldığı gözlenmektedir. Bu tepki yazılarında kullanılan benzetmeler arasında "Hit-

---

rada atıfta bulunduğu olay 3 Kasım 1996 tarihinde Susurluk'da meydana gelen kazadır. Kazada firari eski Ülkü Ocakları İkinci Başkanı Abdullah Çatlı ile İstanbul Polis Okulu müdürü Hüseyin Kocadağ ölmüş, aynı arabada bulunan DYP milletvekili Sedat Bucak ise yaralanmıştır.

9 "Diskotek kapılarında Nazi işkenceleri", *Sabah*, 8 Haziran 1994.

10 Ramazan Yazgan "Utanç Kuyruğu", *Sabah*, 6 Ocak 2000.

ler" ve "Nazi"nin yanı sıra, "Gestapo", "Goebbels ve Rosenberg" ve nihayet "Soykırım ve temerküz kampları" da vardır.

1997 yılının Ağustos ayı ile 2000 yılının Ekim ayı arasında derlenen elli haber, köşe yazısı ve karikatür incelendiğinde, kullanılan bu terimlerin yer aldıkları gazetelerin veya terimleri telaffuz eden kişilerin siyasi yelpazedeki yerlerine göre dağılımı şöyledir:

Sol	:	2 yazı	- % 4
Kemalist	:	6 "	- % 12
İslâmî	:	42 "	- % 84

Bu terimleri en çok kullanan İslâmî kesimde ise kullanılan terimlerin çeşitliliklerine göre dağılımlar şöyledir:

Adolf Hitler	14 yazı	% 34
Nazi	10 "	% 24
Goebbels ve Rosenberg	1 "	% 2
Gestapo	10 "	% 24
Soykırım ve Temerküz kampı	6 "	% 14
Anne Frank	1 "	% 2

Tabiî ki bu 49 yazı, konuyu tüketen bir araştırma için yeterli değildir, ancak temsil niteliği taşımaktadır. 28 Şubat 1997 MGK kararıyla başlayan bu yeni dönemde İslâmî basın ve yayın organlarının sistematik ve tüketici bir şekilde taranmaları halinde başka "Nazi" benzetmelerine de rastlanacaktır.

İslâmî kesimdeki benzetmeler

"Susma, sustukça sıra sana gelecek" teması

Toplantı ve yürüyüşlerde "Susma, sustukça sıra sana gelecek" şeklinde sloganlaştırılan popüler tema, yazılarda da kullanılmaktadır. Protestan rahip Martin Niemöller'in Nazilerin Yahudileri tâbi tuttukları Soykırım karşısında aydınların ve toplumun ahlaki bir tavır göstermediğini dile getiren şu şiirine gönderme yapılmaktadır:

> "Önce komünistleri almaya geldiler, sesimi çıkarmadım, çünkü komünist değildim.
> Sonra sosyalistleri almaya geldiler, sesimi çıkarmadım, çünkü sosyalist değildim.
> Daha sonra sendikacıları almaya geldiler, sesimi çıkarmadım, çünkü sendikacı değildim.
> Daha sonra Yahudileri almaya geldiler, sesimi çıkarmadım, çünkü Yahudi değildim.
> Sonra beni almaya geldiklerinde benim için itiraz edecek kimse kalmamıştı."[11]

Bu şiiri kullanan kişilerden biri, RP'nin kapatılma ihtimaline karşı kamuoyunda bu muhtemel karara karşı bir tepki cephesi oluşturmaya çalışan gazeteci Abdurrahman Dilipak,[12] diğeri ise *Yeni Şafak* gazetesinin bir muhabiriydi.[13]

Sadece Türkiye'de değil, Batı dünyasında da bu şiir değişik amaçlara hizmet etmek üzere kullanılmıştır. Şiirin hitap ettiği kitleye uygun olması için de metin tahrif edilmiştir. *Time* dergisi şiiri kullandığı zaman Yahudileri ilk satıra almış, komünistlerle sosyal demokratları ise hiç anmamıştır. Amerikan Başkan Yardımcısı Al Gore şiiri kullandığında sendikacılardan söz etmemiştir. Hem Al Gore, hem *Time* dergisi şiire atıf yapıl-

---

11 *http://www.liv-coll.ac.uk/europetrip/Europe%20journey/neimoller.html* adresli internet sitesi. Niemöller, Nazilere karşı sürdürülen direnişin manevi temel taşlarından biriydi. 1931 yılında Berlin'in banliyölerinden Dahlem'e rahip olarak atandı. Nasyonal Sosyalist (Nazi) Partisi'nin kilise işlerine müdahalesini protesto etmek amacıyla 1933 yılında Rahipler Yardım Birliği'ni kurdu. Birlik Yahudi kökenli Hıristiyanlara karşı yapılan ayrımcılığa karşı mücadele etti. Niemöller, Adolf Hitler'in Alman kiliselerini Nazi denetimi altına almak için harcadığı çabalara karşı direnişi örgütlemede etkili oldu. Bu nedenle Hitler'in emriyle ömür boyu temerküz kampında kalmak üzere 1937 yılında Gestapo tarafından tutuklandı. Önce Sachenhausen, sonra Dachau temerküz kamplarına gönderildi. 1945 yılında Tirol'a nakledildi. II. Dünya Savaşı'nın bitiminde de Müttefik Kuvvetler tarafından serbest bırakıldı. Niemöller anılarını *Vom U-Boot zur Kanzel* başlığıyla yayımladı. Niemöller'in sürekli atıfta bulunulan şiiri, Karen McCosker ve Nicholas Albery (der.), *A Poem A Day,* Steerforth Press, 1996, kitabında yer almaktadır.

12 Abdurrahman Dilipak, "Bir gün sıra size de gelir!", *Akit,* 13 Ağustos 1997.

13 Ertuğrul Fındık, "Haklarıma dokunma!", *Yeni Şafak,* 2 Mart 1998. Muhabir bu haberinde, sözleri yanlışlıkla Bertold Brecht'e atfetmiştir.

dığında Amerikan halkının duyarlılığını göz önünde bulundurarak Katolikleri eklemişlerdir. Katoliklerin yoğun olarak yaşadığı Boston kentindeki Soykırım Anıtı'nda bu şiir yer almış, ancak kentin Katolik nüfus yoğunluğu göz önünde tutularak Katolikler ile ilgili bir satır eklenmiştir. Washington'daki Birleşik Amerika Soykırım Müzesi şiire yer verirken, komünistlerden söz edilen satırı çıkarıp, sosyal demokratların yer aldığı satırı muhafaza etmiştir. Şiirin başka versiyonlarında eşcinsellerin eklendiği görülmektedir.[14]

"Adolf Hitler" benzetmesi

"Hitler" sözcüğüne en çok rağbet eden Dilipak, 28 Şubat 1997 MGK kararlarından sonra uygulanmaya başlanan İslâmî akımı etkisizleştirme ve sindirme harekâtında "laik" basının İslâmî harekete karşı takındığı olumsuz tavra değinerek şunları yazıyordu:

> "Bakıyorum sanki Hitler'in ruhu bizim patronların ruhunda dirilmiş... Ellerinden gelse; Hitler'in Yahudilere yaptığını bunlar bize yapacak. Çağdaş Hitler'imiz var bizim! (...) Hitler, Yahudileri nasıl tanıyorsa, birileri de irticacı diye damgaladıkları Müslüman insanları benzer kriterlerle tanıyorlar, izliyorlar ve onlara karşı savaş açıyorlar. Bunlar da bizim Neo Nazilerimiz.."[15]

Dilipak bir diğer yazısında da aynı benzetmeyi yapıyor:

> "Hitler Almanya'sındaki ya da Firavun dönemindeki Yahudilere döndürülüyoruz adım adım. Bugün mütedeyyin insanlara yapılanlar karşısında sessiz kalanlar bir gün sıranın kendilerine de geleceğini düşünmelidirler, tıpkı başkalarının başına gelen haksızlık karşısında susup sıranın bize gelmesini beklememizin sonucunu görerek."[16]

---

14 *http://www.liv-coll.ac.uk/europetrip/Europe%20journey/neimoller.html* adresli internet sitesi.

15 Abdurrahman Dilipak, "Devrimciler ve Darbeciler", *Akit*, 25 Mart 1998.

16 Abdurrahman Dilipak, "Bize bir Musa gerek!", *Akit*, 28 Şubat 2000.

Başbakan Bülent Ecevit'in laik rejimi hedef alan faaliyetlere karşı bir genelgeyle tüm kamu kuruluşlarını uyarması tepkiye yol açtı.[17] FP Genel Başkan Yardımcısı Abdülkadir Aksu bu yazıyı "Anayasa'nın birçok maddesini çiğneyen, temel hak ve hürriyetleri hiçe sayan, Türkiye Cumhuriyeti devletini Hitler Almanyası veya Mussolini dönemi İtalyası'na döndürmek isteyen" bir genelge olarak değerlendirdi.[18] Millî Eğitim Bakanı Metin Bostancıoğlu'nun bazı kitapları "irticai propaganda" yaptıkları gerekçesiyle yasaklaması İslâmî basın tarafından da benzer bir şekilde değerlendirildi: "Bostancıoğlu tam üç bin kitabı yasaklatarak âdeta Hitler dönemi Almanya'sı ile yarışıyor. Naziler kitap düşmanlığını meydanlara yığdıkları kitapları ateşe vererek göstermişlerdi."[19] Kamu müesseselerinde çalışan ve bölücü ve irticai faaliyetlerde bulunan memurların görevlerine son verme yetkisini verecek olan KHK tasarısının Cumhurbaşkanı'nca reddedildikten sonra hükümet tarafından ikinci bir kez imzaya gönderilmesi üzerine *Millî Gazete* hükümetin bu tavrını manşetten şöyle protesto etti: "Hitler'e rahmet okutuyorlar Yuh bu kafaya!"[20] KHK tasarısını İmam Hatip Okulu mezunları hakkında olumsuz peşin yargılara ve ayrımcılığa yol açabileceği için, haklı olarak eleştiren *Yeni Şafak* gazetesi başyazarı Fehmi Koru, tasarıyı Hitler ve Nazi döneminde Yahudilere, eşcinsellere ve çingenelere yönelik ayrımcı uygulamalara benzetti.[21] *Akit* gazetesinin bir köşe yazarı İslâmî hareketi sindirmeye yönelik siyasette yer alan herkesi "Hık demiş, Hitler'in burnundan düşmüşler!" yorumuyla Hitler'e benzetti.[22]

Kendisi için bu tür benzetmeler yapılan bir diğer kişi ise Yargıtay Cumhuriyet Başsavcısı Vural Savaş'tı. Savaş'ın RP'nin kapatılması için dava açmasına ve "dünyada hiçbir parti RP

17 "Ecevit'ten irtica alarmı", *Milliyet*, 4 Şubat 1999.

18 "İrticaî genelge", *Yeni Şafak*, 15 Şubat 1999.

19 Mustafa Şahin, "Kitap katili bakan!", *Akit*, 11 Haziran 2000.

20 *Millî Gazete*, 30 Temmuz 2000.

21 Fehmi Koru, "En çirkin ayrımcılık", *Yeni Şafak*, 10 Eylül 2000.

22 Hasan Karakaya, "Hık demiş, Hitler'in burnundan düşmüşler!", *Akit*, 17 Kasım 1999.

kadar kapatılmayı hak etmemiştir" yorumunda bulunmasına RP Genel Başkan Yardımcısı Abdullah Gül şöyle cevap verdi:

> "RP'yi, milyonlarca insanın ölümüne neden olan Hitler ve Stalin'in partilerinden daha tehlikeli gösterecek kadar seviyesiz davranıyor."[23]

Savaş'ın FP'nin kapatılması için verdiği mütalaa İslâmî basın tarafından "Nazi hukuku" benzetmesiyle karşılandı.[24] Taha Akyol, Savaş'ın üslûbunu "Lenin'in, Hitler'in, Robespierre'in, Saddam'ın, Humeyni'nin ortak dili" olarak değerlendirdi.[25] *Yeni Şafak* gazetesinin bir köşe yazarı Vural Savaş'ı şöyle eleştirdi:

> "Yanlış yerde, yanlış tarihte doğmuş. Tabiî haliyle yanlış meslek seçmiş. Türkiye'de değil, İtalya veya Almanya'da doğabilirdi. Dünyaya teşrifleri biraz daha erken olabilirdi. Uzatmayalım, Mussolini'nin veya Hitler'in yardımcısı olmak, ne çok yakışırdı bilseniz!"[26]

Millî Gazete köşe yazarı Mehmed Şevket Eygi İslâmî hareketin gelişmesini önleyici tedbirleri alan çevreleri şöyle eleştiriyor: "Dünya ilerleyip duruyor, onlar yerlerinde sayıyor. Hâlâ '30'lu yılların dogmalarını sayıklıyorlar. Hitler, Mussolini, Salazar, Franco, Stalin çağında donup kaldılar."[27]

"Nazi" benzetmesi

Kendileri için "Nazi" benzetmeleri yapılan diğer kamu görevlileri ise başörtüye karşı tavizsiz tavırlarıyla tanınan YÖK Başkanı Kemal Gürüz ve İstanbul Üniversitesi Rektörü Kemal Alemdaroğlu'dur. İrticai faaliyetlerde bulundukları gerekçesiyle bazı öğretim üyelerinin YÖK tarafından hem akademik un-

---

23 "FP'li Gül'den Savaş'a 2,6 milyar tazminat", *Hürriyet,* 22 Haziran 1999.

24 "Savaş'tan Nazi Hukuku", *Yeni Şafak,* 7 Ekim 1999.

25 Taha Akyol, "Savcının dili", *Milliyet,* 9 Ekim 1999.

26 Mehmet Şeker, "Vur emri verilmişmiş", *Yeni Şafak,* 28 Ekim 1999.

27 Mehmed Şevket Eygi, "Patrikler ve Halife", *Millî Gazete,* 5 Eylül 2000.

Millî Gazete

Hak Geldi Batıl Zail Oldu

27 KASIM 2000 PAZARTESİ HİCRİ 1 RAMAZAN 1421 YIL :28 SAYI: 10180 FİYATI (KDV DAHİL) : 175.000 TL www.milligazete.com.tr

Tek faşist ülke Türkiye kaldı

Hitler kafası

Soruşturma raporları, onbinlerce memurun görevden uzaklaştırılmasını planlayan İktidarın, çarpık zihniyetini ele veriyor...

Birçok mülki amir için tutulan müfettiş raporlarında akıllara durgunluk verecek ifadeler yer alıyor. Bir kaymakam hakkında hazırlanan raporda Kurban derisine bile yer verilerek derilere zorla el konulmasını tasvip etmemek suç gerekçesi olarak anılıyor.

Mülkiye Başmüfettişinin bir kaymakam hakkında hazırladığı raporda eşinin mütedeyyin yaşantısı eleştirilerek ilgilinin kaymakam ve vali yardımcısı yapılmaması isteniyor. İktidar bu uygulamalarla kafatası ölçümü yapan Hitler dönemine adeta taş çıkartıyor.

(Mustafa Kardaş'ın haberi 3'te)

vanlarının iptal edilmesi, hem de görevden alınmaları üzerine FP Genel Başkan Yardımcısı Abdülkadir Aksu, bu uygulamaları şöyle eleştirmiştir:

"Bu uygulamalar Nazi Almanya'sında dahi görülmemiştir. Çünkü Naziler bile, görevlerine son verdikleri profesörlerin unvanını almak gibi insanlık dışı bir bilim saygısızlığı derecesine düşmemişlerdi."[28] İstanbul Üniversitesi'nde başörtülü öğrencilerin başlarını açmalarını hedefleyen "ikna odaları"nın kurulması da şöyle değerlendirilmiştir: "Eğer 28 Şubat olmasaydı, üniversitede icat ettiği, pardon Hitler amcasından arakladığı 'ikna odaları'nı bilim dünyasına armağan eden Kemal Alemdaroğlu'ndan bu ülke mahrum kalırdı."[29] Üniversite giriş sınavında Marmara Üniversitesi Hukuk Fakültesi'ni kazanan bir kız öğrencinin başörtülü olması nedeniyle üniversite tarafından kaydı yapılmadığı haberini *Yeni Şafak* "Gestapolar" ve "Naziler Gibi..." başlıklarıyla verdi.[30] Başörtülü öğrencilerin

28 Mahfuz Yalçınkaya, "YÖK, Nazi'den beter!", *Akit,* 17 Aralık 1998.

29 Mehmet Ocaktan, "Korku Senaryoları", *Yeni Şafak,* 28 Haziran 1999.

30 "Gestapolar", *Yeni Şafak,* 24 Eylül 1999.

haklarını arayan avukatların polis tarafından dövülmeleri "Üniversitelerdeki baskılar, Hitler faşizmini andıran sahnelere yol açtı" şeklinde yorumlandı.[31] İstanbul Üniversitesi Rektörü Kemal Alemdaroğlu'nun uygulamasını eleştiren *Milliyet* gazetesindeki bir köşe yazısı, *Millî Gazete* tarafından "Üniversiteleri Nazi kampına çevirdi" yorumuyla iktibas edildi.[32] DPT sosyal tesislerine "başörtülülerin ve evcil hayvanların" girmelerinin yasaklanması üzerine Hukuki Araştırmalar Derneği, bu kısıtlamayı Nazi Almanyası'ndaki uygulamaya benzetti:

> "Geçmiş insan medeniyetlerinde ve son olarak Hitler Almanya'sında görülen 'Yahudiler ve köpekler giremez' şeklindeki ırkçı ve çağdışı uygulamalar, tarihin çöp sepetine atılmıştır."[33]

Kurban Bayramı vesilesiyle kurban derilerinin nereye bağışlanacağı konusunda her yıl meydana gelen sürtüşmelerde, ÇYDD'nin kurban derilerinin THK'ye bağışlanması için telkinlerde bulunması üzerine ÇYDD üyelerinin, "Hitler Almanya'sında azınlıkların ve solcuların üzerine salınan genç Nazi izcileri"ni hatırlattığı yazıldı.[34]

Başörtüsüne karşı en katı ve tavizsiz tavrı takınan İstanbul Üniversitesi'nde rastlanan bir uygulama, tesettürlü kız öğrencilerin "T" kodu altında fişlenmeleriydi. 1998 yılının Ocak ayında Cerrahpaşa Tıp Fakültesi'nin sınavlarında sınav görevlileri adlarının yanında "T" işareti bulunan öğrencilerin adlarını okumayıp, orada bulundukları halde onları sınava sokmadı ve adlarının yanına "sınava gelmedi" notunu düştü. Bu durum gene bir "Nazi" benzetmesinin yapılmasına yol açtı. Başörtü sorunu nedeniyle öğrenimleri engellenen İslâmcı kadınlar tarafından 15 Şubat 1999 tarihinde kurulan Akder Ayrımcılığa Karşı Kadın Hakları Derneği'nin başörtü meselesini konu alan

---

31 "İşte Faşizm", *Yeni Şafak*, 7 Ekim 1999.

32 *Millî Gazete*, 7 Eylül 2000. İktibas edilmiş olan yazı şudur: Yalçın Doğan, "Üniversiteleri geri istiyorum", *Milliyet*, 6 Eylül 2000.

33 Ahmet Harun, "Huder: 'Türkiye Nazi Almanya'sını geçti'", *Akit*, 26 Mayıs 2000.

34 Melikşah Utku, "Yorgun Bırakılan Bayramlar", *Yeni Şafak*, 30 Mart 1999.

kitabında Cerrahpaşa Tıp Fakültesi'nde yaşanan bu olaylar anlatıldıktan sonra şu yorumda bulunuldu:

> "Nazilerin Yahudileri kolayca avlayabilmek için çıkardıkları kanun, Danimarka Kralının önderliğinde halk tarafından bozulmuştu. Kral dâhil herkes giysilerinin sırtına sarı bir yıldız takmıştı. Böylece herkes Yahudi, herkes suçlu, herkes mazlum olmuştu, zulmü ortadan kaldırabilmek için, Yahudiler seçilemez olmuş, çıkarılmış kanun da işe yaramaz hale gelmişti.
>
> Türkiye'de çıkarılmış kanun işe yaramaz hale getirilir. Ama Danimarka'dakinin tam tersine. Üniversitedeki öğrencilerin kılık-kıyafetlerini serbest bırakan EK-17. madde görmezden gelinir."[35]

Akit, *17 Aralık 1998.*

Akit, *31 Temmuz 2000.*

35 Akder, *'Baş'üstüne Fotograflarla Başörtüsü Yasağının Yakın Tarihi,* Kırkambar Yayınları, İstanbul, 1999, s. 87.

"Gestapo" benzetmesi

Yeni Şafak gazetesi başörtüyü yasaklayan yeni YÖK yönetmeliğine duyduğu tepkiyi, "YÖK Gestapo gibi" başlığıyla verdi.[36] Millî Eğitim Bakanlığı müfettişlerinin başörtülü öğretmenleri soruşturmaya tâbi tutmaları "Müfettişler Gestapo mu?" sorusuyla haber yapıldı.[37] "İrticai faaliyetlere karşı önlem alma" amacıyla kabul edilen yasa, *Akit* gazetesi tarafından "Gestapo hortladı" manşetiyle verildi.[38]

Gestapo hortladı

Nazi Almanyası ve Sovyet Rusya ile ortadan kaldırılan polis devleti zihniyeti, yıllar sonra Ankara'da yasallaştı. Artık devlet, şüphelendiği herkesi gizli gestaposu ile takip edecek

HUKUK TAMAMEN RAFA KALKTI

28 Şubat dayatmacılarının Ecevit-Yılmaz ikilisi eliyle Cindoruk'a kabul ettiremedikleri utanç yasası, MHP kullanılarak mazlum milletin başına bela edildi. Sadece "şüphe" kâfi. Ecevit gestapoları takip edecek, evinize girecek, telefonlarınızı dinleyecek ve isterse derdest edip sizi meçhul merkezine götürecek! Brifing görmüş yargıçlarına dahi güvenemeyen odaklar, işi kökten polis devletine dökerek halletti. Hukuk tamamen rafa kalktı. "Zorba Devletten Hukuk Devletine" adıyla kitap yazan Yargıtay'ın yeni Başkanı Sami Selçuk'a adeta nazire yapılarak zorbalık yasal kılıfa sokuldu.

"ÖZEL KAMU GÖREVLİSİ"

Özel hayatın gizliliğini tamamen ortadan kaldıran ve şüphe üzerine vatandaşların peşlerine "özel kamu görevlisi" adı altında geniş yetkilerle donatılmış gestapo takarak, bu ajana telefon dinleme dahil her türlü mahrem alanı ihlal etme hakkı tanıyan kanunun 5. maddesi büyük tartışmalara neden oluyor.

VATANDAŞ YENİDEN KISKAÇTA

FP'nin Anayasa hukukçusu kurmaylarından Mustafa Kamalak, özel hayatın kutsallığını güvence altına alan Anayasa'nın açıkça ihlal edildiğini kaydederek, "Artık evinde Kur'an okuyan, Tefsir okuyan bütün vatandaşlar, "çıkar amaçlı dini faaliyet yapıldığı" gerekçesiyle özel ajanlar tarafından takibata alınabilecektir. Bu yasa, 28 Şubat sürecinin son marifetidir. Amaç, mütedeyyin insanlarımızın ensesinde boza pişirmektir. İki buçuk yıldır illegal bir biçimde yapılanlar, şimdi kanun kapsamına alınmıştır. Tıpkı 12 yaşından küçüklere Kur'an-ı Kerim'in kanunla yasaklanması gibi, bu da kanunla yapılmış ikinci bir hukuk cinayetidir" dedi.

◆ ALİ EYVAZ'IN HABERİ 10. SAYFADA

Gestapo şefleri artık Türkiye'de görev yapacak. İnsanlar takip edilecek.

Akit, *31 Temmuz 1999.*

Millî Gençlik Vakfı Bursa Şubesi'nin okuma salonlarının emniyet güçleri tarafından mühürlenmesi "Gestapo dönemi gibi" değerlendirmesine yol açtı.[39] FP Genel Başkanı Recai Kutan, halkın "Gestapo yöntemleriyle fişlendiğini" ileri sürdü.[40]

---

36 *Yeni Şafak,* 11 Kasım 1999.

37 *Millî Gazete,* 11 Ocak 1999.

38 Ali Eyvaz, "Gestapo hortladı", *Akit,* 31 Temmuz 1999.

39 "MGV'nin 'okuma salonları'na hücre evi muamelesi", *Millî Gazete,* 6 Haziran 2000.

40 "FP lideri Kutan 'Susurluk'u çözemezsem Başbakanlık bana haram olsun diye efelenenler şimdi nerde?' diye sordu", *Yeni Şafak,* 29 Aralık 1999.

Eleştirilere maruz kalan bir diğer yargı mensubu ise DGM Savcısı Nuh Mete Yüksel idi. Yüksel'in FP milletvekili Merve Kavakçı'yı gözaltına almaya teşebbüs etmesi, FP Karaman milletvekili Zeki Ünal'ın "Başsavcı Yüksel, gestapo şefi gibi davranıyor" değerlendirmesine yol açtı.[41] Üniversite giriş sınavı sonuç belgelerinin gönderileceği zarfa YÖK'ün kılık kıyafet ile ilgili düzenlemelerini hatırlatır bir belgenin de konulacağı haberi İslâmî basın tarafından "Gestapo yöntemi" olarak değerlendirildi.[42]

"Soykırım" ve "temerküz kampları" benzetmesi

İslâmî söylemin kullandığı bu mecazî dilde en son rastlanan tema "soykırım" ve "temerküz kampları"ydı. Bu benzetmeler başörtülü öğrencilerin üniversitelere alınmamaları vesilesiyle kullanıldı. İstanbul Üniversitesi'ne bağlı Cerrahpaşa ve Çapa Tıp fakültelerinde başörtülü öğrencilerin sınava alınmalarının Rektör Kemal Alemdaroğlu tarafından yasaklanması üzerine öğrenciler fakülte kantininin kapısına "Çapa Nazi Kampına Hoşgeldiniz Führer Alemdaroğlu. Arbeit Macht Frei!" yazılı bir pankart astı.[43] Aynı uygulama nedeniyle *Akit* gazetesi, rektör Kemal Alemdaroğlu'nun adından esinlenerek, Çapa Tıp Fakültesi'ni "Alemdar Toplama Kampı" olarak adlandırdı.[44] Başörtü yasağının Erzurum Atatürk Üniversitesi'nde uygulanması haberini *Akit* "Erzurum'da Nazi Kampı" başlığıyla verdi.[45]

Yeni Şafak gazetesinin bir köşe yazarı ise doğrudan doğruya Soykırım'a atıf yaptı:

> "Şimdilerde Türkiye'ye yön veren seçkinleri Nazi Almanyası'nı kaplayan türden bir cinnet kaplamış. Üniversite'de oku-

---

41 "Gestapo şefi gibi", *Akit*, 19 Ekim 1999.

42 "Gestapo Yöntemi", *Yeni Şafak*, 11 Haziran 1999.

43 A. Olgun, Hüseyin Laikoğlu, "Sanki Nazi kampı", *Yeni Şafak*, 15 Mayıs 1998. "Arbeit Macht Frei!" (Çalışma özgürleştirir) Nazilerin Temerküz kamplarının giriş kapılarının üstünde yazdıkları cümleydi.

44 Ramazan Gözübüyük, "Alemdar Toplama Kampı", *Akit*, 9 Haziran 1998.

45 Bünyamin Çelik, "Erzurum'da Nazi Kampı", *Akit*, 29 Aralık 1998.

28 Şubat Sürecinde Başörtüsü Direnişi, Özgür-Der Özgür Düşünce ve Eğitim Hakları Derneği, İstanbul, 1999. Kaynak: Şâhitlik.

maktan başka bir günahı olmayan kapalı öğrencileri Yahudiler'in maruz kaldığına benzer bir muameleye maruz bırakıyorlar" Yazar daha sonra başörtülü öğrencilerin maruz kaldıkları baskıları ve peruk takmalarını Yahudilerin Soykırım'a uğratılmalarına benzetti: "Bu ülkede laiklik sonunda geldi bir peruğa indirgendi. Peruk takarsanız kurtuluyor, başörtüsü takarsanız yıkılıyor. Özellikle sıcakların başladığı şu günlerde bu öğrencilerin çektikleri sıkıntıyı bir düşünün. Henüz vücutları Yahudiler gibi fırınlara atılmadı ama, kafaları önce eşarp sonra peruk giymekten fırın gibi. Henüz toplama kamplarına doldurulmadılar, ama yürekleri tam bir cenderede; sıkıldıkça sıkılıyor. (...) Geçenlerde okuduğu okulda çok başarılı olan bir öğrenci öğrenimine açık öğrenime geçerek devam etmeyi düşündüğünü söyledi. Yirmibirinci asra girerken 'Holocaust' böyle oluyor demek ki.

Bu günler geçecek. Yahudiler'in toplama kamplarındaki çileleri bir şekilde sona ermedi mi? Ancak aradan 50 yıl geçtiği halde Almanlar masum insanlara yaptıkları zulmün utancını hiç eksilmeden bugün de taşımaya devam ediyorlar. Ben inanıyorum ki başörtülü öğrencilere Alman Yahudileri muamelesi yapan öğretim üyeleri, üniversite yöneticileri ve bu zulümde payı olan herkes de bir gün yanlış yaptıklarını anlayacaklar."[46]

Üniversitelerin "toplama kampı" haline geldiği benzetmesini BBP Genel Başkanı Muhsin Yazıcıoğlu da yaptı.[47] Cezaevinde tutuklu bulunan İBDA-C adlı yasa dışı İslâmcı örgütün başkanı Salih Mirzabeyoğlu'nun tartaklanması da "temerküz kampları" benzetmesine yol açtı. *Yeni Şafak* gazetesi köşe yazarı, Mirzabeyoğlu'nu tartaklayan cezaevi görevlilerini, savaş sonrasında yargılanıp 1947 yılında idam edilen Auschwitz temerküz kampının Nazi komutanı Franz Ferdinand Rudolph Hoess'e benzetti: "Albay Hoess'le benzerlikleri genlerinden, kanlarından falan değil, ortak bakış açılarından belki de buradan türeyen düşünce ve davranış biçiminden kaynaklanan bir takım adamlar." Gazeteci daha sonra Mirzabeyoğlu'nun tutuklu bulunduğu Metris Askerî Cezaevi'ni Nazilerin, adları tarihe mal olmuş, temerküz kamplarına benzetti: "Bergen-Belsen'den mi, Dachau'dan mı, Mauthausen'den mi geliyor bu adam?"[48]

Abdurrahman Dilipak, 28 Şubat 1997 MGK kararları ile başlayan İslâmî hareketi tasfiye sürecinin İslâmî vicdanlar üzerinde yarattığı aksülâmeli sert bir şekilde dile getirirken de gene Nazilere ve Soykırım'a uğrayan Yahudilere gönderme yapmayı ihmal etmedi:

> "Affedebilirsiniz ama unutmayacağız!
>
> Yahudileri katleden Naziler nasıl bugün bile takip ediliyor ve onlardan hesap soruluyorsa, insan haklarını ihlal edenleri ölene kadar takip edecek ve onlara elbet bir gün mutlaka meşru mahkemeler ve adalet önünde hesap soracağız!"[49]

Başörtülü olması nedeniyle üniversitedeki görevinden alınan Doç. Dr. Sevgi Kurtulmuş'la yapılan bir söyleşide söyleşiyi yapan gazeteciler, İstanbul Üniversitesi Rektörlüğü'nün üni-

---

46 M. Akif Aydın, "Bizim 'Holocaust' kurbanları", *Yeni Şafak*, 26 Mayıs 1998.

47 "YÖK ifrit avına çıkmış", *Yeni Şafak*, 7 Ekim 1999.

48 Ahmet Kekeç, "Biz adamı işte böyle tıraş ederiz", *Yeni Şafak*, 29 Ocak 2000.

49 Abdurrahman Dilipak, "Alçakça!", *Akit*, 6 Mayıs 1998.

versiteye başörtülü gelmekte ısrarlı olan öğrencileri derslere sokmama, öğretim üyelerini de görevlerinden alma yolundaki uygulamasını şöyle değerlendiriyorlardı:

> "Son bir buçuk yıldır Türkiye'de bilgiyi öğrenmeye ve bilgide katalizör rolünü üstlenmeye çalışan insanlara yönelik bir 'jenosid' uygulanıyor."[50]

"Soykırım" sözcüğünü kullanan ancak İslâmî kesimde yer almayan bir diğer gazeteci ise Taha Akyol. Akyol, başörtüsü konusunda İstanbul Üniversitesi Rektörü'nü destekleyen Millî Eğitim Bakanı Hikmet Uluğbay'ı bu tavrından dolayı eleştirirken, başörtülü öğrencilere karşı yapılan uygulamayı "eğitim soykırımı" olarak nitelendirdi.[51]

"Joseph Goebbels" ve "Alfred Rosenberg" benzetmesi

28 Şubat 1997 MGK kararlarını uygulayanlar arasında yer alan Genelkurmay İkinci Başkanı Org. Çevik Bir ile Genelkurmay Genel Sekreteri Tümg. Erol Özkasnak, emekliye sevk edilmelerinden sonra *Akit* gazetesi tarafından Nazi ideolojisinin başmimarı Alfred Rosenberg ile Nazi rejiminin Propaganda Bakanı Joseph Goebbels'e benzetildiler.[52]

"Anne Frank" benzetmesi

Soykırım'ın popüler kültüre ve tarihe en çok mal olan figürlerinden Anne Frank'la[53] ilgili bir benzetmeye de İslâmî basın-

---

50 Ahmet Kekeç, Erdal Şimşek, "Terör estiriliyor", *Akit*, 7 Haziran 1998.

51 Taha Akyol, "Yine başörtüsü", *Milliyet*, 22 Haziran 1998.

52 Hasan Karakaya, "Goebels ve Rozenberg'ten ders almak!", *Akit*, 9 Ağustos 2000.

53 Anne Frank (Frankfurt 1929-Bergen Belsen 1945) Hollandalı bir Yahudi genç kızdır. Frank ailesi Nazilerin 1933 yılında iktidara gelmesiyle birlikte Almanya'yı terk edip Amsterdam'a yerleşir. Hollanda'nın 1940 yılının Mayıs ayında Naziler tarafından işgal edilmesi ve Yahudi karşıtı tedbirlerin alınması üzerine Frank ailesi ve dört Yahudi, baba Frank'ın bürosunun yanındaki bir yere saklanırlar. Sekiz Yahudi burada 6 Temmuz 1942 tarihinden, tutuklanıp temerküz kampına gönderildikleri 4 Ağustos 1944 tarihine kadar saklanırlar. Sak-

da rastlandı. Bu benzetmenin, diğer örneklerden kendini ayıran özelliği duygusallığı ve içtenliğiydi:

> "Anna hâlâ bana benziyor. Anna'yı yakalayan Naziler, ilk iş olarak saçlarını usturaya vurmuşlar. Ne garip, bütün Naziler saç düşmanı galiba? Şimdilerde, örülü saçlarını, ağlaya ağlaya kesiyor başörtülü kızlar. Saçlar, peruğa sığdırılmak için ya da harama gösterilecek diye hoyratça usturalanıyor. Perçemlerin köküne, bir tırpan gibi vurulan bir makas darbesi, kadınlığına lanet ederek usturadan medet uman kızların, acıklı hikâyelerini anlatıyor. Her çağın bir eli usturalı Nazisi varmış demek ki! Anna ve başörtülü kızlar, zavallı arkadaşlarım. Faşistler ve elleri usturalı faşistler.
>
> *Anna hâlâ bana benziyor. O dönemde Anna'nın göğsünde, sökmüp atamayacağı kaderi ve damgası gibi taşıdığı bir siyon yıldızı vardı. Anna, Yahudi olduğu için bu yıldızı taşıyordu. Benim de Müslüman olduğum için, başımda taşıdığım bir işaretim, bir örtüm var. Beni de istemeyenler, örtüme "siyasal İslâm" damgası vuruyorlar. Beni okullara sokmuyorlar, istemiyorlar, keskin nişancıyla vurup, panzerle ezmek üzere adam salıyorlar. Dedim ya, Müslümanım ve bu işareti hep taşıyacağım. Anna'yı da beni de kuşatan sürecin faşistliğine ve ötekileştirme gücüne hayret ediyorum".*[54]

Sol ve Kemalist kesimlerden örnekler

İslâmî söylemin bu kadar yoğun bir şekilde Nazi dönemine ve o dönemi hatırlatan kişilere, mekânlara veya simgelere referansta bulunması sol ve Kemalist kesimi de, az ölçüde de olsa, etkiledi. İstanbul Üniversitesi İletişim Fakültesi Dekanı türban hakkında yorumda bulunurken Nazilere atıfta bulundu:

---

landıkları bu süre zarfında Anne Frank bir günlük tutar. Savaş sonrasında bu günlük babası tarafından yayımlanır. Anne Frank'ın günlüğü Türkçe'ye çevrilip yayımlanmıştır. (*Anne Frank'ın Hatıra Defteri,* (Çev.: Can Yücel), 4. Baskı Papirüs Yayınları, İstanbul 1992).

54 Sibel Eraslan, "Elveda Anna Frank", *Akit,* 19 Ekim 2000. Vurgulama yazarı tarafından yapıldı.

"Bence türban bugün siyasal bir söyleme dönüşmüştür. Türbanın da tıpkı bir berenin üstündeki orak-çekiç kadar sivri ya da gamalı haç kadar anlamlı olduğunu düşünüyorum."[55]

Hükümetin karakollara, karakolun bulunduğu mahalledeki yerleşim birimlerinin ayrıntılı krokilerinin yerleştirilmesi ve yaşayanların da bu krokilerde belirtilmesini öngören bir yasa tasarısını TBMM Başkanlığına sunması üzerine, sol kesime ait *Emek* gazetesi bu tasarıyı "Gestapo yasası" olarak adlandırdı ve şu yorumu yaptı: "Hükümet, şimdi de, Nazi Almanyası'nda uygulanan fişleme yöntemlerini hayata geçiriyor."[56]

Milliyet gazetesi Yayın Yönetmeni Yalçın Doğan, İstanbul Üniversitesi rektörü Alemdaroğlu'nun uygulamasını şöyle tanımladı:

"Tıpkı, soğuk savaş dönemleri gibi. ABD'de McCarthy ya da Nazi Almanyası'ndaki bilime uygulanan terör gibi..."[57]

Rahip Martin Niemöller'in "Susma, sustukça sıra sana gelecek" şeklinde sloganlaştırılan şiiri sadece İslâmcı değil, diğer siyasi görüş sahipleri arasında da rağbet gördü. Bu şiiri kullananlardan biri, hükümetin bölücü ve irticai faaliyetlere karışan memurların tasfiyesiyle ilgili KHK tasarısını Cumhurbaşkanlığı'na ikinci kez göndermesini protesto eden ANAP milletvekili Emre Kocaoğlu idi. Kocaoğlu bu şiirin kopyasını yakın arkadaşlarına gönderdi ve KHK'yı kastederek bu tür günlerde bu şiirin tekrar hatırlanması gerektiğini söyledi.[58] Diğeriyse "irtica tehdidi"ni ve "Türkiye'yi bölmek isteyenler"i önemsemeyen çevrelerin

---

55 Abdullah Muradoğlu, "Yasakçıların başörtü itirafı", *Yeni Şafak*, 22 Ocak 2000.

56 "Hükümetin Gestapo yasası", *Emek*, 20 Haziran 1998 / "Gestapo yasası komisyonlardan geçti", *Emek*, 3 Temmuz 1998.

57 Yalçın Doğan, "Üniversiteleri geri istiyorum!", *Milliyet*, 6 Eylül 2000.

58 Nuray Babacan, "ANAP'lı vekilin edebi KHK protestosu", *Hürriyet*, 16 Ağustos 2000.

59 Hasan Pulur, "Kıssadan Hisse", *Milliyet*, 17 Eylül 2000. Niemöller'in adını ananlar arasında adını ve soyadını doğru yazan tek kişi Hasan Pulur'dur. ANAP milletvekili Emre Kocaoğlu rahibin adını Prof. Martin Müeller olarak yazmıştır.

dikkatini bu şiire çeken köşe yazarı Hasan Pulur'du.[59]

İslâmî söylemin Soykırım'a bakışı

İslâmî söylemin 28 Şubat sonrasında bu kadar yoğun bir şekilde Nazi rejimine ve onun korkunç sonucu olan Soykırım'a atıflarda bulunması, ister istemez, zihinlerde İslâmî kesimde Soykırım konusunda yoğun bir hassasiyetin mevcut olduğu kanaatini uyandırmaktadır. Ancak akla ilk gelen bu ihtimal gerçekle hiç uyuşmamaktadır.

İslâmî basının önemli bir kesiminde Soykırım'ın bir "Siyonist uydurması" olduğu konusunda haberler ve köşe yazıları yer almaktadır. Gaz odalarında katledilen Yahudilerin sayılarının Siyonistler tarafından propaganda maksadıyla bilinçli olarak abartıldığı söylenmektedir. Kamuoyunda Adnan Hoca diye tanınan Adnan Oktar tarafından Harun Yahya müstear adıyla 1995 yılında yayımlanan ve Yahudilerin Soykırım'a uğradıkları gerçeğinin aslında Siyonistler tarafından uydurulmuş bir yalan olduğunu ileri süren *Soykırım Yalanı* kitabı ile Roger Garaudy'nin Soykırım'ı inkâr eden *Les Mythes Fondateurs de la Politique Israélienne* kitabının çevirisine (*İsrail Siyasetini oluşturan Efsaneler*) en yoğun ilgi İslâmî kesimden gelmiştir. İslâmî basın her iki kitaba methiyeler döşeyip, okurlarına tavsiye etmiştir. İsrail'e yapılan resmî gezilerde Türk heyetinin Yad Vashem Soykırım Müzesi'ni ziyareti, "sözde Soykırım Müzesi'ne ziyaret" yorumlarıyla aktarılmıştır.[60] İslâmî kesim içinde bu yaklaşımı kınayan ve özeleştiri yapan herhangi bir yazıya da rastlanmamıştır.

Sonuç

28 Şubat 1997 MGK kararları sonrasındaki süreçte, İslâmî basının, İslâmî akımı tasfiye harekâtının totaliter bir rejime özgü olduğunu ileri sürmesi, bunu ileri sürerken de totaliter rejimin tarihe en çok mal olmuş örneği olan Nazi rejimini ve onu sim-

60 Bu kitapta yer alan "Cumhuriyet dönemi Türkiyesi'nde antisemitizm" makalesinde bu konu ayrıntılı bir şekilde incelenmiştir.

geleyen "Adolf Hitler" ve "Gestapo" sözcüklerini bereketli bir şekilde referans olarak kullanması, Soykırım'a uğramış Yahudilerin akıbetine karşı bir saygı ve duyarlılık tezahürü değil tamamıyla pragmatik ve oportünist bir yaklaşımın tezahürüdür.

Nitekim *Yeni Şafak* gazetesi köşe yazarının, İBDA-C lideri Salih Mirzabeyoğlu'nu tartaklayan Metris Cezaevi görevlilerini eleştiren yazısında Metris Askerî Cezaevi'ni temerküz kamplarına, cezaevi görevlilerini de Nazi komutanına benzetmesi, ilk bakışta Nazi rejimini ve temerküz kamplarını lanetleyen bir gazetecinin abartılı benzetmeleri olarak anlaşılabilir. Ancak metnin devamında bu benzetmelerin tamamıyla pratik nedenlerle yaptığı anlaşılmaktadır. Zira aynı yazar yazısının sonunda temerküz kampları görüntülerini fütursuz bir şekilde şöyle nitelemektedir:

> "Biz adamı böyle yaparız işte, kaşını gözünü patlatıp öyle çıkarırız 'adalet'in huzuruna...
>
> Burası Auschwitz değil.
>
> Burası Metris Askeri Tutukevi.
>
> Öyle ya, siz bu görüntüleri Nazi zulmünü anlatan belgesellerde, ya da televizyonlarınızda prime-time'a ustaca sokuşturulmuş "MGM" marka Yahudi propaganda filmlerinde izlemiştiniz."[61]

Benzer bir yaklaşım, Soykırım inkârcıları gibi Soykırım'a karşı kuşkulu bir tavır sergileyen *Akit* başyazarı Abdurrahman Dilipak'ta görüldü. Dilipak RP'nin muhtemel kapatılma akıbetine karşı tüm kamuoyunu duyarlı kılmak için yaptığı çağrıda Rahip Martin Niemöller'in ünlü şiirine atıfta bulunarak şunları söyledi:

> "Sıra Yahudilere geldi. Hitler onları kıskanıyordu. Bir siyonist gibi düşündü. Üstün ırk kendi ırkı idi ve rakiplerini yok etmeyi planladı. Çoluk-çocuk, kadın-erkek, ihtiyar yakaladıklarını öldürdüler. (...) Ne kadar Yahudi yakıldı, bu fırınların

---

61 Ahmet Kekeç, "Biz adamı işte böyle tıraş ederiz...", *Yeni Şafak*, 29 Ocak 2000.

hepsi gerçek mi? Bunu tartışabiliriz. Bu gerçeği ortadan kaldırmıyor."[62]

Kitleleri etkilemek, tahrik etmek ve harekete geçirmek için onları sarsacak kelimeler kullanmak, totaliter ve milliyetçi söylem sahiplerinin başvurmaktan vazgeçemedikleri bir yöntemdir. 28 Şubat 1997 tarihli MGK kararları sonrasında İslâmî basında yoğun bir şekilde rastlanan ve Nazi rejimini çağrıştıran sözcüklerin, II. Dünya Savaşı sırasında meydana gelmiş olan Soykırım'a karşı herhangi özel bir duyarlılığı olmayan, hatta ve hatta Soykırım'ı inkâr eden yayınlara alkış tutan bir kesim tarafından sadece ve sadece okuru sarsma ve duyarlı kılma amacıyla popüler bir şekilde kullanılmış olması son derece düşündürücüdür. İlk bakışta önemsiz gibi gözüken bu tavır, aynı kesimin çok önemli bir bölümünün Yahudilere ve Soykırım'a karşı beslediği görüşleri dikkate alındığında, kendisini dindar olarak tarif eden, her zaman "iyi ahlâk"ı savunan, din ve Tanrı'yı tek ve mutlak referans olarak alan İslâmî kesimin kendi zihinsel dünyası içinde çok ciddi bir ahlâki sorunu barındırdığının tartışılmaz kanıtıdır.

---

62 Abdurrahman Dilipak, "Bir gün sıra size de gelir!", *Akit*, 13 Ağustos 1997.

Bir Diğer Düşman: Dönmeler veya Gizli Yahudiler

Sağ düşünce dünyasında önemli bir yer işgal eden antisemit söylemde sık rastlanan bir diğer "düşman", kendilerinden "gizli Yahudiler" şeklinde bahsedilen Dönmelerdir. Dönmelerin "düşman" olarak kabul edilmelerinin esas nedeni, popüler kültüre mal olmuş "dönmeler aslında dönmez" şakasından da anlaşılacağı üzere,[1] ihtida eden gayrimüslimlerin aslında İslâm dinini hiçbir zaman samimi bir şekilde benimsemeyip gizliden gizliye Hıristiyanlığı veya Yahudiliği sürdürdüklerine dair kamuoyunda yerleşik yaygın kanaattir. Ancak sağcı söylemde dönmelere gönderme yapıldığında, istisnalar hariç, Rum, Ermeni ve Yahudi mühtediler kastedilmeyip, sözde mesih Sabetay Sevi'nin müritleri olan Dönmeler kastedilmektedir.

Sabetay Sevi kimdir? Dönmeler kimlerdir?

Dönmeler veya son yıllarda kullanılmaya başlanan terimle Sabetaycılar, 1666 yılında mesihliğini ilân ederek mistik bir hareketin öncülüğünü yapan İzmirli bir Yahudi haham olan Sabetay Sevi'nin müritleridir. Sevi'nin mesihliğini ilân etmesi Osmanlı Yahudileri arasında büyük bir heyecan yaratmıştır. Sul-

1 Taha Parla, *Türkiye'de Siyasal Kültürün Resmî Kaynakları, C. 3, Kemalist Tek Parti İdeolojisi ve CHP'nin Altı Ok'u*, İletişim Yayınları, İstanbul, 1995, s. 209.

tan IV. Mehmed bu toplumsal kargaşayı önlemek için Sevi'ye çıplak vücuduna ok atılarak mesihliğinin sınanacağını söyledi. Şayet iddia ettiği gibi mesih ise kendisine bir zarar gelmeyeceğini ve böylece mesihliğinin ilân edileceğini bildirdi. Bu karar üzerine Sevi tövbe edip basit bir haham olduğunu söyledi, idam edilmemek için ihtida etti ve Aziz Mehmet Efendi adını aldı. Onun bu kararını örnek alan müritleri de topluca ihtida ettiler. Ancak Sabetay Sevi ve onu mesih olarak kabul eden müritleri ihtida etmelerine rağmen gizliden gizliye Yahudi dinine ibadet etmeye devam ettiler. Dönmeler, Sabetay Sevi'nin vefatından sonra kendi içlerinde Yakubiler, Kapancılar ve Karakaşlar adlarını taşıyan üç alt mezhebe bölündüler.

Yunan hükümeti 30 Ocak 1923 tarihinde imzalanan ve resmî adı "Yunan ve Türk Halklarının Mübadelesine İlişkin Sözleşme ve Protokol" olan belge gereğince Selanik'teki Dönmeleri Müslüman kabul edip Türkiye'ye göndermeye karar verdi.[2] Dönmeler bu karara Müslüman olmadıkları, dolayısıyla mübadele haricinde tutulmaları gerektiğini söyleyerek itiraz ettiler. İktisadi hayatı azınlıkların elinden alıp Yunanlaştırmak isteyen Yunan makamları için mübadele, ticareti ellerinde tutan Dönmelerden kurtulmak için paha biçilmez bir fırsattı. Bu nedenle bu itiraz reddedildi.[3] Dönmeler kimliklerini muhafaza edebil-

2 Bu konuda bkz. Kemal Arı, *Büyük Mübadele: Türkiye'ye Zorunlu Göç 1923-1925*, Tarih Vakfı, İstanbul, 1999 / Ayhan Aktar, "Nüfusun homojenleştirilmesinde ve ekonominin Türkleştirilmesi sürecinde bir aşama: Türk-Yunan nüfus mübadelesi, 1923-1924", s. 17-70, Ayhan Aktar, *Varlık Vergisi ve 'Türkleştirme' Politikaları*, İletişim Yayınları, İstanbul 2000 içinde.

3 Bu konuda birçok çalışma mevcut olup en yetkini Gershom Scholem'in *Sabbatai Sevi: The Mystical Messiah* (İbranice'den çev. R.J. Zwi Werblowsky), (Princeton University Press, New Jersey, 4. Baskı, 1989) kitabıdır. Türkiye'de bu konuda yayımlanmış çalışmalardan birkaçı şunlardır: Ilgaz Zorlu, *Evet, Ben Selanikliyim, Türkiye Sabetaycılığı*, Belge Yayınları, İstanbul, 1998, 7. baskı (bu baskıda kitap hakkında yazılmış yazılar da yer almaktadır) / Abdurrahman Küçük, *Dönmeler Tarihi*, Hamle Basın Yayın, İstanbul, 1997 / Avram Galante, *Nouveaux Documents sur Sabbetai Sevi Organisation et us et Coutumes de ses Adeptes*, Fratelli Haim, İstanbul, 1935, (Avram Galante, *Histoire des Juifs de Turquie*, İsis Yayıncılık, (t.y.), İstanbul, Cilt 8, s.169-292 içinde) Bu kitabın Türkçe çevirisi de mevcuttur. (Prof. Abraham Galante, *Sabetay Sevi ve Sabetaycıların Gelenekleri*, (Çev. Erdoğan Ağca - Önsöz: Moşe Grosman), Zvi-Geyik Yayınları, İstanbul, 2000) / Selahattin Galip, *Belgelerle Türkiye'de Dönmeler ve Dönmelik*, Kıraçlı

mek için sadece kendi aralarında evlenmeye devam ettiler. Ancak bu gelenek Cumhuriyet döneminde sürdürülmediğinden, günümüzde Dönmeler çok büyük ölçüde asimilasyona uğramış ve Müslüman Türk kimliği içinde erimişlerdir.[4]

Türk düşünce dünyasının Dönmelere bakışı

Dönmeler genellikle sağcıların zihnini meşgul etmiştir. Bu nedenle de hepsi aynı anlama gelen "Selanikli", "Dönme" veya "Selanik Dönmesi" tabirleri Türkiye'nin popüler siyasi kültürüne mal olmuştur. Ancak son yıllarda canlanan Kürt milliyetçiliğiyle birlikte, Kürt yazar ve aydınların da Dönmelerle artan bir oranda ilgilenmeye başladıkları görülmektedir.

Sağcı düşüncenin bakışı

İslâmcıların bakışı

İslâmî ve milliyetçi düşüncede Dönmeler, daima milliyetçi, geleneksel ve muhafazakâr değerlere hasım olan bir kültürü

Yayınları, İstanbul, 1977 / İbrahim Alâettin Gövsa, *Sabetay Sevi: İzmirli Meşhur Sahte Mesih Hakkında Tarihi ve İçtimai Tetkik Tecrübesi,* Semih Lütfi Kitabevi, İstanbul, 1939 (Bu kitabı tanıtır bir yazı için bkz. Marc David Baer, "Osmanlı Musevilerinin mesihi ve onun Türkiye Cumhuriyetindeki izleri", *Virgül,* Eylül 1998, sayı 11, s. 48-51) / Yesevîzâde, *Yahudilik ve Dönmeler,* Araştırma Yayınları, İstanbul (t.y.) / Ertuğrul Düzdağ, *Yakın Tarihimizde Gizli Çehreler,* İz Yayıncılık, İstanbul, 1991, s. 143-441 Dönmelerle ilgilidir / Mehmed Şevket Eygi, *İki kimlikli, gizli, esrarlı ve çok güçlü bir cemaat Yahudi Türkler yahut Sabetaycılar,* Zvi-Geyik Yayınları, İstanbul, 2000 / Abdurrahman Küçük, "Dönme", *İslâm Ansiklopedisi,* Türkiye Diyanet Vakfı, İstanbul, 1999, C. 9, s. 518-520. Türkiye'de yaşayan Dönme kökenliler konusunda Michèle Blumental ve Michel Grossman'ın yapımı *Sazanikos Les Derniers Dönmehs,* (Sodaperaga, La Sept, Hyperion, İstanbul Film Ajansı, La Sept / Sodaprega, Paris, 1992) belgesel filmi de mevcuttur. Bir sözlü tarih çalışması için bkz. Leyla Neyzi, *İstanbul'da Hatırlamak ve Unutmak: Birey, Bellek ve Aidiyet,* Tarih Vakfı Yurt Yayınları, İstanbul, 1999 s. 96-99, "Selanik'li Kim?".

4 Bugünkü Türkiye'de yaşayan Dönmelerin nüfusu hakkındaki tek sıhhatli rakam Dönme kökenli bir kişiyle yapılan mülakatta bu kişinin belirttiği 15000 sayısıdır. Bu nüfusun ne kadarının Sabetaycı ritüelleri halen devam ettirdiği ise meçhuldur. (Bkz. Giacomo Saban, "Residui di Tradizioni Sabbatiane ancora presenti in Turchia", *Annuario del Collegio Rabbanico Italiano,* sayı 3, 1988-1991, s. 117-131).

temsil etti. Bunun nedeni de Dönmelerin aldıkları eğitimden ötürü, Batılı, yani kozmopolit bir yaşam sürdürmüş olmalarıdır. Bu nedenle sağ kesim, Dönmeleri Türkiye'ye çağdaş Batı tarzı yaşamı ve laikliği getirmiş, hatta böyle bir hayat tarzını muhafazakâr kesime dayatmış ve dolayısıyla millî değerleri ve millî kültürü erozyona uğratmış bir düşüncenin temsilcileri olarak görmüştür.

Dönmelerin en yoğun olarak yaşadıkları kent Selanik'ti. Selanik 1900'lü yılların başında nüfusunun çoğunluğunu Yahudilerin teşkil ettiği, bu nedenle de Yahudiler arasında "Balkanlar'ın Kudüs'ü" olarak anılan bir kentti. Selanik'te yoğun bir nüfusa sahip ikinci bir cemaat ise Dönmelerdi.[5] Selanik aynı zamanda burjuvaların çoğunlukta olduğu ve Batılı kültürün egemen olduğu kozmopolit bir kentti. "Selanik" adının her telaffuz edilişinde akla Dönmeleri getirmesinin ve sağcı kesimin zihninde hep olumsuz çağrışımlara yol açmasının tek nedeni, geçmişte Selanik'te bir Dönme cemaatinin var olması değildir. Asıl neden tarihsel ve siyasidir. Sağcı kesim nezdinde Selanik, Osmanlı İmparatorluğu'nun çöküşüne yol açacak olan, lider kadrosunda Yahudi ve Dönmelerin de bulunduğu İttihat ve Terakki Cemiyeti'nin doğduğu, İttihat ve Terakki Cemiyeti tarafından tahttan indirilen Ulu Hakan II. Abdülhamid'in sürgüne gönderildiği, hem de gelecekte Hilâfet'i kaldıracak ve Cumhuriyet'i tesis edecek yeni bir önderin doğduğu kenttir.

Dönmelere beslenen husumetin bir diğer nedeni de güvensizliktir. Dönmeler zahiren Müslüman görünüp Yahudiliğin dinî ritüellerini gizlice sürdürdükleri için, hiçbir zaman tam olarak güvenilemeyecek sinsi bir zümre, Yahudilerin beşinci

---

5 Selanik'teki Dönme cemaati için bkz. François Georgeon (Çev. Cüneyt Akalın), "Müslüman ve Dönme Selanik" s. 113-127, Gilles Veinstein (der.), *Selanik 1850-1918*, İletişim Yayınları, İstanbul, 1999 içinde / M. Danon (Çev. Rıfat N. Bali), "Türkiye'de bir mezhep Yahudi-Müslüman mezhebi", *Tarih ve Toplum*, Aralık 1997, C. 28, S. 168, s. 23-27. Selanik'teki Dönmelerin camii için bkz. Marc David Baer (Çev. Esra Özyürek), "Selanik dönmelerinin camisi ortak bir geçmişin tek yadigârı", *Tarih ve Toplum*, Aralık 1997, C. 28, S. 168, s. 30-34 / Elçin Macar, "Selanik dönmelerinin yaşayan simgesi Yeni Cami", *Tarih ve Toplum*, Aralık 1997, C. 28, S. 168, s. 28-29.

kolu, kaleyi içeriden fethedecek olan gizli düşman olarak görülmüşlerdir.

Dönmelere yönelik olumsuz bakışın önemli siyasi nedenleri de vardır. II. Dünya Savaşı'nın sona ermesiyle birlikte başlayan çok partili demokrasi döneminde, o tarihe kadar baskı altında tutulmuş olan İslâmî hareket, kurucuları arasında Cevat Rıfat Atilhan'ın bulunduğu İDP,[6] Necip Fazıl Kısakürek'in kurduğu Büyük Doğu Cemiyeti, Türk Milliyetçiler Derneği gibi kuruluşların faaliyetleriyle tekrar canlandı. Hareket, dönemin çok etkin İslâmî yayınlarından olan İDP'nin yayını *Büyük Cihad* gazetesi, Büyük Doğu Cemiyeti'nin çıkardığı *Büyük Doğu* gazetesi, *Hür Adam, Sebilürreşad* ve *Serdengeçti* dergileri gibi yayınların çevresinde toplanmış olan Eşref Edib, Necip Fazıl Kısakürek, Cevat Rıfat Atilhan, Osman Yüksel Serdengeçti gibi kişilerin yazılarıyla da önemli bir kitleyi etkisi altına aldı. Bu dönemde Ahmet Emin Yalman, sahibi olduğu *Vatan* gazetesinde, başta Necip Fazıl Kısakürek olmak üzere, İslâmcılara karşı yazdığı sert ve laiklikten taviz vermeyen başyazılarıyla İslâmî kesimden büyük tepki topladı. İslâmî kesim, Yalman'ı İslâmî kesime karşı yazılar yazmaya iten sebebin, laikliği ve Atatürkçülüğü âdetâ bir din olarak benimsemiş olan Dönme kimliğine has haleti ruhiye olduğuna inandı.[7] Bu nedenle de İslâmcılarla Yalman arasında sürüp giden polemiklerde Yalman'ın Dönme olduğu İslâmcı yazarlar tarafından sürekli vurgulandı. İslâmî kesimin Yalman'a ve Dönme oluşuna neden bu kadar önem atfettiğinin cevabı 1952 yılında Malatya'da kendisine silahlı saldırıda bulunan Hüseyin Üzmez'in anılarındaki şu satırlarda gizlidir: "Yalman, Türkiye'yi perde arkasından idare eden güçlerin baş temsilcisiydi. Prof. Orhan Türkdoğan Ağabeyimin deyimiyle: 'Amerikan beyaz enternasyonalinin Türkiye mümessili'ydi. Yal-

6 Bu parti hakkında bir araştırma için bkz. Halûk Ö. Karabatak, "İslâm Demokrat Partisi", *Tarih ve Toplum*, Ekim 1994, S. 130, s. 4-13.

7 Dönmelerin Atatürkçülüğe ve laikliğe sıkı sıkıya sarılmalarının nedeni, Fatma A.'ya göre, Sabetaycı inancı ve gelenekleri sürdürebilmekti. Fatma A.'nın ifadesiyle "laiklik onlar için bir yerde [kimliklerini ve inançlarını sürdürebilmek [için] bir can simidi olmuştu." (Michèle Blumental ve Michel Grossman'ın *Sazanikos Les Derniers Dönmehs* belgesel filmi).

man'ı tanımak için her şeyden önce 'Dönme'liği bilmek lazımdır."[8] Hüseyin Üzmez'in "Yalman'ı tanımak için her şeyden önce Dönmeliği bilmek lazımdır" ikazı ise Dönmelerle Atatürkçülük ve laikliğin bir yerde örtüştüğünün üstü örtülü bir ifadesidir. Yalman Atatürkçülükten ve laiklikten taviz vermeyen çizgisiyle sağcı kesimin nezdinde Dönmelerin simgesi haline geldi. İslâmî kesim nezdinde Yalman, Hüseyin Üzmez'in deyimiyle, "sistemin mümessili", yani, Kemalizm ve laikliğin temsilcisi konumuna girdi.[9]

Ahmet Emin Yalman'la başlayan Dönme tartışmaları ve polemikleri, onun vefatından sonra *Milliyet* gazetesi başyazarı Abdi İpekçi ve *Politika* gazetesi başyazarı İsmail Cem [İpekçi] isimlerinin etrafında devam etti. 1970'li yıllar sağ ve sol akımları arasında en şiddetli tartışmalara ve silahlı çatışmalara sahne olan yıllardı. MHP-MSP-AP koalisyonunun oluşturduğu Birinci Milliyetçi Cephe hükümetinin, güvenoyu alır almaz ilk işi TRT Genel Müdürü İsmail Cem'i görevden almak oldu.[10] Cem'in görevden alınma kararına gerekçe olarak "tarafsızlıktan uzak, partizanca bir tutum sergilemek, vatandaşın ahlak değerlerine aykırı faaliyette bulunmak ve TRT ekranlarından komünizm propagandası yapmak" gösterildi.[11] İslâmî ve milliyetçi kesim Cem'in Genel Müdürlüğü sırasında izlediği yayın politikasının Dönme kökenli bir Marksist olmasından kaynaklandığına inandı.[12]

---

8 Hüseyin Üzmez, *Malatya Suikastı*, Timaş Yayınları, 2. baskı İstanbul, 1998, s. 58. Üzmez'in atıfta bulunduğu Prof. Orhan Türkdoğan, *Etnik Sosyoloji*, Timaş Yayınları, İstanbul 1997, *Değişme Kültür ve Sosyal Çözülme*, Birleşik Yayıncılık, İstanbul 1996, *Alevi Bektaşi Kimliği*, Timaş Yayınları, İstanbul 1995 gibi birçok sosyoloji kitaplarının yazarıdır.

9 Hüseyin Üzmez, *Malatya Suikastı*, Timaş Yayınları, 2. baskı İstanbul, 1998, s. 90.

10 Tufan Türenç, Erhan Akyıldız, *Gazeteci*, Milliyet Yayınları, İstanbul, 2. Baskı, 1986, s. 396. İsmail Cem'in görevden alınmasından sonra yerine muhafazakâr görüşleriyle tanınan Prof. Nevzat Yalçıntaş atandı.

11 "TRT Genel Müdürü İsmail Cem görevinden alındı", 30 Mayıs 1975, *Demokrasinin 50 Yılı 1945-1975, Cilt 2*, Aydın Kitaplar, İstanbul (t.y.), s. 646.

12 İsmail Cem 7 Şubat 1974 ile 15 Mayıs 1975 tarihleri arasında TRT Genel Müdürlüğü görevinde bulundu. Bu görevle ilgili anıları için bkz. İsmail Cem, *TRT'de 500 Gün*, Gelişim Yayınları, İstanbul, 1976.

Uluslararası konjonktürde bir Soğuk Savaş atmosferinin hakim olduğu, bunun bir uzantısı olarak da Türkiye'de "Kızıllar/komünistler geliyor" korkusunun bütün zihinleri sardığı 1970'li yıllarda, Marksizmin teorisyeni Karl Marx'ın Yahudi oluşu sağcı kesim tarafından her vesileyle vurgulanmaktaydı. Salt bu nedenle popüler milliyetçi ve İslâmcı yayımların vazgeçilmez temalarından biri de komünizmin aslında Yahudilerin dünyaya egemen olmak için yarattıkları bir doktrin oluşuydu. Böyle bir zihniyetin hâkim olduğu bir atmosferde Dönme kökenli olan Abdi İpekçi, İsmail Cem, Sabiha Sertel ve TKP kurucularından Şefik Hüsnü Değmer'in adları zikredilerek sürekli Marksizmin Türkiye'ye yerleştirilmesi çabalarının temelinde Dönmelerin, yani Yahudilerin yer aldığı ileri sürüldü.[13] Bu tür yazılara bir örnek vermek gerekirse, Ankara Üniversitesi İlahiyat Fakültesi Dinler Tarihi Kürsüsü Başkanlığı görevinde bulunmuş Prof. Hikmet Tanyu'nun kitabını zikretmek yeterli olacaktır. Sağcı düşünce için Yahudilik konusunda "klasik temel eser" sayılan Prof. Dr. Hikmet Tanyu'nun antisemit içerikli 1348 sayfalık *Tarih Boyunca Yahudiler ve Türkler* kitabında Sabiha ve Zekeriya Sertel'lerin okura tanıtıldığı bölüm "Yahudi asıllı Marksist-Sosyalist M. Zekeriya Sertel'in Türkiye'de oynadığı zararlı faaliyetler" başlığını taşıyor. Tanyu, Selanik doğumlu olan, ancak Dönme kökenli olmayan Zekeriya Sertel'i şöyle tanıtıyor:

> "Maddeci, Yahudilik dışındaki dinlerin düşmanı, Marksist-Sosyalist, beynelmilelcilik propagandasını gazetecilik ve yazarlıkla yapan, 1925 yılına kadar fikirlerini sinsi bir şekilde gizlemeye çalışan aslen Yahudi ırkından geldiği belirtilen ve Yahudilikten dönmüş görünerek ad alan M. Zekeriya Sertel. Gene aslen Yahudi bir aileden gelme (Marksist-Leninist pro-

---

13 Örneğin Mustafa Akgün, *Yahudinin Tahta Kılıcı*, Ankara Kar Ofset, [1992], s. 206 / Prof. Dr. Hikmet Tanyu, *Tarih Boyunca Yahudiler ve Türkler*, Yağmur Yayınları, İstanbul, 1976, C.2, s. 740-741, 919, 934, 950, 1027, 1058 / Yesevîzâde, *Perde Arkasında Kalan Yönleriyle Sosyal Demokrasi*, Dağarcık Yayın Dağıtım, Ankara, 1975, s. 91. Ayrıca *Yeniden Millî Mücadele* ve *Sebil* dergilerinde de bu suçlamalar yoğun bir şekilde yer aldı.

paganda yazılarında daha aşırı giden, komünizme hizmet eden) Sabiha Sertel'in kocasıdır".[14]

Tanyu, Abdi İpekçi içinse şu gözlemde bulunuyor: "Marksist-sosyalistleri savunup sınıf çatışmasını vakit vakit ilerici bir hareket gibi göstermekte, Sosyalist Enternasyonal'i reklâm etmekte, bu gibileri desteklemeyi benimser görünmektedir". Tanyu, İsmail Cem'in de gizliden gizliye Yahudilik propagandası yaptığını ima ediyor:

"*Politika* gazetesinin yayınlayıcısı olmaktan başka başyazarı durumundadır. Bu gazetede görüldüğü üzere sürekli olarak Yahudi-komünist bazı yazarlar övülmektedir. (...) Bununla da yetinmemiş, II. Cihan Savaşı sırasında Yahudilerin çektiği mezalimi, kampları vb. sürekli olarak TRT ekranlarında getirme başarısını ve hizmetini de göstermiştir".[15]

Sol veya Marksist çizgideki yazar ve gazeteciler arasında Dönme kökenli bu isimlerin yer alması, sağcı kesim tarafından Yahudilerin dünyaya egemen olmak için komünizmi desteklediklerini ve basını ele geçirdiklerini iddia eden *Siyon Önderlerinin Protokolleri*'nin "Cihan hâkimiyeti" ruhuna uygun bir gelişme olarak algılanmıştır. 1950'li yıllarda bazı gazetelerden topluca "Yahudi basını" diye söz edildiğinde hep bu gazetecilere atıfta bulunulmuştur.[16]

---

14 Hikmet Tanyu, a.g.e., C. 1, s. 350-351.

15 Hikmet Tanyu, a.g.e., C. 2, s. 741-742.

16 M. Talat Uzunyaylalı, *Türkiye'de Basının İslâm'a Bakışı*, Beka Yayınları, İstanbul 2. bs. 1994, s. 235 / Muzaffer Taşyürek, *İslâmın Sisli Yılları*, İhtar Yayıncılık, İstanbul 1995, s. 100. Yazar burada Yahudi basınından şöyle söz ediyor: "Yahudi sermayesinin emri ve kozmopolitizma tesirinin diktesi altında iş görenler: *Vatan, Hürriyet, Cumhuriyet, Yeni İstanbul, Akşam...*". Dönme kökeni nedeniyle Yalman'ı son derece bayağı bir üslûpla eleştiren Necip Fazıl Kısakürek'in *Büyük Doğu* gazetesinde yayımlanmış bir makalesi de bu kitapta yer almaktadır. (s.102-103) / Yesevîzâde, *Yahudilik ve Dönmeler*, Araştırma Yayınları, İstanbul, (t.y.), s. 375-401. Kitabın "Türkiye'de Yahudi matbuatının umumi neşriyat siyaseti" başlığını taşıyan bu faslında Yesevîzâde, *Hürriyet, Milliyet, Politika* gazetelerinden söz etmektedir.

Türk milliyetçiliğinin bakışı

1940'lı yılların Türkiyesi'nde saf ırk, saf kan ve soy ilkelerini savunan Nihal Atsız ve çevresindeki Türkçüler, bu bakış açısının doğal bir sonucu olarak, Dönmeleri daima Yahudi olarak kabul etmişlerdir. Bunun en belirgin ifadesi Nihal Atsız'ın şu tarifidir:

> "Yahudi iki türlüdür. Biri asıl Yahudidir, bu dilinden tanınır. Biri de Yahudi Dönmesidir. Bu dilinden tanınmaz. Bunu tanımak için yüzünün mütereddî Yahudi hatlarına dikkatle bakmak lâzımdır. Yahudiyle Yahudi Dönmesinin hiçbir farkı yoktur. Biri "biz Yahudiler" derse öteki de "siz Türkler" der."[17]

İslâmcılar için olduğu gibi, milliyetçiler için de Dönmeleri bir figür olarak temsil eden şahsiyet Ahmet Emin Yalman'dır. '40'lı yıllarda Türkçü düşüncenin teorisyeni Nihal Atsız'ın bir romanında yer alan kahramanlardan biri başbakan yardımcısı olarak gözüken Ahmet Emin Yalman'dı.[18]

Milliyetçi görüş, inançlarını gizliden gizliye sürdürüp Türkleşmedikleri için Dönmeleri "azınlık ırkçılığı" yapmakla suçlamıştır. Nihal Atsız'ın kardeşi Nejdet Sancar bunu şöyle dile getiriyor:

> "Türkiyedeki azınlık ırkçılığının en tipik örneği ise, Dönme ırkçılığıdır. Dönmeler, Türk cemiyeti içinde en kuvvetli azınlık ırkçılığı güden bir cemaattir. Bilindiği gibi an'anelerine sıkı sıkıya bağlıdırlar. Türklerle kız alıp vermek istemezler. Türk milliyetçiliği hareketlerine karşı sinsi sinsi, fakat sistemli bir şekilde cephe alanlar arasında Dönmeler esaslı bir yer işgal ederler. Bunları vatandaşlık vazifelerine davet edecek, dönmelik yapmamalarını ihtar edecek olsanız hemen müthiş bir Yahudi şamatası ve yaygarası ile karşılaşırsınız. Dillerinden ve kalemlerinden hiç eksik olmayan 'inkılâp, cumhuriyet' falan gibi beğlik bir takım sözlerle millî sesi boğmaya çalışırlar.

---

17 Nihal Atsız, "Komünist, Yahudi ve Dalkavuk", aktaran Atsız, *Makaleler IV*, Baysan, İstanbul, 1992, s. 171-175, ilk baskı *Orhun*, 12 Mart 1934, sayı 5.

18 Atsız, *Z Vitamini*, Baysan, İstanbul, 1992, s. 134.

Türk ırkçılığı işte bu azınlık ırkçılarının Türk gövdesinde açmak istedikleri yaralara karşı bir müdafaa silahından başka bir şey değildir. Türk ırkçılığı, vatandaşımız olduğu halde bir türlü Türkleşmiyen, Türklükten ayrı ırkî bir hüviyet taşımakta ısrar eden ve ırkî mefkûresiyle [ülküsüyle] Türke düşmanlık eden insanların bu vatana ve bu devlete fenalık edememelerini sağlamak için milleti uyanık bulunmaya çağıran bir fikirdir."[19]

1938 yılında orduyu ve donanmayı isyana tahrik ettiği gerekçesiyle haksız bir şekilde 28 yıl 4 ay hapse mahkûm olan Nazım Hikmet'in geçen on bir yılın sonunda serbest bırakılması için Yalman bir kampanya başlattı. Yalman 1949 yılında sahibi olduğu *Vatan* gazetesinde Nazım Hikmet'in suçsuzluğu ve af edilmesi konusunda yazılar yazdı, aydınlardan ve basından büyük destek gördü.[20] Bu kampanya, aralarında TKMD şubelerinin de bulunduğu, sağcı çevrelerin büyük öfke ve tepkisine neden oldu. Yalman'ın bu teşebbüsü sağcı çevrelerde, belki Selanik doğumlu olmasından ve *Resimli Ay* dergisinde Sabiha Sertel'le birlikte çalışmış olmasından, belki de Polonya kökenli bir aileden gelmesinden ötürü, annesi için Yahudi denen[21] Nazım Hikmet'in bir başka "gizli Yahudi" tarafından kurtarılmaya çalışılması olarak görüldü. Bu algılama tarzı sağcı çevrelerde yaygın bir şekilde geçerli olan "Yahudi-komünist işbirliği" veya "komünist Yahudiler" mitosunu da desteklemiş oldu.[22] Bu tepkilerin büyük bo-

---

19 Çiftçioğlu Nejdet Sancar, *Türklük Sevgisi*, Tanrıdağı Yayınları, İstanbul (t.y.), s. 57-58.

20 Bu konudaki ilk başyazı şuydu: Ahmet Emin Yalman, "Fikret ve Nâzım Hikmet", *Vatan*, 19 Ağustos 1949, aktaran Memet Fuat, *Nâzım Hikmet*, Adam Yayınları, İstanbul, 2000, s. 434-438.

21 Mustafa Akgün, *Yahudinin Tahta Kılıcı*, Kar Ofset, Ankara, 1992, s. 188. Nazım Hikmet'in annesi Celile Hanım Yahudi değildi. Ancak çok geniş olan bu ailede Polonya ve Almanya'dan Osmanlı İmparatorluğu'na gelip ihtida eden paşalar vardı. (Memet Fuat, *Nâzım Hikmet*, Adam Yayınları, İstanbul, 2000, s. 11.)

22 Hikmet Tanyu bu olayı şöyle yorumluyor: "Komünist, vatan haini Nazım Hikmet Verzanski'nin affı ve hapisten çıkarılması için, başta sözde Yahudilikten dönme olan, Sabiha Zekeriya Sertel, Zekeriya Sertel, Ahmet Emin Yalman, Kıyam Levi (Yahudi) ve bir sıra Masonlar, kendisini Türk hissetmeyen azınlık ırkçıları ile komünistler ve nihayet bazı gafiller, işin aslından habersiz konuyu kavrayamamış, kandırılmış kişiler işbirliği yapmışlardı." (Hikmet Tanyu, *Tarih Bo-*

yutlara ulaşmasında Türkiye'nin içinde bulunduğu "kızıllar/komünistler geliyor" korku atmosferi de rol oynadı.

Yalman'a saldıran bir diğer milliyetçi yazar *Serdengeçti* dergisinin yayıncısı olan Osman Yüksel Serdengeçti'ydi. Serdengeçti Yalman'dan "mandacı'dır, Yahudi'dir! Vatan satılığa çıkmıştır" şeklinde bahsediyor. Bunu yaparken de "vatan" kelimesini hem Yalman'ın sahibi olduğu *Vatan* gazetesi anlamında, hem de gerçek anlamında kullanıyor.[23] *Serdengeçti* dergisinde Yalman'a saldıran şiirler de yayımladı.[24] Serdengeçti'ye göre Dönmeler Türk olmamalarından ötürü, milliyetçilerin millî duygularını anlayamazlardı: "Bizim derdimizi ekalliyetler, dönmeler, vatansızlar, bolşevikler anlamaz!.. Bizim derdimizi ancak bizden olanlar anlar!"[25] Serdengeçti, milliyetçilerin

---

yunca Yahudiler ve Türkler, Yağmur Yayınları, İstanbul, 1977, s. 796). TKMD başkanlığı yapmış olan İlhan Darendelioğlu, Nazım Hikmet'i savunan Ahmet Emin Yalman için şöyle yazdı: "Yalman aslında komünist değildir, fakat Türkiye'mizde komünistlerin azgınlaşmasında en mühim ve müessir rolü oynıyan kişidir. Gazetesinde de komünist yazarlara en çok yer veren adamdır. Bugün Moskof uşağı ve kızıl bir vatan haini olarak demirperdede can veren Nazım Hikmet'i Türk milletinin başına bir belâ olarak kahraman yapmak isteyen adam Yalman'dır. Bunu da Türkiye'de çok değil bir tek Yahudi asıllı gazeteci yapabilmiştir. Allah milletimizi her çeşit gizli ve sinsi tahriklerle Yahudi oyunlarından korusun, Amin." (İlhan E. Darendelioğlu, "Komünist Yahudiler", *Bugün,* 13 Eylül 1967). Yalman kendisine silahlı saldırıda bulunan Hüseyin Üzmez'le görüştüğünde Üzmez kendisine şu soruyu yöneltmiştir: "Nazım Hikmet'i kurtarmak için hazırlanan 158 imzalı kâğıtta sizin de imzanız vardı. Onun komünist olduğunu bilmiyor muydunuz?" (Ahmed Emin Yalman, *Yakın Tarihte Gördüklerim ve Geçirdiklerim Cilt 4 (1945-1971),* Rey Yayınları, İstanbul (t.y.) s. 292). Yalman'ın bu teşebbüsüne karşı sağ kesimde oluşan tepkiler için ayrıca bkz. Memet Fuat, *Nâzım Hikmet,* Adam Yayınları, İstanbul, 2000, s. 440-441.

23 Osman Yüksel Serdengeçti, *Bütün Eserleri: 1, Mabetsiz Şehir*, Türk Edebiyatı Vakfı Yayınları, İstanbul, 1995, s. 213. Serdengeçti'nin yaşamı ve fikirleri hakkında bir inceleme için bkz. Rasih Yılmaz, *Toros Yüzlü Adam: Osman Yüksel Serdengeçti,* Timaş, İstanbul, 1998. Yalman Kurtuluş Savaşı sırasında Türkiye'nin Amerikan mandası altında yönetilmesi fikrini desteklemişti.

24 Cemal Oğuz Öcal, "Ahmet Emin Yalman'a" ve Aşık Fedaî, "Bu dönmeye!", nakleden Hüseyin Üzmez, *Malatya Suikastı*, Timaş Yayınları, 2. baskı İstanbul, 1998, s. 109-110. Dönmeler hakkında olumsuz içerikli bir diğer şiir şudur: A. Rüştü Çelebi, "Masonnâme'den", Prof. Dr. Mim Kemal Öke, *Kutsal Topraklarda Siyonistler ve Masonlar İhânetler... Komplolar... Aldanmalar...*, Çağ Yayınları, İstanbul, 1990, s. 8.

25 Osman Yüksel Serdengeçti, *Bütün Eserleri: 4, Bu Millet Neden Ağlar*, Türk Edebiyatı Vakfı Yayınları, İstanbul, 1995, s. 10-11.

ve İslâmcıların zihinlerine yerleşen Hilâfet'in kaldırılmasına Dönmelerle Yahudilerin neden oldukları kanaatini, bir sohbette de dile getiriyor.[26]

Dönmelere anılarında ve yazılarında geniş yer veren ve onlara hasmane bir şekilde yaklaşan başka bir milliyetçi ve muhafazakâr yazar ise Samiha Ayverdi'dir. Ayverdi hatıratında Dönmelere karşı beslediği husumetin kişisel nedenlerle ilgili olmayıp, daha inanılır ve haklı bir zemine dayandığını kanıtlamak için Dönmelerin ağzından onların ne kadar güvenilmez kişiler olduğuna dair tanıklıklara başvurur.[27]

Kürt milliyetçilerinin bakışı

1980'li yılların ortasından itibaren PKK örgütünün kurulmasıyla birlikte Kürt milliyetçiliği canlandı. Kürt yazarların Dönmelere olumsuz bir şekilde atıfta bulunmaları iki nedene bağlıdır. Birincisi Dönme kökenli olduğu iddia edilen emekli büyükelçi, köşe yazarı ve bir dönemin DYP milletvekili Coşkun Kırca'nın Kürt meselesine aşırı milliyetçi ve katı bir tavırla yaklaşması. İkincisi ise nedense Dönmelerin geçmişten beri Türk iktisadî hayatına hakim oldukları ve dolayısıyla Türkiye'yi yönlendirdikleri yolundaki inançtı.

---

26 Türk Milliyetçiler Derneği'nde Doğu Türkistanlıların Türkiye'ye kabul edilip edilmeyecekleri konusunu tartıştığı bir dostu şunları söylemiş:

> "Bunlar Şark'tan geliyor. Kabul edilmeleri için, Rumeli'den gelmeleri, hiç olmazsa Selanik'e şöyle bir uğramaları lâzım.."

Muhatabının itiraz etmesi üzerine bu kişi görüşünde ısrar etmiş:

> "Bunlar, Selanikliler, Ali Osman'ı bile Şark'tan geldiği için memleketten kovmadılar mı?"

Muhatabının "aman dikkat et, padişahçılık, hilafetçilik yasak ha.." şeklindeki itirazlarına karşı verdiği cevap gene ısrarcıydı:

> "Canım bu halifecilik yapmak değil ki. Osmanlı hanedanı Türk değil mi? Şark'tan gelmediler mi? Çoğu Yahudi dönmesi olan Selanikliler tarafından kovulmadılar mı? Bu tarihi bir hakikat!" (Osman Yüksel Serdengeçti, *Bütün Eserleri 2: Gülünç Hakikatler*, Türk Edebiyatı Vakfı Yayınları, İstanbul 1995, s. 90).

27 Samiha Ayverdi, *Ne İdik Ne Olduk Hâtıralar*, Hülbe Basım ve Yayın A.Ş., İstanbul, 1985, s. 76-80.

Bir dönem DYP Erzurum milletvekilliği yapmış olan, Şeyh Sait'in torunu Abdülmelik Fırat, başbakanlığı sırasında "Kürt realitesi"nin tanınması gerektiğini söyleyen Süleyman Demirel'in Coşkun Kırca tarafından ikaz edildiğini ve bunun üzerine Demirel'in bir daha bu sözü ağzına almadığını naklediyor. Fırat bunu aktardıktan sonra Kırca'ya karşı tepkisini şöyle dile getiriyor:

> "Osmanlı döneminin devşirmelerine mukabil Türkiye Cumhuriyeti Devletini dönmeler yönetiyor. Dönmeler deyince ilk önce aklıma gelen Sabetay Levin'in dinine giren, güya müslümanlaşan Yahudiler anlaşılıyor. Ben ise daha genel anlamda etnik kimliğini ve dinini gizleyen, aşağılık kompleksine girmiş kimseleri kastediyorum. Allah'ın ve tabiatın kendisine bahşettiği özellikleri gizleyen ve kamufle eden kişiler toplumun çürümesine neden olan kadavralardır. Toplumbilimci ve psikologlar tarafından saptanmış klinik vakalardır. Kürt dönmeler, Laz dönmeler, Çerkez dönmeler, Arnavut dönmeler, Boşnak dönmeler, Gürcü dönmeler, Arap dönmeler, Rum dönmeler, Ermeni dönmeler ve nihayet Yahudi dönmeler. Bütün dönmeler birbirlerini sıkı sıkıya tutarlar. Türklerden uyananlar olursa hep bir ağızdan 'Vatan, Millet, Sakarya', 'bir Türk Cihane bedeldir' naralarını atarak onu tekrar gaflet uykusuna yatırırlar. 'Ne mutlu Türküm diyene!' Sabetay Levi dönmesi Coşkun Kırca çok güçlüdür. 1- D.P. Dışişleri Bakanı Fuat Köprülü'nün kızıyla evlendi sonra boşandı. 2- D.P. Dışişleri Bakanı Fatin Rüştü Zorlu'nun aleyhinde Yassıada Mahkemesi'nde şahitlikte bulunarak idamına neden oldu. 3- Bütün Cuntacı ve darbecilerin fetvacısı ve teşvikçisidir. 4- Türkiye'yi 1925'den geriye götürecek antidemokratik bütün yasaların baş mimarıdır. 5- Birkaç ay önce meclis kürsüsünden velinimeti olan S. Demirel'in 'Kürd Realitesi' sözünün bir zühûl [dalgınlık] eseri olduğunu kendisine ihtar ettiğini, bir daha bu sözü Demirel'in ağzına almadığını söyledi. 'Bu Meclis'te ancak Türk olan konuşur. Türk olmayana susmak düşer' demesine rağmen en çok konuşanın kendisi olduğu G.

> Sabetay Levi alfabesine göre, isminin yazılışı Cosh-Qun Kir-Ca'dır."[28]

Abdülmelik Fırat bir başka yazısında da aynı olaya değiniyor. Fırat Cumhurbaşkanı Demirel'i ziyaret ettiğini ve aralarında geçen konuşma sırasında Demirel'in kendisine "Türkiye Cumhuriyeti Devleti, Kürt gerçeğini kabul etmiyor. İlk defa Başbakan olarak ben bu gerçeği ifade ettim. Fakat Türk nasyonalizmi o kadar güçlü ki, bu sözden öteye gitme takatini kendimde bulmadım" dediğini nakledip şu yorumda bulunuyor:

> "Fakat Türk nasyonalizminin temsilcisinin, Coşkun Kırca olacağını hiç tahmin etmemiştim. Zira, dönme bir ailenin çocuğu olduğunu, o ziyaretimde sayın Demirel ifade buyurmuşlardı. Dışişleri Bakanlığı'nda kendisine ailevi nedenlerden dolayı elçilik görevi vermediklerini Süleyman Demirel'e yanıla yakıla anlattıktan sonra Demirel'in özel emirleriyle bu göreve getirildiğini söylediler. Ne hazindir ki, şu anda Türklüğe çıkmak isteyenler Kürt dönmesi, Arap dönmesi, Laz dönmesi, Çerkez dönmesi, Arnavut dönmesi, Yahudi dönmesi ve diğer dönmelerdir. Zira dönmeler, kompleks enferiyoriti ile yani aşağılık kompleksileriyle malüldür. Bu tür bir haleti ruhiye ile malül olan insanların yönettiği bir ülke her zaman karışıklığın ve felaketin içine düşmüş olur."[29]

Kürt aydınlarından Musa Anter anılarında, Türkleşmiş bir Kürt olması nedeniyle Turgut Özal'ı, Dersim İsyanı'nın bastırılmasında bir emniyet mensubu olarak görev almış olması nedeniyle İhsan Sabri Çağlayangil'i eleştirirken şu yorumda bulunuyor:

> "Bu gibi adamların hangisinin kökünü kazsan ya Yahudi Dönmesi veya Kafkas, Kırım ve Selanik, Rumeli muhaciridir. Bunun için de şükrediyoruz ki, bunlar hakiki Türk ve Kürt

---

28 A. Melik Fırat, "Pis Yahudi", *Özgür Ülke*, 30 Temmuz 1994. Fırat, Sabetay Sevi'den Sabetay Levi olarak söz etmektedir. Bu da yazarın konu hakkında ne kadar bilgili olduğunu göstermektedir.

29 A. Melik Fırat, "Kürt realitesi", *Özgür Ülke*, 7 Mayıs 1994, nakleden A. Melik Fırat, *Fırat Mahzun Akar*, Avesta Yayınları, İstanbul, 1996 içinde, s.17-18.

değillerdir. Hep Dönme derim, bazısı da bana kızıyor. Evet birader, ben Dönmeliği zayıf ahlâka yorarım. Dönme ya korkaktır, ya menfaatperest."[30]

Musa Anter, Şeyh Sait'in oğluyla yaptığı görüşmeyi de naklederken, oğlunun Şeyh Sait İsyanı'yla ilgili şu yorumunu naklediyor:

> "Şimdi Türk demeyeceğim ama bu Anadolu'ya hâkim olan Türk ve Kürtle hiç ilişkisi olmayan dönmeler, sırf kendi hasis menfaatleri için babamın hareketini bir irtica hareketi gibi göstermek istediler."[31]

Musa Anter Dönmeler konusundaki kanaatlerini köşe yazılarında da dile getirmiştir. Anter "Eğer deli ve sapık olmasak, ecdadımızın gömülü olduğu bu topraklara hıyanet eder miyiz? Tabiî etmeyiz" cümlesiyle Kürtlerin Türkiye'ye olan sadakatlerini teyit ediyor. Daha sonra yazısını şöyle sürdürüyor:

> "Ama bize bu çirkefi atanların çoğunun ecdad kemikleri bu topraklarda gömülü değildir. Kimsenin ecdadıyla ve soyu sopuyla uğraşacak halimiz yok. İster Selanik'te gömülü olsun, ister Balkanların hatta Orta Avrupa'nın neresinde olurlarsa olsunlar, nur içinde yatsınlar. Fakat Türkiye'deki bir deyime göre dağdan gelip bağdakilerini kovmaya kalkışmalarına sözümüz var. Ve dikkat edilirse, bu insanların bize ve topraklarımıza acımasızca davranışları belki de bundan kaynaklanmaktadır. Mesela, Selanik Yahudi dönmesi kökenli Sedat Simavi'nin kurduğu basına bak. Allah'ın günü yok ki, parasıyla ve Burla biraderlerin aracılığıyla verilen rotatifle kuruldu. Gayet doğaldır ki, pazarlıkta Ortadoğu'da İsrail'in menfaatlerini korumak vardır. Daha önce Sedat Simavi'nin senelerce çıkarttığı seksi *Yedigün*'den birden bire basın kralı oldu. Bu dediklerimi hakaret olsun diye yazmıyorum. Zaten Sedat Simavi de Yahudi kö-

---

30 Musa Anter, *Hatıralarım*, Yön Yayıncılık, İstanbul, 1992, C. 2, s. 41.

31 Musa Anter, a.g.e., C. 2, s. 153. İhsan Sabri Çağlayangil'in Dersim İsyanı'yla ilgili anıları için bkz. Tanju Cılızoğlu, *Çağlayangil 'Kader Bizi Una Değil Üne İtti' Çağlayangil'in Anıları Çağlayangil'le Anılar*, Büke Yayınları, İstanbul, 2000, s. 68-78.

kenliğini inkâr etmeyip, öldüğü zaman da İslâm mezarlığına gömülmemesini söyledi ve Kanlıca'daki ne Yahudi ve ne de İslâm mezarlığı olan acaip ve özel bir yere gömüldü."[32]

Musa Anter de Coşkun Kırca'ya Dönmelik isnadında bulunup onu ağır bir dille eleştiriyor. Anter, Kırca'nın Kürtlerin kültürel hak taleplerine şiddetle karşı çıkıp ulus-devletin ilkelerini en katı şekliyle savunmasına şöyle karşılık veriyor:

"Coşkun Kırca adlı bir Türk vatandaşı ve soydaşı vardır. Bu acaip mahluk, karşısına çıkan müdafaasız insanlara 'küstah' der. Hele hedef aldığı kişi Kürt ise, büsbütün köpürür. Örneğin, 'Küstah Barzani', 'Küstah Talabani' hele hele 'Küstahın küstahı Apo veya A. Öcalan'. (...)

Şimdi Coşkun Efendi'nin, (esasen Osmanlı-Türk örfünde, Coşkun'a efendi demek lazımdır, çünkü Yahudilere efendi denilirdi) sosyal anatomisine bir göz atalım.

1. İsrail kökenlidir. Sülalesi korku ve menfaatten dönmüş, güya müslüman ve Türk olmuşlar. Belki de daha önceki ataları da Fenikeli, Kıpti falan imiş de Hz. Davud ve Süleyman devrinde Yahudi olmuşlardır. Coşkun Efendi'deki bu yapay kin ve küstahlık, bir iki batman mahsulü olamaz.

2. Coşkun Kırca o kadar bukalemun kabiliyetli bir dönme ki, merhum Fuat Köprülü'yü dahi kandırarak, damadı olmuştur. Gerçi sonradan farkına varılıp, kovulmuştur. Ama soylu bir aileyi de murdar etmiştir.

3. Haliyle kendisinde insanlık ve vatan sevgisi yoktur. Çünkü bugünkü Türkiye, anavatanı değildir. Ve tahmin ediyorum, karakterli (!) İzak Şamir onu, Habeşistan'dan İsrail'e getirdiği Habeşli Yahudiler gibi, İsrail'e kabul etmez."

Musa Anter cevabının sonunda nihai silahını kullanıyor ve Kırca'ya şu soruyu yöneltiyor:

---

32 *Yeni Ülke* 13-19 Ocak 1991'den naklen Musa Anter, *Fırat Marmara'ya Akar,* Avesta Yayıncılık, İstanbul, 1999, s. 29. Metinde adı geçen Burla Biraderler şirketi Yahudi asıllı işadamlarına ait bir şirket olup matbaa makineleri temsilciliği yapmaktadır. *Hürriyet* gazetesinin Yahudiler tarafından kurulduğu iddiasıyla ilgili açıklama için 36 sayılı dipnota bakılmalıdır.

"Mesut Barzani'nin sülalesi 1400 yıldır, hem Kürttür, hem Müslümandır. Ya sen?"[33]

Musa Anter *Hürriyet* gazetesi başyazarı Oktay Ekşi'nin bir başyazısındaki "Kendini Türk hisseden herkes kardeşimizdir, şimdiye kadar böyle bir şey yoktu" satırlarına karşılık verdiği yazısında, diğer Kürt yazarlarda olduğu gibi, kendi zihninin de bir "dünya hakimiyeti peşinde olan Yahudiler" komplosuyla kelepçelenmiş olduğunu ortaya koyuyor:

> "Görüyor musunuz, Yahudi kökenli *Hürriyet* gazetesinin köşesine bir engerek gibi çöreklenen Türk basınında bilmem ne başkanı olan bu adam, bir kalemde yirmi milyon Kürt vatandaşını düşman ilan ediyor. Öyle ya umurunda mı adamın Türk ve Kürt halkları birbirine düşman olmuş, diğerinin gırtlağına sarılmış, ona ne. Sırtını İsrail'e dayamış ve zaten ödevi Anadolu halkları arasına fesat sokmaktır. Hani nerede ise ben de tüm kötülükleri Erbakan gibi siyonizm ve İsrail'den bileceğim. Ama benim Erbakan'dan şu farkım var: Ben Yahudi dediğim zaman bugünkü İsrail devletini kasdetmiyorum. Benim sözüm, karaktersiz olup Yahudilikten dönmeleredir. Bunlar Türkiye'de her sahaya hakim durumdadırlar. Örneğin Simaviler, Coşkun Kırca, Sami Kohen, Ahmet Emin Yalman, vb. Yahudilerin Türkiye'ye gelişinin 500'üncü yıldönümünü, bu yıl kutluyoruz. Onları İspanyol katliamından kurtarıp Osmanlılara getirdik de ne oldu? Şahsen ben pişmanım. Bu 500 yıl içinde [insanların] beyinlerini o kadar yıkadılar ki, ne Kürt ne de Türk, ne ticaretten ve ne de siyasetten anlamaz, hatta anlayamaz. Ticarette o kadar ilerlediler ki, padişah bile onlardan borç para aldı. Politikayı da onlar bilirdi. Bugün de böyledir. Büyük Yahudi dönmelerini yazmak yasaktır. Ama şu bakanlık sırasına giren Anadolu halklarının düşmanı Coşkun Kırca'ya bakın. Sanki ondan başka Türkiye Dışişleri Bakanlığı'nı yürütecek bir Türk veya Kürt yokmuş gibi. Zaten Yahu-

---

33 *Yeni Ülke*, 6-12 Ekim 1991'den naklen Musa Anter, *Fırat Marmara'ya Akar*, Avesta Yayıncılık, İstanbul, 1999, s. 162. İzak Şamir o tarihte İsrail'in başbakanıydı. "Batman" eski bir ağırlık ölçüsüdür.

dilerde tarihî bir inanç vardır. Derler ki "Tüm dünya sermayesi ve idaresi, Allah tarafından Yahudilere verilmiştir' Hz. Musa, Davut, Süleyman, hatta İsa da Yahudidir. Onun için kimin elinde olursa olsun ve hangi yolla alabilirse, mal da idare de, eskiden Yahudilerin olduğu için, almakta bir sakınca yoktur.

Not: Sevinerek gördük ki Dışişleri Bakanlığı'na Yahudi Coşkun Kırca değil de Kürt Hikmet Çetin atandı."[34]

Anayasa Mahkemesi tarafından kapatılan DEP'in Genel Başkanı Yaşar Kaya'nın Dönmelere yaklaşımı da, Musa Anter'inkinden ya da Abdülmelik Fırat'ınkinden farklı değil. Kaya'nın Dönmelere eleştirisi iki yönde gelişiyor: Dönmeler, yani gizli Yahudiler, Türk basınına hakim olup kamuoyunu yönlendirmektedir; Dönmeler Türkiye'nin ticaret hayatına hakimdir. Bu iki ana fikirden yola çıkan Kaya düşüncelerini şöyle dile getiriyor:

"*Hürriyet*'in sahibi Sedat Simavi, Selanik dönmesidir. Simavi ailesi ile *Sabah*'ın sahibi Dinç Bilgin ailesinin rekabeti ta Selanik'ten aynı mahalleden bu güne kadar devam etmektedir. Nişantaşı'ndaki Feyziye Mektepleri Vakfı (yani Işık Lisesi) Selanik dönmelerinin çocukları okusun diye ta Cumhuriyet'ten çok önce kurulmuştur. İpekçi ailesi, yani Abdi İpekçi, İsmail Cem İpekçi Selanik dönmesidirler. Balkan Savaşı'ndan sonra Türkiye'ye göç eden bu zengin koloni yani sermayedar sınıf Selaniklidir. Bilindiği gibi Türk burjuvazisinin temelleri bu Selanik mason localarında atılmıştır; boy vermiş ve yükselmiştir, gaye çok basittir. İleride kurulması planlanan İsrail devletinin dostu olabilecek bir zenginler sınıfı yetiştirmek. Nitekim İsrail sorunu 1948'de Birleşmiş Milletler'e geldiği zaman ilk tanıyan Türkiye olmuştur. Anadolu çocukları daha hiçbir şeyin farkında değilken bu Selanikli kaymak tabaka Anadolu'da yükünü tutmuştu. Türkiye'nin büyük bankaları, büyük şirketleri, itha-

34 *Yeni Ülke*, 1-7 Aralık 1991'den naklen Musa Anter, *Fırat Marmara'ya Akar*, Avesta Yayıncılık, İstanbul, 1999, s. 180-181. Metinde adı geçen Sami Kohen *Milliyet* gazetesi dış politika yazarıdır ve Dönme olmayıp Yahudi'dir. Kohen soyadı son derece yaygın bir Yahudi soyadıdır. Anter'in, Yahudi olduğu soyadından açıkça belli olan Sami Kohen'in Dönme olduğuna inanması, zihnindeki "Yahudi Dönme" komplosu saplantısının tartışmasız kanıtıdır.

lat, ihracat hep bunların elinde olmuştur uzun yıllar. Bunlar Musevi asıllıdırlar, belki de tutunabilmek için müslümanlığı seçmişlerdir. Sebastiyan Levi de ideolog ve siyasetçi olarak onların en önde gelen simasıdır. Bilindiği gibi Stalin'in deyimi ile söylersek Komünizm bir anlamda işçi-emek kardeşliği ise, masonluk da bir anlamda patron kardeşliğidir. Bu dönmeliğin böyle bir sınıfsal niteliği var, büyük kapital birikimleri var."[35]

Dönme düşmanlığının nedenleri

Gerek Kürt ve Türk milliyetçilerinin, gerekse İslâmcıların çok önemli bir kesimi Dönmelere hemen antisemitizme kayan hasmane bir tavırla yaklaşmıştır. Bu yaklaşımın nedenleri her bir kesim için ayrıdır, ancak bazı ortak noktalar da mevcuttur.

Kürt milliyetçiliğine has nedenler

Kürt milliyetçileri için asıl neden ulus-devletin kuruluşu sürecinde, ulus-devletin tarifi gereğince, Cumhuriyet'i kuranların başta Kürtler olmak üzere, etnik ve dinsel azınlıklara karşı sürdürdükleri Türkleştirme siyasetidir. Seksenli yıllardan itibaren Kürt milliyetçiliğinin, PKK'nın kurulmasıyla birlikte, yasa dışı silahlı mücadeleye dönüşmesi ve bunun sonucunda ortaya çıkan "Kürt meselesi" Türkiye'nin siyasetini ve fikir dünyasını çok büyük ölçüde meşgul etmiş ve yoğun tartışmalara yol açmıştır. Bu tartışmalar sırasında ulus-devlet ilkelerini en tavizsiz ve saf şekliyle savunan Coşkun Kırca, Kürt milliyetçilerinin zihinlerinde Dönmeler hakkında geçmişten beri mevcut olan bazı olumsuz peşin kanaatlerin tekrar canlanıp yüzeye çıkmasına neden olmuştur. Kürt milliyetçiliğine ve Kürt aydınların kültürel hak taleplerine karşı tavır alıp ulus-devlet kavramını savunan onca yazar, gazeteci ve siyasetçi arasından, Dönme kökenli olduğu iddiasıyla, sadece Coşkun Kır-

---

35 Yaşar Kaya, "Dönmelik nedir?", *Özgür Ülke*, 14 Ağustos 1994. Burada Sebastiyan Levi olarak adı anılan kişi Sabetay Sevi'dir. Bu da yazarın konuyla ilgili bilgisinin ne düzeyde olduğunu göstermektedir.

ca'nın düşüncelerinin dinî ve/veya ırkî kimliğinden kaynaklandığının ileri sürülmesi bu peşinyargının bir örneğidir. Diğer bir örnek ise *Hürriyet* gazetesinin Yahudi sermayesine ait bir gazete olduğu yolundaki saçma söylentilere[36] inanıp başyazar Oktay Ekşi'nin Kürtlerin kültürel hakları konusundaki tavizsiz tavrının, gazetenin Yahudilere ait olmasından ileri geldiğini öne sürmektir.

Kürt milliyetçilerinde görülen Dönmelere karşı bu hasmane tavrın gerisindeki bir başka neden siyasidir. Kürt milliyetçileri, binlerce yıl boyunca çeşitli ülkelere dağılmış bir halde diasporada yaşamış olan Yahudiler Arz-ı Mevûd'a geri dönüp kendi millî devletlerini kurdukları için benzeri bir kadere sahip Kürt halkının bağımsızlık hareketini İsrail'in destekleyeceğini sandılar. Bu gerçekleşmeyince de hayal kırıklığına uğradılar. Nitekim Abdülmelik Fırat bir köşe yazısında bu hayal kırıklığını açıkça dile getiriyor:

---

36 Hem Kürt ve Türk milliyetçilerinin, hem de İslâmcıların hemfikir oldukları *Hürriyet* gazetesinin aslında Yahudilere "satılmış" bir gazete olduğu, kurucusu Sedat Simavi'nin de Dönme olduğu söylentisinin müsebbibinin *Tasvir* gazetesinin başyazarı Cihad Baban olduğunu yıllar sonra gazeteci Necati Zincirkıran anılarında açıkladı. Sedat Simavi'nin *Hürriyet* gazetesini çıkarmaya karar verdikten sonra Baban'a kardeşi Haldun'un *Tasvir*'in mürettiphanesinde çalışanları *Hürriyet*'e transfer etmeyi düşündüğünü söylemesi üzerine Baban öfkelenerek şu cevabı vermiştir: "Sedat, Sedat, bunu senin yanına bırakmam bilesin. Sana öyle bir pislik atarım ki hayatın boyunca temizleyemezsin!.." Bu iftira gazetenin "Yahudi sermayesi" ile yayımlandığıydı. Bu iftira sağcı çevreler tarafından büyük bir iştahla benimsendi ve gerçek olarak kabul edildi. Zincirkıran bunu anılarında şöyle anlatıyor: "*Hürriyet*'de çalıştığım yıllarda bana en çok sorulan sorulardan biri şu olmuştu: 'Sizin gazete Yahudi sermayesiyle mi kuruldu?' Biri, kıskançlıktan bir pislik atmış ve bu kulaktan kulağa yayılmıştı. Hatta, bazı camilerde imamlar bile *Hürriyet*'in gerisinde Yahudiler olduğunu söylüyormuş.(..) Dinciler, *Hürriyet*'in gelişmesinden kuşku duyanlar, rakip gazeteler, Sedat Simavi'nin başarısını çekemeyen bir kısım gazete patronları ve başyazarları bunu istismar ediyordu." Bu yayınlar üzerine Sedat Simavi bir başyazı yayımlayarak olayı tekzip etme zorunluluğunu hissetti. (Necati Zincirkıran, "Hürriyet ve Simavi İmparatorluğu", *Sabah*, 14 Ağustos 1994). Bu iddiayı bir dönem Van milletvekilliği yapmış olan İbrahim Arvas da anılarında tekrarladı ve Sedat Simavi'yi finanse edenin Burla Biraderler olduğunu ileri sürdü. (İbrahim Arvas, *Tarihi Hakikatlar,* Yazıcıoğlu Matbaası, Ankara, 1964, s. 67, 73-74). Hüseyin Üzmez de anılarında *Hürriyet*'ten "Yahudilerin kurduğu, geliştirdiği ve piyasaya hâkim kıldığı" gazete olarak bahsediyor. (Hüseyin Üzmez, *Malatya Suikastı,* Timaş Yayınları, 2. baskı İstanbul, 1998, s. 58).

"Şimdi; Hz. Bırahim'in torunu Hz. İsrail'in çocukları olan siz Yahudiler ve Hz. Bırahim'in ulusu ve onun soyundan olan biz Kürtlerin, tarih boyunca arasında bir çatışma ve çekişmesi olmamıştır. Asırlardır Türkler, Araplar ve Persler tarafından ezilen, horlanan, asimile ve jenoside tâbi tutulan biz Kürtlere karşı ezilenlerin ve zalimlerin safında yer almanız, bizi çok derinden yaralamakta ve üzmektedir. Bu kadar zulmü görmüş ve yaşamış bir toplum olarak, yine de zalimlerden yana taraf tutmak, inanılacak şey değildir. Hiç de temenni etmiyorum ama, tarihteki gibi Allah'ın gazabı yine sizi kuşatır, bu sefer size hiç acıyan da olmaz. Biz Kürtler Hz. Bırahim'in asırlık ağacının kökünden tekrar filizlenmiş yeni, zinde bir gücüz. Hiç kimseye kinimiz yoktur. İnsanlık camiasında diğer uluslar gibi yerimizi almak istiyoruz. Uluslararası emperyalizm kendi aşağılık ve hasis çıkarları uğruna bizi kölelerine köle olarak takdim etmiştir. Bu statükoyu da hiç değiştirmek istemiyorlar. Biz Kürtlerin garibine giden durum, bu statükoyu İsrailoğulları'nın bütün gücüyle desteklemesi, dünyadaki bütün lobilerinin Kürtleri ezen, jenoside uğratan zalim güçlerin yanında arzı endam etmesidir.

Bu kadar zulüm görmüş ve zulmün ne olduğunu bilen İsrailoğullarının Kürtlere karşı bu davranışını anlayamıyorum."[37]

Fırat tutukluluğunun sona ermesinden sonra kendisiyle yapılan bir söyleşide de bu hissiyatını duygusal bir şekilde belli ediyor:

"[Nuriye Akman]: Yaşar Kemal [sizi hapiste] aradı mı?

[Abdülmelik Fırat]: Aramadı. Arayabilir de, Yaşar Kemal'in hanımı İsrailoğullarından Hz. Meryem'in kızkardeşidir. O bırakmıyor. Yoksa o beni çok severdi.

[Nuriye Akman]: Eşinin bu işle ne ilgisi var?

[Abdülmelik Fırat]: O müsaade etmedi ki aramadı Yaşar Kemal. Zannediyorum ki hanımının kontrolünden çıkmıyor. Çıksın biraz. İsrailoğulları'nın Kürtler'in aleyhinde lobileri

---

37 Abdülmelik Fırat, "Beni İsrail", *Demokrasi*, 4 Mart 1996, aktaran, A. Melik Fırat, *Fırat Mahzun Akar,* Avesta Yayınları, İstanbul, 1996 s. 150-153.

var dünyada. Yaşar Kemal de bizim Kürt aydınımız, onu da bir İsrailoğlu yakalamış, bizi aratmıyor."[38]

Kürt aydınlarının Yahudi olarak kabul ettikleri Dönmelere ve onun yanı sıra Yahudilere olumsuz bakışlarının bir diğer nedeni de Tekin Alp'tir. Tek Parti döneminin Yahudi cemaati liderlerinden Moiz Kohen'in veya Türkleştirdiği adıyla Tekin Alp'in, 1928 yılında yayımladığı *Türkleştirme* kitabıyla Tek Parti döneminde geçerli olan etnik ve dinsel tüm azınlıkların Türkleşmeleri siyasetinin ideologluğunu yapmış olması, Kürt aydınların vicdanında olumsuz bir aksülâmel yaratmıştır. Nitekim Kürt tarihiyle ilgili bir kitapta Tekin Alp'in bu kitabının tam metninin çevrimyazısı "Musevi Kökenli Resmî İdeolog Mois Kohen'in (Tekin Alp) Türk Ocakları'na Sunduğu 'Türkleştirme' Programı" başlığıyla yer almaktadır.[39]

Sağcı düşünceye has nedenler

Bir sürecin amacına ulaştığı inancı

İslâmî kesime mensup yazarlarda rastlanan Dönme düşmanlığı, aynı kesimde çok yaygın bir şekilde mevcut olan bir kanaatten kaynaklanmaktadır. Bu kanaate göre II. Abdülhamid'in hal'iyle başlayan, baş müsebbibinin de "Yahudi-Dönme-farmason" sacayağı olduğuna inanılan süreç Mustafa Kemal'in Cumhuriyet'i kurması ve Hilâfet'i kaldırmasıyla birlikte amacına ulaşmıştır. İslâmî kesime göre hem bu sürecin, hem de günümüzde de mevcut olan rejimin perde arkasındaki baş aktörler Dönmedir. İslâmî camianın önemli yazarlarından, *Millî Gazete* köşe yazarı Mehmed Şevket Eygi'nin Dönmeleri kastederek "Sultan Abdülhamid düzenini bunlar yıkmıştır" sa-

---

38 Nuriye Akman, "Boynumuzda suç gülleri", *Sabah*, 17 Mart 1996. Yaşar Kemal'in eşi Tilda Mandil Yahudi'ydi.

39 Mehmet Bayrak, *Kürtler ve Ulusal-Demokratik Mücadele Gizli Belgeler-Araştırmalar-Notlar*, Özge Yayınları, Ankara, 1993, s. 524-574. Tekin Alp hakkında bilgi için bkz. Jacob M. Landau, *Tekinalp Bir Türk Yurtseveri 1883-1961*, (Çev. Burhan Parmaksızoğlu, İlhan Pınar, Oya Engin, Natali Medina), İletişim Yayınları, İstanbul, 1996.

tırları[40] ile Yalman'a silahlı saldırıda bulunan Hüseyin Üzmez'in yıllar sonra kaleme aldığı anılarında Dönmeler hakkındaki şu düşünceleri bu yaygın kanaatin dile gelmesidir:

> "[Dönmeler] bizi hiçbir zaman affetmediler. Tarih boyu çelmelediler. Her devirde başımıza bin türlü gaile [felaket] çıkardılar. Sonunda koca imparatorluğumuzu yıkmaya muvaffak oldular. Tabii ki tek başlarına buna güçleri yetmezdi. İçerdeki bütün İslâm-Türk düşmanlarıyla işbirliği yaptılar. Dışarda da büyük devletleri üstümüze kışkırttılar. Mason uşakları paşalar vasıtasıyla bizi Birinci Cihan Harbi'ne soktular. Böylece yıkılışı çabuklaştırdılar. Hemen hemen iki asra yakın bir zamandan beri perde arkasından bizi idare ettiler. Bugün de ipler onların elinde..."[41]

Gene Eygi'nin, "Sabetaycıları bilmeden, güçlerini ve tesirlerini hesaba katmadan Türkiye'nin siyasî yapısını, resmî ideolojisini anlamak, zihinlere takılan sırların içyüzünü fehm etmek mümkün değildir" satırlarıyla üstü örtülü bir şekilde dile getirdiği Kemalist rejimin kurucularının Dönmeler olduğu inancıdır.[42] İslâmî camianın bir kesiminde, Selanik'te doğduğu için Mustafa Kemal'in Dönme kökenli olduğuna dair saçma bir inanç vardır.[43]

Yahudilik ve Dönmeler kitabının müellifi ve İslâmî hareketin yetmişli yıllardaki en önemli yazarlarından Yesevîzâde'nin şu

---

40 Mehmed Şevket Eygi, *İki kimlikli, gizli, esrarlı ve çok güçlü bir cemaat Yahudi Türkler yahut Sabetaycılar,* Zvi-Geyik Yayınları, İstanbul, 2000, s. 35.

41 Hüseyin Üzmez, *Malatya Suikastı,* Timaş Yayınları, 2. baskı İstanbul, 1998, s. 63.

42 Mehmed Şevket Eygi, *İki kimlikli, gizli, esrarlı ve çok güçlü bir cemaat Yahudi Türkler yahut Sabetaycılar,* Zvi-Geyik Yayınları, İstanbul, 2000, s. 2.

43 Bu inanış yeni olmayıp kökü Cumhuriyet'in kuruluş yıllarına uzanmaktadır. Bkz. Rıfat N. Bali, *Cumhuriyet Yıllarında Türkiye Yahudileri Bir Türkleştirme Serüveni (1923-1945),* İletişim Yayınları, 1999, s. 53. Bu saçma inançtan iki yazar daha söz etmiş ve hiçbir kanıta dayanmadığını belirtmiştir. Bkz. Andrew Mango, *Atatürk,* (çev. Füsun Doruker), Sabah Kitapları, İstanbul, 2000, s. 600, 50 sayılı dipnot ve Prof. Dr. Abdurrahman Küçük, *Dönmeler Tarihi,* Hamle Basın Yayın, İstanbul, 1997, s. 465-466. Ayrıca Atatürk'e "Selanikli" olarak hitap eden radikal kesime tepki gösteren bir okur mektubu da yayımlandı. (Mehmet Ali Ceylan, "Atatürk'ün şeceresi...", Yalçın Bayer, "Yeter Söz Milletin" sütunu, *Hürriyet,* 17 Haziran 1997.)

sözleri İslâmî kesimin Dönmelere ve Yahudilere karşı duyduğu öfke ve husumetin nereden kaynaklandığına açık bir şekilde ayna tutmaktadır:

"[Dönmeler] Batı'ya çok çabuk açıldıkları, çok iyi eğitim gördükleri ve ekonomide, basında, idarî hayatta, kısaca toplumun nirengi noktalarında çok önemli yerler edindikleri için de tabiî reaksiyon, kıskançlık doğuruyorlar ve bütün bunlar bir araya gelince tabiî ki Müslümanlarda bir anti-Dönme temayülü gelişiyor. Aynen anti-Yahudi, anti-mason temayüllerinin gelişmesine paralel olarak. Müslüman bir militanın ilk aklına gelen şey şudur, yani Türkiye'de İslâm'ı kim iktidardan indirdi ve tekrar İslâm'ın iktidar olmasına mani olan kuvvetler hangileridir? Şimdi böyle bir tahlile yöneldiği zaman tarihî olarak bu çeşit zümreleri karşısında görüyor. Yani özellikle Yahudiler, Dönmeler ve masonların gizli bir takım hareketlerle Türkiye'de İslâm'ı devirdiklerini, hatta Osmanlı Devleti'ni bir yerde yıkıma götürdüklerini tespit ediyor ve burdan bir allerji duyuyor. Ayrıca Türkiye'de hâlâ bu grupların çok büyük nüfuzları olduğunu, yani kısaca kendi inançlarını bir yerde siyasi rejim haline getirdiklerini ve devamlı olarak İslâm'ın Türkiye'de gelişmesine set çeken birer unsur olarak yer aldıklarını görünce de onlarla hesaplaşmadan hiçbir zaman Türkiye'de İslâm'ı tekrar iktidar yapamayacağını anlıyor, öyle düşünüyor ve ordan ister istemez bu çeşit zümrelerle karşı karşıya geliyor, yani bu tarih boyunca sürüp gelen bir ideolojik çatışmanın devamı mahiyetindedir."[44]

---

44 Yesevîzâde'nin tanıklığı, Michèle Blumental ve Michel Grossman, *Sazanikos Les Derniers Dönmehs*, (Hyperion, İstanbul Film Ajansı, La Sept / Sodaperega, Paris, 1992) belgesel filmi. Yesevîzâde'nin antisemit çizgideki diğer kitap ve makaleleri şunlardır: *Bilderberg Group Bir Gizli Cem'iyet Ötesinden Dünyada Fikriyatlar Mücadelesinin Perde Arkası*, Kayıhan Yayınları Umumi Neşriyatı, İstanbul, 1979 / *Nasıl Bir Dünyada Yaşıyoruz*? Hilâl Haber Ajansı, Ankara, 1979 / *Perde Arkasında Kalan Yönleriyle Sosyal Demokrasi*, Dağarcık Yayınları, Ankara, 1975 / *Töb-Der Meselesi*, Sebil Yayınları, İstanbul, 1976 / "Afganistan'da Yahudilik-İslâm mücadelesi (1-2), *Hilâl*, Şubat-Mart 1980, sayı 205-206 / "Bilderberg Group'un içyüzü", *Sebil*, 2 Nisan-18 Haziran 1976, sayı 14-25 / "Bloklar ve peşin hükümler", *Sebil*, 23 Temmuz-27 Ağustos 1976, sayı 30-35 / "Kıbrıs harekâtının perde arkası", *Sebil*, 23 Haziran-10 Eylül 1976, sayı 26-38 /

Dönmelerin Kozmopolitizmi temsil etmeleri

İslâmcı ve milliyetçi düşünceye göre, Dönmeler, muhafazakâr ve milliyetçi değer yargılarına sahip bir toplumu, çarşafını ve peçesini atmaya, açılıp saçılmaya, kadınlı erkekli bir arada içki içmeye, gülüp eğlenmeye, dans etmeye, tek kelimeyle sefahata sürüklemeye çalışmıştır. Bu kanaatin zeminini teşkil eden olay ise Yalman'ın sahibi olduğu *Vatan* gazetesinin 1952 yılında düzenlediği güzellik yarışmasıdır. Pan American Havayolları ve Universal Film Şirketi ortaklaşa düzenlemeyi tasarladıkları Dünya Güzellik Yarışması'na Türkiye'yi önce davet etmediler. Bunun nedeni de 1946 yılından itibaren Türkiye'de yükselmeye başlayan İslâmî hareketti. Bu iki Amerikan şirketi, böyle bir yarışmaya katılacak olan Türkiye Güzeli'ni seçmek için bir güzellik yarışması düzenlenmesine muhafazakâr kesimin karşı çıkacağını düşündüğünden Türkiye'yi davet etmediler. Bu durumun farkına varan Yalman böyle bir yarışmaya katılmanın Türkiye'nin Amerikan kamuoyunda tanıtımı için çok büyük bir fırsat olduğunu düşünüyordu. Fırsatı kaçırmamak için de *Vatan* gazetesi olarak Türkiye Güzeli'ni seçmek üzere bir yarışma düzenlemeyi üstlendi.[45] Yarışma sonunda Türkiye Güzeli seçi-

---

"Kremlin'de Yahudiler", *Sebil,* 1 Ekim-12 Kasım 1976, sayı 40-46 / "Soruşturma-Masonluk", *Dış Politika,* Ekim 1988, sayı 3, s. 191-199 / "Yahudiler 'Mum Söndü' yaparlar mı?", *Sebil,* 18 Haziran 1976, sayı 25, s. 13. Yesevîzâde müstear adıyla yazan Şakir Alpaslan Yasa, *Yahudilik ve Dönmeler* kitabını yayımladıktan yıllar sonra kendisiyle yapılan bir söyleşide son derece ılımlı bir çizgi sergilemiştir. (Bkz. Faruk Bildirici, *Siluetini Sevdiğimin Türkiyesi,* Doğan Kitapçılık, İstanbul, 2000, s. 399-405).

45 Yarışmayı düzenlemenin nedenleri için bkz. Ahmet Emin Yalman, "Medeni bir maç", *Vatan,* 18 Haziran 1952. Yalman anılarında bu yarışmanın öyküsünü şöyle anlatıyordu: "Pan-American Havacılık Grupu, Universal Film Şirketi ile birleşerek, milletlerarası bir güzellik müsabakası tertip etmeğe karar vermişti. Son zamanlarda artan ve iğrenç şekiller alan gerilik yayın ve tahrikleri dolayısiyle Türkiye, müsabakanın dışında bırakılıyordu. Halbuki *Cumhuriyet* gazetesi on, onbeş yıldan beri güzellik müsabakaları tertip ediyordu. (..) Şimdi birden bire müsabakadan uzak tutulmak suretiyle memlekete bir gericilik damgası vurulmasına kızdım. Müsabakayı tertip edenlere bir protesto mektubu yazdım, Türkiye'nin müsabakaya katılmasında bir engel ve mahzur bulunmadığını, bu işi gazetemizin yürütmeğe hazır olduğunu bildirdim. Onlar da sevinerek işbirliğini kabul ettiler." (Ahmed Emin Yalman, *Yakın Tarihte Gördüklerim ve Geçirdiklerim Cilt 4 (1945-1971),* Rey Yayınları, İstanbul, (t.y.), s. 267).

len genç kız Amerika'ya gönderildi. Bu olay, başta *Büyük Doğu* gazetesi olmak üzere, İslâmî ve milliyetçi basını son derece öfkelendirdi. İslâmî basın *Cumhuriyet* gazetesinin yıllardan beri güzellik yarışması düzenlemesine fazla tepki göstermezken tüm tepki ve öfkesini Yalman'a yöneltti. Bunun nedeni de yarışmanın yapılmasına önayak olan kişinin Dönme asıllı olmasıydı. İslâmî basın bu yarışmayı bir Dönme olan Yalman'ın Türk genç kızlarını fuhuşa sevk edip onları "Amerikalı Yahudilere satmak" üzere gerçekleştirdiği bir teşebbüs olarak gördü.[46] İslâmî kesimin bu konuda duyduğu tepki, Yalman'ın kendisine silahlı saldırıda bulunan Hüseyin Üzmez'le saldırıdan sonra yaptığı görüşmede Üzmez'in kendisine yöneltttiği şu soruda da görülüyor: "Bir güzellik müsabakası tertip etmeğe ve Türk kızlarını ecnebilere peşkeş çekmeye ne sebep vardı?"[47]

Sağcı kesim, dönemin en önemli yabancı film ithalatçısı, dağıtıcısı ve sinema salonu işletmecisinin Dönme kökenli İpekçi Biraderler olmasının da tesadüf olmadığına inanıyor. İpekçi Biraderler'in kozmopolit yaşam tarzını yansıtan yabancı filmleri ithal etmelerinin bu kültürün Türkiye'yi istila edip millî değerleri yok etmesi için Dönmelerin uyguladıkları bir diğer sinsi yöntem olduğuna inanılıyor.[48] Özetle sağcılar, Dönmele-

46 Ahmed Emin Yalman, *Turkey In My Time,* University of Oklahoma Press, Norman, 1956, s. 252. Sağcı kesimin tepkisi için bkz. Hüseyin Üzmez, *Malatya Suikastı,* Timaş Yayınları, İstanbul, 2. Baskı, 1998, s. 76-82

47 Yalman'ın bu soruya verdiği şu cevap da çok anlamlıdır: "Bir güzellik müsabakası, bir milletin kızlarını peşkeş çekmek manasına gelmez. Böyle müsabakaları *Cumhuriyet* gazetesi yirmi beş yıldan beri yapıyor. Hatta bunların içinde Keriman Halis adında bir kızın dünya güzellik kraliçesi seçilmesi, memleketimizde hoşnutluk ve iftihar uyandırmıştı. Günseli Başar'ın Avrupa güzellik kraliçesi olması ayni nevi hislerle karşılandı. Pan American Hava Şirketinin tertip ettiği bir müsabakadan Türkiye'nin geri bir memleket diye hariç bırakılmasına karşı isyan duyduk. Yirmibeş yıldır memlekette normal ve hoş karşılanan bir müsabakayı bundan dolayı üzerimize aldık. Bu çirkin bir şeyse, bize saldırmak için bunu vesile yapanların yirmi beş yıldır akılları neredeydi?" (Ahmed Emin Yalman, *Yakın Tarihte Gördüklerim ve Geçirdiklerim Cilt 4 (1945-1971),* Rey Yayınları, İstanbul (t.y.), s.293).

48 Popüler antisemit eserlerde İpekçi Biraderler'in sinema sahasında faaliyet gösterdikleri hep zikredilir. (Örneğin Mustafa Akgün, *Yahudinin Tahta Kılıcı,* Kar Ofset, Ankara, [1992], s. 207). Akgün bu kitabında Abdi İpekçi'nin yönettiği *Milliyet*'in güzellik yarışması da düzenlediğini ve ilânla genç kızları yarışmaya katıl-

rin Batılı yaşam tarzını muhafazakâr değerlere sahip sıradan Türk insanının zihnine yerleştirmeye ve onu "yoldan çıkarma"ya çalıştıklarını düşünüyor.

Ortak nedenler

"Yahudi basını" suçlaması

"Yahudi basını" suçlaması yıllara ve siyasi gelişmelere göre değişik gazeteleri hedeflemiş ve günümüze kadar gelmiştir. "Yahudi basını" deyimi, sahipleri veya yazarları Dönme kökenli olan veya oldukları iddia edilen gazeteleri tarif ediyordu. Tek Parti döneminde hedef *Tan* ve *Vatan* gazeteleriydi. *Tan* gazetesinde Ahmet Emin Yalman ile birlikte yazan Sabiha Sertel'in de Dönme kökenli olması nedeniyle Türk basınının Yahudiler tarafından yönetildiği iddiaları birçok kere tekrarlanmıştır.[49] 1936 yılında ilk sayısı yayımlanan *İstanbulun Sesi* dergisinde yer alan ve Türk basınının Yahudiler tarafından yönetildiğini ileri süren bir makalede, *Tan, Son Posta, Akşam* gazetelerinin sahiplerinin Dönme, *Cumhuriyet*'in sahibi Yunus Nadi'nin ise Karay (Kırım) Yahudisi olduğu ileri sürüldü.[50] 1945

---

maya davet ettiğini belirtiyor ve şu yorumda bulunuyor: "Bu ilânı okuyan ve manken olmak için can atan, artist olmak sevdasıyla yanıp tutuşan, iyi bir İslâmî terbiye almamış kızlar bu yarışmalara katılırlardı. Katılılardı amma namus ve inanç diye içlerinde birşeyler varsa onlar da elden çıkar giderdi. İşte Abdi İpekçi ve benzerlerinin Türk basınında yaptığı hizmetler bu benzeri hizmetlerdir."

49 Dönmelerde, Yahudi şeriatında olduğu gibi, soy anneden devam eder. Bu nedenle Dönme cemaati içinde evlenmeyi reddedip Zekeriya Sertel'le evlenen Sabiha Sertel, Dönmelerin Türk kimliği içinde asimilasyonu ile sonuçlanacak sürecin ilk adımını atanlardandır. Bu konuda bkz. Zekeriya Sertel, *Hatırladıklarım*, Gözlem Yayınları, İstanbul, 1977, 3. Baskı, s. 77-81 ve Yıldız Sertel, *Annem Sabiha Sertel Kimdi Neler Yazdı?*, Yapı Kredi Yayınları, İstanbul, 1994, s. 65-68.

50 N.P., "Türkiye matbuatı Yahudi kontrolünde!..", *İstanbulun Sesi*, [1936], Sayı 1, s. 3-7. Abidin Nesimi anılarında dergiyi yayımlayan Habil Adem'in MİT'te çalıştığını ve bu suçlamalarla karşı karşıya kalan gazetecilerin de Habil Adem'e karşı dava açtıklarını belirtiyor. (Rıfat N. Bali, *Cumhuriyet Yıllarında Türkiye Yahudileri Bir Türkleştirme Serüveni, 1923-1945*, İletişim Yayınları, İstanbul, 1999, s. 531). Dergi daha sonra bu makale nedeniyle "vatandaşları birbiri aleyhine tahrik ettiğinden" dolayı Bąkanlar Kurulu kararıyla toplatıldı. (T.C. Başbakanlık Cumhuriyet Arşivi, 030.9-36.55.74.1 sayılı evrak. Bu derginin yasaklanmasına bir makalede de değinilmiştir, Bkz. Mustafa Yılmaz, "Cumhuriyet

yılında bu sefer *Ulus* gazetesi köşe yazarlarından Nurettin Artam ile Sabiha Sertel arasında çıkan bir tartışmada Nurettin Artam, *Tasvir* gazetesi ve Maraş milletvekili Rasih Kaplan, Yalman'a ait *Vatan* ve Sertel çiftine ait *Tan* gazetelerini "Yahudi gazeteleri" olmakla suçladı.[51] 1946 ila 1960 yılları arasında hedef *Hürriyet* ve *Vatan* gazeteleriydi. 1970'li yıllarda yeni hedef *Cumhuriyet* gazetesiydi. Günümüzde ise, Selanik'te yayın hayatına başlayıp halen İzmir'de yayımlanan *Yeni Asır* gazetesinin kurucusu olan, Selanik'te doğduğu için de Dönme kökenli olduğu ileri sürülen Dinç Bilgin'e ait *Sabah* gazetesi ve ATV televizyonu bu suçlamaların hedefidir.[52]

Günümüzde "Yahudi basını" deyimi sadece Dönme kökenli oldukları ileri sürülen gazetecileri veya gazete sahiplerini kastetmemektedir. Bu deyim aynı zamanda İslâmî harekete karşı tavır aldığı varsayılan İsrail devleti tarafından yönlendirilen Türk basını anlamına da gelmektedir. Popüler lisandan hoşlanan bir okuyucu kitlesine hitap eden bir kısım İslâmî basın bu popüler duyguları okşama ve istismar etme gayesiyle de kimi zaman "Yahudi basını" deyimi yerine "Mişon"ların güdüm ve kontrolünde olan "Moşe medya" deyimini de kullanmaktadır.[53]

Değişik dönemlerde "Yahudi basını" suçlaması ile karşı karşıya kalan gazetelerin ve gazetecilerin ortak noktası hepsinin

---

döneminde Bakanlar Kurulu Kararı ile yasaklanan yayınlar 1923-1945-I-", *Kebikeç*, Yıl 3, sayı 6, 1998, s. 53-80). "Yahudi basını" mitosunu besleyen gerçek iki olgu daha mevcuttur. Tek Parti döneminde sahipleri Yahudi olan Hofer İlâncılık Şirketi gazetelerin tek gelir kaynağı olan ilânları gazetelere dağıtan tekel konumundaki tek şirketti. Bunun yanı sıra matbaa makineleri ve kâğıt ithalatçılığını da sahipleri Yahudi olan Burla Biraderler Şirketi yapıyordu. Dönemi yaşamış basın mensuplarına göre Hofer İlâncılık Şirketi ve Burla Biraderler Türkiye Yahudileri hakkında olumsuz yayın yapanlara ilân ve gazete kâğıdı vermezlerdi. (Rıfat N. Bali, *Cumhuriyet Yıllarında Türkiye Yahudileri Bir Türkleştirme Serüveni (1923-1945)*, İletişim Yayınları, 1999, s. 530-531).

51 Orhan Seyfi Orhon, "Türk azlığı", *Tasvir*, 13 Eylül 1945 / "Dinimize dahleden...", *Tasvir*, 7 Ekim 1945 / "Rasih Kaplan'ın bir demeci", *Tasvir*, 15 Ekim 1945 / S.O., "Hem suçlu hem güçlü", *Tasvir*, 20 Ekim 1945

52 *Yeni Asır* gazetesinin tarihçesi için bkz. Türkmen Parlak, *Yeni Asır'ın Selanik Yılları*, Yeni Asır Yayını, İzmir, [1986] / Türkmen Parlak, *Yeni Asır'ın İzmir Yılları*, Yeni Asır Yayınları, Apa Ofset Basımevi, İstanbul, 1989.

53 Hasan Karakaya, "O tencerede Müslüman kanı kaynıyor!", *Akit*, 18 Ekim 2000.

laikliği, ulus-devlet ilkelerini ve Kemalizmi tavizsiz bir şekilde savunan gazeteler ve yazarlar olmalarıdır.

İktisadi nedenler

Gerek Kürt milliyetçilerinin, gerekse sağ kesimin Dönmelere olumsuz yaklaşmalarındaki diğer ortak neden sınıfsaldır. Hem Kürt aydınlar, hem de muhafazakâr çevreler iktisaden az gelişmiş olmalarının nedeninin Dönmeler olduğuna inanırlar. Dönmelerle Türk (Müslüman) unsur arasında mevcut olan bu kıskançlık ve gerilimin nedeni de Dönmelerin iktisadi konumudur. Dönmeler toplumun geneline göre gelir, eğitim ve kültür düzeyleri vasatın üstünde seyretmiş elit bir topluluk görünümü arz ederler. Cumhuriyet'in kuruluş yıllarında gayrimüslimlerle birlikte ticari hayata egemen olan Dönmeler, aynı ekonomik pastayı paylaşmak ve refah düzeylerini yükseltmek isteyen diğer kimseler tarafından Yahudilerle birlikte hareket eden ve birbirlerini kollayan bir çıkar grubu ve güçlü bir rakip olarak görüldü. Nitekim 1942 yılında Varlık Vergisi Kanunu'nun uygulanması sırasında Dönmeler Müslüman kabul edilmeyip "D" kategorisinde tasnif edildiler. Kendilerine de Müslümanlara göre daha çok vergi tahakkuk ettirildi.[54]

Sonuç

"Dönme" kelimesine yüklenen olumsuz anlam günümüzde de halen güncelliğini korumaktadır. Gerek siyasi alanda, gerekse fikir tartışmalarında, bir tarafın hasmını mat etmek için ona karşı yöneltebileceği en son, ama en etkili silah onu Dönme kökenli olmakla suçlamaktır.[55] Bu tür suçlamaları en yaygın bi-

---

54 Varlık Vergisi için bkz. Rıdvan Akar, *Aşkale Yolcuları - Varlık Vergisi ve Çalışma Kampları*, Belge Yayınları, İstanbul, 1999 / Ayhan Aktar, *Varlık Vergisi ve 'Türkleştirme' Politikaları*, İletişim Yayınları, İstanbul 2000 / Rıfat N. Bali, *Cumhuriyet Yıllarında Türkiye Yahudileri Bir Türkleştirme Serüveni (1923-1945)*, İletişim Yayınları, 1999, s. 424-495.

55 Bunun yakın tarihimizdeki en son örneği en son Cumhurbaşkanlığı seçiminde adı en güçlü adaylar arasında yer alan İsmail Cem'e yöneltilen eleştirilerdir. Örneğin, Mehmed Şevket Eygi, "Yahudi aday", *Millî Gazete*, 1 Nisan 2000 /

çimde Kürt milliyetçileri ve sağcılar dile getirmektedir, ancak bu kesimlerin dışında, hem geçmişte hem de yakın tarihte örnekler mevcuttur. Bu da kamuoyunun genelinde Dönmelere karşı beslenen olumsuz kanaatin yaygınlığına işaret etmektedir.

Tek Parti döneminde Yalman'ın başyazarı olduğu *Tan* gazetesinin dönemin en etkili gazetesi olan *Cumhuriyet*'i Nazilerin propagandasını yapmakla suçlaması, sahibi ve başyazarı Yunus Nadi'yi de bir "derebeyi" gibi davranmakla eleştirmesi üzerine, Yunus Nadi ile Yalman arasında çıkan tartışmada Nadi'nin Yalman'a karşı kullandığı silah, onun Dönme kökenli olmasıydı. Bu kalem kavgasında Yunus Nadi Ahmet Emin Yalman'a hitap eden başyazısında şöyle yazıyordu:

> "Haydi ben derebeyi ailesinden olayım. Ya sen kimsin? Tekirdağı'nda kazığa kakılmaktan kurtulmak için selâmeti yalancıktan dinini değiştirmekte bulan Yahudi fesadçısı Sabetay Sevi'nin torunu değil mi?"[56]

Bu başyazıdan bir gün sonra *Cumhuriyet*'te yayımlanan imzasız bir yazıda ise gene Dönme kökenli olmalarına gönderme yapılarak bu kez hem de Yalman'a hem de Sabiha Sertel'e sataşılmakta:

> "*Tan* gazetesi etrafında toplanmış olan Ahmed Eminler, Sabihalar Türk değildirler. Onların Türk isimleri altında başka ırklar, başka zihniyetler, başka hüviyetler saklıdır. Bunlar adına "dönme" denilen ve Türklükle alâkaları olmak ihtimali

---

"Ürdün gazetesi: Abramowitz, İsmail Cem'in cumhurbaşkanı olması için çalışıyor", *Aydınlık*, 9 Nisan 2000, Sayı 664, s. 20 / Ali Eyvaz, "Yahudiler Cem için seferber", *Akit*, 10 Nisan 2000 / Hasan Karakaya, "İsmail Cem İpekçi, Sabetaycılık ve MHP", *Akit*, 12 Nisan 2000 / Hasan Karakaya, "Yine İsmail Cem İpekçi... Yarası olan gocunur!", *Akit*, 14 Nisan 2000 / Selim Topraksu, "MHP'li İsmail Köse: 'İsmail Cem Sabataist... Olmaz'", *Akit*, 16 Nisan 2000 / "MHP, İsmail Cem'e soğuk", *Milliyet*, 23 Nisan 2000 / Hasan Karakaya, "Sabataist'i gösterip Sabahattin'e razı edebilecekler mi?", *Akit*, 24 Nisan 2000 / Burak Orhan, "Cem'in dedesi haham!", *Akit*, 25 Nisan 2000.

56 Yunus Nadi, "Ahmed Emin Yalmana", *Cumhuriyet*, 22 Ekim 1937. Bu kalem kavgası için bkz. Emin Karaca, *Türk Basınında Kalem Kavgaları*, Gendaş Yayınları, İstanbul, 1998, s. 109-146 / Tekin Erer, *Basında Kavgalar*, Rek-Tur Kitap Servisi, İstanbul, 1965, s. 18-61.

bulunmayan bir kavim ve kabilenin okudukları nisbette ifritleşmiş ferdleridir."[57]

Tarihin tuhaf bir tecellisi olarak Yunus Nadi'nin Yalman'a karşı 1937 yılında kullandığı "Dönme" silahı, otuz altı yıl sonra, bu sefer bir başkası tarafından *Cumhuriyet* gazetesine karşı kullanılacaktı.[58]

Kamuoyunda Kemalizme eleştirel bakışı nedeniyle "İkinci Cumhuriyetçi" olarak tanınan Cengiz Çandar, *Şalom* gazetesinde yer alan bir söyleşide muhabirin "Çandar" soyadından dolayı kendisine yönelttiği "kendinizi katıksız Türk hissediyor musunuz?" sorusuna karşılık, "Ben kendimi esasen Rumelili sayarım. Anne tarafım Selanikli, muhtemelen dönme" cevabını vermiştir.[59] İkinci Cumhuriyetçilere, Amerika'ya ve İsrail'e karşıt tavrı ile tanınan *Aydınlık* gazetesi, "Dönme" kelimesine olumsuz bir anlam yükleyerek bu söyleşiyi "Türkiye-İsrail ilişkilerinde en önemli rol kendisininmiş Çandar 'Dönmeyim' dedi" başlığıyla haber yaptı.[60] Bir diğer örnekse günümüzde bazı kişilerin nezdinde Dönmeliğin simgesi ve figürü haline gelen Coşkun Kırca ile ilgilidir. Kırca'nın bir söyleşide sarf ettiği, "Kürtçe dediğiniz nedir? Bir rivayete göre yedi, bir rivayete göre daha fazla değişik ağızları var. Üçte biri Farsça, üçte biri Türkçe, üçte biri Arapça iptidai bir şey"[61] sözlerine yönelik tepki, hiç beklenmedik bir şekilde, liberal, çağdaş, Batılı değer tarzlarına inanmış kozmopolit Türk insanının simgesi gibi duran *Hürriyet* gazetesi köşe yazarı Hadi Uluengin'den gelmiştir. Uluengin Kırca'nın bu sözlerine karşı tepkisini dile getirirken "Dönme" suçlamasını son kurşun olarak kullanmıştır:

---

57 "Matbuat ve millet", *Cumhuriyet*, 23 Ekim 1937.

58 Bkz. "Cumhuriyet'in çevresinde Yahudi ve Dönmeler", s. 17-20, Murat Gencoğlu, *Anarşinin Basındaki Yuvası "Bir Darbenin Anatomisi"*, Durak Yayınları, İstanbul, 1973 içinde.

59 Lizi Behmoaras, *Türkiye'de Aydınların Gözüyle Yahudiler (Söyleşiler)*, Gözlem Gazetecilik Basın ve Yayın A.Ş., İstanbul, 1993, s. 225.

60 *Aydınlık*, 30 Haziran 1993. Aynı suçlamayı Erbakan yanlısı bir yerel gazete de yaptı. ("Çandarlı Halil'den Cengiz Çandar'a ihanet", *El Aziz*, 27 Eylül 2000).

61 Dilek Önder, "Son günlerin olay adamı Coşkun Kırca anlatıyor", *Hürriyet*, 25 Temmuz 1993.

"Sayın Coşkun Kırca, eğer Sabetay Sevi 1666 yılında mesihliğini ilan etmeseydi, bizzat kendisinin, aşağıladığı Kürtçe gibi bir "alt kültüre" ait olan Judeo-İspanyol dialektini konuşacağını da unutmaktadır.

Böylesine bir kültürel zenginliği ve meşru hakkı hor görmektedir.

Dolayısıyla, hoşgörü zihniyetini rehber edinmiş 500. Yıl Vakfı'nda Sayın Kırca'nın hangi hoşgörüyü temsil ettiğini anlamak daha çok güçleşmektedir."[62]

Bir başka örneğe ise Mina Urgan'ın anılarında rastlandı. Mina Urgan anılarında, Dönme kökenli olduğu söylenen Halide Edip konusunda, İstanbul Üniversitesi'ne mensup bir hukuk profesörü ile arasında geçen şu tartışmayı nakilediyor:

"Adamcağız benim Halide Edip'in asistanı olduğumu öğrenince, 'küçük hanım, Halide Edip'in babasının Yahudi olduğunu söylerler, acaba doğru mu?' diye sormaz mı? Ben buz gibi bir sesle, 'hiç bilmiyorum, efendim; ama Yahudi olsun ya da olmasın bunun ne önemi varki?' dedim. Hukuk Profesörü, 'küçük hanım, hiç önemi olmaz olur mu? Yahudi babası olması bir ayıptır' deyince, gözüm karardı. Ayağa fırladım. Beni çok haklı olarak evine bir daha hiç çağırmayan hukukçu hanıma, 'buraya anti-semitizm yapacak eşşeoğlueşeklerin geleceğini bilmiyordum. Kusuruma bakma ben gidiyorum deyip' hemen salonun kapısına yöneldim."[63]

Kişilerin Dönme, yani Yahudi kökenli oluşları basın ve siyasi tarihimizin iki önemli olayında hızlandırıcı ve teşvik edici rol oynamıştır. İslâmcılar tarafından Dönme olmakla suçlanan *Vatan* gazetesi başyazarı Yalman'a karşı 22 Kasım 1952

62 Hadi Uluengin, "Sivil general-Palyaço general", *Hürriyet*, 27 Temmuz 1993. 500. Yıl Vakfı Türkiye Yahudi cemaati liderlerinin önderliğinde 1989 yılında kuruldu. Coşkun Kırca 500. Yıl Vakfı'nın kurucu üyesidir. Judeoespanyol, İspanyolca, Ladino veya Yahudice, Selanik ve Türkiye Yahudilerinin konuştukları dile verilen addır. Bu dil esas itibariyle İspanyolca olup yerel dillerden de etkilenip Türkçe, Rumca, Fransızca kelimelerin kullanıldığı karma bir dil haline gelmiştir.

63 Mina Urgan, *Bir Dinozorun Anıları,* Yapı Kredi Yayınları, İstanbul, 1998, s. 266-267.

tarihinde Malatya'da girişilen silahlı saldırı bunun birinci örneğidir.[64] İkinci örnek ise 1 Şubat 1979 tarihinde öldürülen *Milliyet* gazetesi başyazarı Abdi İpekçi'dir. Dönemin sağcı basınının İpekçi'yi sürekli Dönme olmakla suçlaması akılda tutulduğu takdirde, kızının da ifade ettiği gibi, Dönme oluşu cinayeti teşvik ettirici unsurlardan biridir.[65]

"Dönme" tartışmasında dikkati çeken bir diğer husus, atalarının Yahudi olmasının dışında Yahudilikle uzaktan yakından ilgisi olmayan ve kendilerini Müslüman olarak tanımlayan kişilerin, Sabetay Sevi'nin ihtida ettiği tarihten bu yana üç buçuk asır geçmiş olmasına rağmen, toplumun hiç de azımsanmayacak bir kesimi tarafından ısrarla halen Yahudi olarak kabul görmeleridir. Bu yaklaşıma yoğun bir şekilde İslâmî kesimde rastlanmakta,[66] ancak bazen hiç beklenmedik kişilerde de görülmektedir. Bunun yakın tarihteki bir örneği, İHD eski başka-

---

64 Bu konuda Necip Fazıl Kısakürek'in, Osman Yüksel Serdengeçti'ye söylediği şu sözlere bakmak yeterlidir: "Bu millet ölmüş. Aylardır yazıp çiziyoruz. Bir babayiğit çıkıp da şu herife bir mantar tabancası dahi patlatmıyor!". Bu sözlerden tam bir hafta sonra Hüseyin Üzmez Yalman'a silahlı saldırıda bulundu. (Hüseyin Üzmez, *Malatya Suikastı*, Timaş Yayınları, İstanbul, 2. Baskı, 1998, s. 23). Hüseyin Üzmez'in yakalandıktan sonra "niye vurdun" sorusuna verdiği şu cevap da çok anlamlıdır:

> "Necip Fazıl'ın *Büyük Doğu*'sunda okuya okuya ezberlemiştik.
>
> - Yalman, Yahudi dönmesidir. İstiklâl Harbinde Amerikan mandası istemiştir. Doğu isyanını körüklemiştir. 1925 yılında Elazığ İstiklâl Mahkemesi'nde yargılanmış, 'Ben Yahudiyim, bütün bunları ırkî cibilliyetimin icabı olarak yaptım. Atam beni affetsin' diye yalvardı ve Atatürk'ün çizmelerini yaladığı için kurtulmuştur.
>
> 1951 yılında, bir güzellik kraliçesini Amerika'ya göndermiş, Amerikalı Bahriye Subaylarına öptürmüştür. Bu resmi Ruslar çoğaltmış, Kore'de çarpışan birliklerimizin üzerine havadan atmıştır. Orada uğruna yüzlerce şehit verilen mukaddes bayrağımızı, bu güzellik kraliçesinin bacaklarına dolamıştır...
>
> Bütün bunları yapmış mı, yapmamış mı? Tabiî ki bilmiyordum. *Büyük Doğu* ne yazmışsa ona inanıyorduk." (Hüseyin Üzmez, *Şu Bizimkiler*, Timaş Yayınları, 7. Baskı, İstanbul, 2000, s. 180.)

65 Hülya Ekşigil, "Operasyonun adı gibi umutlanıyorum", *Yeni Binyıl*, 21 Mayıs 2000.

66 Bunun en belirgin örneği, Abdi İpekçi'nin kızı Nükhet İpekçi'nin katıldığı bir tartışma programında görülmüştür. Nükhet İpekçi'nin kendisini Müslüman olarak gördüğünü ısrarla tekrarlamasına rağmen gerek tartışmacı Mehmed Şevket Eygi ve gerekse telefonla katılan bazı İslâmcı yazarlar Nükhet İpekçi'nin Yahudi olduğu konusunda ısrar ettiler. (Kanal 7, 22 Eylül 2000, İskele Sancak, "Sabetaycılık" programı).

nı Akın Birdal'ın Almanya'da düzenlenen bir toplantıda yaptığı konuşmasındaki şu sözlerdir:

> "Türkiye'de hep yeni düşman yaratılıyor. Önce Sovyetler Birliği, komünizm idi bu düşman. Sonra, Ermeniler, Yunanlar, daha sonra Kürtler. Türkiye'ye ekmek ve su gibi barış lazım. Ermenilere neler yapıldığını herkes biliyor. Türkiye, tarihinde Ermenilere uyguladığı soykırım ve diğer azınlıklara yaptıklarından özür dilemeli. İsmail Cem, kendisi Yahudi, çıksın söylesin bunu. Türkiye ancak Türkü, Kürdü, Çerkezi, Lazı ve bütün azınlıklarıyla özgürleşebilir."[67]

Dönmelerin özellikle sağ kesimde "tüm kötülüklerin anası" olarak kabul görmesinin en son şekli ise Dönmeler'in neredeyse şeytanlaştırılıp "Türkiye'nin başındaki tüm musibetlerin kaynağı" olarak gösterilmek istenmeleridir. Bu yaklaşımın bir örneğine son aylarda kamuoyunu çok meşgul eden 1915 Ermeni Tehciri tartışmalarında görülüyor. Üniversite camiası ile entelektüeller arasında bir kesimin, 1915 Tehciri sırasında yaşanan Ermeni kırımının sorumluluğu ile yüzleşmeye ve bir vicdan muhasebesi yapmaya başladığı bir ortamda, Dönmeler, toplumun hem bu sorumluluktan ve yüzleşmeden kurtulmasını, hem de ruhen ve vicdanen arınmasını sağlayacak bir acil çıkış kapısı, bir günah keçisi işlevi gördü. Tuhaf bir şekilde hem İslâmî, hem de Türk Ermeni basınının bir kesimi 1915 Tehciri'nde yaşanan kırımın sorumluluğunu Dönmelere yüklemeyi uygun buldu. İslâmî basının önde gelen gazetecilerinden Abdurrahman Dilipak bunu şöyle ifade ediyor:

> "Aslında iyi bir araştırmacı, soykırım iddialarının muhatabının Osmanlı Devleti ya da Türkiye Cumhuriyeti olmadığını görür. İttihat Terakki'deki Yahudi-Mason-Sabatay kökenli İttihat Terakkicilerin bu işteki rolü bilinen bir gerçek."[68]

---

67 Kemal Doğan ve Recep Seplin, "Bu kadarına pes artık", *Hürriyet*, 22 Ekim 2000.

68 Abdurrahman Dilipak, "Sabataycılık ya da soykırım iddiaları üzerine", *Akit*, 25 Eylül 2000.

Yayın hayatına atıldığı 1996 yılından itibaren Türkçe yayımlanması ve Türk basınıyla kurduğu iyi ilişkiler sayesinde, kamuoyunda Türkiye Ermeni cemaatinin gayri resmi sözcülüğünü üstlenmiş olan *Agos* gazetesinin Genel Yayın Yönetmeni Hrant Dink, okurun zihninde kuşkular uyandırmayı amaçlayan ve hiçbir tarihsel olguya dayanmayan şu satırlarıyla, yaşanan kırımın aslında Dönmeler, yani Yahudiler, tarafından yapıldığını ima etmekte:

> "Kimi tarihçiler '1915 Ermeni Soykırımı' ve öncesindeki bir dizi olayın arka planında 'Yahudi parmağı'nın da olabileceğine ilişkin satırarası değinmelerde bulunurlar. İttihat Terakki'nin kurmayları arasında Nazım Bey gibi Sabetay Sevi kökenli birçok Yahudi'nin bulunduğu, 1915 tehcir kararında bu kişilerin önemli roller oynadığı belirtilir. Hatta o dönemde İttihat Terakki liderliğini parmağında oynatan Alman militarizminin arkasında 'Alman Yahudi Sermayesi'nin gizlendiğini iddia edenler bile var. Bu konuda araştırmalar henüz netleşmiş değil ama gün be gün yeni iddialar ortaya atılmaya devam ediyor.
>
> Yahudiler 1915'de önemli bir rol oynadılar mı bilmem, ama öncesindeki son elli yılda 'Saraylı Yahudi Tüccarlar'la 'Saraylı Ermeni Amiralar'ın padişah etrafında yalakalık yarışına girdikleri, pazardaki ticaretin yanı sıra sarayın ihalelerini kapmak için de amansız bir mücadele yürüttükleri zikredilir."[69]

Siyasi tavırlarından ve düşüncelerinden dolayı kişilere yöneltilen eleştirilerde onların dinî veya ırkî kimliklerine vurgu yapılması, tarihî olayların ırkî unsurları ön plana çıkaran iddialarla açıklanması ırkçılığın ve ayrımcılığın en belirgin ve bilinen özelliklerinden biridir. Dinî veya ırkî kimliği bir silah veya tarihte yaşanan olayları açıklamak için bir araç olarak kullananların, Kemalist ideolojinin önde gelen gazeteleri olan *Cumhuriyet*'in sahibi ve başyazarı Yunus Nadi ile *Ulus* yazarı Nurettin Artam'dan Kürt milliyetçilerine, Kürt milliyetçilerinden modernizm ve kozmopolitizmin şampiyonluğunu elden bırak-

69 Hrant Dink, "Gerçek maskaralık", *Agos*, 20 Ekim 2000.

mayan *Hürriyet* köşe yazarı Hadi Uluengin'e, İslâmcılara, bir hukuk profesörüne, bir insan hakları savunucusuna ve nihayet bir gayrimüslim gazeteciye kadar çok geniş bir yelpazeye yayılması oldukça dikkat çekicidir. Bu da, bir kere daha, kendini laik bir devlet olarak tanımlayan Türkiye Cumhuriyeti'nde, din ve ırk unsurunun halen toplum içinde ilişkileri belirleyici en önemli faktör olduğunun bir işaretidir. Aynı zamanda din ve ırk unsurunun, popülizmin, popüler kültürün ve komplo teorilerinin egemen olduğu bir kültür ortamında, bir tarihsel sürecin veya herhangi bir siyasi veya tarihî olayın neden-sonuç denkleminin açıklanmasında "anahtar rol" oynamaya devam ettiğinin de işaretidir.

Selanik Dönmesi: Osmanlı İmparatorluğu'nun son çeyrek yüzyılında İstanbul'un ardından adı ve ağırlığını en fazla duyuran şehir Selanik'tir. Osmanlı Balkanları'nın adeta kalbi olan bu şehir, başta İttihat ve Terakki olmak üzere Abdülhamit'in mutlakiyetçi yönetimine muhalif her türden akımın karargâhı idi. Abdülhamit'i meşrutiyet ilanına zorlayan eylemlerin düğmesine buradan basılmış, sonuçta Abdülhamit'i tahttan indirecek Hareket Ordusu burada tertiplenip İstanbul üzerine yürümüştü.

Bu bakımdan Osmanlı İmparatorluğu'nu yıkıma götüren sürecin Abdülhamit'in İttihat ve Terakki tarafından tahttan indirilmesi ile başladığına inanan - 1908 sonrası tarihimize dinî ve sağ akımlar içinde büyük kabul gören anlayış ve yaklaşımın indinde Selanik "uğursuz" bir çağrışıma sahiptir. Bu çağrışım Selanik'in o dönemde büyük ve etkin bir Yahudi cemaati barındırıyor oluşuyla daha da güçlenir. Nitekim sağcı ve özellikle İslâmcı tarihçiler ve siyasal düşünürler, Abdülhamit'e tahttan indirilme kararını tebliğ eden İttihat ve Terakki heyetinde Selanik Yahudi cemaatine mensup bir üyenin de bulunuşunu İttihatçıların en affedilmez suçlarından biri sayarlar.

Osmanlı ve Türkiye coğrafyasının dışında kaldıktan sonra da, sözü edilen kişinin Selanik'le ilgili olumsuz -adeta lanetli- imajı yaşamaya devam etmiştir. Bunun bir nedeni 1600'lü yıllarda müslümanlığa geçen Selanik Yahudilerinden bir kesimin daha sonra yerleştikleri İstanbul'da bir cemaat olarak varlığıdır. Aralarında yarı örtük ama güçlü bir dayanışma olduğu söylenen bu cemaatin böylece edindiği özellikle ticari ve kültürel sahadaki etkinlik, aynı sağ ve dinî akımlarca hep bir "rahatsızlık" konusu olagelmiş ve bu duygu sözkonusu cemaatin "aslında Yahudiliği terketmedikleri" yolundaki iddiayla birleştirilerek "Selanik dönme"lerine bir tür Truva atı gibi bakılması sonucunu doğurmuştur.

Selanik'in sözkonusu sağ ve İslâmcı siyasal gelenek tarafından bir kez daha "uğursuz"laştırılmasının öteki ve en aktif nedeni ise bilindiği üzre M. Kemal'in Selanik doğumlu oluşudur.

Dolayısıyla bu geri planın varlığında "Selanik dönmesi" tabiri, sağ ve dini siyasal söylemin gözde argümanlarından biri olan "içimizdeki-yıkıcı-virüs"ün yerli türünün adeta genel adı olarak kullanıldığı gibi; "arif olan anlar" üslubunca yazılıp, konuşulduğunda da özel olarak M. Kemal'i anlatır.[1]

---

1 Alper Sedat Aslandaş ve Baskın Bıçakçı, *Popüler Siyasî Deyimler Sözlüğü*, İletişim Yayınları, İstanbul, 1995, s. 196-198. Burada "İttihat ve Terakki heyetinde Selanik Yahudi cemaatine mensup bir üye" olarak söz edilen kişi Selanik mebusu Emanuel Karaso'dur.

Fırıldaktaki figür Yalman'dır. Büyük Doğu, *11 Haziran 1954, sayı 6.*

Sebilürreşad, *Ağustos 1953, sayı 155.*

ÖZEL TERİMLERİN AÇIKLAMALARI

500. Yıl Vakfı: 1989 yılında Yahudi cemaati liderleri ile Yahudi işadamları önderliğinde kurulan bir vakıf. Vakfın amacı İspanya'dan 1492 yılında kovulan İspanyol Yahudilerinin Osmanlı topraklarına göçlerinin beşyüzüncü yılını 1992 yılında kutlamak ve bu vesileyle Türkiye'nin Yahudilere karşı gösterdiği hoşgörüyü dünya kamuoyuna ilan etmekti.

Alliance Israélite Universelle: Evrensel Yahudi Birliği. 1860 yılında Paris'te kurulan bu teşkilat, Fransız Devrimi'nin fikirleriyle beslenmiş Fransa Yahudileri tarafından, baskı altında bulunan Yahudileri aydınlanma devrine ulaştırmak amacıyla kuruldu. Yakın Doğu'da Müslüman ülkelerde yaşayan Yahudi cemaati mensuplarına bir zanaat öğretmek ve kültür eğitimi vermek için bu ülkelerde Fransızca eğitim veren okullar açtı.

American İsraeli Public Affairs Committee: Amerikan-İsrail Kamu İşleri Komitesi. Amerikan-İsrail ilişkilerinin gelişmesini amaçlayan bir sivil toplum kuruluşu.

American Jewish Congress: Amerikan Yahudi Kongresi. Amerikan Yahudi toplumunun önde gelen sivil toplum kuruluşlarından biri. Amerikan toplumunda sivil haklar, demokrasinin ilerlemesi, ayrımcılık ve ırkçılıkla mücadele alanlarında faaliyet göstermektedir.

Anti-Defamation League: İftiraya karşı koyma birliği. Béné Bérith örgütünün bir koludur. 1913 yılında kurulmuştur. Ana amacı nefret, peşinyargı, ırk, din, zenci düşmanlığı ve antisemitizmle mücadeledir.

Aşkenaz: Almanya'da yerleşik Alman kökenli Yahudiler. Dünya Yahudilerinin yüzde yetmişi aşkenaz kökenlidir.

Eretz Israel: İsrail toprakları.

Jewish Colonization Agency: (Yahudi Kolonizasyon Ajansı). Bankacı ve hayırsever Alman Yahudisi olan Baron Maurice de Hirsch (1831-1896) tarafından kurulmuş hayırsever bir teşkilat. Gayesi Yahudilerin baskı ve zulüm altında yaşadıkları ülkelerden Filistin'e göç etmelerini sağlamaktır. 1896 yılından itibaren Filistin'de koloni kurmakla meşgul olmuştur.

Kabala: Yahudi dininin mistik ve esoterik öğretisi.

Kahal: Diasporada yaşayan Yahudilerin cemaat şeklinde örgütlenmeleri.

Kaşer: Yahudi dininin kurallarına göre denetlenen gıda maddeleri. Aynı zamanda Yahudi dininin yiyecek konusundaki kurallarını da ifade eder.

Mossad (Ha-Mossad ha-merkazi le-modiin u-le-vitahon) = Merkezî istihbarat ve güvenlik teşkilatı. 1951 yılında kuruldu. İsrail devletinin istihbarat teşkilatıdır. Mossad yurtdışında, Shin Beth ise İsrail içinde faaliyet gösterir.

Or Ahayim: Yaşam ışığı

Pesah: İbranî takvimine göre her yılın Nisan ayının 15'ine, miladî takvime göre Mart-Nisan aylarına tekabül eden ve sekiz gün süren bayram. Yahudi halkının Mısır'dan çıkışını, kölelikten kurtuluşunu ve hür bir millet olmasını simgeler. Pesah bayramında "hamursuz" denen mayasız ekmek yenir.

Petit-Champs: Eskiden mezarlık olması nedeniyle Petit-Champs des Morts olarak anılan bu semt ve adını buradan alan bahçe, Tepebaşı'nda şu anda TÜYAP sergi salonunun ve otoparkın bulunduğu mekândır.

Sefarad: İber Yarımadası'nda yaşamış Yahudi cemaatleri.

Sohnut (Ha-Sokhenut ha-Yehudit le-Eretz İsrael): Yahudi Ajansı. Kudüs'te yerleşik uluslararası sivil toplum teşkilatı. Dünya Siyonist Teşkilatı'nın temsilcisi olup amacı dünyadaki tüm Yahudilerin gelişmeleri ve İsrail'e yerleşmelerine yardımcı olmaktır.

Talmud: Yahudiliğin Tevrat sonrası döneme ait Torah (Tevrat) ya da Yazılı Yasa'nın gerçek yorumu sayılan en önemli kitabı.

Va'ad Aliya: Aliya Komitesi: Romen Yahudilerinin Filistin'e göç etmelerini sağlamak için kurulmuş komite.

KAYNAKÇA

YAYIMLANMAMIŞ KAYNAKLAR

ARŞİVLER VE İNCELENEN DOSYALAR

İsrail Devlet Arşivleri (Kudüs)
Dosya 258

Amerikan Millî Arşivleri (Washington)
Records Group 59 General Records of the Department of State
Dosya 367.1162 / Schinasi Memorial
Dosya 811.4061 / Musa Dagh
Dosya 819.8591

Merkezî Siyonist Arşivleri (Kudüs)
Dosya S 32/493
Dosya A 201

Hagana Arşivleri (Tel Aviv)
Dosya 14/a267

İngiliz Devlet Arşivleri (Londra)
24 Şubat 1942 tarih ve 74429/FO371/32661 sayılı belge
8 Mart 1942 tarih ve 74429/FO371/32662 sayılı belge

Osmanlı Bankası Bankacılık ve Finans Tarihi Araştırma ve Belge Merkezi (İstanbul)
Dosya PP 162
Dosya PP 193

Başbakanlık Devlet Arşivleri Cumhuriyet Arşivi
0.30.9-36.55.74.1 sayılı belge (Ahmet Yüksel'den temin edildi)

YAYIMLANMAMIŞ ESERLER

Aktaş, Bahri, *Yahudilik*, İstanbul Üniversitesi Sosyoloji bölümü dönem ödevi, İstanbul [1990].

Benzergil, Dr. Sevim, T.C. Sağlık Bakanlığı Manisa İli Moris Şinasi Milletlerarası Çocuk Hastanesi Baştabipliği, *Biografi (bilgiler) özellikler*, Manisa [1997].

Bilgin, Abdulbaki, *Kütüb-i Sitte'de İslâmiyet Dışında Adı Geçen Dinler*, Erciyes Üniversitesi Sosyal Bilimler Enstitüsü, yayımlanmamış bilim uzmanlığı tezi, Kayseri, 1991.

Bortnick, Rachel Amado, *One century in the life of Albert J. Amateau 1889 - The Americanization of a Sephardic Turk*, sözlü tarih bant kaydının çözümlemesi, Mart 1989, Vista College (Berkeley, California) Sözlü Tarih dersi için hazırlanmıştır.

Esgin, Mehmet, *Kuran-ı Kerim Açısından İslâm Dışı Dinler*, Selçuk Üniversitesi Sosyal Bilimler Enstitüsü, yayımlanmamış bilim uzmanlığı tezi, Konya 1990.

Gholbi, Mir Murteza, *Arap İsrail Çatışmasının Temelinde Olan Filistin Sorunu (1900-1980)*, İstanbul Üniversitesi Sosyal Bilimler Enstitüsü, yayımlanmamış doktora tezi, İstanbul, 1990.

Güleryüz, Naim, "Antisémitisme: Attitude exemplaire la Turquie", Avrupa Konseyi Irkçılık ve Antisemitizm Semineri, 19-20 Ocak 1995. Düzenleyenler: Dışişleri Bakanlığı, Avrupa Konseyi, 500. Yıl Vakfı. Yayımlanmamış tebliğ.

Günel, Fuat, *Hadislere Göre Yahudilik ve Yahudiler*, Marmara Üniversitesi Sosyal Bilimler Enstitüsü, yayımlanmamış bilim uzmanlığı tezi, İstanbul, 1991.

Kamhi, Jak V., "Le Racisme, ...L'antisémitisme, ...", Avrupa Konseyi Irkçılık ve Antisemitizm Semineri, 19-20 Ocak 1995. Düzenleyenler: Dışişleri Bakanlığı, Avrupa Konseyi, 500. Yıl Vakfı. Yayımlanmamış tebliğ.

Ören, Halis, *Keşşaf ve Nesefi Tefsirlerinde Hz. Musa ile İlgili İsrailliyat*, Marmara Üniversitesi Sosyal Bilimler Enstitüsü, yayımlanmamış bilim uzmanlığı tezi, İstanbul, 1988.

Özen, Adem, *Cumhuriyetten Günümüze İstanbul Yahudileri*, Marmara Üniversitesi Sosyal Bilimler Enstitüsü, yayımlanmamış bilim uzmanlığı tezi, İstanbul, 1993.

Tezokur, M. Hadi, *Yahudilikte İbadet ve İnanç Esasları*, Selçuk Üniversitesi Sosyal Bilimler Enstitüsü, yayımlanmamış doktora tezi, Konya, 1992.

Ünal, Mustafa, *Süleyman Mabedi'nin Tahribi ve Yahudiler Üzerindeki Etkisi*, Erciyes Üniversitesi Sosyal Bilimler Enstitüsü, yayımlanmamış bilim uzmanlığı tezi, Kayseri, 1991.

GÖRÜŞMELER

Dan Brod	22 Şubat 1999
David Stoliar	27 Şubat 1999
Oğuz Gökmen	8 Aralık 1999
Turan Necdet Özcan	20 Aralık 1999
Cankız Şanal	20 Aralık 1999
Bedri Baykam	18 Şubat 2000
Heinz Tsiffer	30 Haziran 2000

YAYIMLANMIŞ KAYNAKLAR

GENEL REFERANS KİTAPLARI

Demokrasinin 50 Yılı 1945-1995, Cilt 2, Aydın Kitaplar, İstanbul (t.y.)

Kitabı Mukaddes Eski ve Yeni Ahit, Kitabı Mukaddes Şirketi, İstanbul 1995.

TBMM Albümü 1920-1991, TBMM Genel Sekreterliği yayınları, Ankara 1994.

İSTATİSTİKLER

T.C. İstanbul Belediyesi İstatistik ve Neşriyat Müdürlüğü, *İstanbul Şehri İstatistik Yıllığı*, Cilt 4, 1934-1935, İstanbul Belediye Matbaası, İstanbul (t.y.).

ANSİKLOPEDİLER

Büyük Larousse, Gelişim Yayınları A.Ş., İstanbul 1986.

Dünden Bugüne İstanbul Ansiklopedisi, Tarih Vakfı, İstanbul 1993-1995.

Encyclopaedia Judaica, Ketter Publishing Ltd., Kudüs 1974.

Zeki, Mehmed ve Paçacı, Mahmud, *Türkiye Teracim-i Ahvâl Ansiklopedisi,* İstanbul, 1928, Cilt 1.

SÖZLÜKLER

Aslandaş, Alper Sedat ve Bıçakçı, Baskın, *Popüler Siyasi Deyimler Sözlüğü,* İletişim Yayınları, İstanbul 1995.

Işık, İhsan, *Yazarlar Sözlüğü*, Risale Yayınları, İstanbul 1990

Pakalın, Mehmet Zeki, *Osmanlı Tarih Deyimleri ve Terimleri Sözlüğü,* Millî Eğitim Bakanlığı Devlet Kitapları, 2. Baskı, Cilt I+II+III, İstanbul, 1971.

TÜRKÇE MAKALELER

"Altı milyon Yahudinin öldürüldüğü Yahudice bir yalan", *Zafer,* Haziran 1988, S. 138, s. 16-19.

"Başkanlıktan çekildim", *Fedai,* Ekim 1969, S. 50, s. 19.

"Bir araştırma konusu olabilir", http://www.f9.parsimony.net/forum12963/messahes/7944.html.

"Cevat Rıfat Atilhan M.P.'den adaylığını koydu", *Yeni İstiklâl*, 25 Ağustos 1965, S. 211, s. 12.

"Cevat Rıfat'ın mahkemesi", *Yeni İstiklâl*, 5 Nisan 1961, S. 16.

"Dergimiz başmuharriri Kemal Fedai Coşkuner, Türkiye Siyonizmle Mücadele Derneği Genel Başkanlığına getirildi", *Fedai*, Şubat 1969, S. 45, s. 16.

"Irkçı düşünce özgür olsun mu?", *Aktüel*, 14-20 Ocak 1998, S.391, s. 38-41.

"Kale yüreği yanıklara teslim edilir", *Yeni İstiklâl*, 18 Ağustos 1965, S. 210.

"Kemal Fedai'nin Yahudi davası", *Fedai*, Nisan 1968, S.41, s. 5.

"Manisa Hastanesi", *Tıp Dünyası*, 6 (4), 15 Ağustos 1933, s. 2170.

"Roger Garaudy niçin ayın yazarı?", *Kitap Dergisi*, Kasım 1996, S. 84, s. 45.

"Temyiz'in bozduğu Yahudi davası yeniden tazelendi", *Fedai*, Mart 1969, S. 46.

"Türkiye Siyonizmle Mücadele Cemiyeti'nin millete beyannamesi", *Fedai*, Mayıs 1969, S. 48, s. 14-15.

"Türkiye Siyonizmle Mücadele Derneği'nin bildirisi", *Fedai*, Ekim 1969, S. 50, s. 17.

"Yahudiler kıpırdandı", *İnkılâp*, Mayıs 1933, S. 2, s. 3-4.

"Yahudilerin feryatları!!!", *Millî İnkılâp*, Mayıs 1933, s. 11.

Akçura, Gökhan, "Emprezaryo Arditi Efendi", *İstanbul*, Ekim 1992, S. 3, s. 70-74.

Akgül, Ahmet, "Kafkasya'dan Kardak kayalıklarına", *Yörünge*, 4 Şubat 1996, S. 264, s. 32-33.

Akkaya, Yüksel, "Türkiye'de Türk vatandaşlarına tahsis edilen sanat ve hizmetler hakkında kanun 1929 bunalımı işsizlik ve bir kanun", *Toplumsal Tarih*, Ağustos 1999, S. 68, s. 42-52.

Akkoyun, Turan Dr., "1934'de Orhun ve Millî İnkılâp'ın kapatılmasına mahalli bir bakış", s. 44-49, *3 Mayıs 1944, 50. Yıl Türkçülük Armağanı* içinde, Akademi Kitabevi, İzmir, 1994.

Aktar, Ayhan, "Cumhuriyetin ilk yıllarında uygulanan Türkleştirme politikaları", *Tarih ve Toplum*, Aralık 1996, S. 156, s. 4-18.

Aktar, Ayhan, "Nüfusun homojenleştirilmesinde ve ekonominin Türkleştirilmesi sürecinde bir aşama: Türk-Yunan nüfus mübadelesi, 1923-1924", s. 17-70, Ayhan Aktar, *Varlık Vergisi ve 'Türkleştirme' Politikaları* içinde, İletişim Yayınları, İstanbul, 2000. Ayrıca *Mübeccel Kıray İçin Yazılar* içinde (Yay. haz. Fulya Atacan, Fuat Ercan, Hatice Kurtuluş, Mehmet Türkay) Bağlam Yayınları, İstanbul, 2000 s. 77-111.

Alpay, Şahin, "Siyasal İslâm'ın başarı şansı", *Sözleşme*, Kasım 1997, S. 1, s. 20-22.

Atihan, Cevat Rıfat, "Albert Saltiyel, sana soruyorum, cevap verebilir misin!", *Millî İnkılâp*, 1 Haziran 1934.

[Atilhan], Cevat Rıfat, "Bir Yahudi müdafii ve ilk defa Türkiye'de vukua gelmiş bir hal", *İnkılâp*, Mayıs 1933, S. 2, s. 5-6.

Atilhan, Cevat Rıfat, "Maskeler aşağı!", *Millî İnkılâp*, 1 Haziran 1934, s. 5.

Atilhan, Cevat Rıfat, "Nasıl Yahudi ve Mason düşmanı oldum?", *Büyük Doğu*, 18 Ağustos 1950, S. 22, s. 12, 16 / 25 Ağustos 1950, S. 23, s. 12 / 1 Eylül 1950, S. 24, s. 12.

Atilhan, Cevat Rıfat, "Siyonizm, Komünizm ve Farmasonluğa karşı beynelmilel dünya teşkilâtı", *Sebilürreşad*, Haziran 1948, C.1, S. 4, s. 54 / Haziran 1948, S. 5, s. 72-73 / Temmuz 1948, S. 7, s. 104-105 / Temmuz 1948, S. 8, s. 119-120 / Temmuz 1948, S. 9, s. 137-138 / Ağustos 1948, S. 11, s. 167 / Eylül 1948, S. 13, s. 204 / Ekim 1948, S. 17, s. 259, 271.

Atilhan, Cevat Rıfat, "Yahudi küstahlığı", *Sebilürreşad*, Ağustos 1948, C. 1, S. 10, s. 159-160.

Atsız, Nihal, "Komünist, Yahudi ve Dalkavuk", s. 171-175, Atsız, *Makaleler IV*, Baysan, İstanbul, 1992 içinde, ilk baskı *Orhun*, 12 Mart 1934, sayı 5.

Ayvazoğlu, Beşir, "Türkiye'de sağcı olmak", *Türkiye Günlüğü*, Güz 1991, S. 16, s. 32-43.

Baer, Marc David, "Osmanlı Musevilerinin mesihi ve onun Türkiye Cumhuriyetindeki izleri", *Virgül*, Eylül 1998, sayı 11, s. 48-51.

Baer, Marc David (çev. Esra Özyürek), "Selanik dönmelerinin camisi ortak bir geçmişin tek yadigârı", *Tarih ve Toplum*, Aralık 1997, C. 28, S. 168, s. 30-34.

Bali, Rıfat N., "Popüler milliyetçi edebiyatta Yahudi imgesi", *Birikim*, Ocak 1996, S. 81, s. 78-83.

Başak, Yakup, "Türkiye'de Yahudiler, ırkçılık ve sosyalistler", *Birikim*, Mart-Nisan 1995, S. 71-72, s. 153-157.

Benbassa, Esther (Çev.: Natali Medina), "20. Yüzyıl Başında Osmanlı İmparatorluğu'nda Siyonizm", *Tarih ve Toplum*, Ekim 1990, S. 82, s. 34-39.

Bilen, Selim, "Kanal 7'de soykırım masalı", *Cuma*, S. 200027/507, 14-20 Temmuz 2000, s. 41.

Bora, Tanıl, "Türkiye'deki milliyetçilik ve azınlıklar", *Birikim*, Mart-Nisan 1995, S. 71-72, s. 34-49.

Cilacı, Osman Dr., "Prof. Dr. Hikmet Tanyu: Tarih boyunca Yahudiler ve Türkler", *Türk Kültürü Özel Sayı*, 11 Aralık 1980, S. 217, s. 135-136.

Cilacı, Osman, "Prof. Dr. Hikmet Tanyu, Yahudiler ve Türkler", *Türk Kültürü*, Ağustos 1977, S. 178, s. 645-647.

Coşkuner, Kemal Fedai, "Türkiye Siyonizmle Mücadele Cemiyeti", *Fedai*, Mart 1969, S. 46, s. 14.

Coşkuner, Kemal Fedai, "Üç ayda üç lider kaybettik", *Fedai*, Nisan 1967, Yıl 5, Cilt 4, S. 40, s. 4.

Çiçekoğlu, Feride, "Osmanbey ailesi", *İstanbul*, Temmuz 1999, S. 30, s. 112-143.

Dalkır, Hatice, [Arafiyan: 1637], "Yahudi Katliamı", 12 Mart 1998, *http://listweb.bilkent.edu.tr/arafiyan/02/0598.html.*

Danacıoğlu, Esra, "Yahudilere mezar olan gemiler", *Popüler Tarih*, Temmuz 2000, S. 2, s. 58-63.

Danon, M. (çev. Rıfat N. Bali), "Türkiye'de bir mezhep Yahudi-Müslüman mezhebi'", *Tarih ve Toplum*, Aralık 1997, C. 28, S. 168, s. 23-27.

Dumont, Paul, "Yahudi, Sosyalist ve Osmanlı bir örgüt: Selanik İşçi Federasyonu", s. 73-111, Paul Dumont (der.), *Osmanlı İmparatorluğunda Sosyalizm ve Milliyetçilik (1876-1923)* içinde, İletişim Yayınları, İstanbul 1995.

Edib, Eşref, "Türk milletini ve devletini tehdit eden tehlikeler: Kara irtica, sarı irtica, kızıl irtica", *Sebilürreşad*, Kasım 1950, Cilt IV, S. 91, s. 242-248.

Eldem, Edhem, "Emanuel Karasu biyografisine bir devam (?)", *Toplumsal Tarih*, Kasım 1995, S. 23, s. 43-45.

Erdinç, Cengiz, "Büyük Doğu'nun Batılısı", *Aktüel*, 18 Temmuz 1996, S. 263, s. 40-43.

General Netcheolodon "Yahudiler ve Rus İhtilali", *Fedai*, Nisan 1969, S. 47, s. 16.

Georgeon, François (çev. Cüneyt Akalın), "Müslüman ve Dönme Selanik" s. 113-127, Gilles Veinstein (Haz.), *Selanik 1850-1918* içinde, İletişim Yayınları, İstanbul, 1999.

Gökay, Bülent, "Belgelerle Struma faciası", *Tarih ve Toplum*, Ağustos 1993, S. 116, s. 42-45.

İlmen, Harun, "Denizbank niçin kuruldu, ne yaptı ve neden tasfiyeye uğradı?", *Dava*, 11 Aralık 1948, S. 2, s. 9.

Kampeas, Hayim, "Konuklar ve Moris Şinasi Hastanesi", *Tiryaki*, Aralık 1994, sayı 5, s. 21.

Karabatak, Haluk Ö., "İslâm Demokrat Partisi", *Tarih ve Toplum*, Ekim 1994, S. 130, s. 4-13.

Karakaşlı, Karin, "Yoğunoluk 1915", *Virgül*, Ekim 1997, S. 1, s. 10-12.

Kedourie, Elie (çev. Zeynep Avcı Karabey), "Jön Türkler, Farmasonlar ve Yahudiler", *Birikim*, Kasım 1978, S. 45, s. 54-68.

Keskin, İrfan, "*İsrail, Mitler ve Terör* kitabı vesilesiyle Garaudy ile söyleşi", *Kitap Dergisi*, Kasım 1996, S. 84, s. 48-50.

Kıvılcım, Gönül, "Gaz odaları hiç olmadı", *Aktüel*, 25 Şubat-3 Mart 1993, s. 58-61.

Koloğlu, Orhan, "Celâl Nuri'nin Jeune Turque gazetesi ve Siyonist bağı", *Tarih ve Toplum*, Aralık 1992, S. 108, s. 46-48.

Kuneralp, Sinan, "İkinci Meşrutiyet döneminde gayrimüslimlerin askerlik meselesi (1908-1912)", *Toplumsal Tarih*, Aralık 1999, S. 72, s. 11-15.

L.B.D.T., "Bay Atilhan'ın yersiz bir teşebbüsü", *La Boz de Türkiye*, 15 Şubat 1948, S. 197, s. 216.

Lemi, Osman Oğlu, "Hadiseler karşısında Türk gençliği uyan Almanya'dan alınacak dersler", *İnkılâp*, Mayıs 1933, S. 2, s. 2-3.

Levi, Avner, "1934 Trakya Yahudileri Olayı: Alınamayan Ders", *Tarih ve Toplum*, Temmuz 1996, S. 151, s. 10-17.

Levi, Avner, "Elza Niyego olayı ve Türk-Yahudi ilişkilerine yeni bir bakış", *Toplumsal Tarih*, Ocak 1996, S. 25, s. 23-27.

Macar, Elçin, "Selanik dönmelerinin yaşayan simgesi Yeni Cami", *Tarih ve Toplum*, Aralık 1997, C. 28, S. 168, s. 28-29.

Margulies, Roni, "Karasu Efendinin biyografisine bir başlangıç", *Toplumsal Tarih*, Eylül 1995, S. 21, s. 21.

Marschalko, Louis, "Altı milyonluk yalan", *Zafer*, Haziran 1994, S. 210, s. 22-25.

N.P., "Türkiye matbuatı Yahudi kontrolünde!..", *İstanbulun Sesi*, [1936], Sayı 1, s. 3-7.

Ortaç, Yusuf Ziya, "Yahudinin Türklüğü!", *Akbaba*, 1 Ekim 1940, S. 351, s. 2.

Özcan, Mustafa, "Sırp Liderlerinin Protokolleri", *İslâm*, Aralık 1992, S. 112, s. 25.

Özden, Mehmet, "Refah Partisi örneğinde Türkiye'de fikir ve siyaset", *Türkiye Günlüğü*, S. 41, Temmuz-Ağustos 1996, s. 36-43.

Pilavoğlu, Elhac Mehmet Kemal, "Dünya daima Yahudi ihtilali içinde yaşar", *Fedai,* S. 42, s. 6.

Sadak, Yalçın, "Türkiye'de antisemitizmin tarihsel ve güncel temelleri", s. 135-160, *Ve Yazılar* içinde, Düzlem Yayınları, İstanbul 1997.

Safa, Peyami, "Yahudinin suçu ne?", *Yedi Gün,* yıl 1, S. 5, 12 Nisan 1933, s. 1.

Sezgin, Ferruh, "Türkiye ile İsrail arasında 'iyi ilişki' mümkün müdür?, *Avrasya Dosyası,* Sonbahar 1994, Cilt 1, S. 3, s. 81-86.

Tanyeri, Cansever, "Kemal Fedai Coşkuner Hayatı ve Fedai Dergisi üzerine notlar", s. 194-197, *3 Mayıs 1944. 50. Yıl Türkçülük Armağanı* içinde, Akademi Kitabevi, İzmir, 1994.

Tokol, Gamze, [Arafiyan: 1637], "Yahudi Katliamı", 12 Mart 1998, *http://www.arafiyan.net/arafiyan/bilkent/02/0599.html.*

Tunçay, Mete, "Jön Türkler, Farmasonlar ve Yahudiler üzerine", *Birikim,* Kasım 1978, S.45, s. 52-53.

Tunçay, Mete, "Teracim-i Ahvâl ansiklopedisine göre Atatürk Türkiyesinde yabancılar", s. 85-112, *Atatürk Döneminin Ekonomik ve Toplumsal Tarihiyle İlgili Sorular Sempozyumu, 14-16 Ocak 1977* içinde, İstanbul Yüksek İktisat ve Ticaret Mektebi Mezunları Derneği Yayını, İstanbul, 1977.

Türkkan, Reha Oğuz Dr., "Türkiye'de solculuğun başlangıcı ve azınlıkların rolü", *Türk Kültürü,* yıl XVI, S.184, s. 209-213.

Yahya, Harun, "İsrail'in kirli tarihi", *Cuma,* 26 Aralık 1997-1 Ocak 1998, S.380, s. 16-25.

Yesevîzâde, "Afganistan'da Yahudilik-İslâm mücadelesi (1-2)", *Hilâl,* Şubat-Mart 1980, S. 205-206.

Yesevîzâde, "Bilderberg Group'un içyüzü", *Sebil,* 2 Nisan-18 Haziran 1976, S. 14-25.

Yesevîzâde, "Bloklar ve peşin hükümler", *Sebil,* 23 Temmuz-27 Ağustos 1976, S. 30-35.

Yesevîzâde, "Kıbrıs harekâtının perde arkası", *Sebil,* 23 Haziran-10 Eylül 1976, S. 26-38.

Yesevîzâde, "Kremlin'de Yahudiler", *Sebil,* 1 Ekim-12 Kasım 1976, S. 40-46.

Yesevîzâde, "Soruşturma-Masonluk", *Dış Politika,* Ekim 1988, S. 3, s. 191-199.

Yılmaz, Mustafa, "Cumhuriyet döneminde Bakanlar Kurulu Kararı ile yasaklanan yayınlar 1923-1945-I-", *Kebikeç,* Yıl 3, sayı 6, 1998, s. 53-80.

Yılmaz, Özcan, "Yahudi katliamı efsânesi", *Tarih ve Medeniyet,* Mayıs 1997, S. 38, s. 49-53.

YABANCI MAKALELER

"Correspondances particulières des archives", *Archives Israélites,* 3 Haziran 1909, s. 172.

"Den Turkiska Vardeus Uppvahnande", *Nationen,* 1 Mayıs 1934, s. 10.

"'Holocaust Deception' makes waves in Turkey", *http://www.ihr.org/jhr/v16/v16n4p35_Weber.html.*

"Holocaust revisionism, a denial of history", *Facts,* Haziran 1980, S. 26, s. 12.

"Radical Round Up", *Patterns of Prejudice*, Nisan 1986.

Ağaoğulları, Mehmet Ali, *The Ultranationalist Right*, s. 177-217, İrvin Cemil Schick ve Ertuğrul Ahmet Tonak (der.), *Turkey in Transition* içinde, Oxford University Press, Oxford 1987.

Albion, Adam Smith, "The voice of the people", *Institute of Current World Affairs*, 20 Mart 1995, ASA-6, s. 1-8.

Alkan, Türker, "The National Salvation Party in Turkey", s. 79-102, Metin Heper ve Raphael Israeli (der.), *Islam and Politics in Middle East*, içinde, Crown Helm, Londra 1984.

Almaliah, Avraham, "A chapter in the history of zionism in Turkey: Hüseyin Jahid (Yalçın)", (İbranice), *Hed HaMizrach*, 21 Kasım 1949, S. 11, s. 8.

Ben Zvi, İtzhak, "The Jews of Saloniki in the Turkish revolution" (İbranice), *Mahberet*, Cilt I, S. 8-9, (5713) 1952, s. 74.

Ben Zvi, Yitzhak, "Gdud Yeudi beMaapehat a Turkim a Tseirim" (Jön Türk ihtilâlinde bir Yahudi taburu), s. 88-90 (İbranice), Avraham Rekanati (der.), *Zihron Saloniki Gedulata veHurbana shel Yerushalayim de Balkan* içinde, (II), *A Vaad le-Otseat Sefer Keilat Saloniki*, Tel Aviv, 1986.

Benaroya, Abraham, "A note on The Socialist Federation of Saloniki", *Jewish Social Studies*, Cilt XI, (1949), s. 69-72.

Benbassa, Esther, "Islamisme et Antisémitisme en Turquie", *L'Arche*, S. 491, Ocak 1999, s. 86-88.

Benbassa, Esther, "Les Jeunes-Turcs et les Juifs (1908-1914)", Jean-Louis Bacqué-Grammont, Rémy Dor (Der.) *Mélanges Offerts à Louis Bazin*, L'Harmattan, Paris, 1992 içinde, s. 311-319.

Ben-Shlomo, Zeev, "Struma did not founder-Soviet sub torpedoed her in '42", *The Jewish Week*, 10 Eylül 1982, s. 12.

Bligh, David Ben-Mordechay, "Turkish Jewry surveys its future", *The American Zionist*, Ocak 1958, s. 11.

Farhi, David, "The Jews of Salonica and the Young Turk revolution", (İbranice), *Sefunot*, Cilt 15, s. 13-15 / Ayrıca *Sefer Yavan*, Cilt 51 (1981), s. 137-153.

Frankel, Norman, "Water and Turkish foreign policy", *Political Communications and Persuasions*, Ekim-Aralık 1991, Cilt 8, No. 4, s. 257-311.

Gray, Paul, "Revisiting a revisionist", *Time*, 15 Nisan 1996, s. 56.

Kaneti, Selim, "La disparition du dernier quotidien de langue Française à İstanbul: Le Journal D'Orient", s. 65-69, *Presse Turque et Presse de Turquie-Acte de Colloques d'Istanbul* içinde, İsis Yayımcılık ve Institut Français d'Etudes Anatoliennes-Varia Turcica XXIII, İstanbul 1992.

Landau, Jacob M., "Al dmuta şel ha antisemiyat be ripublika ha Turkit" (Türkiye Cumhuriyeti'nde antisemitizm), (İbranice) s. 77-82, *Ninth World Congress of Jewish Studies, Division B, Volume II, The History of the Jewish People (The modern times)* içinde, World Union of Jewish Studies, Kudüs 1986.

Landau, Jacob M., "Muslim Turkish attitudes towards Jews, Zionism and Israel", *Die Welt des Islams*, XXVIII (1988), s. 291-300. Aynı makale *Jews, Arabs, Turks: Selected Essays*, The Magnes Press, The Hebrew University, Kudüs, 1993 içinde de yer almaktadır, s. 77-86.

Landau, Jacob M., "The 'Young Turks' and Zionism: some comments", s. 169-177,

Jews, Arabs, Turks: Selected Essays içinde, The Magnes Press, The Hebrew University, Kudüs, 1993.

Landau, Jacob M., "Tofaot şel antişemiyut be sifrut ve be itonut şel ha Republika ha Turkit" (Türkiye Cumhuriyeti Edebiyatında ve Basınında Antisemitizm Olayları) (İbranice), s. 225-236, Abraham Haim (der.), *Society and Community, Proceedings of the Second International Congress for Research of the Sephardi and Oriental Jewish Heritage 1984* içinde, Misgav Yerushalayim, Kudüs 1991.

Minasian, Edward, "The forty years of Musa Dagh: The film that was dreamed", *Journal of Armenian Studies,* Sonbahar-Kış 1985-86, Cilt II, S. 2, s. 63-74.

Nassi, Gad, "El Batalyon Djudio en la revolusion de los Djovenos Turkos", *Aki Yerushalayim,* Mayıs 1999, S. 60, s. 9-12.

O'Keefe, Theodore J. "Fund-raising letter", Ekim 1999, *htt://ihr.org/letters/990924fundraiser.html.*

Olson, Robert, "The Young Turks and the Jews: a Historiographical Revision", s. 101-117, *Imperial Meanderings and Republican By-Ways: Essays on Eighteenth Century Ottoman and Twentieth Century History of Turkey* içinde, İsis Yayımcılık, İstanbul, 1996.

Öke, Mim Kemal Prof. Dr., "Young Turks, Free Masons, Jews and the Question of Zionism in the Ottoman Empire", s. 29-46, *IIIrd Congress on the Social and Economic History* içinde, The İsis Press, İstanbul 1990.

Ruppin, Arthur Dr., "Die Zahl der Juden in der Türkei", *Zeitschrift für Demographie und Statistik der Juden,* (Berlin), Ekim 1908, S. 10, s. 158-159.

Saban, Giacomo, "Residui di Tradizioni Sabbatiane ancora presenti in Turchia", *Annuario del Collegio Rabbanico Italiano,* sayı 3, 1988-1991, s. 117-131.

Shaul, Elie A., "Tres tristas datas en la historia de los Judios de Turkiya", *Los Muestros,* Haziran 1994, s. 10.

Shaul, Moshe, "Kantes de Askerlik", *Aki Yerushalayim,* S. 7, Kasım 1980, s. 49-51.

Starr, Joshua, "The Socialist Federation of Saloniki", *Jewish Social Studies,* Cilt VII, S. 4, Ekim 1945, s.323-336.

Şeni, Nora, "Rhétorique de l'Islam Politique" s. 435-440, *La Turquie Entre Trois Mondes, Actes du Colloque International Montpellier, 5-7 Octobre 1995* içinde, M. Barın, S. Kançal, R. Perez, J. Thobie, (koordine edenler) Varia Turcica XXXII, L'Harmattan, Paris 1998.

Tager, David, "The song of the Jewish volunteers in Saloniki" (İbranice), *Yeda Am,* 1435-36, 1969, s. 69-70.

TÜRKÇE KİTAPLAR

Holokost II. Dünya Savaşı Sırasında Yahudi Soykırımı, (Çeviren: Mehmet Harmancı), Gözlem Gazetecilik Basın ve Yayın A.Ş., İstanbul 1997.

ŞÂHİTLİK 28 Şubat Sürecinde Başörtüsü Direnişi, Özgür-Der Özgür Düşünce ve Eğitim Hakları Derneği, İstanbul, 1999.

Türk Muhafazakâr Partisi Programı, 1947.

Akar, Rıdvan, *Aşkale Yolcuları Varlık Vergisi ve Çalışma Kampları,* Belge Yayınları, İstanbul 1999.

Akder, *Baş'üstüne Fotoğraflarla Başörtü Yasağının Yakın Tarihi*, Kırkanbar Yayınları, İstanbul, 1999.

Akgün, Mustafa, *Yahudinin Tahta Kılıcı*, Kar Ofset, Ankara 1992.

Aktar, Ayhan, *Varlık Vergisi ve 'Türkleştirme' Politikaları*, İletişim Yayınları, İstanbul 2000.

Akyol, Taha, *Hayat Yolunda Gençler İçin Anılar ve Öneriler*, Milliyet Yayınları, İstanbul 1997, 2. Baskı.

Albayrak, Sadık, *Devrimin Çakıl Taşları*, Ferşat Yayınları, 5. baskı, İstanbul 1988.

Allen, Gary, *Dünyayı Kimler Yönetiyor? Gizli Dünya Devleti*, (Çeviren: Hakkı Yavuz ve İbrahim Akça), *Millî Gazete*, İstanbul 1996.

Alp, Tekin, *Kemalizm*, Cumhuriyet Gazete ve Matbaası, İstanbul 1936.

Andonyan, Aram, *Balkan Savaşı*, (çeviren: Zaven Biberyan), Aras Yayıncılık, İstanbul, 1999.

Anter, Musa, *Fırat Marmara'ya Akar*, Avesta Yayıncılık, İstanbul, 1999.

Anter, Musa, *Hatıralarım*, Yön Yayıncılık, C. 2, İstanbul, 1992.

Arı, Kemal, *Büyük Mübadele: Türkiye'ye Zorunlu Göç 1923-1925*, Tarih Vakfı, İstanbul, 1999.

Arvas, İbrahim, *Tarihi Hakikatlar*, Yazıcıoğlu Matbaası, Ankara, 1964.

Atilhan, Cevat Rıfat, *31 Mart Faciası*, 4. baskı, Aykurt Neşriyatı, İstanbul 1969.

Atilhan, Cevat Rıfat, *Dünya İhtilalcileri İsrail*, Aykurt Neşriyatı, İstanbul 1965.

Atilhan, Cevat Rıfat, *Farmasonlar İslâmiyet'i ve Türkçülüğü Yıkmak İçin Nasıl Çalıştılar?*, Kardeşler Basımevi, İstanbul, 1951.

Atilhan, Cevat Rıfat, *Farmasonluk İnsanlığın Kanseri*, Aykurt Neşriyat, İstanbul 1960.

Atilhan, Cevat Rıfat, *Filistin Cephesinde Yahudi Casuslar*, Üstün Eserler Neşriyatı, İstanbul 1947.

Atilhan, Cevat Rıfat, *İğneli Fıçı*, Özbahar Yayınları, 4. baskı, İstanbul 1969.

Atilhan, Cevat Rıfat, *İslâm ve Beni İsrail*, Aykurt Neşriyatı 9, İstanbul 1957.

Atilhan, Cevat Rıfat, *İslâm'ı Saran Tehlike Siyonizm ve Protokollar*, Aykurt Neşriyatı, İstanbul 1955.

Atilhan, Cevat Rıfat, *İslâm'ı Saran Tehlike ve Siyonizm*, Cemal Azmi Matbaası, İstanbul, (t.y.),.

[Atilhan], Cevat Rıfat, *Musa Dağı*, Kenan Basımevi ve Klişe Fabrikası, İstanbul, 1937.

Atilhan, Cevat Rıfat, *Suzi Liberman*, Sinan Yayınları, 5. baskı, İstanbul 1995.

Atilhan, Cevat Rıfat, *Türk Oğlu Düşmanını Tanı - Masonluğun İçyüzü*, 6. baskı, Sinan Yayınevi, İstanbul 1996.

Atilhan, Cevat Rıfat, *Türk Oğlu Düşmanını Tanı!*, 4. baskı, Çelikcilt Matbaası, İstanbul, 1966.

Atilhan, Cevat Rıfat, *Yahudi Casusu Suzi Liberman*, 3. baskı, Aykurt Neşriyatı, İstanbul 1969.

Atsız, *Z Vitamini*, Baysan, İstanbul, 1992.

Ayvazoğlu, Beşir, *Defterinde 40 Suret*, Ötüken Yayınları, İstanbul 1996.

Ayverdi, Samiha, *Ne İdik Ne Olduk Hâtıralar*, Hülbe Basım ve Yayın A.Ş., İstanbul, 1985.

Bali, Rıfat N., *Cumhuriyet Yıllarında Türkiye Yahudileri: Bir Türkleştirme Serüveni (1923-1945)*, İletişim Yayınları, İstanbul 1999.

Bayrak, Mehmet, *Kürtler ve Ulusal-Demokratik Mücadele Gizli Belgeler-Araştırmalar-Notlar*, Özge Yayınları, Ankara, 1993.

Behmoaras, Lizi, *Türkiye'de Aydınların Gözüyle Yahudiler (Söyleşiler)*, Gözlem Gazetecilik Basın ve Yayın A.Ş., İstanbul, 1993.

Benbassa, Esther, *Son Osmanlı Hahambaşısının Mektupları-Alyans'tan Lozan'a*, (Çeviren: İrfan Yalçın), Milliyet Yayınları, İstanbul, 1998.

Bildirici, Faruk, *Siluetini Sevdiğimin Türkiyesi*, Doğan Kitapçılık, İstanbul, 2000.

Ceylan, İsmail Fatih, *Zamansız Rüzgâr*, Tuğrâ Neşriyat, İstanbul (t.y.).

Cılızoğlu, Tanju, *Çağlayangil 'Kader Bizi Una Değil Üne İtti' Çağlayangil'in Anıları Çağlayangil'le Anılar*, Büke Yayınları, İstanbul, 2000.

Coşkuner, Kemal Fedai, *Vatanda Gurbet*, Endüstri Basım ve Yayınevi, İzmir 1970.

Çalık, Mustafa, *MHP Hareketi: Kaynakları ve Gelişimi 1965-1980*, Cedit Neşriyat, Ankara 1995.

Dağı, İhsan D., *Kimlik, söylem ve siyaset Doğu-Batı ayrımında Refah Partisi geleneği*, İmge Kitabevi, Ankara 1998.

Dilipak, Abdurrahman, *Sorunlar Sorular ve Cevaplar 1*, Beyan Yayınları, 4. Baskı, İstanbul, 1995.

Düzdağ, M. Ertuğrul (Haz.), *Volkan Gazetesi 11 Aralık 1908-20 Nisan 1909 Tam ve Aynen Metin Neşri*, İz Yayıncılık, İstanbul 1992.

Düzdağ, M. Ertuğrul, *Yakın Tarihimizde Gizli Çehreler*, İz Yayıncılık, İstanbul 1991.

Emre, Süleyman Arif, *Siyasette 35 Yıl*, Akabe Yayınları, 2. baskı, İstanbul 1990.

Erbakan, Necmettin Prof. Dr., *Mecliste Ortak Pazar*, MNP Gençlik Teşkilâtı, İstiklal Matbaası, İzmir 1971.

Erbakan, Necmettin, *Adil Ekonomik Düzen*, Milsan Ankara Tesisleri, Ankara 1991.

Erbakan, Necmettin, *Türkiye'nin Temel Meseleleri*, Rehber Yayıncılık, Ankara 1991.

Erer, Tekin, *Basında Kavgalar*, Rek-Tur Kitap Servisi, İstanbul, 1965.

Erkin, Feridun Cemal, *Dışişlerinde 34 Yıl Anılar Yorumlar*, Cilt I, Türk Tarih Kurumu Yayınları, Ankara 1980.

Eygi, Mehmed Şevket *İki Kimlikli, Gizli, Esrarlı ve Çok Güçlü Bir Cemaat Yahudi Türkler Yahut Sabetaycılar*, Zvi-Geyik Yayınları, İstanbul, 2000.

Fırat, A. Melik, *Fırat Mahzun Akar*, Avesta Yayınları, İstanbul, 1996.

Fuat, Memet, *Nâzım Hikmet*, Adam Yayınları, İstanbul, 2000.

Galip, Selahattin, *Belgelerle Türkiye'de Dönmeler ve Dönmelik*, Kıraçlı Yayınları, İstanbul, 1977.

Garaudy, Roger, *İsrail, Mitler ve Terör*, (çeviren: Cemal Aydın), Pınar Yayınları, İstanbul 1996.

Garaudy, Roger, *İsrail Siyasetini Oluşturan Efsaneler*, (Çeviren: Ali Aydın), Çizgi Kitabevi, Konya 1996.

Gencoğlu, Murat, *Anarşinin Basındaki Yuvası "Bir Darbenin Anatomisi"*, Durak Yayınları, İstanbul, 1973.

Gövsa, İbrahim Alâettin, *Sabetay Sevi: İzmirli Meşhur Sahte Mesih Hakkında Tarihi ve İçtimai Tetkik Tecrübesi*, Semih Lûtfi Kitabevi, İstanbul, 1939.

Gülsoy, Ufuk, *Osmanlı Gayrimüslimlerinin Askerlik Serüveni*, Simurg Yayınları, İstanbul, 2000.

Haupt, George ve Dumont, Paul (der.), *Osmanlı İmparatorluğu'nda Sosyalist Hareketler*, Gözlem Yayınları, İstanbul, 1977.

Hitler, Adolf, *Kavgam*, (çeviren: Refik Özdek), Yağmur Yayınları, İstanbul 1980.

Kahraman, Ahmet, *Mukayeseli Dinler Tarihi*, 6. baskı, Marifet Yayınları, İstanbul 1993.

Karabaşoğlu, Metin, *Camide Dans Var*, Karakalem, İstanbul 1995.

Karaca, Emin, *Türk Basınında Kalem Kavgaları*, Gendaş Yayınları, İstanbul, 1998.

Karaman, Sami Sabit, *Yahudi Tarihi ve Siyon Önderlerinin Protokolleri*, Yeni Cezaevi Matbaası, Ankara 1943.

Koçak, Cemil Dr., *Türk-Alman İlişkileri (1923-1939)*, Türk Tarih Kurumu Yayınları, Ankara, 1991.

Kurdoğlu, Veli Behçet, *Şair Tabipler*, İstanbul 1967.

Küçük, Abdurrahman, *Dönmeler Tarihi*, Hamle Basın Yayın, İstanbul, 1997.

Landau, Jacob M., *Tekinalp: Bir Türk Yurtseveri (1883-1961)* (Çev.: Burhan Parmaksızoğlu, İlhan Pınar, Oya Engin, Natali Medina), İletişim Yayınları, İstanbul 1996.

Levi, Avner, *Türkiye Cumhuriyetinde Yahudiler: Hukuki ve Siyasi Durumları*, (Redaksiyon: Rıfat N. Bali), İletişim Yayınları, İstanbul 1996.

Mango, Andrew, *Atatürk*, (çev. Füsun Doruker), Sabah Kitapları, İstanbul, 2000.

Meydani, Abdurrahman Prof., *Tarih Boyunca Yahudi Oyunları*, Şule Yayınları, İstanbul 1993.

Nesimi, Abidin, *Yılların İçinden*, Gözlem Yayınları, İstanbul 1977.

Neyzi, Leyla, *İstanbul'da Hatırlamak ve Unutmak: Birey, Bellek ve Aidiyet*, Tarih Vakfı Yurt Yayınları, İstanbul 1999.

Nur, Rıza Dr., *Hayat ve Hatıratım*, Altındağ Yayınevi, 4 cilt, İstanbul 1967-1968.

Nüzhet, Sadettin, *Samih Rıfat hayatı ve eserleri*, Semih Lûtfi Matbaası, Sühulet Kütüpanesi, İstanbul (t.y.).

Oğuz, Burhan, *Yaşadıklarım Dinlediklerim, Tarihi ve Toplumsal Anılar*, Simurg Yayınları, İstanbul 2000.

Oğuz, Burhan, *Yüzyıllar Boyunca Alman Gerçeği ve Türkler*, Can Matbaa, İstanbul 1983.

Öke, Mim Kemal Prof. Dr., *Siyonistler ve Masonlar, İhanetler...Komplolar, Aldanmalar*, Çağ Yayınları, İstanbul 1990.

Ökte, Faik, *Varlık Vergisi Faciası*, Nebioğlu yayınevi, İstanbul [1951].

Öznur, Hakkı, *Ülkücü Hareket* C. 2 *Teşkilatlar ve Mücadeleler*, Alternatif Yayınları, Ankara 1999.

Parla, Taha, *Türkiye'de Siyasal Kültürün Resmî Kaynakları*, Cilt 3, *Kemalist Tek-Parti İdeolojisi ve CHP'nin Altı Ok'u*, İletişim Yayınları, İstanbul 1995.

Türkmen Parlak, *Yeni Asır'ın İzmir Yılları*, Yeni Asır Yayınları, Apa Ofset Basımevi, İstanbul, 1989.

Türkmen Parlak, *Yeni Asır'ın Selanik Yılları*, Yeni Asır Yayınları, İzmir, [1986].

Paşa, Şerif, *Bir Muhalifin Hatıraları İttihat ve Terakkiye Muhalefet*, Nehir Yayınları, İstanbul 1990.

Refah Partisi, *Türkiye'nin Gerçek Durumu Sebepleri Teşhis*, Milsan Ankara Tesisleri, Ankara (t.y.).

Rodrigue, Aron, *Türkiye Yahudilerinin Batılılaşması Alyans Okulları (1860-1925)*, (çeviren: İbrahim Yıldız), Ayraç Yayınları, Ankara 1997.

Sancar, Çiftçioğlu Nejdet, *Türklük Sevgisi*, Tanrıdağı Yayınları, İstanbul (t.y.).

Selçuk, Sami Doç. Dr., *Demokrasiye Doğru*, Yeni Türkiye Yayınları, Ankara 1999.

Serdengeçti, Osman Yüksel, *Bütün Eserleri: 1, Mabetsiz Şehir*, Türk Edebiyatı Vakfı Yayınları, İstanbul, 1995.

Serdengeçti, Osman Yüksel, *Bütün Eserleri 2: Gülünç Hakikatler Türk Edebiyatı*, Vakfı Yayınları, İstanbul, 1995.

Serdengeçti, Osman Yüksel, *Bütün Eserleri: 4, Bu Millet Neden Ağlar*, Türk Edebiyatı Vakfı Yayınları, İstanbul, 1995.

Sertel, Zekeriya, *Hatırladıklarım*, Gözlem Yayınları, İstanbul, 3. baskı, 1977.

Yıldız Sertel, *Annem Sabiha Sertel Kimdi Neler Yazdı?*, Yapı Kredi Yayınları, İstanbul, 1994.

SSCB Dışişleri Bakanlığı Arşiv Bölümü, *Alman Dışişleri Dairesi Belgeleri Türkiye'de Alman Politikası (1941-1943)*, Havass, İstanbul 1977.

Şaul, Eli, *Balat'tan Bat Yam'a*, (yayına hazırlayanlar: Birsen Talay - Rıfat N. Bali), İletişim Yayınları, İstanbul, 1999.

T.C. Ankara, Çankırı, Kastamonu İlleri Sıkıyönetim Komutanlığı Askeri Savcılığı, *İddianame (MHP ve Ülkücü Kuruluşlar)*, Ankara 1981.

T.C. İçişleri Bakanlığı Emniyet Genel Müdürlüğü, *Türkiye'de Siyasi Dernekler II*, Ankara, 1950.

Tahhan, Mustafa M., *Filistin'e Büyük Komplo*, Azim, İstanbul 1995.

Tan, M. Şahap, *Yahudileri Tanıyalım*, Toker Yayınları, İstanbul 1968.

Tanyu, Hikmet, *Tarih Boyunca Yahudiler ve Türkler*, Yağmur Yayınları, Cilt 1 ve 2, İstanbul 1977.

Taşyürek, Muzaffer, *İslâmın Sisli Yılları*, İhtar Yayıncılık, İstanbul 1995.

Toplu, Abdülhadi, *Türk Milliyetçiliği ve Karşı İdeolojiler* (3. Baskı), Töre-Devlet Yayınevi, Ankara 1978.

Tunaya, Tarık Zafer, *Türkiye'de Siyasi Partiler 1859-1952*, Tıpkıbasım Arba Yayınları, İstanbul 1995.

Tunçay, Mete, *Bilineceğini Bilmek*, Alan Yayımcılık, İstanbul 1983.

Türenç, Tufan, Akyıldız, Erhan, *Gazeteci*, Milliyet Yayınları, İstanbul, 2. baskı, 1986.

Türkeş, Alparslan, *1944 Milliyetçilik Olayı*, Kamer Yayınları, 14. baskı, İstanbul 1992.

Urgan, Mina, *Bir Dinozorun Anıları*, Yapı Kredi Yayınları, İstanbul, 1998.

Uzunyaylalı, M. Talat, *Türkiye'de Basının İslâm'a Bakışı*, Beka Yayınları, İstanbul 2. baskı 1994, s. 235

Ülküsal, Müstecib, *İkinci Dünya Savaşında 1941-1942 Berlin Hatıraları ve Kırım'ın Kurtuluş Davası*, Kutulmuş Matbaası, İstanbul, 1976.

Üzmez, Hüseyin, *Malatya Suikastı*, Timaş Yayınları, 2.baskı İstanbul, 1998.

Üzmez, Hüseyin, *Şu Bizimkiler*, Timaş Yayınları, 7. baskı, İstanbul, 2000.

Yahya, Harun, *Gizli El Bosna'da*, Vural Yayıncılık, İstanbul 1997.

Yahya, Harun, *Soykırım Yalanı*, Alem Yayıncılık, İstanbul 1995.

Yahya, Harun, *Yeni Dünya Düzeni ya da Yeni Masonik Düzen Dünyanın Beşyüz Yıllık Gerçek Tarihi ve Dünya Düzeninin Gizli Yöneticileri*, Vural Yayıncılık, İstanbul 1996.

Yalman, Ahmed Emin, *Yakın Tarihte Gördüklerim ve Geçirdiklerim Cilt 4 (1945-1971)*, Rey Yayınları, [t.y.].

Yeğinobalı, Nihal, *Cumhuriyet Çocuğu*, Can Yayınları, İstanbul 1999.

Yelmen, Hasan, *Kazlıçeşme'de 50 Yıl*, Cilt 1, Ezgi Ajans, İstanbul, 1992.

Yesevîzâde, *Bilderberg Group Bir Gizli Cem'iyet Ötesinden Dünyada Fikriyatlar Mücadelesinin Perde Arkası*, Kayıhan Yayınları Umumi Neşriyatı, İstanbul, 1979.

Yesevîzâde, *Nasıl Bir Dünyada Yaşıyoruz?*, Hilâl Haber Ajansı, Ankara, 1979.

Yesevîzâde, *Perde Arkasında Kalan Yönleriyle Sosyal Demokrasi*, Dağarcık Yayınları, Ankara, 1975.

Yesevîzâde, *Töb-Der Meselesi*, Sebil Yayınları, İstanbul, 1976.

Yesevîzâde, *Yahudilik ve Dönmeler*, Araştırma Yayınları, İstanbul (t.y.).

Yürük, Ali, *Türkiye Neden Böyle*, Ocak Yayınları, 11. baskı, Ankara 1994.

Zorlu, Ilgaz, *Evet, Ben Selanikliyim, Türkiye Sabetaycılığı*, Belge Yayınları, İstanbul, 7. Baskı, 1998.

YABANCI DİLDE KİTAPLAR

Album Memduh 1937, İstanbul.

Album Memduh 1938, İstanbul.

125 Jahre Deutsche Schule Istanbul Festschriht, İstanbul 1993.

Agron, Gershon, *Assir Haneemanuth (The Loyal Rebel)*, (İbranice) M. Newman Publishing House Ltd., Kudüs, Tel-Aviv 1964.

Angel, Marc D., *La America The Sephardic Experience in the United States*, The Jewish Publication Society of America, Philadelphia 1982.

Avriel, Ehud, *Open The Gates!*, Athenum, New York 1975.

Council of Europe, *Racism and Anti-semitism Summary, Istanbul, 19-20 Janvier 1995*, Strasbourg (t.y.).

Barkai, Avraham, *From Boycott to Annihilation. The Economic Struggle of German Jews 1933-1943*, University Press of England, Hanover ve Londra 1989.

Benbassa, Esther, *Une Diaspora Sépharade en Transition, İstanbul, XIXe-XXe Siècles*, Les Editions du Cerf, Paris, 1993.

Benveniste, Annie, *Le Bosphore à la Roquette La Communauté Judéo-espagnole à Paris (1914-1940)*, L'Harmattan, Paris, 1989.

Caplan, Marc, *Hitler's Apologists: The Antisemitic Propaganda of Holocaust "Revisionism"*, Anti-Defamation League Publication, New York 1993.

Cohn, Norman, *Histoire d'un Mythe la "conspiration" Juive et les Protocoles des Sages de Sion*, Gallimard, Paris 1967.

Davidowicz, Lucy S., *The War Against the Jews 1933-1945,* Holt, Rinehart and Wilson, New York 1975.

Debus, Esther, *Sebilürreşad,* Peter Lang, Frankfurt Am Main, 1991.

Diamantopulo, Hercule, *Le Réveil de la Turquie Etudes et Croquis Historiques,* Typolithographie Centrale I. Della Rocca, İskenderiye, (t.y.).

Finkelstein, Norman G., *The Holocaust Industry: Reflections on the Exploitation of Jewish Suffering,* Verso, Londra, 2000.

Forster, Arnold ve Epstein, Benjamin R., *The New Anti-semitism,* McGraw Hill Book Co., New York 1974.

Galante, Avram, *Histoire des Juifs de Turquie,* İsis Yayımcılık, İstanbul (t.y.).

Galante, Avram, *Nouveaux Documents sur Sabbetai Sevi Organisation et us et Coutumes de ses Adeptes,* Fratelli Haim, İstanbul, 1935.

Gutman, Yisrael, *Denying the Holocaust,* Shazar Library, Kudüs 1985.

Institute for Jewish Policy Research ve American Jewish Committee, *Antisemitism World Report 1997* Londra 1997.

Johnson, George, *Architects of Fear - Conspiracy Theories and Paranoia in American Politics,* Jeremy P.Tarcher Inc., Los Angeles, 1983.

Jungk, Peter Stephan, *A Life Torn by History: Franz Werfel 1890-1945,* Weidenfeld and Nicholson, Londra, 1990.

La Situation Economique des Juifs Dans le Monde, Cilt 1, *La Situation Economique des Minorités Juives,* Congrès Juif Mondial, Départment Economique, Paris 1938.

Landau, Jacob M., *Pan Turkism: From Irredentism to Cooperation,* Indiana University Press, Indiana 1995.

Landau, Jacob M., *Politics and Islam, The National Salvation Party in Turkey,* Middle East Center University of Utah, Utah 1976.

Lipstadt, Deborah, *Denying the Holocaust,* Plume Book, New York 1994.

Mansel, Philip, *Constantinople,* John Murray, Londra 1995.

Miranda, Altina Schinasi, *The Road I Have Travelled,* Apodaca Hill Press, New Mexico 1995.

Papo, Joseph M., *Sephardim in Twentieth Century America,* Pele Yoetz Books, California 1987.

Pipes, Daniel, *The Hidden Hand-Middle East Fears of Conspiracy,* St. Martin's Press, New York 1996.

Scholem, Gershom, *Sabbatai Sevi The Mystical Messiah* (İbraniceden çev. R.J. Zwi Werblowsky), Princeton University Press, New Jersey, 4. Baskı, 1989.

Shaw, Stanford J., *The Jews of the Ottoman Empire and the Turkish Republic,* McMillan, Londra 1991.

Shaw, Stanford J., *Turkey and the Holocaust,* New York University Press, New York 1993.

Taguieff, Pierre-André, *Les Protocoles des Sages de Sion, Introduction à L'Etude des Protocoles un Faux et Ses Usages Dans le Siècle,* C. I, Berg International, Paris 1992.

Toland, John, *Adolf Hitler,* Ballantine Books, New York 1977.

Vidal-Naquet, Pierre ve Yagil, Limor, *Holocaust Denial in France: Analysis of a Unique Phenomen,* Tel Aviv Üniversitesi Faculty of Humanities, (t.y.).

Weiker, Walter, *The Unseen Israelis The Jews From Turkey in Israel,* University Press of America, Maryland / Londra 1988.

Yalman, Ahmed Emin, *Turkey in My Time,* University of Oklahoma Press, Oklahoma 1956.

GAZETE YAZI DİZİLERİ

Aytul, Turhan ve Çapın, Halit, "Struma faciası", *Milliyet,* 30 Haziran-6 Temmuz 1985.

Coşkuner, Kemal Fedai, "Yakın tarihimiz ve Siyonizm", *Orta Doğu,* 1-15 Ocak 1976.

Darendelioğlu, İlhan E., "Komünist Yahudiler", *Bugün,* 30 Ağustos-13 Eylül 1967.

Garaudy, Roger, "Uluslararası Siyon Terörü ve Yalan Devleti" (Çev. Cemal A. Karaağaçlı), *Akit,* 17-23 Mart 1996.

Leon, Sabetay, "Una vijita de 2 horas onde el antisemita Cevat Rıfat Atilhan", *Atikva,* 14 Mayıs-18 Haziran 1948.

Yahya, Harun, "Nazi-Siyonist işbirliği", *Yeni Asya,* 23 Şubat-1 Mart 1996.

Yahya, Harun, "Soykırım Yalanı", *Akit,* 30 Ağustos-6 Eylül 1996.

Yetkin, Çetin, "Struma olayının içyüzü", *Cumhuriyet,* 12-18 Aralık 1993.

TÜRKÇE GAZETELER

Agos

Akşam

Ateş

Atikva

Babıali'de Sabah

Beklenen Vakit (daha sonra *Akit* adını aldı)

Bizim Anadolu

Bugün

Cumhuriyet

Dünya

Haber Akşam Postası

Hakimiyeti Milliye (daha sonra *Ulus* adını aldı)

Her Gün

Hürriyet

İkdam

La Luz de Türkiye

Millî Gazete

Milliyet

Orta Doğu

Politika

Radikal

Sabah
Selam
Son Çağrı
Son Havadis
Son Posta
Şalom
Tan
Tasvir
Tercüman
Vakit (daha sonra *Kurun* adını aldı)
Vatan
Yeni Asya
Yeni Şafak
Yeni Yüzyıl
Zaman

YABANCI DİLDE GAZETELER
El Tiempo (Tel Aviv)
La République (İstanbul)
La Tribune de Genève (Cenevre)
La Verdad (Tel Aviv)
Le Milliet (İstanbul)
Le Moniteur Oriental (İstanbul)
The Jewish Chronicle (Londra)
The New York Times (New York)

DERGİLER
Akbaba
Aktüel
Büyük Doğu
Fedai
Gençlik
Hamenora
İnkılâp (daha sonra *Millî İnkılâp* adını aldı)
La Boz de Oriente
La Boz de Türkiye
Müteferrika
Or Yeuda
Sebil
Sebilürreşad

Sözleşme

Tarih ve Toplum

Tiryaki

Toplumsal Tarih

Türkiye Günlüğü

Yeni İstiklâl

Yeniden Millî Mücadele

Yörünge

HABER BÜLTENİ

JTA Bülteni

BELGESEL FİLM VE TV PROGRAMI

Michèle Blumental ve Michel Grossman, *Sazanikos Les Derniers Dönmehs*, (Hyperion, İstanbul Film Ajansı, La Sept / Sodaperega, Paris, 1992).

Kanal 7, 22 Eylül 2000, İskele Sancak "Sabetaycılık" programı.

İNTERNET WEB SİTELERİ

http://www.welynx.com/private/theshaws/packssultan'sdomain.html

http://www.welynx.com/burntofferings/packsbenaderet.html

http://www.otuken.net/ignelifici/

http://harunyahya.com

http://harunyahya.net

http://harunyahya.org

http://codoh.com/inter/inturk/inturk.html

http://www.medyakronik.com/arşiv/index.asp, Ekim 2000 arşivi, "Çekilme *Akit* sahibi sensin'"

http://www.liv-coll.ac.uk/europetrip/Europe%20journey/neimoller.html